ebg
electronic business group

Sous la direction de
Laetitia Theodore & Brice Blanquier

DIGITAL MARKETING 2018

Pour accéder à la VERSION NUMÉRIQUE :

> Rendez-vous sur wwx.ebg.net/digital-marketing2018

> Rentrez votre code d'accès personnel :

360ri

/ Retrouvez un lexique et un index en fin d'ouvrage /

Pour en savoir plus sur
les activités de l'Electronic Business Group
(événements, publications, benchmark),
rendez-vous sur **www.ebg.net.**

◊

Déposez vos avis sur **https://internet-marketing-avis.net**

Pour tous renseignements supplémentaires, commentaires et suggestions,
envoyez un mail à *Stéfani Morelli : stefani.morelli@ebg.net*

ISBN : 978-2-914901-22-2

ÉDITO

Treize ans !
Treize ans comme l'âge de la plus jeune candidate au bac 2017 !
Treize ans comme l'âge qu'il faut avoir pour aller sur Facebook !
Treize ans comme l'âge auquel Albrecht Dürer a fait son premier autoportrait !
Treize ans déjà qu'à l'EBG nous publions Internet Marketing, notre « Bible du Marketing Digital ».

Pourquoi ? Pourquoi continuons-nous avec le print quand le Digital marche si bien ?
Depuis treize ans, l'EBG s'est efforcé de créer un lien :
• Avec vous, adhérents et partenaires, toujours plus nombreux à nous accompagner dans la rédaction de l'ouvrage et à partager vos campagnes, expertises, analyses de l'année passée avec nos lecteurs.
• Avec vous, grand public, toujours plus friand et adepte de l'ouvrage également utilisé comme outil de formation.

Créer un lien physique au-delà de tous ces devices et écrans derrière lesquels la connexion est rompue. Ce monde du web qui ne se résume plus par le simple mot « Internet » depuis longtemps, mais par un environnement « Digital » qui explique le rebranding de l'ouvrage.

Créer un lien à travers un objet simple : le livre. Un livre que l'on peut toucher, prêter, ou poser sur une étagère comme un trophée du passé et que l'on prend pourtant plaisir à dépoussiérer et redécouvrir de temps à autre.

Créer un lien comme deux mains qui se rapprochent - une robotique et une humaine - à la fois pour marquer notre renaming en allant à la racine latine du mot, *digitus* (le doigt), mais aussi pour mettre en avant un sujet phare du livre cette année : les robots/l'IA/les chatbots. Et oui, OK..., aussi pour faire un clin d'œil à Michel-Ange en passant...

Bref, treize ans.
C'est treize fois 10 000 exemplaires par édition (en moyenne), c'est 130 000 lecteurs (au moins), mais c'est surtout 130 000 mercis que nous vous envoyons !

Alors, bonne lecture et à l'année prochaine !

SOMMAIRE

Mediametrie

TENDANCES
GAMIFICATION
ETHIQUE & POLITIQUE
BRAND SAFETY
GROWTH HACKING
CONTENT MARKETING
NATIVE ADVERTISING
MILLENNIALS
E-SPORT
RÉALITÉ AUGMENTÉE & VIRTUELLE
CONTENU LIVE

01

BRANDING

Maximisez votre performance de marque !
Retrouvez ici des articles conseil
et les plus belles campagnes de l'année.

SOMMAIRE

CHAP.1

◇ *Étude de cas* ◆ *Article* ● *Interview*

Les Millennials

Mediametrie

1 population, 3 profils

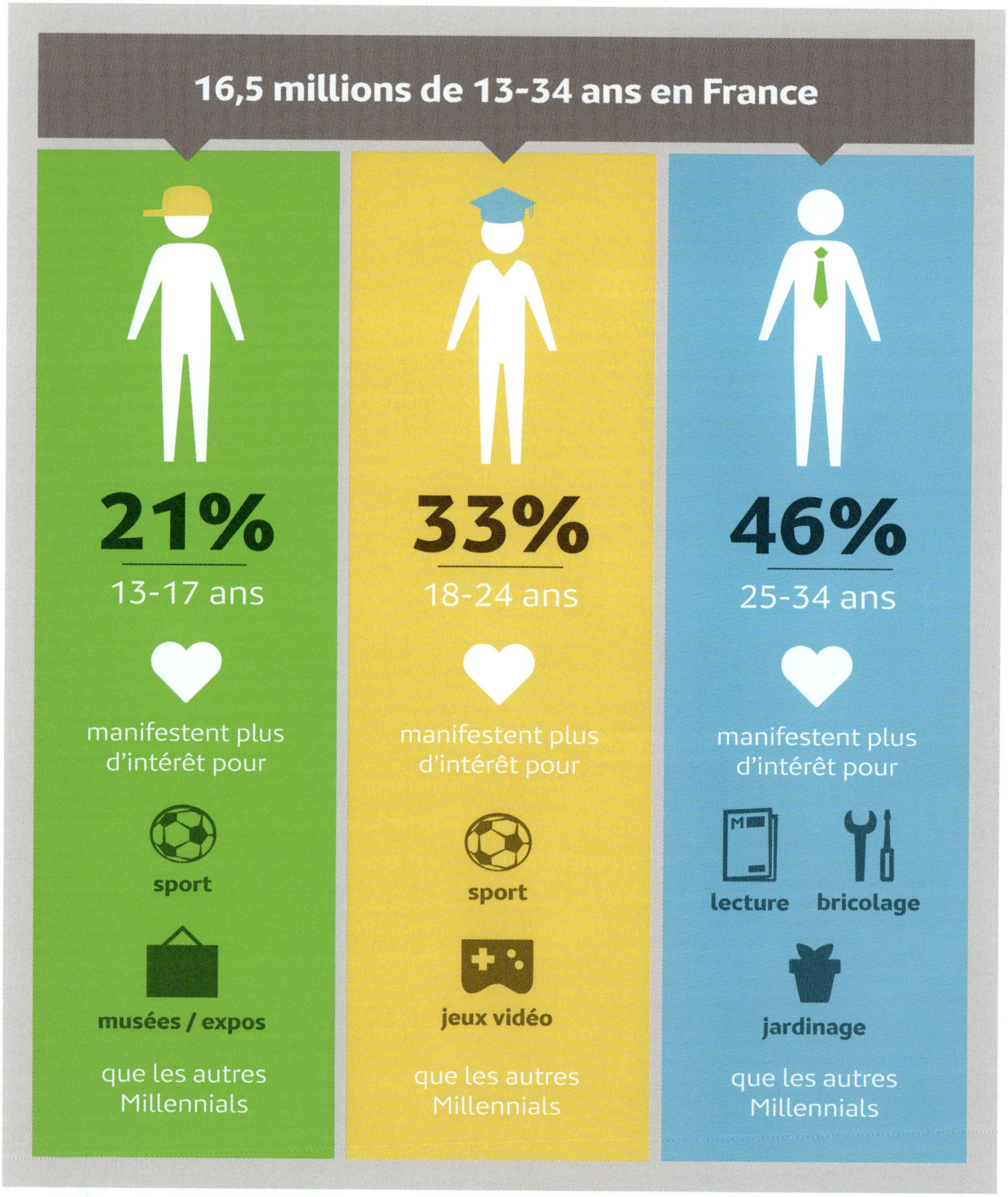

72%
utilisent leur téléphone mobile chaque jour...
en **déplacement**
essentiellement pour
jouer à des **jeux en ligne**
téléphoner via **internet**
regarder des **vidéos**

81%
utilisent leur téléphone mobile chaque jour...
au **domicile**
sur leur **lieu d'étude**
essentiellement pour
hello!
SMS
naviguer **sur internet**

71%
utilisent leur téléphone mobile chaque jour...
essentiellement pour
bla bla ...
téléphoner

59%
de leurs contacts médias sont consacrés aux **loisirs numériques**

56%
de leurs contacts médias sont consacrés aux **loisirs numériques**

48%
de leurs contacts médias sont consacrés aux **médias traditionnels**

3/4
des 13-17 ans
écoutent **la radio** chaque jour quel que soit le support, ils sont les plus radiovores des Millennials

2/3
des 18-24 ans
regardent **la TV** et écoutent **la radio** chaque jour quel que soit le support

41%
Les 25-34 ans
sont les plus nombreux des Millennials à lire **la presse** chaque jour

Source : Médiamétrie - Media in Life - 2016

Des performances de visibilité et de branding en hausse sur le 1er semestre 2017

VIEWABILITY

Standard IAB : au moins 50 % de la surface de la publicité est vue pendant au moins 1 seconde

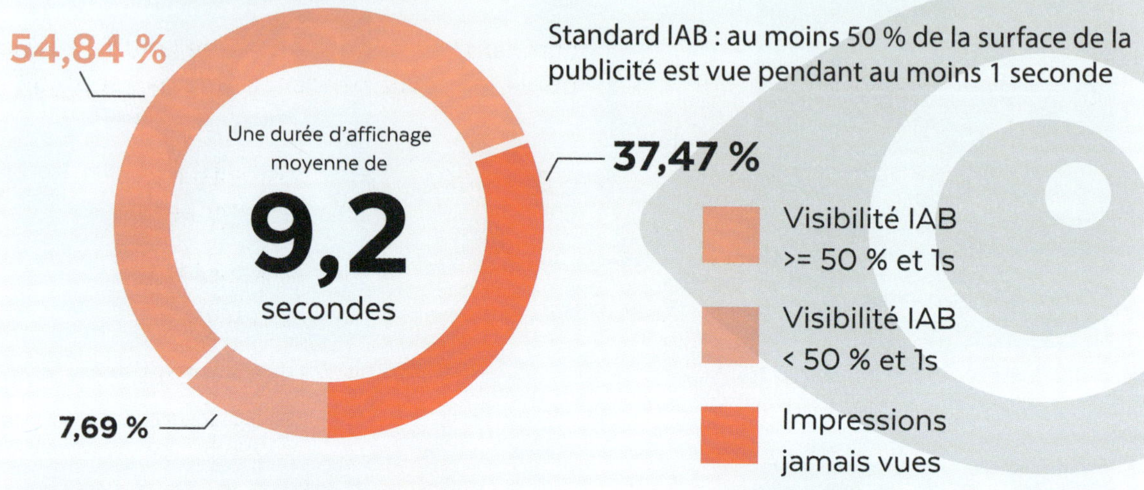

Source : Adledge - 1er semestre 2017 - www.adledge.fr

Des résultats en amélioration par rapport au semestre 2 de 2016

S2 2016

47,75 %	8,30 %	43,95 %
Visibilité IAB >= 50 % et 1s	Visibilité IAB <= 50 % et 1s	Impressions jamais vues

Source : Adledge - 2nd semestre 2016 - www.adledge.fr

59,78 % de visibilité en moyenne (sur le top 5 des formats standard)

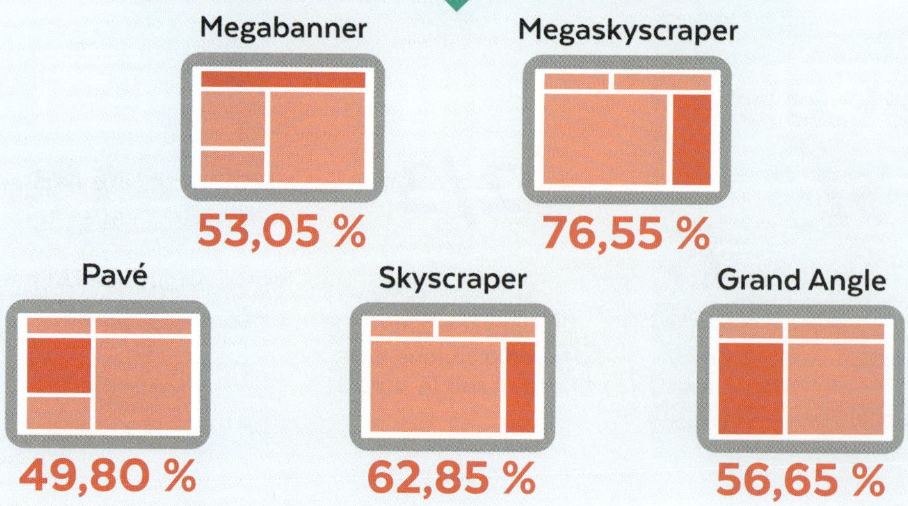

Source : Adledge - 1er semestre 2017 - www.adledge.fr

VIEWABILITY
Desktop/Mobile

Desktop

Standard IAB : au moins 50 % de la surface de la publicité est vue pendant au moins 1 seconde

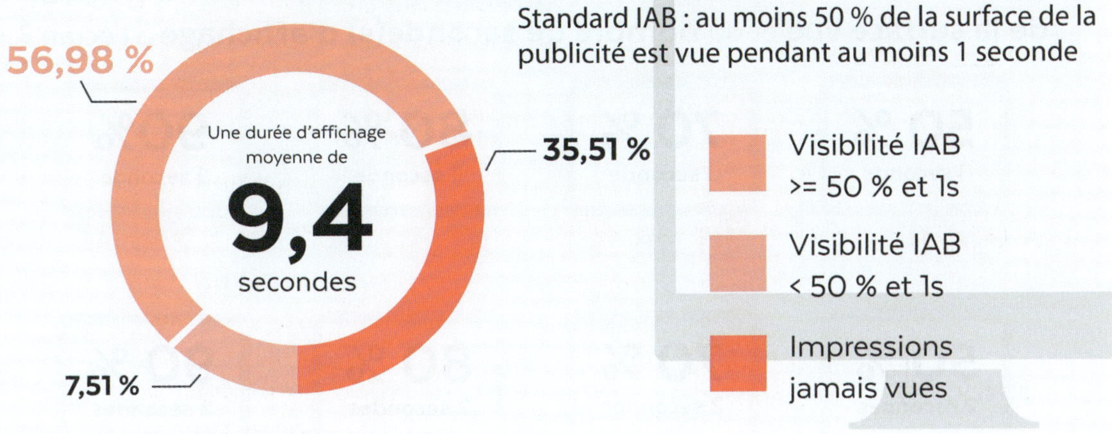

Source : Adledge - 1er semestre 2017 - www.adledge.fr

Des résultats mesurés sur

400 plus de 400 annonceurs

20 plus de 20 pays dans le monde

2500 plus de 2500 campagnes mesurées par mois

Source : Adledge - 1er semestre 2017 - www.adledge.fr

Mobile

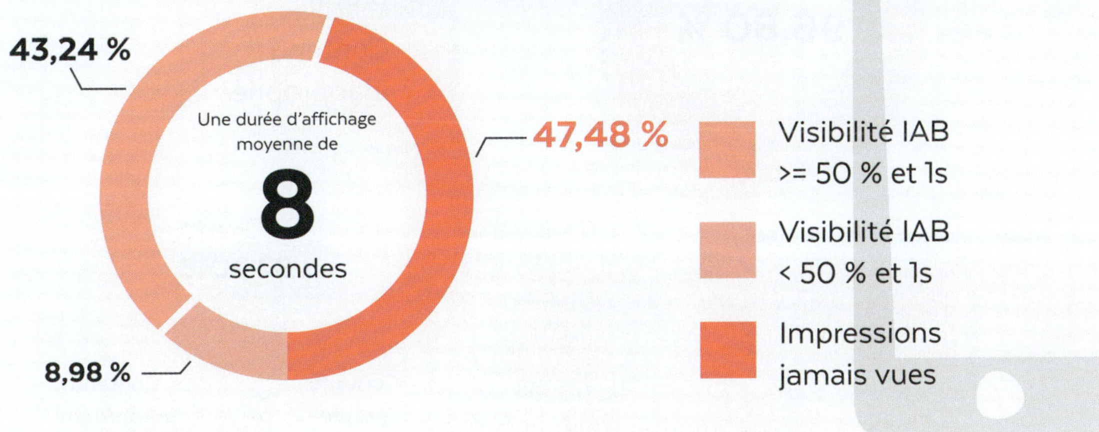

Source : Adledge - 1er semestre 2017 - www.adledge.fr

Des performances de visibilité et de branding en hausse sur le 1er semestre 2017

adledge

VIEWABILITY Standards

Quel est le **taux de visibilité** des publicités en fonction du **pourcentage de la surface vue** et du **nombre de seconde(s) d'affichage** à l'écran ?

50 % 1 seconde	70 % 1 seconde	80 % 1 seconde	90% 1 seconde
54,84 %	51,88 %	49,93 %	47,19 %

50 % 2 secondes	70 % 2 secondes	80 % 2 secondes	90 % 2 secondes
47,31 %	44,62 %	42,93 %	40,67 %

Source : Adledge - 1er semestre 2017 - www.adledge.fr

BRAND SAFETY

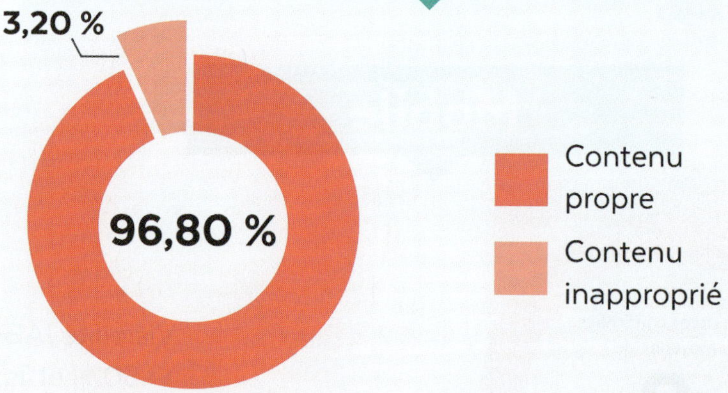

Source : Adledge - 1er semestre 2017 - www.adledge.fr

Des résultats en amélioration par rapport au semestre 2 de 2016

S2 2016

91,93 % Contenu propre

8,07 % Contenu inapproprié

Source : Adledge - 2nd semestre 2016 - www.adledge.fr

BRAND SAFETY
Catégories

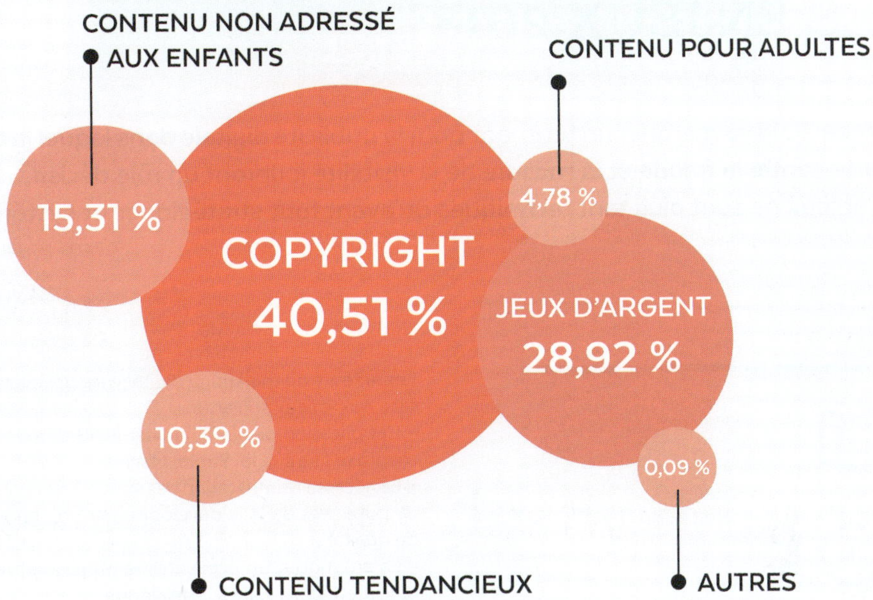

Source : Adledge - 1er semestre 2017 - www.adledge.fr

BRAND SAFETY
Mots-clés unsafe

Mots caractérisant les contextes inappropriés

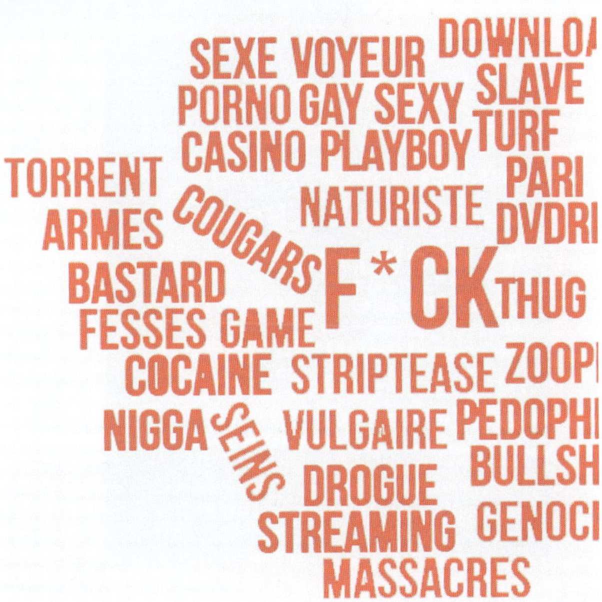

Source : Adledge - 1er semestre 2017 - www.adledge.fr

BRAND SAFETY, FRAUDE ET VISIBILITÉ DIGITALE, LES ENJEUX 2018

L'année 2018 va marquer un tournant pour la publicité digitale dans lequel la brand safety, la lutte contre la fraude et la mesure de la visibilité joueront un rôle décisif. Les enjeux ne sont plus tant techniques qu'avant tout stratégiques et systémiques.

La brand safety s'impose avec le décret n° 2017-159

55% des publicités sont visibles à 50 % pendant au moins 1 s

6 milliards d'euros : coût annuel de la fraude digitale

> " L'idée d'être un gendarme de l'internet est dépassée, il faut fournir aux éditeurs les outils pour construire un espace de diffusion de qualité et que tous les acteurs soient impliqués. "
>
> Nathalie LE BORGNE
> *Présidente Adledge*

Les acteurs du marketing digital vont devoir en particulier faire face aux enjeux suivants :

- L'application dès le 1er janvier 2018 d'une contrainte réglementaire liée à la loi Sapin-Macron ;
- La nécessaire implication des éditeurs de contenus et supports de publicités dans le développement d'une offre d'inventaire de qualité ;
- La création d'un écosystème efficace et respectueux des utilisateurs de l'espace numérique.

Dans ce contexte, les avancées réalisées en 2017 autour de la transparence de la publicité sur Internet apparaissent aujourd'hui capitales pour l'essor de la publicité en ligne et font l'objet d'un cadre déterminé, précis, avec des normes arrivées à maturité.

Si des enjeux techniques et technologiques subsistent autour de la mesure de la visibilité, l'identification du trafic invalide et la brand safety, ils ne sont plus un frein à l'adoption de nouvelles méthodes d'achat d'espace et de diffusion de campagnes résolument centrées sur la qualité.

LES ENJEUX TECHNIQUES ET TECHNOLOGIQUES

> Le trafic invalide

La mesure du trafic invalide consiste à détecter les chargements de messages publicitaires réalisés par des systèmes automatisés simulant le comportement du consommateur dans le but de gonfler artificiellement les volumes de diffusion des campagnes publicitaires.

Dans un univers où les acteurs sur la chaîne de diffusion de la publicité, et leur corollaire de couches de technologies se multiplient, les méthodes utilisées par les fraudeurs sont de plus en plus évoluées. Leurs stratagèmes vont de l'infection d'ordinateurs pour créer des «botnets» à l'embauche de personnes physiques pour créer du trafic en passant par le développement de logiciels permettant de simuler des sessions de navigation. Les acteurs de l'*ad verification** se doivent d'une part de rester au fait des pratiques toujours plus sophistiquées des fraudeurs, tout en restant d'autre part attentifs à la création de nouveaux supports destinés à diffuser des publicités sur l'inventaire artificiellement créé.

Certains éditeurs sont également à leur insu la cible des créateurs de trafic artificiel. Ils doivent donc contrôler que leurs utilisateurs contributeurs n'ont pas recours à ce genre d'artifice pour gonfler

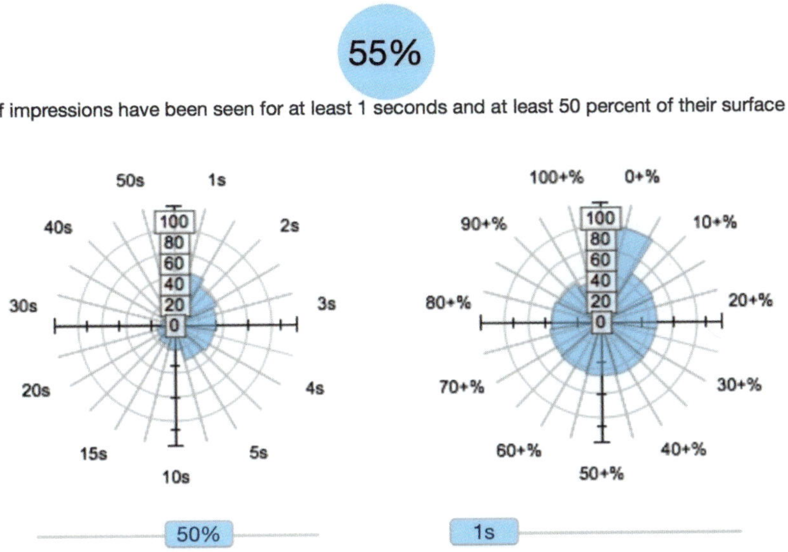

Percentage of banners seen on at least 50 percent of their surface, by seconds

Percentage of banners seen at least 1 seconds, by percentage of surface seen

leurs chiffres de consultation du contenu qu'ils produisent et ainsi les reversions de revenus publicitaires réalisées par l'éditeur.

> La visibilité

La visibilité des publicités se calcule en prenant en compte le pourcentage de surface visible de la publicité ainsi que sa durée de présence à l'écran.

Le sujet s'est imposé comme thème central de la transparence de la publicité bien avant celui de la fraude. La pertinence de la mesure de la visibilité des bannières couplée à la détection du trafic frauduleux fait désormais partie des axes stratégiques de la mesure de l'efficacité publicitaire (une bannière non visible, mais qui est génératrice de clics, est pour le moins suspicieuse ; une bannière visible, mais chargée par un robot n'est pas non plus efficace).

L'enjeu technique concernant la mesure de la visibilité est la capacité à conserver un fort niveau de *granularité** des données afin de pouvoir définir des KPIs adaptés à chaque type de campagne, à chaque format publicitaire et à chaque contexte de diffusion. Cette granularité optimale est la seule garante de la pertinence de l'automatisation de la décision d'achat et de diffusion publicité par publicité.

Peu d'acteurs de l'ad verification sont aujourd'hui en capacité de collecter et de conserver ce niveau de détail. De plus, il faut savoir mesurer sans ralentir la consultation des contenus et garder une structure de coûts abordable pour que la mesure puisse aller au-delà de l'échantillonnage et être systématique.

> La brand safety

Dans le domaine de la brand safety, il s'agit de vérifier que la diffusion des publicités est réalisée dans un contexte favorable à la marque.
La brand safety a tout de suite trouvé un fort écho auprès des annonceurs, qui trouvaient ainsi un moyen de prévenir que leur marque s'affiche dans un contexte dommageable. Elle est d'ailleurs la première des trois branches de l'ad verification à faire l'objet aujourd'hui d'une législation que nous évoquerons plus bas.

Le défi technique aujourd'hui est de ne pas se baser uniquement sur un historique de navigation, mais de pouvoir vérifier un contexte en temps réel, avec les paramètres spécifiques à l'internaute qui regarde à un moment précis la publicité.

Il faut également s'assurer du contexte approprié à de la publicité non seulement des bannières, mais également des **vidéos** qui sont un univers plus complexe, puisque les images et le son doivent y être contrôlés autant que le texte qui entoure la publicité.

Au-delà de détecter ce trafic défectueux, non visible, inapproprié ou frauduleux et de relever tous les défis techniques susnommés, l'industrie de la publicité doit pouvoir aujourd'hui prendre de véritables positionnements stratégiques afin de construire ensemble un espace publicitaire sécurisé, non intrusif, générateur de valeur pour les annonceurs.

LES ENJEUX STRATÉGIQUES ET SYSTÉMIQUES

> Un enjeu réglementaire pour 2018

La législation commence à se mettre en phase avec le marché. En effet, la brand safety s'impose en France avec la loi Macron-Sapin et son décret n° 2017-159 d'application publié au Journal Officiel le 9 février 2017.

Les grandes entreprises ont réclamé pendant des mois la publication de ce décret par l'intermédiaire de l'UDA (Union des Annonceurs).
Jusque-là, la publicité sur Internet n'était pas soumise à une réglementation dans les textes. La publication du décret semblait malgré tout enterrée quand annoncée d'abord pour la rentrée

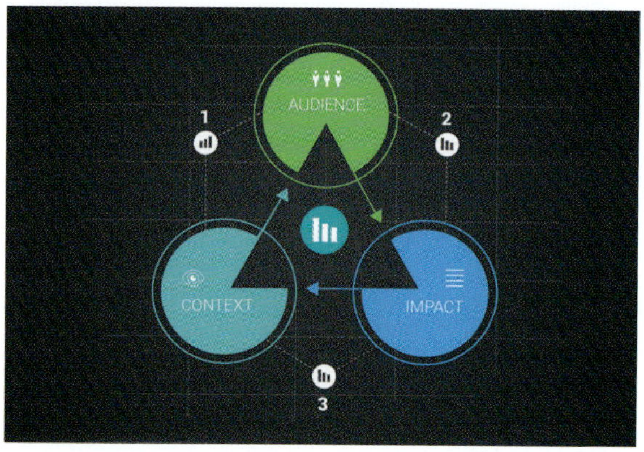

2016, elle avait été reportée. Fin novembre 2016, l'Udecam (Union des entreprises de conseil et achat média) s'était jointe à l'UDA pour appeler le gouvernement à publier sans délai le décret, ce qui a finalement eu lieu en février 2017.

Les dispositions de la loi Sapin de 1993 contre la corruption et pour la transparence dans la publicité ont ainsi été étendues à la publicité numérique.

L'article 3 parle très spécifiquement de la brand safety en exigeant les points suivants : « Pour les campagnes de publicité digitale qui s'appuient sur des méthodes d'achat de prestations en temps réel sur des espaces non garantis, notamment par des mécanismes d'enchères, [...], le vendeur d'espace publicitaire communique à l'annonceur un compte rendu comportant au moins les informations suivantes :
[...] Au titre des informations sur les moyens mis en œuvre pour protéger l'image de la marque de l'annonceur, toutes les mesures mises en œuvre, y compris les outils technologiques, **pour éviter la diffusion de messages publicitaires sur des supports illicites ou dans des univers de diffusion signalés par l'annonceur comme étant préjudiciables à l'image de sa marque et à sa réputation. »**

Il y a dix ans, les enjeux de transparence de la diffusion semblaient anecdotiques, alors qu'aujourd'hui ils sont ainsi centraux avec la reconnaissance de l'existence de faux trafic et les statistiques élevées de publicités non vues et une législation qui se met en place petit à petit.

Il faut désormais aller plus loin que cette reconnaissance par le marché et par la législation.

L'IMPLICATION DES ÉDITEURS

> Il faut faire en sorte que les éditeurs soient de véritables partenaires

Comme Nathalie Le Borgne, présidente d'Adledge, l'indique : « *L'idée d'être un gendarme de l'internet est dépassée, il faut fournir aux éditeurs les outils pour construire un espace de diffusion de qualité et que tous les acteurs soient impliqués. Chacun doit participer à l'effort d'assainissement de l'inventaire et d'amélioration de son efficacité dans le respect de l'expérience utilisateur.* »
Les éditeurs doivent être mis sur le devant de la scène pour que la mesure de l'espace publicitaire puisse se traduire par des actes concrets d'améliorations.

> Créer ensemble un espace publicitaire de confiance

Des standards de nommage et d'utilisation des différents critères de brand safety, visibilité et trafic invalide ont été mis en place au travers de la certification MRC (Media Rating Council) et de nombreuses conférences sur la transparence de la publicité digitale ont été organisées.

Les vérificateurs possèdent ainsi des définitions communes de mesures avec des engagements de qualité et de fiabilité. L'un des défis qui restent à relever est d'éviter le piège des plus petits communs dénominateurs, et que chacun se réfugie derrière des mesures basiques. Il est crucial de réussir à mettre en œuvre **la granularité, le détail et la précision des données**

collectées au service de la sécurité de l'espace publicitaire et de l'efficacité unitaire de la publicité.

LA CRÉATION D'UN ÉCOSYSTÈME EFFICACE ET RESPECTUEUX DES UTILISATEURS

> Favoriser une publicité non intrusive, génératrice d'image positive

En plus d'obtenir une publicité dans un environnement sécurisé, il faut que la cible l'apprécie et qu'elle génère une appétence pour le produit ou la marque. Pour cela, il faut d'une part, optimiser l'espace publicitaire des éditeurs en s'assurant qu'il soit respectueux de l'expérience utilisateur et d'autre part, favoriser la créativité des agences pour faire en sorte qu'aucun internaute n'ait plus jamais envie de se doter d'un adblocker. La publicité pourra ainsi ne plus seulement être un mal nécessaire, mais devenir une partie intégrante de l'expérience utilisateur.

> Développer un espace créateur de valeur pour l'annonceur

Il est indispensable d'exploiter les outils mis à disposition par l'ad verification non pas pour sanctionner, mais pour créer des communautés d'intérêts permettant la mise en œuvre d'un véritable écosystème autour de la publicité digitale.

Pour ce faire, différentes initiatives existent.

Voici un exemple de partenariat exigeant et impliquant plusieurs acteurs de la chaîne publicitaire :
L'agence Havas et l'Ad Vérificateur Adledge proposent aux éditeurs des audits de leur espace publicitaire afin de travailler ensemble sur l'amélioration de la qualité des inventaires proposés aux annonceurs.

Les éditeurs et l'agence publicitaire collaborent pour agréger un inventaire fiable, dont l'espace publicitaire permet une mise en avant de l'annonceur, tout en respectant la qualité de consultation du contenu par l'internaute.

Fort de cette expérience, Havas a étendu ce partenariat à plusieurs acteurs technologiques et à des éditeurs sélectionnés pour créer une place de marché centrée sur la qualité.

Cette place de marché permet aux professionnels du marketing digital de toucher des audiences qualifiées sur un inventaire fiable, garantissant un impact optimisé.

« *En cohérence avec l'importance portée à la qualité des inventaires et de leur mesure, Havas voit dans cette place de marché intégrée une réelle avancée en termes de trading, respectant conjointement l'expérience utilisateur et les objectifs des marques et des éditeurs* » indique Stéphanie Marie, Deputy General Manager, Havas Media Group.

La visibilité, la brand safety et le trafic invalide font désormais l'objet d'une attention, **d'une précision et d'un détail** qui font que les acteurs de la publicité digitale peuvent aller plus loin pour maîtriser un processus de décision, insertion par insertion, en créant des partenariats forts entre les différents acteurs de la chaîne publicitaire.

* Retrouvez la définition dans le lexique en fin d'ouvrage.

> “Les avancées réalisées en 2017 autour de la transparence de la publicité sur Internet apparaissent aujourd'hui capitales pour l'essor de la publicité en ligne et font l'objet d'un cadre déterminé, précis, avec des normes arrivées à maturité.”

◊ ADLEDGE
www.adledge.com
Fiche d'entreprise p. 477

Nathalie Le Borgne
Présidente
nlb@adledge.com

L'INFLUENCE, CETTE NOTION QUI MIXE LE SOCIAL ET LE MÉDIA

L'*influence, c'est la notion à la mode depuis quelques années. On parle même de marketing d'influence auquel on n'hésite pas à accoler aujourd'hui le principe de data-driven marketing (littéralement le marketing piloté par les données). Toutes les agences font de l'influence, vendent de l'influence, créent même de l'influence.**

57 millions d'abonnés sur YouTube pour PewDiePie en 2017

83% des influenceurs se rémunèrent à l'article sponsorisé

Bref, cela devient un levier apprécié des recommandations stratégiques au même titre que le display via la programmatique. Vous l'aurez peut-être compris, mais c'est là la grande erreur. L'influence est beaucoup plus qu'un vulgaire canal, elle est l'essence même de la communication. Un terme trop oublié au profit de la seule performance. Si cette dernière reste capitale pour juger de la réussite d'une campagne, il faut recentrer l'influence entre le social et le *média**, l'humain et la performance.

L'INFLUENCE, L'ASCENDANCE DU SOCIAL INDIVIDUALISÉ

L'action d'influer est aussi vieille que le monde. Au niveau marketing, les premières pratiques théorisées et sourcées remontent au début du XXe siècle. Notamment avec Edward Bernays, neveu de Sigmund Freud, utilisant les études de ce dernier et celles de Gustave Le Bon pour mettre en œuvre l'influence dans l'industrie.

> L'influenceur gaming PewDiePie

Mais le terme d'influence que nous utilisons est beaucoup plus récent. Nous savons tous l'impact et l'influence des réseaux sociaux pour créer ces influenceurs individuels. Si à l'époque l'influence n'était que très peu individualisée, la puissance de portée des algorithmes a permis à des personnes de devenir de réelles célébrités sans passer par la case «cinéma, scène musicale» ou «fils, fille de...».

Mais avant de parler d'algorithmes, restons sur la notion de social qu'est l'influence. Nous l'avons dit, les influenceurs sont aujourd'hui caractérisés par leur individualité, leur personnalité et bien sûr par leur précocité à communiquer à travers les réseaux sociaux. Les premiers étant les plus connus. PewDiePie, gamer influenceur comptabilise 57 millions d'abonnés et plus de 16 milliards de vues sur YouTube. Si l'on regarde l'engagement (commentaires, partages, approbations - mentions J'aime), c'est encore plus spectaculaire.

Les influenceurs font parfois polémiques, ce sur quoi leur aspect social prend toute légitimité. Parfois cela est négatif, dans d'autres cas cela est positif, mais finalement ils peuvent marquer les esprits. Et c'est ce que recherche une marque en faisant appel à l'influence.

INFLUENCEURS, VOUS AVEZ DIT MÉDIA OU INDIVIDUS ?

Quand on regarde les pratiques liées à l'influence à travers les agences-conseils ou directement les marques, on peut légitimement se poser la question : les influenceurs sont-ils avant tout des médias ou des personnalités ?

Pour connaître ce milieu et côtoyer des influenceurs quotidiennement, un influenceur est approché aussi subtilement qu'un catalogue de mobilier. La relation est aussi impersonnelle que valorisante pour les deux parties. Les résultats risquent d'être identiques... A contrario, on trouve des RP qui ont cette maîtrise de l'influence du passé avec ses codes spécifiques et les techniques et usages d'aujourd'hui. Le savoir-faire du RP combiné au faire-savoir de l'influenceur conduira sûrement à des résultats positifs correspondant aux attentes des marques. Mais si la relation est cordiale entre les deux parties, les marques recherchent un retour sur investissement et non une amitié. Les influenceurs professionnels, c'est-à-dire ceux qui vivent partiellement ou en totalité, ont la notion de performance bien en tête. Les KPIs sont définis en amont et des projections sont même possibles dans certains cas. Les influenceurs sont aidés par les plateformes sociales à ce niveau. Facebook, YouTube, Twitter, Instagram pour ne citer que les principales (en Occident) offrent des rapports et une vue des analytiques.

Les kits médias des influenceurs ressemblent fortement à ceux des médias classiques avec les notions d'arguments et de séduction. Tout comme les médias, les influenceurs «stars» n'auront aucun mal à avoir des propositions de partenariat, tandis que les autres devront jouer au jeu de la concurrence. Par certains aspects, les influenceurs ont compris la nécessité de se regrouper bien avant les médias avec les alliances comme Gravity. La chaîne de production Studio Bagel ou encore Golden Moustache sont des bons exemples.

Ces derniers sont aussi de bons exemples pour illustrer le passage d'influenceur à celui de boîte de production/média. Studio Bagel appartient aujourd'hui, en partie, à Canal+ et Golden Moustache à M6. Finalement, n'est-ce pas la volonté de chaque influenceur de devenir un média à part entière ?

L'INFLUENCE, C'EST DU SOCIAL MÉDIA

La boucle est bouclée : l'influence est un mix entre social et média. Un savant mélange de relations humaines, de coopération et d'échanges. Un échange qui se concrétise par un aspect beaucoup plus pragmatique et lié au média : des performances, de la visibilité et un budget. L'un n'est ni mieux ni moins bien que l'autre, ils doivent avoir une synergie positive servant aux deux modèles qui peuvent s'avérer en premier lieu antagonistes. Pourtant comme nous l'avons dit en première partie, l'influence est un nouveau levier marketing, nous sommes sujets à l'influence quotidiennement et à n'importe quel moment. Justement le «moment» serait selon Google la priorité marketing pour toucher les bonnes audiences.

* Retrouvez la définition dans le lexique en fin d'ouvrage.

> ***“La propagande ne cessera jamais d'exister. Les esprits intellectuels doivent comprendre qu'elle leur offre l'outil moderne dont ils doivent se saisir à des fins productives, pour créer de l'ordre [...].”***
>
> **Edward BERNAYS**
> *Consultant RP Indépendant*

◊ SIÈCLE DIGITAL
www.siecledigital.fr
Fiche de présentation p. 499

Arnaud Verchère
Cofondateur
arnaud@siecledigital.fr

Valentin Blanchot
Cofondateur
valentin@siecledigital.fr

MARQUE, ÉTHIQUE ET POLITIQUE : QUELLE STRATÉGIE D'ENGAGEMENT ADOPTER EN 2018 ?

Pour exister dans un paysage médiatique saturé de discours de plus en plus similaires et séduire un consommateur dont les attentes ont explosé, les marques multiplient les actions et déclarations démontrant leur engagement pour de grandes causes. Mais dans un contexte digital et social extrêmement imprévisible, tenter de se bâtir rapidement une image de marque citoyenne n'est pas sans risque...

79% des consommateurs pensent que les entreprises ont le devoir d'agir pour la société

64% des consommateurs attendent des entreprises qu'elles défendent leurs valeurs

8 novembre 2016, Donald Trump est élu Président des Etats-Unis. De nombreuses marques se sont alors lancées dans un bras de fer avec le nouveau gouvernement américain. New Balance, Airbnb, Diesel... Du simple tweet à la campagne de communication, ces prises de position contre ou en faveur du trumpisme témoignent de la volonté des marques de s'engager toujours plus dans les combats sociétaux, quitte à se politiser.

S'ENGAGER POUR ÉMERGER

Ce militantisme n'est pas nouveau. Depuis quelques années, les campagnes de marque engagées déferlent. Cette année le programme Care Count lancé par Whirlpool dans les écoles primaires américaines a marqué les esprits. Comme l'a très récemment souligné Alex Holder du Guardian : « Sex doesn't sell anymore, activism does. »

Le «citizen branding» est devenu une réponse évidente à un problème majeur : comment générer de la préférence de marque quand tout le monde adopte le même discours ? Pour se différencier, la marque se redéfinit donc autour de son impact collectif (éthique, diversité, écologie, transparence...). Elle dépasse sa fonction mercantile pour démontrer son utilité économique et sociale et convaincre des consommateurs plus exigeants. 79 % pensent que les entreprises ont le devoir d'agir pour la société et 64 % que c'est une bonne chose qu'elles prennent part au débat public pour défendre les valeurs auxquelles elles croient. (OpinionWay 2017)

> " Si vous soutenez une cause, vous trouverez toujours des gens avec vous et d'autres contre vous. Si vous n'en soutenez aucune, vous ne trouverez personne contre vous, mais personne avec vous non plus. "
>
> Bill BERNBACH
> *DDB Worldwide*

Mais du militantisme à l'opportunisme il n'y a qu'un (faux) pas que le consommateur ne manquera pas de remarquer. A l'heure du smartphone et des réseaux sociaux, il faut garder en tête quatre grands principes qui régissent le contexte dans lequel évolue désormais votre marque :

- La transparence nouvelle de l'entreprise qui était auparavant une entité opaque dont la communication était maîtrisée ;
- L'incertitude engendrée par l'hyper-connectivité qui a fait perdre aux marques le contrôle sur leur communication. Les risques, externes ou internes sont démultipliés. Impossible d'anticiper tous les scénarios ;
- L'horizontalité des relations créée par les réseaux sociaux. Consommateurs, marques, CEOs et hommes politiques sont maintenant au même niveau d'accessibilité et donc d'exposition ;

• L'immédiateté due au mobile qui fait que quelques minutes suffisent pour qu'un événement néfaste pour la marque se retrouve partagé sur les réseaux sociaux. Fake news ou pas, si la marque ne réagit pas assez vite, d'autres le feront pour elle.

POLITISATION, ACTIVISME OU LES DEUX ?

La politisation consiste à réagir à un fait social, économique ou politique avec une prise de parole légère pour émerger rapidement avec un investissement faible. Il peut s'agir de simples réactions ou déclarations, comme celle du CEO de Starbucks Coffee qui promet l'embauche de 10 000 réfugiés en réponse à la politique d'immigration de Trump, ou d'un one-shot événementiel rebondissant, par exemple, sur la Gay Pride pour montrer le soutien de la marque au mouvement LGBT. Si les retombées peuvent être intéressantes pour la marque, le risque est aussi très élevé si la légitimité de la prise de parole est remise en question par l'audience.

L'activisme de marque nécessite de refondre le modèle d'entreprise afin d'intégrer les engagements de la marque au cœur de son activité et de développer des actions concrètes. On citera Patagonia et son modèle d'économie viable ou Poule House, première marque d'œufs engagée dans le respect des animaux qui a créé un refuge et finance des projets innovants sur le sexage IN OVO pour stopper le massacre des poussins mâles. Cette démarche est très lente et coûteuse, mais permet de reprendre le contrôle sur l'écosystème de marque et de réduire les risques en renforçant sa légitimité.

A mi-chemin entre politisation et activisme, on retrouve les campagnes de communication de grande envergure autour de sujets de société et la brand utility. Carrefour a récemment lancé «Le Marché Interdit» pour dénoncer l'atteinte à la biodiversité d'une loi interdisant la commercialisation de certaines semences paysannes.

CHOISIR SON TERRITOIRE D'ENGAGEMENT

Trois questions à se poser :
• Sur quel sujet ma marque est-elle légitime pour prendre la parole ?
• Possède-t-elle un savoir-faire qui permette d'apporter des solutions concrètes au problème ?
• A-t-elle les moyens de s'engager et d'agir sur le long terme ?

Dans le cas du «Marché Interdit» de Carrefour, la légitimité de l'enseigne est questionnée depuis le lancement de la campagne par une partie de l'audience. En tant que principal acteur de l'agroalimentaire en France, la marque n'a-t-elle pas largement contribué à la création du système qu'elle dénonce ? Certains consommateurs crieront au greenwashing, d'autres diront que la démarche est louable et que c'est une belle remise en question. De son côté, Carrefour peut s'appuyer sur le fait qu'elle est engagée dans l'agriculture biologique en France depuis 25 ans.

En vendant ces «fruits & légumes interdits» dans 40 magasins et en lançant une pétition pour changer la loi, Carrefour montre qu'elle apporte des solutions concrètes. La polémique elle-même finit par servir la marque qui monte en épingle un micro-événement dans ses rayons (quelques magasins concernés, quelques espèces concernées). Carrefour se retrouve ainsi au cœur des conversations en suivant le conseil de Bill Bernbach : « If you stand for nothing, you will find nobody against you, and nobody for you. »

◊ SENSIOGREY
www.sensiogrey.com

Axel Julien
Planneur Stratégique
axel.julien@sensiogrey.com

LES PR POUR FAVORISER LA CROISSANCE DES ENTREPRISES : SENS, CONFIANCE & INFLUENCE

Les entreprises relèvent sans cesse de nouveaux défis pour renforcer leur image de marque et leur notoriété auprès de leurs publics - consommateurs, collaborateurs, influenceurs, partenaires. Dans un monde ultra-communicant, les publics sont plus que jamais influençables, infidèles et volatiles, mais surtout exigeants et attendent beaucoup des marques. La construction d'une relation humaine, évolutive et qualitative avec des relais d'opinion stratégiques, vecteurs potentiels de la notoriété des entreprises s'avère être un facteur essentiel de performance et de croissance.

C'est aujourd'hui un enjeu de communication majeur pour toutes les entreprises, quel que soit leur taille ou leur secteur d'activité. En France, on remarque que les start-up et les PME issues du digital tardent à en prendre conscience ; elles sont tant focalisées sur la performance de leur produit, qu'elles ne mesurent pas combien le branding et les PR constituent un facteur essentiel de leur croissance.

Et pourtant, là où certaines pratiques de marketing de masse s'essoufflent ou commencent à trouver leurs limites, souvent mises à mal par Google, les Publics Relations permettent à l'entreprise de remettre du sens relationnel humain au cœur de leurs stratégies de communication et d'influence, de développer une relation de confiance, en toute transparence et sincérité.

> *“En jouant la carte de la transparence, l'entreprise pourra développer des relations de confiance avec ses différentes communautés qui seront alors adressées de manière ultra-ciblée, avec les contenus et messages déterminés dans la plateforme de marque.”*

UN BRANDING SINCÈRE COMME PRÉ-REQUIS À TOUTE ACTION DE COMMUNICATION INNOVANTE

L'entreprise, pour capter l'attention et influencer ses publics, doit affirmer une image de marque claire et sans ambiguïté. Au-delà de l'annonce de ses nombreuses actualités, c'est bien une expérience continue et un univers attractif qu'elle doit partager, mais aussi ses valeurs propres. Ce n'est pas un storytelling savamment étudié, mais qui pourrait sonner faux qu'attendent les publics, mais bien un discours sincère, parfois imparfait, mais qui sera l'expression juste de l'entreprise. En jouant la carte de la transparence, l'entreprise pourra développer des relations de confiance avec ses différentes communautés qui seront alors adressées de manière ultra-ciblée, avec les contenus et messages déterminés dans la plateforme de marque.

LE BIG DATA AU SERVICE DES PR POUR FAVORISER LA FIDÉLISATION

Les entreprises disposent d'innombrables datas et informations sur leurs différents publics, provenant de différentes sources (comportements médias, réseaux sociaux, sources tradition-nelles...), qu'elles doivent absolument qualifier pour pouvoir affiner une stratégie de production de contenus dédiés (vidéos, photos, éditorial) dans le cadre d'une communication ciblée et personnalisée. La connaissance client notamment, devient un élément au service de la construction du discours de marque de l'entreprise ; celle-ci élabore les éléments de brand content pour tendre vers une communication ultra-personnalisée. La marque captera l'attention en s'adressant à ses publics avec des contenus adaptés à leurs attentes respectives. Cette démarche, portée sur la durée, encouragera la fidélisation des publics qui se sentiront entendus, écoutés, respectés.

L'ENGAGEMENT D'UNE MARQUE FAVORISE LA RECOMMANDATION

L'écosystème d'une entreprise est sensible aux marques d'engagement de celle-ci en termes sociétaux, économiques ou environnementaux. Les consommateurs et notamment les millennials, partagent des valeurs communes avec une marque et s'attendent à ce que celle-ci joue effectivement un rôle très actif dans la protection de l'environnement, la bienveillance et l'entraide.

Une récente étude menée par Howtank et Opinion Way nous enseigne que 65 % des Français pensent qu'une marque peut avoir un impact concret et positif au sein de notre société. De plus, près de 80 % d'entre eux considèrent qu'elles doivent agir et qu'elles ont des responsabilités dans tous les domaines et huit sur dix estiment par ailleurs qu'elles doivent promouvoir l'entraide, perçue par les marques comme une démarche affinitaire qui séduit les consommateurs. Les marques doivent changer de paradigme, et permettre à la logique acquisition/ fidélisation de laisser place à une démarche où l'engagement mène à la prescription.

ÉTENDRE SA NOTORIÉTÉ AUPRÈS DES PUBLICS GRÂCE AUX MÉDIAS

Dans une récente interview sur France Inter, Steven Soderbergh, le fameux réalisateur américain de "Sexe, mensonges et vidéo" expliquait qu'il y a 20 ans il était compliqué de faire un film, mais plutôt simple d'identifier un public pour celui-ci. A présent, c'est l'inverse ! En lieu du public, il existe des publics, difficilement identifiables et dont l'attention est bien plus difficile à capter, car ils sont éparpillés et ont accès en permanence à une offre communicante pléthorique.

C'est notre société tout entière qui a évolué de cette manière, le collectif cédant la place aux individualités regroupées en communautés. Les "consommateurs-citoyens" se regroupent en communautés selon leurs centres d'intérêt et deviennent acteurs de leur consommation, en prenant désormais le pouvoir grâce aux réseaux sociaux. Ils sont ultra-connectés : un consommateur consulte en moyenne 50 fois par jour son mobile ! La consommation en général, et celle des médias en particulier, est de plus en plus fragmentée, individualisée et participative ; place à la consommation thématique et "on demand".

Journalistes, blogueurs, youtubeurs, twittos, instagrammers... sont autant d'influenceurs qui crédibilisent le discours et les messages des marques en s'en faisant l'écho auprès de leurs communautés. Les marques, pour toucher et sensibiliser leurs publics aujourd'hui éparpillés et infidèles, ont tout intérêt à engager la discussion avec ces désormais incontournables relais d'opinion. Pour quels bénéfices ? Créer de la confiance et de la préférence de marque, développer leur notoriété, mesurer efficacement leur impact auprès des publics.

◊ **KALIMA PR**
www.kalima-rp.fr
Fiche d'entreprise p. 487

Tygenia Saustier
Fondatrice de l'agence

MILIBOO

Quand les stratégies digitales et médias ne font plus qu'une !

> Milibootik à Lyon : une nouvelle génération de boutique connectée

PROBLÉMATIQUE DE LA MARQUE

> Le contexte

3 ans après avoir créé l'événement en ouvrant la toute première boutique de mobilier connectée au monde, Miliboo a inauguré en septembre 2017 sa seconde Milibootik à Lyon. Précurseur en matière de digitalisation des points de vente, l'entreprise poursuit ainsi sa stratégie d'innovation pour s'adapter à la révolution de l'ameublement et aux nouvelles attentes des consommateurs en matière de shopping personnalisé et connecté.

C'est une véritable invitation à l'expérience shopping inédite et ultra personnalisée, pour offrir au consommateur un parcours client toujours plus novateur, intégrant notamment EKKO, le tout premier miroir connecté.

> La cible

Parce que Miliboo confectionne des mobiliers connectés pour des intérieurs personnalisés alliant design et innovation, la marque accompagne ses clients dans leur vie au quotidien. L'expérience est donc familiale, car elle répond à des besoins différents, des millennials aux seniors, et actifs.

> Les objectifs

• Constituer un écosystème médiatique global intégrant tous les canaux qui correspondent à chaque public identifié ;

• Créer un lien fort entre les consommateurs et la marque pour générer de la préférence, se différencier des concurrents ;

• Valoriser et viraliser le lancement de cette nouvelle boutique sur les réseaux sociaux, créer l'événement autour de cette ouverture avec des médias nationaux et régionaux et fidéliser les médias déjà identifiés.

SOLUTION STRATÉGIQUE

Pour répondre aux objectifs et engager les cibles, l'agence a souhaité rappeler et valoriser le regard neuf et le souci permanent de l'innovation que Miliboo déploie depuis 10 ans. Un travail particulier a été fait sur la marque, son storytelling et ses ambitions de développement.

Sa volonté d'être au plus proche des besoins des clients se renforce avec l'ouverture de sa 2e boutique, dans laquelle la promesse est tenue, à savoir une expérience technologique inédite au service de l'habitat ! Pour un parcours client toujours plus personnalisé et digital, plusieurs services innovants autour des technologies les plus pointues du moment sont mis à l'honneur : un mur numérique permet d'afficher en grandeur nature les meubles de la marque, via un système de visualisation à 360 degrés à l'échelle 1. Miliboo présente également une expérience de simulation d'aménagement d'intérieur en immersion 3D grâce à un partenariat engagé depuis deux ans avec Dassault Systèmes.

Afin de compléter le dispositif et capter l'ensemble des publics, Miliboo ne pouvait s'exprimer qu'à travers les médias sociaux, qui sont le lieu de la construction d'expériences singulières et innovantes pour ses clients. Nous avons pris le parti d'accompagner la marque dans le développement de sa notoriété auprès d'un public le plus large possible allant des actifs urbains en passant par les jeunes connectés en quête de mobilier pratique, beau, mais surtout utile. Dès août 2017, nous avons investi les réseaux sociaux que sont Facebook, Instagram et Twitter en produisant du contenu relatif à l'ouverture de la Milibootik de Lyon sous forme de teasing, à destination des influenceurs. Dans un premier temps pour développer la viralité ; ensuite, pour susciter l'intérêt autour de la marque et créer l'événement. En nous appuyant sur les différentes communautés de fans

INFOS CLÉS

3/4 print national

46 200 impressions sur Twitter

et de followers constitués sur les médias sociaux nous avons suscité la curiosité des clients potentiels et l'envie de découvrir la Milibootik avec un taux d'engagement allant jusqu'à 26 550 personnes sur Facebook. Ce n'est qu'une semaine avant l'événement que l'ouverture de la Milibootik a été annoncée, lieu inédit pour une expérience et un parcours client d'un nouveau genre alliant design et innovation.

MISE EN PLACE OPÉRATIONNELLE

En amont du dispositif RP, l'agence a imaginé et construit avec la marque un storytelling basé sur son ADN, ses valeurs et son histoire pour renforcer sa position de précurseur en matière de digitalisation de points de vente. Afin de faire vivre cette expérience shopping connectée aux journalistes, nous avons organisé un voyage de presse qui s'adressait aux journalistes cœur de cible. Ils ont pu échanger lors d'un déjeuner avec le fondateur afin de privilégier un contact convivial, de confiance et être au cœur de la stratégie phygitale de Miliboo.

En parallèle, une invitation à venir découvrir ce nouveau lieu avait été diffusée auprès de la presse nationale et régionale.

Dans le cadre de l'inauguration de la Milibootik de Lyon, une place stratégique a été accordée aux réseaux sociaux avec l'animation des comptes Twitter, Facebook et Instagram, points de rassemblement de la communauté de Miliboo. Une visite virtuelle guidée de la Milibootik ouverte à tous pouvait être suivie en live sur Facebook. Tout au long de la journée de l'inauguration, les réseaux sociaux se sont fait l'écho de l'événement avec le partage de photos et vidéos estampillées des hashtags #milibootik et #milibootikLyon faisant de l'inauguration un événement approprié par tous les publics. La campagne digitale a permis de développer, d'ancrer la notoriété de la marque et de créer des relations avec des influenceurs lifestyle, famille, design et décoration. Après l'événement, ce lien créé avec les influenceurs nous a permis d'organiser un atelier DIY avec des blogueuses déco. Elles ont diffusé pendant l'atelier du contenu images et vidéo à leurs communautés respectives et ont produit du contenu print.

Intégrer le digital à une campagne RP traditionnelle permet de faire grandir visibilité et notoriété et d'en faire un réel moyen de différenciation d'une marque innovante.

RÉSULTATS

Retombées : plus de 30 articles
Twitter : 46 200 impressions du Tweet, 2 162 visiteurs du profil, le meilleur Tweet a obtenu 1 624 impressions
Instagram : 2 534 likes d'une photo.

> Ekko, premier miroir connecté imaginé par Miliboo

◊ **MILIBOO**
www.miliboo.com

◊ **KALIMA PR**
www.kalima-rp.fr
Fiche d'entreprise p. 487

Tygenia Saustier
Fondatrice de l'agence

DIGITAL
réseaux
sociaux
INFLUENCE
CONSEIL

Kalima est une agence de conseil en stratégie de communication PR, spécialiste des relations avec les médias, et des stratégies d'influence.

Acteur clef de l'écosystème digital, depuis 11 ans, nous accompagnons la croissance des entreprises de l'économie numérique : start-up et PME, Groupes et filiales, dans les domaines B2B et B2C : e-commerce, Fintech, RH, Fashiontech, Foodtech, Associations, salons/évents, Assurtech, Services, Travel, retail... En France et à l'international (US, UK, Allemagne, Espagne, Italie, Benelux, Canada).

Nous envisageons notre métier comme un laboratoire permanent de la communication vers les publics des entreprises. Nous développons en collaboration avec nos clients des stratégies de communication innovantes, au cœur des tendances économiques et sociales de notre monde. Notre équipe partage son expertise de la communication, des médias et du digital pour conseiller et construire des stratégies sur mesure, efficaces, au service de la croissance de nos clients.

Les entreprises relèvent sans cesse de nouveaux défis pour renforcer leur image de marque et leur notoriété auprès de leurs publics - consommateurs, collaborateurs, influenceurs, partenaires. En pleine évolution, les médias constituent plus que jamais des canaux de communication essentiels pour les marques et les entreprises. Journalistes, blogueurs, youtubers, twittos, instagrammers... sont autant d'influenceurs, qui crédibilisent le discours et les messages des marques, en s'en faisant l'écho auprès de leurs communautés.

Les Public Relations permettent à l'entreprise de remettre du sens relationnel humain au cœur de leurs stratégies de communications et d'influence, de développer une relation de confiance avec leurs publics.

MACSF

Créer de la proximité et de l'empathie avec des opérations coup de cœur pertinentes

> MACSF - L'infirmière est servie

PROBLÉMATIQUE DE LA MARQUE

> Le contexte

La MACSF est l'assureur des professionnels de santé pour leur vie professionnelle mais également pour leur vie privée. La marque MACSF est principalement connue des professionnels de santé libéraux exerçant en cabinet, marché sur lequel la MACSF a de très forts taux de pénétration. La MACSF est également très présente auprès des médecins hospitaliers.

A contrario, la marque souffre d'un déficit de notoriété et d'image auprès des infirmières hospitalières et salariées. Celles-ci représentent un volume important du marché des professionnels de santé car elles sont près de 500 000 dispersées dans un grand nombre d'établissements et de services.

La présence terrain des conseillers MACSF ne suffit pas pour exister à côté d'acteurs historiquement très présents dans les hôpitaux. Quant aux communications destinées aux hospitaliers, elles étaient jusqu'à présent très corporate et indifférenciées par profession. Les infirmières y étaient indifférentes. Les infirmières salariées sont moins attachées que la moyenne des sociétaires à la MACSF, ouvrent moins les emailings et se rendent rarement dans l'espace client du site. Elles réagissent peu aux communications sortantes de la MACSF.

> Les objectifs

La MACSF souhaite devenir la marque favorite des infirmières salariées ou hospitalières (notoriété, attachement à la marque).

> La cible

500 000 infirmières salariées en établissement public ou privé en France. 90% de ces salariés sont des femmes et 20% d'entre elles ont moins de 30 ans. La profession se rajeunit.

> La contrainte

En tant qu'assureur affinitaire nous avons de tout petit budget. Nous devons donc optimiser les ciblages pour être le plus efficace et ROIstes possibles. Cependant un ciblage fin rend parfois l'audience ou le volume de recherche internet trop petit pour être significatif et exploitable. L'enjeu de la campagne est de trouver la martingale pour atteindre le volume critique des campagnes programmatiques et le ciblage optimal.

> L'opportunité

Nous avons choisi d'exploiter les réseaux sociaux pour exister auprès d'une communauté très active et d'utiliser les fonctionnalités programmatiques pour cibler à moindre coût. Le développement des fonctionnalités de tarifications et de ventes en ligne des principaux produits d'assurance à destination des infirmières nous a permis de construire des parcours d'achat 100% digitalisés.

SOLUTION STRATÉGIQUE

> L'idée stratégique

La MACSF a crée le persona de Justine l'infirmière, dont elle a analysé la vie à l'hôpital et dans sa vie privée. Etre infirmière, c'est une vie à part : c'est avant tout une vocation au service des autres, des conditions d'exercice difficiles, des horaires décalés et imprévisibles, des revenus modestes. C'est aussi de la fatigue physique et psychologique et un manque de reconnaissance à la fois du reste des professions médicales ou de la société. Dans ce contexte, les infirmières sont solidaires et s'expriment beaucoup notamment sur les réseaux sociaux. Leurs prises de parole ont un fort écho sur leur communauté. Certaines prises de parole peuvent être drôles avec beaucoup d'autodérision comme celles de la jeune Caroline Estremo, infirmière aux urgences avec qui nous avons noué un partenariat, ou très dure voire désespérée comme cette infirmière anonyme qui

INFOS CLÉS

502 814 vidéos lancées

+ 78 000 clics campagne média

+ 6 POINTS notoriété spontanée

• **Objectif :** Notoriété, Image
• **Cibles :** Femmes, Les 20-30 ans, Les 30-40 ans
• **Moyens :** Buzz, Réseaux sociaux, Storytelling
• **Budget :** De 100 000 € à 200 000 €

avait fait une vidéo virale en langue des signes pour tenter de mieux se faire comprendre.

Pour nouer le dialogue et créer la confiance, la MACSF a voulu montrer sa reconnaissance, son amour à ses femmes et les mettre au centre de l'attention. Elle décide leur dédier une communication, en mettant en valeur l'héroïne qu'est l'infirmière au quotidien, dans sa vie professionnelle et dans sa vie privée. Elle se lance dans une communication différenciée avec des codes spécifiques.

Par ailleurs pour toucher sa cible, la MACSF souhaite créer des contenus dédiés, attractifs générant du trafic et des interactions de la communauté infirmières et des visites qualifiées sur le site. En générant ce trafic la MACSF veut se constituer une base d'audience suffisante pour activer des campagnes medias programmatiques et du retargeting.

C'est la création d'opérations « coup de cœur » justes et pertinente qui permettra d'allier ces deux objectifs : les opérations terrain améliorent l'image de la marque et la médiatisation génère du trafic et de l'audience.

> Vidéo L'infirmière est servie - Hôpital Foch

LES ÉTAPES DE LA CAMPAGNE

> Phase préparatoire

Alors que le marketing analysait la cible, le communauty manager maillait son réseau : abonnement aux pages infirmières, curations, interactions, partage. La page facebook « MACSFet vous » faisait son trou dans la toile des échanges infirmiers et se créait une visibilité au-delà de son propre mur.

> Phase initiale

La marque a voulu apporter des preuves concrètes et gratuites de sa reconnaissance.

Elle a donc lancé l'opération « l'infirmière est servie », repas gastronomique servi en salle de garde entièrement redécorée par Alexis braconnier (ex top chef) à un service d'infirmières. Cette opération a été lancée le 12 mai, journée internationale des infirmières. Un film de l'opération a été réalisé dans sa version teaser et dans sa version longue. Le film est monté selon les usages de la téléréalité (« nouveau look pour une nouvelle vie »/ « D&Co ») afin de rendre l'expérience magique mais réelle et accessible. Pour le teaser il s'agissait de créer l'attente et le suspens. Pour le film long ont été mis en scène les différentes étapes de la préparation, la transformation avant / après de la salle de garde, la surprise et l'enchantement des gagnantes et enfin les témoignages ravis. L'infirmière internaute devait pouvoir se projeter et était invité à s'inscrire sur un formulaire pour faire gagner son service. Quelques lignes de motivation étaient demandées afin de faciliter le choix du jury. La richesse des verbatims a également enrichi la connaissance de la cible.

> « Les infirmières salariées ont des vies difficiles et manquent de considération. Le temps d'un moment les rôles ont été inversés : nous avons pris soin de celles qui prennent soin des autres. »

> Repas surprise aux infirmières de l'hôpital Foch

> Les infirmières du CHI de Créteil

> Exemple email envoyé à des infirmières

> Phase médiatisation 1

Les films de ces opérations ont été médiatisés sur les réseaux par un buzz naturel et grâce à des budgets sponsorisés sur les nombreuses pages ou chaines dédiées aux infirmières.

Deux autres repas ont été servi : CHU de Poisy et CHI de Creteil. L'effet Waou a fonctionné à 100% auprès d'infirmières qui dans les deux cas ont souhaité poser des jours de congés pour profiter du moment et ce sont toutes mises sur leurs 31. L'évènement exceptionnel les a intimidées et les témoignages de ces journées sont très chaleureux et reconnaissants. Ils ont validés la pertinence et la justesse de l'opération qui voulait valoriser les infirmières.

Les films, visibles sur les réseaux et sur le site, ont généré des visites sur le site MACSF.fr, sur les pages d'inscription à l'opération et sur la présentation des offres. Les visites sur les pages dédiées aux infirmières ont permis de créer une base cookies qualifiés suffisamment importante pour générer des audiences de retargeting très précises en display.

> Phase médiatisation 2

La campagne infirmière a été complétée dans un second temps par un dispositif de communication digital à deux volets utilisant le retargeting et le programmatique. Deux types de campagnes complémentaires ont été diffusées : Une campagne « image » avec la création d'une mini série de 4 films racontant avec humour des tranches de vie typique d'une infirmière diffusé et une campagne produits sur des offres dédiées pour apporter une réponse produits.

Le dispositif média digital complet était le suivant :

- YouTube en Instream, *companion Ads**
- Facebook : annonce sponsorisée
- GSP
- Video RTB
- Sites direct (infirmiers.com , actusoin ...)
- Affichage sur Gmail Sponsored Promotion
- Bannières display RTG
- Criteo
- ad words. SEM

Même si son potentiel reste limité par le volume des requêtes Le SEM reste logiquement le levier le plus rentable. Cependant les autres leviers et notamment le levier video associé à l'opération « l'infirmière est servie » ont permis d'accroitre le public de diffusion et d'augmenter la notoriété.

> Phase de recrutement complémentaire

Enfin, capitalisant sur la force de la communauté infirmière nous avons mis en place en fin d'année un dispositif de parrainage digitalisé et automatisé : inscription des parrains en ligne, envoi des invitations par email, sms ou sur les réseaux sociaux, reconnaissance des filleuls et des parrains automatiques, envoi de mail au parrain en cas de souscription.

> Phase de déploiement

Forte de ses bons résultats et des retours des enquêtes, cette première campagne infirmières a été renforcée en 2017.

Les communications infirmières ont été ralliées sous la bannière d'un logo identifiable : MACSF love infirmières. Ce logo, faisant appel à l'émotion et à l'appartenance utilise le fil rouge, décliné en rose, marqueur du lien de la marque MACSF avec ses sociétaires. Bien que des infirmiers exercent en milieu hospitaliers il a été décidé de privilégier une tonalité a priori « féminine ».

Les différentes infirmières de nos campagnes sont désormais incarnées par une seule égérie, Justine, personnage croquée dans le style des magasins féminins et mis en scène dans sa vie professionnelle et privée. Justine vit comme une bande dessinée, toutes les semaines sur les réseaux sociaux, en bannière, dans les emails ou pour vanter le parrainage. Elle met en scène les besoins des infirmières dans leur vie quotidienne mais également ses humeurs ou ses coups de cœur. Déclinant toutes les communications pour la cible, elle est identifiable immédiatement par le public qui commence à la reconnaitre. Le dispositif « infirmière est servie » a été renouvelée par le jeu « la box infirmière » qui permet de faire gagner des box surprises à un service par semaine selon le même principe, avec 3100 inscrites dès la première semaine. Les infirmières relaient les goodies et la journée sur leurs propres pages. Les ambassadrices sont multipliées par 20 !

L'abondance de ces nouveaux contenus et le nombre d'interactions qu'ils génèrent, supérieur aux autres contenus et aux autres cibles, ont légitimé l'ouverture d'une page facebook dédiée aux infirmières. Celle-ci sera alimentée par la curation de nombreux articles, les aventures de Justine, des conseils protection juridique, des analyses d'actualité comme le code infirmière et des évènements ludiques.

RÉSULTATS

La production de contenu et de dispositif 100% dédiés aux infirmières, très identifiables et valorisants pour la cible a généré du trafic qualifié sur le site. Au-delà du renforcement de la notoriété et de l'image de la MACSF auprès des infirmières, cette première campagne a permis de créer une audience qualifiée pour renforcer l'efficacité de nos communications en affinant le ciblage. Entré dans un cercle vertueux, nous avons désormais la base pour créer des bannières et des contenus personnalisés avec Justine et son logo comme étendard.

Les résultats de l'opération 2016 :
Le budget dépensé en média est de 83 056 €
Il a généré 9 765 725 impressions et 78 275 clics
La vidéo a généré 550 000 vidéos lancées et plus de 210 000 vues à 100%
Le temps moyen passé sur les pages est supérieur à 1 mn.

Au total, 1 200 infirmières se sont inscrites en un mois en 2016 et 3500 en un mois en 2017.

La communauté a fonctionné en relayant l'opération sur les pages personnelles et en likant les posts FB. Le taux d'engagement est plus important que sur toutes les autres cibles MACSF (hors étudiant).

L'opération « l'infirmière est servie » a renforcé la notoriété de la MACSF auprès des infirmières salariées. Nous avons constaté une progression de notre portefeuille et du taux de notoriété spontanée (+ 6 points). Les témoignages, les remerciements et les études ont montré une très bonne réception des opérations et des contenus.

La MACSF a trouvé son ton et son canal de communication avec les infirmières hospitalières.

* Retrouvez la définition dans le lexique en fin d'ouvrage.

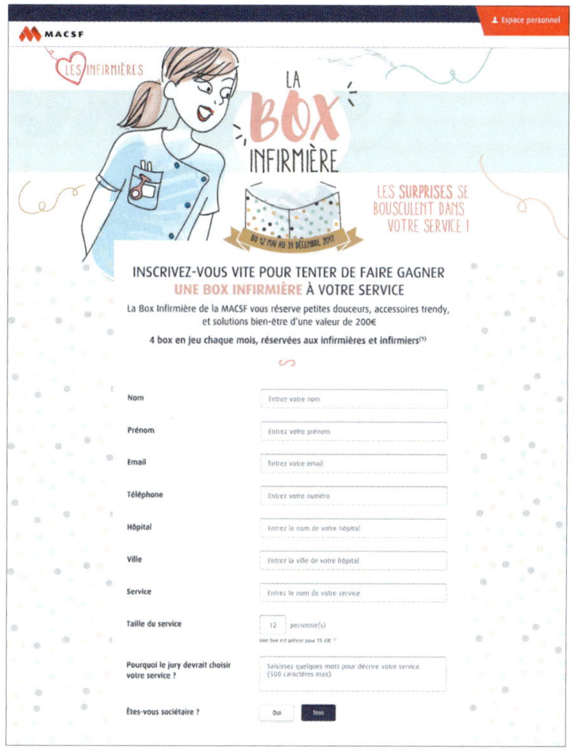

◊ MACSF
www.macsf.fr

Ségolène de Dianous
Directrice Internet et Marketing à Distance
segolene.de_dianous@macsf.fr

Karine Stavrevitch
Responsable Marketing Digital
karine.stavrevitch@macsf.fr

◊ GYRO / EFICIENS / DPS

Virginie Deprost
Account Director

Emmanuelle Eymard
Directrice Associée

TARKETT

Déploiement d'une campagne de publicité co-brandée sur le web

PROBLÉMATIQUE DE LA MARQUE

> Le contexte

Depuis plus de 130 ans, Tarkett met tout en œuvre pour fournir à ses clients une expérience unique du revêtement de sol.

Tarkett s'appuie pour cela sur un siècle de savoir-faire, une présence mondiale et un large portefeuille de produits intégrant le PVC, le linoléum, le stratifié, le bois et la moquette. Tarkett a développé une expertise approfondie des différents segments de marché qui lui a permis d'adopter une stratégie industrielle et marketing ciblée pour mener à bien tous les projets de ses partenaires, que ce soit dans le secteur de la santé, de l'habitat, de l'enseignement, du commerce, des bureaux ou des installations sportives.

Suite au lancement d'une nouvelle gamme de produits innovante et avec une orientation design forte sur le marché des revêtements de sol (des lames et dalles PVC haut de gamme), Tarkett a souhaité s'adresser aux architectes et designers français au travers d'un concept mêlant créativité et co-branding et communication.

« Floor is the new playground », une autre vision du sol

Spécialement conçu par Tarkett pour les architectes et designers, «Floor is the new playground» est un concept qui ouvre de nouvelles perspectives et fait du sol un espace de création privilégié grâce aux principes de modularité et de créativité en montrant que le sol devient un élément incontournable dans un projet, il signe et définit l'atmosphère du lieu.

Afin de se positionner en véritable partenaire et interpeller les architectes et designers, Tarkett leur a proposé de créer des bannières web avec les produits de la marque, bannières diffusées ensuite en co-branding sur le web.

> Les objectifs

L'objectif premier était de développer l'affect autour de la marque Tarkett en se plaçant en véritable partenaire auprès des architectes et designers en leur proposant une mécanique différente et vertueuse.

Tarkett avait également le souhait d'augmenter le trafic sur son nouveau site internet dédié aux collections de lames, dalles PVC et faire connaître la totalité et la diversité de son offre.

Enfin, Tarkett souhaitait inspirer ses clients architectes en les invitant à découvrir toutes les possibilités créatives liées aux revêtements de sol, mais aussi les encourager à travailler avec les produits Tarkett et proposer de nouvelles créations.

SOLUTION STRATÉGIQUE

> L'idée

Trouver l'inspiration sur flooristhenewplayground.fr

Intuitif et visuel, ce nouveau site permettait aux architectes et designers de découvrir l'ensemble des gammes LVT pour s'en inspirer et avoir accès à de nombreux calepinages[1] inédits.

Un module de création de calepinages (plan et disposition de lames et dalles au sol, de formes et couleurs différentes, pour former un motif, une création unique) a été développé sur ce site internet Tarkett dédié aux lames et dalles PVC et est venu compléter une galerie d'idées, de photos d'ambiance et de méthodes d'installation présente dans l'onglet « inspiration ».

Créer et s'exprimer au travers du module « Play »

Tarkett encourageait les architectes et designers à réaliser leur propre calepinage, inédit et personnalisé, dans ce module interactif. Ils pouvaient ensuite le diffuser en co-branding au

INFOS CLÉS

2,6 millions d'utilisateurs touchés

+ 25 % de trafic sur le site internet

+ de 50 réalisations

- **Objectif :** Image, Fidélisation
- **Cibles :** BtoB
- **Moyens :** Digital expérience, Web participatif

travers d'un plan média défini par Tarkett sur des sites internet dédiés au bâtiment à forte audience et en leur nom (ex. : floor is « cabinet d'architecture's » new playground!).

Les architectes et designers pouvaient ainsi réaliser leurs propres publicités sur le web, véritable vitrine pour les cabinets d'architecture, gratuitement et grâce à Tarkett.

> Page Play floor is the new playground

MISE EN PLACE OPÉRATIONNELLE

> La durée
2 mois - avril mai 2016.

> Les étapes
La première phase consistait à travailler l'interne. Annoncer en amont de la campagne le dispositif, son fonctionnement et les objectifs de Tarkett via cette campagne novatrice. Des sessions de formation ont été mises en place par les équipes marketing pour informer et former les forces de vente afin que le message soit porté et soutenu sur le terrain auprès des cibles architectes et designers.

La seconde phase concernait le déploiement externe en activant des bannières web sur LinkedIn et sur des blogs influents d'architecture afin de «recruter» et inciter les architectes à participer en créant leur calepinage. Cette activation a été soutenue par un important dispositif de relations presse et de marketing direct.

Une fois leurs créations réalisées et validées, les participants pouvaient prévisualiser leurs publicités créées sur le module puis étaient informés de leur diffusion.

Toutes les réalisations de nos partenaires architectes sont toujours accessibles et visualisables sur notre site http://flooristhenewplayground.tarkett.com/fr_FR/play !

> *“Afin de se positionner en véritable partenaire et interpeller les architectes et designers, Tarkett a désiré leur proposer de la publicité co-brandée sur le web.”*

RÉSULTATS

- 2,6 millions d'utilisateurs touchés par la campagne en France
- + 25 % de trafic sur le site internet pendant la campagne
- Plus de 50 calepinages créés par nos partenaires architectes et designers

[1] Calepinage = plan ou disposition de lames et dalles au sol, de formes et couleurs différentes, pour former un motif, une création unique.

◊ TARKETT
www.tarkett.fr

Nicolas Ferry
nicolas.ferry@tarkett.com

Marianne Gasnier
marianne.gasnier@tarkett.com

STORYTELLING : FAITES DE VOTRE MARQUE UN "PASSEUR D'HISTOIRES" SUR LE DIGITAL

Pour connecter les marques à ses audiences, le storytelling est un dispositif redoutable. Cet art de la mise en récit va bien au-delà de la communication produit et du factuel pour se concentrer sur le sensible, l'émotion, le souvenir. Bien utilisé sur vos supports digitaux, il permet, en bénéficiant des apports de la technologie, de personnaliser l'expérience et de la rendre participative.

8 secondes
de visuel pour capter l'attention

3 secondes
de vidéo pour rentrer dans le vif du sujet

"Une histoire courte et percutante vaut mieux que mille argumentaires interminables pour faire passer un message. Vous pouvez suivre trois pistes pour y parvenir : l'éducation, l'inspiration, l'humour."

Camille DENEUFBOURG
Business Developer Soyuz

CONCEVOIR UNE EXPÉRIENCE DE MARQUE

> Comprendre le comportement de votre consommateur

Vous ne pouvez vous lancer dans la conception de votre récit sans comprendre le comportement de votre consommateur. En effet, diverses études portent sur la versatilité des internautes. Il faut en retenir que le parcours de l'internaute n'est plus fluide ni forcément logique : la facilité d'accès à l'information et l'immédiateté, caractéristiques du digital, ont contribué à sa fragmentation.

L'analyse est donc essentielle pour :
- Imaginer un récit répondant aux besoins de votre cible tout au long de son parcours digital ;
- La toucher au moment où elle sera le plus réceptive ;
- Aboutir à un récit agile et opportun.

> Proposer une expérience digitale pour créer un impact sur l'utilisateur

Les internautes font aujourd'hui l'objet d'une multiplicité de stimulations sur Internet. C'est un énorme challenge pour les marques qui doivent capter l'attention très rapidement, mais aussi marquer les esprits de façon durable. Vous différencier en racontant une histoire qui suscitera une émotion est donc essentiel. Prenez le temps de réfléchir à l'expérience que vous souhaitez faire vivre à votre utilisateur, étape indispensable pour faire naître un récit efficace.

SUSCITER L'ÉMOTION : 3 PISTES POUR VOTRE STORYTELLING

Une histoire courte et percutante vaut mieux que mille argumentaires interminables pour faire passer un message. Vous pouvez suivre trois pistes pour y parvenir : l'éducation, l'inspiration, l'humour.

> 1) Éduquer : faire de sa marque un partenaire crédible et utile

Eduquer, c'est partager des connaissances avec votre audience. Vous pouvez partager, par exemple, votre expertise ou vos connaissances dans un domaine. Attention, il ne s'agit pas d'avoir une approche publicitaire, mais bel et bien de fournir des informations qui vont être utiles. La sincérité et l'utilité pour l'utilisateur sont le socle d'une relation durable entre la marque, qui apparaît alors comme un média intéressant à suivre, et son public.

> Rétablir le lien. Susciter l'émotion

> Co-créer avec l'audience

Dans cette optique, la marque Samsung a récemment lancé en Australie une application pour sensibiliser aux dangers des courants de l'océan. À travers l'histoire d'un homme piégé par un courant et perdant son énergie, la marque transmet à ses utilisateurs les bons réflexes à avoir en cas de problème.

> 2) Inspirer : faire de sa marque un vecteur de valeurs

Inspirer, c'est surprendre, faire rêver, émerveiller... pour donner envie de s'identifier. Devenir une «muse» pour votre audience, c'est vous imposer comme une référence dans votre secteur.

À ce titre, la marque Activia de Danone a inspiré son audience en racontant l'histoire de la ballerine brésilienne Ingrid Silva. Symbole de persévérance et d'excellence, cette histoire personnelle communique des valeurs fortes aux internautes, valeurs également implicitement associées à la marque.

> 3) Divertir : faire de sa marque un média engageant

Divertir, c'est réussir à convaincre à l'heure du choix. En suscitant par exemple le rire de votre audience, vous invitez au partage et attisez la curiosité nécessaire à la visualisation d'autres contenus. Votre objectif : devenir un partenaire inoubliable et irremplaçable.

La marque Oasis a très bien compris le pouvoir de ce type de storytelling. En mettant en scène des fruits parlant et utilisant des expressions détournées sur le thème des fruits, Oasis comptabilise plusieurs millions de vues sur ses vidéos. Un concept («Be Fruit») fort qui marque les esprits, y compris au moment de l'acte d'achat.

CO-ÉCRIRE LE RÉCIT AVEC VOS AUDIENCES : UN FORMIDABLE TREMPLIN

Le digital permet à vos utilisateurs d'intervenir, de donner leur avis, de partager... L'erreur à ne pas commettre est de prendre cet état de fait comme une contrainte, quand il s'agit d'une formidable opportunité pour fidéliser votre public. Si vous proposez un récit adapté à chaque étape du parcours de l'utilisateur, le risque de mauvaises critiques ou de mauvaise publicité est en réalité très faible.

Vous devez donc, vous aussi, faire confiance à vos audiences, les laisser participer à la narration de votre récit. Les utilisateurs ne souhaitent plus consommer de manière passive. Ils souhaitent co-concevoir, co-créer. C'est d'ailleurs la culture même du digital qui repose sur ces mécanismes collaboratifs.

Mais la co-création passe aussi par la prise en compte des goûts de vos utilisateurs. Avec l'avènement du *big data**, vous disposez d'un éventail d'outils pour extraire les données utilisateurs et analyser leurs comportements. Chaque acteur du digital est aujourd'hui en mesure de segmenter et de répondre à des besoins ultra pointus et spécifiques. C'est ce que l'on appelle le *smart data**.

Netflix l'a bien compris, et construit désormais ses séries, et donc ses histoires, à partir des données récupérées auprès de ses utilisateurs.

Alors, prêt pour devenir un passeur d'histoires sur le digital ?

> Clés en main : la check-list pour construire votre storytelling

- Quel est l'objectif de votre récit ?
- À qui vous adressez-vous ?
- Que voulez-vous que le destinataire se dise ?
- Quel comportement souhaitez-vous déclencher ?
- Quelle exécution envisagez-vous (format, tonalité, équipe, budget, ROI) ?
- Le contenu correspond-il à vos valeurs (ADN de marque, ligne graphique et éditoriale) ?
- Quel en sera le mode de diffusion ?
- Quels sont les résultats ?

* Retrouvez la définition dans le lexique en fin d'ouvrage.

◊ SOYUZ
www.soyuz.digital
Fiche d'entreprise p. 493

Camille Deneufbourg
Business Developer
camille@soyuz.digital

ACCORHOTELS

Création d'un studio de production international pour le Magazine

PROBLÉMATIQUE DE LA MARQUE

> Le contexte

AccorHotels, opérateur hôtelier mondial, est présent dans 95 pays. Repoussant les frontières de l'hôtellerie traditionnelle, avec une palette de services et d'expériences toujours enrichie, le groupe est devenu un acteur global de l'hospitalité et du voyage.

Depuis 2015, la promesse « Feel Welcome » incarne ce nouveau positionnement et sert de fil rouge à la stratégie du groupe.

Sur le digital, le groupe s'appuie principalement sur la marque AccorHotels.com pour accompagner et inspirer ses clients et prospects à chaque étape du voyage. Afin de permettre à ses futurs hôtes de faire leur choix parmi les 2 200 destinations proposées sur le portail, la plateforme propose désormais le Magazine AccorHotels.com qui permet ainsi aux voyageurs de commencer leur expérience bien avant le début du séjour.

Remanié en 2016 et déployé dans plus de 30 pays, le Magazine représente un challenge pour la marque en matière de production de contenus localisés, mais cohérents avec la stratégie globale du groupe.

> Les cibles

Les contenus produits s'adressent principalement aux cibles suivantes, avec des adaptations en fonction des marchés :

- Clients AccorHotels (30-50 ans, voyageurs loisirs, profil plutôt masculin) ;
- Couples ;
- Familles.

> Les objectifs

La stratégie de contenus du Magazine répond à trois enjeux :

- Incarner le positionnement Feel Welcome, en s'adaptant aux envies de chaque voyageur ;
- Montrer suffisamment de flexibilité pour être adoptée par tous les pays, et créer une dynamique au sein du groupe ;
- Capitaliser sur les contenus existants, favoriser leur réutilisation ou adaptation par les différents pays.

SOLUTION STRATÉGIQUE

> La naissance du studio de production de contenus multilingue

L'objectif principal est de créer de la disruption, de rentrer dans En 2015, Soyuz mettait en place avec AccorHotels le détecteur de folles envies : une application destinée à connecter les envies les plus folles de ses utilisateurs avec des villes. Avec le détecteur, la marque a posé la première pierre d'une ligne éditoriale inspirante, bercée par l'envie et l'émotion, et non plus par la destination ou le produit. En 2016 est née l'idée d'un nouveau magazine, immersif, invitant à se laisser porter par ses envies et à vivre des expériences hors du commun. La diversité des formats (articles, vidéos, infographies, illustrations...), l'échelle de diffusion du Magazine et la production de contenus dans 4 puis 8 langues ont rapidement mené à la création d'un studio de production international.

> Une équipe sur-mesure

Composé de 36 talents fidèles (copywriters, traducteurs, directeurs artistiques, réalisateurs...) répartis à travers le monde, le studio de production permet de créer rapidement des contenus en ligne avec la charte éditoriale, tout en respectant les priorités locales et les spécificités culturelles. De nouveaux profils peuvent aussi être appelés à tout moment, en fonction des besoins. Le studio sert à déployer encore et toujours de nouveaux projets, comme la production de contenus multilingues pour le site Restaurants by AccorHotels.

Magazine digital | Test and learn | Brand Content

INFOS CLÉS

30 pays : diffusion du Magazine

36 talents : studio de production

8 langues : contenus du Magazine

• **Objectif :** Brand Content

• **Cibles :** Les 30-50 ans, Famille, Couples

• **Moyens :** Magazine digital, Réseaux sociaux

• **Budget :** De 100 000 € à 200 000 €

> Une démarche Test & Learn

Des audits sémantiques, des tests utilisateurs et le suivi des performances permettent de réajuster en continu les thématiques éditoriales, ainsi que les contenus et formats.

MISE EN PLACE OPÉRATIONNELLE

> La durée

Le cadrage éditorial, la refonte créative et éditoriale du Magazine, la mise en place du studio de production et le déploiement du Magazine dans 30 pays ont été réalisés en une année. La production de contenus continue sur cette base depuis lors, avec une optique à long terme et l'ajout de nouveaux pays.

> Les étapes

1) Définition d'une charte éditoriale générale.
2) Entretiens avec les interlocuteurs pays AccorHotels pour affiner la charte en fonction des spécificités des marchés afin d'aboutir à des chartes éditoriales localisées.
3) Constitution de l'équipe du studio de production et validation des pilotes par les différents pays.
4) Proposition de grille éditoriale transversale et/ou locale.
5) Production ou traduction-*localisation** de contenus tout au long de l'année en fonction de la grille éditoriale, ou de briefs spécifiques.
6) Saisie et publication des contenus.
7) Réajustements éventuels en fonction des performances.
8) Tenue d'une «content library» pour une vision globale de l'existant dans chaque langue, et pour favoriser la réutilisation ou l'adaptation des contenus entre les pays.

RÉSULTATS

> Plus de 1 000 contenus produits à ce jour

La taille et la flexibilité du studio associées à la connaissance de la marque acquise par l'équipe permettent de produire rapidement et en continu tout type de contenu dans n'importe quelle langue : articles, vidéos, infographies, illustrations, posts social media... Ce sont plus de 1 000 contenus qui ont vu le jour, en 8 langues : français, anglais, allemand, espagnol, italien, polonais, néerlandais et portugais brésilien.

En parallèle des contenus créés par le studio, des contenus produits par les pays avec l'aide de guidelines par format, viennent enrichir les versions localisées du Magazine.

> Les résultats en bref

• Un nouveau Magazine déployé dans 30 pays en 1 an
• Plus de 200 000 pages vues uniques
• Près de 200 000 € de chiffre d'affaires généré sur la phase de lancement.

* Retrouvez la définition dans le lexique en fin d'ouvrage.

> "La taille, la flexibilité du studio et la connaissance de la marque acquise par l'équipe permettent de produire rapidement et en continu tout type de contenu dans n'importe quelle langue."

◊ ACCORHOTELS
www.accorhotels.com

Maud Cochet
Head of SEO and Content
maud.cochet@accor.com

◊ SOYUZ
www.soyuz.digital
Fiche d'entreprise p. 493

Sébastien Bonnefoy
Président

4 ÉTAPES POUR CONSTRUIRE UNE MACHINE À CONTENU MARKETING

N'importe quel marketeur vous le dira : créer un contenu de qualité, ça prend du temps. Les marketeurs d'aujourd'hui savent combien il est important de créer et diffuser diverses formes de contenu afin de porter des produits à la connaissance du public, de faire la démonstration d'une expertise et de lancer puis entretenir des échanges avec les audiences ciblées.

92% veulent offrir une expérience personnalisée

48% ne peuvent pas identifier les visiteurs

Tous les marketeurs s'accordent sur le fait que la création d'un contenu de qualité prend du temps et nécessite de nombreuses ressources. Cela vaut tout au long du processus de création. Les marketeurs développent de multiples portefeuilles de contenu couvrant nombre de marques, de régions et de segments d'audience, avec pour objectif que ce contenu bâtisse des relations client, ouvre des opportunités de qualité et finalement entraîne la conversion.

En cette ère du marketing 1.1, la personnalisation du contenu est devenue un facteur indispensable à la réussite d'une stratégie marketing. Plus important encore : la personnalisation du contenu ne peut se faire sans une bonne compréhension du client. Les informations sur le profil des clients permettent aux marketeurs de se faire une idée de leurs cibles. En l'absence de bons profils de données (visiteur et client), de processus de marketing de contenu et d'un outil de personnalisation, impossible de proposer des expériences de contenu personnalisées via des plates-formes.

> *“ En cette ère du marketing 1.1, la personnalisation du contenu et la bonne compréhension client sont des facteurs indispensables à la réussite d'une stratégie marketing. ”*
>
> Olivia LANNUZEL
> *Head of Marketing Southern Europe & BeNeLux Acquia*

PERSONNALISER LE PARCOURS CLIENT : 4 ÉTAPES POUR CONSTRUIRE UNE MACHINE À CONTENU MARKETING

Le contenu dirige nombre de facettes du marketing, de l'histoire à l'expérience numérique en passant par les campagnes, et toutes ces facettes doivent être personnalisées pour le client. Il ne fait aucun doute que le contenu a évolué et qu'il constitue à présent un incontournable dans la caisse à outils marketing. Et ça ne risque pas de changer (au moins dans un avenir proche).

> 1. Planifier

Cibler des audiences avec un message n'est désormais plus suffisant ; les marketeurs doivent segmenter et cibler les clients en fonction de leurs comportements en ligne pour provoquer l'engagement. Pour commencer, il est primordial que l'équipe marketing en charge du contenu dispose en permanence d'une vision centrale de ce contenu. Vous aurez besoin d'un calendrier du contenu pour visualiser les périodes de production de contenu, ainsi que d'un processus de recherche de contenu déjà disponible afin que vous puissiez commencer à planifier votre contenu et vos campagnes en fonction des individus.

> 2. Produire

Souvent, les marketeurs travaillent séparément et sur différents éléments du moteur de contenu. Et tout aussi souvent, ils travaillent sans avoir les moyens d'appréhender correctement les mises à jour des statuts (communication et/ou visibilité limitées). Élaborer un processus de travail opérationnel demande du travail, mais la construction d'un processus «répétable» revêt une grande importance dans la mesure où ce processus va permettre de gagner du temps sur le long terme et garantir la cohérence de votre marketing de contenu. Votre outil de gestion de contenu web doit pouvoir automatiser certains processus de travail pour vous.

> 3. Distribuer

La distribution de contenu est un élément clé du marketing de contenu. Passer autant de temps à créer du contenu n'a pas de sens s'il passe ensuite inaperçu. Les marketeurs de contenu doivent partager et organiser le contenu sur toute une variété de canaux allant de la page internet aux campagnes d'information par e-mails, en passant par les blogs. Un outil peut simplifier la révision des objectifs d'un contenu et/ou sa mise à jour sur les différents sites et sur les multiples applications et technologies numériques. Un service de distribution de contenu et de personnalisation permet à des équipes de publier, réutiliser et organiser facilement du contenu personnalisé tout au long du parcours client, en incluant diverses sources de contenu et canaux de publication.

> 4. Mesurer

Impossible de savoir si votre stratégie de marketing de contenu est une réussite sans mesurer vos performances. Votre solution de personnalisation doit pouvoir fusionner les données connues et anonymes fournies par les sites internet, par les sessions utilisateur ou par les appareils au fur et à mesure que de nouveaux utilisateurs sont identifiés. Il est important de suivre le comportement des internautes afin d'évaluer les contenus les plus engageants, car cela vous permet ensuite d'optimiser vos stratégies de contenu en fonction des données disponibles, de manière à ce que par le futur vous construisiez des expériences de contenu qui correspondent encore plus à vos clients.

Il n'est jamais trop tôt pour commencer à collecter des données, même si vous n'en êtes encore qu'à planifier vos stratégies de personnalisation et vos stratégies de contenu. Plus vous commencerez tôt cette collecte et plus il sera facile d'élaborer du contenu et des expériences personnalisés le moment venu.

Lors de la phase de planification du marketing de contenu, rappelez-vous que le contenu doit retenir l'attention de vos audiences, les engager, puis résonner tout au long du parcours client. D'une part, la personnalisation de votre contenu sur la base des comportements et des intérêts de vos audiences et d'autre part, l'optimisation de la planification, de la production et de la distribution de contenu (ainsi que les processus d'analyse) sont autant d'étapes qui vous rapprocheront encore plus de votre but ultime : fournir la meilleure des expériences client à toutes vos audiences.

◊ ACQUIA
www.acquia.com
Fiche d'entreprise p. 476

Olivia Lannuzel
Head of Marketing Southern Europe & BeNeLux
olivia.lannuzel@acquia.com

LE CONTENU, NOUVEAU MOTEUR DES STRATÉGIES MÉDIA

Nous vivons dans un monde sur-vitaminé en contenus, courts ou longs, en news, en vidéos et stories de tous poils, proposés par les éditeurs traditionnels ou pure players, par les marques ou par chacun d'entre nous.
Il paraît qu'un poisson rouge possède 9 secondes d'attention... Dans notre aquarium digital mondial, l'attention de l'homme moderne peut rougir de celle du poisson. Peut-être pour le meilleur, d'ailleurs.

3000 messages publicitaires vus par jour par individu

30% de baisse pour le reach organique moyen des marques sur Facebook

> *“Il ne peut pas y avoir de stratégie média sans stratégie de « médium ».”*
>
> Rémy ANGEL
> *Directeur Contenu, Marketing & Communication iProspect*

1. L'ATTENTION EST LA NOUVELLE VALEUR MARKETING

Alors que nous sommes individuellement exposés à 3 000 messages publicitaires par jour, les marques qui veulent émerger doivent se démarquer par la qualité de leurs contenus, leur pertinence, leur intelligence et leur ciblage.

« Le brand content est ce que devrait être la bonne publicité », affirme Olivier Altmann, co-founder Altmann+Pacreau, ex-Wordlwide, Chief Creative Officer Publicis.

Paradoxalement, la culture média, notamment digitale, étant nativement orientée performance, le contenu n'était pas forcément le premier réflexe.

2. QUAND LE CONTENU RENCONTRE LE MÉDIA, LE CHOC DES CULTURES

Le contenu a toujours été le parent pauvre du media planning. La dernière roue du carrosse, le sujet qu'on se décide à aborder en fin de stratégie.

Probablement une question de sensibilité ou d'expérience personnelle...

Indépendamment des stratégies nativement branding, opérations spéciales, SEO ou social media, force est de constater que les stratégies de médiatisation ne placent pas toujours les histoires de la marque à un niveau très stratégique. C'est souvent plus une excuse, un alibi pour communiquer en média.

L'agence de création travaille un concept, quelques grands assets pour la TV, le print, l'OVH ou le digital, mais la déclinaison média est trop souvent délaissée pour n'aborder en majeur que l'aspect technico-créatif de la production de bannières et autres dispositifs promotionnels.

Pourtant, les attentes des consommateurs ont changé. Dans des expériences de consommation de contenus interconnectées entre plateformes et devices, entre offline et digital, entre le petit-déjeuner et le dîner, le média digital est la première interface conversationnelle de la marque avec ses audiences.

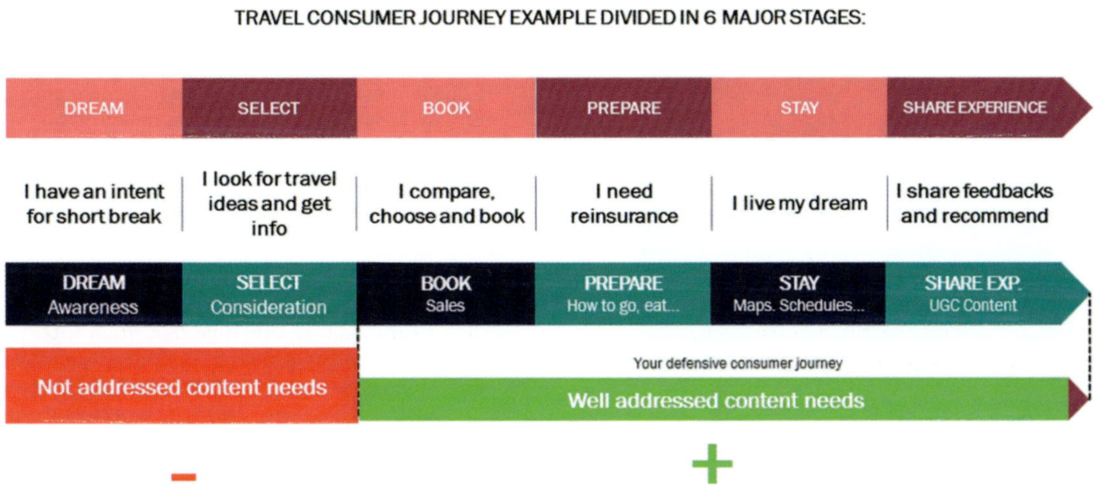

> Les différentes étapes avant de passer à l'acte d'achat

Le rôle du média dans les pratiques de communication marketing est alors passé de l'exécution d'un message top-down à la capacité à comprendre ses consommateurs en leur adressant, de ce fait, le bon contenu. Le media planning, la pratique d'allocation d'un budget média sur les canaux les plus pertinents, va rapidement être remplacé par un process automatisé et dynamique qui diffusera les campagnes basées sur la data d'intention et d'action du consommateur. L'enjeu d'adresser le bon contenu au bon individu dans le bon contexte devient dès lors primordial, la preuve concrète que la marque comprend son consommateur et répond à ses attentes.

3. PAS DE MÉDIA SANS MÉDIUM

L'écosystème digital média met désormais à disposition un ensemble très complet de moyens de mise en relation entre une marque et ses audiences, qu'elle cherchera à adresser dans des contextes affinitaires et puissants.

Le média est le véhicule d'une information : un site web, une application mobile, une communauté, un site éditeur...

Le médium c'est l'outil qui permet de produire le langage sur ce même véhicule : la peinture, la voix, l'écriture, la vidéo... en un mot, le contenu.

Il ne peut donc y avoir de stratégie média sans stratégie de «médium».

Imaginez un réseau social sans contenu. Imaginez Facebook sans le contenu produit par les éditeurs... Le contenant serait vide et peu attractif.

Les marques produisent du contenu pour :
• Engager avec leurs audiences et construire des communautés ;
• Obtenir de la visibilité et du reach ;
• Performer sur des KPIs de branding et de business ;
• Mieux comprendre leurs audiences.

Il est temps désormais de faire correspondre ces objectifs, également caractéristiques des stratégies média, avec des stratégies de contenu transverses et multi-leviers.

4. LA PLACE DU CONTENU DANS LE FUNNEL

La plupart du temps, avant de devenir un consommateur, une personne passera d'abord à travers ce qu'on appelle le funnel de décision, le consumer journey ou le sales funnel. Il est constitué de différentes étapes théoriques par lesquelles un consommateur va passer pour arriver à l'achat final : de la consultation d'un site web en amont à l'inscription à une newsletter, de la lecture d'un article sponsorisé retargeté à une discussion avec un commercial de l'entreprise jusqu'à la page SEO qui lui apprendra où il pourra acheter le produit.

Cette méthodologie est au cœur du marketing depuis des années, car l'ensemble des prospects est à un moment ou à un autre présent dans ce funnel de process décisionnel. C'est alors le travail du marketeur et de son homologue média d'y mettre de l'essence, de la matière, du contenu pour couvrir toutes ces étapes jusqu'à l'acte d'achat.

Néanmoins, en étudiant attentivement la couverture contenu des marques pour répondre aux objectifs de chaque étape du funnel, on s'aperçoit d'une grande disparité dans le volume et la qualité des réponses : généralement les marques sont plutôt bonnes dans la couverture des phases commerciales, mais moins dans les phases en amont d'awareness et de considération.

Exemple typique d'un acteur du travel :

On remarque également que très peu de marques nourrissent les différentes étapes de material content qui viendrait d'une phase précédente. Tous ces contenus sont pensés pour un usage unique. On produit du contenu pour le SEO, mais est-il pensé pour des déclinaisons en paid social ? Pas sûr...

> “Je propose de faire du contenu le nouveau moteur des stratégies média : « From stories to media ».”

Les annonceurs s'interrogent aussi :

Dans quelle mesure également le trafic généré grâce à un contenu de considération sur le blog de la marque va-t-il driver une vente ? Comment ce lien sera-t-il mesuré ? Quels enseignements en sont retirés ? Quelles data sur cet internaute ?

En tant que professionnels du contenu, nous faisons plus généralement le constat que les annonceurs font encore une erreur majeure en ce qui concerne leurs stratégies média : ils préfèrent majoritairement encore dépenser beaucoup d'argent pour une grosse visibilité, une large couverture auprès d'audiences tout aussi larges en utilisant du contenu promotionnel générique qui rate généralement la cible visée. Du contenu qui n'est pas adapté et pas bien ciblé irritera la personne exposée et générera du earned media négatif.

5. LE CONTENU COMME NOUVEAU MOYEN DE FAIRE COMMUNIQUER LES DIFFÉRENTS LEVIERS MÉDIA

Dans ce contexte, il n'est plus possible d'avoir une vision omni-channel qui induit une connaissance tronquée des attentes des consommateurs et donc des objectifs attendus.

C'est là tout l'intérêt de prendre en considération sérieusement le sujet du contenu : une stratégie de contenu associée à la maîtrise de la distribution sur les leviers pertinents pour chaque annonceur en owned, earned et paid donne du sens. Partir du contenu, des stories que l'on veut porter sur la marque, ses produits, ses consommateurs, permet de faire atterrir la plateforme de marque avec cohérence sur tous les touchpoints, d'offrir de la continuité au consommateur, de rendre possibles des économies de coûts de production substantielles et de faire également bénéficier à chaque levier les performances des autres leviers.

Utiliser des leviers de distribution paid comme le display, le native, le PPC, le paid social ou autres, aide l'annonceur à capter du trafic sur son owned media et à rapidement générer du business.

En réutilisant leurs assets contenus propriétaires déjà hébergés sur leurs réseaux sociaux, sites web, blogs, les annonceurs peuvent générer un engagement élevé et du bon earned media. Plus que tout, l'annonceur construit une relation de confiance, une fidélisation et une notoriété de marque en earned media, ce qui améliorera les résultats en paid media.

Et ces leviers doivent s'auto-nourrir des contenus produits et des performances associées. Qu'en est-il alors de l'étude de performance d'engagement naturel d'un contenu avant de le médiatiser ?

Une bonne stratégie de distribution de contenu implique donc la maîtrise de la création de contenus de qualité toujours plus adaptés voire personnalisés, en pensant, dès le début, à leur médiatisation.

Pour augmenter le trafic, générer des leads de qualité, favoriser le nombre de conversions, l'annonceur doit utiliser des stratégies d'amplification où les contenus seront promus ou distribués. En payant pour la diffusion des contenus, l'annonceur maximise leur exposition ; en distribuant ces mêmes contenus de marque, ils seront consommés par les audiences qui en ont le plus besoin.

6. LE DATA-DRIVEN CONTENT EST L'AVENIR DES AGENCES MÉDIA

Le *reach organique** moyen sur Facebook pour une marque a baissé de plus de 30 % sur les 12 derniers mois. Pourquoi ? Facebook explique que l'utilisateur moyen peut voir plus de 1 500 stories dans son newsfeed. C'est simplement trop.

Les consommateurs se plaignent aujourd'hui des publicités trop nombreuses, des formats trop intrusifs. Il s'agit pour les annonceurs de ne pas penser que le contenu sera la panacée au risque de tomber dans les mêmes travers.

L'enjeu repose sur la capacité des marques à orchestrer la pertinence et donc le ciblage pour enfin atteindre le fameux dessein : le bon contenu - à la bonne personne - au bon moment.

L'accès à une data comportementale toujours plus fine nous permet déjà de proposer des expériences éditoriales plus pertinentes à des groupes de persona. Mais les agences ou annonceurs les plus avancés en la matière connectent désormais leurs solutions de data management à des inventaires très profonds de contenus de tous types pour une diffusion ciblée et personnalisée.

Quels que soient les objectifs ou la stratégie de moyens, j'invite les professionnels du marketing et particulièrement mes amis spécialistes du média à ne plus considérer le contenu comme uniquement un moyen de nourrir des stratégies par ailleurs souvent pré-pensées.

Alors que depuis des années le marché du média base ses stratégies sur l'adage «From media to stories», je propose de faire du contenu le nouveau moteur des stratégies média : «From stories to media».

* Retrouvez la définition dans le lexique en fin d'ouvrage

◊ IPROSPECT
www.iprospect.com/fr
Fiche d'entreprise p. 486

Rémy Angel
Directeur Contenu,
Marketing & Communication
remy.angel@iprospect.com

Coup de cœur · EXPERTISE

COMMENT RÉFORMER VOS CONTENUS FACE AUX ÉVOLUTIONS SUBJACENTES DE LA RECHERCHE

Ces dix dernières années, l'utilisation d'un moteur de recherche était le meilleur moyen de découvrir des contenus. En 2017, c'est encore vrai. Même si les réseaux sociaux, les vidéos et les applications occupent une importante place dans le panorama des contenus existants, avec 3,5 milliards de requêtes par jour sur Google, la recherche est un canal que les marketeurs ne peuvent pas ignorer.

20% des requêtes sont formulées depuis le web vocal

2005 sonne l'arrivée du nofollow

Avant l'apparition de l'inbound marketing en 2006, une formule fonctionnait très bien. Il s'agissait de produire une importante quantité de contenus afin de cibler des mots-clés à longue traîne, puis de convertir ce trafic en leads grâce à des offres commerciales en ligne. Cependant, nous avons atteint une période où les marques n'ont jamais publié autant de contenus qu'aujourd'hui. La demande d'information à valeur ajoutée provenant des internautes est de plus en plus forte.

Le comportement des internautes a changé, la technologie a évolué, et votre contenu doit ainsi s'adapter aux nouvelles stratégies qu'imposent ces changements.

L'analyse se concentrera dans un premier temps sur le comportement des internautes, puis, dans un second temps, sur les innovations majeures du moteur de recherche le plus utilisé, Google. La troisième partie répondra pour vous à la problématique : comment mettre en place une nouvelle stratégie de contenu afin d'atteindre vos objectifs.

> *"Ces dix dernières années, l'utilisation d'un moteur de recherche était le meilleur moyen de découvrir des contenus. En 2017, c'est encore vrai. Même avec les réseaux sociaux."*
>
> Jonathan NABAIS
> *Consultant Inbound Marketing Siècle Digital*

COMMENT LA RECHERCHE A-T-ELLE ÉVOLUÉ ?

> 1. Les comportements pour effectuer une recherche ont changé

Prenons le temps de revenir quelques années en arrière. Une recherche était bien souvent composée de très peu de mots, par exemple, «hôtel Paris» pour obtenir une importante liste de résultats peu précis.

Désormais, les liens sont des réponses et les requêtes se transforment en une conversation avec les moteurs de recherche, "quel est le meilleur hôtel à Paris durant l'été ?", "quel restaurant un dimanche soir à Bordeaux ?" et bien d'autres situations encore.

La recherche vocale ne cesse de s'immiscer dans les habitudes des internautes, d'après une récente étude de Google, 20 % des requêtes sont formulées depuis le web vocal. La voix devient une interface à part entière pour chercher des informations puisque les résultats ne sont plus formulés sous forme de listes. La réponse devient personnelle et est audible en one-to-one sans offrir d'autres alternatives.

Les longues recherches deviennent un standard tout autant que les requêtes conversationnelles. Le moteur de recherche traditionnel tend à disparaître, Google a annoncé le 23 mars

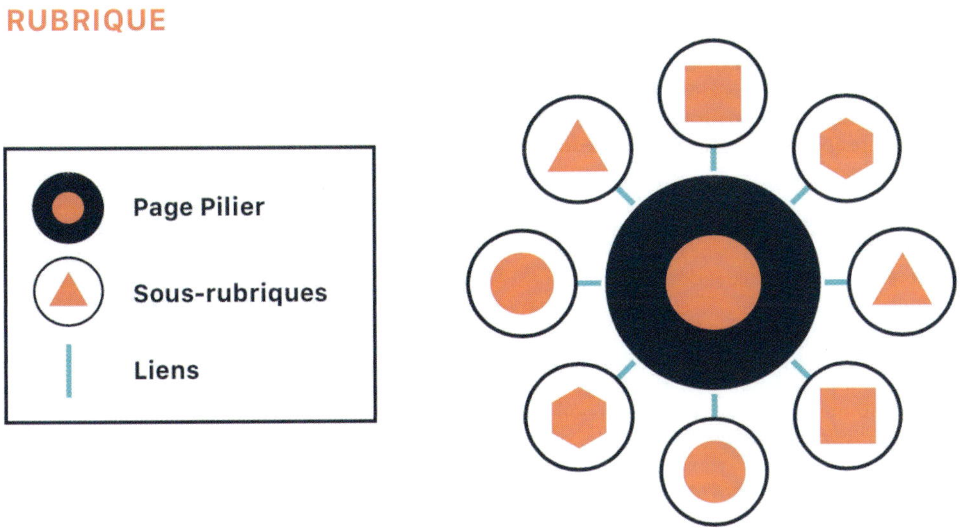

> Schéma des rubriques : mots-clés

2017, que nous entrons peu à peu dans l'ère de l'assistance avec un élément essentiel à son fonctionnement, la personnalisation de la relation avec l'internaute.

Selon une étude menée par Ahrefs en mars 2017, plus de 65 % des requêtes journalières sont composées de 4 mots-clés et plus. Nous ne sommes pas plus qu'avant capables de parler à des algorithmes. La capacité des moteurs de recherche à fournir des résultats de qualité a nettement influencé notre comportement ces derniers temps.

Afin de compléter cette remarque, il est essentiel de souligner le changement qui s'est récemment opéré dans notre manière de consommer de l'information sur internet. Depuis septembre 2016, Google enregistre plus de requêtes au quotidien depuis les mobiles et tablettes que les ordinateurs.

Cette navigation du bout des doigts impose quelques modifications, les internautes veulent des réponses rapidement et lisent les contenus différemment. Le temps accordé sur chaque page reste très faible, cela implique des formulaires plus courts et une nouvelle démarche pour intéresser son audience.

> 2. Les résultats des moteurs de recherche se sont améliorés

Puisque Google détient plus de 90 % des parts de marché dans le monde et 93,3 % des parts de marché des moteurs de recherche en France, l'analyse sera orientée principalement sur cet outil afin de présenter ses diverses évolutions depuis sa création en 1998.

Au début, les propriétaires de sites se sont rendu compte qu'il était simple de remonter dans les pages de résultats avec une série de mots-clés et de nombreux liens pointant vers leurs sites. L'abus de termes permettait d'attirer un trafic plus important afin d'engendrer plus de gains grâce à la publicité et la vente de produits ou services. Ce bourrage de mots-clés ne permettait pas une bonne compréhension du texte et il n'apportait aucune valeur ajoutée aux internautes. Très rapidement, Google a intégré des algorithmes afin de pénaliser ces techniques qui détérioraient le web, et a évoqué par la suite le souhait de fournir des réponses pertinentes dans un web de qualité.

Depuis les années 2000, de nombreuses mises à jour se sont intégrées au moteur de recherche afin de toujours placer l'utilisateur au centre des attentions. Voici les principaux algorithmes qui ont eu un impact majeur sur notre manière de rechercher des informations.

En novembre 2003, intervient une mise à jour qui pénalise pour la première fois des sites utilisant des techniques de bourrage de mots-clés. Cet ajustement fut positif pour de nombreux sites qui ont gagné de nombreuses places dans les résultats de recherche, la volonté de Google étant bien de mettre les intérêts de l'utilisateur au premier plan avec cette modification.

En 2005, Google, Yahoo! et MSN ont développé l'attribut nofollow afin de réduire la quantité de liens pointant vers des sites. Cette évolution permet d'éviter la présence de liens sans importance provenant des blogs, commentaires et autres types de spams.

Dans le même temps, Google intègre la recherche personnalisée en tenant compte de l'historique des requêtes afin d'offrir des résultats plus pertinents basés sur les préférences des internautes.

L'arrivée de Penguin en 2012 cible principalement les sites qui utilisent des techniques non recommandées par Google, la mise à jour va récompenser les sites qui respectent les bonnes pratiques. Les sites avec un nombre excessif de mots-clés, de liens et de publicités ont été déclassés.

Bonne pratique : se mettre à la place du lecteur, être capable de se rendre compte du nombre nécessaire de mots-clés et de liens afin que l'information reste pertinente et agréable à la lecture. Un an plus tard, Hummingbird s'intègre au moteur de recherche.

L'algorithme permet d'améliorer la précision de recherche par la compréhension de l'objectif des internautes et la signification contextuelle des termes. C'est le début des requêtes conversationnelles, Google interprète les mots d'une meilleure manière afin de répondre avec des résultats pertinents.

Bonne pratique : nos recherches ressemblent à notre manière de parler, se concentrer sur les mots-clés signifie que vous passez probablement à côté d'une partie du trafic.

En 2015, Google annonce l'arrivée de RankBrain, un algorithme de machine learning qui deviendra rapidement le troisième facteur le plus important pour déterminer le rang des sites. Concrètement, l'algorithme est capable de comprendre les synonymes et regroupe les mots-clés par thème.

Bonne pratique : les utilisateurs peuvent obtenir des résultats sans la présence des mots-clés exacts, ainsi, il est nécessaire d'enrichir la sémantique de vos contenus afin d'être visible par vos futurs clients.

Lorsque l'on combine ces algorithmes, les différentes mises à jour ainsi que celles non citées précédemment, il semble évident de devoir repenser la manière de concevoir son contenu.

QUELS IMPACTS POUR VOTRE STRATÉGIE DE CONTENU ?

À la suite des précédentes remarques, vous devez probablement remettre en cause l'importance des mots-clés. Ainsi, est-ce que les mots-clés suffisent pour atteindre vos objectifs ?

Non, en tant que marketeur, votre stratégie doit évoluer afin que vos mots-clés constituent des rubriques liées les unes aux autres pour faire remonter vos pages principales dans les résultats des moteurs de recherche.

Prenons l'exemple d'une agence qui réalise des refontes de site internet, le *mot-clé** principal sera très probablement "refonte site internet". Après quelques recherches, on remarque que d'autres mots-clés très similaires étaient aussi utilisés par les internautes. Il serait potentiellement pertinent d'intégrer d'autres mots-clés comme, "refonte site internet existant", "refonte de site web", "refonte de site internet", etc.

Cette démarche implique un regroupement des mots-clés par thématique, mais aussi, l'intégration des requêtes conversationnelles utilisées par votre cible marketing.

Le fondement d'une stratégie d'inbound marketing, mais aussi d'une stratégie de contenu repose sur la connaissance des besoins de ses futurs clients. Cette étape de compréhension passe par une phase de réflexion qui vous mènera à la création de persona marketing. Un persona est une représentation de vos clients idéaux, en connaissant leurs habitudes et leurs motivations, vous serez capable de connaître les requêtes qu'ils sont susceptibles d'utiliser pour effectuer une recherche d'information.

Dans le cas précédent, une proportion de managers cherchera probablement "comment gérer la refonte d'un site internet", ou mieux encore, "quelle agence pour la refonte d'un site internet". À un tel degré de maturité dans l'entonnoir de conversion, l'agence doit placer ses pages parmi les premières dans les résultats de recherche afin d'attirer ces managers vers ses services.

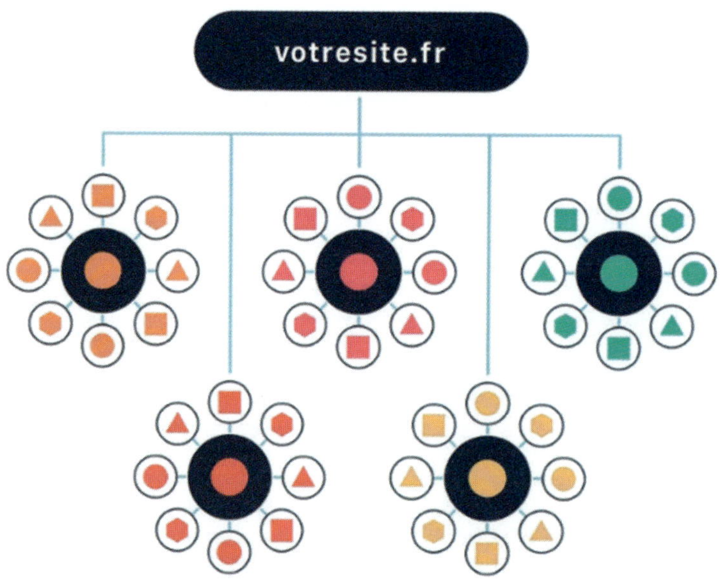

> Stratégie de regroupement

LE LIEN FONDAMENTAL ENTRE VOS CONTENUS

Afin de renforcer votre stratégie marketing, il est nécessaire d'apporter quelques modifications à votre structure. Dans cette partie, nous allons comprendre ce que représentent les rubriques, les pages piliers et les sous-rubriques.

- **Les rubriques** représentent des silos, elles permettent de renforcer la pertinence de pages traitant un même sujet. Pour aider Google à reconnaître l'importance de certaines pages, il faut positionner avec attention les liens qui pointent vers celles-ci. La réflexion passe d'une logique de mots-clés à un regroupement de thématiques. Par la suite, il est nécessaire de créer suffisamment de contenu pour couvrir l'ensemble des sujets qu'elles englobent. Une telle hiérarchisation vous permettra de devenir influent sur vos thématiques ;

- **Les pages piliers** représentent une stratégie centrale nouvelle qui consiste à faire remonter volontairement certaines pages dans les résultats de recherche. Bien souvent, c'est une page de destination qui couvre une thématique dans son ensemble avec des boutons d'appel à l'action et des formulaires afin de récolter des informations ;

- **Les sous-rubriques** doivent être liées aux pages piliers. Le principe est d'aller encore plus loin en ciblant des sujets de niche. Ces sous-rubriques peuvent être des articles de blog avec un nombre raisonnable de liens qui pointent vers les pages piliers, je vous recommande un mot-clé principal tous les 100 mots. Voici la structure que vous devez mettre en place pour respecter cette stratégie de regroupement des contenus afin de renforcer l'importance de certaines pages.

Cette nouvelle technique de liaison des contenus entre eux permet d'augmenter vos chances d'acquérir du trafic en se positionnant sur des thématiques plus vastes, tout en conservant des mots-clés de longue traîne. La meilleure pratique reste de fournir un contenu remarquable, compréhensible et structuré aux internautes.

* Retrouvez la définition dans le lexique en fin d'ouvrage.

> "Le fondement d'une stratégie d'inbound marketing, mais aussi d'une stratégie de contenu repose sur la connaissance des besoins de ses futurs clients."
>
> Jonathan NABAIS
> *Consultant Inbound Marketing Siècle Digital*

◊ **SIÈCLE DIGITAL**
www.siecledigital.fr
Fiche de présentation p. 499

Jonathan Nabais
consultant
contact@jonathannabais.fr

Arnaud Verchère
cofondateur du média
arnaud@siecledigital.fr

5 CONSEILS POUR RÉALISER EFFICACEMENT UNE CAMPAGNE DE NATIVE ADVERTISING

Mais qu'est-ce que le native advertising, ce fameux terme que l'on retrouve sur toutes les lèvres aujourd'hui ? Si celui-ci fait tant parler de lui depuis quelques années, c'est parce qu'il est devenu le format publicitaire de référence venant mettre à mal les codes de la publicité classique sur internet. Ce contenu s'adapte au fond avec des sujets relatifs à ceux traités par le texte informatif.

86% des lecteurs acceptent ce format s'il y a transparence

52% Une native ad est vue 52 % plus de fois qu'une bannière

Le *native advertising** est une forme de publicité bien spécifique qui prend place au cœur d'une stratégie de content marketing. En effet, c'est un contenu payé par une marque qui vient s'adapter au site web sans perturber l'expérience de lecture de l'utilisateur. C'est donc ici sa force. S'il existe différents formats de native ads - articles sponsorisés, liens payants, publications suggérées sur Facebook - tous ont vocation à respecter la ligne éditoriale du support numérique sur lesquels ils sont diffusés. La publicité online traditionnelle étant en perte de vitesse, ce nouveau format communicationnel prend le pas sur le *display** et s'impose clairement dans les plans marketing des marques et les business models des nouveaux médias.
Découvrez alors mes 5 conseils pour mettre en place une campagne de native advertising pertinente.

1. COMPRENDRE LES AVANTAGES DU NATIVE ADVERTISING

Le format native advertising possède de nombreux atouts pour les marques comme pour les publishers. Tout d'abord, les native ads engagent nettement plus les audiences d'un site qu'une publicité classique. Oui, avec le native advertising les marques ne sont pas victimes de la défiance toujours plus grande des internautes face à la publicité digitale. Une publicité native est vue 52 % plus de fois qu'une bannière habituelle (source : IPG Media Lab, 2013). Ensuite, les native ads apparaissent de manière beaucoup plus fluide sur les fils d'actualité et les utilisateurs peuvent y trouver des informations en lien avec leurs centres d'intérêt réels. Enfin, ce type de contenu payant ne dénature pas l'essence du média sur lequel il est publié ni son positionnement éditorial.

> *“ Le native advertising naît de déceptions : internautes difficiles à subjuguer, consommateurs de plus en plus lassés, clients en crise de fidélité. ”*
>
> Jean-Luc RAYMOND
> *Enseignant au CELSA*

2. RESPECTER L'UTILISATEUR

Le principe de base auquel il ne faut jamais déroger en création de contenu sur internet est le respect des lecteurs. Ne les prenez pas pour des lapins de 3 semaines. Ils savent reconnaître un contenu publicitaire de mauvaise qualité et quand celui-ci ne leur convient pas, ils savent également vous le faire comprendre... Faites attention, il en va de votre e-réputation. Vous ne pouvez pas vous permettre de pusher un contenu sans prendre en compte les affects du lecteur ni ses besoins informationnels. N'essayez pas de le berner en lui proposant un article sponsorisé avec 10 liens trackés et un copier-coller de votre communiqué de presse.

> Les différents formats de native ads

3. JOUER LA TRANSPARENCE

Pour ce qui concerne les articles sponsorisés, ces derniers connaissent un succès évident auprès des internautes qui ne perçoivent pas ce genre de contenu comme une réelle publicité. Vous devez alors miser sur la transparence et dire clairement qu'il s'agit d'un contenu sponsorisé. Le but n'est pas de se jouer de son audience, mais bien de lui proposer un format ayant un réel intérêt. 86 % des lecteurs acceptent ce format, à condition que la transparence soit effective (source : Persgroep & Université d'Anvers, 2016). Plus vous affirmez vos valeurs en étant bienveillant, plus vos contenus sponsorisés auront un impact.

4. APPORTER UNE VRAIE VALEUR AJOUTÉE

Ce qu'il est nécessaire d'amener dans une campagne de native advertising, c'est du sens. Il vous incombe de proposer aux lecteurs un vrai fond à vos contenus. Que ce soit sur des vidéos Facebook ou des articles sur des blogs ou des sites web, l'idée qui doit vous animer est celle de l'accompagnement. Donnez une plus-value à votre contenu éditorial, apprenez quelque chose aux internautes, informez-les sur votre marque tout en les divertissant et ils vous le rendront bien. C'est un point de vue pédagogique qu'il faut appliquer sur vos native ads.
Cela prend du temps alors pourquoi se donner tout ce mal ? Simplement parce que l'aspect déceptif d'un contenu de mauvaise qualité peut vous nuire.

5. ETRE CRÉATIF

Cela doit être votre credo essentiel tout au long de votre réflexion stratégique puis opérationnelle. Demandez-vous comment être créatif. Comment proposer des formats entertaining ? Comment accompagner mes prospects et leur transmettre les valeurs de ma marque ? Pour cela vous devez collaborer avec des publishers et médias qui maîtrisent les leviers du native advertising. Konbini, Slate, Brut, VICE, J'ai un pote dans la com, ces nouveaux médias sont créatifs par essence et il est essentiel d'échanger avec ce type d'acteurs pour mettre en place des contenus dont la valeur ajoutée sera palpable.
Vous devez garder la forme et les codes éditoriaux du média avec lequel vous travaillez pour garantir à votre contenu une durée de vie suffisante et une visibilité.
Faites l'effort de penser autrement et de vous mettre à la place du lecteur. Comment lui proposer un contenu de marque qui puisse le faire rêver, lui faire aimer la marque ou simplement lui faire découvrir qui vous êtes ? Au-delà des compétences techniques et communicationnelles sur le discours, développer sa créativité reste sans doute le travail le plus complexe. Mais c'est en étant créatif sur votre campagne de native advertising que vous ferez la différence.

* Retrouvez la définition dans le lexique en fin d'ouvrage.

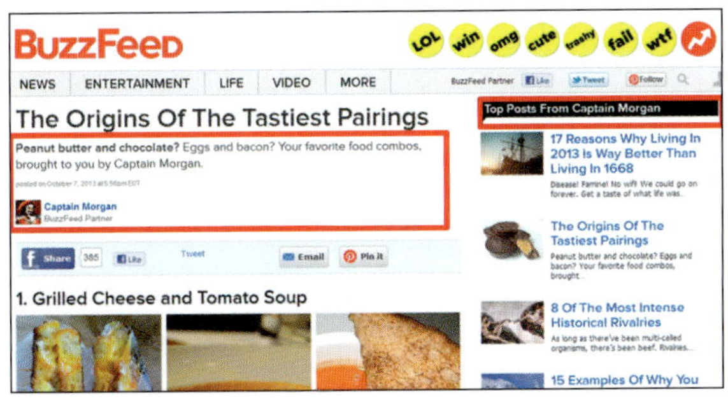

> Le modèle BuzzFeed.

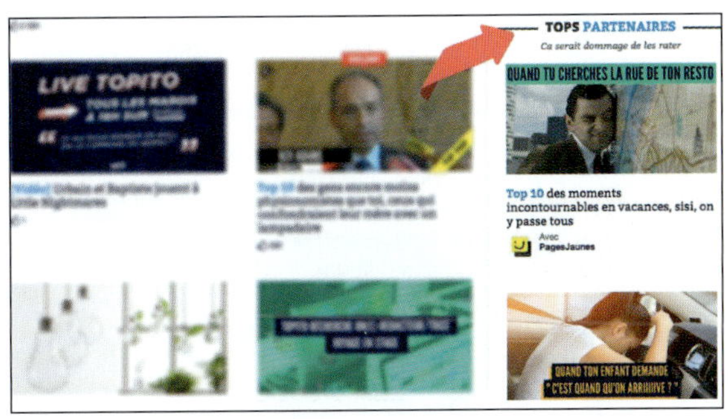

> Exemple de native ads sur le site Topito.

◊ J'AI UN POTE DANS LA COM
www.jai-un-pote-dans-la.com
Fiche de présentation p. 498

Valentin Richardot
Rédacteur en chef

LE LIVE : RISQUE OU OPPORTUNITÉ POUR LES ENTREPRISES ?

Allumez votre smartphone. Démarrez vos médias sociaux. Action ça tourne ! Le live a envahi l'ensemble des réseaux sociaux et permet à tous de diffuser tout type de contenu, où que l'on soit, en temps réel, à une communauté éparpillée aux 4 coins du monde. 3 spécificités font le plaisir des internautes, mais aussi la crainte de son utilisation par les entreprises : l'interaction, la spontanéité et l'authenticité. Selon les chiffres du creative Breakfast Twitter France, ces contenus live permettent une augmentation de 45 % de l'engagement et de 29 % de la mémorisation des spectateurs. Des contenus, réactions, interactions plus spontanés, de l'émotion, permettant aux entreprises d'obtenir davantage d'implication et d'engagement de la part de leur communauté. Facebook live, Instagram live, YouTube live ou encore Périscope bouleversent la manière de communiquer des entreprises qui doivent réapprendre les codes et le langage d'un outil en temps réel, au potentiel énorme en termes d'engagement, mais dont la maîtrise demande compréhension, adaptation, préparation et animation pour obtenir le succès escompté et l'adhésion de votre communauté.

Les contenus live permettent une augmentation de **45%** de l'engagement et de **29%** de la mémorisation des spectateurs

Une étude de Microsoft démontre que l'attention des internautes est passée **de 15 à 8 secondes**

Un contenu live demande de l'authenticité, de l'instantané et de l'interaction au service d'une communauté, autour de 3 piliers.

L'ATTENTION

Une étude de Microsoft démontre que l'attention des internautes est passée de 15 à 8 secondes. Comment susciter l'intérêt, recréer l'attention et engager de manière active une communauté déjà soumise à de multiples contenus sur les réseaux sociaux ? Par les contenus live.

Damien Viel, Directeur Général France de Twitter indiquait : « Toute cette vocation du live, c'est l'authenticité, c'est l'immédiateté, c'est l'instant enrichi, mais on voit qu'il y a un enjeu fondamental pour les marques (...) de recréer l'attention ». En effet, le live vous permet de créer un lien de proximité où votre marque entrera en conversation - et ne sera pas simplement un diffuseur d'informations - avec les internautes et votre communauté, et de recréer de l'attention et de l'émotion autour de vos contenus.

Le cas du parc animalier de New York en est un bel exemple : l'accouchement d'April la girafe en live sur leur chaîne YouTube a tenu en haleine plus de 1,5 million de personnes pendant plusieurs heures. Ce live a su captiver émotionnellement les internautes et offrir un capital sympathie inestimable au parc animalier.

Être au cœur d'un évènement et le retransmettre en live avec intérêt, mais neutralité, par le biais d'interviews, de rencontres et de déambulation au sein du mouvement, c'est ce que Rémi Buisine a fait en suivant plusieurs nuits le mouvement Nuit Debout. La démarche a plu, suivie par plus de 80 000 spectateurs, évidemment, en direct.

L'INFORMATION EN TEMPS RÉEL PAR TOUS

Kayvon Beykpour, le cofondateur de Périscope, présente l'application ainsi : « Si l'on pouvait voir à travers les yeux d'un manifestant en Ukraine ? Ou regarder le lever du soleil depuis une montgolfière en Cappadoce ? Cela peut sembler fou, mais nous voulions construire la chose la plus proche possible de la téléportation ». Le live permet aux entreprises d'offrir en temps réel des informations, des évènements et les rencontres qu'elles créent ou auxquels elles assistent ; cette instantanéité génère un sentiment d'exclusivité et de proximité.

La marque Etam a permis aux internautes de profiter de son show annuel Etam Live 2017 par le biais d'un Facebook live digne d'une émission télévisée. Les résultats ne se sont pas fait attendre : près de 981 000 vues sur le live, 2 900 réactions et plus de 200 commentaires.

Permettre aux internautes de découvrir le lancement de la ligne Paris-Bordeaux, c'est le défi fou de la SNCF avec au programme une émission interactive en multiplex, animée par la journaliste Ariane Massenet et avec de nombreux invités (blogueuses, collaborateurs SNCF...), depuis différents lieux à Bordeaux ou à bord de la nouvelle rame TGV L'Océane. La twittosphère a pu réagir et poser ses questions. Résultats, 58 000 spectateurs en live, 100 000 spectateurs en replay pour l'une des premières opérations phygitales réussies sur le réseau.

L'INTERACTION ÉMOTIONNELLE AVEC LES SPECTA(C)TEURS

Le web 2.0 avait donné aux internautes la possibilité d'interagir avec les marques et les médias, le live ne fait qu'augmenter le niveau d'interaction avec l'instantané, où chaque réaction sera traitée dans la seconde, tout au dans plus la minute. Chaque internaute est specta(c)teur et influent du live proposé par une marque, par sa contribution, son expertise, son point de vue positif - ou négatif du sujet traité.

L'opération Escape Game #Defenderslive de Netflix pour la sortie de la série "The Defenders" en est un bon exemple : les internautes ont pu intervenir et aider les personnalités et influenceurs (Mister V, Camille Lacombe et d'autres) à résoudre l'énigme. Résultat : 141 100 vues

L'attention et la proximité peuvent être créées également par des actes simples : lors de la diffusion d'un reportage sur sa marque dans l'émission Capital, Zôdio profite de l'opportunité et lance un Facebook live en amont et après l'émission pour interagir avec sa communauté. Résultat, pas moins de 35 000 vues cumulées et un véritable sentiment d'appartenance de la part des membres de leur communauté.

BONUS : UNE PALETTE DE COMPÉTENCES POUR RÉUSSIR UN LIVE

Scénariser, créer, promouvoir, animer, interagir, modérer, tout en gardant le fil des idées et la spontanéité, voilà toute la magie du live. Ces compétences demandent aux entreprises de prendre conscience de la complexité et du travail conséquent que demande un live, autant dans sa préparation que dans sa diffusion.

En effet, le manque de préparation et l'absence de ressources (humaines et techniques) amèneront à des cas de bad buzz du live tels que celui du défenseur Serge Aurier et ses insultes publiques envers son entraîneur, ou encore François Hollande qui a vécu un véritable livebashing lors de la table ronde avec les employés de Showroomprivé. Le manque de préparation, une mauvaise qualité du live et de l'animation, mais surtout la non-modération des commentaires (et insultes) ont transformé ces expériences en catastrophes.

Le live est-il une véritable opportunité ou un risque pour les entreprises ? La question ne se trouve peut-être pas là : au-delà du langage et des codes du live, c'est la disruption beaucoup plus large de la manière de communiquer en temps réel sur l'ensemble des dispositifs digitaux. Tout cela pour une raison simple et chère aux entreprises : profiter des opportunités du temps réel pour créer un lien authentique avec sa communauté et favoriser son engagement. Un challenge passionnant qui ne fait que commencer.

> ***“ Toute cette vocation du live, c'est l'authenticité, c'est l'immédiateté, c'est l'instant enrichi, mais on voit qu'il y a un enjeu fondamental pour les marques (...) de recréer l'attention. ”***
>
> **Damien VIEL**
> *Directeur Général France Twitter*

◊ **WAYTA**
www.wayta.fr

Emmanuel Chila
emmanuel.chila@wayta.fr

Alexandre Dino

NIKON FILM FESTIVAL, développer sa notoriété de marque grâce au brand content

Alexandre Dino
Digital Manager chez Nikon

Alexandre Dino est en charge de la partie digitale de Nikon France depuis 2012.
Ses missions se concentrent particulièrement sur deux aspects :
• La création de contenus à destination des sites principaux nikon.fr (site officiel) et nikonclub.fr (site local), mais aussi des réseaux sociaux, sur lesquels Nikon publie quotidiennement ;
• L'animation des communautés Nikon pour lesquelles il propose des événements, des contenus et des services pertinents pour les utilisateurs et tous les amoureux de l'image qui souhaitent se rassembler. Nikon Club concentre une grande partie de tout cela avec de nombreuses fonctionnalités développées pour partager autour de cette passion commune.

> Les prémices : à l'origine, quel était le but de la création du Nikon Film Festival ? Buts commerciaux, de visibilité, de notoriété ?

Le Nikon Film Festival est né d'un manque de notoriété des produits Nikon dans l'univers vidéo. L'idée était, dès le départ, de présenter la qualité du matériel et d'accompagner des talents en organisant un événement dédié à l'univers vidéo. L'objectif est de donner une visibilité maximale aux contenus générés et de profiter de ces rencontres pour établir un contact et initier un accompagnement avec, au-delà d'un financement, une distinction professionnelle importante.

> De quelle manière le projet a-t-il été mis en place ?

Le point de départ pour un tel événement était de proposer un site internet de qualité, ouvert à tous, sur lequel les contenus seraient accessibles gratuitement. Ces valeurs sont importantes pour nous, car elles correspondent à l'esprit du festival. Ensuite, il était important de travailler le fond pour proposer un festival intéressant. Nous avons eu l'honneur d'accueillir depuis le lancement des membres du jury prestigieux et reconnus qui offrent une vraie crédibilité aux résultats. Nous travaillons également beaucoup sur les partenariats pour offrir aux lauréats des dotations importantes et quasi inaccessibles en temps normal comme les diffusions en salle de cinéma MK2 ou en TV sur Canal+, mais également du financement de projet pour prolonger notre collaboration après la remise de prix. Tout cela fait que le Nikon Film Festival n'est pas qu'une belle vitrine, c'est également des rencontres, des échanges et le début d'une belle histoire pour certains.

> Après une 7e édition record en 2016, le Nikon Film Festival revient cette année. Qu'est-ce qui fait le succès de cet événement aujourd'hui ? En quoi vous différenciez-vous des autres festivals ?

Ce succès repose intégralement sur les participants de plus en plus nombreux qui tentent l'aventure et proposent toujours plus de qualité technique et de créativité, qu'ils soient amateurs ou professionnels. Le Nikon Film Festival est un concentré de films courts originaux et inspirants que l'on peut découvrir, peu importe votre écran et le lieu dans lequel vous vous trouvez. La principale différence avec d'autres, ce sont selon moi les contraintes en moins : participation gratuite, format très court, du financement participatif possible avec notre partenaire Ulule ou encore le prêt gratuit de matériel Nikon sur simple demande pour réaliser son film (400 prêts cette année). Tout est fait pour laisser un maximum de place à la créativité.

> La vidéo en ligne est au centre du dispositif de l'événement. De quelle(s) manière(s) Nikon exploite-t-il ce contenu ?

Les films sont visionnés des millions de fois en ligne, diffusés dans de nombreux événements importants, partagés massivement sur les réseaux sociaux et dans les médias. Cette publicité indirecte permet avant tout de faire grandir le festival en visibilité et notoriété. Tout cela profite également aux talents qui sortent du lot chaque année, que nous tentons d'accompagner du mieux possible sur de nouveaux projets. Les films en compétition sont exclusivement diffusés dans le cadre du festival, mais ils restent disponibles en ligne. L'objectif principal reste toujours le même : contribuer à mettre en lumière des talents via ce tremplin.

> *“Le Nikon Film Festival n'est pas qu'une belle vitrine, c'est également des rencontres, des échanges et le début d'une belle histoire pour certains.”*

> Quelles sont les prochaines étapes pour l'événement ? Comment est-il amené à évoluer ?

Paradoxalement, nous souhaitons avant tout multiplier les rencontres physiques en rapport avec l'événement pour échanger encore plus avec les participants et toutes les équipes qui donnent beaucoup pour partager ces films. Nous essayons de proposer de nouvelles projections dédiées dans d'autres festivals de cinéma.

Nous avons la volonté de proposer plus de projections publiques pour permettre de voir ces créations sur grand écran. Il est également question de faire vivre le festival après l'annonce des résultats avec de nouveaux contenus.

Pour finir, nous souhaitons développer le prêt de matériel Nikon car c'est l'occasion pour nous de faire tester nos produits à des professionnels volontaires qui ont besoin de cette aide pour réaliser un projet. Cette prise en main est selon nous une évolution naturelle pour Nikon en tant qu'organisateur et utile pour de nombreux débutants.

Pour le reste, je ne peux rien dire, nous aimons les surprises.

> Quelques chiffres sur l'événement ?

Pour la dernière édition, le NFF c'est :

- + de 1 200 films en compétition
- 5,5 millions de vues pour les films de la 7e édition
- + 1 million de visiteurs uniques sur le site festivalnikon.fr
- 360 000 partages des films sur les réseaux sociaux
- 197 retombées média web/presse/TV/radio

◊ **BRICE BLANQUIER**

Chef de projet Event & Content
EBG

Coup de cœur Expertise

JARDILAND

Moderniser la marque et rajeunir la cible via le Brand Content

> Stratégie Brand Content Jardiland

PROBLÉMATIQUE DE LA MARQUE

Jardiland est aujourd'hui le leader français spécialiste du jardin, des animaux de compagnie et de l'art de vivre depuis près de 45 ans avec un réseau de près de 200 magasins au service du bien-être de ses clients. L'ADN de notre enseigne repose sur l'expertise, le partage, la passion, la proximité et le bien-être. Nos conseillers-vendeurs sont de vrais passionnés au service du consommateur.

Aujourd'hui, nous avons une forte notoriété, mais nous devons travailler notre image pour nous moderniser. Après une refonte stratégique et le déploiement d'un nouveau concept de magasin, nous avons décidé de retravailler le positionnement de l'enseigne et de donner une nouvelle impulsion à notre stratégie de *brand content** parce qu'une enseigne qui ne cherche pas à accompagner et inspirer ses clients est une enseigne qui se banalise, surtout avec la multiplication des acteurs du e-commerce. La proximité et l'expertise sont dans l'ADN des 5 000 collaborateurs du Groupe Jardiland.

La cible prioritaire de cette stratégie est la femme urbaine CSP+ âgée de 25 à 49 ans. Cependant nous savons que cette cible ne représente pas la totalité de nos clients, c'est pourquoi nous souhaitons continuer à toucher nos clients experts, mais de manière plus ludique et décalée. Il s'agit de réfléchir à une stratégie de diffusion à même de toucher efficacement ces cibles sur les médias qui leur correspondent, afin de les accompagner tout au long de l'expérience client.

Les sites e-commerce sans contenus, ça n'existe plus. C'est désormais un moyen incontournable pour créer la préférence pour un site ou une enseigne. Un contenu bien travaillé est essentiel pour attirer les internautes qui préparent leur achat. C'est pourquoi nos objectifs sont à la fois de moderniser notre image et de déclencher l'achat grâce à ce contenu. L'idée à véhiculer est la suivante : comment faire de Jardiland le premier fournisseur de bien-être ? En adoptant pour baseline : « Tout le monde a la main verte ! »

SOLUTION STRATÉGIQUE

Jardiland était en réalité un fournisseur de bien-être au quotidien. Ce constat nous a permis d'élargir significativement la prise de parole de Jardiland sur les médias sociaux, mais aussi d'apporter une touche plus «entertain» au contenu produit pour in fine agrandir la communauté Jardiland sur tout son écosystème digital.

Nous avons par exemple des fournisseurs avec des savoir-faire exceptionnels. En allant à leur rencontre et en montrant ce savoir-faire à nos clients, on amplifie fortement les ventes sur leurs produits.

> Les aspects innovants et de différenciation

Différenciation selon les supports, car on ne consomme pas les mêmes contenus sur le web et en magasin, par exemple. Différenciation également selon les moments de consommation (avant, pendant et post-achat).

Différenciation ou personnalisation selon les cibles : nous ne devons pas raconter la même chose à un client fidèle qui nous fait confiance depuis des années pour la nourriture et le soin de son animal de compagnie et à quelqu'un qui cherche de l'inspiration pour décorer et fleurir son intérieur.

C'est un challenge pour Jardiland, car il faut à la fois garder une cohérence dans nos prises de parole et être capable de concevoir et diffuser ces contenus à tous et sur tous les supports.
Notre approche innovante s'est portée sur ce qui caractérise internet aujourd'hui :

INFOS CLÉS

5 millions de vues sur nos vidéos

de 200 000 à 7 000 000 évolution du reach

2,9 millions de likes sur Facebook

- **Objectif :** Notoriété, Image
- **Cibles :** CSP+, Femmes, Les 25-49 ans
- **Moyens :** E-réputation, Storytelling, Viralité
- **Budget :** De 200 000 € à 500 000 €

• Process collaboratif : nous créons des interactions au quotidien avec la communauté Jardiland qui nous aide à co-construire le contenu. C'est le cas par exemple des JardiTuto, ce sont d'ailleurs la plupart du temps nos experts internes qui conçoivent nos conseils et interviennent dans nos vidéos ;

• Data : nous nous appuyons sur les recherches Google et Pinterest et autres data pour cibler le plus possible les besoins de nos consommateurs ;

• Agilité : rien n'est figé et tout le planning de production et de diffusion évolue selon l'actualité et le besoin.

Pour suivre au mieux les retombées et ainsi adapter chaque contenu en fonction de la cible et des canaux utilisés, nous mesurons le reach de nos contenus sur les réseaux sociaux, le nombre de vues, le nombre de visites sur le blog et enfin le temps passé.

> Les évolutions de l'idée
Produire un maximum de contenu user friendly qui sera de plus en plus adapté aux contraintes des plateformes sociales et devices utilisés, pour une lecture des contenus Jardiland optimisée.

MISE EN PLACE OPÉRATIONNELLE

La stratégie brand content a été lancée à l'été 2016.
Il s'agit pendant la première année de faire émerger nos contenus en touchant une cible plus jeune.

Au second semestre 2017, il s'agira de fédérer notre nouvelle clientèle avec des rendez-vous sur différents médias.
Nous avons réparti les choix créatifs en fonction des attentes de nos consommateurs, mais également en fonction des médias utilisés.

> Tutos vidéos
Pour appuyer notre expertise sur nos 3 univers, nous avons produit plus d'une centaine de tutos très courts, dans le but de répondre à des questions consommateurs ou encore aux requêtes les plus fréquentes sur Google.
Finies les longues explications en employant des noms latins pour citer nos plantes, désormais nos vidéos sont ludiques et décalées !

> Storytelling fournisseurs
Raconter le savoir-faire et la passion de nos fournisseurs, en mettant en avant leurs produits.
Nous avons retranscrit ces histoires de familles à travers des storytelling de 2 min que nous avons intitulés #VenezAvecNous : cette campagne marketing s'articule autour de 12 épisodes inspirants, filmés avec sensibilité par nos équipes.

> Reactive Marketing

> *« Rendre visible l'enseigne Jardiland là où elle n'est pas attendue et produire un maximum de contenus user friendly plus adaptés aux contraintes des plateformes sociales et devices utilisés. »*

> Reactive Marketing

> Depuis Mon Hamac : le blog bien-être de Jardiland

> JardiTuto : on a tous la main verte !

> épisode 2 #VenezAvecNous : Les poteries Goicoechea

> Le blog

Pour rajeunir notre cible, nous avons décidé de diffuser sur notre blog des contenus lifestyle et tendance regroupés dans 4 thématiques : les nouveaux gestes, l'évasion, la complicité et les rencontres.

Il s'agit d'un blog de passionnés et de curieux rythmé par les tendances qui nous entourent, déclinant le bien-être sous toutes ses formes.

C'est aussi un puissant levier pour le marketing d'influence mettant en avant nos partenariats blogueurs. En effet, tous les mois, vous pouvez retrouver nos « Green Interview », où des influenceurs livrent leur secret bien-être autour du jardin, de la déco ou avec leur animal de compagnie.

> Le site

La rubrique #LancezVous du site « te prend la main et te la rend verte ». Nos différentes rubriques divertissent, mais sont aussi une aide précieuse pour les néophytes et les experts du jardinage. On oriente ainsi nos utilisateurs vers un achat ciblé et spécifique à chaque personne.

Pour rendre notre stratégie de brand content visible et surtout reconnue, nous avons travaillé la diffusion de nos contenus en fonction des médias en adaptant nos formats à chaque support.

> Réseaux sociaux

Tout cela contribue au «social selling», vendre via les réseaux sociaux et associer le contenu au parcours d'achat sur le site internet.

• **Facebook** : on retrouve des rendez-vous qui touchent une large communauté du novice à l'expert, on y diffuse nos tutos et séries en versions courtes adaptées à ce média, nos calendriers de saison, de l'inspiration et du divertissement via des posts du blog.

Notre stratégie de sponsoring sur ce média répond à des objectifs bien distincts à la fois de «décollage» permettant d'élargir la communauté, de sponsoring dit de communauté pour augmenter le reach, de sponsoring de marque pour donner de la visibilité à un post contenant une information importante ;

• **Instagram** a tout de suite eu un succès significatif autour de la blogosphère green et tendance : on y multiplie les posts mood, tuto et déco ;

• Sur **Pinterest**, nous regroupons plus d'une vingtaine de boards balayant de nombreuses thématiques ce qui nous permet de développer un univers de marque fort et original ;

• **YouTube** : notre objectif est de redonner une image attirante du jardinage, transmettre des connaissances de façon pédagogique en utilisant un ton décalé et engageant en diffusant nos versions longues des tutos, DIY et notre série #Venezavecnous ;

• **Twitter** : Jardiland sait rebondir sur l'actualité en offrant des contenus insolites. La marque est là où on ne s'y attend pas tout en gardant une prise de parole experte.

> Newsletter

Nos contenus sont quotidiennement relayés sur nos newsletters, sous forme d'encart ou avec une news dédiée à la campagne (notamment la série #VenezAvecNous) renvoyant vers nos vidéos.

> Partenariats blogueurs

Il était important pour atteindre notre objectif de rajeunissement de notre cible de toucher une nouvelle communauté.
Pour cela nous avons fait appel à des blogueurs et influenceurs pour participer à la fois à nos tutos, mais aussi en leur proposant de nous accompagner sur les tournages de la série #VenezAvecNous.
Une fois sur le tournage, les blogueurs sont invités à partager le making of sur leur média, puis à relayer l'épisode lors du lancement de la campagne.
Ces posts sont repris par notre chaîne nationale et sponsorisés.

> Les étapes

Notre production de contenus est très différente en fonction de la typologie. Pour nous organiser au mieux, nous avons décidé d'internaliser la production dans un studio dédié au tournage. Ce studio nous permet de produire en interne des DIY : après une étude du marché sur les tendances autour de nos produits, nous réalisons des DIY inspirants à réaliser à la maison. Les différentes étapes sont filmées et expliquées dans nos vidéos et imprimables sur notre site internet.

Les tutos d'experts sont quant à eux réalisés par nos experts, acheteurs, directeurs de marché, vétérinaires, vendeurs. Nous attachons de l'importance à impliquer tous les corps de métier de l'enseigne pour diffuser nos valeurs et l'ADN de la marque. La série #VenezAvecNous fait l'office d'une sélection de nos fournisseurs historiques, avec une véritable histoire et une transmission de savoirs sur plusieurs générations.

Quelques semaines avant le tournage, nous interviewons notre interlocuteur pour comprendre les valeurs à véhiculer dans le film et les étapes importantes de la création de son produit. Sur place, notre équipe de tournage capture les moments de créativité et de sensibilité en s'appuyant sur les différents métiers : du tourneur au pépiniériste qui prend soin de ses sapins pendant 10 ans avant de les retrouver dans nos magasins. Mettre en scène la vie de nos produits avant qu'ils arrivent chez nos consommateurs.

RÉSULTATS

La stratégie mise en place s'est avérée payante car le reach de nos contenus Jardiland sur Facebook est passé de 200 000 à 7 000 000 en l'espace d'un an. Une donnée qui nous permet d'affirmer que notre contenu a trouvé sa cible et qu'il engage 35 fois plus qu'auparavant.

- 1 151 994 vues de nos 2 premiers épisodes #VenezAvecNous
- 5 050 000 vues sur les contenus vidéos
- 1 partenariat fort avec une blogueuse chaque mois
- 2,9 millions de likes sur nos contenus Facebook en 1 an

Une stratégie récompensée par les professionnels du secteur du jardinage et de l'animalerie par le trophée d'or des palmes de Promojardin dans la catégorie Communication internet et digitale. Désormais, à la demande de nos magasins, nous allons les diffuser « in-store ». Sur les médias TV nous privilégions pour le moment les publicités traditionnelles, mais qui sait...

* Retrouvez la définition dans le lexique en fin d'ouvrage.

> *“ Aujourd'hui les sites e-commerce sans contenus, ça n'existe plus. C'est désormais un moyen incontournable pour créer la préférence pour un site ou une enseigne. ”*

◊ JARDILAND
www.jardiland.com

Nicolas Dubois
Directeur digital & cross-canal
n.dubois@jardiland.com

Charlotte Thomas
Responsable brand content & innovation
c.thomas@jardiland.com

◊ RAYMONDE
www.agenceraymonde.com

Antoine Baume
Directeur de la stratégie co-fondateur

Hugo Meunier
Directeur général co-fondateur

FIVE PIZZA ORIGINAL

Lancement du compte Instagram

> Photographie du compte Instagram

PROBLÉMATIQUE DE LA MARQUE

Five Pizza Original est une nouvelle franchise dans la pizzeria fast-food halal avec un nouveau concept : proposer à ses clients de composer une pizza avec 45 ingrédients. La marque propose une pâte à pizza maison ce qui lui permet de se différencier de la concurrence et de proposer des pizzas plus savoureuses à sa clientèle.

Le premier restaurant a été ouvert en juillet 2017 à Boulogne-Billancourt.

La marque cherche à développer sa notoriété et à se faire connaître auprès d'un public d'étudiants entre 15 et 25 ans.

Le premier objectif était de permettre à un maximum de personnes de découvrir la marque au travers d'Instagram et surtout de les inciter à venir déguster les pizzas au restaurant dans les premiers jours de l'ouverture.

SOLUTION STRATÉGIQUE

Pour accompagner le client, nous avons proposé à Five Pizza Original une stratégie globale sur Instagram en mélangeant des techniques de *growth hacking** et de la création de contenu. L'idée était de proposer des photographies réelles et de se différencier des contenus retouchés.

> Growth hacking

Pour faire grossir rapidement le compte Instagram, nous avons utilisé la technique du follow/unfollow. Nous l'avons utilisée seulement pendant deux semaines pour ne pas trop sanctionner le compte. Instagram n'aime pas l'utilisation de cette technique et peut rapidement dégrader le compte.

Nous avons aussi envoyé de nombreux DM (Direct Messages) à l'ensemble des utilisateurs qui habitaient à Boulogne-Billancourt et dans les environs afin de les prévenir de l'arrivée du nouveau restaurant.

> Création de contenus

Pour ce qui est de la création de contenus, nous avons proposé de réaliser des photographies de deux types :

• Des photographies inspirées de l'univers Food Porn. Une tendance forte sur Instagram depuis plusieurs années, il suffit de voir le nombre de photos avec les hashtags :
- Foodporn (utilisé + de 132 millions de fois) ;
- Yummy (utilisé + de 99 millions de fois).

• Des photographies montrant l'univers de la marque et l'ambiance du restaurant.

Nous avons pris en photo des clients, mais aussi réalisé des mises en scène des produits dans le restaurant.

MISE EN PLACE OPÉRATIONNELLE

> La durée

Du 24 juin au 24 juillet 2017

> Les influenceurs

Les influenceurs jouent un rôle important pour faire connaître une marque, un lieu ou un restaurant. Ils permettent à moindre coût de partager une expérience dans le réel et d'inciter leur communauté à venir à leur tour vivre cette expérience.

Dans un premier temps, nous avons pris contact avec des influenceurs pour les inviter à découvrir notre concept lors d'une soirée d'inauguration puis invité d'autres influenceurs durant les semaines suivantes.

Instagram | Acquistion | Growth hacking

INFOS CLÉS

+ de 1 000 abonnés sur Instagram en 2 semaines

10% de taux d'engagement à chaque publication

200 nouveaux clients en 15 jours

- **Objectif :** Ventes, Acquisition
- **Cibles :** Les 2 sexes, Les 15-25 ans, Etudiants
- **Moyens :** Instagram, ROI
- **Budget :** < à 50 000 €

Au-delà d'une simple invitation, nous avons échangé régulièrement avec les influenceurs pour créer une relation privilégiée. Nous voulions pouvoir inviter régulièrement les influenceurs pour des évènements importants pour la marque. Nous avons passé beaucoup de temps à échanger par DM (messages privés) sur Instagram pour créer une relation de proximité. L'autre avantage d'échanger régulièrement avec eux est qu'il y a plus de chance qu'ils voient le contenu de Five Pizza Original dans leur fil d'actualité. En effet, l'algorithme d'Instagram montre plus facilement le contenu des personnes avec lesquelles vous échangez le plus.

Un autre avantage est d'échanger sur des nouvelles actions de communication, sur leur vision de la marque et les points à améliorer. Les influenceurs ont en général une vision professionnelle d'une marque.

> Exemple d'un post sur Instagram

> User generated content

Les contenus provenant des clients ont en général plus de succès que les contenus produits par une entreprise sur Instagram. Les internautes ont besoin de contenu réel avec une véritable mise en scène. Les contenus des marques sont tellement travaillés qu'ils donnent un effet "fake" ce qui a tendance à diminuer l'engagement de la communauté. Nous avons donc travaillé avec les influenceurs pour créer du contenu, faire connaître la marque et créer de la "social proof" auprès des autres clients. Les contenus créés par les influenceurs ont été utilisés au sein des restaurants pour inviter les clients à partager leur pizza sur Instagram à l'aide d'un hashtag.

> Brand content

L'autre face de notre stratégie a été de créer un contenu "food porn". Nous avons produit des contenus avec plus d'ingrédients sur une pizza qu'habituellement pour donner un effet "waouh" et donner envie aux internautes de partager les photos. Cela permettait également de mettre en avant le concept de la marque. L'idée était de se différencier également des contenus de pizzas des concurrents.

> *“Le choix créatif a été de créer un contenu réel, des photographies qui pouvaient être réalisées par un client lambda. Nous ne voulions pas sublimer les produits de la marque mais les rendre accessibles.”*

RÉSULTATS

Au travers de cette stratégie, nous avons atteint les résultats suivants :

- + de 1 000 abonnés sur Instagram en à peine 2 semaines sans investir en publicité
- 10 % de taux d'engagement à chaque publication
- + de 200 nouveaux clients au travers de l'animation du compte Instagram

*Retrouvez la définition dans le lexique en fin d'ouvrage.

◊ FIVE PIZZA ORIGINAL
www.fivepizzaoriginal.com

Haytam Boubtane
Fondateur
haytamboubtane@gmail.com

◊ JULIEN BRÉAL
www.julien-breal.fr

Growth Marketeur
julienbreal@gmail.com

TENDANCE eSPORT : UNE NOUVELLE OPPORTUNITÉ MARKETING ?

L'*eSport est la pratique des jeux vidéo en compétition. Phénomène international en pleine croissance, de nombreux marketeurs s'interrogent sur l'eSport depuis qu'ils l'ont vu émerger dans les carnets de tendance : qu'est-ce que l'eSport ? Comment s'est-il développé ? Et quelles sont les opportunités pour les marques ?**

385 millions
de personnes dans le monde regardent l'eSport

98 millions
d'heures vues par semaine sur Twitch

Dota, Counter-Strike, League of Legends, FIFA ou encore Clash Royale : quel est le point commun de ces jeux vidéo ? Vous l'aurez deviné : l'eSport !

L'eSport (ou sport électronique) est la pratique d'un jeu vidéo dans le cadre d'une compétition professionnelle. L'eSport, ce n'est pas un jeu vidéo de sport. Même s'il en existe, comme FIFA ou NBA2K, l'eSport désigne l'ensemble des compétitions sur un jeu vidéo, quel que soit son genre. Bien que le terme eSport soit sujet à débat, il fonctionne à bien des égards comme les sports traditionnels. L'eSport est composé de championnats récurrents, de joueurs professionnels rémunérés, d'équipes et d'une audience de passionnés.

Depuis le début des années 2010, le marché de l'eSport connaît une croissance sans précédent. En 2017, le marché mondial de l'eSport représenterait 696 millions de dollars (+ 41 % par rapport à 2016), selon Newzoo.

N.B : l'utilisation des termes "le eSport" et "du eSport" est à proscrire. Préférez : "l'eSport" et "de l'eSport".

> *“Je suis bluffé par le nombre de petites agences qui ont envie de s'impliquer, d'innover et de produire de nouvelles idées pour l'eSport [...] L'eSport est une nouvelle tendance et les marques se doivent d'en faire partie.”*
>
> Alban DECHELOTTE
> *Senior Entertainment Marketing Manager*
> *The Coca-Cola Company*

L'ESPORT, LA NAISSANCE D'UN PHÉNOMÈNE

Au milieu des années 90, la pratique du jeu vidéo prend un nouveau tournant grâce au développement d'internet. Mais c'est au début des années 2000 que les compétitions de jeu vidéo prennent leur envol. Des jeux vidéo comme Starcraft gagnent rapidement en popularité. Le gap important entre les compétences des joueurs novices et expérimentés, la nécessité de développer de véritables stratégies pour gagner, une pratique régulière pour arriver à haut niveau : tous ces éléments ont favorisé le développement des compétitions et leur diffusion.

Dans le même temps, l'apparition des consoles connectées et des services en ligne permettent dès lors aux joueurs de se challenger entre eux ou de jouer en mode collaboratif. Les jeux vidéo récompensent de plus en plus les gagnants, mettent en place des classements. L'ensemble de ces facteurs contribue ainsi à développer l'esprit de compétition au sein des jeux vidéo.

Pendant cette période, la France n'est pas en reste. En 2003, le premier tournoi de l'Electronic Sports World Cup prend place au palais des congrès du Futuroscope : 450 joueurs - venant de 32 nations différentes - s'affrontent devant 5 000 spectateurs.

Esports Games Tiers

Jens Hilgers | BITKRAFT | January 2017

All titles/franchises mentioned have existed for more than a year and show a stable fan and pro-player base as well as frequent tournaments.

Further, they fulfil the requirements of at least two categories for the appropriate tier.

	MAUs	Annual Prize Pool	Monthly Hours Watched
Tier 1	> 8 Million	> $5 Million	> 20 Million
Tier 2	> 1.5 Million	> $1 Million	> 2 Million
Tier 3	> 500 K	> $100 K	> 200 K

Sources:
- Company and media reports
- SuperData
- The Esports Observer

> Top des jeux vidéo eSports

Dans les années 2010, un nouveau type de jeu voit le jour : les *MOBA** (arène de bataille en ligne multi-joueur). Dota, League of Legends ou Heroes of the Storm deviennent des jeux incontournables, attirant de nouveaux joueurs et privilégiant le jeu en équipe. Ces jeux vidéo reposent sur un modèle "free-to-play" : un jeu gratuit et accessible sans avoir besoin d'un ordinateur ultra performant.

QUELS SONT LES JEUX VIDÉO QUI FONT L'ESPORT AUJOURD'HUI ?

Jens Hilgers, fondateur de Bitkraft Ventures réalise un classement des jeux vidéo eSport que vous pouvez consulter sur l'image ci-après.

Les jeux bénéficiant du plus grand nombre de joueurs dans le monde, des plus fortes audiences ainsi que des plus importantes dotations dans les tournois sont au nombre de 4 : League Of Legends (MOBA), Dota 2 (MOBA), Counter-Strike (*FPS**) et Hearthstone (jeux de carte de l'univers de Warcraft).

L'ESPORT, CONCRÈTEMENT, COMMENT ÇA FONCTIONNE ?

Afin de vous familiariser avec l'écosystème eSport, je vous recommande de visualiser chaque jeu comme une discipline sportive à part entière. Comparez le rugby et le football, par exemple. Il s'agit de deux disciplines sportives distinctes. Des similarités existent, mais les règles, les joueurs, le format des tournois ne sont pas identiques. Il en va de même pour l'eSport. Chaque jeu vidéo a ses propres règles, ses propres joueurs professionnels et ses propres championnats.

Ainsi, les jeux vidéo à dimension compétitive voient souvent se développer une scène eSport : organisation et structure des tournois, apport de sponsors, validation des équipes participantes, partenariats... Les éditeurs observent, accompagnent et encouragent l'émergence de ces scènes eSport autour de leurs jeux. Pour ces éditeurs, la dimension eSport d'un jeu permet de générer de l'engagement, accroître et fidéliser la base de joueurs, gagner en visibilité et également favoriser les achats.

Dans son rapport global sur l'eSport, Newzoo propose un visuel schématique de l'écosystème eSport. Il se structure autour de 4 acteurs majeurs :
- Les éditeurs de jeux vidéo ;
- Les organisateurs des compétitions (l'équivalent de la LFP dans le football par exemple) ;
- Les équipes professionnelles ;
- Les organisateurs d'évènements ponctuels.

Mais ces 4 acteurs majeurs ne sont pas seuls. Les communautés de joueurs, les réseaux sociaux favorisant la diffusion des contenus et la retransmission des compétitions. Les marques ou médias jouent également un rôle crucial dans le développement de l'écosystème.

LA PUISSANCE DE DIFFUSION DE L'ESPORT : LES RÉSEAUX SOCIAUX ET LE LIVE-STREAMING

Une des particularités de l'eSport, et du gaming de manière générale, réside dans la forte utilisation des réseaux sociaux comme outil de diffusion des compétitions, des actualités des championnats ou encore comme outil de communication pour les joueurs et les équipes.

Créé en 2011, Twitch devient rapidement la plateforme de référence pour le live-streaming dans le milieu du gaming et de l'eSport. Twitch permet à des utilisateurs de diffuser leur contenu en direct. Les spectateurs vont alors pouvoir suivre les compétitions de jeu vidéo en direct ou visionner des joueurs qui s'entraînent ou testent un nouveau jeu en avant-première.

En 2014, Amazon rachète Twitch pour 970 millions de dollars. Twitch compte 100 millions de spectateurs mensuels uniques grâce à 1,5 million de streamers à travers le monde. Plus que le nombre d'utilisateurs, c'est le temps passé sur le site qui impressionne. En moyenne, les utilisateurs de Twitch regardent des streams 421,6 minutes par mois.

Le succès de Twitch est suivi de près par les géants de la Silicon Valley et l'on voit dès lors émerger des fonctionnalités "live" sur beaucoup de réseaux sociaux. YouTube tire également son épingle du jeu. Les compétitions eSport sont retransmises en direct sur la plateforme de vidéo (YouTube Gaming). Avec des chaînes dédiées, les éditeurs de jeux, les organisateurs de compétitions et les Youtubeurs gaming - déjà très présents avant l'avènement du live - diffusent désormais en direct et postent ensuite les vidéos des compétitions "en replay" sur leur chaîne.

Entre 2016 et 2017, Facebook et Twitter ont signé plusieurs partenariats pour diffuser les compétitions eSports sur leur plateforme et cherchent à concurrencer Twitch.

Face aux importantes audiences engendrées par les compétitions eSports, les chaînes ESPN et Turner aux Etats-Unis commencent à les diffuser à la télévision. En France néanmoins, les chaînes télévisées sont encore frileuses à l'idée de diffuser une compétition de jeu vidéo. Canal + et Bein Sport se sont cependant démarquées en lançant une émission dédiée à l'actualité eSport.

L'eSport, une nouvelle opportunité marketing ?

UNE AUDIENCE PLUTÔT MASCULINE ET JEUNE

L'eSport est un nouveau marché, qui s'est construit grâce à une audience importante et engagée. En 2017, on estime qu'il y a 385 millions de spectateurs dans le monde, qu'ils soient fans d'eSport ou spectateurs occasionnels. Les audiences concernées évoluent légèrement selon les pays, mais c'est une audience plutôt masculine entre 15 et 35 ans, très connectée et active sur le digital. A noter que les femmes sont aussi présentes dans ce secteur (environ 20 %). On voit émerger des streameuses, des joueuses professionnelles et des gameuses de plus en plus nombreuses.

Mais qu'en est-il en France ?

En France, 37 % des Français ont déjà été exposés à l'eSport à travers des articles dans les médias, des contenus digitaux ou parce qu'ils pratiquent l'eSport, d'après une étude menée par STAM. Les 15-35 ans représentent la tranche d'âge la plus active sur l'eSport.

L'ESPORT ET LE LIVE-STREAMING SONT DES EXPÉRIENCES DE CO-CRÉATION

Pour les spécialistes du marketing, l'aspect le plus important et différenciant de l'eSport réside peut-être ailleurs que dans

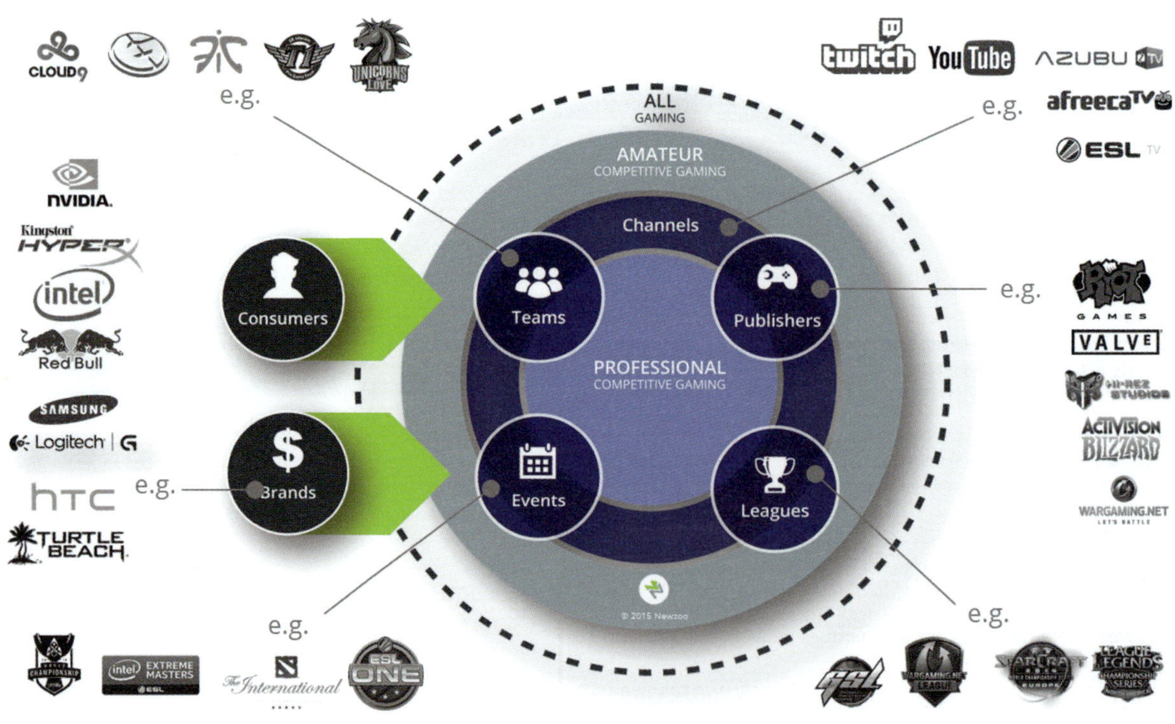

> Ecosystème eSport

la simple capacité de toucher les millenials : l'eSport et le live-streaming sont des expériences de co-création.

Connectez-vous à Twitch, et lancez un stream. Vous verrez en premier lieu l'écran du streamer. Puis, généralement, vous verrez une caméra avec le streamer lui-même, permettant au spectateur de voir ses réactions en direct. Et enfin, peut-être l'un des éléments les plus importants, sur votre droite vous verrez un chat en direct. Ce dernier permet l'interaction entre le streamer et ses spectateurs. Ces derniers posent des questions, commentent les actions du streamer ou échangent entre eux. Pour le streamer, le chat permet à la fois d'obtenir des informations et de créer un échange avec sa communauté. Pour les spectateurs, c'est un moyen d'influencer les actions du streamer, mais également d'en apprendre plus sur un jeu vidéo, les tactiques et stratégies.

Contrairement au sport traditionnel, les stars de l'eSport - streamers, Youtubeurs ou joueurs professionnels - semblent dès lors plus accessibles pour le public.

STRATÉGIE D'INFLUENCE ET PARTENARIAT : L'ÉMERGENCE DES WEB TV ET INFLUENCEURS ESPORTS

Grâce aux technologies et aux plateformes de diffusion vidéo, de nombreuses web TV ont été créées dont VaKarM, HiScoreTV, OrigineTV, O'Gaming TV, EclypsiaTV. Spécialisées sur un jeu vidéo ou généralistes, ces web TV commentent l'actualité des compétitions et des jeux vidéo. Elles font émerger des personnalités appelées "casters". Le caster est un spécialiste du jeu, capable de commenter en temps réel les manœuvres effectuées, les choix stratégiques des équipes et d'analyser un match d'eSport. Il est l'équivalent du commentateur sportif.

En parallèle, les Youtubeurs et streamers "gaming et eSport" montent également en puissance. Avec des milliers, voire millions d'abonnés sur Twitch ou YouTube, ces joueurs deviennent de véritables célébrités.

Les marques peuvent intégrer ces nombreux influenceurs YouTube, Twitch ou de web TV au sein de leurs stratégies d'influence digitale déjà en place. Les leviers d'identification et classement des influenceurs restent similaires aux autres influenceurs, c'est-à-dire que les marques peuvent s'appuyer sur des social data d'audience, engagement et ligne éditoriale afin de sélectionner les influenceurs le plus en ligne avec leurs objectifs.

LES MARQUES INVESTISSENT DANS L'ESPORT : POURQUOI PAS VOUS ?

Il y a de vraies opportunités pour les marques d'investir un nouveau territoire de communication en pleine croissance qui s'adresse à une cible jeune et connectée. C'est par exemple une formidable opportunité pour co-créer des expériences.
En investissant dans l'eSport, les marques peuvent notamment retirer les avantages suivants :

- Se distinguer de leurs concurrents en entrant sur un nouveau marché en pleine expansion ;
- Bénéficier d'une couverture internationale, mais aussi locale ;
- Adresser une audience jeune et connectée qui est de moins en moins réceptive à la publicité traditionnelle et très utilisatrice d'Adblock ;
- Co-créer des expériences avec des influenceurs ou des spectateurs.

Il y a déjà de nombreux exemples de marques non endémiques (c'est-à-dire des marques extérieures au domaine) qui ont mené des actions dans l'eSport : Coca-Cola, Orange avec Rush eSport, Gilette, Adidas, TacoBell, Red Bull, AlloResto... Et chaque mois, nous voyons de nouvelles marques investir ce domaine.

CONCLUSION : UNE TENDANCE INSCRITE DANS LA DURÉE

Le sujet est en progression constante depuis plusieurs années. Le domaine mûrit et les marques ont l'opportunité de toucher intelligemment une cible difficile qui évite la pub. Elles peuvent intégrer cet environnement de l'eSport en adaptant leurs pratiques et dispositifs digitaux sans pour autant partir de zéro.

* Retrouvez la définition dans le lexique en fin d'ouvrage.

> **“ Ce qui importe aux gamers, c'est l'altruisme. Ils veulent voir les marques contribuer pour le bien de tous, et pas seulement dans leur propre intérêt. Cela crée des relations plus honnêtes et authentiques. ”**
>
> Nathan LINDBERG
> *Esport Evangelist, Strategist & Sponsorship Salesperson Twitch*

◊ DIGITAL INSIGHTERS
www.digitalinsighters.com

Audrey Fleury
audrey@digitalinsighters.com

GAMIFIER SA COMMUNAUTÉ DE MARQUE POUR ENRICHIR SES SERVICES

Les marques rassemblent des communautés toujours plus importantes sur différentes plateformes, des réseaux sociaux aux applications en passant par les forums clients. Pour les marques, ces "utilisateurs" sont un levier créateur de valeur pour leurs services.

354% d'augmentation du nombre d'avis sur Trip Advisor suite à la gamification

Femme de **43 ans :** profil du joueur moyen sur Facebook

120 millions d'utilisateurs de l'application éducative gamifiée Duolingo

> *"La gamification est une technique de design visant à maximiser l'engagement des utilisateurs tout en délivrant un service enrichi."*
>
> Clément MULETIER
> *Consultant UX El Gamificator*

Des applications BtoC "hyper-populaires" reposent sur la *gamification** de leurs communautés pour engager leurs utilisateurs tout en augmentant la valeur du service.

AUGMENTER LA VALEUR DU SERVICE

D'abord, retour sur l'objectif primordial de la gamification : augmenter la valeur ajoutée du service. Dans le cadre d'une communauté, le système gamifié fait "travailler" les utilisateurs afin de créer plus de valeur pour tous. En voici quelques illustrations.

Trip Advisor a gamifié sa communauté pour inciter les utilisateurs à réaliser un certain nombre de comportements clés. Remplir des avis, poster des photos ou donner des notes sont autant d'actions qui enrichissent le service proposé par l'application.

L'application GPS Waze a fondé sa renommée et surtout sa qualité sur une communauté d'utilisateurs dévoués. Ces derniers signalent sans relâche les événements sur la route : contrôles de police, radars, accidents, déviations... Là encore, la valeur est générée par la capacité à engager les utilisateurs.

Dans la lignée de ces pure players, des marques se sont approprié les codes de l'engagement communautaire afin d'enrichir les services de leurs clients. Sosh a ainsi gamifié son forum d'entraide. Chaque abonné peut bénéficier de l'expérience d'autres utilisateurs et obtenir des conseils, des réponses à des questions techniques ou simplement échanger avec d'autres consommateurs.

LA CADRE MÉTHODOLOGIQUE

Dans ce cas, les techniques de gamification reposent sur un cadre méthodologique clair, résumé à travers trois concepts issus du game design : l'univers, le sens épique et le périple du héros.

L'UNIVERS

Comme dans un jeu, l'action est ancrée dans un univers : esthétique, personnage, culture... Pour Trip Advisor, c'est le voyage et la volonté d'exploration. Pour Waze, ce sont les trajets en voiture et leur dédramatisation à travers un ton humoristique. Pour Sosh, c'est la téléphonie mobile. Dans tous les cas, l'univers est indispensable, car il pose les jalons du service qui sera proposé à l'utilisateur à travers l'engagement de la communauté.

> Trophées virtuels de la communauté d'entraide Sosh

LE SENS ÉPIQUE

L'univers ne vient pas seul. L'univers vient avec une mission qui incite à agir au sein de celui-ci. Et la tâche à réaliser est souvent d'une ampleur très importante, épique. Popularisé par Jane McGonigal, le terme "sens épique" (epic meaning) désigne une mission dont l'ampleur dépasse le simple individu. Le joueur est donc contraint d'adopter des logiques de coopération.

Le sens épique est la pierre angulaire de l'engagement communautaire. Il fournit un objectif commun dont les bénéfices seront profitables à chaque utilisateur en particulier. Le "travail" de la communauté va enrichir le service proposé par l'application.

Grâce aux signalements dans Waze, les utilisateurs gagnent du temps et économisent de l'argent sur leurs trajets quotidiens. Trip Advisor garantit un voyage réussi. Sosh propose un support client efficace à prix réduit.

Dans un système gamifié, le sens épique consiste à construire une histoire autour des actes banals du joueur pour qu'il prenne conscience de leur importance pour la communauté. À chaque fois que l'utilisateur agit, il sait pourquoi il le fait. Comme son nom l'indique, le sens épique n'est pas qu'une simple histoire, il est avant tout le sens donné à la mission du jeu.

LE PÉRIPLE DU HÉROS

Maintenant que la mission est identifiée, le joueur doit trouver son rôle. Le périple du héros consiste à donner un rôle clé au joueur, sans qui la mission ne pourrait être accomplie. Cette mécanique est une méthode de scénarisation utilisée par les game designers pour aider les joueurs à trouver leur place au sein de l'expérience ludique.

C'est à cette étape que les mécaniques de gamification interviennent très concrètement. On en distingue deux types :

- **Les mécaniques orientées vers soi**

Les mécaniques orientées vers soi (quantified self) permettent de guider l'utilisateur dans la réalisation de sa mission. On peut citer les points qui incitent les actions récurrentes de l'utilisateur. Les trophées virtuels qui marquent ses grands accomplissements (écrire son premier post ou commentaire, par exemple). Les niveaux qui traduisent l'expertise générale et la progression.

- **Les mécaniques sociales**

Ces mécaniques structurent les interactions entre les membres de la communauté. Le passage à l'action des utilisateurs est suscité par la coopération ou la compétition. On peut citer les classements, les challenges par équipe, les feedbacks sociaux comme les "likes" et les commentaires.

REMINDER

Les communautés d'utilisateurs peuvent être fédérées pour augmenter la valeur d'un service, d'une application. La gamification fournit un cadre méthodologique pour réussir l'engagement de chaque utilisateur. Le sens épique donne un sens commun aux actions individuelles. Le périple du héros donne un rôle précis, une feuille de route pour que chacun trouve sa place dans la mission globale.

Enfin, du côté business, il faudra toujours garder à l'esprit que de tels systèmes d'engagement ne sont efficaces que si l'utilisateur perçoit immédiatement la valeur qui lui est proposée. Il doit s'agir avant tout d'un design de service plus que d'un programme d'incitations.

* Retrouvez la définition dans le lexique en fin d'ouvrage.

◊ EL GAMIFICATOR
www.elgamificator.com

Clément Muletier
Consultant
clement@elgamificator.com

UBISOFT - GHOST RECON WILDLANDS

A world with no heroes : une expérience digitale unique et immersive !

> Intro jeu

PROBLÉMATIQUE DE LA MARQUE

Après plus de 5 années d'absence, Ubisoft a relancé en mars 2017 la marque de jeu vidéo Tom Clancy's Ghost Recon, un shooter militaire tactique dont le premier jeu date de 2001.

Cette nouvelle création nommée "Wildlands" retrace le parcours de 4 soldats d'élite - les Ghosts - envoyés en Bolivie pour démanteler un cartel de drogue dont la mission première est de mettre le pays à feu et à sang.

Mais comment renouveler l'intérêt autour de Ghost Recon et positionner la marque sur le segment très concurrentiel des jeux de shooters militaires ? C'est le challenge qu'il fallait relever afin de permettre à Ghost Recon de reprendre sa place.

Une des clés pour réussir ce challenge était de donner aux Ghosts, dans ce contexte, une aura qui les différencie de simples soldats. Créer le mythe des Ghosts fut donc le mot d'ordre afin de relancer la marque. L'idée du mythe d'un groupe de soldats d'élite envoyés en dernier recours en terrain ennemi, mais qui dans l'ombre doit renverser une situation à tous points de vue désespérée.

"Some Are Soldiers, We Are Ghosts"[1].

C'est avec cet objectif en tête qu'un projet digital fut créé en collaboration avec l'agence DDB Paris : "A World With No Heroes". Construire le mythe des Ghosts devait passer par la création d'une menace crédible, implacable et dont chaque joueur pourrait être le témoin en semi temps réel.

SOLUTION STRATÉGIQUE

> Un monde, 50 cameras

Ghost Recon Wildlands est le plus grand espace ouvert créé sur le genre d'univers des shooters dans le jeu vidéo. On recense l'équivalent de plus de 400 kilomètres de superficie, territoire où le Cartel de Santa Blanca a un contrôle total.

Afin de faire incarner les joueurs en véritables témoins de la menace du cartel dans cette Bolivie fictive, l'agence DDB Paris a fait appel au studio de production digitale parisien, Make Me Pulse, créé en 2008 et multi-primé depuis.

L'immense map 3D du jeu fut intégralement recréée en *WebGL** au sein d'une plateforme web et rendue vivante en simulant la réalité de l'environnement avant l'arrivée des Ghosts.

Sur la première carte, les visiteurs peuvent de jour comme de nuit être témoins des atrocités commises par le cartel à travers les 50 caméras de surveillance, diffusant plus de 8 heures de vidéo, ces mêmes heures ont été capturées dans le jeu vidéo initial par l'agence Fire Without Smoke London.

Le résultat : une multitude de situations où se mêlent vie quotidienne, paysage bolivien et monstruosités.

Une seconde carte donne également au visiteur l'opportunité de glaner, au fil de ses découvertes, des informations sur l'influence du Cartel, les quantités de cocaïne produites, l'argent engendré par tous ces trafics et le coût des vies humaines sacrifiées.

Fidélisation | BtoC | Immersion

INFOS CLÉS

6 millions de joueurs

50 caméras

- **Objectif :** Fidélisation, Notoriété
- **Cibles :** Les 2 sexes
- **Moyens :** Site Internet

MISE EN PLACE OPÉRATIONNELLE

> Entre documentaire digital et fiction

Pour rendre ce monde et la menace crédibles, DDB Paris a approché le contenu du site d'une façon nouvelle et innovante : comme le feraient de vrais journalistes. Pour gagner en véracité, le ton se devait d'être neutre, à l'image des documentaires.

Pas de prise de parti donc, mais la mise en image d'une situation fictive qui semble cependant bien réelle. Durant le développement du jeu, l'agence DDB Paris passa trois mois à explorer "in-game" les lieux et moments propices ; à décrire de la manière la plus crédible la situation de la Bolivie que l'on retrouve dans le jeu. Les 50 caméras furent ensuite placées dans la carte et les mises en scène capturées à de nombreuses reprises, tout ceci afin de créer des situations de capture "live" plausibles (de nuit, de jour, au calme, ou témoin de violences perpétrées par le Cartel). Ce sont ainsi près de 200 séquences qui furent saisies et mises en ligne à travers les caméras. Afin de renforcer l'immersion et le réalisme de la carte, des touches subtiles de design furent ajoutées tels que la circulation routière, le passage de trains ou encore les conditions météorologiques.

RÉSULTATS

> Multiplicateur d'engagement

Le site internet "A World With No Heroes" fut mis en ligne un mois avant la sortie du jeu vidéo Ghost Recon Wildlands, et seulement quelques jours avant la phase Beta ouverte à tous, phase dans laquelle les joueurs peuvent essayer le jeu.

La participation enregistrée fut parmi les plus hautes observées sur un projet Ubisoft. Le temps moyen passé sur le site internet fut de 8 minutes, mais le plus impressionnant est que 30 % des visiteurs passèrent plus de 25 minutes à interagir sur la plateforme, à la recherche des nombreuses interactions possibles entre le cartel, les militaires, le peuple bolivien, etc.

Lors du lancement de sa phase Beta, plus de 6 millions de joueurs pénétrèrent dans le monde de Ghost Recon Wildlands. A World With No Heroes remporta notamment un Lion d'Or à Cannes en 2017 dans la catégorie digitale.

Liens de la plateforme du jeu : www.ghostrecon.com
mais aussi noheroes.ghostrecon.com

[1] "Plus Que Des Soldats, Nous Sommes les Ghosts"
* Retrouvez la définition dans le lexique en fin d'ouvrage.

> Home page

> Map explorer

> Reconnaissance cam

◊ **UBISOFT**
www.ubisoft.com

Clement Prevosto
EMEA Marketing Group Manager

RÉALITÉ AUGMENTÉE ET VIRTUELLE : MIEUX LES COMPRENDRE POUR MIEUX LES UTILISER

Fers de lance des médias immersifs, paradigmes post clavier-souris prenant appui sur un usage naturel de la technologie par l'utilisateur, les *réalités augmentée (RA) et *virtuelle** (RV) sont en quelques années devenues un vecteur incontournable. Souvent confondus ou trop rapidement associés, ces deux principes sont pourtant très différents, tant dans leurs utilisations que dans leurs promesses.**

RV = 7,20 milliards
dollars fin 2017
(Greenlight Insights)

RV = 75 milliards
dollars d'ici 2021
(Greenlight Insights)

BtoB passe de **1%** (2017)
à **24%** (2021)

> *“La croissance du marché s'explique par la structuration des investissements dans le secteur BtoB, ainsi que l'adhésion progressive du public, notamment consécutives aux baisses de prix matériel.”*
>
> **Mickaël MARSEUL**
> *CEO Myoken*

Commençons donc par éliminer toute forme de confusion. Pour s'y retrouver, il suffit de prendre les termes au pied de la lettre.

La réalité augmentée vient ajouter une couche virtuelle dans l'environnement réel de l'utilisateur. C'est donc un mix réel/virtuel. Pour faire cet assemblage, la RA a besoin d'une caméra et d'une zone d'affichage pour l'utilisateur. Aujourd'hui tablettes, smartphones sont les plus efficaces, les casques à écran transparent préfigurent le futur, mais ont encore une large marge de progression ergonomique, technique, financière.

La réalité virtuelle plonge l'utilisateur dans un univers entièrement virtuel, dans lequel il est possible de regarder dans toutes les directions. La réalité de l'utilisateur n'a donc plus droit de cité. Les appareils utilisés sont des casques équipés d'écrans qui retranscrivent ce monde virtuel. On peut produire des applications de RV avec des casques mobiles ou PC. Les premiers offrent moins de puissance et pas de déplacements physiques : on ne fait que tourner la tête à 360°. Ils sont idéals pour l'exploitation de 3D assez simples ou de films 360°. Si l'on recherche le photoréalisme, la possibilité de se déplacer, de prendre des objets et d'interagir avec, on optera pour un casque PC. Ils offrent des expériences beaucoup plus poussées, mais leur déploiement est plus contraignant.

LA RÉALITÉ AUGMENTÉE : POUR QUOI FAIRE ?

La RA est un allié de choix dès l'instant que vous souhaitez enrichir des supports de communication imprimés (affiche, plaquette, stand) afin de les rendre plus complets, plus durables. Ainsi la photo d'un produit peut le faire apparaître en 3D animée et dérouler un discours. C'est efficace, mais toute la difficulté est d'inciter à télécharger une application. Le contenu doit être pertinent, riche, instructif, utile. On peut apporter la même réflexion à l'augmentation de packaging. Elle permet de transcender le produit... à condition d'avoir une approche marketing solide (jeu-concours, expérience collaborative ou personnalisable).

Mais le champ le plus prometteur de la RA est sans doute dans la mise en contexte de produit, surtout ceux qui sont destinés à entrer dans le quotidien du consommateur (meubles, par exemple).

Les tout derniers développements technologiques (oct. 2017 avec Apple en avant-poste) apportent une avancée significative.

> Casque de réalité augmentée Hololens, Microsoft

> Un utilisateur dans sa réalité virtuelle

Les maîtres mots sont simplification et automatisation. Jusqu'à présent, pour obtenir des incrustations robustes et réalistes, nous avions besoin d'un marqueur imprimé qui servait de point d'ancrage à l'apparition de la couche virtuelle. Aujourd'hui, avec ce même niveau de réassurance, nous pouvons nous passer du marqueur imprimé. L'environnement est scanné et "compris" par le smartphone (position du sol, position des murs, des surfaces planes de meubles). L'application de la lumière sur l'objet 3D, indispensable au réalisme, est aussi très convaincante. Le déploiement des solutions marketing RA se voit aujourd'hui grandement simplifié.

LA RÉALITÉ VIRTUELLE : DES JEUX, MAIS ENCORE ?

La RV fait la promesse d'une expérience véritable, totale, qu'elle soit sensationnelle, ludique ou contemplative... Vous proposez à l'utilisateur de nouveaux repères.

Plusieurs champs d'exploitations sont naturellement propices aux animations de RV marketing. Le premier d'entre eux est l'expérience de marque, qu'elle passe par l'emploi de gaming, le court métrage interactif ou la recherche de sensations (fortes). L'idée sera dès lors de véhiculer un ensemble de valeurs, un esprit de marque à travers un moment d'exception, le plus souvent onirique ou impossible à réaliser dans le réel (changement d'état, de taille, découverte de lieux inatteignables, etc.). Un second cas d'usage fréquent de la RV est la simulation pédagogique : une situation que l'utilisateur doit vivre pour mieux saisir un discours ou la plus-value d'un produit (situations à risques, process de fabrication spécifique, etc.). La RV est aussi particulièrement taillée pour l'appréhension de volumes conséquents : des lieux ou des objets très volumineux.

ET DEMAIN ?

Bien que l'usage des principes immersifs soit récent (les casques VR ne sont "généralisés" que depuis 2016), ils continuent d'évoluer à un rythme soutenu. La RV, techniquement plus simple, s'oriente vers une augmentation de la sensation d'immersion (hausse de la définition des écrans et du champ de vision) et offrira une bien meilleure liberté de mouvement (disparition des fils, net agrandissement de la zone de déplacement physique).

La RA va quant à elle subir, dans les 2 à 3 prochaines années, une véritable révolution. Ainsi, comme nous l'indiquions plus avant, la disparition des marqueurs (un détail qui n'en est pas un) ouvre la voie à une nouvelle gamme d'usage, sans prérequis aucun. Mais plus encore : Google, Microsoft, Apple ou encore Magic Leap (entre autres) travaillent à la production de casques à écrans transparents qui permettront une réalité augmentée directement projetée dans le champ de vision, sans avoir à tenir de smartphone en main. Certains de ces casques existent déjà, mais leur diffusion et leur perfectionnement prendront encore quelques années. La promesse à terme est la fusion parfaite de la réalité et du virtuel. Un nouveau monde est en création.

* Retrouvez la définition dans le lexique en fin d'ouvrage.

> Casque de réalité virtuelle PC, HTC Vive

◊ MYOKEN
www.myoken.fr

Mickaël Marseul
Co-Dirigeant
m.marseul@myoken.fr

KIABI

Créer une plateforme communautaire à la croisée d'un réseau social et d'une plateforme de contenus

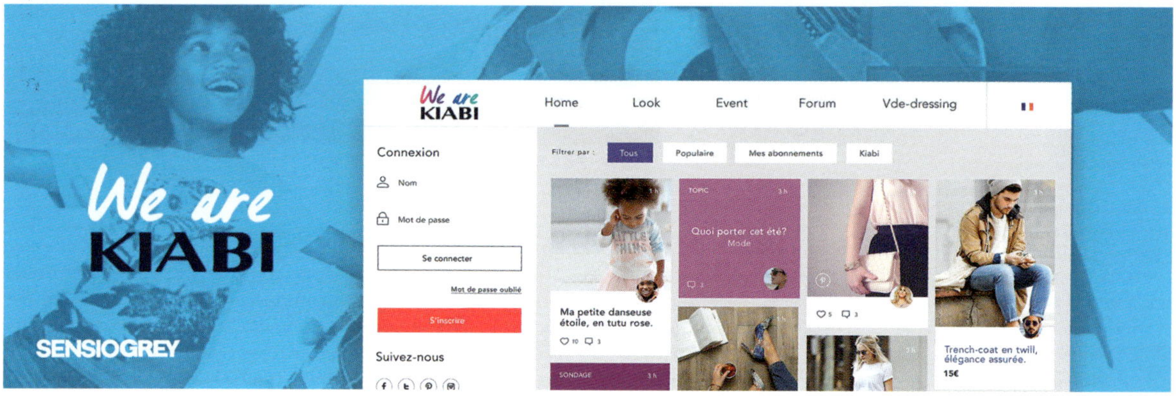

> Plateforme communautaire We are Kiabi

PROBLÉMATIQUE DE LA MARQUE

> Problématique

Comment et dans quelles conditions déporter les interactions communautaires Kiabi sur un espace contrôlé par la marque ?

Être en mesure de créer une plateforme de mise en relation circulaire pour les fans de Kiabi habituées aux réseaux sociaux, en leur permettant de se connecter à la fois entre elles via une *plateforme communautaire**, mais aussi aux actions des points de vente proches de chez elles.

> Contexte

Kiabi a construit son image sur la mode à petits prix. Aller chez Kiabi était le moyen de pouvoir s'habiller tout en bénéficiant de prix attractifs. La marque a souhaité se repositionner sur l'item "mode" en passant de la marque fonctionnelle « la mode à petits prix » à la marque lifestyle « Le bonheur vous va si bien ».

Qui dit lifestyle dit communauté. Les fans de Kiabi sont habitués à interagir et échanger sur les réseaux sociaux.

> Cible

Cœur de cible

Les femmes de tous les âges, connectées, qui aiment la mode et échanger des bons plans sur le sujet.

Cible secondaire

L'objectif de cette plateforme est de réunir tous les membres de la famille.

> Objectifs

- Créer une plateforme communautaire « We are Kiabi ». A la croisée d'un réseau social et d'une plateforme de contenus, ce media propriétaire offrira à ses membres la possibilité de s'approprier la marque de manière inédite, d'interagir avec elle, de se rencontrer et d'échanger entre fans, avec les équipes Kiabi et avec leur magasin favori ;
- Recréer du lien entre la marque et ses consommateurs via une plateforme communautaire active et intuitive qui favorise les rencontres entre modeuses ;
- Être en mesure de créer une expérience cohérente, quels que soient les points de contact, pour booster le volume de clients multicanaux et créer une relation privilégiée, bien que dématérialisée ;
- Kiabi a voulu se donner les moyens d'identifier, collecter et isoler des data conso pour accroître la connaissance client et nouer une vraie relation avec ses consommatrices ;
- S'entraider pour constituer une garde-robe, faire du co-voiturage pour aller en magasin, donner une seconde vie à un vêtement qu'on ne porte.

SOLUTION STRATÉGIQUE

> Une démarche d'open-innovation impliquant les clients et les collaborateurs

A l'origine de « We are Kiabi », 20 clients « ambassadeurs » ont brainstormé avec les équipes Kiabi pour co-construire une plateforme à leur image, en prise directe avec leurs attentes et leurs désirs... De cette réflexion collective, de grands thèmes structurants ont émergé : publier un look, créer un événement, créer un topic, vendre un article ou retrouver ses amis. Sur We are Kiabi, les clients et fans de la marque sont chez eux et ont la possibilité de créer du lien entre eux, de se rencontrer « In Real Life », de partager, s'entraider, et vivre des moments fun et complices. Plus que jamais au cœur du modèle Kiabi, le client devient pivot de la marque, de son offre, de ses services et de son évolution.
Construire un espace où il fait bon vivre, où les gens se connaissent, et dans lequel les prises de paroles des consom-

INFOS CLÉS

• **Objectif :** Notoriété, Fidélisation

• **Cibles :** Les 2 sexes, Les 20-30 ans, Les 30-40 ans

• **Moyens :** Site communautaire, Blogs, Points de vente

matrices sont aussi importantes que celles de la marque.
Sur We are Kiabi, les clients et fans de la marque sont chez eux et ont la possibilité de créer du lien entre eux, de se rencontrer « In Real Life », de partager, s'entraider, et vivre des moments fun et complices. Plus que jamais au cœur du modèle Kiabi, le client devient pivot de la marque, de son offre, de ses services et de son évolution.
Engager le dialogue et une relation privilégiée avec les clientes. Avoir des retours sur les besoins et les envies des clientes.

> Les aspects innovants et de différenciation

Kiabi a une très forte communauté qui rassemble plus de 4 millions de fans sur les réseaux sociaux. En mettant en place une plateforme communautaire de marque, Kiabi entend fédérer et encourager les fans Kiabi sur un réseau unique. Un moyen de s'entraider pour constituer sa garde-robe, faire du co-voiturage pour se rendre en magasin, donner une seconde vie à un vêtement oublié et bien d'autres choses.

We are Kiabi est un modèle de plateforme sociale innovante et gamifiée. Elle propose un nouveau paradigme de la relation client en récompensant la fidélité non pas en fonction des achats, mais en fonction du niveau d'engagement. Une cliente peut ainsi obtenir le badge « globe trotteuse » en likant un look dans chaque continent ou le badge « fashion addict » en publiant 5 looks... Une manière fun et décalée d'être actif, et récompensé !

MISE EN PLACE OPÉRATIONNELLE

> Le dispositif

Une interface "mobile first" correspondant aux codes des réseaux sociaux.

Un site responsive permettant de naviguer de façon optimisée quel que soit le contexte : à la maison, sur un mobile dans la rue, sur une tablette devant la TV.

Sensio a proposé une plateforme qui décloisonne les réseaux, concentre et fluidifie les échanges en apportant un plus émotionnel par rapport à la carte de fidélité, fonctionnelle et ouverte à tous.

Un lancement basé sur 10 ambassadrices, appelées le Kop's. Elles invitent les premiers membres à rejoindre la plateforme puis chacune peut à son tour inviter des membres.
L'espace personnel est customisé en fonction des préférences de chacun.

Le dashboard est simple à prendre en main.

Capitaliser sur les codes des réseaux sociaux pour faciliter la prise en main, limiter le changement de page pour accroître la consommation de contenus.

Avec un simple clic, l'utilisateur accède aux actions principales de chaque rubrique :

- Ajouter un look ;
- Ajouter un évènement ;
- Créer un topic dans le forum ;
- Ajouter un vêtement dans mon vide-dressing.

> La durée

Lancement mi-septembre 2017.

> Les choix créatif

Créer une place d'échange pour rassembler les fans de Kiabi autour d'une plateforme communautaire unique, basée sur le modèle des réseaux sociaux classiques.

> Le nom

We are Kiabi. Créer un sentiment d'appartenance à la marque et à la communauté des fans de Kiabi.

CONCLUSION

We are Kiabi regroupe autant de fonctionnalités au sein d'un écosystème contrôlé pour passer sur un modèle relationnel marque/consommateurs, horizontal et interactif.
Retrouvez les résultats de la campagne ici :
www.sensiogrey.com/realisations/kiabi

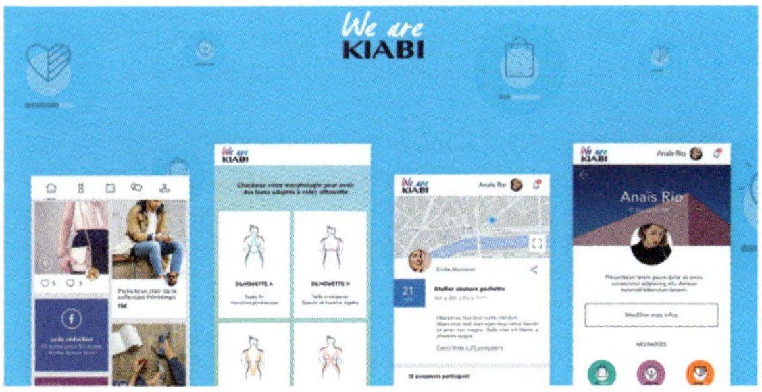

◊ KIABI
www.wearekiabi.com

◊ SENSIOGREY
www.sensiogrey.com

Clotilde Ravin
head of Marketing & New Business
clotilde.ravin@sensiogrey.com

Claire Couzi
Chargée de communication
claire.couzi@sensiogrey.com

* Retrouvez la définition dans le lexique en fin d'ouvrage.

Coup de cœur FÉDÉRATEUR

DELAMAISON

Développer la notoriété de la marque et repositionner son image

> Des stylistes delamaison redécorent un appartement.

PROBLÉMATIQUE DE LA MARQUE

> Le contexte

Delamaison est un pure player spécialisé dans la décoration et l'ameublement qui propose de nombreux produits dans des univers différents (meubles, décoration, canapés, jardin...). Créée en 2005 par 4 amis, l'entreprise a connu une croissance rapide et rejoint le groupe Adeo (Leroy Merlin, Zôdio, Bricoman...) en 2012. Elle attire sur son site web plus de 3 millions de visiteurs chaque mois qui viennent rechercher des produits indoor et outdoor adaptés à leurs usages et tendances.

Dotée d'une solide stratégie d'acquisition, delamaison a souhaité améliorer sa notoriété spontanée et assistée auprès d'une cible bien spécifique. Le profil type de cette cible est une femme en couple vivant en région parisienne dans des zones urbaines plutôt CSP+.

Au-delà d'objectifs quantitatifs, delamaison ne souhaitait pas une campagne de branding classique dans laquelle les personnes touchées consomment passivement le contenu proposé. Il s'agissait également de faire réagir l'audience ciblée à un nouveau concept afin d'associer à la marque les termes d'innovation et d'utilité.

SOLUTION STRATÉGIQUE

> L'idée stratégique

Delamaison est parti d'un double constat. D'un côté, de nombreux vendeurs d'un bien immobilier souhaiteraient le mettre en valeur sans investir dans une offre complète de home staging. De l'autre, l'implantation de showrooms répond à un besoin récurrent des clients : voir et toucher les produits. Mais cela nécessite un budget important.

Pourquoi donc ne pas transformer les appartements des clients delamaison en des boutiques éphémères le temps de leur vente ? C'est ainsi que le concept d'*apartment stores* est né !

Pour médiatiser ce nouveau concept, delamaison a organisé un jeu-concours. La dotation en jeu : la prise en charge complète du relooking de l'appartement du vendeur sélectionné par l'équipe de stylistes delamaison. Une fois le relooking terminé, delamaison fait alors intervenir ses photographes pour shooter l'appartement sous tous les angles. Un kit de communication (photos adaptées au web, flyers, affiches...) est ensuite remis au client pour attirer de nouveaux acheteurs. Des étiquettes équipées de *QR codes** sont placées sur tous les objets déco et le mobilier delamaison.

Lors de la visite de l'*apartment store*, les visiteurs ont alors la possibilité d'acheter l'appartement avec le mobilier delamaison ou bien de craquer uniquement pour les produits en utilisant les QR codes à leur disposition.

MISE EN PLACE OPÉRATIONNELLE

> La durée

De début juillet 2016 (tournage du film promotionnel) à début janvier 2017 (sélection du gagnant).

> La mise en place de la campagne

Une landing page avec un formulaire d'inscription a été créée pour générer un maximum d'inscriptions au jeu-concours. Une fois le formulaire d'inscription complété, les participants devaient envoyer aux équipes delamaison des photos de leur bien afin de participer au tirage au sort.

La médiatisation de l'opération a été uniquement pensée pour être effectuée sur les médias sociaux pour leur capacité de

INFOS CLÉS

+ de 1 174 000 vues sur YouTube

+ de 240 000 personnes touchées

+ de 7 récompenses reçues

• **Objectif :** Notoriété, Image

• **Cibles :** Les 2 sexes, Famille, Couples

• **Moyens :** Jeu-concours, Facebook, YouTube

viralisation et la finesse des possibilités de ciblage publicitaire. YouTube a été utilisé pour le volet branding de la campagne. Les équipes delamaison ont travaillé avec l'agence Resoneo pour mettre en place la campagne de branding sur YouTube. Un premier travail sur le format de la vidéo a été mené. Afin d'optimiser le budget, le format pré-roll de 15 secondes a été privilégié. Les équipes delamaison et Resoneo ont ensuite défini précisément le ciblage de la campagne. Les femmes ayant entre 25 et 44 ans et un intérêt pour le secteur de la décoration et de l'ameublement ont été la seule cible de cette campagne publicitaire.

La campagne menée sur Facebook avait pour objectif de créer du trafic vers la landing page et d'effectuer un maximum de conversions. Les équipes delamaison ont créé plusieurs ensembles publicitaires avec chacune des audiences différentes : remarketing des visiteurs de la landing page ou du site web de delamaison, audience des amateurs de décoration, clients des principaux concurrents... L'idée était de faire le plus d'A/B testing possible afin de maximiser les conversions et le coût par conversion. Sur Facebook, les créas n'ont pas été oubliées puisque de nombreux formats publicitaires ont été utilisés toujours dans l'idée d'A/B tester les performances : carrousel, *vidéos natives**, *canvas**...

RÉSULTATS

L'opération a été un franc succès. De nombreux commentaires positifs autour de cette opération ont été postés sur les réseaux sociaux et compulsés par les équipes delamaison dans leur outil de social media listening.

Au-delà de cette évaluation qualitative, les retombées de l'opération ont été réelles :

• La vidéo promue sur YouTube a été visionnée plus de 1 174 000 fois
• Plus de 200 Parisiens ont complété le formulaire d'inscription à l'opération
• Plus de 240 000 personnes ont été touchées sur Facebook
• De nombreux prix prestigieux ont récompensé cette opération : Grand Prix de la Nuit des Rois, prix Silver et Bronze au festival européen Eurobest, distinction aux One Show Awards à New York, etc.

* Retrouvez la définition dans le lexique en fin d'ouvrage.

> *« La médiatisation de l'opération a été uniquement pensée pour être effectuée sur les médias sociaux pour leur capacité de viralisation et la finesse des possibilités de ciblage publicitaire. »*

◊ DELAMAISON.FR
www.delamaison.fr

Ludovic Poli
Directeur marketing et expérience client
ludovic.poli@elbee.fr

Julien Provost
Community manager
julien.provost@elbee.fr

◊ NURUN PARIS
www.nurun.com/fr

Cécile Mendez
Account Director

TENDANCES
RÉALITÉ AUGMENTÉE
DARK SOCIAL
E-AMBASSADEUR
MILLENNIALS
INFLUENCEUR
SOCIAL SELLING
SOCIAL ADS
SOCIALBOT
SOCIAL COMMERCE

02

SOCIAL MEDIA

Créez, développez et animez votre communauté ! Enjeux, influence, nouveaux réseaux sociaux, développement commercial... Étude du social media sous tous les angles.

SOMMAIRE

CHAP. 2

Social Media : les enjeux

Animer sa communauté

Nouvelle approche des contenus

Commerce et Social Ads

◇ *Étude de cas* ◆ *Article*

Social et Média

Mediametrie

La vidéo au cœur des interactions

Inscription sur les sites communautaires

76% des internautes **inscrits sur au moins un site communautaire**

Inscription sur les sites communautaires

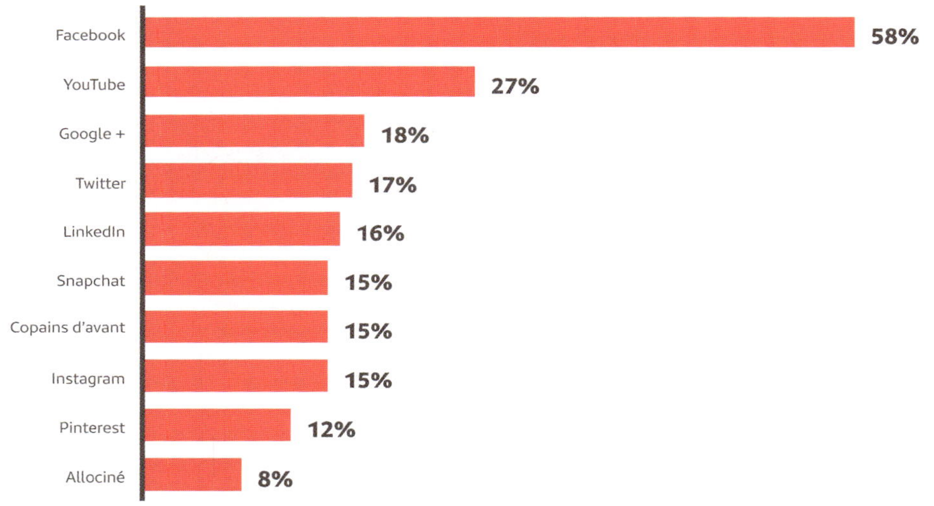

Suivi des marques sur les sites communautaires

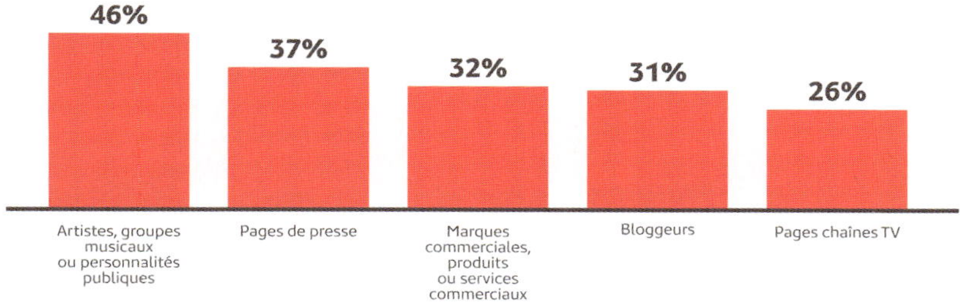

Base : Inscrits sur Facebook, Twitter, Google + ou Instagram

Type de contenus vidéo consultés ou postés

Contenus vidéo consultés

Vidéos d'actualité / information	58%
Vidéos humoristiques / parodies / lolcasters	58%
Bandes annonces de film	56%
Clips musicaux	55%
Extraits d'émissions TV	47%

Contenus vidéo postés

Vidéos personnelles	40%
Clips musicaux	34%
Vidéos humoristiques / parodies / lolcasters	33%
Vidéos d'actualité / information	33%
Vidéos amateurs	31%

Base : inscrits sur au moins un site communautaire et ayant déjà consulté ou posté des vidéos sur les réseaux sociaux

Social TV

17% des internautes **ont écrit des commentaires sur une émission ou un programme TV** au cours du dernier mois

56% **après visionnage** du programme ou de l'émission TV

Les principales plateformes utilisées pour la social TV

Facebook	48%
Twitter	20%
Le site d'une chaîne télévisée / d'un programme TV	17%

Base : internautes ayant commenté une émission et / ou un programme TV, dernier mois

Source : Médiamétrie - Web Observatoire - T2 2017

Fiche théorique

DÉFINIR SA STRATÉGIE DE CONTENU SOCIAL MEDIA ET COORDONNER LES SUPPORTS

Une des nombreuses missions du community manager dans une entreprise est de déployer une stratégie de contenus cohérente sur des supports ad hoc tout au long de l'année. Pour cela, il devra s'appuyer sur des outils d'analyse et de prise de décisions qui lui permettront de mettre en place une stratégie social media originale et pertinente.

GARDER À L'ESPRIT LES 3 C

Le premier point pour définir une stratégie social media est de s'appuyer sur le principe des 3 C : Congruence, Cohérence et Convergence. En effet, le social media est un outil de communication qui doit prendre en compte les autres outils utilisés en IRL (In Real Life) tels que les médias, hors médias traditionnels, médias tactiques et ceux utilisés sur le web (OTI : On The Internet) afin de délivrer un message cohérent et convergent sur l'ensemble des supports. Aussi, le message diffusé sur les différents supports de communication doit être le même pour éviter une interprétation : il est souvent parasité et peu visible lorsque plusieurs messages de la marque sont diffusés simultanément à destination de cibles diverses. Le message devra converger vers le même objectif de communication de la marque (journée portes ouvertes, jeux-concours, lancement d'un nouveau produit...). Enfin les messages doivent s'organiser de manière congruente afin d'être dans le bon timing sur l'ensemble des supports de communication IRL et OTI.

RECRUTER OU FIDÉLISER ? QUELS OBJECTIFS MARKETING POUR QUELLES CIBLES ?

Quels seront les objectifs marketing de la marque et auprès de quels internautes ? Recruter de nouveaux clients ? Fidéliser ceux déjà existants ? Qui les recrutera et les fidélisera ? La marque ou les internautes grâce à une stratégie virale ? Ces questions sont à l'origine de la mise en place de la stratégie de contenu de la marque : à qui s'adresse l'entreprise, pourquoi et comment ?

En fonction de la réponse, le community manager définira sa stratégie de contenu. En effet, le recrutement de nouveaux clients peut s'effectuer directement par la marque ou la marque peut s'appuyer sur ses «fans» ou fidèles clients qui joueront le rôle d'ambassadeur de marque.

Ainsi, la stratégie de contenu différera en fonction des objectifs et s'appuiera sur des leviers différents. Dans le premier cas, la marque pourra déployer un jeu-concours diffusé en boutique et sur le site avec un relais sur les réseaux sociaux. Dans ce cas, la marque s'appuiera sur une communication *paid*/owned media**. Dans le deuxième cas, la marque s'appuiera sur ses clients à qui elle donnera les moyens de devenir ambassadeurs de la marque auprès d'amis, collègues de travail ou famille : une stratégie virale de conquête basée sur le recrutement d'une nouvelle communauté par la communauté.

Par ailleurs, la marque peut également mettre en place une collaboration avec un(e) blogueur(se)

influent(e) ou un(e) YouTubeur(se). Dans ce cas, elle fait appel à un support externe à la marque qui générera du lead sur le site ou les réseaux sociaux de la marque. Pour résumer, il convient de définir des objectifs, des cibles et les leviers pour toucher les cibles comme indiqué dans le tableau ci-dessous.

Définir les objectifs marketing social media, les leviers et les stratégies clients :

		Objectifs marketing	
		Conquérir	Fidéliser
Leviers	Les clients/internautes de la marque	Les clients/internautes sont ambassadeurs de la marque et recrutent de nouveaux clients.	Les clients/internautes génèrent du contenu entre eux pour fédérer une communauté.
	Les Réseaux sociaux de la marque	Les réseaux sociaux de la marque génèrent du contenu pour recruter directement de nouveaux clients.	Les réseaux sociaux de la marque génèrent du contenu pour fidéliser les clients.
	Les Influenceurs	Les influenceurs génèrent du contenu pour créer du lead sur les réseaux sociaux ou le site ecommerce de la marque.	Les influenceurs génèrent du contenu pour réassurer les clients de la marque.
		Stratégies clients	Stratégies clients

QUELS SONT LES OBJECTIFS DE COMMUNICATION DES RÉSEAUX SOCIAUX ?

Les réseaux sociaux font partie d'un dispositif d'outils de communication plus vaste. Chacun des univers a ses propres objectifs qui doivent, comme développé précédemment, répondre au principe des 3 C. Ainsi, le site de la marque aura un objectif de communication avant tout transactionnel : générer du chiffre d'affaires.

Les réseaux sociaux ont des objectifs à court terme moins mercantiles : ils proposent une communication de type conversationnel entre la marque et les internautes et permettent aussi une discussion entre les internautes clients ou non de la marque (figure 1). De ces discussions émergeront des sentiments d'appartenance forte à la marque ou d'assurance ou réassurance et elles déboucheront sur un acte d'achat ou de fidélisation. De la conversation communautaire naît l'achat.

Figure 1 : objectif conversationnel des réseaux sociaux

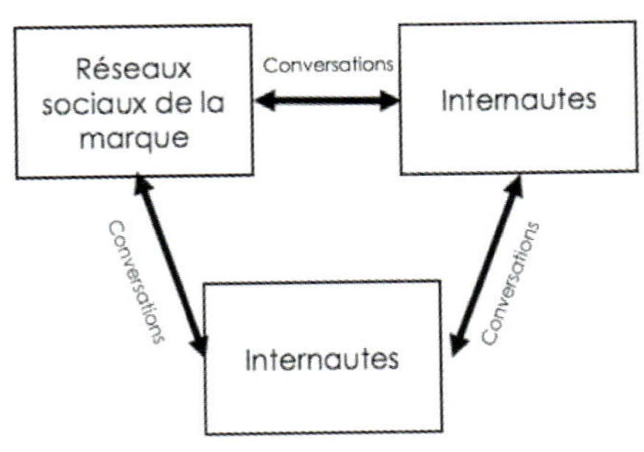

ADAPTER LES FONCTIONS ET FORMATS AUX OBJECTIFS DE COMMUNICATION

Les réseaux présentent des fonctions et formats différents au départ même si de plus en plus de réseaux se concurrencent sur les services proposés : Instagram proposera du contenu photos, YouTube de la vidéo, Facebook du contact, LinkedIn du corporate… Il faudra alors prendre soin de déterminer quels supports et formats seront le plus à même de délivrer au mieux le message à la cible. Les YouTubeur(se)s ont un public plus jeune que les blogueur(se)s, les formats et messages sont construits différemment : un "haul" ou "swap" réalisé par une YouTubeuse sera pertinent pour présenter un soin de beauté à une cible adolescente alors qu'une cible 25-35 ans recherchera des informations issues de tests ou d'études plus approfondies sur un blog expert.

QUELLES STRATÉGIES DE CONTENU ?

> Quels contenus recherchent les internautes sur les réseaux sociaux d'une marque ?

Les internautes orientent leurs recherches sur une marque particulièrement autour de 6 rubriques majeures qu'ils partagent et co-construisent avec la marque et les autres internautes «fans» (ou en devenir) de la marque.

> L'histoire

L'internaute est à la recherche de sens dans son achat : l'histoire, le « off » de la marque et son storytelling permettent en partie d'y répondre. Les histoires des internautes avec la marque participent aussi à la construction de l'histoire de cette marque par un mécanisme de co-construction internaute/marque. Cette co-construction a pour but de projeter les internautes (ou non-clients) dans leur future histoire avec la marque et pour les clients de comparer leurs expériences.

> Les valeurs

Dans la recherche de sens à son achat, l'internaute voudra découvrir, partager et adhérer aux valeurs de la marque. Pour cela, le community manager développera des contenus sur le positionnement de la marque, son ADN, ses engagements (écologiques, humanitaires...), son avantage concurrentiel.

> L'expert

La marque présentera des articles (audiovidéo, texte) qui répondront de manière experte aux problématiques des internautes dans l'univers proche de la marque. Une marque de matériel de bricolage présentera des conseils, démonstration de produits, tuto, DIY... réalisés par la marque et favorisera la publication de contenus par les internautes.

> Le produit

La présentation des produits (biens et services) est une rubrique incontournable. Toutefois, il faudra prendre soin de ne pas faire de «duplicate content» du site de marque. Les réseaux sociaux d'une marque ne sont pas une vitrine d'auto-promotion comme le sont les sites de e-commerce. La forme devra être adaptée par une présentation des produits réalisée avec la participation des internautes.

> Le marronnier

Grand classique du contenu rédactionnel qui s'appuiera sur les évènements récurrents de l'année : Noël, soldes, Roland Garros, Saint-Valentin, fête de la musique... pour y associer la marque d'une manière ou d'une autre : jeu-concours, events, promotion des ventes...

> L'actualité

Cette rubrique regroupe un certain nombre de sujets comme les moments de l'année exceptionnels qui ne rentrent pas dans les marronniers. Les fortes chaleurs en été, une promotion inhabituelle, les 150 ans de la maison, des rebondissements sur un sujet... L'objectif est de générer des occasions à des moments où la marque manque de contenus. Les titres sont souvent de fortes "accroches" rédactionnelles : les meilleurs endroits pour faire son shopping sur Paris, réaliser un look "vintage" pour les fêtes... Ces contenus ont pour objectif d'être relayés en *earned media** et ainsi de générer des retweets ou d'être repris par les blogueur(se)s et YouTubeur(se)s.

Le tableau ci-dessous propose une synthèse des rubriques et exemples de contenus.

Rubriques et types de contenus diffusés sur les réseaux sociaux owned et earned media :

Les rubriques	Type de contenus
Histoire	De la marque sur la marque Les histoires des internautes avec la marque Témoignages
Valeurs	Positionnement de l'entreprise, du produit... ADN, Avantage concurrentiel
Expert	Conseils, Démonstration Tutoriels, DIY,..
Produit	Biens et services proposés par la marque.
Marronnier	Evènements annuels prévisible sur lesquels la marque peut communiquer
Actualité	Générer des occasions de visibilité hors marronnier Accroches rédactionnelles fortes Relayée par les réseaux sociaux owned media

UN BENCHMARK DES CONCURRENTS : QUI UTILISE QUOI ?

Pour mettre en place une stratégie de contenus sur les réseaux sociaux, la première étape est de réaliser un benchmark des réseaux concurrents avec la grille présentée ci-après. Cette grille peut être utilisée de plusieurs manières. En plus du benchmark, elle permet aussi de faire le point sur les moyens et contenus déployés par sa marque.

A l'aide de la grille (une par concurrent), il faudra identifier les réseaux owned media qu'il utilise (partie grisée) et recueillir des informations sur sa visibilité et présence sur les réseaux earned media (partie blanche) comme les blogs, forums, page Facebook et chaîne YouTube d'influenceurs. Dans le tableau présenté, les réseaux sociaux ne sont pas exhaustifs, ils dépendront des marques concurrentes.

Après le recueil d'informations des réseaux utilisés par la concurrence, l'étude des contenus pourra débuter. Cette analyse aura pour objectif de déterminer quelles rubriques sont diffusées sur quels réseaux. Si la rubrique "histoire" est diffusée sur YouTube, il faudra mesurer l'intérêt de l'internaute en dénombrant les vidéos, les vues, les interactions des internautes.

Un réseau peut proposer plusieurs rubriques : Chanel présente sur sa chaîne YouTube des rubriques "produit", "expert" et "valeur". On notera que la rubrique "Chanel Beauty talk" génère un nombre de vues plus important que les autres rubriques (au moment de la rédaction de l'article). En fonction de ce recueil d'informations, l'analyse pourra débuter afin de déterminer quelles sont les rubriques qui fonctionnent le mieux et sur quels réseaux. Ensuite, le travail du responsable des réseaux sociaux sera de définir une stratégie digitale 2.0 et de construire son planning des contenus étayés de l'analyse des contenus des concurrents présentés ci-dessous.

Analyse de contenus des réseaux sociaux

Analyse de contenus des Réseaux Sociaux		Contenus générés par les supports de la marque : Owned media				Contenus générés sur les réseaux sociaux hors marque : Earned media			
Réseaux Sociaux		FB	YT	Insta	Linkedin	FB	YT	Insta	Pint
Rubriques	Histoire								
	Valeurs								
	Expert								
	Marronnier								
	Produit								
	Hameçon								
	Moment								

Planning des contenus et supports social media

		Janvier	février	Mars	Avril	Mai	juin	Juillet	...
Owned média	Youtube	Histoire	Produit	Expert	Marronnier	Expert	Valeurs	Expert	
	Facebook	produit	marronnier	Valeurs	Actualité	...			
	Linkedin		Valeurs		Expert	...			
Earned media	Bloggeurs	Produit				...			
	Forum		Actualité			...			

* Retrouvez la définition dans le lexique en fin d'ouvrage.

◊ **RONALD BOUCHER**
Responsable Master Marketing Opérationnel & Digital
Enseignant-chercheur au CERI
r.boucher@istec.fr

Ecole de Commerce et Marketing ISTEC

WEB SOCIAL : SAUTEZ DANS LE TRAIN EN MARCHE !

Le web social, sous-estimé par les marques, constitue pourtant le point d'orgue de la révolution numérique. Ce mouvement opéré en une courte dizaine d'années a transformé la relation client en donnant le pouvoir au consommateur. Il évolue rapidement, avec l'automatisation du *dark social, l'essor des formats vidéo ou encore la convergence de la consommation de contenu et de l'acte d'achat.**

1/3 de la population mondiale active sur les réseaux sociaux

328 millions d'utilisateurs Twitter au 1er trim. 2017

1,8 milliard d'inscrits sur Facebook fin 2016

Pour bien prendre la mesure du web social, jetons simplement un petit coup d'œil dans le rétroviseur. Ce n'est pas si lointain : dans les années 1990, l'histoire commence par une révolution des médias, avec la montée en puissance de la blogosphère. Le numérique démocratise la prise de parole : d'un seul coup, tout le monde peut s'exprimer, à la seule condition de s'asseoir devant un ordinateur et de disposer d'une connexion Internet. Les journalistes, politiciens et experts de toutes sortes perdent le monopole du micro. Dix ans plus tard, au milieu des années 2000, deux autres événements coïncident et viennent parachever la révolution numérique : il s'agit de l'arrivée en France des réseaux sociaux (Facebook en 2007) et de l'émergence des smartphones, synonymes de connexion permanente.

Ces trois mouvements, une fois agglomérés, nous montrent combien la révolution numérique est technologique, mais avant tout sociale. Elle modifie la manière dont les êtres humains s'organisent, et plus précisément s'auto-organisent, échangeant de l'information librement, se rendant des services : Internet a favorisé, sinon rendu possible, l'essor actuel de l'économie collaborative.

> " L'individu en tant que citoyen conçoit mal de devoir changer de « monde » lorsqu'il est au travail, d'oublier l'égalité apportée par le numérique et de supporter une entreprise pyramidale. "
>
> **Benoît THIEULIN**
> *Directeur de l'Innovation d'Open et fondateur de La Netscouade*

LE NUMÉRIQUE, RÉVOLUTION DE «L'EMPOWERMENT»

Les entreprises ont, pour la plupart, tardé à reconnaître les conséquences profondes du web social tant sur leurs relations aux autres (leurs clients et prospects) que sur leur organisation interne. Cette révolution sociale a commencé par casser la nature de la relation client. Jusque-là, les marques tissaient un rapport bilatéral avec leurs clients. Tant que vous étiez au guichet, ou sur le site web classique d'une entreprise, vous restiez en tête à tête avec la marque. A l'occasion, les quelques personnes présentes aux alentours pouvaient entendre vos échanges, mais globalement et à part les "class action" (recours collectifs) aux Etats-Unis, le rapport de forces entre l'entreprise et ses clients restait très déséquilibré.

Mais une fois que le client s'est vu offrir une capacité d'expression puissante, tout a changé. Le paradigme s'est inversé. Le numérique est vraiment la révolution de "l'empowerment", donnant le pouvoir aux clients et utilisateurs. Désormais, on peut défaire une marque en quelques clics, affectant sa réputation et jusqu'à sa cotation en bourse.

Cette redistribution des pouvoirs a des conséquences évidentes en termes de ressources humaines et d'organisation interne. Le numérique s'est instillé partout et l'individu en tant que citoyen conçoit mal de devoir changer de "monde" lorsqu'il est au travail, de revenir en arrière et de supporter une entreprise pyramidale.

DES COMMUNAUTÉS TOUTES-PUISSANTES

Les journalistes ont perdu le monopole de la production de contenus et dans ce nouvel océan d'informations, la qualité devient un enjeu essentiel, une clef de différenciation. Attention, le numérique ne supprime pas les experts ni la presse, tout le monde n'est pas capable de produire un contenu de qualité, mais les formes classiques des médias sont en passe de disparaître. La toute-puissante télévision, en particulier : nous ne nous en rendons pas forcément compte, car la génération des baby-boomers sur-consomme la TV et lui offre un "chant du cygne" lui donnant l'impression de rester un média de masse.

Mais en réalité, les nouveaux chemins de l'information se trouvent sur le mobile et passent par le filtre des communautés au sens large. Les marques et entreprises sont en train d'être absorbées par les médias sociaux. Nous regardons le monde à travers Twitter, Facebook et consorts. Ces plateformes sont autant de filtres différents : nous n'apprenons pas les mêmes choses, ne lisons pas les mêmes articles, selon que nous passons par le filtre LinkedIn ou le filtre Facebook. Les médias sociaux sont ni plus ni moins devenus un mode de sélection de l'information. Et aujourd'hui, au-delà de consommer de l'actualité, nous commençons même à acheter des produits et services par l'intermédiaire des médias sociaux.

Les marques avaient leur site, puis ont ouvert leur page Facebook, et désormais elles réalisent leurs meilleures audiences et leurs ventes à l'intérieur des médias sociaux. Il se produit une "aspiration" d'une partie des usages. Le chemin parcouru est considérable et peut légitimement donner le vertige. Les médias sociaux eux-mêmes ont connu leur révolution, passant du statut de communautés de services, à celui d'indispensables carrefours.

Bien sûr, les marques ont tout intérêt à garder leurs propres sites, à les optimiser pour réduire la dépendance économique au social web. Mais elles ne peuvent plus se dispenser de ces derniers, pour accéder clefs en main aux communautés qui les intéressent. Le numérique a créé des millions de petites places de marché, il permet aujourd'hui à un boulanger, par exemple, de cibler une population locale et segmentée, pour quelques euros par mois. Nous sommes loin de l'époque où la publicité ne se concevait qu'en masse et pour des sommes prohibitives, campagnes TV en tête.

L'EXPLOSION DES AVIS CLIENTS

Pagesjaunes.fr s'est intéressé aux avis clients en fin d'année dernière. Il est vrai qu'à lui seul, le site français concentre 4 millions d'avis sur les entreprises nationales. En novembre dernier, il a publié un baromètre inédit : « Le premier enseignement de cette étude, c'est que 75 % des consommateurs sont attirés en priorité par les professionnels qui proposent des avis », indique Guillaume Laporte, directeur marketing, cité par RTL.

Parmi les chiffres-clefs, on découvre que 78 % des Français consultent les avis, mais aussi que les consommateurs en

rédigent beaucoup. « 70 % d'entre eux déposent des avis, aussi bien négatifs que positifs », précise Guillaume Laporte. Impressionnant. « La cible principale, car la plus impliquée, ce sont les 25-34 ans : 89 % déclarent consulter les avis en ligne avant de choisir un produit ou un service », relève également le site chefdentreprise.com. A noter : 34 % des personnes interrogées par Pagesjaunes.fr jugent qu'il est difficile de distinguer un avis authentique d'un avis qui pourrait être rédigé par un faux client. Et c'est un vrai sujet : comme tout marché porteur, celui des avis clients a engendré des dérives.

Le marché cependant commence à se réguler. Avis-vérifiés.com et Fia-net.com sont, par exemple, deux sites sur lesquels le consommateur ne peut pas déposer d'avis s'il n'y a pas été invité (autrement dit, s'il n'est pas client de la marque concernée). Mais surtout, une norme AFNOR a vu le jour dès 2013. Baptisée NF Z74-501, elle permet aux entreprises d'assurer « la fiabilité et la transparence des trois processus du traitement des avis en ligne : leur collecte, leur modération par le gestionnaire et leur restitution ».

UN RISQUE, MAIS SURTOUT UNE OPPORTUNITÉ

Les entreprises ne peuvent pas prendre la parole intelligemment si elles n'écoutent pas ce que disent leurs clients. Et même (surtout !) ce que disent d'elles les consommateurs qui ne sont ni leurs clients ni leurs fans. Elles devraient aussi prêter l'oreille à ce que l'on dit de leurs concurrents : le numérique a rendu cela possible, il faut en profiter. L'information, c'est le pouvoir. Et ce qu'on appelle le "dark social", c'est-à-dire le partage d'informations dans l'ombre, en privé, sera décisif (lire plus bas).

Les marques sont très exposées, elles doivent veiller en permanence à leur e-réputation et répondre aux internautes, sans s'éparpiller, tout en trouvant le bon ton. Car le web social constitue une opportunité incroyable, mais très codée. L'époque où l'on confiait à un stagiaire la gestion de sa page Facebook est révolue depuis longtemps. Les modalités d'expression relèvent à la fois de l'instantanéité et d'une grande sophistication, deux aspects contradictoires avec lesquels il faut jongler.

TROIS TENDANCES DE FOND

Le Socialweb évolue sans arrêt et très vite. Étudier les usages et percevoir au-delà des expérimentations les signes avant-coureurs des usages de demain permet aux entreprises de se différencier :

• **Le dark social**, notamment avec l'usage des chats et chatbots pour une relation client hyper-ciblée, constitue une nouvelle étape à ne pas manquer. On retrouve ici une forme de bilatéralisme, avec un horizon très différent toutefois : la personnalisation de l'expérience client. Les assistants vocaux et de manière générale l'introduction de l'IA dans cette forme de relation client viennent signer l'importance de cette tendance. Les messageries de chat sont parmi les applications les plus téléchargées et utilisées : Messenger (plus d'1 milliard d'utilisateurs), WhatsApp, WeChat... Les chatbots sont à la fois des supports de conversion, pour déclencher l'achat directement en natif dans l'application (paiement via l'app, transfert d'argent...) et des supports de la relation client, dans une logique conversationnelle. Ils ouvrent enfin sur une précieuse récupération de données : lors des échanges avec un bot, ce dernier affine les centres d'intérêt du client et va pouvoir petit à petit mieux qualifier l'internaute. SNCF, qui n'hésite jamais à tenter et à innover, est ainsi l'une des premières marques à avoir mis en place un bot messenger pour gérer ses commandes de billets de train.

• **La vidéo explose.** Poussé par les algorithmes, c'est le canal qui génère le maximum d'engagement, avec des formats à la fois courts (idéalement, moins d'une minute) et sous-titrés, pour favoriser la consultation en mobilité. Brut, média 100 % vidéo et 100 % diffusé sur les réseaux sociaux, a tout compris. Les trois premières secondes sont clefs, ainsi que la vulgarisation des contenus. On le voit, la vidéo achève de faire des marques les médias : une marque doit devenir son propre média. Pour déclencher du partage et acquérir une forme de légitimité, elle a tout intérêt à contextualiser ses vidéos en fonction de l'actualité. Le contenu produit par la marque doit résonner avec une actualité : on a vu par exemple de nombreux lives à Roland-Garros cette année. L'alternative est de produire un contenu suffisamment fort pour créer le buzz, de créer un "moment". Et même des "instants", une histoire complète. Outre la guerre du copié-collé entre Snapchat et Instagram, le format *Story** s'est imposé et témoigne d'une nouvelle manière de communiquer sur les réseaux sociaux : là où l'on partageait un moment, on partage maintenant des instants ! La multiplication des contenus d'actualité permet de raconter une histoire complète. Un exemple avec Super U, qui a équipé Lionel (pêcheur), Romain (responsable marée) et Laurence (poissonnière) de lunettes Spectacles, pour partager ce qu'ils voient et vivent chaque jour. Les clients pouvaient découvrir leurs histoires sur un compte Snapchat dédié : LaRouteDuFrais.

• **La consultation de contenus et l'acte d'achat se rapprochent**, la frontière entre les deux mondes se brouille. Les réseaux sociaux multiplient le développement d'outils publicitaires pour convertir en achat et générer du lead : tag produit sur les photos avec renvoi vers le site, boutique intégrée directement sur Facebook...

* Retrouvez la définition dans le lexique en fin d'ouvrage.

> **"La vidéo explose. C'est le canal qui génère le maximum d'engagement, avec des formats à la fois courts (idéalement, moins d'une minute) et sous-titrés, pour favoriser la consultation en mobilité."**
>
> Benoît THIEULIN
> *Directeur de l'Innovation d'Open et fondateur de La Netscouade*

◊ LA NETSCOUADE I OPEN
www.lanetscouade.com
www.open.global
Fiche d'entreprise p. 491

Benoît Thieulin
Directeur de l'Innovation d'Open et fondateur de La Netscouade
benoit.thieulin@lanetscouade.com

Coup de cœur • EXPERTISE

SOCIAL MEDIA : CES 3 ENJEUX QUE LES MARQUES DOIVENT ANTICIPER

Les réseaux sociaux ont tellement évolué depuis leurs débuts, qu'il est désormais difficile de les cantonner aux libellés de "social" ou de "média" qui les définissent. Tout comme il est un peu réducteur de parler de digital, quand les pure players historiques redoublent d'ingéniosité pour s'ancrer à la fois dans les deux mondes, soit le "phygital".
Dans cet écosystème protéiforme aux lignes brouillées, qui s'accélère de façon vertigineuse, voici 3 enjeux majeurs à saisir. Décryptage.

71% des marketeurs considèrent le marketing d'influence stratégique (Traackr)

300 milliards
Le Content Marketing générera 300 milliards de dollars en 2019 (Contently)

LE CONTENT MARKETING, CARBURANT NOUVELLE GÉNÉRATION DES TECHNOLOGIES DE POINTE

L'Intelligence Artificielle comme outil du quotidien, la Réalité Virtuelle comme moyen d'interaction, les notions de télé-portation... Est-ce bien sérieux ? Eh bien, oui. Car vous ne rêvez pas, la science-fiction, c'est maintenant ! Le PDG de Google, himself, a récemment donné le ton en déclarant que nous allions passer « d'un monde mobile first à un monde A.I. first ». De quoi donner libre cours à tous les fantasmes.

Mais ce que les marques ont parfois tendance à oublier, c'est que cette révolution "augmentée" est intrinsèquement liée à celle du contenu. Réalité Augmentée (RA), Réalité Virtuelle (RV), Internet of Thing (IoT) ne sont rien d'autre qu'un pont offert par la technologie entre le réel et le virtuel. Autrement dit, le contenu sera nécessairement le liant entre les objets, les personnes et la technologie - quand il ne fusionnera pas tout simplement avec l'expérience (virtuelle) elle-même.

Le contenu devra cependant répondre à de nouveaux défis en fonction des canaux. Pour l'IoT, il s'agira de développer un contenu "d'usage" utile aux consommateurs. Un réfrigérateur connecté pourra, par exemple, développer des recommandations de menus en fonction des aliments disponibles. Pour les technologies RA, RV ou mixtes, l'accent sera mis sur l'expérience plutôt que sur le produit en lui-même. Une marque d'automobile aura ainsi tout intérêt à capitaliser sur la restitution d'une course riche en émotions plutôt que sur une vue à 360° de l'intérieur du bolide.

L'essor des assistants vocaux intelligents (Amazon Echo, Google Home, etc.) constitue également un autre enjeu de taille pour le content marketing. « Si une marque ne se présente pas sur des plateformes vocales, alors elle sera littéralement silencieuse lorsqu'un consommateur voudra s'engager avec elle », explique Bret Kinsella, fondateur et rédacteur en chef du média VoiceBot.ai, dédié à l'actualité des technologies vocales. Là encore, les marques vont devoir développer des stratégies de contenu sur-mesure en faisant appel à l'écosystème de compétences ("skills") de ces assistants. Et certains early adopters ont déjà franchi le pas.

ALEXA SKILLS : UN PORTAIL QUI PERMET AUX DÉVELOPPEURS DE LUI AJOUTER DES "COMPÉTENCES"

Les médias tout d'abord, comme CNN, New York Times ou Buzzfeed, qui proposent des "flash infos" vocaux. Mais aussi, des marques qui n'hésitent pas à redoubler d'ingéniosité pour s'approprier les nouveaux codes de ces assistants personnels.

Johnnie Walker a ainsi lancé aux Etats-Unis une compétence sur Alexa pour les amateurs de whisky et les novices qui veulent en apprendre davantage sur leurs bouteilles préférées. Cette compétence effectue en quelque sorte une dégustation guidée. Vous devrez naturellement acheter ou disposer d'une bouteille, bien sûr (et c'est malin !), mais Alexa vous guidera en offrant des idées pour chaque gorgée, des conseils et plus encore.

Autre exemple intéressant, celui de la marque alimentaire américaine Hellmann's qui propose, toujours aux utilisateurs d'Alexa, des recettes en fonction des ingrédients à leur disposition. Et là où le dispositif est particulièrement réussi, c'est qu'ils reçoivent également un courrier électronique avec un lien vers la recette de leur choix. Un raisonnement cross particulièrement intéressant à l'heure où les marques cherchent à créer des passerelles entre les différentes plateformes, conserver une certaine cohérence et proposer la meilleure expérience utilisateur possible.

Ce qu'il faut retenir ? Vous pourrez avoir la plus belle Rolls-Royce du monde, sans carburant, elle ne roulera pas un seul kilomètre. Le parallèle est là : la techno, c'est bien, mais la stratégie de contenu passe avant tout. Sans oublier qu'une stratégie de contenu n'est rien sans une bonne stratégie de diffusion adaptée à chaque canal.

LE S-COMMERCE* S'ÉLANCE ENFIN DANS L'ARÈNE

Le s-commerce, abréviation de social-commerce, a un périmètre de définition assez large. Jusqu'à présent, ce terme faisait surtout référence aux réseaux sociaux qui déploient des solutions/espaces marchands au sein de leurs pages, afin de devenir un véritable canal de vente au lieu d'être un simple intermédiaire occasionnel dans la vente. Cela fait d'ailleurs plusieurs années que l'on nous promet une explosion du s-commerce alors que, dans les faits, la mayonnaise a du mal à monter.

Mais 2017 pourrait bien marquer un tournant : les réseaux sociaux tels que Pinterest ou Facebook font du développement des fonctionnalités d'achat sur leurs écosystèmes une priorité stratégique. Cela sera-t-il suffisant ? Rien n'est moins sûr, mais la tendance pourrait bien décoller, car le leader de la révolution prend des airs de géant inattendu. À savoir... Amazon.

Comment ? Tout d'abord en lançant un service de publicité en ligne extrêmement puissant. Rien d'étonnant à cela, rappelez-vous que la firme de Jeff Bezos est la société qui dispose aujourd'hui du plus grand nombre de données clients. Les réseaux, tels que Facebook, ont alors de bonnes raisons de craindre la concurrence. En effet, si vous êtes une maison d'édition, l'endroit le plus adéquat pour faire de la publicité n'est-il pas celui où une personne cherche activement à acheter des livres ? Sur Facebook, il pourra s'arrêter aux avis des consommateurs. Sur Amazon, il est plus probable que le consommateur aille jusqu'à l'achat.

Et pour élargir sa zone d'intervention, Amazon entreprend la logique inverse de Facebook et consorts : alors qu'ils cherchent à ajouter l'expérience d'achat sur l'écosystème social, le leader de l'e-commerce en France compte pour sa part ajouter une couche sociale à l'expérience d'achat.

> *“Rapidité et agilité sont devenues les valeurs stratégiques et indispensables pour réussir dans le s-commerce.”*
>
> Marie DOLLÉ
> *Experte en stratégie digitale*

C'est dans cette optique qu'il a récemment annoncé le lancement d'Amazon Spark, un nouveau "réseau social" hybride, mi-Instagram mi-Pinterest, à destination des adhérents d'Amazon Prime. Son objectif est de permettre aux utilisateurs de mettre en avant les produits Amazon Prime via des UGC (contenus créés par les utilisateurs).

Le voilà donc officiellement propulsé dans la galaxie des réseaux sociaux, avec un objectif clair : l'achat proche du réflexe. Car, on le sait maintenant, rapidité et agilité sont devenues les valeurs stratégiques et indispensables pour réussir dans le s-commerce.

Vous l'aurez compris, la bataille s'annonce rude et va sans nul doute s'accélérer sous l'effet de la concurrence. Il ne serait d'ailleurs pas étonnant de voir d'autres acteurs se lancer dans l'arène tels que Cdiscount, EBay ou la Fnac, entraînant à nouveau un big-bang de l'écosystème. Et les marques dans tout ça... devront saisir les opportunités, au-delà de leurs zones de confort, pour s'adapter au mouvement, et ne pas prendre un train de retard.

DES CONSOMMATEURS TOUJOURS PLUS SOUS INFLUENCE

La croissance exponentielle des adblockers, entre autres facteurs, force de nombreuses marques à réinventer leurs efforts publicitaires. En effet, nous rentrons dans l'ère de l'engagement. Les algorithmes sociaux font la part belle aux conversations, et tout est fait pour que les consommateurs réagissent, commentent, bref, s'engagent sur la Toile.

> La "VR Sociale"

La stratégie la plus adaptée à cette nouvelle donne, vous la connaissez : faire appel au marketing d'influence. Et force est de constater que cette discipline se démocratise et se professionnalise de plus en plus. A tel point qu'aujourd'hui, les stratégies d'*influence marketing** doivent être appréhendées dans leur globalité et déployées au-delà des médias sociaux et de l'engagement, pour toucher d'autres disciplines comme les RP, les RH, le marketing, le CX, ou le performance marketing.

Au-delà des tactiques classiques d'influence marketing que l'on peut voir aujourd'hui (bannières, événementiel, social takeovers, jeux-concours, affiliation et autres contenus sponsorisés), nous allons assister dans les mois à venir à des dispositifs de plus en plus sur-mesure entre marques et influenceurs.

La Chine, particulièrement en avance en matière d'influence marketing met en évidence des niveaux de personnalisation très poussés des dispositifs marques/influenceurs, notamment lors des collaborations/co-créations.

Exemple ? En février dernier, l'influenceur chinois Tao Liang, à la tête d'une communauté de plus de 1,3 million de personnes, qui opère sur Wechat sous le nom de "Mr.Bags", a collaboré et co-créé avec la marque Givenchy une série limitée et exclusive de 80 sacs au prix de 14 900 RMB (environ 2 000 € pièce) avec pour seul canal d'achat Wechat. Un gros "coup" combinant à la fois la personnalisation extrême et le paiement instantané.

L'ensemble des 80 pièces, pour un montant global d'environ 160 000 €, s'est écoulé en... 12 minutes. La clé du succès ? La personnalisation et la minutie avec lesquelles a été pensé le dispositif. Tout d'abord le côté "édition limitée" qui pousse à l'achat réflexe (petite quantité = rare, donc désirable). Ensuite, le timing. Cette vente a eu lieu précisément pendant la Saint-Valentin. Un argument exploité à bon escient, grâce à une phrase d'accroche : « Pour cette Saint-Valentin, voici le sac parfait à offrir à votre moitié ! » Autre ingrédient utilisé par l'influenceur : la validation sociale. Mr. Bags n'a pas manqué de rappeler, finement, toutes les célébrités possédant un sac Givenchy, comme Michelle Obama, ou la mannequin et chanteuse chinoise Angelababy. Autrement dit, rien n'a été laissé au hasard, pas même le nombre de sacs, 80, qui fait référence au chiffre 8, porte-bonheur en Chine. C'est ça, le sur-mesure.

En somme, rester visible et profiter des avancées technologiques et sociales, tel est le nouveau challenge des marques qui ne peuvent plus se contenter des réseaux traditionnels pour exister. Content marketing, s-commerce, influenceurs... ou un peu des trois. Si l'avenir vous semble complexe, dites-vous aussi qu'il est enfin rempli de possibilités quasi infinies et d'opérations plus folles les unes que les autres... Alors, n'oubliez pas de vous mettre à jour.

* Retrouvez la définition dans le lexique en fin d'ouvrage.

> L'essor des assistants intelligents (ici, Google Home)

> *"Le contenu sera nécessairement le liant entre les objets, les personnes et la technologie – quand il ne fusionnera pas tout simplement avec l'expérience (virtuelle) elle-même."*
>
> Marie DOLLÉ
> *Experte en stratégie digitale*

◊ **MARIE DOLLÉ**
Experte en stratégie digitale
mariedolle@yahoo.fr

COMMENT LES RÉSEAUX SOCIAUX FAÇONNENT LA PUBLICITÉ NOUVELLE GÉNÉRATION

Le duopole Facebook-Google, qui règne sur le marché publicitaire en ligne, inquiète de nombreuses agences et annonceurs. Pourtant, tout n'est pas aussi noir qu'il y paraît ! Décodage d'un phénomène plein de ressources.

Facebook & Google représentent **90%** des budgets alloués à la publicité en ligne (Emarketer)

Facebook a engrangé **10 milliards** de dollars de bénéfices en 2016 (Facebook chiffres officiels)

> "Au bout du compte, de quoi s'agit-il ? De redonner de la valeur aux marques et aux consommateurs. La publicité ne doit plus se vivre comme une narration, mais davantage comme une expérience."
>
> Marie DOLLÉ
> *Experte en Stratégie Digitale*

Difficile de passer à côté des grands titres cette année : la publicité digitale, et notamment sociale, est accusée de nombreux maux. Problèmes de brand safety ou fake news, absence de standards en matière de visibilité des campagnes, ou encore manque de transparence, notamment dans la vérification des mesures de performances par des tiers… Le tableau est loin d'être glamour. Mais, même si ces zones d'ombre sont bien réelles, elles ne doivent pas occulter la richesse et la particularité du modèle social qui dispose tout de même de quelques atouts créatifs pour séduire, mais aussi inspirer…

CONTENT IS KING AND CONTEXT IS GOD

Les réseaux sociaux, notamment Facebook, ont été parmi les premiers à démocratiser la *publicité native**, celle qui a pour vocation de ne pas interrompre l'expérience utilisateur et qui s'intègre parfaitement au contexte de lecture. A cela s'ajoute le concept de publicité ciblée, individualisée et personnalisée automatiquement pour chaque consommateur. Ainsi, au ciblage démographique, s'ajoutent le ciblage par intérêts, le ciblage comportemental, le ciblage par connexions (en fonction du lien avec vos pages Facebook) ou encore le retargeting. Une large palette de possibilités pour hameçonner le consommateur.

On retrouve d'ailleurs dans le retargeting le dispositif "Custom Audiences" chez Facebook (mais aussi sur la plupart des autres plateformes sociales) qui consiste à recouper sa base de données, ou un segment particulier de celle-ci, avec celle de la plateforme pour créer différentes audiences et les engager de manière personnalisée tout en combinant divers canaux (mobile, web, point de vente physique, etc.). Et si cela ne vous suffit pas, aucun souci, il vous reste encore la possibilité d'élargir vos campagnes au-delà de Facebook avec le Facebook Audience Network. Bref, difficile d'y échapper.

On peut donc accorder cela à la publicité sociale : les campagnes sont bien plus contextuelles, elles ont gagné en intelligence, en précision, et sont plus personnelles que jamais.

IN RICH MEDIA WE TRUST

Et ce n'est pas tout. Au-delà des possibilités accrues de ciblage, s'ajoutent aussi les formats (interactifs) inédits proposés aujourd'hui par les acteurs sociaux. Chez Facebook, les formats "classiques", comme les photos et les vidéos, coexistent avec des formats plus originaux. C'est le cas du carrousel qui permet de mettre plusieurs photos en avant dans une même publicité, du format "Collection" qui permet de faire du storytelling avec sa pub ou encore du "Canvas" dédié également au storytelling de marque, mais qui permet de mélanger au sein d'un même format des vidéos, images, textes et call-to-action. De quoi laisser libre cours à son imagination.

Snapchat n'est, pour sa part, pas en reste et a développé des modèles sur-mesure pour engager avec les jeunes, présents sur sa plateforme. La firme d'Evan Spiegel va même un cran plus loin en proposant la publicité façon opt-in, tellement ludique que l'on joue avec elle. Oui, vous avez bien lu, une publicité avec laquelle on joue ! Comment exactement ? Avec des formats publicitaires détonants comme les "lenses" ou les "filtres" qui permettent de véhiculer de manière "fun" et contextualisée des éléments de marque. A cela s'ajoutent également d'autres pratiques propres à la plateforme, qui ne sont pas monétisées directement par la marque d'Evan Spiegel, mais qui sont particulièrement appréciées comme les " Social Takeovers" qui consistent à laisser les rênes de son compte à une célébrité ou un influenceur pour insuffler un vent de fraîcheur.

ENGAGE OR DIE

Au-delà des formats, il y a le fond... Evidemment, si on n'exploite pas correctement les formats, l'expérience et le contenu proposé, il y a de fortes chances que tout cela tombe à plat. Mais les choses sont en train d'évoluer grâce aux algorithmes à double tranchant des plateformes sociales. Et le fond prend de l'importance.

En effet, payer pour remonter dans le fil de publication ne suffit plus. Les publicités qui n'arriveront pas à générer de l'engagement auprès des cibles ne seront pas vues et parfois même pénalisées. Conclusion, les marques n'ont pas d'autre choix que de concevoir des publicités à haute valeur ajoutée et ne doivent pas hésiter à faire appel à des influenceurs pour porter ces publicités éditoriales afin de maximiser leur portée et l'intérêt des audiences.

Un exemple concret ? Naturalia, qui a demandé à Angèle Ferreux-Maeght, la star de la cuisine bio et vegan qui a fait de la healthy food son credo, de concocter des micro-vidéos recettes en guise de publicité sur Instagram. En somme, une *publicité servicielle** à travers laquelle la marque peut véhiculer sa raison d'être ou se rendre utile non seulement en répondant aux exigences de son consommateur, mais surtout en dépassant ses attentes !

Au bout du compte, de quoi s'agit-il ? De redonner de la valeur aux marques et aux consommateurs. La publicité ne doit plus se vivre comme une narration, mais davantage comme une expérience. Et ça, c'est un concept que les réseaux sociaux ont bien compris.

* Retrouvez la définition dans le lexique en fin d'ouvrage.

Exemple de Canvas Facebook

> Exemple de format publicitaire sur Facebook

Exemple de Lenses Snapchat

> Exemple de format publicitaire sur Snapchat

◊ **MARIE DOLLÉ**
Experte en stratégie digitale
mariedolle@yahoo.fr

ANIMER SA COMMUNAUTÉ DE MARQUE EN LIGNE AVEC LES CHATBOTS

Connectés en permanence, les internautes n'ont jamais été autant au contact des marques. Ces dernières ont envahi leur quotidien digital via les réseaux sociaux, alimentant constamment leurs fils d'actualités : publications, concours, photos, vidéos, etc. Cette abondance d'informations et de contenus rend l'utilisateur de plus en plus exigeant envers la marque.

1,2 milliard d'utilisateurs actifs par mois sur Messenger

84% des échanges ont lieu via les messageries instantanées

80% des applications auront disparu d'ici 5 ans

> *« Grâce à l'intégration de services tiers et des progrès de l'AI, les chatbots évitent de tomber dans l'écueil de la simple duplication de FAQ's pour devenir de véritables invisible app*. »*
>
> Jérémy COXET
> *Directeur Associé Vanksen*

Partant de ce constat, l'animation de sa communauté de marque en ligne n'est plus une option : enjeu d'image majeur pour les entreprises, la communication online influence les opportunités et résultats business. Or, se démarquer de ses concurrents devient de plus en plus difficile. Il ne s'agit plus seulement de proposer du contenu sur son espace dédié, mais bien de créer une expérience unique et adaptée à sa communauté.

Cependant animer sa communauté de manière efficace pour créer de l'engagement, dans le cadre d'une opération ponctuelle comme d'une stratégie à plus long terme, demande la mobilisation d'une quantité importante de ressources. Comment alors optimiser leur utilisation pour maximiser l'engagement utilisateur ? Une partie de la réponse à cette question se trouve dans la convergence entre automatisation et hyperpersonnalisation de l'expérience au sein des plateformes de prédilection des consommateurs : les applications de messagerie instantanée. C'est par ce biais que s'opère la majorité des échanges entre individus en ligne. Difficile a priori pour les marques de s'immiscer dans ces conversations intimes, mais pas impossible.

SE TOURNER VERS LE CONVERSATIONNEL EXPÉRENTIEL

En 2016, l'application Messenger de Facebook est la 2ème application la plus téléchargée par les utilisateurs d'iPhone dans le monde. Avec 1,2 milliard d'utilisateurs actifs chaque mois, elle s'impose comme un nouvel eldorado pour les marques. En intégrant son contenu aux 84 % des interactions en ligne qui ont lieu au sein des messageries instantanées, les marques pénètrent le redouté *dark social**.

Avec le développement des AI, mais surtout le lancement des bots sur Messenger en avril 2016, le potentiel pour les marques d'entrer directement en contact avec leur communauté et de l'engager d'une manière innovante et ludique a été décuplé.

Les utilisateurs cherchant toujours plus de simplicité dans leur manière de consommer, 80 % des applications mobiles auront disparu d'ici 5 ans, avec une concentration des usages mobiles au sein des outils de messagerie instantanée. Ils ne renoncent pas pour autant à une expérience riche et sont de plus en plus exigeants. C'est pourquoi dans un projet de chatbot il est primordial de mettre au centre de la réflexion un storytelling en ligne avec l'ADN de la marque, du produit/service, ainsi qu'un

> Chatbot game Star Wars.

> Chatbot Christian Grey.

mécanisme de discussion réaliste. Le bot doit se faire oublier, pour une immersion totale dans le contenu.

DEUX EXEMPLES REMARQUABLES ET REMARQUÉS

Début 2017, deux exemples d'utilisation des chatbots dans le cadre de l'enrichissement d'une expérience de marque ont été particulièrement remarqués. Leur point commun : une réflexion créative initiale touchant directement la communauté de fans de la marque, ainsi qu'un mécanisme simple, mais efficace.

Le Star Wars Bot né pour la sortie de "Rogue One : A Star Wars Story" est un chatbot game qui invite les internautes à rejoindre la rébellion pour lutter contre l'Empire. Le jeu reprend les codes des RPG (role playing games) et les adapte au support qu'est le chatbot. Il offre une expérience immersive, dans l'univers du film et de la saga Star Wars, collant ainsi parfaitement au cœur de cible - geeks & gamers.

Le chatbot Christian Grey, créé à l'occasion de la sortie du film "Fifty Shades Darker", permet de partager une conversation intime avec le héros de la saga. La discussion prend rapidement une tournure très privée et particulièrement adaptée à l'univers "Fifty Shades of Grey". Le chatbot propose une expérience de storytelling transmédia, originale et fidèle à l'univers du film.

Ces deux chatbots expérientiels ont généré des retombées presse importantes, saluant notamment le fort engagement des utilisateurs. A noter que le chatbot élaboré pour un événement one shot peut être enrichi et adapté pour proposer des services sur une plus longue période.

DE NOUVEAUX USAGES : ANIMER SA COMMUNAUTÉ INTERNE

Hier on parlait pour les agents conversationnels de meilleur accompagnement client, d'amélioration de l'expérience utilisateur... demain on peut imaginer de nouveaux usages.

Depuis l'annonce de l'ouverture au développement, en avril, des chatbots dans le réseau social d'entreprise Workplace, ceux-ci ont la possibilité de faire partie intégrante de la transformation digitale des entreprises. Les employés étant des consommateurs comme les autres, de produits, mais aussi de services et d'expérience, on peut alors penser l'introduction de services basés sur le conversationnel directement dans la messagerie instantanée de l'entreprise : accéder à des ressources, organiser son temps, etc.

A l'ère du bien-être au travail, de l'efficacité à tout prix, mais à moindre coût, ces pistes sont à ne pas négliger. Des employés équipés de bons outils digitaux facilitant leur quotidien vont plus facilement intégrer les valeurs de l'entreprise et son objectif de transformation digitale, et ainsi contribuer à son rayonnement dans ce domaine, devenant de véritables ambassadeurs.

Face aux exigences croissantes des internautes, animer efficacement sa communauté de manière créative, tout en optimisant ses performances, continue d'être un challenge majeur pour les marques. Grâce au développement des AI et du *marketing automation**, le chatbot incarne l'une des solutions qui permettra de faire vivre une expérience inédite aux utilisateurs, en répondant au triple enjeu des marques.

* Retrouvez la définition dans le lexique en fin d'ouvrage.

◊ VANKSEN
www.vanksen.com
Fiche d'entreprise p. 495

Jérémy Coxet
jcoxet@vanksen.com

ADECCO

Révolutionner l'expérience utilisateur avec un Chatbot Messenger

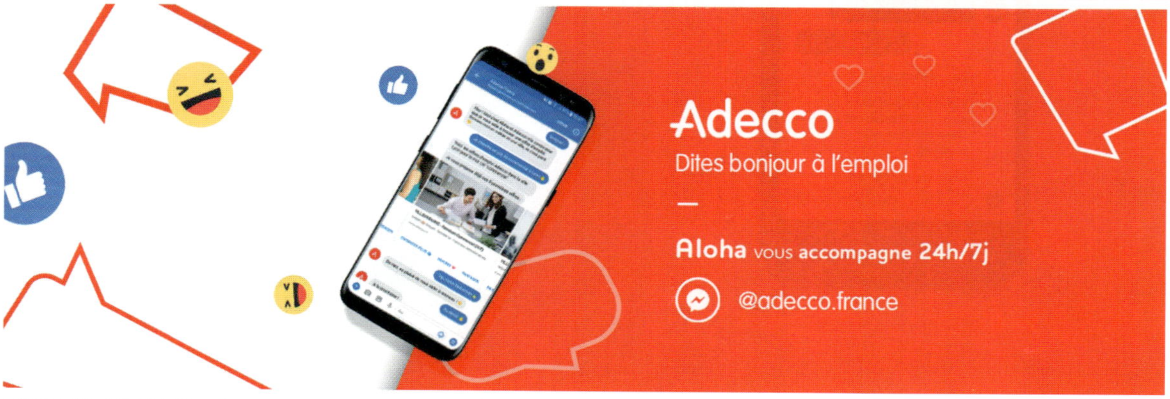

> Chatbot Messenger Adecco France

PROBLÉMATIQUE DE LA MARQUE

> Le contexte

Chaque jour, Adecco propose des opportunités professionnelles à plus de 700 000 personnes dans 60 pays. Mais son objectif va au-delà de pourvoir un poste : il s'agit d'aider des personnes à trouver un emploi où elles s'épanouissent et, en fin de compte, de les amener à aimer ce qu'elles font. Adecco est le 1er acteur en France sur son marché avec un réseau de 850 agences d'emploi. Une proximité aussi sur la toile avec un site web qui propose quotidiennement plus de 15 000 offres d'emploi et génère plus de 2 millions de visites mensuelles, et plus de 800 pages Facebook locales pour les agences.

Néanmoins, il restait encore un canal de communication peu utilisé par la marque en termes de business : les réseaux sociaux. Et pourtant, Facebook représente un environnement web beaucoup plus familier pour les candidats que le site web d'une entreprise. En effet, c'est le réseau social préféré des Français et le deuxième site web le plus consulté en France. C'est aussi sur ce réseau qu'Adecco dispose d'une grande communauté, avec près de 200 000 fans sur la page Adecco France et ses déclinaisons par agence.

SOLUTION STRATÉGIQUE

> L'idée stratégique

Et si les utilisateurs avaient la possibilité de rechercher une offre d'emploi et de postuler directement depuis l'environnement web qu'ils préfèrent et dans lequel ils passent le plus de temps ?

> Objectif business

La mise en place d'un *chatbot** Messenger a permis de répondre à 4 objectifs stratégiques qui s'inscrivent dans la transformation digitale de l'entreprise :

- Augmenter la part des réseaux sociaux dans le nombre de leads BtoC générés ;
- Accompagner les utilisateurs 24h/24 et 7j/7 ;
- Accompagner la stratégie mobile first en créant un nouveau point d'entrée pour les utilisateurs au sein des réseaux sociaux ;
- Anticiper l'évolution des usages avec un premier projet comprenant une dose d'intelligence artificielle.

MISE EN PLACE OPÉRATIONNELLE

> Recherche d'un partenaire

La mise en place d'intelligence artificielle dans le secteur du recrutement est encore peu répandue. Ainsi, pour le lancement de ce projet, les équipes se sont concentrées sur une fonctionnalité principale : la recherche d'offre d'emploi. En travaillant en méthode Agile avec un partenaire flexible, l'équipe digitale d'Adecco souhaitait lancer très rapidement un *MVP** (Minimum Valuable Product) fonctionnel pour être le 1er acteur du marché à être doté d'un chatbot, puis faire évoluer le projet en fonction des retours utilisateurs.

Le choix de la startup Kick My Bot a permis à Adecco de travailler sur un chatbot Messenger comportant une dose d'intelligence artificielle. Le prestataire assure également un accompagnement et des évolutions mensuelles, permettant au chatbot Adecco de se démarquer des autres en apprenant au fur et à mesure des conversations - contrairement à la plupart des chatbots fixes du marché.

De plus, le projet a été confié au social media manager de l'entreprise pour que la personnalité du bot colle au maximum aux codes des réseaux sociaux et que l'expérience soit la plus naturelle possible pour les utilisateurs. Au-delà d'un chatbot, c'est un socialbot avant tout !

INFOS CLÉS

30 000 conversations par mois

10 % de taux de transformation

+ 50 % de leads Facebook

- **Objectif :** Acquisition, Expérience utilisateur
- **Cibles :** Millennials, Candidats
- **Moyens :** Digital exp., Fbk Messenger, Chatbot
- **Budget :** < à 50 000 €

> Test et communication interne

Avant le lancement, le perfectionnement de l'intelligence artificielle était primordial. Le chatbot a été triplement testé pendant un mois : par Kick My Bot, en interne par les équipes marketing, communication et candidat, et sur le terrain par les agences et les candidats.

Cela faisait également partie du dispositif visant à susciter l'adhésion des collaborateurs et à mobiliser les équipes. Le dispositif complet comprenait un communiqué interne envoyé aux directeurs de services, une démonstration du produit final aux managers lors d'une convention et une présentation du projet par le Président de l'entreprise lors d'une conférence téléphonique à tous les collaborateurs.

> Lancement et communication externe

Et ainsi naquit Aloha, le chatbot Messenger d'Adecco. Le choix a été fait de rendre le bot accessible directement depuis la page Facebook d'Adecco France, et non depuis une page spécifique comme cela se fait souvent, afin que l'utilisateur ait le sentiment de discuter avec la marque Adecco et non avec un robot gadget. Tout le dispositif de communication externe est basé essentiellement sur le digital : emailing, SMS, Facebook Ads et Messenger Ads. Adecco s'est aussi appuyé sur son réseau de 850 agences avec la distribution de flyers, affiches et le brief des équipes.

> Recherche d'emploi avec Aloha

« Chercher un emploi, c'est sortir de sa zone de confort. Dans un contexte de mobilité, le chatbot permet de rendre ce parcours plus naturel, plus accessible et plus humain qu'un formulaire de site web. »

RÉSULTATS

La mise en place d'Aloha sur Facebook a permis d'accroître de 50 % le nombre de candidatures issues de Facebook dès le premier mois. Avec un *taux de transformation** de 10 % et un coût par lead avoisinant les 3 €, ce sont des résultats prometteurs pour un dispositif lancé récemment avec un budget publicitaire de 3 000 € seulement.

Avec plus de 30 000 conversations et 10 000 utilisateurs chaque mois, Aloha montre l'intérêt des utilisateurs pour ce type de technologie encore peu ancrée dans les usages.

L'avenir nous dira s'il ne s'agissait que d'un effet de mode ou si Adecco avait bien anticipé l'évolution des usages des personnes en recherche d'emploi. Avec le développement des assistants virtuels (Siri, Alexa, Cortana, etc.), nul doute qu'une partie de l'avenir des entreprises du recrutement se jouera sur le terrain de l'intelligence artificielle et que ce chatbot fera figure de première bonne expérience pour Adecco, et pour The Adecco Group, leader mondial des solutions en ressources humaines.

* Retrouvez la définition dans le lexique en fin d'ouvrage.

◊ **ADECCO FRANCE**
www.adecco.fr

Rémi Thorel,
Social Media Manager
remi.thorel@adeccogroup.com

◊ **KICK MY BOT**
www.kickmybot.com

Alban Salini
Président
alban@kickmybot.com

Kévin Colleaux
Co-Fondateur
kevin@kickmybot.com

HSBC FRANCE

#StartToday, un challenge participatif sur les médias sociaux !

> La plateforme du challenge #StartToday

PROBLÉMATIQUE DE LA MARQUE

Historiquement, la clientèle de HSBC est patrimoniale et plutôt senior. Il faut réussir à la rajeunir en touchant une cible connectée et dynamique qui représente la clientèle patrimoniale de demain.

Avec le positionnement de la banque - **"De vos idées à la réalité, il n'y a qu'une banque"** - l'ambition est d'attirer une communauté de jeunes actifs, entrepreneurs, socialement engagés et ouverts à l'international, appelés les "Do-ers".

Dans la lignée de ce nouveau positionnement de marque et de cette nouvelle cible, HSBC souhaite légitimer cette promesse concrètement, tout en modernisant son image de marque. Ce pivot de la banque vers la nouvelle génération est facilité grâce à l'émergence des nouvelles technologies et des médias sociaux, qui sont le canal d'expression par excellence de la nouvelle génération, et un formidable moyen d'interagir avec nos clients de demain.

SOLUTION STRATÉGIQUE

Nous avons tous des idées, des projets de développement personnel, des initiatives engagées... Cependant, nous avons rarement l'occasion de réaliser ces ambitions. Par manque de temps, par attente du bon moment ou de la bonne occasion, par peur de l'échec : les raisons sont diverses. Afin de donner vie à leurs idées et leur permettre de réaliser tout leur potentiel, HSBC invite les internautes à relever le challenge #StartToday !

En 140 caractères, les internautes sont incités à partager leur projet avec le hashtag #StartToday, en tant que premier pas de leur aventure. Avec un tweet, ils peuvent ainsi illustrer leur rêve, puis en le partageant au grand jour ils créent l'espoir de pouvoir le réaliser un jour.

Pour cela, HSBC lance un appel à projets et offre un financement de 10 000 € au meilleur d'entre eux !

MISE EN PLACE OPÉRATIONNELLE

Le challenge #StartToday s'est déroulé pendant 6 semaines au printemps 2016.

- **Chaque semaine, les internautes ont été invités à partager leurs rêves, projets ou idées.** Pour participer, il suffisait de résumer son idée et d'envoyer un tweet avec le hashtag #StartToday, en mentionnant le compte @HSBC_FR ;
- Les propositions ont été diverses et variées : découvrir les cultures autour du monde, lancer une initiative caritative dans un pays en développement, concevoir une maison écologique et autonome, participer au sauvetage des ours en Norvège, mettre en lumière les femmes entrepreneures à travers des portraits vidéo, rénover une école au Népal, etc. ;
- En temps réel, les projets ont été partagés sur une plateforme web dédiée à l'opération. Un jury sélectionnait chaque semaine les 2 projets les plus intéressants, qui étaient ainsi qualifiés pour la phase finale. 12 projets avaient donc rendez-vous en finale ;
- HSBC a collaboré avec une vingtaine de blogueurs de tous horizons en leur proposant de participer au challenge et d'inciter leurs communautés à y participer. Lifestyle, sport, humanitaire, culture : les articles des blogueurs permettaient d'inspirer leurs lecteurs avec des idées originales. En parallèle, l'opération a été amplifié par le média Merci Alfred auprès de sa communauté, grâce à une liste des 100 choses à faire au moins une fois dans sa vie, partagée par e-mail avec ses fidèles lecteurs.

INFOS CLÉS

17 blogueurs

1 700 projets

7 millions d'impressions Twitter

• **Objectif :** Notoriété

• **Cibles :** CSP+, Les 20-30 ans

• **Moyens :** Réseaux sociaux, Buzz, UGC

Pour les plus inspirés, Merci Alfred proposait un coaching virtuel pendant 7 jours pour accompagner les souscripteurs dans la réalisation de leurs projets #StartToday ;

• Une fois les 6 semaines du concours écoulées, chaque finaliste a ensuite réalisé une vidéo de 30 secondes pour présenter son projet, l'ambition et les contours de ses motivations. Les collaborateurs de HSBC ont voté pour leur projet favori pour participer au choix ultime. **Le grand gagnant du challenge #StartToday, c'est Benoit avec son projet qui sera financé à hauteur de 10 000 €** : **installer 1 600 lampes solaires dans des villages du Burkina-Faso pour encourager les enfants à étudier et à lire le soir après l'école** ;

• Avec un tweet, Benoit a donc transformé son idée à la réalité en quelques jours ! Fort de ce financement, Benoit et sa femme sont partis pendant 3 semaines au Burkina-Faso pour acheminer ces lampes solaires. Ils ont raconté cette aventure au fur et à mesure sur leur blog, et ces contenus ont été relayés par HSBC sur les médias sociaux pour partager ce projet avec le plus grand nombre !

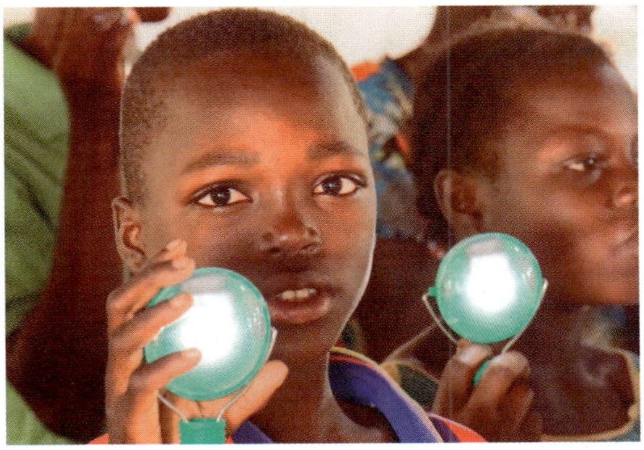

> Des enfants burkinabés avec les lampes solaires.

« Le challenge #StartToday a même été sélectionné par Twitter France comme l'une des opérations marketing les plus innovantes en 2016, notamment grâce au potentiel de l'User Generated Content ! »

RÉSULTATS

> L'impact sur Twitter
- 6,9 millions d'impressions générées par les tweets de @HSBC_FR
- 3 semaines de campagne en sponsoredtweets (soit 4 millions d'impressions)
- + 40 % d'augmentation de l'audience de HSBC sur Twitter (soit + 600 abonnés)

> Les projets
- 6 semaines de compétition
- 1 700 projets proposés par la communauté
- 12 finalistes qui ont présenté leur projet en vidéo
- 1 grand gagnant dont le projet est financé par HSBC

> Le rôle des blogueurs
- 17 blogueurs impliqués dans une démarche de co-création
- 60 contenus publiés par les blogueurs sur leurs réseaux
- 1,3 million de personnes atteintes par les contenus des blogueurs

> Partenariat avec Merci Alfred
- Une newsletter à plus de 50 % de taux d'ouverture
- Un coaching virtuel à travers 7 newsletters dédiées, avec un taux d'ouverture supérieur à 100 % grâce aux partages des internautes avec leurs amis
- Un relais du challenge sur leur application mobile "Hook" avec plus de 24 000 visites

◊ **HSBC FRANCE**
www.hsbc.fr

Charlotte D'Etigny
Anaïs Faure
Alexandre Jouanne

◊ **SAATCHI & SAATCHI**

Vanessa Launay
Barberine Reyners

Coup de cœur fédérateur

THE ADECCO GROUP

Transformer les collaborateurs en e-ambassadeurs

> Programme e-ambassadeurs The Adecco Group.

PROBLÉMATIQUE DE LA MARQUE

> Le contexte

The Adecco Group, leader mondial des solutions en ressources humaines, est présent sur les 5 continents et sur plus de 60 pays et territoires. Il s'engage pour développer l'emploi sous toutes ses formes : intérim, formation, alternance, freelance, portage, CDI, CDD, ou encore conseil et management de transition, et accompagne les entreprises et les candidats au travers de ses 17 marques en prenant le meilleur des changements de notre monde actuel.

The Adecco Group, c'est l'ambition de porter son expérience d'une seule voix, partout dans le monde, auprès des décideurs pour impulser et accompagner les changements nécessaires aux besoins du plus grand nombre. Parce que demain, au-delà des investissements technologiques, c'est bien le capital humain qui sera le premier avantage concurrentiel des entreprises. Son rôle d'intermédiaire et de transformation des talents n'en sera que plus stratégique pour assurer la qualité de la rencontre entre entreprises et candidats.

Avec des équipes éclatées géographiquement, près de 6 000 collaborateurs sur 1000 sites, 17 marques qui proposent chacune la solution dédiée aux enjeux de ses clients, et près de 50 pages sur les réseaux sociaux, les problématiques suivantes ont émergé : comment faciliter l'accès à la multitude d'informations sur nos marques en faisant de nos collaborateurs des ambassadeurs sur les réseaux sociaux ? Comment engager les collaborateurs sur les réseaux sociaux et ainsi démultiplier la portée des messages du Groupe et de chacune de ses marques ? Comment engager la transformation digitale du Groupe sans oublier nos collaborateurs, et positionner les marques comme leader de l'innovation numérique à travers eux ?

> La cible

Grâce à ses collaborateurs, The Adecco Group et l'ensemble de ses BUs souhaitent toucher à la fois son audience BtoB (clients, prospects), BtoC (candidats), mais également les institutionnels et leaders d'opinion.

> Les objectifs

- Amplifier la part de voix de The Adecco Group et de chacune de ses marques sur les réseaux sociaux ;
- Engager la conversation avec ses publics sur les réseaux sociaux ;
- Accompagner les équipes dans l'utilisation des réseaux sociaux comme outil de business ;
- Développer le personalbranding des collaborateurs ;
- Participer au développement de la marque employeur et démontrer au travers des prises de paroles la modernité du groupe ;
- Proposer du contenu pertinent à diffuser.

SOLUTION STRATÉGIQUE

> L'employee advocacy, la solution pour booster l'engagement des collaborateurs

L'employee advocacy est au croisement de différents enjeux marketing/communication/RH : un meilleur accès à l'information de la part des collaborateurs, un engagement démultiplié sur les réseaux sociaux ou encore la gestion de leads via des actions digitales.

En s'appuyant sur la plateforme Sociabble, The Adecco Group a lancé son programme d'employee advocacy, qui s'inscrit dans le cadre de sa transformation digitale. Le Groupe a fait le choix de se reposer sur ses collaborateurs pour atteindre ces objectifs ambitieux, en leur mettant à disposition une plateforme qui centralise l'ensemble des contenus des réseaux sociaux du

INFOS CLÉS

900 collaborateurs engagés sur les réseaux sociaux

+ de 13 millions de reach mensuel

30 000 € d'équivalent paid média/mois

- **Objectif :** Image, Acquisition
- **Cibles :** Hommes, Femmes, Collaborateurs
- **Moyens :** Réseaux sociaux, UGC
- **Budget :** < à 50 000 €

Groupe et des marques, ainsi que des contenus de veille et de curation sur des thématiques sectorielles et métiers. En participant à ce programme, chaque collaborateur du Groupe peut accéder instantanément à toute l'actualité de l'entreprise et animer très facilement ses propres réseaux... et donner ainsi une résonance encore plus importante aux posts mis à disposition dans la plateforme. Il développe ainsi sa propre e-réputation au profit également de l'entreprise.

Avant de lancer ce projet, The Adecco Group est parti d'un constat simple : ses collaborateurs n'ont pas attendu qu'un outil soit mis à leur disposition pour parler du Groupe et de ses actualités sur les réseaux sociaux. Afin de mieux contrôler les messages diffusés et suivre au plus près la portée de leurs actions, il était nécessaire d'adopter une solution technologique simple, qui réponde à ces besoins, et qui soit un levier de l'acculturation digitale interne de l'entreprise.

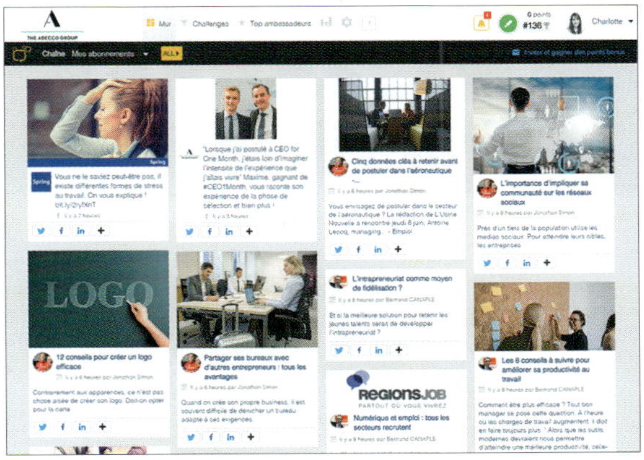

> Mur Sociabble The Adecco Group.

> L'idée créative : tous super-héros !

Nous avons tous le pouvoir de transmettre une information à une personne. Seul, mais surtout ensemble. Et c'est ensemble que nous devenons encore plus forts et plus puissants. C'est en partant de ce leitmotiv que la créa sélectionnée pour lancer le programme s'est portée sur la symbolique des enfants super-héros. Le programme a été lancé avec une identité graphique, un ton et une signature "prêt à dépasser votre boss" qui joue sur l'esprit de compétition et l'émulation entre les collaborateurs.

L'idée créative des enfants super-héros vise à encourager les ambassadeurs à participer, en leur montrant que ce programme peut leur donner des ailes pour émerger sur les réseaux sociaux, en développant leur e-réputation et en amplifiant la part de voix de The Adecco Group.

“ Nos collaborateurs peuvent maintenant suivre tout ce qui se passe au sein du groupe et rester en veille sur les tendances et innovations de notre secteur très facilement. ”

MISE EN PLACE OPÉRATIONNELLE

> Un lancement soutenu au plus haut niveau de l'entreprise

The Adecco Group a choisi un moment fort de la vie de l'entreprise pour lancer son programme d'employee advocacy : le lancement de la nouvelle plateforme de marque Adecco. Mais l'entreprise n'est pas partie de zéro ! Un certain nombre de collaborateurs partageaient déjà activement le contenu de l'entreprise sur les réseaux sociaux. Ce sont d'abord ces salariés qui ont démarré sur la plateforme Sociabble, avec les équipes marketing et communication. Ces deux groupes allaient devenir les "super ambassadeurs" du programme. L'étape suivante consistait à intégrer le management, objectif qui a été atteint lorsque Sociabble a été présenté à la convention managériale de l'entreprise. Enfin Christophe Catoir, Président de The Adecco Group en France, a présenté le programme pendant sa web-conférence trimestrielle avec l'ensemble des collaborateurs.

> Challenge CEO For One Month.

> Lancement du programme Sociabble.

> 3 collaboratrices "meilleur e-ambassadeurs 2016".

> Des contenus corporate et de curation

La solution se compose de 15 chaînes qui agrègent du contenu issu des réseaux sociaux du Groupe : une chaîne pour chacune des marques, ainsi que d'autres organisées autour de thématiques spécifiques liées à son secteur d'activité et aux tendances digitales. Les utilisateurs peuvent souscrire aux chaînes de leur choix et partager des posts sur leurs propres réseaux sociaux en un simple clic. Les ambassadeurs sont également acteurs des contenus mis à disposition puisque chacun peut soumettre des articles de veille qui lui semblent pertinents. Cela enrichit la base de contenus disponible et permet aux collaborateurs les plus digitaux de devenir véritablement des acteurs du programme.

Aussi accessible sur smartphone, la plateforme met ainsi à disposition des collaborateurs en moyenne près de 70 contenus par jour à partager sur les réseaux sociaux. L'usage se concentre principalement autour de LinkedIn et Twitter, qui touchent davantage une audience professionnelle. La mise en place d'un principe de *gamification** (chaque action réalisée permet de remporter un nombre de points) ajoute une part de fun et de compétition amicale entre les collaborateurs et les différentes Directions de l'entreprise.

> Une animation régulière et indispensable

Afin d'activer cette communauté, plusieurs rendez-vous récurrents ont été instaurés :

- La diffusion d'une newsletter hebdomadaire à l'ensemble de la communauté, qui synthétise les posts majeurs de la semaine qu'il ne fallait pas manquer ;

- L'animation de webinars mensuels auprès des nouveaux membres de la communauté, pour présenter le programme et faciliter l'adoption de la plateforme Sociabble ;

- L'organisation de challenges réguliers à l'occasion de temps forts nécessitant une forte amplification sociale. Ils se matérialisent par la création d'une compétition entre tous les ambassadeurs sur une sélection de posts : chacun est incité à liker/partager les posts pour générer le plus de clics possible et toucher l'audience la plus large possible. A l'issue de ce challenge, les premiers, mais également ceux ayant généré le plus grand nombre d'actions sur leurs posts, sont récompensés via des cadeaux matériels "geek" ou immatériels type petit-déjeuner ou invitation à des événements. Ils sont également reconnus au sein de la communauté comme des "top ambassadeurs".

En complément, le rôle des animateurs de ce programme consiste à conseiller les membres de cette communauté sur les bonnes pratiques pour optimiser leur présence sur les réseaux sociaux et à modérer les contenus proposés par les utilisateurs. Cette mission de conseil et d'accompagnement est clé dans la réussite d'un tel projet.

> Quels avantages pour le collaborateur ?

Diffuser des messages de son entreprise sur ses propres réseaux sociaux est une action volontaire de la part des collaborateurs. Chacun est donc libre de participer, ou non, au programme. Il est donc primordial pour engager le plus grand nombre de collaborateurs possible dans ce type de programme de leur montrer le plus explicitement possible les avantages qu'ils peuvent en tirer :

• Rester informé de l'actualité du groupe en temps réel ;

• Disposer de contenu approuvé à diffuser sur ses réseaux sociaux ;

• Gagner en visibilité sur ses propres réseaux (+ de followers et de contacts) ;

• Challenger son boss et ses collègues dans le classement ;

• Remporter des cadeaux.

Le partage de contenu pertinent sur les réseaux sociaux a un impact positif sur le personalbranding et permet aux individus d'engager des prospects, des clients et des candidats.

> Maxime, gagnant d'un challenge Sociabble.

RÉSULTATS

Le lancement du programme d'employee advocacy de The Adecco Group a remporté un franc succès : 1 an après, près de 20 % des collaborateurs du Groupe font partie de cette communauté. Ils déclarent y trouver deux intérêts principaux : découvrir et partager le contenu de l'entreprise et développer leur visibilité sur les réseaux sociaux. Ils sont également 92 % à recommander à leurs collègues de participer à ce programme.

Au-delà de l'engouement interne, les résultats sont également au rendez-vous :

• Le reach mensuel affiche une moyenne de 13 millions (vs une communauté de fans de 300 000) ;

• L'équivalent paid media dépasse 30 000 € tous les mois ;

• Les actions réalisées par les collaborateurs via ce programme génèrent des inscriptions ou des candidatures sur nos sites web ;

• D'une manière générale, l'engagement sur les posts des réseaux sociaux de l'entreprise a très largement augmenté, contribuant ainsi à l'augmentation de la part de voix du Groupe sur les canaux digitaux.

En parallèle, les collaborateurs se sentent plus armés pour prendre la parole sur les réseaux sociaux. Cette démarche volontariste de partage de contenus entreprise sur ses propres réseaux sociaux permet également de créer une forte émulation en interne. Qui sera en tête dans le classement à la fin du mois ? Vais-je dépasser mon boss dans le classement ? Le programme d'employee advocacy contribue à l'animation interne de la vie de l'entreprise, en y apportant une dimension fun, digitale... et ROIste, élément indispensable pour permettre au management de suivre au plus près les résultats de ce programme clé de la transformation digitale de l'entreprise.

* Retrouvez la définition dans le lexique en fin d'ouvrage.

> ***“Avec ce programme, à tout moment, nous pouvons accroître notre visibilité sur les réseaux sociaux au travers de nos collaborateurs et multiplier notre reach par 4.”***

◊ **THE ADECCO GROUP**
www.adeccogroup.fr

Nicolas Sutter
Responsable contenus
nicolas.sutter@adeccogroup.com

◊ **SOCIABBLE**
www.sociabble.com

Renaud Mercadet
Directeur France

GEMO

Renforcer la proximité avec sa communauté en recrutant une ambassadrice YouTubeuse

PROBLÉMATIQUE DE LA MARQUE

A la fois concepteur et distributeur, Gémo développe un modèle de distribution unique sur son marché proposant le plus grand choix de chaussures et vêtements en mode multicanal, afin de satisfaire toutes les envies des consommateurs, pour une mode adaptée à leurs besoins et envies.

Gémo a toujours placé ses clients au cœur de ses priorités. Désormais la marque veut aller encore plus loin en renforçant le lien qu'elle a su créer avec ses clients, tout en conservant son ADN d'enseigne accessible. Chacune peut composer son style parmi la multitude d'articles textiles, chaussures et accessoires de l'enseigne.

Du 14 septembre au 10 octobre 2016, pour valoriser sa vision de la mode, Gémo a organisé un grand concours afin de trouver son ambassadrice YouTubeuse, celle qui saura démontrer à la communauté qu'avoir du style est tout à fait possible à petits prix.

> La cible

Jeune femme de 18 à 25 ans

- Une fashionista au parti-pris mode clair et en adéquation avec la marque Gémo ;
- Un style simple et affirmé ;
- Une attitude pétillante ;
- Active sur les réseaux sociaux et sensible aux nouvelles technologies.

> Les objectifs

- Raconter une vraie histoire autour de la marque et de la mode telle que l'ambassadrice la conçoit ;
- Profiter de la collaboration avec Caroline la YouTubeuse de la chaîne Beauté Active pour donner de la visibilité et du sens à l'opération ;
- Animer la communauté avec du contenu qui la valorise et l'engage.

> Le Budget

30 000 €

SOLUTION STRATÉGIQUE

En partenariat avec la célèbre YouTubeuse, Caroline, de la chaîne Beauté Active, Gémo a lancé son concours pour recruter son ambassadrice YouTubeuse. Choisir Caroline comme marraine et jury de ce concours était une évidence pour la marque qui partage sa vision d'un style affirmé et accessible. Les candidates devaient répondre à un test de personnalité et publier une photo d'elles. La grande gagnante se voyait offrir le matériel nécessaire à la parfaite YouTubeuse ainsi que l'opportunité de collaborer avec la marque.

Pour élire la meilleure candidate, Gémo s'est doté d'un jury constitué de collaborateurs experts parmi lesquels : Florence Ferreira - Responsable communication Gémo, Karine Houizot - Conseillère de mode Gémo, Priscilla El Farissi - Styliste Gémo, Marie Trouillebout - Cliente ambassadrice Gémo avec la participation exceptionnelle en tant que jury et marraine de Caroline Bassac, blogueuse et YouTubeuse à l'origine du blog beauteactive.com.

INFOS CLÉS

5 000 candidatures

44 000 vues sur la vidéo YouTube

Reach 425000 via Facebook Ads

- **Objectif :** Acquisition
- **Cibles :** Femme 15/25 ans
- **Moyens :** Jeu-concours, Réseaux sociaux, YouTube
- **Budget :** < à 50 000 €

MISE EN PLACE OPÉRATIONNELLE

1/ Inscription : du 14 septembre au 10 octobre, pour participer au concours, les candidates devront se rendre sur le mini-site dédié "enmodeyoutubeuse.gemo.fr", répondre à un test de personnalité et envoyer une photo qui les représente parfaitement. Pour optimiser leurs chances d'être sélectionnées, les candidates pourront faire appel à leur communauté afin d'obtenir un maximum de votes

2/ Demi-finale : le jury élira 4 demi-finalistes parmi les candidatures reçues. Une 5e demi-finaliste sera élue sur la base des votes de sa communauté et pourra participer à la demi-finale le 5 novembre 2016 au magasin Gémo dernière génération de Chambray-lès-Tours. Lors de cette journée les 5 demi-finalistes devront convaincre le jury en participant à une série d'épreuves parmi lesquelles : un blind test, un défi look et une interview "fast & curious". A l'issue de ces épreuves, le jury élira 2 finalistes.

3/ Finale : les deux finalistes seront opposées sur la page Facebook de Gémo du 7 au 18 novembre 2016 et soumises aux votes des internautes. Les participants pourront retrouver la photo du résultat des défis looks des deux finalistes ainsi que leurs interviews "fast & curious" en vidéo.

4/ Résultats : les résultats seront dévoilés sur la page Facebook de Gémo le 21 novembre 2016.

RÉSULTATS

L'opération a rencontré un véritable succès. Plus de 5 000 personnes ont déposé leur candidature pour devenir la future égérie de l'enseigne sur YouTube.

Par exemple, la vidéo de lancement postée sur YouTube a obtenu plus de 44 400 vues sur la chaîne Gémo. La YouTubeuse Caroline de la chaîne Beauté Active a fortement participé au succès de cette opération. Gémo s'est appuyé sur son expérience et sa notoriété auprès des jeunes adeptes de ce média.

Une campagne Facebook Ads a également contribué à la visibilité de l'opération. Elle a été vue par plus de 425 000 personnes.

Ludivine, gagnante du concours « *Quand j'ai décidé de participer au concours Gémo en mode YouTubeuse, je ne pensais pas être la nouvelle égérie Gémo et notamment sur YouTube. Quelle surprise d'avoir remporté la finale face à 5 000 candidatures toutes plus belles, pétillantes et brillantes les unes que les autres. C'est incroyable et tellement magique pour moi.* »

> *“Organiser un grand concours pour trouver son ambassadrice YouTubeuse, celle qui saura démontrer à la communauté qu'avoir du style est tout à fait possible à petits prix.”*

◊ **GEMO**
www.gemo.fr

Mathilde Lorioux
relation presse et communication institutionnelle
mlorioux@gemo.fr

◊ **ON PREND UN CAFÉ**
www.onprenduncafe.com

JO&JOE

Lancement d'une marque via une soirée influenceurs

> Le photocall de Chloé Bonnard.

PROBLÉMATIQUE DE LA MARQUE

> Le contexte

En 2017, Accor Hotels, leader international de l'activité hôtelière, souhaite faire découvrir sa nouvelle marque, JO&JOE, à une sélection d'influenceurs. Le concept : une open house qui reproduit l'atmosphère conviviale d'une auberge de jeunesse dans un environnement design, un lieu de vie complet avec un bar et un restaurant où clients hébergés et voisins peuvent échanger.

Avec JO&JOE, Accor Hotels s'attaque à une cible spécifique : les Millennials.

Les Nanas d'Paname ont été sollicitées pour animer et organiser une soirée influenceurs via leur offre événementielle, les Ateliers des Nanas d'Paname.

Il s'agit d'une communauté de 70 Parisiennes d'influence choisies pour leurs idées et leurs talents. Le projet est connu pour son univers visuel fort et ses valeurs humaines.

L'entité organise des événements sous forme d'animations visuelles réalisées par ces femmes audacieuses.

Une liste d'influenceuses a été constituée en amont avec un système de suivi des réponses. Elles ont été contactées sur leur adresse mail et sur leurs réseaux sociaux. Les influenceurs sont très sollicitées, plusieurs blogueuses avaient ce soir-là un autre évènement. Pour atteindre l'objectif de 29 participantes, AccorsHotels a sollicité 154 contacts.

Le siège d'Accor Hotels étant situé à Issy-les-Moulineaux, il a fallu mettre en place des navettes (taxis) pour permettre aux influenceuses de faire le déplacement.

> Les objectifs

- Créer une soirée dynamique et pétillante sur mesure qui combine l'univers des deux entités ;
- Faire vivre une expérience originale et immersive aux influenceurs ;
- Favoriser la communication virale de l'évènement.

> L'enjeu

Développer la notoriété de JO&JOE sur les circuits de communication et de marketing les plus efficaces auprès des Millennials, les réseaux sociaux, en s'appuyant sur les influenceurs présents lors de la soirée.

SOLUTION STRATÉGIQUE

L'afterwork JO&JOE est une soirée 100 % influenceurs, "girls only". Pour cette occasion, des animations ont été proposées aux invitées dans un showroom de 400 m². La décoration et l'atmosphère d'une open house JO&JOE sont reproduites avec une touche "girl power" grâce à la scénographie de l'organisateur de l'événement.

30 influenceuses (mode, food, lifestyle) sont invitées. L'idée est de leur faire passer un moment marquant qui leur donne envie de faire connaître JO&JOE à leurs abonné(e)s. Les ateliers participatifs font écho au concept de JO&JOE : permettre aux clients de faire des rencontres, de s'amuser et de se détendre. La communication visuelle est favorisée par la décoration très colorée et "instagrammable" du lieu, notamment par le photocall. L'event est relayé sur les différents réseaux sociaux des parties prenantes de l'événement (Facebook, Twitter, Instagram, le web média lesnanasdpaname.com).

INFOS CLÉS

230 publications

700 736 personnes touchées

8 739 likes

- **Objectif :** Notoriété, Image
- **Cibles :** Les 20-30 ans
- **Moyens :** *Teasing**, *Showrooming**, Réseaux sociaux
- **Budget :** < à 50 000 €

MISE EN PLACE OPÉRATIONNELLE

> La date
Jeudi 23 février à 19h.

> Les étapes
1) Validation des animations avec le partenaire en fonction du budget.

2) Contact des partenaires pour la création de tote bags personnalisés spécialement réalisés pour l'événement.

3) La communication pré-événement.
Lancement d'un jeu-concours sur le compte Instagram des Nanas d'Paname pour faire gagner deux invitations à la soirée. Les consignes étaient de :
- Liker le post Instagram ;
- Suivre la page JO&JOE sur Facebook ;
- Commenter le post avec le hashtag #JoandJoeXperience.

Réalisation d'une invitation sur mesure par une illustratrice Nanas d'Paname avec personnalisation du logo JO&JOE.

4) L'organisation et le déroulement de l'événement.
Réalisation de 7 ateliers : le Photocall de Chloé Bonnard, l'Oracle de Circé Deslandes, l'atelier Pimp My Cupcake de Chloé S. (customisation culinaire), le cours de Body Percussion de Diane Villanueva, le Bar à tresses de Juanitite &Dye, le DJ set d'Ornette et le Bar à make-up d'Aurélie Martin.
Les activités étaient pensées de façon à concorder avec l'esprit "bien-être et partage" de la marque.
Le logo JO&JOE était intégré à la décoration (sur le fond mural du photocall, sur les cupcakes...).
Les tote bags JO&JOE ont été offerts aux participantes.

5) La communication sur place.
Relai de la soirée en live sur les réseaux sociaux des influenceurs sous les formes suivantes :
- **Posts Instagram** : l'univers visuel marqué par la scénographie associé au design du lieu était le point fort de l'événement en termes de communication. Les différents ateliers étaient pensés pour être "instagrammables" : le photocall, la customisation de cupcakes ;
- **Instalive et Snapchat** : les vidéos permettaient de relayer l'événement de façon vivante et immersive pour les followers, de partager ses émotions de façon plus parlante que dans un support écrit ou figé.

Une vidéo a également été réalisée et postée sur le compte YouTube des Nanas d'Paname.

RÉSULTATS

Tous les retours sur la soirée et sur le concept JO&JOE ont été positifs, de la part des invitées comme de leurs abonné(e)s.

> Posts sur les réseaux sociaux
230 publications
700 736 personnes touchées

> Engagement total
8 739 likes
340 commentaires
Le photocall a très bien marché et a été très relayé sur Instagram. Des articles sur l'évènement ont été publiés et des animatrices ont également fait du relais sur leurs réseaux sociaux.

> Voici en détail les résultats sur les différents réseaux sociaux :
- Instagram : 37 publications, 336 383 personnes touchées, 8 690 likes, 339 commentaires ;
- Instagram stories : 150 stories, 347 181 personnes touchées ;
- Snapchat : 32 publications, 6 400 personnes touchées ;
- Facebook : 5 publications, 4 639 personnes touchées, 37 likes, 1 commentaire ;
- Twitter : 5 publications, 6 133 personnes touchées, 12 likes ; 3 retweets ;
- Blog : 1 publication.

* Retrouvez la définition dans le lexique en fin d'ouvrage.

◊ ACCORHOTELS
www.accorhotels.com

◊ LES NANAS D'PANAME
www.lesnanasdpaname.com

Edouard Couturier
ed@lesnanasdpaname.com

EXPLOSION DES NOUVEAUX FORMATS NARRATIFS

A l'ère des stratégies digitales, voire "phygitales" pour les plus audacieux, créer du contenu est devenu un élément absolument central pour les marques qui souhaitent engager leur audience. Mais face à l'explosion des formats narratifs et des éléments multimédias qu'on leur associe, la tâche est de plus en plus complexe. Comment y remédier ? Voici les clés pour maîtriser un écosystème en perpétuel renouvellement.

PLATEFORMES & DISTRIBUTION

Le digital a bouleversé la manière dont nous créons des contenus, car, cela semble évident, on n'écrit pas de la même manière sur papier et sur le web. Ajoutons à cette évolution l'avènement des réseaux sociaux et des plateformes, mais aussi et surtout, l'essor du mobile et, dans une certaine mesure, des objets connectés. Cela vous semble complexe ? C'est pourtant loin d'être terminé ! Demain, nous rentrerons dans une nouvelle ère, celles des interfaces naturelles (NUI), qui apportera également son lot de changements et d'innovations.

Les buzzwords se succèdent pour désigner finalement des usages macro comme le "snacking content", expression anglo-saxonne qui signifie littéralement que l'on consomme l'information en guise d'en-cas et par petites bouchées. Une attitude volage que nous avons vis-à-vis de l'information aujourd'hui : entre deux réunions, nous survolons les news sur notre smartphone, ou alors nous "zappons" à la télévision sans grande conviction, attendant LE sujet qui va nous interpeller.

Autre tendance en plein boom, celle des usages liés aux plateformes elles-mêmes. Ainsi, on va parler de "snap journalisme" ce qui désigne ces contenus verticaux multidimensionnels créés sur Snapchat qui sont annotés, fun et gamifiés, tout comme on peut parler de "glance journalisme" pour désigner les micro-contenus informationnels élaborés spécifiquement pour l'Apple Watch. Autre exemple, avec le "journalisme conversationnel" lié à l'essor des chatbots. Bref, de quoi donner le tournis.

> *“Il devient indispensable de créer et segmenter ses contenus en fonction des audiences et des canaux […], répondant aux spécificités et aux codes de ces plateformes.”*

Aucun doute, nous assistons bien à une explosion des formats narratifs. Mais ce qu'il faut retenir, c'est qu'il devient indispensable de créer et segmenter ses contenus en fonction des audiences et des canaux. Il ne s'agit plus de proposer du contenu dupliqué sur ces plateformes, mais bien de créer des contenus, répondant aux spécificités et aux codes de ces plateformes.

100 % VIDÉO ? NON, 100 % INTERACTIF !

Facebook a annoncé que sa plateforme serait sans doute "tout vidéo" d'ici 5 ans, à mesure que les gens abandonnent le texte... Cela signifie-t-il que les marques devraient d'ores et déjà passer au 100 % vidéo ? Après tout, quelques *early adopters*, à l'instar d'AJ+ aux USA ou Minutebuzz en France ont déjà fait le pari.

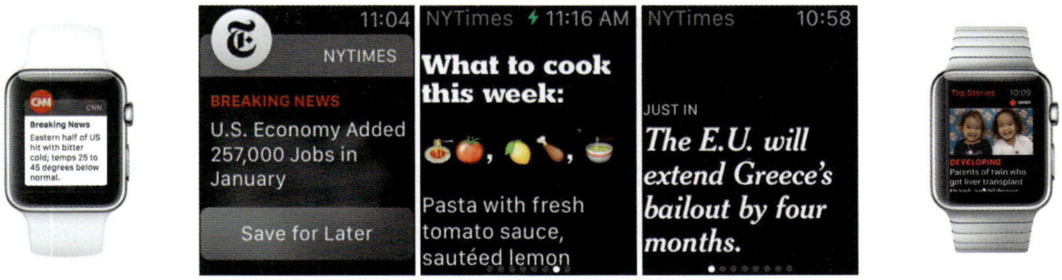

> Glance Journalisme - source radio-canada.ca

> Snap Journalisme - source : compte Snapchat Le Monde

De manière générale, ce ne sera probablement pas le cas en 2018 ni dans les quelques années à venir. S'il est indéniable que les marques doivent se familiariser avec le format vidéo, force est de constater qu'il existe de nombreux formats interactifs, et que les marques ont tout intérêt à faire du *test and learn* sur l'ensemble de ces formats pour voir ceux qui résonnent le plus avec leurs audiences.

De quoi parle-t-on exactement ? D'audio, tout d'abord. L'essor des assistants intelligents comme Amazon Echo et Google Home qui offrent de nouvelles opportunités pour les marques et va sans doute leur permettre de développer leur "offre audio", avec des podcasts dédiés. L'intérêt ? Offrir un nouveau niveau d'intimité.

Un exemple concret : le média Frontline a annoncé qu'il lançait son premier podcast, *The Frontline Dispatch* afin de passer au récit audio authentique. Raney Aronson-Rath, de chez Frontline, l'explique de cette façon : lorsque vous visionnez un grand documentaire, c'est vraiment une présentation. Vous êtes assis et regardez quelque chose dans votre chambre. Ou, même si c'est sur mobile, ce n'est toujours pas en vous : vous tenez quelque chose dans votre main et vous l'observez. Avec l'audio, surtout avec un podcast par opposition à d'autres formes d'audio, vous parlez personnellement à quelqu'un, vous mettez des écouteurs dans vos oreilles.

Aux côtés de ces formats vidéo et audio, s'invite toute une ribambelle de nouveaux contenus interactifs. Les Gifs d'abord, ces images animées qui peuvent être facilement partagées et intégrées sont très populaires auprès des marques, certaines vont même jusqu'à lancer leurs propres gifs de marque à l'instar d'Accor Hôtels ! Mais le plus intéressant, c'est la diversité des formats Gifs et la créativité qu'ils permettent. Les "Morphing Gifs" sont une catégorie qui présente une transition en douceur entre les images. Les "Looping Gifs" sont tellement populaires qu'ils ont même une communauté sur reddit:/r/perfectloops ! Les "Split Depth Gifs" sont également une variante intéressante car ils permettent d'ajouter des effets 3D. Ils utilisent une technique simple ajoutant des colonnes blanches à une image existante pour créer l'illusion du sujet qui saute hors de votre écran directement sur vous. Et puis, il y a aussi les Cinemagraphs appelés "photos vivantes", à mi chemin entre le gif animé et la photo statique. Et la liste pourrait s'allonger encore (Dataviz en HTML 5, Infographies et Gifographies, Contenu dont vous êtes les héros, etc.).

Alors, quelle leçon tirer de tout ce panorama ? Que la vidéo ne fait pas tout. Diversifiez vos formats, testez et apprenez à maîtriser et injecter des éléments interactifs qui peuvent infuser une certaine vie dans votre récit de marque, afin de créer un lien émotionnel avec vos audiences. Car, comme l'expliquait Manuel Diaz, patron d'Emakina, n'oubliez pas que « *votre expérience de marque est un actif stratégique* ».
Plus question de faire l'impasse.

MARIE DOLLE
Experte en Stratégie Digitale
mariedolle@yahoo.fr

FACEBOOK MESSENGER : LA PERSONNALISATION PAR L'EXPÉRIENCE

*Facebook Messenger** comme WhatsApp sont des plateformes qui ont aujourd'hui plus d'utilisateurs que Facebook ou Instagram.
Chaque jour, nous envoyons 20 milliards de SMS contre 60 milliards de messages avec Facebook Messenger et WhatsApp.
Comment les marques peuvent-elles utiliser Facebook Messenger en 2018 ?

100% de taux d'ouverture

70% de taux de clics moyen

Dans le cadre d'une expérimentation pour un client, nous avons proposé l'utilisation de Facebook Messenger pour interagir avec les fans.

Il existe plusieurs outils sur le marché pour mettre en place un bot sur une page Facebook, nous avons décidé d'utiliser ManyChat. En complément, nous avons utilisé Zapier pour automatiser quelques actions.

L'objectif n'était pas d'automatiser le bot pour multiplier les interactions, mais d'avoir un lien direct avec les internautes qui interagissaient avec la page, pouvoir leur répondre rapidement et commencer à créer une relation privilégiée avec eux.

POURQUOI METTRE EN PLACE UN BOT ?

La mise en place d'un bot sur Facebook a de multiples avantages. Le premier avantage est de pouvoir interagir directement avec les fans de la page, mais également les visiteurs qui souhaitent poser une question à la marque. Messenger est utilisé pour interagir avec les amis et la famille. Notre envie était d'entrer dans l'univers de la personne et d'échanger comme nous le ferions avec un ami.

Le second avantage est le message d'introduction personnalisé. Il est toujours plus agréable pour un client de lire comme message "Bonjour Lola, comment pouvons-nous vous aider ?" pour démarrer la conversation. L'important pour nous était de pouvoir répondre rapidement aux questions de façon personnalisée en agrémentant les messages d'humour et d'émoticônes pour humaniser la marque.

Un autre avantage est que depuis peu, nous pouvons récupérer les emails et les numéros de téléphone de chaque personne qui interagit avec le bot ou qui dépose un commentaire sur un post Facebook. Cela permet de faire grossir assez rapidement la base de données et de pouvoir retoucher les personnes de façons différentes.

À partir du moment où une personne interagit avec le bot de la marque ou laisse un commentaire sur un post, elle entre dans une séquence qui nous permettra à l'avenir de lui envoyer des messages ciblés et si possible pertinents pour l'inciter à réaliser une action.

> *« Un taux de clics moyen de 70 % montre les performances impressionnantes de Facebook Messenger et les perspectives positives à l'avenir pour engager sa communauté. »*
>
> **Julien BRÉAL**
> *Growth Marketeur*

> Exemple du texte d'introduction

L'EXPÉRIMENTATION

Il n'y a que deux façons pour une marque de pouvoir recontacter une personne par Facebook Messenger :

- La personne envoie un message sur la page Facebook ;
- La personne laisse un commentaire sur un post Facebook.

Ce qui veut dire que si vous souhaitez augmenter le nombre de personnes avec qui interagir, vous devriez créer des posts Facebook qui invitent aux commentaires, par exemple.

L'objectif à long terme est d'inviter les personnes à commander en ligne.

RÉSULTATS

Les résultats sont impressionnants puisque nous avons des taux d'ouverture de 100 %. Ceci s'explique par le fait que peu de marques utilisent encore Facebook Messenger donc l'opportunité est intéressante.

Quand nous envoyons des messages aux utilisateurs, nous n'envoyons pas que des messages promotionnels, les possibilités sont multiples :

- Vous pouvez envoyer un lien vers un post Facebook s'il est divertissant ce qui permet d'augmenter la portée de votre post, mais aussi d'augmenter l'engagement. Vous devez être sûr que votre post est engageant. En général, nous envoyons un post qui a été diffusé plusieurs heures en amont ce qui permet de valider son engagement auprès de la communauté ;

- Poser une simple question qui ne demande pas trop d'effort ;

- Envoyer une offre promotionnelle en lien avec l'actualité. Plutôt que de proposer une simple offre promotionnelle, cela fonctionne bien mieux de l'intégrer avec une actualité forte du moment ou une journée internationale.

CE QU'IL FAUT RETENIR

Si vous décidez d'utiliser Facebook Messenger, vous devez en amont comprendre que cela est très intrusif. Il faut penser que ce support est à utiliser sur le long terme et non pas envoyer 3 messages par jour à l'internaute.

L'expérimentation a démarré sur un petit nombre de personnes puis a augmenté au fur et à mesure. Il faudra aussi segmenter les personnes selon la première interaction avec la marque. Vous ne devez également pas envoyer des messages à toutes les personnes qui ont interagi avec le bot. Parfois, cela a été simplement ponctuel, vous devez en amont bien réfléchir à qui vous enverrez les messages.

Messenger est un formidable outil pour se connecter avec les internautes, il permet d'échanger directement et d'avoir des retours rapides. La problématique est que les marques souhaitent trop rapidement automatiser cette démarche alors que le point de départ est de se connecter de façon unique et individuelle aux internautes qui entrent en contact avec la marque. C'est une opportunité incroyable quand une personne fait la démarche d'entrer en contact avec la marque, il ne faut donc pas que l'automatisation d'un bot tue la relation. Il faut prendre le temps de comprendre les interactions, de segmenter les internautes et de tester différents types de messages avant de pouvoir automatiser un bot.

* Retrouvez la définition dans le lexique en fin d'ouvrage.

◊ JULIEN BRÉAL
www.julien-breal.fr

Julien Bréal
julienbreal@gmail.com

CES RÉSEAUX SOCIAUX QUI FONT LES YEUX DOUX À LA GÉNÉRATION Z

Aujourd'hui, l'époque où le web se consommait uniquement via Google est bel et bien terminée. Et Facebook n'est pas le seul géant à tirer son épingle du jeu. Focus sur les applications et les réseaux sociaux qui font le bonheur de la génération Z, ces consommateurs de demain à conquérir dès aujourd'hui.

10 milliards
de Snaps vus par jour (décembre 2016)

158 millions
d'utilisateurs actifs par jour sur Snapchat

« *Je pense que 2016 et 2017 seront les années où le monde du marketing et les entreprises reconnaîtront Snapchat. Il faut vous y mettre, car ce sera une plateforme extrêmement importante.* »

Gary VAYNERCHUK
Entrepreneur VaynerMedia/VaynerX

À l'échelle du web et des réseaux sociaux, le temps passe vite, très vite. Le réseau social qui marche aujourd'hui ne sera pas forcément celui de demain. C'est comme ça, c'est une dynamique qui force les acteurs du milieu à rester toujours au top des tendances et à mieux identifier les attentes des consommateurs... et surtout des nouveaux consommateurs.

Oui, on parle bien ici de la *génération Z**. Les plus jeunes utilisent les réseaux sociaux d'une manière parfois bien différente de la nôtre. Pour eux, exit Facebook, Twitter ou encore Instagram (on caricature bien sûr, mais vous avez compris le message). *Snapchat** est devenu le maître mot de la génération Z qui a rapidement adopté son format instantané. Au point même de forcer le géant Facebook à copier peu à peu ses différentes fonctionnalités.

Nous vous proposons de découvrir ci-dessous les réseaux sociaux qui font les yeux doux à la génération Z. Qui sont-ils et pourquoi sont-ils aussi populaires ? On décrypte le sujet pour vous.

SNAPCHAT : LE LEADER DE LA GÉNÉRATION Z

Avec 158 millions d'utilisateurs actifs par jour, Snapchat est le réseau social qui monte de jour en jour. En décembre 2016, Snapchat revendiquait 10 milliards de Snaps vus par jour. Il faut dire que comme Tinder en son temps, Snapchat a su créer son propre format, une UX singulière et très particulière. En bref, Snapchat a su démocratiser le format de "Story" que l'on retrouve d'ailleurs aujourd'hui chez tous les réseaux sociaux qui marchent.

Si Snapchat se démocratise auprès du grand public et de tous les âges, sa cible reste majoritairement jeune. 71 % de ses utilisateurs ont moins de 25 ans, témoignant de l'intérêt croissant de la génération Z pour le géant de l'instantané. Mais qu'est-ce qui fait le succès de Snapchat ? Les raisons sont nombreuses.

Snapchat a su créer à travers son format un vrai levier de gamification. Les contenus sont courts et peuvent être personnalisés avec des filtres ou des effets divers. En matière de sécurité, les Stories ne restent que 24 heures et les Snaps envoyés à vos amis ne peuvent pas être visionnés plus de 10 secondes. Et si votre interlocuteur fait une capture d'écran, vous êtes notifié. En bref, Snapchat a su offrir à ses utilisateurs un savant mélange entre amusement et sécurité. Une formule qui marche d'ailleurs

> La génération Z

très bien et qui fait de l'ombre aux autres réseaux jugés trop traditionnels. Il faut dire que Snapchat sait y faire pour maintenir l'intérêt de la génération Z, avec des filtres qui changent de jour en jour pour apporter une petite touche de fraîcheur. Qu'on aime ou qu'on n'aime pas son format, force est de constater que Snapchat est aujourd'hui devenu le réseau social de référence de la génération Z.

MUSICAL.LY : LE PHÉNOMÈNE DU MOMENT

Musical.ly est une application surprenante née d'un pari fou : créer un réseau social autour du karaoké et du "lip sync". Mark Zuckerberg déclarait d'ailleurs dernièrement qu'il s'agissait de l'une des applications les plus prometteuses du moment. En bref, Musical.ly est une application qui vous transforme en Rihanna ou en Drake. L'utilisateur choisit une chanson dans le catalogue, puis enregistre une vidéo de 15 secondes où il coordonne le mouvement de ses lèvres avec les paroles de la chanson. Oui, c'est bel et bien du "karaoké digital".

Si la formule peut paraître surprenante, il faut savoir que Musical.ly est l'un des réseaux sociaux qui cartonnent le plus auprès des 12-25 ans. Des centaines d'applications sont désormais disponibles et l'application intègre également des répliques de films et des citations connues. Comme Snapchat, Musical.ly a su toucher les plus jeunes en ajoutant une touche de gamification au concept des réseaux sociaux. Il ne s'agit plus simplement de communiquer, mais de partager un moment d'amusement et de rire avec ses proches autour de références culturelles. Un ovni dans le milieu qui a su se faire sa place dans la jungle impitoyable des réseaux sociaux.

LES NOUVEAUX VENUS

> Pingpong

Pingpong a été imaginé et conçu par la start-up chinoise à l'origine de Musical.ly. Son concept n'est pourtant pas nouveau : échanger par vidéo avec ses amis, à deux ou même à plusieurs. Au premier abord, on ne voit pas forcément de différence avec Snapchat qui propose bien plus de fonctionnalités que Pingpong. Mais là où ce dernier a su tirer son épingle du jeu, c'est dans sa possibilité d'envoyer ses enregistrements en différé pour celles et ceux qui ne sont pas fans du live.

> Live.ly

Toujours par la même start-up, on retrouve Live.ly, une application de vidéo live en streaming. À la manière de Facebook Live ou encore de Périscope, Live.ly vous permet de créer des vidéos en temps réel et d'interagir avec vos amis. Pas de nouveauté conséquente par rapport aux concurrents, mais l'écosystème Musical.ly est là et contribue au succès de l'application.

LA FIN DE FACEBOOK ?

Non bien évidemment, ces nouveaux émergents ne signent pas la fin de Facebook, qui règne en leader incontesté sur le marché des réseaux sociaux. Malgré tout, quand on voit la montée de Snapchat, il faut réaliser que les usages ont changé et qu'il faut s'adapter au plus vite aux attentes et aux modes de fonctionnement de la génération Z. La clé du succès est là et Facebook l'a déjà bien compris en copiant depuis quelques semaines les "gimmicks" qui fonctionnent chez son concurrent Snapchat. La guerre des jeunes est déclarée.

* Retrouvez la définition dans le lexique en fin d'ouvrage.

◊ **CREAPILLS**
www.creapills.com
Fiche de présentation p. 497

François Castro Lara
fcastrolara@creapills.com

Maxime Delmas
mdelmas@creapills.com

ESTÉE LAUDER

#Iambeauty : maximiser le profit d'une campagne

PROBLÉMATIQUE DE LA MARQUE

> Le contexte

En 2016, le magazine Cosmopolitan a collaboré avec la célèbre marque de cosmétiques Estée Lauder sur une mission : désigner des championnes beauté et diversité au Royaume-Uni avec une campagne centrée sur le consommateur. Le concept était de créer un portrait beauté de femmes pour leur offrir l'opportunité de révéler leur beauté individuelle tout en faisant partie d'une communauté dynamique.

La campagne s'adressait à toutes les femmes, de toutes origines. Néanmoins, les Millennials utilisatrices régulières des réseaux sociaux étaient le cœur de cette cible. Des femmes comme Sarah, 23 ans, une étudiante qui aime partager son quotidien avec ses followers sur Instagram. Elle connaissait Estée Lauder, mais n'aurait jamais pensé qu'une aussi grande marque puisse l'inclure dans un portrait beauté.

> Objectif

Estée Lauder s'est associée au magazine Cosmopolitan, réputé pour forger la notoriété des marques, afin de célébrer la beauté féminine dans la diversité ethnique. Cette campagne a démarré avec trois promesses :

- Créer une nouvelle communauté beauté dynamique sur les réseaux sociaux pour Estée Lauder ;
- Collecter des données pour préparer une campagne de retargeting : emailing et publicités Facebook/Instagram ;
- Générer des conversions en ligne sur le site de la marque.

Sur les 8 à 9 mois de campagne, le budget pour couvrir les différents moyens mis en place par l'agence Headoo s'est élevé à 40 000 €.

SOLUTION STRATÉGIQUE

Pour assurer la réussite de cette campagne inédite, il s'agissait de faire un mélange de photographie de rue, de curation d'*UGC** Instagram et de e-commerce par l'ajout des photos de produits et *CTA** sur la "social gallery" afin de générer du trafic et des conversions sur le site d'Estée Lauder.

#Iambeauty est un exemple emblématique de campagne innovante, complète et riche en contenu. Le recours à des photographes connectés pour réaliser un casting de rue et en faire un portrait beauté est inhabituel et surprenant pour la clientèle. Avec l'aide de Cosmopolitan et Headoo, Estée Lauder ne s'en est pas contentée et a opté pour une curation d'UGC dans le but de préparer une future campagne de reciblage. En générant des conversions en ligne, les photos et CTA sur la "social gallery" ont quant à eux permis à la marque de percevoir des résultats concrets.

MISE EN PLACE OPÉRATIONNELLE

Grâce à des photographes connectés dispersés dans 5 villes du Royaume-Uni (casting de rue), Headoo a pu produire 300 contenus professionnels centrés sur le consommateur. Par la suite, l'agence a assuré la curation d'UGC, la modération et la levée du droit à l'image pour la campagne #IamBeauty sur Instagram. L'agence a également collaboré avec Cosmopolitan, via l'*API**, pour garantir le partage rapide et efficient des contenus et données. Tout au long de la campagne, elle a veillé à collecter les données, suivre la portée de la campagne et identifier les micro-influenceurs.

Pour sa part, le magazine Cosmopolitan a mis en place le design de la "social gallery" et a assuré la couverture médiatique de la campagne grâce à des publications régulières sur son site web, ses pages Facebook et Instagram et son magazine imprimé.

INFOS CLÉS

137 626 mentions j'aime

4 700 UGC collectés avec #lambeauty

- **Objectif :** Notoriété, Ventes
- **Cibles :** Femmes Millennials
- **Moyens :** Social photographer, Curation UGC, Social gallery
- **Budget :** 40 000 €

> Les étapes

Lancement et photographie de rue : répartie entre hiver, printemps et été, la photographie de rue avait pour objectif de faire connaître la campagne partout au Royaume-Uni. La personne prend une photo et la visualise sur un iPad où elle entre son adresse mail. Elle reçoit un email qui lui donne accès à la page internet contenant sa photo qu'elle peut partager sur les réseaux sociaux après avoir répondu à "l'opt-in", principe par lequel elle autorise ou non la marque à collecter ses informations.

Curation d'UGC : dès qu'une femme décidait de partager sa photo sur Instagram avec le hashtag #lambeauty, Headoo opérait la modération automatique et la curation d'UGC. L'API permettait de recevoir, en temps réel, les contenus modérés dont l'agence assurait la levée du droit à l'image. Seules les photos libres de droits continuaient d'apparaître sur la page de tag dans le back-office où la marque pouvait modérer manuellement et choisir les photos qu'elle voulait voir sur sa "social gallery".

Social gallery : outre les photos professionnelles et l'UGC, la galerie présentait également des CTA du e-commerce afin de générer des conversions en ligne pour Estée Lauder et une incitation à prendre part à la campagne pour amplifier la participation sur les réseaux sociaux.

> *" Pour assurer la réussite de cette campagne inédite, Il s'agissait de faire un mélange de photographie de rue, de curation d'UGC Instagram et de e-commerce. "*

RÉSULTATS

Les partages de contenus avec le hashtag #lambeauty sur Instagram ont atteint environ 7 000 commentaires et 137 626 mentions j'aime, dont 5 726 mentions pour une seule et même photo. 4 700 UGC ont pu être conservés. 1 137 adresses mails uniques ont été collectées avec 60,3 % d'opt-ins positifs pour la newsletter.

À la fin des huit mois de campagne réussis, Estée Lauder a organisé une exposition beauté à Soho pour présenter les meilleurs portraits (droits à l'image levés au préalable) et pour donner la parole à certains de ceux qui ont contribué au succès de cette campagne. Ateliers, discussions, animations photo et maquilleurs étaient au programme pour clore brillamment la campagne.

* Retrouvez la définition dans le lexique en fin d'ouvrage.

Content production #streetmarketing

> Une campagne pour la beauté et la diversité

◊ ESTÉE LAUDER
www.esteelauder.co.uk

◊ HEADOO
www.headoo.com
Fiche de présentation p. 484

Jean Dussetour
jean@headoo.com

EDF

Sur Snapchat, avoir une approche culturelle pour parler aux millenials

> Snap filtre d'Aymeric Judor en super-héros "électrique".

> Aymeric Judor pose avec son chat.

> Snap avec filtre de Léa Camilleri.

> Snap événementiel pour la journée Star Wars.

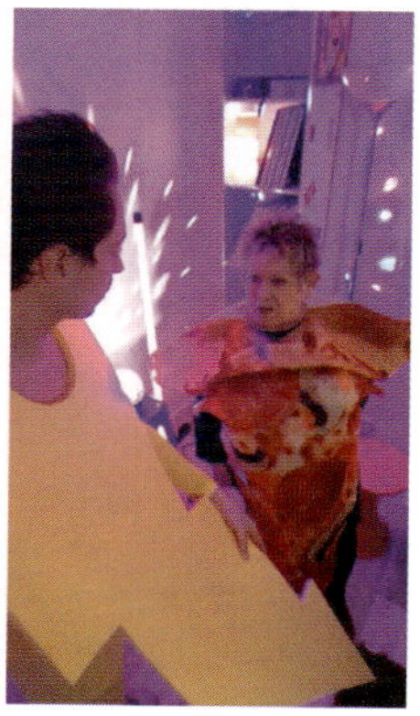

> Aymeric l'Eclair danse avec Studio Danielle en pizza pour sa pendaison de crémaillère.

PROBLÉMATIQUE DE LA MARQUE

> Le contexte

EDF est une entreprise et une marque dont la notoriété est extrêmement forte, et dont les activités et les engagements sont connus par une très large majorité des Français. L'entreprise est reconnue pour ses activités industrielles aussi bien pour que pour ses offres de fourniture d'électricité, pour les marchés d'affaires, mais aussi pour les clients particuliers. Toutefois, aujourd'hui EDF ne "parle" pas aux Millenials. En effet, EDF ne fait pas vraiment partie du paysage des marques considérées par cette génération. Les Millenials ont une perception parfois assez lointaine de l'entreprise, car ils n'ont que très peu de raisons d'être en relation avec elle. La relation entre EDF et ses publics ne démarre réellement que lorsque ceux-ci s'installent dans un logement autonome et se posent la question du choix de leur fournisseur d'électricité.

> La cible

L'idée est de s'adresser en particulier aux Millenials avec un cœur de cible 18-25 ans. En effet, c'est une cible vers laquelle EDF ne communique que peu ou au travers de partenariats essentiellement sportifs. EDF va donc déployer un dispositif de communication qui leur est dédié, sur un canal idoine.

SOLUTION STRATÉGIQUE

> L'idée

Mettre EDF dans le quotidien des jeunes adultes ; montrer que la marque est capable de s'adapter à leurs codes et à leurs attentes ; engager le dialogue autour d'un contenu plutôt que d'une offre commerciale : tels sont les piliers de l'approche novatrice de la marque EDF sur Snapchat.

Le parti pris a été d'avoir une approche culturelle avec la cible c'est-à-dire en étant en affinité avec les références quotidiennes de celle-ci et non de délivrer un discours corporate descendant.

Pour mieux se fondre dans les codes de la cible qu'elle vise, la marque confie l'animation du compte EDF à un jeune adulte qui va partager avec sa communauté, ses débuts dans la vie.

> Idée créative

En collaboration avec Havas Paris et Havas Media, EDF lance **les aventures d'Aymeric Judor**, petit cousin d'Eric Judor, héros de la saga publicitaire Electric.

De son emménagement à ses découvertes scientifiques et culturelles, Aymeric, accompagné de ses amis Buddy Bob, le copain geek, et Juliette, celle dont il est amoureux, partagera ses aventures et son quotidien sur Snapchat. Eric Judor lui rendra quelques visites et lui donnera quelques conseils. Aymeric fera aussi la connaissance de quelques "snapeuses" de talent comme Léa Camilleri et Studio Danielle.

Le ton est très décalé et rythmé pour répondre au mode de consommation "snacking" de la cible.

MISE EN PLACE OPÉRATIONNELLE

Le dispositif de l'ensemble de la campagne reposait sur un principe de diffusion de contenus de natures différentes et séquencés dans le temps : des épisodes "live" mettant en scène les personnages de la saga ; des photos faites avec les *filtres** ; des épisodes faisant intervenir des influenceurs connus en "guest" ; des décrochages liés à l'actualité ; des jeux-concours.

Chaque épisode de la saga est constitué de 3 ou 4 *snaps** de 10 secondes.

INFOS CLÉS

+ de 800 000 vues

95 % taux de complétion en vidéo

- **Objectif :** Notoriété, Image
- **Cibles :** Les 15-25 ans, Les 20-30 ans, Les 2 sexes
- **Moyens :** Réseaux sociaux, E-réputation, Snapchat

› Durée de la campagne : du 3 mars au 15 juin 2017.

› Un dispositif à plusieurs niveaux

• **Niveau 1** : **à partir du 3 mars 2017. Evénementialiser le lancement du compte et favoriser l'abonnement pour découvrir les contenus.** Le 3 mars 2017, diffusion d'une vidéo "évènement" par l'influenceuse Studio Danielle, annonçant sur sa propre communauté le lancement du compte Snapchat d'EDF. En parallèle, sur les différents comptes sociaux d'EDF, diffusion de la vidéo "la grande nouvelle", annonçant le démarrage de la saga et incitant l'audience à s'abonner au nouveau compte d'EDF. La saga se poursuit par la présence d'Eric Judor de la saga Electric pour faire le lien entre la campagne télé et la nouvelle saga pour booster la notoriété.
Séquences de mars : 9 épisodes de 3 snaps sont diffusés, 5 photos filtres, 2 jeux-concours et 2 guests.
A la fin de chaque mois, diffusion d'une compilation des épisodes du mois sur la chaîne YouTube d'EDF.

› Snapcode du compte EDF.

› Aymeric et son cousin Eric Judor qui joue du piano et lui demande de l'aider à déménager.

• **Niveau 2** : **avril. Soutenir la présence à l'esprit du contenu et favoriser la complétion pour créer de l'intérêt sur le contenu.** Diffusion de plusieurs épisodes "live", publications de photos filtres, jeux-concours, décrochage calendaire (Foire de Paris) et 2 guests.

• **Niveau 3** : **promouvoir le compte par des jeux-concours favorisant l'abonnement comme mécanique de participation.** La mise en place régulière de jeux-concours ludiques dont les thématiques sont directement connexes à EDF a permis de booster les abonnements. Exemples : des places à gagner pour des matchs de l'équipe de France de Football, dont EDF est partenaire ; un concours autour du passage à l'heure d'été et des économies d'énergie générées.

• **Niveau 4** : **activer des communautés très engagées avec des influenceurs intégrés dans la saga Snapchat d'EDF.** Participation régulière d'influenceurs "Stars" aux épisodes de la série et sur leurs propres réseaux sociaux pour drainer leurs communautés vers le compte d'EDF. Au lancement, par exemple, une vidéo annonçant l'ouverture du compte EDF, via un Facebook live depuis le compte de Studio Danielle est vue plus d'un million de fois, et génère plus de 13 000 commentaires ! 2 *stories** de Léa Camilleri.

> *"Le choix a été d'avoir une approche culturelle et un ton affinitaire pour parler à la cible des millenials plutôt qu'une communication corporate descendante."*

RÉSULTATS

- Au total : 46 snaps.
- Utilisation de Facebook pour promouvoir le compte Snapchat : 2,5 millions de vues
- + de 800 000 vues sur Snapchat
- Taux de complétion de 95 % vs un taux moyen de 92 %

* Retrouvez la définition dans le lexique en fin d'ouvrage.

◊ EDF
@edfofficiel

Julien Villeret
Directeur de la communication Groupe
julien.villeret@edf.fr

Hubert Blanquefort
Directeur Digital et Editorial
hubert.blanquefort@edf.fr

◊ HAVAS PARIS
www.havasparis.com

Christophe Coffre
Directeur de création

Aurelien Pernot
Partner

CENTRE DES MONUMENTS NATIONAUX

Attirer de nouveaux publics grâce à une visite en réalité augmentée

> Histopad dans la Grand'Salle de la Conciergerie. ©Histovery

PROBLÉMATIQUE DE LA MARQUE

> Le contexte

Ouverte au public en 1914, la Conciergerie, gérée par le Centre des monuments nationaux (CMN), est un monument dont la visite fait découvrir deux périodes historiques : l'époque médiévale et l'époque révolutionnaire. Le monument actuel est ainsi l'héritier de la longue et complexe histoire du Palais de la Cité à Paris. Cette lecture historique est souvent difficile pour les visiteurs, dans un lieu où les traces de l'Histoire se mêlent et où l'architecture imposante brouille les pistes.

En 2015 et 2016, le CMN a engagé d'ambitieux travaux de restauration et de mise en valeur des collections pour renouveler l'expérience de visite de la Conciergerie et rendre perceptibles les évolutions du bâtiment à travers les siècles. Pour compléter ce travail de fond et offrir au visiteur des éléments de compréhension, la conception d'un outil de médiation en réalité augmentée appelé *Histopad** a été initiée.

Le projet s'inscrit dans un mouvement plus large de développement des dispositifs numériques dans les monuments gérés par le CMN, avec des premières réalisations comme un parcours en réalité augmentée à la Villa Cavrois à Lille. L'enjeu réaffirmé est de pouvoir proposer aux visiteurs un parcours le plus personnalisé possible, avec un discours adapté aux différentes cibles (public famille, touristes étrangers...) en mettant à profit les nouvelles possibilités offertes par le digital.

> Les objectifs

La mise en place de l'outil Histopad répondait à trois objectifs principaux :

- Favoriser la compréhension du monument pour les visiteurs (familles, touristes étrangers notamment) ;
- Repositionner la Conciergerie comme un lieu proposant une expérience unique #ConciergerieRévolution, en visant une augmentation de la fréquentation du site ;
- Tester à grande échelle une technologie innovante dans un lieu patrimonial.

La signature globale de la nouvelle Conciergerie, l'opération #ConciergerieRevolution, reposait sur cette clé de lecture : "dépoussiérer" l'image de la Conciergerie, sur la forme et sur le fond.

> Le montage du projet

L'Histopad est le fruit d'une coproduction du CMN avec la société Histovery qui l'a développé. Le CMN lui a ainsi fourni un accompagnement éditorial, scientifique, iconographique et historique et a assuré le suivi de la production et la commercialisation. Les reconstitutions ont été réalisées avec l'aide d'un comité scientifique qui les a examinées dans le détail afin de garantir leur exactitude historique.
L'offre de l'Histopad s'inscrit dans une opération plus large de refonte du parcours de visite et de modernisation de l'image de la Conciergerie.

SOLUTION STRATÉGIQUE

> Pourquoi la réalité augmentée ?

La Conciergerie est un monument assez étonnant. A l'extérieur, une façade blanche et imposante avec la tour de l'Horloge, mais, à l'intérieur, on plonge dans une ambiance médiévale avec la plus grande salle gothique d'Europe, un espace globalement nu, donnant une impression de grandeur, mais complexe à comprendre. La lecture pour un visiteur n'est pas évidente, étant donné que les différentes strates historiques ne lui sont pas accessibles au premier coup d'œil.

Comment faire comprendre l'évolution du bâtiment ? Comment lui donner à voir ce que les murs, aujourd'hui, ne montrent

INFOS CLÉS

Près de 10 000 Histopad vendus en 6 mois

15 blogueurs testeurs

+ 4600 réactions sur le jeu-concours Fb

- **Objectif :** Notoriété, Acquisition
- **Cibles :** Famille, Les 15-25 ans, visiteurs étrangers
- **Moyens :** Réalité augmentée, Réseaux sociaux, Jeux concours
- **Budget :** De 500 000 € à 1 million €

plus ? Comment lui faire appréhender l'opulence des banquets médiévaux et, en parallèle, l'austérité des prisons révolutionnaires ? Comment ne pas limiter l'histoire du bâtiment à son rôle de prison de Marie Antoinette, que beaucoup de touristes viennent chercher ? Comment rendre compte de la mémoire de la Révolution française et de toute la complexité de cette période, sans tomber dans le cours d'histoire ou les clichés ?

Le renouvellement du parcours de visite de la Conciergerie devait trouver des solutions à ces problématiques, tout en tenant compte des contraintes de l'espace (luminosité, parcours dicté par la forme actuelle du bâtiment, consignes de sécurité, cadre technique…) et des enjeux propres à une institution culturelle (offrir un dispositif adapté à nos visiteurs, en différentes langues, s'appuyant sur des faits historiques solides).

L'Histopad propose justement un accès virtuel à des espaces qui ont disparu ou qui ont été transformés au fil des siècles. Grâce à lui, le visiteur peut découvrir la Grand'Salle en 1378 lors du banquet des trois rois (à l'emplacement actuel de la salle des Pas Perdus du Palais de justice), le Parlement de Paris en 1780 et le Tribunal révolutionnaire en 1793 sur un seul support. L'outil propose également un parcours interactif retraçant le chemin de Marie-Antoinette à l'échafaud, de la Conciergerie à la place de la Révolution (actuelle place de la Concorde). La réalité augmentée permet une expérience spectaculaire, interactive et personnalisée pour refaire vivre l'histoire et aider à sa compréhension d'espaces aujourd'hui profondément différents.

La mécanique d'accès aux espaces de réalité augmentée, via le franchissement virtuel d'une "porte du temps" (des bornes avec une médaille positionnées dans le parcours), permet de clarifier pour le visiteur les différentes temporalités. Le dispositif offre également une chasse aux pièces d'or, cachées dans des objets interactifs. En les collectionnant, le visiteur active en fin de visite l'envoi d'un bonus. Enfin, l'Histopad permet d'accroître la connaissance visiteur. Il propose de relever les avis des visiteurs en fin de parcours et permet grâce à la géolocalisation de mesurer le temps de visite des visiteurs et de l'analyser par grands profils.

MISE EN PLACE OPÉRATIONNELLE

> Durée du projet

18 mois de travail en amont de la sortie publique

> Le principe de l'Histopad

L'Histopad est un dispositif de médiation numérique immersive proposant des reconstitutions spectaculaires des espaces de la Conciergerie tels qu'ils existaient à divers moments de l'histoire. Il accompagne les visiteurs tout au long de leur découverte du monument et est conçu pour satisfaire tous les publics, au cours d'une visite d'une à deux heures, voire plus.
Il se présente sous la forme d'une tablette tactile (iPad mini

> Capture d'écran du jeu-concours Facebook.

> Visiteur utilisant l'Histopad à la Conciergerie. ©D. Plowy .

> *“Ce nouveau parcours plonge les visiteurs équipés d'une tablette numérique au cœur du palais médiéval et de la prison révolutionnaire, grâce à la 3D.”*

> Vue extérieure de la Conciergerie de Paris. ©C. Rose.

> Reconstitution des cuisines médiévales de la Conciergerie dans l'Histopad. ©Histovery

> La Conciergerie, salle des Gens d'armes. ©Philippe Berthé

Retina de 8 pouces) proposée en location payante sur place (également réservable en ligne) et est disponible en 6 langues : français, anglais, allemand, espagnol, italien et chinois.

> Les étapes

1. Etude préalable du projet

Le dispositif a nécessité de cadrer sa faisabilité technique : les équipements nécessaires ou possibles d'un point de vue géolocalisation ou accès WiFi ont été étudiés à l'intérieur du bâtiment. Les modalités de distribution des supports ont également fait l'objet d'analyses, pour éviter l'écueil d'une technologie qui deviendrait paralysante. Le recensement des sources historiques et des échanges avec des spécialistes ont permis d'établir qu'un volume suffisant de connaissances était disponible pour se lancer dans une recréation réaliste des espaces de la Conciergerie.

2. Recherche scientifique - Choix des parcours

Une fois les conditions techniques vérifiées, l'enjeu a été de définir les éléments clés du parcours de visite et les contenus à diffuser au visiteur. Certains s'imposent d'eux-mêmes (la reconstitution de la cellule de Marie-Antoinette), d'autres nécessitent une réflexion poussée sur la bonne localisation pour le bon message dans le parcours de visite (quand parler du tribunal révolutionnaire ? Comment articuler le in situ et le numérique ? Comment utiliser la maquette dans une version interactive dans le parcours et faire le lien avec les contenus proposés dans l'Histopad ?). Ces questions ont amené un travail fin de calibrage des propos entre parcours physique et parcours digital, qui coexistent dans la même temporalité.

Tout au long de la conception, un dialogue s'est établi entre nécessité de rigueur scientifique des contenus, et simplicité du discours pour toucher un large public et rendre compréhensibles, voire ludiques, les informations transmises. L'équipe d'Histovery s'est aussi appuyée sur les retours d'expériences de projets précédents pour développer certains formats, comme le concept de la chasse à la pièce d'or, destiné plus particulièrement aux enfants. Les images créées sont complétées d'éléments d'ambiance, comme le bruit du feu dans les cheminées de la cuisine.

3. Installation - Test

Avant le lancement grand public, une semaine a été réservée à des tests en situation avec un public familial, pour vérifier pas à pas si les différents contenus étaient compréhensibles et utiles à leur visite.
Cela a permis également à l'ensemble des équipes, en caisse et en surveillance, de comprendre les enjeux de ce nouvel outil et son fonctionnement, et cela a amené des ajustements ergonomiques pour être au plus près des attentes des visiteurs.

4. Lancement

La médiatisation du projet est passée par une campagne de communication activant :

- Une campagne d'habillage de la Conciergerie aux couleurs de l'opération #ConciergerieRevolution ;
- Une campagne d'affichage ;
- Les relais dans les presses culturelle, patrimoniale et technologique ;
- Les relais sur le web avec une soirée influenceurs et un jeu-concours sur les réseaux sociaux.

Plus particulièrement, une visite-test de l'Histopad a été organisée en avant-première en présence de 15 blogueurs. Le profil des influenceurs mixait les intérêts suivants : culture, innovation, sortie en famille, lifestyle, histoire de l'art. En compagnie de Guillaume Mazeau, Maître de conférences en Histoire et Civilisations à l'Université Paris 1 Panthéon-Sorbonne qui a participé à la conception du parcours global de la Conciergerie et des contenus de l'Histopad, ils ont pu expérimenter l'outil et faire leurs retours tout en aidant à la viralité du hashtag de l'opération #ConciergerieRevolution.

En parallèle, sur Facebook, un jeu-concours a été lancé. A partir d'une reconstitution en 360° de la Grand'Salle de la Conciergerie au Moyen Âge, les internautes étaient invités à dénicher les éléments anachroniques présents dans l'image. Par exemple, un koala sur une poutre, une boule à facettes au plafond, un appareil à raclette sur la table du festin faisaient partie des intrus à trouver dans l'ambiance médiévale du monument. La publication a été sponsorisée sur le mur Facebook du CMN et hors mur afin de promouvoir l'outil. Les gagnants remportaient des entrées pour visiter le monument et la location d'un Histopad. Le côté ludique du jeu-concours qui utilisait les dernières fonctionnalités Facebook a aidé à rendre le message extrêmement viral.

Par ailleurs, la page Facebook du CMN émettait en natif des posts de contenus autour de l'histoire de la Conciergerie au fil des siècles afin de présenter le monument dans son ensemble et de valoriser le travail scientifique qui a permis la création du dispositif.

> *“Une visite immersive et captivante grâce à une tablette numérique, l'Histopad, pour des reconstitutions à 360°.”*

RÉSULTATS

> Résultats de la campagne de communication

- Plus d'une centaine de retombées presse, dont des mentions dans Télérama, La Croix, France 2...
- 15 blogueurs présents - 1,5 million d'impressions du hashtag #ConciergerieRevolution la semaine du lancement

> Résultats du jeu-concours sur Facebook

- Coût par interaction très faible : entre 0,05 et 0,06 €
- 1 000 commentaires, + 4 600 engagements sur la publication sponsorisée

> Résultats après 6 mois d'exploitation :

- Note des visiteurs : 4,5/5 étoiles
- Près de 10 000 achats en 6 mois
- Durée de visite avec l'outil : 1h20 en moyenne, des durées plus longues en général pour le public en famille
- Des ajustements et des pistes de développement sont à l'étude pour tenir compte des retours des visiteurs (plusieurs mises à jour ont déjà eu lieu depuis le lancement)

* Retrouvez la définition dans le lexique en fin d'ouvrage.

◊ **CENTRE DES MONUMENTS NATIONAUX**
www.monuments-nationaux.fr

Laure Pressac
laure.pressac@monuments-nationaux.fr

Aurore Gallarino
aurore.gallarino@monuments-nationaux.fr

◊ **HISTOVERY**
www.histovery.com

Bruno Sa Moreira
bruno@histovery.com

L'OUTIL QUI REDESSINE L'AVENIR DU E-COMMERCE : LES SUPER SHOPPERS VONT L'ADORER !

Avec une communauté très dynamique, Instagram se hisse parmi les plus incontournables des médias. Plus de 50 % des instagramers suivent un compte de marque. Pourquoi un tel engouement ? Parce que l'instagramer est un shopper qui investit, partage son expérience et veut augmenter son audience sur le réseau. Certaines marques l'ont compris, l'instagramer est au cœur des nouveaux enjeux business.

700 millions
d'utilisateurs Instagram

50% des instagramers
suivent une marque

1 instagramer sur 3
a acheté un produit
vu sur Instagram

> *"Le Shoppable Instagram améliore l'expérience de navigation sur mobile des utilisateurs Instagram et propulse l'audience organique m-commerce de la marque."*
>
> Jean DUSSETOUR
> *CEO HEADOO*

L'INSTAGRAMER, PROFIL D'UN SHOPPER

Prisé par les jeunes adultes et adulé par les stars et blogueurs, le réseau est le fief des shoppers et amateurs de mode. En 2016, plus de 45 % des utilisateurs européens suivent une marque ou une fashionista en quête d'inspiration pour leur look. Les instagramers interagissent avec ses publications, suivent les dernières tendances et beaucoup passent à l'acte. 1 instagramer sur 3 affirme avoir déjà acheté un article de mode repéré sur Instagram. Pour l'utilisateur européen qui consulte son fil d'actualité, en moyenne 15 fois par jour, l'expérience d'achat passe inévitablement par ce réseau. Constamment connecté et friand de nouveautés, l'instagramer a donc tout le profil du super shopper. Le super shopper est passionné par ce qu'il voit sur Instagram et s'en inspire. Pour le shopper instagramer, l'achat du dernier accessoire de mode ou de chaussures tendance est un plaisir que devrait accompagner une expérience de navigation adaptée à ses besoins.

LA TENDANCE DU M-COMMERCE

Attachée à son smartphone, la majorité des utilisateurs d'Instagram consulte son compte sur l'application mobile. Les instagramers sont présents en force sur leur réseau, mais aussi sur d'autres sites et applications mobiles. Ils aiment les nouveautés et l'instantanéité. Beaucoup d'entre eux ont contribué au façonnage de la tendance m-commerce. En effet, si le e-commerce ne cesse de se développer, la part qu'y occupent les ventes internet sur mobile a augmenté de 60 % durant l'année. Il est aujourd'hui impératif pour les marques d'adapter leur mode de vente aux besoins et habitudes des clients. Lorsque ceux-ci regardent une photo Instagram d'une marque et y trouvent leur bonheur, ils veulent y accéder sans aller en magasin, chercher le site marchand de la marque ou attendre d'avoir un ordinateur sous les yeux. Ils ne veulent plus de barrière entre eux et le produit qu'ils désirent.

L'EXPÉRIENCE PARADOXALE D'INSTAGRAM

Quand l'instagramer trouve le produit idéal dans une photo/vidéo, il ne peut pas l'acquérir via le réseau. Sur Instagram, les contenus multimédias peuvent être aimés ou commentés, mais ne sont pas cliquables. Les liens en commentaire ne le sont pas non plus. Dans le même temps, bien qu'Instagram ait annoncé, fin 2016, la mise en place

> Expérience Utilisateur

prochaine de liens cliquables, il est stratégique pour les marques de reprendre la main sur les données collectées concernant leur audience. Tout l'effort investi sur Instagram ne peut pas être uniquement à destination d'une notoriété de marque. Il faut donc mettre en place une fonctionnalité tierce certifiée et pensée comme un levier de retour sur investissement.

LA SOLUTION : LE SHOPPABLE INSTAGRAM

Développé par une agence agréée par Instagram, le "*Shoppable Instagram**" permet de rendre sa galerie d'images cliquable, de multiplier son taux de redirection de trafic organique par 6, de tracker son audience et de collecter des données *CRM**. Avec le changement d'algorithme Instagram en 2016, seules quelques agences se sont lancées dans ce domaine. C'est le cas de Headoo avec son produit "ishop.gallery". Grâce au lien de la galerie dans la biographie du compte Instagram de la marque, l'instagramer peut accéder facilement au produit. Les marques ont la possibilité de faire apparaître dans cette galerie, en un seul clic, chacune de leurs photos Instagram et d'y associer une référence produit ou tag. Une fois devant la galerie cliquable, l'utilisateur sélectionne le produit qui l'intéresse puis choisit d'être dirigé vers le site marchand de la marque afin d'y effectuer son achat. Le Shoppable Instagram améliore l'expérience de navigation sur mobile des utilisateurs Instagram et propulse l'audience organique m-commerce de la marque.

> Le m-commerce via Instagram

L'ENJEU POUR LES MARQUES

Pour les instagramers, le Shoppable Instagram est la promesse d'une expérience d'achat immédiate et un engagement envers leurs marques préférées. L'outil offre l'opportunité de créer de nouveaux points de vente où la relation entreprise-client est renforcée. Les marques doivent aussi pouvoir évaluer leur retour sur investissement. La partie analytique offre un panel de chiffres clés dont le taux de followers redirigés vers la galerie, la valeur générée au total et par image, etc. permettant aux marques de quantifier avec précision l'apport d'Instagram dans leur chiffre d'affaires. Ces données orientent également les futures campagnes de communication de la marque. En effet, c'est aussi l'opportunité pour les marques de collecter des données clés pour servir leurs campagnes de reciblage social media : en posant un Facebook pixel dans leur galerie, les marques peuvent identifier avec précision leur audience Instagram et améliorer la performance de leurs campagnes sur les réseaux sociaux !

(Feed Fashion : étude réalisée par Instagram, Instagram, FEVAD)

* Retrouvez la définition dans le lexique en fin d'ouvrage.

◊ **HEADOO**
www.headoo.com
Fiche d'entreprise p. 484

Jean Dussetour
CEO
jean@headoo.com

AMERICAN EAGLE OUTFITTERS

Etendre ses campagnes Dynamic Ads avec les audiences élargies de Facebook

PROBLÉMATIQUE DE LA MARQUE

> Le contexte

Connue sous le sigle AE, la marque canadienne de vêtements American Eagle Outfitters (AEO), s'adresse prioritairement aux jeunes adultes adeptes du style sportswear. La marque propose aussi des articles de lingerie, présentés sous la marque Aerie. Depuis un moment déjà, l'enseigne a compris l'intérêt de communiquer sur internet, par rapport à sa clientèle cible. Un phénomène qui devrait s'accroître quand on sait que 1 achat sur 2 sera influencé en 2020 par le web (Source : Forrester Research). Cette tendance est amplifiée par les réseaux sociaux qui se trouvent être un facteur de croissance important pour les marques. C'est pourquoi American Eagle Outfitter et sa petite sœur, Aerie, ont cherché à améliorer la performance de leurs campagnes digitales avec Marin Software.

SOLUTION STRATÉGIQUE

Déjà rodée aux mécanismes de publicité en ligne, l'enseigne utilise régulièrement les publicités dynamiques (dynamic ads) dans sa stratégie de communication. Le format se révèle avantageux à plusieurs titres.

Premièrement, il fait gagner du temps à l'annonceur : en effet les dynamics ads permettent de créer automatiquement des publicités comportant des créations uniques sans avoir à créer individuellement chaque publicité.

Deuxièmement, ce format offre la possibilité de synchroniser les flux produit en temps réel, ce qui signifie que les publicités comporteront toujours des informations pertinentes à jour. Troisièmement, cette solution publicitaire capture les données d'intention à chaque étape du parcours client et optimise les performances en conséquence.

Le seul inconvénient est que le périmètre des dynamic ads repose uniquement sur le trafic généré sur le site de l'annonceur. Ce qui limite leur portée. D'où l'idée de recourir à des *audiences élargies**.

MISE EN PLACE OPÉRATIONNELLE

De fait, l'adoption des audiences élargies (prospection nouveaux clients) pour les publicités dynamiques comme élément clé du programme de publicité pour le social s'impose naturellement aux équipes des deux marques, qui veulent pousser un cran plus loin leur stratégie publicitaire online. Comment ? En atteignant des contacts qui s'intéressent à leurs produits textiles et accessoires sans avoir consulté leurs sites marchands. L'idée étant d'étendre finalement la portée des campagnes de publicité dynamiques.

L'objectif d'American Eagle et d'Aerie apparaît dès lors clairement défini : il s'agit de booster leur programme de prospection et de ne plus se contenter du simple retargeting.

En partenariat avec les équipes de Marin Software et de Facebook, les deux marques mettent ainsi en œuvre une nouvelle tactique publicitaire utilisant les audiences élargies pour les publicités dynamiques.

Pour ce faire, le réseau social utilise des milliers de signaux qui appréhendent de manière anonyme des modèles de comportement et les données des pixels sur le web pour identifier les internautes les plus susceptibles d'acheter. Ensuite, des algorithmes complexes se chargent d'établir ces correspondances.

Pour maximiser les performances, American Eagle et Aerie ont également utilisé des fonctionnalités d'optimisation propriétaires de Marin Software telles que l'Algorithme d'allocation automatique des budgets. Ceci afin d'ajuster au mieux les budgets en fonction de la performance de chaque campagne.

INFOS CLÉS

ROAS X 4 par rapport aux audiences

+ 14,5 points de parts des revenus générés par les audiences élargies

- **Objectif :** Acquisition, Gain de temps
- **Cibles :** Les 2 sexes, Les 20-30 ans
- **Moyens :** Audiences élargies, Paid Social, Dynamic Ads

Grâce aux conseils et aux technologies fournis par les experts de Marin Software dans le cadre de ce partenariat, les audiences élargies pour les publicités dynamiques ont amélioré significativement le coût par acquisition et augmenté les revenus générés par les campagnes. Au passage, les deux marques disposent d'un avantage concurrentiel puisqu'elles sont précurseurs en ayant recours à ce tout nouveau format. Sans oublier le fait qu'en procédant de la sorte, avec une audience élargie, l'enseigne accroît la diffusion de son image et crée de l'effervescence autour de ses marques.

RÉSULTATS

Le bilan a dépassé les espérances des équipes. Sur les trois premiers trimestres d'utilisation de ce nouveau format publicitaire, les audiences élargies pour les publicités dynamiques ont continuellement surpassé les autres tactiques de prospection et formats publicitaires non dynamiques, en termes de revenus générés à partir des dépenses publicitaires (ROAS).

Les performances se sont améliorées au point de devenir comparables à l'efficacité du retargeting. A la fin du second trimestre 2017, le relevé de performances enfonce le clou : le ROAS a été multiplié par 4 par rapport aux audiences similaires (look-alike) et la part des revenus générés par les audiences élargies a augmenté de 14,5 points.

Des résultats qui ont motivé AEO et Aerie à continuer sur cette lancée et à persévérer sur ce format des publicités dynamiques aux audiences élargies.

* Retrouvez la définition dans le lexique en fin d'ouvrage.

◊ **AMERICAN EAGLE OUTFITTERS**
www.ae.com

◊ **MARIN SOFTWARE**
www.marinsoftware.fr
Fiche d'entreprise p. 489

Olivier Rémy
oremy@marinsoftware.com

DELAMAISON.FR

Mettre en place un "full funnel marketing" sur Facebook

PROBLÉMATIQUE DE LA MARQUE

Delamaison est un pure player donnant accès aux internautes à une gamme étendue d'articles pour la maison (meubles, décoration, luminaires...), à travers des marques propres, mais également en proposant des produits marketplace. Elle assure les meilleurs prix sur une gamme sans cesse plus riche. Aujourd'hui, Delamaison propose plus de 30 000 références et permet à chacun de trouver les produits correspondant à son besoin et ses envies.

› Le challenge
Delamaison souhaitait transformer sa présence sociale, particulièrement sur Facebook & Instagram, en "business direct".

› La cible
La cible traditionnelle de Delamaison est plutôt féminine et urbaine, cependant le développement de sa stratégie social ads était l'occasion de confronter ses données internes aux résultats obtenus sur ses campagnes Facebook Ads.

› Les objectifs
Bénéficier de la pluralité des dispositifs publicitaires offerts par Facebook pour développer la notoriété de la marque Delamaison, augmenter son trafic qualifié et développer ses ventes.

SOLUTION STRATÉGIQUE

Effinity Social Ads a mis en place un "full funnel marketing" sur Facebook pour Delamaison. Les différents messages publicitaires proposés ont été séquencés afin de toucher les bonnes cibles, au bon moment, sur le bon device avec le bon message.

L'articulation du dispositif est organisée en 3 étapes : branding, considération et conversion.

› Branding
Nous diffusons des publicités vidéo "lifestyle" pour renforcer l'image de la marque et développer sa notoriété auprès de cibles potentielles. Cette étape est capitale dans notre stratégie, car elle permet de filtrer des audiences larges. Ainsi, nous sommes en mesure d'identifier les personnes intéressées par l'univers de la marque et leur proposer des contenus supplémentaires en vue de leur conversion.

› Considération
L'enjeu est de retoucher, entre autres, les personnes intéressées par Delamaison, afin de leur faire découvrir les produits proposés sur le site. Les publicités diffusées lors de cette étape sont également des publicités "lifestyle", mais orientées produits (carrousels, visuels uniques ou offres spéciales).

› Conversion
Pour finaliser notre stratégie de "full funnel", nous mettons en place des campagnes de conversion sur Facebook. Elles prennent notamment la forme des Facebook Dynamic Product Ads, afin de retoucher les visiteurs des pages produits, les abandonnistes, et réaliser des ventes cross-sell ainsi que de l'up-sell.

MISE EN PLACE OPÉRATIONNELLE

› Contexte
Les équipes d'Effinity et de Delamaison collaborent depuis de nombreuses années sur les problématiques d'acquisition et de fidélisation clients. Les campagnes Facebook sont le résultat d'une étroite collaboration entre l'équipe social ads Effinity et l'équipe social media de Delamaison. Nous avons noué un réel partenariat qui nous permet de tirer pleinement parti des expertises de chacun, avec un but commun : mettre en place des campagnes performantes.

INFOS CLÉS

+ de 2 millions de personnes touchées par la campagne

+ de 65 % d'évolution du ROI entre le début de la campagne et actuellement

Cette proximité des équipes a permis une mise en place opérationnelle dans un climat de confiance, avec une réelle volonté d'exploiter l'ensemble des ressources des Facebook Ads et Instagram Ads pour développer la marque de Delamaison.

> Suivre le calendrier commercial

Lors de la mise en place des campagnes Facebook Ads & Instagram Ads, nous avons essayé de traduire du mieux possible le calendrier commercial de la marque, afin que notre stratégie Social Ads s'intègre parfaitement dans la stratégie globale de Delamaison.

> Test & learn

La force de notre dispositif et de notre collaboration est d'être agile. Nous avons également pris en compte les temps forts sur ces réseaux sociaux (Noël, soldes, etc.) afin de capter d'éventuelles opportunités. Nous avons aussi testé et continuons de tester bon nombre de formats innovants à disposition comme les canvas ou les formats d'offres spéciales que nous affectionnons tout particulièrement pour leur efficacité. L'état d'esprit de test & learn qui nous anime nous permet de faire évoluer en permanence nos campagnes.

> Focus sur le format "Offre"

Si nous prenons l'exemple de l'utilisation du format "Offre", ce dernier nous a réservé de très belles surprises. Nous l'utilisons pour communiquer sur les différentes ventes flash du site de Delamaison. Le mécanisme de ce format publicitaire permet d'insister sur le caractère exceptionnel de l'offre, et il rappelle à l'internaute, à l'aide d'une notification Facebook, qu'elle va bientôt se terminer, créant ainsi un sentiment d'urgence. Les différentes caractéristiques de ce format publicitaire nous permettent de réaliser de très bonnes conversions, le tout sur des cibles d'open targeting.

RÉSULTATS

Les campagnes, toujours en cours, ont permis d'obtenir des résultats très satisfaisants avec :

- Plus de 2 millions de personnes touchées ;
- Une évolution du ROI de plus de 65 % entre le début de nos campagnes et le ROI actuel ;
- Un cœur de cible parfaitement atteint et un apport de nouveau client très significatif pour Delamaison ;
- Notre stratégie d'entonnoir marketing nous permet d'identifier les personnes les plus intéressées par la marque Delamaison : 10 % de l'audience branding est ainsi reciblée en étape de considération ;
- L'utilisation de formats comme le format "Offre" nous permet d'atteindre des CTR de plus de 5 %.

> *"Notre état d'esprit test & learn nous permet de faire évoluer en permanence nos campagnes, en étant au plus proche de notre calendrier commercial."*
>
> Julien PROVOST
> *Community Manager de Delamaison.fr*

◊ DELAMAISON
www.delamaison.fr

Julien Provost
Community Manager

◊ EFFINITY SOCIAL ADS
www.effinity-socialads.com

Christophe Basquet
CEO

François Thévenot
Expert SEA & Paid Social

SOCIAL SELLING : 4 ÉTAPES POUR BIEN PROSPECTER SUR LES RÉSEAUX SOCIAUX

Internet et les réseaux sociaux ont profondément modifié les attentes et les comportements des consommateurs chamboulant ainsi les méthodes de prospection commerciale. Le phoning et le porte-à-porte sont jugés trop intrusifs par vos consommateurs qui préfèrent désormais rechercher eux-mêmes l'information sur internet. Dans cette situation, le *social selling s'impose comme une solution pertinente.**

60% de la décision est prise avant de voir un commercial

Seul **1%** des appels à froid génère une prise de RV

L'ÉVOLUTION DES ATTENTES ET COMPORTEMENTS DES CONSOMMATEURS

Internet et les réseaux sociaux ont entraîné un changement de paradigme en transférant le pouvoir du commercial au client. Désormais, 70 % des achats sont réalisés sans même l'intervention d'un vendeur et, en BtoB, 60 % de la décision d'achat du consommateur est prise avant de rencontrer un commercial.

Le consommateur préfère désormais rechercher lui-même l'information sur internet plutôt que de se la voir imposer via des actions de prospection agressives qu'il n'a pas demandées. Ce changement de paradigme soulève deux enjeux pour votre entreprise.

D'abord, votre entreprise doit être visible sur internet pour avoir une chance d'attirer l'attention du consommateur et le convaincre de mettre la main au portefeuille. Ensuite, vos commerciaux doivent revoir leurs méthodes pour séduire un consommateur toujours plus sauvage et sur-sollicité.

Ils ne peuvent plus se contenter de décrocher leur téléphone et réaliser des présentations commerciales pour atteindre leurs objectifs. Désormais, vos consommateurs en savent au moins autant que vos commerciaux sur vos produits et services. Ils ont épluché votre site internet. Ils ne souhaitent pas que vous rabâchiez ce qu'ils ont déjà lu, mais ont plutôt désormais besoin d'être rassurés et convaincus que votre entreprise est bien la meilleure pour les aider à atteindre leurs objectifs ou résoudre leurs problématiques.

La personnalisation est donc la clé de la réussite. Pour prospecter avec succès, vous devez désormais mener des actions visant à établir une relation de qualité avec vos consommateurs bien avant qu'ils aient même conscience d'avoir un besoin. Ensuite, vous devez entretenir cette relation en adaptant vos actions tout au long de leur processus d'achat.

› Un profil LinkedIn réussi est un profil rempli.

LE PROCESSUS D'ACHAT : UN PARCOURS EN 3 TEMPS

Pour prospecter efficacement sur les réseaux sociaux et sur le web en général, il est important d'appréhender le parcours d'achat de vos consommateurs dans son intégralité. Le parcours d'achat du consommateur se compose de 3 étapes-clés : la prise de conscience d'une problématique, l'analyse des solutions et la prise de décision.

Durant l'étape de la prise de conscience, l'acheteur identifie une problématique à laquelle il est confronté. Il décide alors si cette problématique est suffisamment importante pour être résolue ou si elle ne l'est pas suffisamment pour être traitée.

Lors de l'étape suivante, l'acheteur est convaincu qu'il doit résoudre la problématique qu'il rencontre et analyse désormais les solutions qui se présentent à lui. Il compare les méthodes et évalue les offres à sa disposition. Bien souvent, ces deux étapes sont réalisées avant de rencontrer un commercial.

Pour finir, au moment d'attaquer la troisième étape du parcours d'achat, l'acheteur a déjà retenu le type de solution qu'il juge le plus pertinent. Il a sélectionné quelques offres dans ce sens qu'il compare afin de décider laquelle répond au mieux à ses attentes.

Dans le cadre d'une stratégie de prospection traditionnelle, vos commerciaux ne prennent pas en compte les particularités de ce parcours d'achat et ils abordent les prospects toujours de la même manière. Désormais, avec les réseaux sociaux, vous pouvez optimiser votre stratégie de prospection en privilégiant les prospects les plus chauds et en personnalisant chacune de vos actions. C'est là tout l'intérêt du *social selling**.

LE SOCIAL SELLING : 4 ÉTAPES POUR BIENPROSPECTER SUR LES RÉSEAUX SOCIAUX

Pour prospecter efficacement sur les réseaux sociaux, il ne suffit pas de créer un compte sur LinkedIn et d'ajouter le maximum de contacts à votre réseau. La clé du succès réside dans votre capacité à définir et mettre en place une stratégie social selling pertinente.

Voici la méthode à suivre en 4 étapes :

› Étape #1 : l'optimisation de vos réseaux sociaux

Cela peut paraître naturel, mais on constate bien souvent en entreprise que des commerciaux essaient de prospecter sur les réseaux sociaux avec un profil vide... Sans intérêt ! La première chose à faire pour prospecter efficacement sur les réseaux sociaux est d'optimiser vos profils.

Pour cela, prenez la peine d'ajouter des photos à votre profil. On parle ici d'abord de la photo de profil qui doit être professionnelle et en adéquation avec les préférences de votre cible et votre image de marque. Ensuite, et elle est bien trop souvent oubliée, on parle également de la photo de couverture qui est une excellente opportunité de renforcer votre image et d'en dire un peu plus sur votre domaine d'activité. Sur un profil LinkedIn, il est ainsi courant de mettre par exemple une photo de couverture qui démontre que vous disposez d'une autorité suffisante pour intervenir en public.

Ensuite, prenez bien soin de remplir toutes les sections à votre disposition. C'est comme cela que vous vous démarquerez de vos concurrents et gagnerez en visibilité sur les réseaux sociaux :

- Définissez un titre évocateur qui reflète bien votre métier ;
- Remplissez la section description en incitant à la prise de contact ;
- Détaillez vos expériences et la valeur ajoutée que vous apportez à vos clients.

Pensez également à demander à vos clients de vous recommander. Sur LinkedIn notamment, vous avez la possibilité d'afficher des recommandations et celles-ci convaincront à elles seules vos prospects de donner suite à votre sollicitation et même de vous contacter directement.

Enfin, partagez sur vos réseaux sociaux du contenu à forte valeur ajoutée traitant des problématiques que rencontre votre cible. Ce contenu peut être directement créé par vous, votre entreprise, ou alors provenir de sites faisant autorité dans votre domaine d'activité. Ainsi, votre profil sera attirant et renforcera votre image d'expert.

> Étape #2 : l'identification des prospects

Cette deuxième étape est celle qui fait toute la différence avec une stratégie de prospection traditionnelle. Avec internet et les réseaux sociaux, vous avez tous les outils à votre disposition pour identifier les entreprises et les contacts qui correspondent le mieux à vos profils de client idéal et à vos personas.

Vos profils de client idéal sont tout simplement les types d'entreprise avec qui vous souhaitez travailler et avec qui vous avez les meilleurs résultats. Vous pouvez identifier votre profil de client idéal via, par exemple, des critères d'effectifs, de domaines d'activité ou encore de chiffre d'affaires.

Vos personas, quant à eux, sont des personnages fictifs qui représentent le portrait type de vos meilleurs clients. Pour définir un persona, vous devez répondre aux questions suivantes : quelle est sa fonction ? Quelles sont les problématiques qu'il rencontre ? Comment se forme-t-il, s'informe-t-il ? À quoi ressemble sa journée type ? Tous ces éléments vous seront utiles pour les deux étapes suivantes.

Après avoir défini vos différents profils de client idéal et personas, vous devez maintenant vous tenir à l'écoute du marché pour identifier concrètement les prospects qui, 1, regroupent ses critères et 2, sont déjà engagés dans leur parcours d'achat.

Ces prospects ont par exemple déjà visité, voire même téléchargé du contenu sur votre site internet. Ils s'informent sur des blogs, posent des questions sur des forums, partagent ou aiment du contenu relatif à leurs problématiques sur les réseaux sociaux.

Pour identifier ces acheteurs dits actifs, vous pouvez analyser le contenu des influenceurs de votre domaine d'activité, lire les blogs les plus pertinents ou encore rejoindre des groupes sur LinkedIn et autres réseaux sociaux. Enfin - et surtout -, vous pouvez analyser directement le trafic de votre site internet et l'engagement qu'ont suscité vos contenus sur les réseaux sociaux.

Prenons l'exemple du tweet partagé dessous : on peut voir qu'il a été retweeté à 19 reprises et que le directeur commercial d'une entreprise correspondant à votre cible fait partie des 22 J'aime. Proposant des prestations de marketing digital, ce directeur commercial est clairement un très bon prospect pour vos services.

> Étape #3 : l'entrée en contact

Dans le cadre d'une prospection traditionnelle, vos commerciaux fournissent un maximum d'efforts pour joindre le bon contact via des appels à froid et des e-mails impersonnels. Ils tiennent toujours le même discours institutionnel et proposent un rendez-vous à leurs prospects dans le but de leur faire une présentation commerciale. En vain.

Les acheteurs n'ont pas le temps de répondre aux dizaines de sollicitations dont ils sont victimes chaque semaine et sont fatigués de devoir répondre toujours aux mêmes questions autour de leur activité et surtout de leur chiffre d'affaires. Comme nous l'avons vu précédemment, l'acheteur souhaite désormais être rassuré et convaincu que vous êtes la bonne personne pour l'aider à atteindre ses objectifs et résoudre ses problématiques.

Avec internet et les réseaux sociaux, vous avez à votre disposition pléthore d'informations pour agir différemment et personnaliser vos actions selon le contexte de l'acheteur. Vous pouvez notamment vous appuyer sur son activité sur les réseaux sociaux, les contenus qu'il partage ou encore son actualité. Comment faire concrètement ?

> Identifiez vos prospects via l'engagement.

Dans l'étape précédente, vous avez identifié vos profils de client idéal et les personas. Maintenant, vous devez définir pour chacun de vos personas une séquence de messages vous permettant d'entrer efficacement en contact avec eux.

Il ne s'agit pas ici d'ajouter tous les prospects identifiés à vos réseaux sociaux, mais plutôt de commencer par engager la conversation via l'envoi de messages à forte valeur ajoutée. Reprenons notre directeur commercial de l'étape précédente : il a aimé le tweet et est une cible intéressante pour votre agence. En vous rendant sur son profil LinkedIn, vous remarquez qu'il a aimé un article du type "Comment communiquer sur les réseaux sociaux". Le meilleur moyen d'entrer en contact avec lui est de lui envoyer un message lui proposant de télécharger votre livre blanc "Comment attirer de nouveaux clients avec les réseaux sociaux".

> Étape #4 : la conversion du prospect en client

Maintenant que vous êtes entré en contact avec votre prospect, vous devez impérativement créer une fiche contact dans votre CRM et l'intégrer à votre stratégie de communication globale.

En fonction de son retour et de l'historique de ses actions vis-à-vis de vos communications (lectures, clics, partages, réponses...), vous pourrez jauger la pertinence et la maturité de votre prospect en lui donnant tout simplement une note. On parle de *lead scoring**. Cet historique et cette note vont ensuite vous permettre de lui envoyer des communications ultra-personnalisées et adaptées à son évolution dans le parcours d'achat.

Le but ici est d'entretenir une relation de qualité et d'alimenter de manière quasiment automatique votre prospect dans sa réflexion d'achat pour reprendre finalement contact avec lui au meilleur moment : celui de la signature. Dans cette optique, vous pouvez coupler vos actions de social selling à une solution de *marketing automation**.

* Retrouvez la définition dans le lexique en fin d'ouvrage.

> *"Avec internet et les réseaux sociaux, vous avez à votre disposition pléthore d'informations pour agir différemment et personnaliser vos actions selon le contexte de l'acheteur."*
>
> Ludovic SALENNE
> *Facilitateur Marketing & Digital SLN Web*

◊ SLN WEB
www.slnweb.net

Ludovic Salenne
Facilitateur Marketing & Digital,
Fondateur de l'agence SLN Web
ludo@slnweb.net

TENDANCES

MARKETING AUTOMATION

CHATBOT

MARKETING BTOB

PERSONNALISATION

E-MAIL MARKETING

START-UP SPIRIT

ADVOCACY MARKETING

USER EXPERIENCE

CUSTOMER CENTRIC

03

ENGAGEMENT CLIENT

Engagez et fidélisez vos clients ! Advocacy marketing, automation, personnalisation & expérience client… autant de stratégies pour maîtriser son engagement client.

En prime, zoom sur le marketing BtoB.

SOMMAIRE

CHAP.3

◇ *Étude de cas* ◆ *Article*

Engagement client

Mediametrie

Quelle perception de la relation client par les consommateurs ?

E-commerce	Transport	Santé	Telecom/FAI
88% des internautes ont réalisé un achat sur Internet au cours des 6 derniers mois	**59%** ont réalisé un trajet en transports en commun au cours des 6 derniers mois	**68%** ont été pris en charge par un établissement médical au cours des 12 derniers mois	**79%** ont acquis un abonnement de services internet ou mobile (souscription d'un contrat, changement d'équipement, évolution de contrat ou de forfait, modification d'options…) au cours des 12 derniers mois

Etape 1 : **Recherches d'information**

Canal jugé le **plus efficace**

E-commerce	Transport	Santé	Telecom/FAI
35% **Site Internet** de la marque	**64%** **Site Internet** de la marque	**32%** **L'entourage**	**30%** **Site Internet** de la marque
CES* : **2,2/5**	CES* : **2,1/5**	CES* : **1,8/5**	CES* : **2,4/5**
Type d'effort prépondérant : **84%** temps passé	Type d'effort prépondérant : **65%** temps passé	Type d'effort prépondérant : **53%** temps passé, **18%** lourdeur parcours, **17%** effort physique	Type d'effort prépondérant : **73%** temps passé, **18%** effort cognitif, **14%** effort relationnel

Emotion du consommateur à ce stade

E-commerce	Transport	Santé	Telecom/FAI
83% positif Satisfaction / Confiance / Envie	**71% positif** Satisfaction / Confiance	**69% positif** Satisfaction / Confiance	**67% positif** Satisfaction / Confiance / Enthousiasme

Etape 2 : **Action**

CES : **2/5**	CES : **1,9/5**	CES : **1,8/5**	CES : **2,2/5**
Type d'effort prépondérant : **77%** temps passé	Type d'effort prépondérant : **58%** temps passé	Type d'effort prépondérant : **61%** temps passé	Type d'effort prépondérant : **70%** temps passé

Emotion du consommateur à ce stade

84% positif Satisfaction / Confiance / Envie	**59% positif** Satisfaction / Confiance	**65% positif** Satisfaction / Confiance	**63% positif** Satisfaction / Confiance
	19% négatif Agacement / Stress / Anxiété	**27% négatif** Crainte / Stress / Anxiété	**26% négatif** Agacement / Déception / Frustration

Etape 3 : **Réclamations**

13% sont concernés par cette étape	**8%** sont concernés par cette étape	**5%** sont concernés par cette étape	**34%** sont concernés par cette étape

Canal jugé **le plus efficace**

24%	**74%**		**68%**
Service téléphonique et E-mails	**Internet**	**Personnel médical & administratif de l'organisme de santé**	**Service téléphonique**
CES : **2,3/5**	CES : **3/5**	CES : **2,5/5**	CES : **2,9/5**
Type d'effort prépondérant : **64%** temps passé	Type d'effort prépondérant : **39%** lourdeur parcours	Type d'effort prépondérant : **53%** effort relationnel	Type d'effort prépondérant : effort relationnel

Emotion du consommateur à ce stade

74% positif Confiance / Bien-être	**54% positif** Confiance	Confiance	**39% positif** Satisfaction
26% négatif Agacement	**36% négatif** Déception / Frustration / Enervement		**52% négatif** Agacement / Enervement

Enquête réalisée en Juillet/Août 2017 sur la base d'un échantillon de 5 000 internautes 15 ans et plus. Dispositif Médiafit
* Customer Effort Score (échelle de 1 à 5 : 1 = facile, 5 = très complexe)

Mediametrie pour AFRC

ÉTUDE

L'EMAIL MARKETING, UN CANAL MATURE QUI PERFORME ENCORE

Des bases saines pour une meilleure délivrabilité

Le secteur retail est celui qui connaît le taux de NPAI* le plus bas (1,45%)

2,81%

des emails en moyenne n'aboutissent pas en France

Le secteur de la formation et de l'enseignement connaît le taux de NPAI le plus haut (7,63% en moyenne)

Un taux d'ouverture en progression et supérieur à ses voisins européens

23,11%

de taux moyen de réactivité en France

le secteur banque/assurance connaît le taux d'ouverture le plus haut (73,69%) en moyenne

43,61%

de taux d'ouverture moyen en France

Une érosion du taux de clics et donc de réactivité

5,08%

de taux de clics moyen en France

2 points

de baisse du taux de réactivité enregistrée par rapport à l'année précédente

12,60%

de taux moyen de réactivité en France

* Le sigle NPAI (N'habite pas à l'adresse indiquée) représente le courrier qui n'est pas parvenu à destination

Un taux de désabonnement stable

Le secteur média/presse est celui qui enregistre le plus faible taux de désabonnement (0,09%)

0,16%
de taux de désabonnement moyen en France

Le secteur du BtoB est celui qui enregistre le plus fort taux de désabonnement (0,32%)

Quelles tendances chez nos voisins européens ?

Emails non aboutis	2,06%	2,27%
Ouvertures	30,38%	37,18%
Clics	4,40%	5,28%
Réactivité	12,94%	14,46%

À propos de l'étude

L'enquête est réalisée annuellement par Cheetah Digital. Les performances d'environ 17 milliards d'emails ont été analysées. Les données utilisées pour la constitution de l'étude sont issues de campagnes de fidélisation, sur au moins 200 destinataires, sur les marchés français, allemand et espagnol.

Retrouvez l'étude complète :

Fiche théorique

ORGANISER SES OUTILS DIGITAUX D'ENGAGEMENT EN PHASE DE CONQUÊTE CLIENT

Il existe plusieurs types d'engagements clients en marketing : généralement, le terme d'engagement est associé à l'interaction de l'internaute/consommateur avec une marque, un produit, une communauté de clients... Cette notion s'est développée d'autant plus facilement sur le web, que celui-ci propose de nouvelles formes d'interactions s'appuyant sur de nombreux outils digitaux. Cette fiche théorique présente de façon pratique les types d'engagements marque/internautes et les moyens digitaux à utiliser dans les 3 phases de conquête de l'internaute.

LES 3 PHASES DE CONQUÊTE ET LES TYPES D'ENGAGEMENTS

Les objectifs marketing se résument souvent en une phase de conquête et une phase de fidélisation. La conquête se décline en trois grandes étapes : attirer, recruter et assimiler.

L'étape numéro un sera d'attirer l'internaute sur le site, en boutique, sur les réseaux sociaux de la marque...

La deuxième étape, recruter, a pour objectif de faire passer l'internaute à l'action par un achat sur le site ou plus modestement en lui demandant de s'impliquer par une interaction de type partage de l'information avec un tiers et/ou la communication d'informations sur le client (mail, adresse, nom, préférences...).

L'étape d'assimilation est stratégique dans le cycle de vie client, elle correspond à l'étape post-achat : l'internaute a payé, il devient "nouveau client", mais n'a pas encore son produit en main. La livraison du produit peut prendre de quelques heures, dans le meilleur des cas, à plusieurs jours. Durant cette période, le "nouveau client" peut très bien revenir sur son choix et cela jusqu'à 15 jours après la livraison. Cette dernière étape est déterminante pour le passage du "nouveau client" en phase de fidélisation. Le tableau ci-dessous reprend de manière synthétique les 3 étapes de la conquête.

TABLEAU N° 1 : objectifs marketing, étapes et types d'engagements.

Objectifs marketing	Conquête		
Étapes	Attirer	Recruter	Assimiler
Engagements	Interaction de premier contact internaute/marque L'internaute s'engage par sa venue sur le site ou en boutique.	Interaction de sélection d'un produit. Implication dans l'acte d'achat. L'internaute s'engage dans une relation avec la marque par l'achat d'un premier produit.	Le "nouveau client" attend son produit, le reçoit et valide son choix. Le "nouveau client" et la marque s'engagent dans une relation de fidélité.

LES 3 ÉTATS DE L'INTERNAUTE EN PHASE DE CONQUÊTE

La cible internaute est catégorisée en trois états en phase de conquête. Lors de l'étape "Attirer", la cible n'est pas identifiée réellement, la marque n'a aucun renseignement sur celle-ci. Le terme utilisé pour définir la cible sera celui de "suspect" : la marque "suspecte" la cible de pouvoir devenir un jour un client. Le "suspect" une fois sur le site est partiellement identifié par l'utilisation de cookies.

L'internaute sera considéré comme un prospect qui sera plus ou moins qualifié en fonction des informations recueillies lors de sa venue : adresse IP, temps passé, zone géographique de provenance, type de navigateur... L'objectif sera alors de le recruter, c'est-à-dire de l'inciter à l'achat ou plus modestement à agir sur le site.

Enfin, lors du premier achat, le prospect devient un "nouveau client". Pourquoi nouveau client ? Cette phase est déterminante pour "assimiler" le nouveau client. Aussi, des mesures particulières sont mises en œuvre pour faciliter la réassurance du client dans son acte d'achat et d'adhésion dans les valeurs et positionnement de la marque.

TABLEAU N° 2 : états de la cible en phase de conquête.

Objectifs marketing	Conquête		
Étapes	Attirer	Recruter	Assimiler
Engagements	Contact	Sélection/implication	Validation
États de la cible/internaute	Suspect	Prospect	Nouveau client

LES 3 OBJECTIFS DE LA COMMUNICATION DIGITALE EN PHASE DE CONQUÊTE

En matière de communication, les interactions d'engagement sont nombreuses et peuvent être classées en fonction des trois grands objectifs de communication : faire connaître (objectif cognitif), faire acheter/agir (objectif conatif) et faire aimer (objectif affectif).

Les interactions cognitives ont pour objectif de créer un contact avec la marque et de présenter la marque et ses valeurs (si elle n'est pas connue), les promotions du moment, l'univers digital de la marque comme ses réseaux sociaux, les blogueurs ou YouTubeurs associés... mais aussi les adresses des boutiques dans le cas d'une structure *click and mortar*.

L'étape conative a pour objectifs de faire interagir l'internaute et de l'impliquer concrètement : l'objectif final d'un site e-commerce sera de faire acheter l'internaute. Toutefois, il existe d'autres manières de faire agir ce dernier et de l'inciter à s'engager. La marque peut ainsi l'inviter à :

- Cliquer sur le lien du moteur de recherche pour venir sur le site ;
- Créer un compte ;
- S'inscrire à la newsletter ;
- Partager l'information avec sa communauté ;
- Donner son avis (feed-back) sur un produit acheté ;
- Rédiger un commentaire, réagir à un commentaire ou un avis... ;
- Uploader des contenus audio-photo-vidéo sur des réseaux sociaux...

Les principaux objectifs affectifs ont pour objet :

- De rassurer le nouveau client sur son choix, son engagement pris à l'étape précédente (faire agir/acheter) ;
- De prolonger l'adhésion aux valeurs et univers de la marque ;
- De créer une expérience clients post-achat originale afin d'assimiler au mieux le "nouveau client"...

Le tableau n° 3 à la page suivante récapitule l'ensemble des objectifs et "engagements communicationnels" en fonction des objectifs et étapes marketing.

TABLEAU N° 3 : objectifs de communication digitale et engagements en phase de conquête.

Objectif marketing	Conquête		
Étapes marketing	Attirer	Recruter	Assimiler
Objectifs de communication	Faire connaître cognitif	Faire acheter/agir conatif	Faire aimer affectif
Engagements/interactions	Faire connaître la marque, le concept de la marque, son ADN, son positionnement, son identité, le site, les réseaux sociaux de la marque, les emplacements des boutiques...	Inscription de l'internaute à la newsletter, création d'un compte, achat, partage d'informations (share) avec d'autres internautes, rédaction d'un commentaire ou avis, téléchargement d'une application, upload de photos ou vidéos sur les réseaux sociaux...	Rassurer l'internaute sur son achat, la marque et ses valeurs, Prolongations de l'engagement par une proposition de produits complémentaires sous forme de recommandations up et cross selling,...

QUELS OUTILS DE LA COMMUNICATION DIGITALE UTILISER EN FONCTION DES PHASES ?

Afin de compléter les tableaux ci-dessus, il reste à positionner les outils digitaux susceptibles d'être déployés "on the internet" par la marque. Le marketeur utilisera alors des outils différents en fonction des objectifs marketing et communication de la marque.

Dans la phase "Attirer - Cognitive" les outils de communication digitaux utilisés seront du type paid media comme la mise en place de campagnes AdWords et Display ainsi que des partenariats avec d'autres sites ou avec des blogueurs et YouTubeurs influents. Des actions de SMO/A (Social Media Optimization/Ad) peuvent aussi être déployées.

Dans la phase "Recruter - Conatif", l'internaute est sur le site internet, il faudra l'amener à passer à l'action. Pour cela, le site présentera des offres de réductions, des promotions, les avis, notes et commentaires clients, la possibilité de contacter un conseiller, des facilités de paiement... Autrement dit, les outils seront avant tout des outils de promotion des ventes, le plus souvent directement à portée de clic sur le site. L'interface utilisateur (IU) sera aussi pensée de manière à rendre ergonomique le parcours client jusqu'à l'achat sur le site. Il est à noter que les sites de promotions et réductions bien qu'extérieurs au site font partie des outils susceptibles d'être utilisés.

Dans la phase "Assimiler - Affectif", le site est en possession d'informations personnelles sur le "nouveau client" comme les nom et prénom, adresses physique et mail, numéros de téléphone... Il utilisera ces informations pour créer un contact plus personnalisé afin de valoriser le client et le rassurer. Il utilisera des outils comme les mails de confirmation d'achat, de suivi de livraison, de questionnaires de satisfaction, des mails de recommandations, des newsletters, du phoning pour contacter le cas échéant le client et un service clients joignable facilement. Une personnalisation du compte client peut être proposée ainsi que des avantages associés.

TABLEAU N° 4 : coordination des objectifs et outils de communication digitaux.

Objectif marketing	Conquête		
Étapes marketing	Attirer	Recruter	Assimiler
Objectifs de communication	Faire connaître cognitif	Faire acheter/agir conatif	Faire aimer affectif
Outils de communication OTI	SEA : campagnes AdWords SEO : référencement naturel SMO : référencement réseaux sociaux, partenariats sites et influenceurs, display classique et retargeting, e-mailing de conquête	Offres de réductions sur site et hors site (sites partenaires) Offres de promotions/cadeaux Livraison gratuite Avis internautes, notes, commentaires Conseillers en ligne Facilités de paiement	Outils de personnalisation de la relation (BDD/big data) pour rassurer, prolonger et recommander : - e-mailing de suivi de la relation depuis l'achat jusqu'à la recommandation de nouveaux produits - phoning sortant - SAV - compte client personnalisé...

DÉFINIR SA STRATÉGIE DIGITALE DES MOYENS EN FONCTION DES OBJECTIFS MARKETING ET COMMUNICATION

Les différentes présentations en amont (tableaux 1 à 3) ont eu pour objectif de permettre, de manière structurée, une visualisation des relations entre objectifs marketing ou de communication.

Elles présentent alors pour chacune des phases, de façon développée, les types d'engagements associés (marketing et communication) en fonction des états de la cible (suspect, prospect, nouveau client).

Le tableau n° 4 propose quant à lui une suite d'outils digitaux associés à chacune des étapes de conquête. Cette liste d'outils n'est pas exhaustive, elle présente quelques exemples pour une meilleure compréhension du dispositif tout en laissant au lecteur la possibilité de compléter cette liste.

Le tableau n° 5 reprend de façon structurée les 4 tableaux précédemment présentés. Il permet au marketeur de visualiser pour la phase de conquête, les 4 points principaux à vérifier et valider afin de déterminer une stratégie marketing de conquête cohérente en fonction :

- Des 3 grandes phases de conquête marketing ;
- Des 3 objectifs majeurs de communication ;
- Des 3 états de l'internaute dans la phase de conquête ;
- Des outils de communication digitaux à utiliser dans les 3 phases.

Il est à noter deux points importants dans cette présentation :

- Les outils présentés pour une étape peuvent aussi être utilisés pour d'autres étapes en s'assurant de la cohérence dans le dispositif ;
- Ces outils digitaux seront à employer conjointement avec des outils de communications "In Real Life" : média – hors média et média tactiques.

TABLEAU N° 5 : synthèse des objectifs, engagements, états de la cible et outils de communication digitaux.

Objectifs marketing	Conquête		
Étapes marketing	Attirer	Recruter	Assimiler
Engagements marketing	Contact/1er engagement internaute-marque	Sélection/implication/achat/engagement concret	Validation de l'engagement
États de la cible/internaute	Suspect	Prospect	Nouveau client
Objectifs de communication	Cognitif	Conatif	Affectif
Engagements communication	Valeurs, positionnement, identité de marque	Actions et interactions concrètes de l'internaute avec la marque	Rassurer, prolonger la relation entre la marque et l'internaute
Outils digitaux de communication	SEO, SEA, SMO, partenariats sites et communautés (blogueurs et YouTubeurs), display, e-mailing	Promotions sur le site et hors site, avis de la communauté, offres facilitatrices d'achats (livraison, paiements, conseillers...)	Outils de personnalisation de la relation, e-mailing de suivi, recommandation, phoning sortant, SAV, compte client personnalisé...

◊ RONALD BOUCHER
Responsable Master Marketing Opérationnel & Digital
Enseignant-chercheur au CERI
r.boucher@istec.fr

Ecole de Commerce et Marketing ISTEC

"NE ME QUITTE PAS" : OU COMMENT RENTABILISER SON ACQUISITION PAR L'ENGAGEMENT ET LA FIDÉLISATION

Beaucoup d'e-commerçants, mus par la volonté d'acquérir toujours plus, sont condamnés à acheter chaque jour le trafic nécessaire à générer leur chiffre d'affaires quotidien. Pourtant il existe une solution pour échapper à ce cercle vicieux. Une solution simple, qui s'inspire du bon sens de toute relation humaine : l'engagement. Pour peu que l'on accepte de voir le marketing avec les yeux du cœur…

93% de Français se disent mal récompensés pour leur fidélité

79% donnent des informations en échange de personnalisation

60 à 70 % de probabilité de vendre à un client existant

Depuis la nuit des temps, les services marketing ont fortement mobilisé leurs ressources humaines et financières pour faire de l'acquisition. Alors bien sûr, il est nécessaire pour tout site internet d'avoir un bon trafic et une communauté sociale fournie. Toutefois le baromètre de la conversion 2016 nous révélait il y a quelque temps un *taux de conversion** moyen à 3 %, tous sites et tous secteurs confondus. Que se passe-t-il suite aux efforts réalisés pour les 97 % restants ? Bien souvent une bouteille à la mer pour quelques anonymes qui le resteront à tout jamais. Et demain on paiera encore pour faire venir nos nouveaux 3 %… A moins que l'on essaie de changer notre manière d'aborder les choses en pensant, dans un premier temps, conversation plutôt que conversion !

LA RENCONTRE

Chercher la conversion à la première interaction, c'est un peu comme demander en mariage le premier soir… il y a (vraiment) très peu de chance que cela fonctionne, et cela donnerait même plutôt envie de fuir. Il faut d'abord, comme dans la vie, **entrer dans une phase de séduction.** Vous savez, ce précieux moment où l'on rencontre l'autre, où l'on apprend à le découvrir. Et que l'on espère nouer une relation à long terme.

Tout est prétexte pour engager le dialogue : jeu-concours, téléchargement de guide, inscription à la newsletter récompensée. L'important, c'est **d'initier le contact, quoi qu'il arrive.** L'opération marketing n'est que l'occasion pour cela. Allopneus, par exemple, a profité de son stand sur le salon de l'Automobile pour distribuer à ses visiteurs une carte à gratter, renvoyant vers un grand jeu-concours organisé sur son site. Il n'est pas de meilleur moyen pour désanonymiser la foule qui se masse sur un stand !

Mais attention, rester en contact ne veut pas seulement dire dégainer son arsenal de newsletters super méga promo à gogo. Non, il va falloir s'investir un peu plus pour séduire ! Et passer à l'étape du nurturing.

LE NURTURING

Un mot barbare pour un concept pourtant si précieux. Le nurturing, c'est l'art de faire "pousser" son prospect, de l'arroser régulièrement de petites attentions comme on cultiverait une jolie plante. Jusqu'à ce qu'un jour il soit totalement mûr pour être

> Exemple de jeu-concours avec une carte à gratter.

dingue de vous ! Un peu comme en amour, **plus vous prendrez le temps de persuader votre prospect que vous êtes faits l'un pour l'autre, plus vous aurez de chance de le convertir**. Et de développer une relation affective qui dure !

Et c'est là que rentre en jeu la connaissance ! Mais attention, pas une connaissance superficielle. N'oubliez jamais que derrière le compte 7895 se trouve Jérôme, et que c'est Stéphanie qui a passé la commande BF3428. Au-delà de consommateurs se trouvent des êtres humains qui ont des besoins, des attentes, et surtout l'envie grandissante d'être considérés comme des individus uniques. **La différence se fera dans l'intelligence de la captation de vos données**. Plus elles seront adaptées à votre activité et au mode de consommation de vos clients, plus elles seront pertinentes et vous permettront de faire mouche au bon moment.

Regardez HOP !, par exemple, lors de la phase de captation d'un jeu-concours organisé à Noël. Ils ne s'égarent pas à demander l'adresse complète ou je ne sais quel champ superflu. Au contraire, ils se renseignent sur le motif des déplacements des participants, leur aéroport de départ habituel et leur destination la plus fréquente. Le client, une fois rassuré sur l'honnêteté de vos intentions, ne peut plus refuser de collaborer. D'ailleurs, 79 % des consommateurs sont prêts à fournir des informations en échange d'une expérience personnalisée. Et au fond, c'est vrai : quel intérêt de recevoir une offre irrésistible au départ de Bordeaux si j'habite à Paris ?

Parallèlement à cette stratégie de *qualification**, vous devrez **faire progresser, petit à petit, l'attachement de vos prospects à votre marque**. Notamment en combinant votre connaissance acquise à des scénarios automatisés et des opérations marketing d'engagement. Guidez-les dans leur phase de découverte pour qu'eux aussi en apprennent plus sur vous, par le biais d'un quiz original, par exemple. Racontez vos forces, votre histoire, produisez du contenu intimiste pour créer un lien affectif. Jouez sur l'émotion ! Donnez-leur la parole, également, en leur proposant de voter pour leur produit préféré, ou d'élire les best-sellers de votre prochaine collection.

LA (TANT ATTENDUE) CONVERSION

Une fois cette belle confiance mutuelle établie, vous pourrez enfin accéder au Graal tant convoité de la conversion ! Mais une fois encore, plus vous serez pertinents dans votre offre, plus elle sera adaptée aux besoins de votre prospect, plus vous renforcerez la relation qui vous lie. Voyez plutôt : 50 % des clients donneraient priorité à ceux qui leur proposent des offres et des messages adaptés à leurs préférences. Vous imaginez un peu l'avantage concurrentiel que cela représente ? D'ailleurs, chez SPREAD on a fait de cette phrase de Gary Vaynerchuk, souvent reprise par Manuel Diaz, un de nos mantras : **« Si le contenu est Roi, le contexte est Dieu »**. C'est exactement cela !

Utilisez leurs données comportementales pour déceler leurs intérêts produits. Vous vous doutez bien qu'un client ayant participé à un jeu-concours pour gagner une poussette sera fortement sensibilisé à votre offre sur la puériculture, par exemple. Il n'a pas gagné ? Qu'à cela ne tienne, offrez-lui une remise de remerciement sur toute votre gamme bébé avec un message personnalisé. Comment résister !

LA FIDÉLISATION

Vous avez converti et pensez que c'est dans la poche ? Bien au contraire... à vrai dire les choses sérieuses viennent tout juste de commencer. **Concurrence, volatilité, sursollicitation ou abandon** sont autant d'ennemis qui œuvrent à l'encontre de la pérennité de votre conte de fées. Et pire encore, la satisfaction lors de

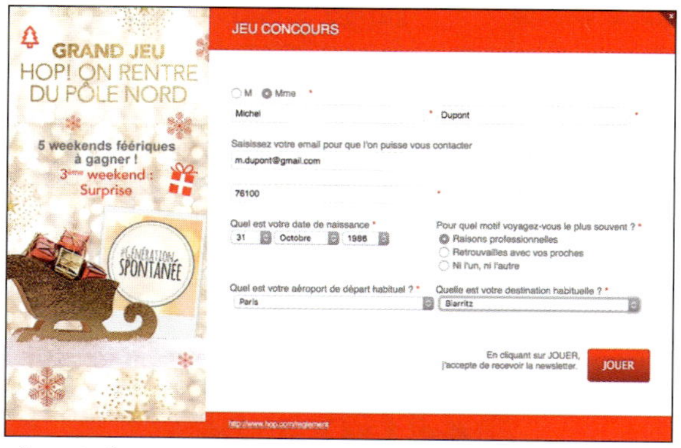

> Exemple d'une captation de données réussie.

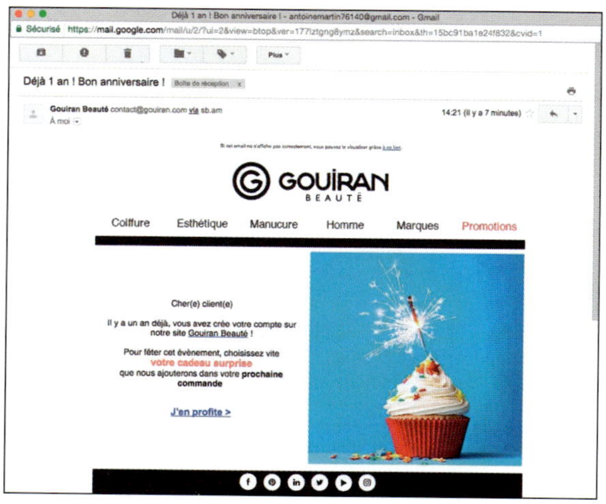

> Gouiran Beauté fête l'anniversaire du compte www.spreadfamily.fr

la phase d'achat n'est pas forcément symbole de réachat. En effet, une étude Nielsen a démontré que seuls 58 % des clients satisfaits de leur achat sur des produits à utilisation fréquente l'ont de nouveau consommé dans l'année. La question de fond, c'est : comment allez-vous faire la différence pour lui donner envie de revenir ? En tissant des liens indéfectibles !

En effet, reconvertir ne veut pas simplement dire convertir deux fois. Alors, ne vous attardez plus à pousser indéfiniment des produits, aussi personnalisés soient-ils. Vous devez désormais concentrer toute votre énergie à renforcer la relation qui vous lie à votre client. Et pour cela, les scénarios sont vos meilleurs alliés. Ils vous permettront de **maintenir un échange régulier avec lui, bien au-delà de vos traditionnelles newsletters produits**. Comme Gouiran Beauté, célébrez l'anniversaire de la création de son compte, en valorisant ainsi le chemin parcouru ensemble. Souhaitez-lui son anniversaire. Produisez du contenu comme des guides ou des vidéos qui donnent du sens à la consommation de vos produits et scénarisez leur diffusion dans le temps.

N'oubliez pas aussi de réactiver de temps en temps les plus endormis qui auraient besoin d'une piqûre de rappel pour revenir vers vous... Utilisez, encore une fois, la connaissance que vous aurez acquise pour savoir exactement comment les toucher. Rebecca est fan d'une partie de votre gamme, les loisirs créatifs par exemple, mais n'a pas commandé chez vous depuis plus d'un an ? Justement, vous venez à peine de rentrer une nouvelle marque incontournable à votre catalogue... pas sûr qu'elle puisse résister à l'envie de venir jeter un coup d'œil à votre boutique pour l'occasion ! La statistique de l'ouvrage Marketing Metrics est sans appel : la probabilité de vendre à un client existant est de 60 à 70 %... Avez-vous vraiment envie de louper le coche ?

Au-delà de ces attentions personnalisées, qui vous aideront à devenir une évidence dans l'esprit de vos clients, n'oubliez pas que **le plus important est de donner une véritable valeur à leur fidélité**. Eh oui, comment obtenir un engagement fort de la part de votre client si vous ne le considérez pas à juste titre ? Comment lui demander légitimement de faire un effort, si vous-même n'en faites pas vraiment ? Et pour cela, la statistique est claire : 93 % des Français jugent être insuffisamment récompensés pour leur fidélité. Le potentiel est donc énorme...

Réservez à votre client fidèle de véritables privilèges, qu'il pourra observer, revendiquer et apprécier. Montrez-lui sincèrement qu'il compte pour vous en lui offrant un statut à la hauteur de son implication vis-à-vis de votre marque. Accompagnez son ascension, de statut en statut, à l'aide de scénarios spécifiques. Encouragez-le et faites-lui entrevoir à quel point c'est génial de vous être de plus en plus fidèle ! Regardez la bonne idée d'ABYstyle, fabricant de produits dérivés sous licences manga, cinéma, séries, jeux vidéo : faire coller ses statuts de fidélité à des personnages de la culture geek. De "chevalier de bronze" on passe à "soldat de la Garde de Nuit", puis "Superhéros" pour finir, cela va de soi, par "Grand Maître Jedi", reconnaissance ultime d'une geekitude sans conteste ! Il ne s'agit pas juste de mettre une étiquette sur son client et son chiffre d'affaires, **il s'agit de reconnaître son histoire avec la marque et surtout de l'accueillir dans un cercle privé d'experts**.

Aussi ludique que soit votre programme, n'oubliez pas une chose : restez sincère. Nul besoin d'en faire des tonnes, **restez seulement cohérents avec votre univers et vos possibilités**. Montrez que vous jouez le jeu. Et vos clients sentiront que vous êtes honnête avec eux. En effet, il n'est pas toujours question de gros sous. Vous organisez des ventes privées ? Proposez-leur un accès en avant-première, une semaine avant les autres. De la même manière, vous pouvez leur faire l'honneur de tester avant tout le monde vos nouveautés produits pour recueillir leurs tests et leurs critiques. Ne cessez enfin jamais de les écouter. Encouragez-les régulièrement à prendre la parole. À chaque nouvelle commande, par exemple, scénarisez l'envoi d'un questionnaire de satisfaction et profitez-en pour tirer de nombreux enseignements pour votre stratégie produit. Montrez-leur que vous prenez en compte leur avis. **Qu'ils comptent pour de vrai dans le développement de votre boutique**. Et pour finir, associez-les à votre réussite en leur proposant de vous recommander à leur entourage via un programme de parrainage.

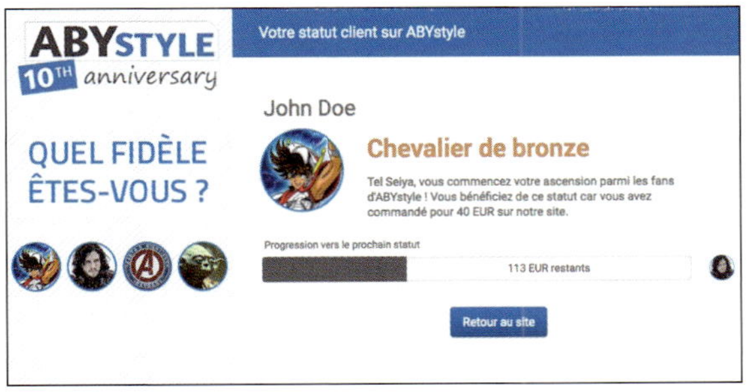

> Premier palier du programme privilège ABYstyle.

I WILL ALWAYS LOVE YOU

À vrai dire, fidéliser son client, ce n'est pas juste s'éviter de le perdre. C'est aussi et surtout un moyen fabuleux d'accroître sa rentabilité. C'est bien pour cela que les actions de fidélisation que vous mènerez seront cruciales pour vous aider à entretenir votre business ! TNS Sofres nous livre une statistique des plus éloquentes à ce sujet. Parmi tous les leviers de croissance de la rentabilité, la fidélité des clients arrive en deuxième position, juste après l'évolution du chiffre d'affaires et avant même la marge commerciale. On peut même dire que c'est dans la fidélisation que s'amortissent réellement vos coûts d'acquisition. Un client qui vous a coûté 50 € sera forcément mieux rentabilisé s'il commande 3 fois plutôt qu'une seule fois... c'est mathématique !

Mais assez parlé chiffres, nous conclurons plutôt en parlant d'amour ! Pensez "humain" et voyez plus loin, car vos prospects d'aujourd'hui deviendront peut-être vos ambassadeurs de demain ! À vous de sortir le grand jeu pour convaincre vos clients de rester à vos côtés "jusqu'à ce que la mort vous sépare".

* Retrouvez la définition dans le lexique en fin d'ouvrage.

> ***"Fidéliser son client, ce n'est pas juste s'éviter de le perdre. C'est surtout un moyen fabuleux d'accroître sa rentabilité. Ces actions de fidélisation sont cruciales pour entretenir votre business !"***
>
> **Virginie DUCREUX**
> *CEO SPREAD*

◊ **SPREAD**
www.spreadfamily.fr
Fiche d'entreprise p. 494

Virginie Ducreux
CEO
virginie@spreadfamily.com

Adeline Delaforge
Responsable communication
adeline@spreadfamily.com

QUE GAGNE-T-ON EN PRIVILÉGIANT L'ENGAGEMENT CLIENT À L'ACQUISITION ?

L'intérêt principal de l'engagement peut paraître absurde tant il est évident : vos internautes sont déjà acquis puisqu'ils sont sur votre site ! Cette introduction devrait suffire à en convaincre plus d'un, pourtant les chiffres révèlent que 44 % des entreprises attachent plus d'importance à la recherche de nouveaux clients qu'à la fidélisation des clients existants.

44% des entreprises préfèrent miser sur l'acquisition

67% taux moyen d'abandon de panier

> *“Ces visiteurs qui abandonnent leurs paniers ne sont pas moins importants que les autres. Il ne faut pas oublier qu'ils ont, à un moment donné, porté une grande attention aux produits proposés.”*
>
> **Angélique DE TADDEO**
> *Chief Marketing Officer AB Tasty*

Bien que l'e-commerce ait pris une place considérable dans nos habitudes d'achat, engager les internautes n'est pas une évidence pour tous les sites. Pourtant les chiffres parlent d'eux-mêmes : les taux de rebond (les visiteurs quittant le site après avoir vu uniquement une page) et les taux d'abandon de panier (les visiteurs qui amorcent le processus d'achat, mais ne le terminent pas) sont souvent très élevés. On estime à 67 % le taux moyen d'abandon de panier.

Cependant, ces visiteurs qui abandonnent leurs paniers ne sont pas moins importants que les autres. Il ne faut pas oublier qu'ils ont, à un moment donné, porté une grande attention aux produits proposés et sont plus à même de finaliser leur achat que les personnes visitant votre site pour la toute première fois. Pour les retenir, les marketeurs ont imaginé une armée d'outils off-site pour les attirer de nouveau ou les recibler : publicité, campagne d'e-mailing personnalisé, newsletters régulières, etc. Ces campagnes de retargeting off-site sont largement utilisées et souvent perçues comme envahissantes. Pourtant, il existe d'autres techniques de remarketing effectuées directement sur le site, au cours de la navigation du visiteur : nous appelons cela le remarketing on-site ou l'engagement.

QU'EST-CE QUE "L'ENGAGEMENT ON-SITE" ?

A l'opposé du remarketing off-site, l'*engagement on-site** se fait directement durant la navigation de l'internaute. L'idée est simple : au lieu d'attendre que le visiteur quitte la navigation (ce qui déclencherait le remarketing off-site), des messages lui sont adressés sur sa session pour réduire le taux de rebond et l'inciter à compléter le processus de conversion. L'engagement on-site peut prendre plusieurs formes : pop-in, bannière, recommandation de produits, etc. Une pop-in de rétention est la technique la plus utilisée pour garder le visiteur sur une page : elle apparaît lorsque l'utilisateur tente de fermer la page (lorsque le curseur se dirige en haut à droite de la page, la pop-in se déclenche). Cependant, il y a bien d'autres moyens de retenir le visiteur plus tôt dans sa navigation.

> Voici quelques idées d'engagement, rapides à mettre en place :

• **Booster le cross-selling**
Insertion d'une sélection de produits complémentaires dans

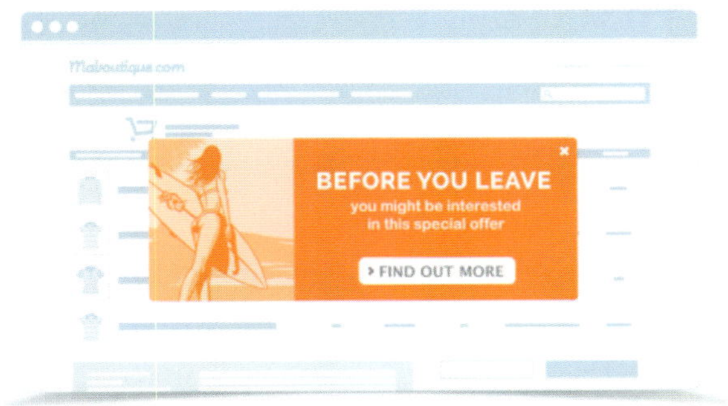

› Pop-in d'engagement

› Compte à rebours

la fenêtre de confirmation d'ajout au panier, susceptibles d'intéresser l'internaute, afin d'augmenter les ventes liées et la valeur du panier moyen.

- **Créer l'urgence avec un compte à rebours pour limiter l'abandon de panier**

En général, la peur de manquer une affaire est une des raisons qui poussent le visiteur à acheter rapidement et réduit ainsi l'abandon de panier. Il suffit d'afficher un compte à rebours sur les pages produit pour créer cet empressement.

- **Récupération de l'adresse mail à la sortie de page**

Si l'on détecte que l'internaute est sur le point de quitter le site, un message s'affiche automatique sur la page panier afin de lui proposer de recevoir le récapitulatif de sa sélection par email.

QUELS SONT LES BÉNÉFICES DE L'ENGAGEMENT ?

L'engagement on-site permet de réagir le plus tôt possible dans le parcours de l'utilisateur afin d'orienter son intention. Imaginez que le trafic sur votre site est de l'eau, et que votre site est un récipient qui fuit. Si vous réparez rapidement cette fuite, vous aurez plus d'eau (trafic), et donc plus de taux de conversion. Les changements sont également plus durables : une campagne de retargeting off-site n'a plus aucune valeur une fois arrêtée, alors que des améliorations apportées on-site auront un effet positif sur du plus long terme.

Souvent, les publicités off-site apparaissent hors contexte. Elles sont perçues comme des actions intrusives et sont généralement décriées par les internautes qui finissent même par les bloquer. A l'inverse, les messages on-site sont parfaitement cohérents avec leur environnement et paraissent moins intrusifs puisqu'ils sont en accord (tant sur le design que sur le contenu) avec ce que le visiteur est en train de regarder. Ces messages aident l'internaute à naviguer sur le site et lui facilitent l'entrée dans le tunnel de conversion. Leur affichage est beaucoup plus pertinent, légitime et moins agressif. Si ces outils d'engagement s'insèrent dans son environnement, l'internaute ne les bloquera jamais ! Alors que les campagnes off-line sont souvent onéreuses en termes de temps et d'argent, les campagnes on-site n'impliquent aucun coût variable. L'engagement on-site a donc un faible impact sur votre budget marketing.

Pour résumer l'idée simplement, l'engagement client on-site permet d'animer de manière intelligente la relation entre le site et son internaute. Créer une interaction, faciliter la navigation ou encore diffuser un message personnalisé, ce sont autant d'éléments qui vont déterminer non seulement la conversion, mais aussi la relation entre la marque et le client. Cela ne signifie pas que vous devez abandonner tous les efforts d'acquisition, bien au contraire ! Néanmoins, n'oubliez pas que pour maximiser votre budget marketing, l'engagement client est une technique de conversion redoutable. Ainsi, grâce à l'engagement on-site, vous pouvez augmenter plus rapidement vos résultats business tout en investissant moins de fonds et étendre vos activités de fidélisation.

* Retrouvez la définition dans le lexique en fin d'ouvrage.

◊ AB TASTY
www.abtasty.com

Sophie Ianiro
Content Marketing Manager
sophie.ianiro@abtasty.com

Angélique de Taddeo
Responsable Marketing

COMMENT ENGAGER SES CLIENTS INFLUENTS POUR EN CONQUÉRIR DE NOUVEAUX ?

Loin du faste et des strass des influenceurs professionnels et des fans pages, vos clients fidèles possèdent un pouvoir d'influence massif.
La méthode la plus simple pour engager vos clients fidèles et tirer parti de leur influence sur leurs pairs comme sur vous-même ne requiert pas obligatoirement de créer de nouveaux dispositifs, il suffit d'intégrer leur pouvoir dans les leviers que vous utilisez déjà, comme un ingrédient. Cet article décrit la méthode et vous propose 3 cas d'application concrets.

100% des marques peuvent intégrer au moins 1 levier

Environ **50%** de customer advocates pour une marque en forme

> Partage viral de témoignage par client testeur

> Diffusion virale d'offres d'acquisition

1/ QUEL RAPPORT ENTRE FIDÉLITÉ ET INFLUENCE ?

Le NPS a ouvert la voie avec sa méthodologie : sonder l'intention de recommandation d'un client pour prédire sa fidélité. Relier des choux et des carottes par un lien logique génial ! L'advocacy marketing s'est emparé de cette intuition et a développé à son tour une série de techniques permettant de tirer parti du pouvoir si précieux de ces clients.

Le pouvoir de vos clients fidèles présente des caractéristiques différenciantes qui font de ces clients le principal actif de votre marketing :

- **Macro-influence** : vos clients fidèles sont les seuls agents influents qui possèdent une véritable expérience et qui la transmettent dans le seul but d'évangéliser leurs proches ;
- **Gratuité** : le propre d'un client influent, ou customer advocate, c'est que son intérêt à agir n'est pas financier. Votre business model est donc très vertueux ;
- **Micro-audience mais maxi volume** : certes, M. ou Mme X n'ont qu'une trentaine de proches dans leur premier cercle d'amis ou de parents. Mais ils se connaissent vraiment et surtout, des M. et Mme X, vous en comptez des centaines, des milliers, voire des millions dans vos bases de données.

L'objectif du Customer *Advocacy** est "d'industrialiser" le classique "bouche-à-oreille", mais vous devez pour cela posséder une base de données clients. Un fichier Excel peut suffire, un CRM flambant neuf est idéal, mais vous aurez besoin a minima de pouvoir leur adresser un e-mail, un SMS ou un push mobile. Vous n'avez pas base de données, car vous n'avez pas accès à vos clients finaux ? Trois solutions basées sur un schéma "avantage client" contre "collecte de données" :

- Multiplier les promotions (BR, ODR, jeux) ;
- Créer un programme relationnel client ;
- Faire activer vos garanties produit en ligne.

2/ LA MÉTHODE POUR ENGAGER VOS CLIENTS INFLUENTS

Le principe pour engager vos clients fidèles et tirer parti de l'influence des customer advocates n'est pas de créer de nouveaux dispositifs, mais de les intégrer dans les leviers que vous utilisez déjà.
Pas de révolution. Aucune prise de risque n'est nécessaire. Il s'agit de générer de la performance additionnelle sans casser la mécanique bien huilée de vos dispositifs marketing.

> Les 7 ingrédients à intégrer dans ses leviers.

Toutes les marques comptent dans leur arsenal marketing une série de leviers "classiques".
La méthode consiste à mobiliser vos clients fidèles afin de les intégrer dans chacun de ces leviers. Quels sont ces leviers ? Quels ingrédients incorporer ?

> Les 7 ingredients à incorporer dans votre marketing

- Intégrer la mesure de l'influence client dans vos outils de connaissance client en traçant l'engagement des clients en votre faveur (partages sociaux, bon avis, réponse à un prospect, etc.) ;
- Intégrer systématiquement une offre ou un contenu viral à partager dans chacun des messages de vos campagnes de fidélisation ;
- Organiser à la demande des groupes de discussion en ligne, en mode privé, avec vos clients les plus engagés, pour produire de la co-innovation ;
- Automatiser les feed-back clients pour traiter vos insatisfaits et détecter vos customers advocates ;
- Demander à ces clients fidèles les plus engagés de répondre à votre place ou avec vous à vos FAQ ou aux questions posées par des prospects ;
- Mettre en avant vos avis clients "5 étoiles" sur votre site et inciter leurs auteurs à les partager avec leurs proches ;
- Préférer des messages directs (e-mail, SMS, push mobile) incitant au partage viral, et obtenir des partages sur les réseaux sociaux en plus grand nombre en ne passant plus uniquement par des posts sur vos pages afin d'éviter le filtre des algorithmes.

Conséquence, 100 % des marques peuvent intégrer au moins un levier de l'advocacy marketing sans perturber leur mix.

3/ CAS D'APPLICATIONS

> 1. Publication et diffusion virales de temoignages "5 étoiles"

GENERIK, marque BtoB, a musclé son lancement produit en mobilisant des centaines de customer advocates.

- Près de 900 clients testeurs sollicités, soit 15 % de ses clients ;
- 57 % d'avis clients publiés avant le lancement produit ;
- En 8 jours, la page produit a été indexée en 1ère position sur Google ;
- Près de 10 % des clients enthousiastes partagent leur avis sur leurs profils sociaux.

> 2. Alimentation de sa plateforme de faq ou de Q/R dymaniques en mobilisant ses customer advocates

L'ECOLE DU SKI FRANÇAIS a recruté une communauté de près de 5 000 "customer advocates" volontaires prêts à répondre en ligne aux internautes :

- Près de 100 % de taux de réponse aux questions validées
- 0 € de rémunération versée aux avocats pour leurs réponses
- Plus de 400 conversations historisées.

> 3. Diffusion virale d'offres d'acquisition

LE PARC ASTERIX a dopé ses ventes et repris le contrôle de sa e-réputation grâce à une stratégie basée sur la très grande satisfaction client et la publication de dizaines de milliers d'avis authentiques sur tout le web.

- Détection de plus de 30 000 customer advocates
- Près de 8 000 clients acquis par parrainage

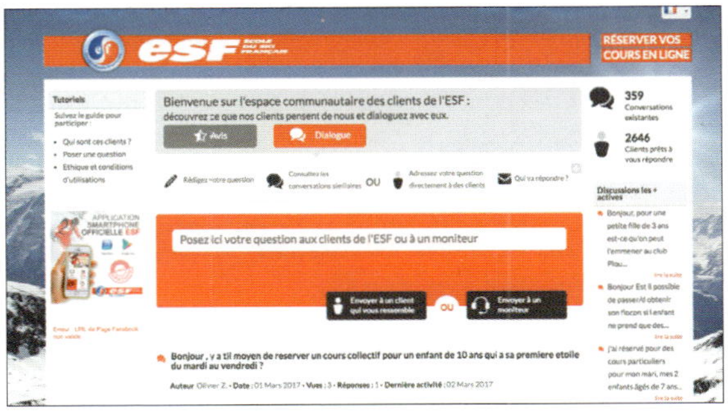

> FAQ dynamiques alimentées par les clients

◊ Q3 ADVOCACY
www.q3-advocacy.com
Fiche d'entreprise p. 492

Patrice Martin
pmartin@q3-advocacy.com

CDISCOUNT

Guider ses visiteurs par chat grâce à des particuliers passionnés rémunérés

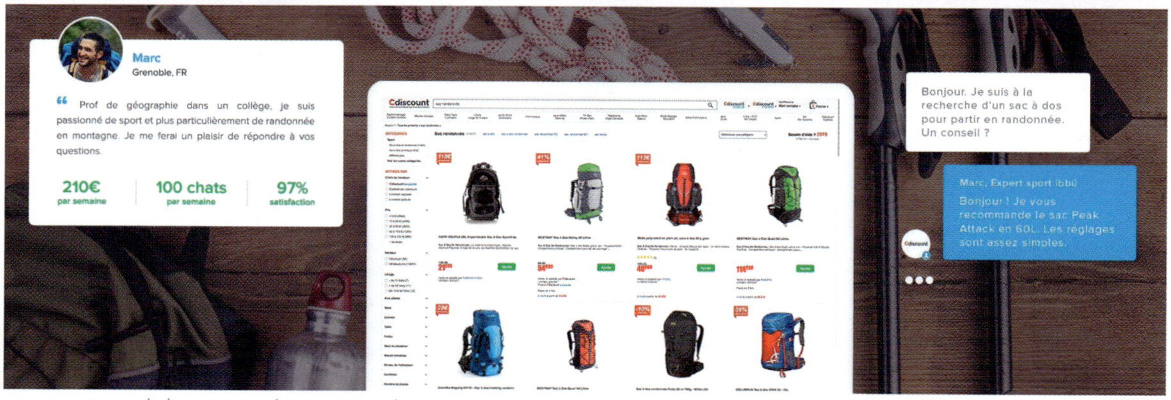

> www.iadvize.com/fr/success-story/cdiscount-ibbu/

PROBLÉMATIQUE DE LA MARQUE

Cdiscount.com appartient au groupe Casino. Leader du e-commerce non alimentaire en France, le site réalise un volume d'affaires de près de 3 milliards d'euros en 2016, incluant sa marketplace qui connaît une croissance soutenue avec plus de 9 000 commerçants partenaires. Il s'engage à démocratiser les produits et services du quotidien pour les rendre accessibles à tous, améliorer le pouvoir d'achat des Français, avoir une connaissance de ses clients approfondie en se basant sur des valeurs qui sont la proximité, l'audace, l'engagement et la fiabilité. Par ailleurs, Cdiscount à volonté, Cstream, Cdiscount mobile, Cdiscount cloud sont de nouveaux services proposés. Cdiscount tient sa promesse "Vous êtes plus riche que vous ne le croyez".

SOLUTION STRATÉGIQUE

Depuis plusieurs mois, l'enseigne de e-commerce fait appel à une soixantaine de passionnés, membres de la communauté ibbü, pour répondre aux questions des internautes en complément du service client. Lorsqu'ils naviguent sur le site de Cdiscount, les internautes peuvent désormais poser leurs questions en temps réel à ces particuliers experts via une fenêtre de chat et être guidés dans leur choix. Grâce à cette initiative, les visiteurs bénéficient d'une expérience unique et personnalisée à travers un accompagnement authentique, instantané, 24h sur 24 et 7 jours sur 7, et les experts sont rémunérés pour les conseils fournis.

Ces passionnés, spécialistes d'informatique, de jeux vidéo, déco et puériculture ont été sélectionnés par iAdvize pour intégrer la communauté ibbü sur des critères d'expertise et de professionnalisme grâce à un questionnaire pointu sur leur domaine d'expertise : une première étape nécessaire pour évaluer leur niveau et tester leur aptitude à répondre aux questions des internautes et les accompagner dans leur parcours d'achat.

MISE EN PLACE OPÉRATIONNELLE

Des particuliers qui conseillent d'autres particuliers : comment ça marche ?

• Avant de rejoindre la communauté ibbü, puis d'être sélectionnés par Cdiscount, les experts ont été sourcés par iAdvize via différents leviers de sélection. Ces experts peuvent provenir du vivier ibbü, qui compte près de 10 000 membres, ils peuvent avoir été ciblés parmi les top-clients de la marque, ou encore provenir d'un sourcing externe via des campagnes SEA du type Facebook Ads en fonction des centres d'intérêt ;

• Ensuite, ces passionnés, spécialistes d'informatique, de jeux vidéo ou de puériculture, ont été sélectionnés par ibbü sur des critères d'expertise et de professionnalisme grâce à un questionnaire pointu sur leur domaine d'expertise. Cette première étape permet d'évaluer leur niveau de connaissances et de tester leur aptitude à répondre aux questions des internautes et à les accompagner dans leur parcours d'achat ;

• Une fois sélectionnés, les passionnés choisissent les missions qui les intéressent en fonction de leur emploi du temps. Ils se connectent sur ibbu.com et répondent directement aux questions des internautes. Des conseils authentiques "d'experts" qui permettent aux visiteurs de Cdiscount d'être mieux renseignés avant de passer à l'achat.

« Les experts ibbü sont sélectionnés pour leur passion et la qualité de leurs connaissances. Ils permettent aux internautes d'être guidés aussi naturellement et de manière aussi conviviale que s'ils demandaient à un proche de les conseiller sur un futur achat. Nous sommes fiers de pouvoir apporter à Cdiscount une solution qui révolutionne l'approche du service client, en offrant une expérience authentique en continu aux internautes », explique Julien Hervouët, fondateur d'iAdvize et créateur d'ibbu.com.

INFOS CLÉS

+6 pts qualité des réponses perçue

60 experts ibbü sur Cdiscount

17 000 visiteurs guidés par mois

- **Objectif :** Fidélisation, Ventes
- **Cibles :** Hommes, Femmes, Seniors
- **Moyens :** Digital experience, ROI

RÉSULTATS

Depuis l'intégration d'ibbü sur Cdiscount, 17 000 conversations sont traitées en moyenne chaque mois par les experts ibbü. Les premiers résultats observés par Cdiscount montrent l'engouement des internautes pour ce nouveau service authentique, avec un taux de satisfaction moyen des chats ibbü de près de 85 % et une hausse de la qualité des réponses perçues de 6 points. « ibbü est aujourd'hui un service complètement intégré au site Cdiscount. Il apporte une réelle complémentarité à notre service client. Il permet de nous assurer que des conseillers seront toujours disponibles quand nos clients en auront besoin. Ces conseillers sont là pour les renseigner à tout moment, mais surtout leur apporter des conseils authentiques. Une discussion entre un internaute et un expert ibbü dure en moyenne plus longtemps qu'avec un service client "classique" et crée une relation privilégiée entre notre marque et ses clients. Nous souhaitons l'étendre à d'autres catégories de produits du site Cdiscount dans les mois à venir », explique Isabelle Eloir, Responsable Développement Commercial de Cdiscount.

> Les experts ibbü travaillent quand ils veulent.

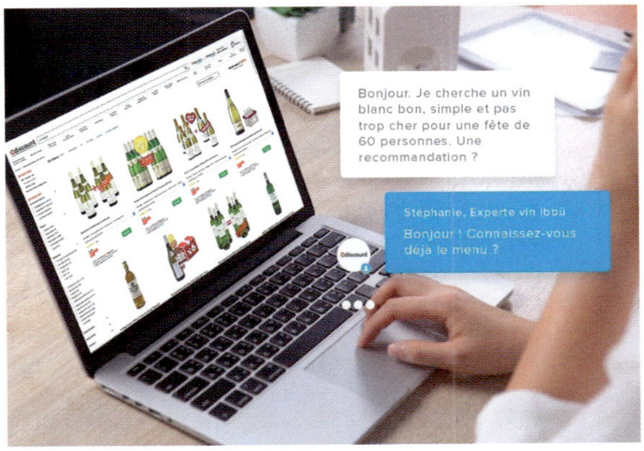

> Un expert ibbü gagne en moyenne 162 € par semaine.

> *« Une discussion entre un internaute et un expert ibbü dure plus longtemps qu'avec un service client "classique" et crée une relation privilégiée entre notre marque et ses clients. »*

◊ CDISCOUNT
www.cdiscount.com

Isabelle Eloir
Responsable Développement Commercial
Isabelle.Eloir@cdiscount.com

◊ IADVIZE
www.iadvize.com
Fiche d'entreprise p. 485
Maxime Baumard
VP Marketing
maxime@iadvize.com

THE WALT DISNEY COMPANY

Fidéliser et engager ses clients grâce à une expérience basée sur la gamification

> Disney Extras : nouveau programme de fidélisation.

PROBLÉMATIQUE DE LA MARQUE

> Le contexte

De 2009 à 2016, The Walt Disney Company France a proposé un programme de fidélité nommé Disney Privilèges. Grâce à des codes insérés dans les Blu-ray et DVD, les membres pouvaient obtenir des points, à convertir en cadeaux. D'autres avantages étaient également proposés : services, concours, enchères.

Au cours de ces 7 années, le marché de l'entertainment a beaucoup évolué. De nouveaux usages ont émergé, notamment avec le développement de la consommation de contenu en mode "snacking" et la place prise par le mobile dans le quotidien de chacun.

> La cible

Tous les adultes amoureux de l'univers Disney, et plus spécifiquement les familles et fans de Disney, Marvel et Star Wars.

> Les objectifs

Faire de l'émotion le cœur de la relation et proposer un nouveau programme permettant de répondre aux nouvelles attentes et nouveaux usages des consommateurs, et intégrant l'ensemble des catégories de produits de l'entreprise (jouets, vêtements, accessoires, maison, etc.).

SOLUTION STRATÉGIQUE

> L'idée stratégique

Définir un programme qui permet à The Walt Disney Company France de construire une relation émotionnelle durable avec ses consommateurs et fans de la marque, en récompensant l'engagement des membres au-delà de la transaction.

C'est ainsi que le programme "Disney Extras", élaboré en collaboration avec les équipes BETC Digital, a vu le jour.

> Les axes de différenciation

"Disney Extras", c'est une expérience empreinte de la magie Disney, basée sur le principe de gamification : plus il participe, lit, joue (ou achète des produits Disney), plus le membre gagne des étoiles. Ludique ! Ces étoiles lui permettent ensuite de commander des cadeaux, d'accéder à des tirages au sort, ou de profiter d'offres spéciales.

Le site propose aussi des contenus fréquemment renouvelés : les membres retrouvent notamment chaque mois un magazine avec 8 catégories d'articles proposant du contenu lifestyle autour de l'actualité Disney reprenant les grandes rubriques d'un vrai magazine. Aspirationnel !
On retrouve également des challenges et services : de nombreux challenges avec des jeux éphémères, des tirages au sort réguliers, et des services pour les parents. Généreux !
Et le plus généreux des petits plus : le Trésor du Mois, une boîte pleine de cadeaux Disney, Marvel ou Star Wars, offerte chaque mois aux 50 membres les plus engagés.

MISE EN PLACE OPÉRATIONNELLE

> Le lancement du site

Le site Disney Extras a été mis en ligne le 2 novembre 2016.

> Les choix créatif

Le parti pris de BETC Digital et des équipes de The Walt Disney Company France pour définir le design et le contenu du site a été guidé par le fait de SE RÉINVENTER, avec un espace qui :
• Reflète le cœur de métier de l'entreprise, avec la mise en avant de ses produits ;
• Répond au désir des consommateurs de s'engager et s'immerger dans Disney, avec un programme qui les valorise, les challenge, mais est également plus simple à utiliser, en phase avec leurs usages ;

INFOS CLÉS

4 min 30
Temps passé sur le site

67 % : *taux de visite** (x10 comparé à 2016)

- **Objectif :** Fidélisation, Acquisition
- **Cibles :** Famille, Les 20-30 ans, Les 30-40 ans
- **Moyens :** Digital expérience, CRM, Site dédié

- Reflète une modernité, et joue la complémentarité avec les autres espaces digitaux de l'entreprise.

Pour cela, les équipes se sont appuyées sur 2 grands principes :
1. Habit forming technologies : les applications et sites d'aujourd'hui sont créés pour devenir addictifs, créer l'habitude. Un principe qui s'applique parfaitement à une cible passionnée par Disney, toujours plus envieuse de challenges, de contenus et d'opportunités de vivre des moments Disney.
2. Curation : on constate un retour de la prescription et de la curation, une explosion des offres proposant une information soigneusement sélectionnée et contextualisée. C'est une façon intéressante de donner de la valeur à des contenus dans un écosystème Disney extrêmement riche et profond.
Sur cette base, se définit alors un nouveau mode de relation avec les consommateurs, qui combine gaming, curation de contenu et amour de l'univers Disney.

L'interface du nouveau programme a donc été pensée, à l'instar du programme lui-même, comme une interface ludique et immersive, évolutive, permettant une mise à jour régulière. Elle a été conçue pour proposer une consommation "snacking" du contenu, tout en donnant une vision d'ensemble des contenus et challenges proposés.
Les avantages pour le client : plus d'excitation, un attachement récompensé, des récompenses accessibles, des services et contenus pour magnifier le quotidien.

> Les étapes post-lancement

Après l'ouverture du programme, des fonctionnalités ont été ajoutées chaque mois, jusqu'à fin juin 2017. Cette stratégie a permis de proposer une expérience évolutive et d'observer l'évolution des comportements des membres au fil du temps.

Une étude qualitative a été réalisée en février 2017 pour évaluer la perception du programme. Les résultats ont été très positifs, notamment sur le look & feel du site et les contenus. Des actions correctives ont pu être mises en place rapidement pour répondre aux points d'amélioration identifiés.

RÉSULTATS

8 mois après le lancement du site, on constate un réel engagement des membres : le *taux de visite** a été multiplié par 10 par rapport au programme précédent. Les visites mensuelles ont également augmenté de + 65 %.
Les 3 rubriques les plus performantes (Cadeau de la Semaine, Magazine et Trésor du Mois) permettent toutes une mise en avant qualitative des produits de l'entreprise.
Grâce à sa structure et aux différentes interactions possibles, ce programme permet également d'améliorer la connaissance client.

* Retrouvez la définition dans le lexique en fin d'ouvrage

> Le magazine

> Les challenges

> Les services

◊ THE WALT DISNEY COMPANY FRANCE
www.corporate.disney.fr

Maïlenn Cuinat
CRM Marketing Manager
mailenn.cuinat@disney.com

David Popineau
Disney Digital Experience Director
david.popineau@disney.com

◊ BETC DIGITAL
www.betcdigital.com

Alice Dumortier
Business Director

HOMLY YOU

Le nouveau levier BtoCtoB de chiffre d'affaires pour Saint-Gobain !

PROBLÉMATIQUE DE LA MARQUE

> Des particuliers insatisfaits par leurs expériences de travaux...

Aujourd'hui, **43 % des particuliers abandonnent leur projet faute de trouver les bons professionnels pour le réaliser**. De plus, **50 % se déclarent insatisfaits par la réalisation de leurs travaux** : artisans injoignables, manque de réactivité, délais et devis non respectés, résultat décevant...

Il y a un véritable écart entre **ce dont rêve le particulier** (évaluer le budget, trouver des professionnels qualifiés et de confiance, comparer plusieurs devis, réaliser les travaux dans les délais, avoir un résultat conforme à ses attentes...) et **ce qu'il vit vraiment, souvent source de stress.**

> ... et des professionnels en quête d'accompagnement pour dynamiser leur activité

Les artisans ont été très impactés par **le contexte économique tendu** des dernières années.

S'ils ont conscience que le digital est un relais de croissance incontournable, ils ne savent pas toujours comment l'appréhender et l'utiliser efficacement (gestion d'image, bouche-à-oreilles, captation de projets de travaux).

Ils sont prêts à investir dans des plateformes de mise en relation avec des particuliers, en vue d'obtenir des chantiers, mais souvent **déçus des offres existantes dont certaines tendent à ubériser la professio**n (mise en concurrence très forte, arrivée des "jobbers" dans le champ des travaux, pression sur les tarifs...).

> Un enjeu fort pour Saint-Gobain et sa filiale distribution

Avec 2,5 millions de demandes de devis transitant chaque année sur Internet, **il y a une place à prendre en proposant une offre qualitative pour les deux parties. Avec Homly You, Saint-Gobain souhaite** :

- Réconcilier le particulier avec les travaux en l'accompagnant et en lui proposant des professionnels qualifiés et réactifs ;
- Fidéliser ses clients professionnels en leur apportant de réelles opportunités de chantiers ;
- In fine, s'assurer un nouveau relais de croissance BtoCtoB : **plus de chantiers concrétisés, c'est plus de matériaux vendus par la filiale Distribution du groupe.**

SOLUTION STRATÉGIQUE

Homly You est **une plateforme digitale de mise en relation entre particuliers et professionnels** qui vise à :

> Côté particulier :

- **Répondre aux questions** qu'il peut se poser à chaque étape de son projet de travaux via un Centre de Relation Client (CRC) et un webzine dédiés ;
- **Le mettre gratuitement en relation avec jusqu'à quatre artisans qualifiés et assurés**, grâce à un processus de sélection rigoureux, et lui **assurer une expérience qualitative** (charte d'engagement signée par le professionnel, dont le respect est contrôlé par le Centre de Relation Client) ;
- **L'accompagner de A à Z sur son projet de travaux** : choix esthétiques, plans, démarches administratives.

> Côté professionnel :

- Garantir l'**envoi d'opportunités de chantiers qualifiées** (rappel systématique de tous les particuliers déposant une demande de mise en relation afin de s'assurer de la maturité du projet) ;
- Assurer une **mise en concurrence saine et équilibrée** entre professionnels qui se ressemblent (pas plus de quatre artisans sollicités pour un projet de travaux) ;

INFOS CLÉS

+ de 3 000
professionnels inscrits

+ de 500
leads par jour

+ de 100 000
visites par mois

• **Objectif :** Fidélisation, Acquisition

• **Cibles :** CSP+, Couples, Les 40-50 ans

• **Moyens :** Digital expérience, CRM, Affiliation

• Aider le professionnel à **être réactif** et **lui faciliter le suivi de ses opportunités de chantiers** grâce à une application mobile ;
• **Soigner sa présence** sur Internet en lui fournissant un mini-site web qu'il peut partager avec tous ses clients et prospects ;
• Lui offrir un **accompagnement personnalisé** grâce à **un commercial terrain** dédié.

Pour se différencier, l'option 100 % web n'a pas été retenue. **Une approche mettant l'humain au cœur du dispositif digital d'intermédiation a été privilégiée** :
• Un **Centre de Relation Client internalisé** qui rappelle et qualifie 100 % des demandes depuis Reims et répond aux appels entrants des particuliers ;
• Une **force commerciale intégrée** qui assure la qualité du recrutement des professionnels et une relation client de proximité ;
• La **puissance du réseau Saint-Gobain** comme clé d'entrée pour recruter les meilleurs pros.

> Notre Centre de Relation Client à Reims.

> Notre Mag vous apporte conseils et inspiration.

Pour se démarquer des nombreux acteurs existants sur le marché, l'accent a été mis sur :
• La sélection des professionnels ;
• La qualité de la relation client ;
• La réponse aux problématiques rencontrées par les particuliers dans leurs projets de travaux.

L'offre se distingue par un parcours client multicanal dans lequel la relation client joue un rôle essentiel : accompagner le particulier à toutes les étapes de son projet suppose bien plus qu'un simple formulaire rempli sur un site Internet.

> Les KPI'S

• Nombre de leads/jour et taux de transformation associé
• Nombre de professionnels inscrits au service
• CA matériaux des pros clients des enseignes SGDBF inscrits au service
• Nombre de visites sur le site
• NPS (Net Promoter Score)/satisfaction client
• Taux de churn

MISE EN PLACE OPÉRATIONNELLE

Initié en septembre 2015, Homly You a été officiellement lancé le 4 juillet 2016.

> La relation client au cœur du dispositif

La création d'un **Centre de Relation Client dédié avec une équipe de téléconseillers salariés** d'Homly You était une évidence, afin de proposer aux particuliers les meilleurs artisans, répondre à leurs questions, mais aussi assurer le suivi de la mise en relation et augmenter la satisfaction client.

Côté pro, **23 ingénieurs commerciaux** ont été recrutés afin de sélectionner les meilleurs artisans. Sur le terrain au quotidien, ils vont à la rencontre des professionnels sur leurs chantiers.

> Couple à la recherche d'un professionnel.

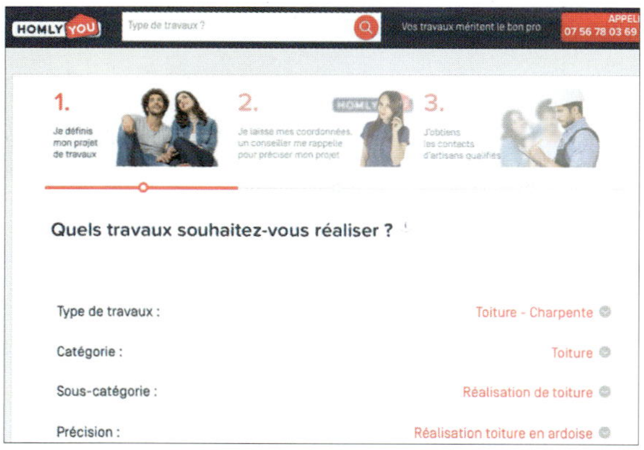

> Parcours client

> Une stratégie de contenu pour accompagner les particuliers

Homly Mag accompagne le particulier à toutes les étapes de son projet avec des contenus et des outils de qualité : des articles liés à l'inspiration, à la préparation et au suivi des travaux ainsi que des outils de chiffrage.

> Une DSI dédiée pour les développements (*CRM**, web, facturation, algorithmes...)

Avec seulement cinq mois entre le début des développements et le lancement, le sujet de l'IT a représenté un véritable défi. Une DSI dédiée de plus de 20 personnes en interne a été créée pour développer le *CRM** (Salesforce), le site Internet (Drupal, Angular, JS), les algorithmes de mise en relation...

Agilité, logique business et rigueur ont été les maîtres-mots pour livrer dans les temps.

> Une stratégie d'acquisition qui doit équilibrer l'offre et la demande...

Tout l'enjeu est d'aller chercher les bons professionnels pour répondre aux demandes des particuliers : professionnels proches du lieu des travaux et spécialisés sur les catégories de travaux demandées par le particulier.

> ... liée à une stratégie de notoriété pour installer une nouvelle marque

En complément, une campagne de notoriété a été lancée ayant pour objectif de se faire connaitre auprès du plus grand nombre. Elle se matérialise par un dispositif de sponsoring TV de l'émission Plus Belle La Vie, mis en place depuis mai 2017, appuyé par une campagne digitale.

> Dans cette optique, l'acquisition se fait le plus finement possible selon les leviers utilisés

- SEA automatisé en fonction des professionnels ayant souscrit au service ;
- *Affiliation** ;
- SEO ;
- Facebook Ads ;
- ...

> Une optimisation permanente du taux de transformation

La réalisation de ce projet dans un temps restreint a forcé à faire des choix concernant le parcours client digital qui amène à la première étape de transformation (un contact de particulier à la recherche d'un artisan pour ses travaux).

Certains de ces choix se sont avérés être les bons, d'autres non. C'est sur ce type de projet, où l'optimisation de la transformation est essentielle afin de réduire les coûts d'acquisition, que le mot "agnostique" prend tout son sens.

Beaucoup de convictions, de certitudes en amont, mais que **seuls les analytics et *A/B tests*** permettent d'infirmer ou de confirmer. Les outils, technos suivants ont donc été utilisés :

- AT Internet pour les web analytics
- Kameleoon pour les A/B tests
- Hotjar pour voir comment les internautes naviguent sur le site
- Testapic pour des tests utilisateurs qualitatifs/quantitatifs
- ...

Le recul est également indispensable pour se mettre à la place de l'utilisateur qui arrive sur le site pour la 1ère fois : quelle proposition de valeur, quelles étapes pour l'amener à ce qu'il souhaite, quels éléments de réassurance...

Et c'est une fois que le site est en ligne et que suffisamment de data a été récoltée que démarre la "déconstruction" du parcours afin de l'optimiser.

RÉSULTATS

Un an après son lancement, les premiers résultats sont déjà très encourageants.

Fort d'un réseau de **plusieurs milliers d'artisans** (+ de 3 000 fin mai 2017), Homly You génère aujourd'hui environ 500 leads/jour, en progression constante et plus de 100 000 visites par mois.

Les **enjeux de satisfaction client** restent au **cœur de la stratégie** et donnent la direction pour les futures évolutions.
- Enrichissement de l'offre à destination des particuliers ;
- Davantage de suivi et de conseil ;
- Notation des professionnels par les particuliers ayant été mis en relation avec eux ;
- Déploiement sur la France d'une offre premium dans une logique d'accompagnement complet du particulier ;
- Développement d'applications dans des champs connexes aux travaux (aides financières, financement...) ;
- Enrichissement des services proposés aux professionnels ;
- Evolution des mini-sites web des professionnels sur Homly You ;
- Annuaire des professionnels ;
- Forum d'échange ;
- Outils de gestion des devis et des factures pour les professionnels ;
- Outils de financement ;
- Gestion des assurances ;
- Outils de chiffrage des travaux pour les particuliers ;
- ...

L'enjeu d'Homly You est bel et bien de réconcilier les particuliers avec les travaux et les artisans en apportant toujours plus de satisfaction aux deux parties... dans une logique BtoCtoB.

* Retrouvez la définition dans le lexique en fin d'ouvrage.

> *“C'est une fois que le site est en ligne et que suffisamment de data a été récoltée que démarre la "déconstruction" du parcours afin de l'optimiser.”*

◊ HOMLY YOU
www.homly-you.com

Gaëlle Peyriguère
Responsable Marketing et Communication
gaelle.peyriguere@saint-gobain.com

Frédéric Jamin
Responsable Digital
frederic.jamin@saint-gobain.com

L'ÉVOLUTION DU MARKETING PERSONNALISÉ

Les attentes des consommateurs sont plus difficiles à satisfaire que jamais, notamment avec la possibilité qu'ont les consommateurs aujourd'hui de décider où et quand interagir avec une marque. Résultat, les marketeurs sont confrontés à un défi qui paraît impossible à relever : proposer une expérience contextuelle à tous les points de contact à travers les langues, les marques et les produits.

4 000 sociétés martech existantes

+ de 130 solutions de personnalisation

> *"La réussite passe désormais obligatoirement par la création d'une stratégie de personnalisation et par l'identification de la technologie qui correspond le mieux aux objectifs commerciaux."*
>
> Benjamin BOLLAERT
> *Solutions Architect Acquia*

Il n'y a rien de surprenant, lorsque l'on prend en compte le nombre d'engagements qui se produisent chaque seconde sur les différents canaux, à ce que les marketeurs éprouvent tant de difficultés pour analyser et utiliser les quantités énormes de données que ce nombre génère. Pour ne rien arranger, ces mêmes marketeurs vivent dans un certain climat d'anxiété, forcés de devoir prouver leur valeur auprès des sociétés. Indicateurs et mesures portant sur l'engagement, le taux de conversion et les résultats font tous l'objet de requêtes fréquentes.

LA PERSONNALISATION EN PLEIN ESSOR

Le début des années 2000 a vu le lancement des campagnes d'e-mails "personnalisés" destinées à susciter l'engagement chez les consommateurs. Le simple fait de mettre le nom du client dans le texte d'un e-mail était censé créer cette relation privilégiée et de longue date que les marketeurs souhaitaient établir avec leurs consommateurs, tout en collectant les informations client dans le système CRM de la société. Un plan parfait, n'est-ce pas ? Jusqu'à ce que la situation change...

De nos jours, quand un client cherche à en savoir plus sur une marque, il n'a que l'embarras du choix dans la mesure où il a accès à une masse d'informations sans précédent. Les quantités phénoménales de contenus en ligne (incluant les avis produit et témoignages client) permettent aux consommateurs d'examiner l'offre d'une marque (et de la concurrence) jusque dans les moindres détails avant de prendre une décision d'achat. Pas de page dédiée aux avis produit sur un site web ? Pas de problème. Il n'y a qu'à se tourner vers un de ces nombreux réseaux sociaux qui font désormais partie de notre quotidien, ou même simplement demander l'avis d'un pair...

Ce concept de contenu généré par les utilisateurs (UGC en anglais) a définitivement changé le monde du marketing et sa naissance a marqué la fin d'une ère. Il n'est aujourd'hui plus possible pour une organisation de contrôler totalement l'interaction des audiences avec sa marque. Conséquence de cette perte de contrôle : il fallut relever le défi de la compréhension des besoins et des désirs des clients en ligne. L'heure et l'endroit qu'un client favorise au moment de s'engager et le contenu qu'il va vouloir consommer sont les éléments clés d'une interaction significative. Sans des informations client correctes, le marketeur ne peut qu'essayer de deviner et malheureusement, avec la technologie et le contenu au service du consommateur, l'erreur n'est plus permise. Au

moindre faux pas, ce sont des pans entiers d'audiences qui peuvent s'adresser à une concurrence à la poursuite du même objectif : proposer une expérience significative et personnalisée qui va convertir les clients potentiels en clients fidèles.

Le comportement des clients a évolué, avec un passage de l'e-mail à internet, puis d'internet au téléphone mobile et aux réseaux sociaux. Tout au long de cette évolution, les marketeurs ont travaillé à peaufiner les interactions sur ces canaux, mais les données qu'ils recueillaient étaient aussi diverses et variées que les technologies utilisées. Sans une vision holistique de l'engagement client qui couvre les différents canaux, il était impossible de proposer une expérience cohérente et homogène. Heureusement pour les marketeurs, il existe maintenant des solutions technologiques de marketing plus sophistiquées qui simplifient ce processus.

CE QU'IL FAUT SE DEMANDER AVANT DE COMPARER LES SOLUTIONS DE PERSONNALISATION

En réalité, ce changement dans le rapport marque-audience est relativement récent et les marketeurs apprennent à répondre au mieux à la demande des consommateurs. La réussite passe désormais obligatoirement par la création d'une stratégie de personnalisation et par l'identification de la technologie qui correspond le mieux aux objectifs commerciaux.

Malheureusement pour les marketeurs, le Marketing Technology Landscape de 2016 de Scott Brinker (tour d'horizon de la technologie du marketing) fait état de près de 4 000 sociétés dans le monde de la technologie du marketing. Dont plus de 130 solutions de personnalisation. Autrement dit, il se pourrait bien que choisir une solution technologique qui corresponde aux objectifs commerciaux dans leur ensemble se révèle être la tâche la plus colossale de toutes.

Voici quelques questions importantes que vous devez vous poser au moment de choisir la solution de personnalisation la plus adaptée à vos besoins.

• Quelles sont les solutions martech et adtech que votre organisation exploite déjà ? Vous devez choisir une solution qui propose des API ouvertes et que vous pouvez intégrer dans vos systèmes.

• Avez-vous une vision centrale de vos données clients ? Pour fournir une expérience contextuelle à votre audience, vous devez agréger vos données client en une seule vision. Une solution de personnalisation doit, par exemple, pouvoir s'intégrer dans un système CRM, dans une plate-forme d'automatisation du marketing ou encore dans un outil marketing par e-mail pour un échange de données bidirectionnel.

• Ciblez-vous vos audiences en temps réel ? Cibler des consommateurs avec le bon message ne suffit plus. Il vous faut également segmenter et cibler vos audiences en vous basant sur leurs comportements en temps réel.

Le marketing personnalisé a encore de beaux jours devant lui et il ne cesse de se perfectionner.

◊ ACQUIA
www.acquia.com
Fiche d'entreprise p. 476

Benjamin Bollaert
Solutions Architect
benjamin.bollaert@acquia.com

Olivia Lannuzel
Head of Marketing Southern Europe & BeNeLux
olivia.lannuzel@acquia.com

FRANCE TÉLÉVISIONS

Améliorer l'engagement de ses audiences grâce à une recommandation vidéo personnalisée

> Zone de recommandation personnalisée france.tv

PROBLÉMATIQUE DE LA MARQUE

> Le contexte

Le nouveau service vidéo france.tv est la concrétisation d'une réflexion autour de la cohérence de l'offre du groupe France Télévisions. L'enjeu de cette plateforme est de proposer tous les contenus du groupe (replay, direct, contenus payants, extraits...) en un seul endroit. Parmi les nouvelles fonctionnalités proposées figure la recommandation de vidéos. Du fait de l'élargissement de l'offre, ce service s'est avéré indispensable afin de guider l'utilisateur, lui faire découvrir la profondeur du catalogue et améliorer son engagement.

> La cible

Ce module de recommandation vidéo est destiné à tous les consommateurs de vidéos qui souhaitent vivre une expérience personnalisée. Ce projet a pour but de répondre aux besoins de chaque individu, dans la singularité de ses attentes. Un utilisateur qui ne manque aucun épisode de sa série préférée n'aura plus à la chercher sur les différents supports. Le but étant de raccourcir au maximum le parcours entre le contenu qu'il souhaite regarder et sa visualisation en fonction de son contexte (support, jour, heure, météo...).

> Le projet

Intégrer un espace de recommandation personnalisée en temps réel sur l'ensemble des supports sur lesquels l'offre france.tv est distribuée.

> Les objectifs

- Améliorer l'engagement des utilisateurs en leur proposant une expérience toujours plus proche de leurs envies ;
- Faire découvrir la diversité des contenus de France Télévisions ;
- Sortir les utilisateurs de leur bulle de filtrage ;
- Mettre en avant l'offre de contenus payants de France Télévisions et à terme son offre de SVOD (vidéo à la demande par abonnement) ;
- Proposer un module de recommandation personnalisée en temps réel et cross-devices (web, applications mobiles et tablettes et IPTV) ;
- Équilibrer paramétrage et auto-apprentissage du moteur ;
- Augmenter le panier moyen pour l'offre de contenus payants.

SOLUTION STRATÉGIQUE

C'est un projet qui a été mené en deux phases. Dans un premier temps, la Direction du Numérique du groupe a procédé à **une mise à l'épreuve de trois moteurs de recommandation du marché en conditions réelles** : sur l'application mobile Pluzz iOS auprès d'utilisateurs sur une période d'un mois. Dans un second temps, le moteur de recommandation sélectionné a été **implémenté sur l'ensemble des supports** de "france.tv" et paramétré selon des algorithmes et des règles de gestion spécifiques aux besoins du groupe.

La mise à l'épreuve a permis de répondre à plusieurs enjeux :
- Un enjeu marketing de puissance et d'engagement (consommation de contenus, temps passé, taux de complétion des contenus consommés) ;
- Un enjeu éditorial associé à la qualité des recommandations affichées ;
- Un enjeu de performance technique.

Cette mise à l'épreuve a été mise en place sous la forme d'un *A/B test** entre les moteurs de recommandation et une population blanche à qui n'était affichée aucune recommandation spécifique. L'évaluation des fonctionnalités de chacun des moteurs a donc pu se faire simultanément. Un tableau de bord hebdomadaire a également permis de suivre finement les performances de chaque acteur.

INFOS CLÉS

220 000 vidéos vues en un mois sur iOS

+ 14 000 vidéos vues pour le moteur le plus performant

+ 3,3 % d'uplift par rapport à la programmation éditoriale

- **Objectif :** Engagement, Personnalisation
- **Cibles :** Inscrits, User vidéos
- **Moyens :** Métadonnées, Algorithmes
- **Budget :** De 100 000 € à 200 000 €

Les indicateurs détaillés ci-après ont été mesurés pour chacun des moteurs ainsi que pour la population blanche.

> Marketing

- Part des vidéos vues recommandées sur l'ensemble des vidéos vues ;
- Nombre de vidéos vues issues de la recommandation ;
- Nombre d'heures de visualisation issues de la recommandation ;
- Taux de complétion des vidéos vues issues de la recommandation ;
- Nombre de vidéos vues issues de la recommandation par utilisateur ;
- Nombre d'heures de visualisation issues de la recommandation par utilisateur.

> Technique

- Temps de réponse moyen des moteurs ;
- Taux de disponibilité des moteurs.

Tout au long de cette mise à l'épreuve ont été testés des algorithmes de recommandation et des règles de gestion spécifiques. Les trois algorithmes répondant le mieux aux besoins exprimés sont le "user based", le "content based" et le "collaborative filtering".

- **Algorithme USER BASED** : prendre en compte l'historique de visualisation de l'utilisateur afin de lui proposer une recommandation personnalisée ;

- **Algorithme CONTENT BASED** : prendre en compte les caractéristiques du contenu en cours de visualisation afin de proposer des contenus proches ;

- **Algorithme COLLABORATIVE FILTERING** : prendre en compte les contenus vus par les utilisateurs qui ressemblent à l'utilisateur en cours et qu'il n'a pas encore vus.

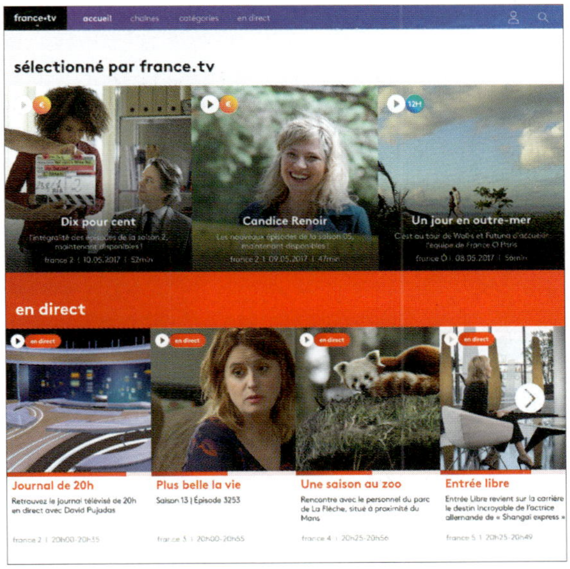

> Home page France.tv - Desktop

> *"La recommandation constitue un enjeu majeur pour les médias et les distributeurs de contenus. La mission d'un groupe comme France Télévisions, en tant que service public, est de faciliter l'accès aux contenus et à l'information aux utilisateurs, ce qui ne pourra que favoriser leur engagement."*

MISE EN PLACE OPÉRATIONNELLE

L'implémentation a débuté par la conception et la mise en place d'**une architecture technique**. La première complexité résidait dans la capacité à ingérer des catalogues de contenus différents et provenant de sources multiples. La mise en place d'un proxy - couche applicative intermédiaire - a permis l'harmonisation des données et la création d'un lien unique avec le moteur de recommandation sélectionné. Ce proxy limite également la dépendance avec le fournisseur de la recommandation, les différents supports communiquant uniquement avec le proxy et non avec le fournisseur. Parallèlement à la création de cette architecture, l'analyse des données disponibles a constitué un des principaux chantiers.

En effet, le recensement des métadonnées disponibles et la **création d'une architecture de catalogue** cohérente constituent

> Home France.tv - Application iOS

> *"C'est la première fois que sont mises à l'épreuve simultanément et sur des utilisateurs réels plusieurs solutions de recommandation vidéo."*

les étapes majeures de la réussite du projet. L'exploitation des catégories, sous-catégories, titres, descriptions et autres métadonnées des contenus permet d'identifier autant de matières premières qui permettent de nourrir les algorithmes du moteur. C'est la hiérarchisation de ces dimensions, appliquée aux algorithmes, qui permet de définir et contrôler la pertinence de la recommandation souhaitée.

Le choix des algorithmes est défini par l'expérience utilisateur que l'on souhaite mettre en place. Dans le cas de la lecture de vidéos, c'est le parcours utilisateur qui a permis de définir ce choix.

> Exemples :

• A l'arrivée sur site (home page), l'utilisateur, même s'il est reconnu, n'a pas encore montré d'appétence particulière pour une vidéo lors de la session en cours. Il convient donc de lui proposer une recommandation issue de ses comportements passés. Un algorithme "user based" (fondé sur l'historique de consommation) permet de répondre efficacement aux besoins ;

• A contrario, au cours de sa navigation l'utilisateur démontre un intérêt spécifique pour une ou plusieurs vidéos. Il convient donc, à chaque visualisation de contenu, de lui proposer les contenus en lien avec celui en cours de lecture. Un algorithme "content based" (fondé sur le rapprochement des métadonnées entre les contenus) permet alors de répondre efficacement aux besoins.

Malgré une autonomie certaine de ces algorithmes, ils nécessitent des **règles de gestion complémentaires** pour affiner le paramétrage. L'édition de ces règles de gestion permet de répondre aux spécificités du catalogue et aux besoins éditoriaux du groupe.

> Exemples :

• Les contenus liés à l'actualité : sur le catalogue france.tv, un utilisateur est en mesure de ne consommer que des contenus du type JT ou météo s'il le souhaite. Ces contenus sont exposés à une péremption très rapide, car directement liés à l'actualité quotidienne. Or, par défaut, le moteur cherchera les contenus similaires et les recommandera davantage. En effet, la météo du début de semaine ne présente plus d'intérêt réel pour l'utilisateur en fin de semaine. Il convient donc de pallier cela en limitant la recommandation de ce type de contenus aux dernières 24h ou 12h.

• La politique éditoriale : par sa mission de service public, France Télévisions encourage la découverte de nouveaux contenus. Ainsi, un utilisateur uniquement appétent au genre "séries et fictions" se verra néanmoins proposer de façon marginale d'autres types de contenus afin de ne pas l'enfermer dans une typologie de contenus et lui permettre de sortir de sa "bulle de filtrage".

La souplesse de paramétrage du moteur permet une granularité très fine. Il est possible de partir d'un paramétrage simple comme l'exclusion de contenus pour arriver à des règles plus complexes combinant plusieurs critères comme le genre, la récence et la popularité des contenus.

La combinaison de ces facteurs : hiérarchie du catalogue, choix des algorithmes et paramétrage des règles de gestion permettent d'obtenir une expérience utilisateur personnalisée, en temps réel (moins de 150 millisecondes de temps de réponse) et performante.

Un autre enjeu est de proposer ce service uniformément sur l'ensemble des équipements pour un même utilisateur. La mise en place d'un *SSO** couvre ce besoin en permettant de reconnaître l'individu, quel que soit le support utilisé. Il est donc possible de lui proposer la même recommandation personnalisée sur l'ensemble de ces supports, toujours en temps réel.

RÉSULTATS

Au cours de la mise à l'épreuve, **en seulement un mois**, nous avons observé **une augmentation du nombre de vidéos vues de plus de 3,3 %**. Le moteur qui s'est démarqué représentait à lui seul presque 45 % des vidéos vues issues de la recommandation.

En moyenne, lors de la mise à l'épreuve, **un vidéonaute a visionné 2,2 vidéos sur la dernière semaine pour le moteur le plus performant alors que ce ratio descend à 1,9 vidéo pour le moteur le moins performant.**

Les premiers résultats sur le déploiement en production sont très encourageants et d'autres cas d'usages sont déjà en cours d'implémentation afin d'optimiser l'expérience utilisateur au travers de la recommandation. Les usages à l'étude sont l'élargissement des zones faisant appel à la recommandation sur les différents supports ou encore la mise en place de plans relationnels (e-mails et pushs mobiles) dédiés aux vidéos recommandées et personnalisés selon les usages de l'utilisateur et l'actualité des contenus de France Télévisions. Des évolutions sont aussi prévues en termes d'algorithme en prenant en compte les tranches horaires de visionnage pour une approche croisée tranches horaires/devices afin d'optimiser encore l'expérience utilisateur.

Dans la continuité de ce projet, nous étudions plusieurs leviers pour enrichir les données disponibles et continuer d'optimiser les recommandations vidéos consommées par les utilisateurs (enrichissement sémantique basé sur les sous-titres des vidéos, reconnaissance d'images, enrichissement éditorial des méta-données liées aux contenus, création de nouvelles catégories de contenus plus pertinentes…).

* Retrouvez la définition dans le lexique en fin d'ouvrage.

> Fiche Player France.tv - Application iOS

◊ FRANCE TÉLÉVISIONS
www.francetv.fr

Ghita Taoujni
Directrice Marketing Numérique et Data
Ghita.Taoujni@francetv.fr

Valentin Vivier
Responsable Projets Direction Numérique
valentin.vivier@francetv.fr

LA RÉVOLUTION DE L'E-MAIL KINETIC : ET SI INNOVER AVEC L'E-MAIL MARKETING ÉTAIT ENCORE POSSIBLE ?

Longtemps maître en son royaume, l'e-mail perdrait aujourd'hui un peu de sa superbe selon la rumeur. On invoquerait un canal marketing trop mature, un paysage surchargé, des destinataires moins réceptifs...
Faut-il pourtant définitivement condamner ce levier-clé, au ROI si intéressant ?

2 points de chute du taux de réactivité des e-mails entre 2015 et 2016

18,3% d'augmentation du taux de clic grâce au Kinetic e-mail

10% de hausse du taux de réactivité grâce au Kinetic e-mail

> ***“Avec le Kinetic e-mail, le destinataire peut naviguer au sein même de l'e-mail. Cet effet multiplie vos chances de le faire cliquer sur un lien pour en savoir plus ou acheter.”***
>
> **Antoine CHARLET**
> *Manager studio créatif Europe Cheetah Digital*

L'heure d'une nouvelle révolution des pratiques en matière d'e-mail marketing a peut-être sonné.

Depuis quelques années déjà, le marché semble s'interroger sur les perspectives de l'e-mail dans la stratégie marketing de ses acteurs. Après s'être inquiété d'une potentielle baisse du marché à cause d'une baisse des volumes d'e-mails envoyés, on a montré du doigt les soucis d'affichage sur les nouveaux terminaux utilisés par les consommateurs (mobiles, tablettes...). Les professionnels ont alors su prendre le virage du responsive design pour offrir à leurs destinataires le confort de lecture attendu.

C'est un fait : l'e-mail a déjà connu plusieurs vies en matière de bonnes pratiques. La révolution suivante n'en sera qu'une de plus, pour répondre aux problématiques actuelles soulevées par les marketeurs.

STOPPER L'ÉROSION DE LA RÉACTIVITÉ

Le *Kinetic e-mail** est une réponse à la baisse de réactivité des destinataires d'une campagne e-mail. D'après un benchmark récent, le taux de réactivité moyen d'un e-mail en France, tous secteurs confondus est de 12,6 %, chutant de plus de deux points par rapport à l'année précédente. Les destinataires continuent à ouvrir les e-mails, mais ont moins tendance à poursuivre l'aventure avec la marque en cliquant pour avoir plus d'information ou bénéficier de l'offre.

De nombreuses raisons peuvent expliquer cette tendance : l'offre produit ou service ne leur correspond pas du tout, le ton ou le timing de la communication ne leur convient pas, ou tout simplement leurs boîtes e-mails - tout comme les nôtres - sont inondées.

La solution pour regagner l'attention tient en deux mots : se différencier. Pas si simple quand on a l'impression d'avoir déjà rivalisé d'ingéniosité, tant dans le design que dans les offres segmentées.

Le Kinetic e-mail est une technologie qui permet d'inclure directement dans le corps d'un e-mail des animations interactives et dynamiques, implémentées en HTML et CSS.

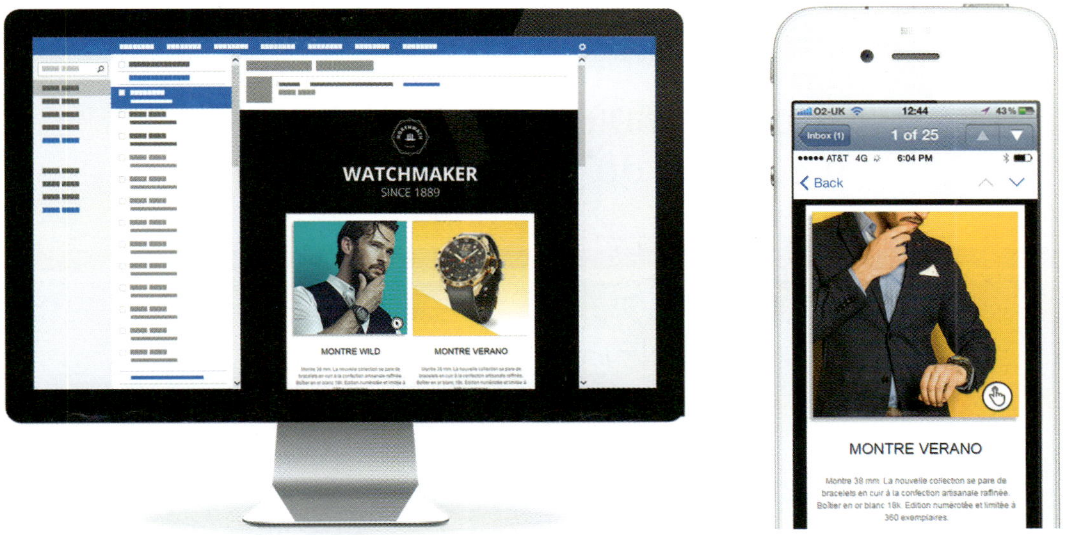

> https://bit.ly/2x2Bg0n

Grâce à cette technique innovante, les experts de l'intégration parviennent à rendre l'e-mail encore plus interactif qu'une simple image, une vidéo, un GIF animé ; pour une expérience utilisateur toujours plus forte.

A CHAQUE OBJECTIF, SON KINETIC E-MAIL…

Les Kinetic e-mails peuvent prendre plusieurs formes, avec différents niveaux de complexité. Chacune de ces formes contribue à créer une expérience plus interactive et plus engageante pour les abonnés. Détaillons-les en trois niveaux.

> Niveau 1 : *menu hamburger, image ou appel au clic fixe**
Forme relativement simple de design Kinetic, le menu Hamburger peut facilement s'intégrer dans les campagnes en faisant évoluer la navigation existante. Le destinataire peut alors naviguer directement dans l'e-mail grâce à un système "tap and reveal".

> Niveau 2 : *carrousel, tap and reveal**
La fonctionnalité du carrousel est légèrement plus complexe que le menu hamburger en matière de design, mais apporte un niveau d'interaction plus grand dans la boîte de réception. La navigation sous forme de carrousel est populaire en particulier chez les acteurs du retail, car elle donne l'opportunité de visualiser différentes options d'un produit ou de le voir sous plusieurs angles. Et tout ça, sans même quitter la boîte de réception !

> Niveau 3 : conversations & jeux
En haut de l'échelle de complexité du design Kinetic, on trouve les conversations et les jeux. Bien sûr, ces Kinetic e-mails requièrent un plus haut niveau d'expertise design, mais ils permettent d'offrir une expérience interactive et engageante.

UNE TECHNOLOGIE VALABLE POUR TOUTES LES MARQUES, EN FONCTION DU MESSAGE À PASSER - ET DE SON AUDIENCE !

Tout message ne se prête pas au Kinetic e-mail. Choisissez soigneusement les produits/images/sujets qui vont permettre d'offrir une expérience engageante et encourager les clients à continuer à découvrir tout l'e-mail. Les Kinetic e-mails autour de la navigation peuvent être un bon moyen de débuter, car les destinataires sont plus familiers avec ces fonctionnalités.

DANS LES FAITS, QUEL EFFET POUR LE KINETIC E-MAIL ?

Les destinataires d'e-mails ne passent habituellement que quelques secondes à regarder le contenu d'un message. Avec le Kinetic e-mail, le temps passé augmente grâce au côté ludique de la technique. Le destinataire peut naviguer au sein même de l'e-mail, regarder les différentes options d'un produit, le voir sous différents angles. Cet effet multiplie vos chances de le faire cliquer sur un lien pour en savoir plus ou acheter.

Les résultats chiffrés ne font que souligner cette tendance. Les marques ayant ajouté des interactions dans leurs messages ont vu leurs taux de clics augmenter de 18,3% en moyenne. Elles ont également vu leurs taux de réactivité augmente de 10%.

* Retrouvez la définition dans le lexique en fin d'ouvrage.
Source : Cheetah Digital
Source : Cheetah Digital - Q4 2016 Email Benchmark Report

◊ CHEETAH DIGITAL
www.cheetahdigital.com
Fiche d'entreprise p. 480

Antoine Charlet
Manager studio créatif Europe
contact.usfr@cheetahdigital.com

CLUB MED

#ClubMed360 : la réalité virtuelle au service de l'expérience client

> Salon Travel Expo Sydney 2016

PROBLÉMATIQUE DE LA MARQUE

> Pourquoi le Club Med s'est-il lancé dans la réalité virtuelle ?

Nous sommes plus que jamais dans une ère où l'on doit vendre une expérience et pas seulement un produit, pour toucher sa cible. C'est valable dans tous les secteurs et d'autant plus dans le secteur du voyage, puisque le produit Club Med est par définition une expérience.

Dans ce contexte, la réalité virtuelle permet "d'échantillonner" l'expérience Club Med avant séjour, c'est-à-dire de donner à voir concrètement le site, les chambres, les infrastructures, les activités... pour convaincre ses prospects ou donner envie à ses clients de découvrir de nouvelles destinations.

C'est à la fois une technologie utile, qui facilite la vie des clients, et une technologie qui procure des émotions, car elle permet de se "transporter" dans l'univers de nos villages.

- Elle aide à faire le bon choix et à se projeter, en étant au plus proche de l'expérience réelle ;
- Elle offre un avant-goût de ses vacances et une immersion qui éveille les sens ;
- Elle crée du lien et de la proximité avec la marque, en étant fidèle à sa promesse d'émerveillement, de surprise et de partage.

La réalité virtuelle concilie parfaitement rationnel et émotionnel.

SOLUTION STRATÉGIQUE

> Que fait-on vivre aux clients ?

L'objectif est d'être le plus réaliste possible en plaçant le client au centre de l'expérience. Le Club Med rend les clients acteurs du visionnage de contenus 360°, et acteurs de leurs futures vacances.

L'histoire racontée se veut sincère et authentique.
Chaque client est invité à visiter les plus beaux sites, découvrir sa chambre, tester les activités sportives et rencontrer les GOs, prêts à l'accueillir et lui faire vivre un séjour exceptionnel.

MISE EN PLACE OPÉRATIONNELLE

> Comment la réalité virtuelle a-t-elle été mise en place par Club Med ?

Depuis l'été 2015, nous sommes engagés dans la création de contenus 360° avec les sociétés Digital Immersion et TF1 Production.

Un premier pilote a été effectué à Peisey-Vallandry, dans les Alpes françaises, pour appréhender la technologie. Ce premier test concluant a permis de créer l'adhésion en interne et de déployer le projet à plus grande échelle.

Le lancement public a eu lieu en mars 2016 avec des villages emblématiques : Kani, Finolhu Villas (Maldives), Peisey-Vallandry (France), Punta Cana (République dominicaine).

A la fin de l'année 2017, c'est toute une collection de films 360° qui est proposée aux clients.

> Comment la réalité virtuelle est-elle utilisée au niveau marketing et commercial ?

Quand on pense à la réalité virtuelle (VR) dans le tourisme, on pense au point de vente, à la capacité à le réenchanter, mais aussi à donner des occasions de s'y rendre, pour faciliter l'achat et recréer des émotions. C'est une réalité et le succès commercial a été immédiat. En 3 mois, l'intégralité des agences de voyages Club Med France était équipée d'au moins un casque Samsung Gear VR. C'est également le cas des agences de Moscou, Genève et Bruxelles. Un déploiement est également

INFOS CLÉS

100% des points de vente équipés
+ de 200 événements clients

+ de 1 million de vidéos vues sur YouTube et Facebook

+ 12% d'entrées dans le tunnel de réservation

• **Objectif :** Ventes, Image

• **Cibles :** Famille, CSP+

• **Moyens :** 360°, Digital experience, Événementiel

en cours dans les "shop-in-shop" à l'international avec des partenaires commerciaux.

Elle est également utilisée sur des salons du tourisme, notamment sur les marchés où la notoriété du Club Med est moins importante, comme en Australie, à Singapour ou en Corée du Sud. C'est un vrai levier pour faire découvrir la marque et l'expérience Clud Med à des prospects et nouveaux partenaires ou investisseurs.

La marque se sert aussi de la réalité virtuelle pour des actions de street-marketing. A titre d'exemple, à Montréal au Canada, par moins 20 degrés, Club Med a invité les passants à découvrir l'expérience des villages de Punta Cana ou de Cancún, dans un truck positionné au cœur de la ville. Un condensé d'expérience Club Med, et une vraie parenthèse de chaleur et de convivialité ! Ce n'est que le début. L'évolution des technologies offre de nouvelles opportunités au service de la multi-sensorialité et de surprises jouant entre réel et virtuel.

Le Club Med utilise également l'intégralité de ses contenus 360° sur son site Internet et sur les réseaux sociaux. Les contenus en 360° permettent de réinventer la traditionnelle visite virtuelle et d'avoir des contenus beaucoup plus engageants sur les réseaux sociaux.

La réalité virtuelle a par extension de nombreux usages, en particulier pour accompagner la formation de nouveaux commerciaux. Depuis le départ, la stratégie du Club Med sur la réalité virtuelle est omnicanale, multi-devices et diffusée aux 4 coins de la planète.

RÉSULTATS

• Mobilisation commerciale : 100 % des points de vente équipés ; + de 200 événements clients avec une expérience VR (France) ;
• Couverture : + de 1 million de vidéos vues sur YouTube et Facebook ;
• Conversion : + 12 % d'entrées dans le tunnel de réservation du site BtoC grâce aux vidéos 360°.

> Salon Travel Expo Sydney 2016

> Agence Club Med Voyages Paris Champs Elysées

> Montreal Street Marketing

◊ CLUB MED
www.clubmed.com

Armelle Vimont-Laurent
Armelle.Vimont@clubmed.com
Julien Lebreton
Julien.Lebreton@clubmed.com
Marie Bascou
marie.bascou@clubmed.com

◊ DIGITAL IMMERSION/ TF1 PRODUCTION

WIKO

Renforcer la stratégie customer centric via les avis clients

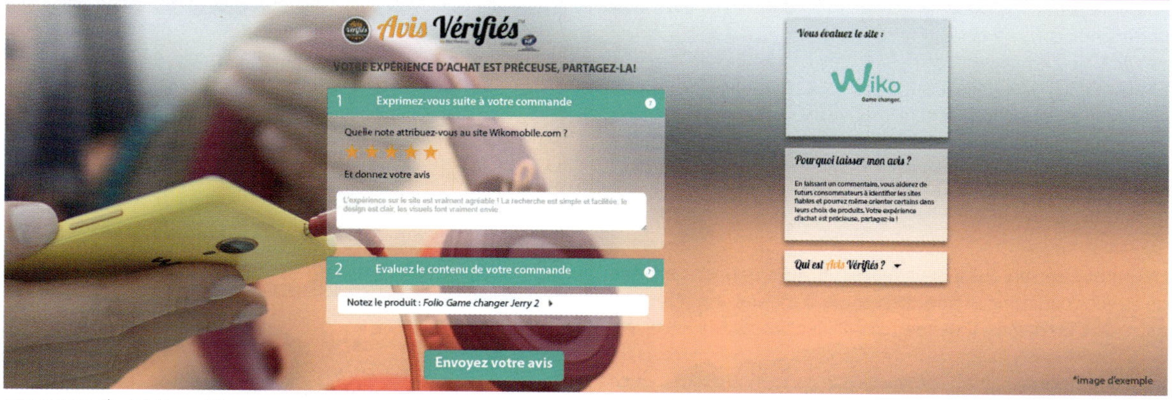

> Formulaire d'avis Wiko mobile

PROBLÉMATIQUE DE LA MARQUE

> Le contexte

Créée en 2011, Wiko est devenue la 2e marque la plus vendue en France et la 4e en Europe[1], une véritable success-story pour cette marque marseillaise. L'idée de lancement était de réussir à proposer « la bonne technologie au bon moment, avec un joli design et surtout au juste prix » afin de donner aux consommateurs l'opportunité de profiter d'un smartphone à un prix accessible. Cette volonté se traduit par une gamme très large de produits ayant chacun des spécificités techniques particulières qui peuvent ainsi répondre à tous les besoins et usages des consommateurs.

En juin 2016, Wiko lance son propre site e-commerce et entame de nouvelles réflexions stratégiques notamment autour de l'expérience client, de la visibilité de la marque sur les moteurs de recherche, mais aussi de la précision des informations disponibles sur tous les produits Wiko.

> Les objectifs

Wiko veut renforcer sa stratégie customer centric et décide de créer un pôle Expérience Client. L'objectif de cette nouvelle équipe est tout d'abord de se mettre à l'écoute du client afin de mieux le connaître et savoir ce qu'il pense de la marque et de ses produits.

L'autre objectif est d'identifier les "pains points" qui peuvent jalonner l'ensemble du parcours client. Wiko souhaite pouvoir piloter son image de marque et ses produits sur les moteurs de recherche, point d'entrée principal des visiteurs du site e-commerce, mais aussi trouver des outils capables de mieux guider les visiteurs dans leur choix.

SOLUTION STRATÉGIQUE

> L'idée stratégique

Pour Wiko, le moyen le plus logique et le plus rapide pour écouter la "voix" de ses clients était de commencer à collecter en même temps l'*avis marque** et l'*avis produit**. Critère important, Wiko souhaitait utiliser une solution présentant un cadre rassurant et transparent pour les visiteurs.

> Le choix de la solution

Wiko s'est tourné vers Avis Vérifiés, une solution 100 % française et certifiée NF Service "avis clients en ligne", première norme mondiale encadrant la collecte, modération et restitution des avis clients. Une vraie marque de confiance pour ceux qui consultent les avis.

De plus, Avis Vérifiés collecte les deux types d'avis souhaités via un e-mail post-achat envoyé à tous les clients. Pour Wiko, c'est l'assurance d'obtenir un important volume d'avis sans augmenter la pression marketing et de pouvoir rattacher chaque avis à une commande, ce qui facilite le suivi par le Service client.

Enfin, la solution Avis Vérifiés offre aussi une technologie évolutive et personnalisable qui s'adapte à tous nouveaux besoins de Wiko notamment sur l'amélioration de la collecte de données autour du NPS et des reportings.

MISE EN PLACE OPÉRATIONNELLE

> Les étapes :

Août-septembre 2016

- Template e-mail, *formulaire** et intégration des avis ;
- Collecte des premiers avis. A J+15 après achat pour laisser au client un délai de prise en main des produits ;

INFOS CLÉS

- 90% avis positif
- + de 2300 avis marque
  + de 2600 avis produit
- à J+15, collecte des premiers avis

• **Objectif :** Fidélisation, Acquisition

• **Moyens :** Avis clients, Reportings, Analyse des verbatim

• Mise en ligne de l'attestation Avis Vérifiés/Wiko (avis marque) et des avis produits sur le site Wiko ;

• Mise en place d'un process interne pour le traitement des avis afin de répondre rapidement aux avis négatifs. Dans le cas où l'équipe Customer Experience (CX) ne peut pas directement aider le client, elle doit envoyer "un signe de vie" pour faire patienter le client jusqu'au traitement du problème par le Service Client. Si aucune solution n'est trouvée sous 48h, l'équipe CX doit idéalement reprendre contact avec le client pour le rassurer sur le traitement toujours en cours de sa demande. Des binômes "supports" sont également nommés dans les différentes équipes pour fournir rapidement des compléments d'information et enrichir les échanges avec les clients ;

• Développement des statistiques dédiées Wiko pour la réalisation de 3 reportings internes :
- Etude ad hoc dédiée aux nouveaux produits et réalisée un mois et demi après leur sortie puis updatée tous les mois pendant 6 mois. L'analyse se concentre sur les verbatim positifs et négatifs.
- Une étude trimestrielle pour suivre l'évolution globale de l'expérience client sur le site. Elle se concentre cette fois sur les tops/flops, les success-stories et les résultats NPS ;

Ces deux premiers reportings sont partagés à plusieurs équipes internes comme le pôle E-commerce, Service client, l'équipe Produit, le service R&D, la Direction et les Responsables Pays.

• Partage hebdomadaire d'avis positifs et négatifs aux équipes dédiées pour mieux encourager leur implication dans la satisfaction client et les process de "co-création".

Février 2017 :
• Ajout du NPS dans les formulaires Wiko.

Novembre 2017
• Evolution du formulaire d'avis pour ajouter un questionnaire multicritère qui permettra à Wiko d'afficher sur tous ses produits des notes précises sur : Photos/Vidéos, Design/Ergonomie, Autonomie, Mémoire/Stockage, GPS en plus de la note globale et du commentaire de l'acheteur. Une façon d'enrichir les fiches produits et de mieux aider les visiteurs à comparer les produits des gammes Wiko ;

• Modification de l'emplacement et des champs de réponse du NPS pour les notes inférieures à 6/10. Le questionnaire NPS était placé sous la question concernant l'expérience client. Or Wiko souhaite désormais le voir en toute fin du formulaire de dépôt d'avis. Pour Wiko, la question sur la recommandation doit autant dépendre de l'expérience avec la marque que de celle avec le produit. L'ajout d'un champ supplémentaire à remplir pour les mauvaises notes apportera plus de précisions et de granularité dans les résultats NPS.

RÉSULTATS

• 90 % d'avis positifs ;
• Plus de 2 300 avis marque et plus de 2 600 avis produits ;
• Le pôle Expérience client est devenu un trait d'union entre toutes les équipes opérationnelles de Wiko ;
• La culture client est plus que jamais un réflexe chez Wiko.

[1] marché hors opérateurs
* Retrouvez la définition dans le lexique en fin d'ouvrage.

"Les avis clients ont un double enjeu. Ils engagent toutes les équipes opérationnelles d'une marque dans la poursuite de la satisfaction client et deviennent une aide à l'achat pour tous les visiteurs."

◊ WIKO
www.fr.wikomobile.com

◊ AVIS VÉRIFIÉS
www.avis-verifies.com

Elodie Llanusa
Directrice Marketing & Com
elodie@avis-verifies.com

SOCIAL BOTS - DE L'AUTOMATISATION À LA PERSONNALISATION DE LA RELATION CLIENT ET DE LA VENTE

WeChat, Facebook Messenger, Kik... plus de la moitié des 2,5 milliards d'utilisateurs de smartphones dans le monde utilise au moins une fois par jour une application de messagerie instantanée. Il est certain que ce nouveau canal constitue un incroyable relais de croissance pour les marques. Et l'opportunité que représentent les social bots va bien au-delà de l'automatisation de la relation client

5 applications utilisées quotidiennement par les utilisateurs de smartphones

2,5 milliards d'utilisateurs de smartphones dans le monde

1,2 milliard d'utilisateurs de Facebook Messenger

> *"Le social bot devient un canal de vente actif de la marque, complémentaire à un site web, à une app mobile et à un centre de relation client."*
>
> Christine MAGNIER
> *Marketing Manager Worldline*

ETRE PRÉSENT LÀ OÙ SONT LES CLIENTS

Les chatbots sont des programmes dotés d'intelligence artificielle qui ont la capacité de simuler une conversation avec un humain. Ils existent depuis plus de 60 ans. Le sujet n'est pas nouveau et cette technologie peut être déployée sur différents vecteurs de communication (site web, application mobile, application de messagerie instantanée, etc.). Mais alors, pourquoi les chatbots sont-ils tendance aujourd'hui ?

En réalité, la véritable révolution repose sur les plateformes de messagerie instantanée sur lesquelles se déploient les chatbots. Début 2016, l'ouverture des API des grandes plateformes sociales a accéléré la création de bots sur les réseaux, on parle de social bots. C'est véritablement cet engouement des utilisateurs pour les applications de messagerie instantanée qui crée aujourd'hui une réelle opportunité business pour les marques.

La meilleure illustration est l'application de messagerie instantanée WeChat, utilisée quotidiennement par 600 millions de Chinois. Une majorité d'entre eux l'utilise comme une réelle plateforme de services et commande un taxi, envoie un bouquet de fleurs ou règle au restaurant directement dans l'application, grâce à l'enrôlement de leur moyen de paiement. WeChat capte aujourd'hui des millions de transactions de paiement quotidiennement. Ce phénomène est suivi de près par les géants du web (*GAFAM**) et nous donne un bon aperçu des tendances en cours de démocratisation au travers de ces plateformes.

Facebook Messenger avec ses 1,2 milliard d'utilisateurs pourrait s'imposer comme la plateforme privilégiée pour accéder à des services sur mobile. En effet, aux Etats-Unis, il est déjà possible de commander son repas en discutant avec les restaurants déjà présents sur Messenger.

LE SOCIAL BOT, LE NOUVEL AMI

Les applications de messagerie instantanée ont l'avantage d'être déjà installées et utilisées de manière quotidienne par des milliards d'utilisateurs. Ainsi, une marque qui souhaite lancer un service spécifique sur ces nouvelles plateformes ne se retrouve plus confrontée au frein du téléchargement.

> Social bot, un sujet centré sur le client.

Le client n'a plus à télécharger d'application, il doit juste chercher la marque comme il cherche un ami pour chatter.

En discutant naturellement avec le bot comme il le fait avec ses amis, le consommateur s'engage à chaque interaction avec la marque. A terme, le bot crée une vraie intimité avec le client et apprend à mieux le connaître. Ce dialogue s'établit dans une interface cohérente sur tous les canaux PC, tablette, mobile et a la capacité de garder à la fois le contexte et l'historique de discussion.

En profitant de l'usage croissant des interfaces conversationnelles, les applications de messagerie instantanée deviennent, pour les marques et les consommateurs, un vivier de nouveaux services interactifs. Là où sur les App Stores, nous avions l'habitude de retrouver des applications pour chaque besoin, demain, nous pourrons découvrir sur ces plateformes, des social bots pour chaque service. L'ouverture des API et la création d'une communauté de développeurs autour des messageries instantanées permettent de créer un écosystème riche et dynamique, prometteur pour les années à venir.

L'*INTELLIGENCE ARTIFICIELLE**, VECTEUR D'UN ENGAGEMENT CLIENT RENFORCÉ

Les progrès technologiques autour de l'intelligence artificielle (science relative aux systèmes informatiques qui se comportent comme les êtres humains) sont un autre facteur important qui explique le développement de l'intérêt autour des social bots. Le traitement et la génération de langage naturel sont des champs de l'intelligence artificielle qui proposent aujourd'hui une qualité de service très intéressante.

Le rachat de start-up prometteuses dans le domaine du langage naturel comme API.AI par Google ou WIT.AI par Facebook illustrent l'intérêt des GAFAM pour ces technologies.

Néanmoins, malgré les possibilités technologiques, nous remarquons que l'apprentissage assisté est aujourd'hui préféré pour les social bots à l'apprentissage automatique (machine learning). Dit autrement, le bot n'apprend pas complétement tout seul, mais une intervention humaine est nécessaire pour aider le bot à identifier ce qui est une erreur de ce qui n'en est pas. Il se peut que la malheureuse expérience de Tay, le bot autonome de Microsoft qui est devenu raciste en moins de 24h00 en étant perverti par des trolls sur twitter, en ait refroidi plus d'un sur le « full machine learning ».

CAS D'USAGE

Le social bot qui répond à toutes les questions sur tous les sujets n'existe pas encore et n'a peut-être pas de sens pour une marque ! Il vaut mieux que le service proposé soit défini et explicite pour l'utilisateur, plutôt que généraliste et source de frustration.

> 1. Un service client accueillant : "Do little but well"

Les social bots peuvent être vus comme un nouveau canal de la relation client ininterrompue qui s'affranchit des contraintes horaires et des temps d'attente. « Il est 23 h. J'ai un problème avec un contrat internet, je souhaite appeler mon fournisseur d'accès. Le service client est fermé, donc aucun appel ni session chat n'est possible. Par contre, je peux à travers mon bot, programmer un rappel par un agent, choisir le créneau horaire disponible. Lors du rappel, l'agent connaît le motif de l'appel. »

Ces dialogues naturels avec des robots vont permettre aux marques :

- D'être plus disponibles pour le client ;
- De renforcer leur intimité client ;
- D'affiner leur connaissance client.

L'humain ne sera pas remplacé par ce genre de solutions. Il faut voir le social bot comme un outil complémentaire. Le bot accueille de manière amicale et personnalisée l'utilisateur. C'est le premier niveau de la relation client qui est automatisé. Un relais fluide et sans couture se fait ensuite avec un agent humain sur des tâches à valeur ajoutée.

> 2. Une interface adaptée à l'Internet des objets ? There is a chat for that !

« There's an app for that », Steve Jobs.

Steve Jobs avait raison ! Il existe aujourd'hui plus de 4 millions d'applications sur les stores Apple et Android. Avec l'explosion des objets connectés, on constate aujourd'hui qu'une nouvelle application est publiée à chaque nouvel objet connecté ! Cela n'est pas soutenable sachant que le nombre de téléchargements sur les nouvelles applications est de plus en plus faible. Il est donc intéressant de pouvoir consolider ces services compagnons des objets connectés au sein des plateformes de messagerie.

On pourra bientôt dire : **« There is a chat for that ».**

> 3. Un nouveau canal de vente actif : "Pay@Bot"

Le social bot peut être vu dans certains cas comme un nouveau canal de vente actif pour les marques.
Comment ? En incorporant le paiement de manière totalement intégrée à l'expérience d'achat afin de dynamiser les commandes de vente en ligne. Deux cinématiques de paiement sont possibles : une webview intégrée à l'application de messagerie ou du paiement app to app vers un wallet déjà installé sur le smartphone de l'utilisateur type Paylib.

Les marques souhaitent être accompagnées sur des services de plus en plus aboutis qui intègrent de la vente en ligne (commande en ligne fast-food, cf. illustration), de l'e-réservation (hôtels), de la mise en relation entre amis à proximité (car sharing). Cette richesse de services va être liée directement à la capacité des marques à mettre à disposition du social bot des données temps réel.

LE PAIEMENT DOIT ÊTRE INTÉGRÉ À LA CONVERSATION POUR ACCÉLÉRER LE COMMERCE

L'utilisateur va ouvrir son interface familière pour commander soit au travers d'un carrousel visuel soit en chattant de manière naturelle : « Je veux commander un hamburger au fromage, avec des potatoes, sauce bbq, et un Coca ». Le social bot va confirmer la prise de commande et lui proposer de payer directement sur la même interface.

COMMENT METTRE EN LIGNE UN SOCIAL BOT PERFORMANT ET DIFFÉRENCIANT ?

Pour aller au-delà des réponses pré-formatées du social bot et éviter l'effet FAQ interactive, il est nécessaire d'intégrer le système d'information dans votre projet social bot. En effet, un utilisateur peut demander : « Quel est mon solde de points de fidélité ? » ou « Je souhaite commander un menu XL, avec un soda et une petite frite ».

Ces questions des utilisateurs doivent dans un premier temps être analysées et processées par le moteur de langage naturel. Le rôle de ce moteur est d'identifier des intentions. Grâce à cette analyse, le moteur conversationnel peut identifier l'action à effectuer.

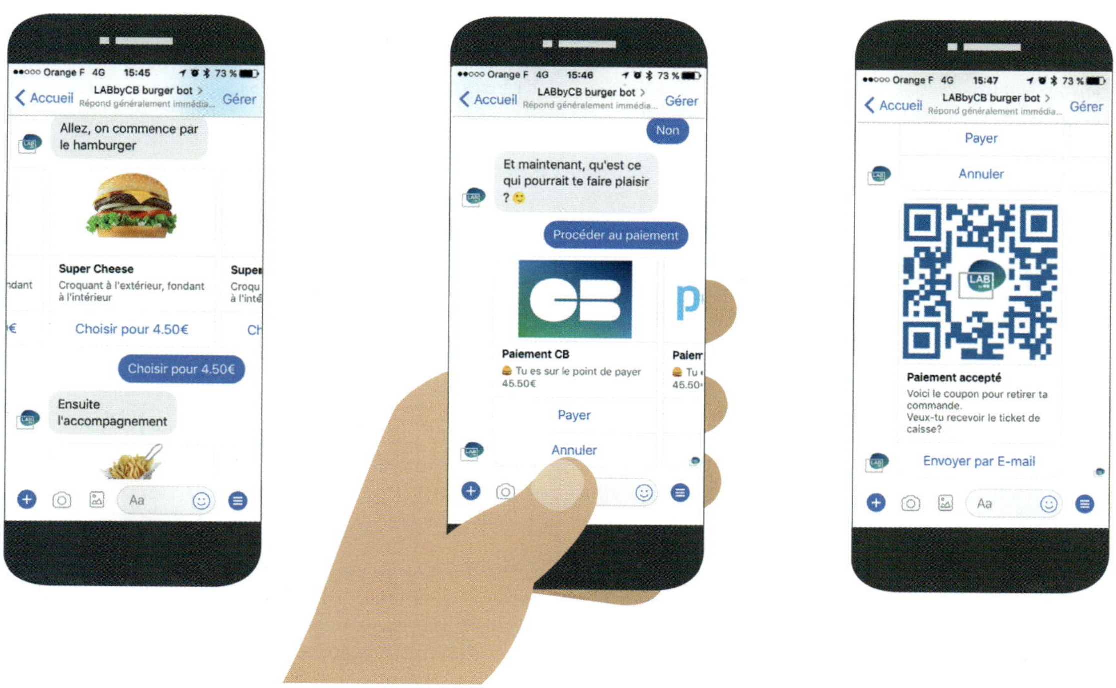

> Social bot de commande en ligne intégrant le paiement pour une expérience simple et fluide.

Afin de construire la réponse, le robot va interagir avec de nombreux systèmes d'informations (solution de fidélité, référentiels produits...) et des solutions tierces comme des solutions de paiement. Il est donc nécessaire d'orchestrer en temps réel ces informations pour les rendre disponibles au social bot de manière instantanée.

Les social bots ne sont qu'une nouvelle étape vers l'ère des robots. Nous constatons sur le marché une tendance forte vers le "zéro interface" au travers des assistants vocaux comme Alexa d'Amazon ou encore Google Home du géant américain. La conversation s'inscrit dans une simplification des interfaces entre la marque et ses clients pour améliorer toujours plus l'engagement client et dynamiser le commerce.

* Retrouvez la définition dans le lexique en fin d'ouvrage.

> *"Manifestement, les marques qui intégreront en premier le paiement sur ce nouveau canal prendront un avantage décisif sur leurs concurrents."*
>
> **Vianney DHALLUIN**
> *Business Developer - Digital Retail Market Worldline*

◊ WORLDLINE
www.worldline.com/en-us/home.html
Fiche d'entreprise p. 496

Vianney Dhalluin
Business Developer
vianney.dhalluin@worldline.com

Christine Magnier
Marketing Manager
christine.magnier@worldline.com

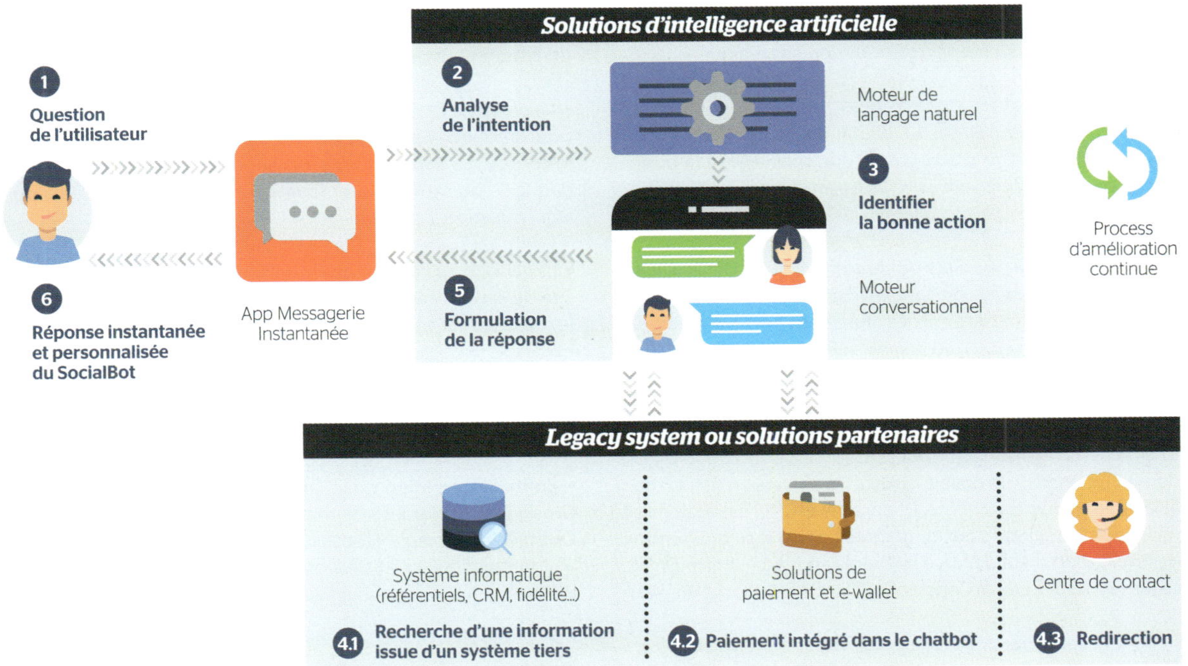

> Une architecture fonctionnelle "best of breed"

GROUP DIGITAL

Une stratégie d'envergure au service de l'engagement

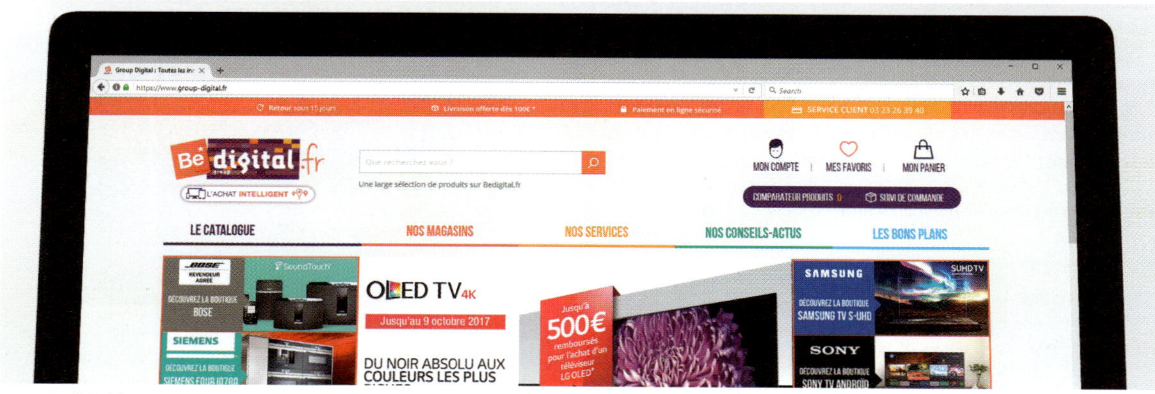

> www.bedigital.fr

PROBLÉMATIQUE DE LA MARQUE

Group Digital est un réseau de près de 80 magasins indépendants, présent en France depuis plus de 30 ans. Son site de e-commerce, Bedigital.fr, ainsi que ses points de vente permettent au groupe d'évoluer avec les nouveaux modes de consommation, tout en véhiculant ses valeurs : proximité, conseil et services personnalisés.

Le distributeur en Image, Son, Multimédia et Electroménager a choisi Vanksen pour mener une réflexion stratégique.

« Nous souhaitons aller vers une approche toujours plus personnalisée du consommateur. Le digital est un excellent média pour nous permettre d'adresser le bon message, à la bonne personne au bon moment ! » Katia Euzen, Directrice Marketing & Communication, Group Digital

Fort de son réseau de points de vente physiques, Group Digital a souhaité optimiser sa présence en ligne, et s'appuyer sur des outils digitaux pour concevoir des opérations de *drive-to-store**. La marque entend ainsi mieux servir son cœur de cible : le CSP+, à la recherche de produits de grandes marques, de qualité et d'un service avant et après-vente à la hauteur de ses exigences.

« Les actions marketing que nous imaginons pour Group Digital doivent répondre à un double objectif : la conversion sur l'e-shop et le trafic en points de vente. L'approche e-CRM est également un enjeu stratégique pour la marque. Le nouveau programme de fidélisation a été déployé sur Vanksen Match, notre *DMP**, en janvier 2017. » Lionel Constantini, Directeur Associé, Vanksen

Chaque magasin disposant de spécificités servicielles locales, il était indispensable de préserver la stratégie de différenciation de Group Digital et d'inscrire les actions dans une approche globale.

SOLUTION STRATÉGIQUE

Grâce à une excellente connaissance des différents parcours d'achats en ligne, nous avons proposé à Group Digital un accompagnement stratégique permettant de délivrer aux internautes et mobinautes des messages tactiques, tout en leur proposant de nouvelles interactions avec la marque :

• Une campagne de notoriété (display) a été menée afin de faire découvrir au grand public cet acteur de proximité, promettant un haut niveau de service offline comme online ;

• La présence de l'annonceur sur les réseaux sociaux a été lancée pour traduire la promesse forte de l'enseigne à ses clients : le conseil. Sa communauté est ainsi régulièrement invitée à partager son expérience et fournir des avis sur les produits ou leur utilisation ;

• L'agence a également optimisé le référencement naturel du site de e-commerce en proposant une nouvelle vision SEO, à la fois technique et sémantique ;

• En parallèle, des campagnes de médiatisation (Adwords et Facebook Ads) bénéficient d'un ciblage stratégique permettant de maximiser le ROI ;

• Enfin, l'intégration de la DMP Vanksen Match a permis à Group Digital d'ajouter le marketing automatisé à ses outils. Outre l'hyperpersonnalisation des messages, de nombreuses actions tactiques ont déjà été orchestrées pour qualifier les leads et générer des conversions.

INFOS CLÉS

- **+ 10 €** de CA généré pour 1 € investi
- **+ 30 %** de trafic organique
- **+ 100 %** de membres dans la communauté

- **Objectif :** Engagement client, Conversion de leads
- **Cibles :** CSP+
- **Moyens :** DMP, SEO, SMO, Médias
- **Budget :** > à 300 000 €

MISE EN PLACE OPÉRATIONNELLE

La réflexion stratégique globale sur la présence en ligne de Group Digital a été initiée en 2016 et suivie par le déploiement de la stratégie de moyens.

Du côté des réseaux sociaux, un calendrier éditorial avec des thématiques créatives et participatives accompagne les campagnes régulières de recrutement de fans ciblés.

En plus d'optimisations techniques, une stratégie de contenu - en phase avec les attentes des consommateurs - a été mise en place sur le site internet de la marque, afin d'optimiser son positionnement SEO et de générer du trafic sur son e-shop.

Un large dispositif média a été déployé d'abord pour créer de la notoriété de marque, puis pour encourager les visites en magasin tout en générant des leads et de la conversion sur l'e-shop. Les actions de marketing automatisé et campagnes, analysées et réajustées quotidiennement, s'adaptent en fonction des comportements des clients et permettent d'identifier puis exploiter de nouvelles pistes de développement. En plus, des campagnes tests permettent de détecter de nouvelles opportunités, et donc de favoriser des conversions complémentaires.

L'accompagnement par nos spécialistes permet d'apporter des analyses précises, d'optimiser les actions automatisées en cours, de maximiser les résultats en magasin et d'aborder de nouveaux aspects de la relation client. Par exemple, en synergie avec les équipes Social Data Intelligence (qui travaillent les indicateurs d'image de la marque en ligne), des clients prescripteurs sont identifiés et pourront être ciblés dans le cadre du déploiement de la stratégie d'influence de Group Digital.

RÉSULTATS

Les différents piliers de la stratégie mise en place ont porté leurs fruits.

Sur les réseaux sociaux, la communauté de marque a presque doublé en 6 mois, avec un taux d'engagement moyen entre 3,1 et 3,8 %. Group Digital se place ainsi en 4e position du top 5 des réseaux de distribution spécialisés en Image, Son, Multimédia, Electroménager, en nombre de fans.

Certains contenus éditoriaux thématiques se sont positionnés au top 10 des résultats Google dès les premières semaines de diffusion, et le trafic organique du site de e-commerce a augmenté de plus de 30 %.

Après 6 mois de campagnes, il a été possible d'observer que pour 1 € investi, + 8 € de CA étaient générés.

Enfin, 6 mois après la mise en place de la DMP Vanksen Match, pour 1 € investi, nous parvenons à générer + de 10 € de CA.

Bilan : une démarche multicanale d'envergure qui a permis à la fois de structurer la stratégie et les dispositifs de prise de parole du distributeur, de générer de l'engagement auprès de sa communauté, de multiplier les opportunités business et de favoriser le drive-to-store.

* Retrouvez la définition dans le lexique en fin d'ouvrage.

> Animation de la communauté Group Digital sur Facebook. www.facebook.com/GROUPDIGITAL/

> *“L'intégration de la DMP a permis à Group Digital d'ajouter le marketing automatisé à ses outils.”*

◊ GROUP DIGITAL
www.bedigital.fr

Katia Euzen
Katia Euzen
Directrice Marketing & Communication

◊ VANKSEN
www.vanksen.com
Fiche d'entreprise p. 495

Jérémy Coxet
Directeur Associé

Coup de cœur PRATIQUE

VOTRE ENTREPRISE EST-ELLE PRÊTE POUR UNE STRATÉGIE DE MARKETING AUTOMATION ?

Vous avez décidé de déployer une stratégie de marketing automation dans votre entreprise. C'est une bonne chose ! Mais votre société est-elle préparée à tous ces changements ? Dans cet article, nous vous dévoilons une méthodologie en 8 étapes afin de créer un environnement favorable à l'implémentation d'une stratégie de marketing automation.

2% de taux d'équipement en France

84% des top performers ont adopté le marketing automation

La généralisation d'internet a considérablement bouleversé le comportement des consommateurs. Désormais, avant d'acheter un produit ou de souscrire à un service, ils vont chercher par eux-mêmes et trouver facilement les informations dont ils ont besoin pour passer à l'acte d'achat. Médias, blogueurs, utilisateurs, annonceurs ou entreprises... il existe aujourd'hui une multitude de sources d'information qui facilitent ce comportement. Cependant cette surabondance des messages a également eu un effet non désiré. L'attention du consommateur est devenue difficile à capter. Un constat fait par de nombreuses entreprises qui abandonnent progressivement les techniques de marketing traditionnel au profit d'une approche plus personnalisée.

LE MARKETING AUTOMATION, UNE ÉVIDENCE ?

Dans ce contexte, le marketing automation apparaît alors comme une évidence. Au lieu de formater et de diffuser de manière identique un message susceptible de correspondre au plus grand nombre, l'approche consiste ici à personnaliser vos communications en fonction des spécificités de vos contacts (niveau de maturité, statut, pouvoir de décision...). Diffuser le bon message, aux bonnes personnes, le tout au moment opportun est une pratique complexe qui requiert une totale maîtrise de la donnée. Pour ce faire, il existe des solutions dédiées (Hubspot, Marketo, Pardot...) qui facilitent, entre autres, la segmentation de vos contacts et l'automatisation de la plupart de vos actions marketing. D'après les chiffres de Datanyze, on estime que 2 % des entreprises en sont équipées en France. Mais combien sont-elles à en tirer pleinement profit ?

> *“Il faut admettre que la conduite réussie d'un projet de marketing automation peut représenter un challenge et que toutes les entreprises n'ont pas les mêmes facilités à l'adopter.”*
>
> **Christian NEFF**
> *Fondateur et CEO Markentive*

Au risque de vous décevoir, il faut admettre que la conduite réussie d'un projet de marketing automation peut représenter un challenge et que toutes les entreprises n'ont pas les mêmes facilités à l'adopter. Par exemple, l'une des erreurs récurrentes consiste à penser que la solution logicielle viendra à bout de vos défis marketing et organisationnels comme par magie. La meilleure manière de décrire le contexte dans lequel le marketing automation a les meilleures chances de succès est de parler d'environnement favorable. On fait référence ici à un environnement facilitant l'implémentation de l'outil et le succès du projet. Afin de préparer votre entreprise à une stratégie de marketing automation, voici 8 étapes que nous vous recommandons de suivre :

> www.markentive.fr/agence-marketing-automation

> Etape 1 : impliquer les bonnes personnes directement au cœur du projet
Un projet réussi implique généralement ventes, marketing, direction et à un moment ou un autre, les équipes techniques. Si tous ne jouent pas un rôle central ou opérationnel, assurez-vous d'avoir le soutien de la direction et des équipes techniques pour réaliser sereinement la transformation digitale de vos activités marketing et commerciales.

> Etape 2 : faire collaborer le marketing et les ventes de manière rapprochée
Si les ventes et le marketing fonctionnent en silos, vous devrez rapidement évoluer sur ce point. L'entente entre ces deux services est essentielle au succès de votre projet de marketing automation.

> Etape 3 : standardiser le fonctionnement commercial
Si la méthode de vente est informelle, aléatoire et difficile à formaliser, vous ferez face à certaines difficultés pour la digitaliser. En effet, comment automatiser des tâches, des alertes, des attributions si le "ça dépend" régit votre organisation ?

> Etape 4 : comprendre le cycle de vente dans son ensemble
Pour adopter les logiques du *lead nurturing**, vous devrez comprendre précisément le cycle de vente (awareness, consideration, decision) pour chaque *buyer persona**. Documentez-le au maximum !

> Etape 5 : améliorer la qualité des bases de données
Si vos contacts ne sont pas de bonne qualité, vous pourrez automatiser de nombreuses actions marketing, vous n'irez pas très loin !

> Etape 6 : identifier des segments de contacts cohérents et disponibles
Pour réaliser des scenarii personnalisés et efficaces, pour mesurer la montée en maturité de vos contacts, vous devrez disposer d'une segmentation efficace. Votre base de données est-elle bien segmentée ?

> Etape 7 : produire suffisamment de contenus marketing
Si tout votre socle technique est en place, que votre cycle de vente est compris et que vos segments sont identifiés, vous pourrez imaginer de nombreuses actions de nurturing et d'automatisation. Sauf si vous n'avez pas de contenu sous la main !

> Etape 8 : former les équipes aux outils et méthodes
Dernière étape, vérifiez que vos équipes sont formées à la méthodologie de marketing automation et maîtrisent les outils associés. Ce sont elles qui vont faire vivre votre stratégie !

Votre entreprise est certainement prête sur certains sujets et peut être encore "à la traîne" sur d'autres. Quoi qu'il en soit, vous vous rendez compte à quel point un projet de marketing automation est structurant pour votre entreprise, ce qui est finalement assez logique. Comment automatiser quelque chose qui est mal compris, en se basant sur une data mal qualifiée et portée par des collaborateurs peu impliqués ou formés ? Le meilleur moyen de réussir ce projet est d'en faire un vrai sujet d'entreprise et de suivre une démarche robuste visant à mettre tous les voyants au vert sur le moyen terme, en définissant notamment des règles de fonctionnement et un cahier des charges technique.

* Retrouvez la définition dans le lexique en fin d'ouvrage.

◊ MARKENTIVE
www.markentive.fr

Christian Neff
christian.neff@markentive.com

Kévin Brun
kevin.brun@markentive.com

Coup de cœur Innovation

MEETIC GROUP

Lara de Meetic – Le premier chatbot de rencontre

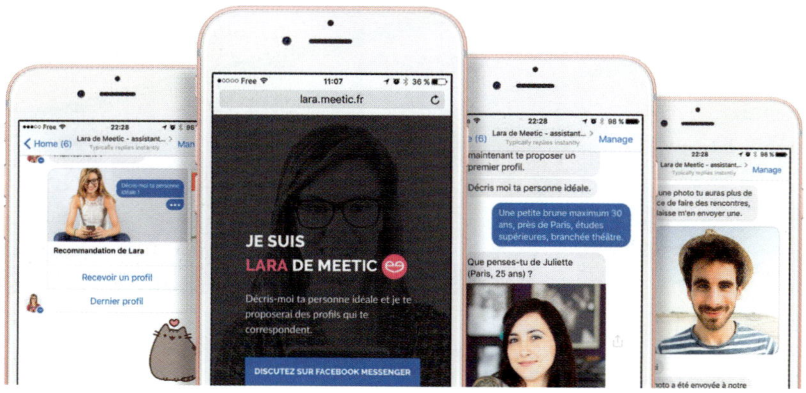

> Lara de Meetic - Le premier chatbot de rencontre.

Meetic est le service de rencontre préféré des célibataires (TNS). Seule marque de dating à proposer autant de services de qualité, accessibles sur toutes les technologies - montres connectées, mobile, tablette, site web - Meetic est aussi le premier organisateur d'événements "In Real Life". Alliant capacité d'innovation technologique, efficacité et meilleur service client, Meetic est la référence des services de rencontre et donne au dating une longueur d'avance. En Europe, plus de 6 millions de couples se sont rencontrés sur Meetic (IPSOS). Le groupe Meetic, présent dans 15 pays d'Europe, fait partie du Match Group, leader mondial du dating avec plus de 45 marques dont Tinder, OKCupid, Meetic ou encore Match.

PROBLÉMATIQUE DE LA MARQUE

Dans un environnement très compétitif, il nous faut proposer des services différenciants qui apportent une vraie valeur ajoutée au service. Afin de mener à bien cette mission, nous avons au cœur de notre ADN une forte politique d'innovations et de diversifications. L'objectif n'étant pas d'innover pour innover mais de créer un service adapté pour répondre à une tendance émergente ou un vrai besoin. Par ailleurs, l'acquisition de nouveaux utilisateurs est un enjeu business clef dans la rencontre, le churn étant inhérent au modèle.

Le lancement d'un *chatbot** nous a paru être un projet parfaitement adaptée à cette triple volonté d'innover, d'acquérir de nouveaux utilisateurs et apporter au service une vraie valeur ajoutée.

> La cible

Les services Meetic s'adressent à tous les célibataires majeurs quel que soit leur tranche d'âge et ce dans 15 pays européens.

> Les objectifs

Le premier objectif du chatbot a été de recruter des nouveaux utilisateurs sur nos services. Une fois cet objectif atteint, nous avons souhaité que notre chatbot, Lara, puisse offrir de nouveaux services à l'ensemble de nos utilisateurs inscrits.

SOLUTION STRATÉGIQUE

> Acquisition clients

La rencontre étant par nature un sujet intime, proposer à l'utilisateur de l'accompagner au travers d'une "ergonomie conversationnelle" nous a tout de suite paru être une idée intéressante pour personnaliser et "humaniser" le parcours d'inscription.
Lara va demander à l'utilisateur des informations comme sa ville ou sa date de naissance et finira par lui proposer de créer un compte sur nos services. Elle lui enverra dans la foulée des premiers profils de célibataires.

Au delà de l'efficacité du mode "conversationnel", il faut s'assurer que Lara bénéficie de suffisamment de trafic. Pour cela, nous avons choisi d'utiliser deux canaux de diffusion :

1/Messenger
Lara s'affiche sur l'application mobile Messenger tel un contact classique. L'utilisateur peut ainsi engager la conversation à n'importe quel moment.

Pour amener du trafic, Facebook propose le format publicitaire "Newsfeed to Messenger Ads", qui renvoie l'utilisateur directement vers l'application Messenger en engageant la conversation directement avec Lara. L'utilisateur n'a qu'à cliquer sur un bouton pour poursuivre l'échange et créer son compte, sans quitter Facebook Messenger.

INFOS CLÉS

300K+ utilisateurs actifs par mois pour Lara

10 langues

+ 30% taux d'inscription

- **Objectif :** Acquisition, Fidélisation
- **Cibles :** Femmes/hommes
- **Moyens :** Facebook, Digital expérience

2/Sites Meetic

Lara s'affiche également sur l'ensemble de nos pages d'inscriptions desktop au moment où l'utilisateur quitte la page avant d'avoir créé son compte ou finalisé son inscription. Il suffit de détecter le moment ou le pointeur de la souris quitte la fenêtre de la page et de faire apparaître Lara. Elle propose alors aux utilisateurs hésitants de les accompagner pour créer leur compte.

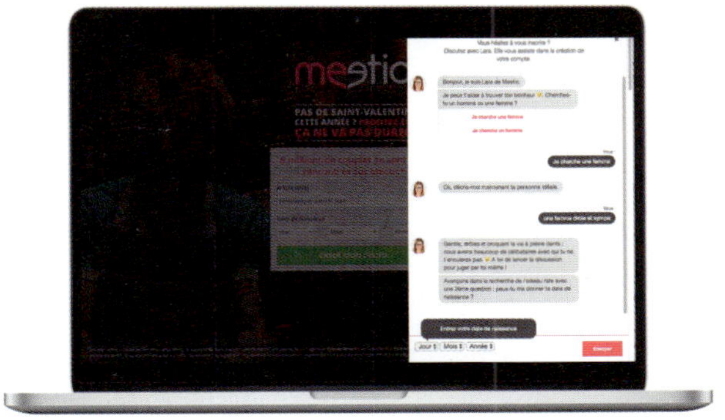

> Lara "User Acquisition".

> Service clients

Une première brique "service clients" a également été lancée sur certaines questions liés à la connexion (login).

En cas de double erreur de mot de passe, Lara va s'afficher et aider l'utilisateur pour qu'il puisse se connecter, en explorant avec lui toutes les possibilités (le compte existe-t-il encore ? Le mail de réinitialisation de mot de passe est il dans le dossier SPAM ?...)

> Lara 'Matchmaker'

Le dernier cas d'usage de Lara est au cœur de notre métier : une fois inscrit, Lara va demander à l'utilisateur de décrire sa personne idéale puis va analyser cette requête et proposer un profil en adéquation avec sa demande selon de nombreux critères.

MISE EN PLACE OPÉRATIONNELLE

> Une équipe agile en charge du projet

En janvier 2016, Meetic Group rachète Pretty Fun Therapy, startup co-fondée par Xavier de Baillenx, Emmanuel Lemoine et Benjamin Combes spécialisée dans les technologies mobiles. Deux mois après le rachat, à l'occasion de l'annonce par Facebook de l'ouverture du service Messenger aux chatbots, l'équipe se lance dans le développement de la première version de Lara. En 10 jours, un premier "proof of concept" est lancé sur Facebook Messenger, et après quelques semaines d'itérations et de récolte de feedbacks utilisateurs, Lara est officiellement lancée fin juin 2016, dans les locaux de Facebook France en compagnie de David Marcus, Vice Président des activités Messaging chez Facebook. L'ex-équipe Pretty Fun Therapy est aujourd'hui une structure ultra-agile au sein de Meetic Group, focalisée à 100% sur le projet Lara et les thématiques d'Intelligence Artificielle.

> *"un chatbot est d'abord un canal d'échange direct avec nos utilisateurs et nous permet de mieux comprendre leurs besoins."*
>
> **Xavier de Baillenx**
> *Innovation lead - Meetic Group*

> Séparation du projet en agents

Rapidement, l'équipe crée des *"agents"**, chaque agent regroupant les fonctionnalités d'un besoin métier : l'agent "user acquisition" par exemple contient tout ce qui concerne l'acquisition de nouveaux utilisateurs. Cette séparation est totalement transparente pour l'utilisateur qui passera de l'un à l'autre sans s'en rendre compte. Elle permet aussi d'avoir des métriques et indicateurs de succès bien définis par agent. Par exemple, pour l'agent "User Acquisition", les métriques prises en compte seront le taux d'inscription et nombre d'inscrits. Elle permet aussi à des équipes internes de travailler sur les

> Lara "Matchmaker".

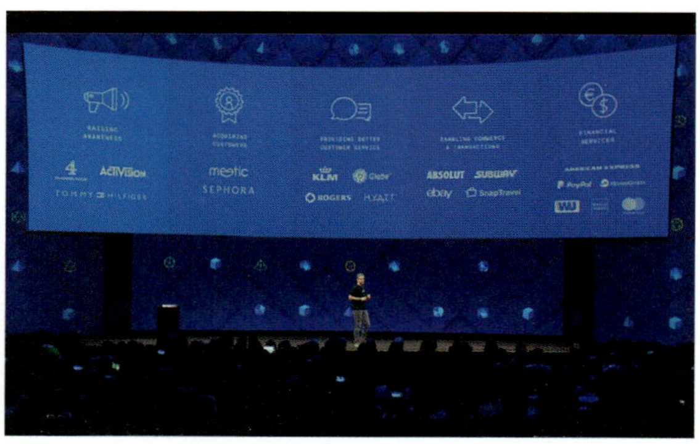

> Meetic mis en avant lors du F8 2017.

> L'équipe à l'origine de Lara.

problématiques qui les concernent, indépendamment les unes des autres. C'est par exemple le cas de l'équipe service client, dont une partie des équipes travaille sur l'agent « Customer Care ».

> Optimisation et internationalisation

Après Facebook Messenger, Lara est lancée en août 2016 sur les services du groupe Meetic et le succès est quasi immédiat. Le trafic important permet alors d'AB tester et d'optimiser le parcours, et en particulier le texte et le ton du chatbot. Les résultats sont parfois surprenants : Lara avec une pointe d'humour performe 10% mieux qu'une Lara plus neutre.

Meetic décide de déployer Lara en Europe, et là encore, il faudra prendre du temps pour trouver le bon "ton" pour chaque pays. Des AB tests, et la mise en place d'un outil "maison" pour traduire en flux tendu le chatbot permettent en quelques mois d'avoir l'agent "User Acquisition" de Lara traduite dans dix langues et présente dans treize pays.

> Lancement des nouveaux agents

Face aux succès de l'agent "User Acquisition", Lara est lancée et déclinée pour de nouveaux cas d'usage :

• L'agent Lara "Customer Care" est lancé en novembre 2016 : il permet de résoudre les principaux problème de connexion des membres.

• L'agent Lara "Matchmaker" est lancé en février 2017. Il permet aux membres de trouver la personne recherchées selon plusieurs critères en utilisant un langage naturel.

> Lara "shake"

Au vu du succès de Lara, Meetic souhaitait une façon différente de déclencher facilement Lara, à tout moment, sur nos sites mobiles et applications. L'objectif était de pouvoir lancer une discussion à n'importe quel moment avec le chatbot, sans la présence d'une bannière trop intrusive, surtout sur le mobile. C'est ainsi qu'est née Lara Shake, l'utilisateur secoue son téléphone pour déclencher Lara. Une bannière pour expliquer le geste n'est affichée que lors de la première visite. La fonctionnalité est lancée en test en avril 2017, le "shake" est déjà devenu un geste naturel pour une grande partie de nos utilisateurs.

> Vers une Lara plus intelligente

Aujourd'hui, la grande majorité des chatbots sur Messenger proposent des questions "fermées" en enjoignant l'utilisateur à cliquer sur des boutons plutôt qu'à utiliser le langage naturel. A la question : "Souhaites-tu rencontrer un homme ou une femme ?" on préférera mettre deux boutons : "Je cherche un homme" et "Je cherche une femme", plutôt qu'un champs libre. C'est plus rapide et pratique pour l'utilisateur et bien plus simple à interpréter pour le chatbot.

Cependant, le chatbot doit être capable de traiter des requêtes ouvertes dans certains cas. Pour l'agent "matchmaker" par exemple, plutôt que d'enchainer une suite de questions du type : "Quelle couleur de cheveux ?" puis "Quelle tranche d'âge recherches-tu ?" ou encore "Quel hobby souhaites-tu partager ?", il est plus efficace de demander "Décris-moi ta personne idéale en une phrase".

Si l'utilisateur dit par exemple : "Je cherche un homme brun, grand, âgé entre 35 et 40 ans, sérieux, habitant pas trop loin de chez moi et qui aime l'opéra", Lara pourra automatiquement proposer des profils qui correspondent à ces critères.

Le challenge devient alors bien plus important car très rare sont les robots capables de répondre à des requêtes ouvertes et de comprendre le langage humain. Pour avancer, l'équipe en charge du projet s'appuie dès janvier 2017 sur un laboratoire de recherche spécialisé en "*Natural Language Processing*"* et embauche un chercheur mathématicien spécialisé en "Machine Learning" et autres "réseaux de neurones".

Anecdote amusante, c'est Lara elle-même qui a fait passer les entretiens d'embauche : les postulants n'avaient qu'à écrire à Lara "Je veux te rendre plus intelligente" pour démarrer l'entretien. En quelques semaines, Lara a pu faire passer cet entretien à près de 400 personnes permettant aux équipes "humaines" d'en pré-sélectionner une dizaine dont l'heureux élu qui fait aujourd'hui partie de l'aventure Lara.

"L'utilisateur, bien que conscient qu'il s'agit d'un robot, aura d'autant plus tendance à poursuivre la discussion si le ton et l'expression du chatbot reflètent une vraie personnalité."

RÉSULTATS

Lara est un succès, avec des chiffres en forte croissance chaque mois. Lara a également été le seul chatbot européen mis en avant par David Marcus en avril 2017 lors du " F8 " de Facebook :

- Plus de 300.000 utilisateurs actifs par mois
- 10 langues parlées / 13 pays
- +30 % de conversion sur nos canaux d'acquisition

Au-delà des chiffres, Lara est un véritable nouvel axe de développement pour Meetic. Elle apprend chaque jour, et les dernières techniques liées à l'Intelligence artificielle lui permettront de devenir plus pertinente et d'apporter chaque jour plus de valeur à nos utilisateurs. Les métriques que nous regardons aujourd'hui avec le plus d'attention sont liées à la rétention et l'engagement des utilisateurs exposés à Lara.

* Retrouvez la définition dans le lexique en fin d'ouvrage.

◊ MEETIC GROUP
www.meetic-group.com

Xavier de Baillenx
http://talkwithxavier.com

ARVAL FRANCE

Comment repenser la relation client BtoB à l'heure du digital ?

> My Arval Community

PROBLÉMATIQUE DE LA MARQUE

Les clients sont en attente d'une nouvelle relation avec les marques. Ils valorisent l'échange peer to peer et un mode de fonctionnement orienté bottom-up.

Ainsi, pour leur proposer une expérience unique, Arval a choisi de créer le premier espace d'échanges virtuel du marché de la location longue durée en France et préempte un modèle de relation client d'un nouveau genre dans le domaine du *BtoB**. Là où traditionnellement la voix du client était recueillie en présentiel et via un panel, Arval a su s'adapter aux nouveaux usages en s'appuyant sur le digital.

My Arval Community est un laboratoire à ciel ouvert réunissant ses clients, entrepreneurs, PME et grands comptes. La plateforme offre à ses clients l'opportunité de collaborer à la conception et aux tests de ses produits.

Cette plateforme collaborative place le client au cœur de la relation et réinvente son rôle. Il devient conseiller, co-concepteur, partenaire, critique et partie prenante de l'évolution de l'offre de services d'Arval.

SOLUTION STRATÉGIQUE

L'offre a été déployée avec Enov Research qui a ainsi développé une nouvelle offre BtoB. My Arval Community est fondé sur le concept d'open innovation puisqu'il a recours aux flux entrants et sortants de savoirs et d'idées pour, respectivement, accélérer l'innovation interne et développer les marchés pour un usage externe de l'innovation.

La plateforme constitue une rupture dans les usages en privilégiant la qualité des interactions avec les clients et un modèle inédit de co-création sur le marché de la location longue durée de véhicules.

La création de valeur est de 2 ordres : la satisfaction client et la réduction des coûts en accélérant la mise sur le marché de nouvelles offres tout en limitant les risques.

Cette initiative contribue également à la transformation digitale d'Arval en modifiant le processus de création des offres et en rendant l'organisation plus agile et toujours plus centrée sur l'écoute client. Cela participe à la dynamique générale des équipes, aidant à créer un climat interne motivant et basé sur la confiance.

MISE EN PLACE OPÉRATIONNELLE

My Arval Community est un espace de partage entre professionnels, une opportunité pour les clients d'échanger et de partager leurs expériences et bonnes pratiques directement avec leurs homologues.

Conçue avec l'agence partenaire, la plateforme a bénéficié d'un processus agile de mise en œuvre en passant de la conception du projet à son lancement en 2 mois.

La plateforme est le résultat d'un processus au sein du département marketing qui a permis de passer rapidement et efficacement de l'idée à la réalisation. Cet esprit "intrapreneur" a permis d'établir un nouveau modèle de relations clients BtoB. Elle adopte un processus basé sur un community management quotidien, des enquêtes régulières et des outils d'analyse en temps réel.
L'accès à la plateforme est gratuit. Les clients se connectent via un login et un mot de passe.
Ils choisissent un avatar/photo, un pseudo et c'est parti !

INFOS CLÉS

50 % de baisse des coûts de lancement

700 membres

- **Objectif :** Fidélisation, Connaissance client
- **Cibles :** Chefs de parc automobile et décideurs
- **Moyens :** Plateforme collaborative communautaire

Un animateur dédié initie les sujets de discussion entre les membres, chacun peut y contribuer à la manière d'un forum. Chaque mois, les membres sont également invités à participer à une ou deux études alliant des données quantitatives et qualitatives. Elles permettent de sonder les attentes et besoins des clients pour co-construire les offres les plus adéquates.

L'animation s'appuie sur la gamification c'est-à-dire les techniques du jeu traditionnel (niveaux, statuts, points...) en fonction de l'activité des membres, tant sur la quantité que sur la qualité de leurs contributions sur l'outil. Régulièrement, les contributeurs les plus actifs sont récompensés via des cadeaux (Smartbox, chèques cadeaux...). Les fonctionnalités de la plateforme à travers des tchats, des drag and drop, une boîte à idées permettent aux participants de contribuer de manière ludique, tout en coopérant à la construction des produits et services d'Arval de demain.

La plateforme collaborative est entièrement reproductible à l'international.

RÉSULTATS

La plateforme rassemble 700 clients à fin 2016.

En 1 an : 1 enquête réalisée par mois, 2 produits co-créés, 8 concepts testés et 1 lancement annulé sur avis de la communauté. La plateforme a ainsi permis de co-créer une formation en ligne gratuite ou bien encore de redessiner l'espace client en ligne.

En termes de KPIs :

- La satisfaction client : cette nouvelle façon d'interagir plaît. Le fort taux d'utilisation, la qualité des commentaires démontrent un réel engouement des clients.

- La réduction des coûts et l'accélération de mise sur le marché : plus rapide qu'une étude classique, le digital a engendré une économie de 50 % des coûts d'études. Le time to market a été divisé par 2.

- La réduction des risques : ce système prévient les dépenses inutiles liées à un produit qui ne répondrait pas aux attentes et optimise le positionnement des offres, accélérant le processus de rentabilité.

* Retrouvez la définition dans le lexique, en fin d'ouvrage.

Les véhicules représentent le 2ème poste de dépenses en entreprise

Un outil simple, convivial, disponible partout, à tout moment, où chacun contribue au savoir-faire de tous.

> *“Cette plateforme place le client au cœur de notre stratégie : il devient conseiller, co-concepteur, partenaire, critique et partie prenante de la constitution de l'offre de services d'Arval.”*

◊ ARVAL FRANCE
www.arval.fr

Mathilde Aureau
Responsable communication externe Arval France
mathilde.aureau@arval.fr

◊ ENOV RESEARCH
www.enovresearch.fr

Christelle Marche
Directrice Pôle Etudes
christelle.marche@enov.fr

BOUYGUES TELECOM ENTREPRISES

Évangéliser et générer des leads BtoB avec le marketing de contenu

> Production de contenus & génération de leads

PROBLÉMATIQUE DE LA MARQUE

> La marque et le produit

Bouygues Telecom Entreprises, qui propose des forfaits, des box et des solutions pour mettre la révolution numérique à la portée de toutes les entreprises, a été le premier opérateur français à commercialiser une offre d'accès à ses services fixes via la 4G. L'offre d'Accès Routeur 4G permet l'accès en Très Haut Débit (identique à celui de la fibre) au VPN (réseau privé) de l'entreprise ou à internet avec supervision.

> Le contexte

Les entreprises qui travaillent totalement ou en partie en situation de mobilité présentent un besoin très marqué pour ce type de solution. Mais, c'est un produit nouveau, il s'agit donc de le faire connaître et de créer un réflexe "Routeur 4G".

> Le ciblage

L'offre d'Accès Routeur 4G est la solution idéale pour des succursales, des réseaux d'agences, de boutiques, pour pallier une mauvaise couverture internet ou pour des événements ponctuels : salons, chantiers, événements sportifs...

> L'objectif

Générer des leads de qualité pour alimenter la force commerciale de Bouygues Telecom Entreprises.

SOLUTION STRATÉGIQUE

Pour accompagner efficacement les équipes de Bouygues Telecom Entreprises, l'Agence B2B recommande une stratégie "2 en 1", permettant d'évangéliser les cibles et de les transformer en leads.

> 1. Différencier les communications en fonction des cibles

Des cibles hétérogènes (secteur d'activité, taille d'entreprise, etc.) imposent d'adapter les messages et de segmenter la communication vers 3 cibles principales : le BTP, l'événementiel, les PME-TPE.

> 2. Cibler les décideurs

En fonction de la taille d'entreprise, la décision d'achat n'est pas prise par une seule personne, mais par un collectif. Nous décidons donc de cibler les DSI - SI (utilisateurs finaux) et les directions générales qui valideront les coûts associés à la solution dans les PME-PMI, ainsi que les chefs d'entreprises de TPE, principaux et souvent seuls décisionnaires dans ce cas.

> 3. Elaborer des outils pour évangéliser et vendre

Pour soutenir la campagne, nous décidons de créer 3 mini livres blancs, associés à 3 mini-sites internet permettant de contextualiser l'usage du Routeur 4G et de valoriser ses atouts en fonction des cibles.

> 4. Un plan d'action pour atteindre les cibles

L'Agence B2B préconise une stratégie mixte d'inbound et d'outbound marketing permettant "d'encercler" les cibles.

MISE EN PLACE OPÉRATIONNELLE

La campagne de 4 mois a un double objectif : la notoriété et l'acquisition.

L'approche ergonomique et créative des supports doit répondre à l'image de la marque, mais avant tout au besoin client. Nous devions simplifier la prise de contact ou la prise de renseignement en facilitant l'échange prospect-client. Par ailleurs, dans une logique BtoP (Business to People) attractive, nous souhaitions produire des contenus et des supports commerciaux se différenciant des stéréotypes trop institutionnels, trop lisses ou trop datés.

INFOS CLÉS

+ 1 700 leads en 4 mois

5% de taux de transformation

• **Objectif :** Acquisition, Image

• **Cibles :** BtoB

• **Moyens :** Affiliation, Site dédié, Social Ads, livre blanc

L'opération s'est donc déroulée en plusieurs étapes :

> 1. La création des supports de communication

• *Kit mailing** en responsive design ;

• Landing page en responsive design avec plusieurs call to action (formulaire de contact - call tracking - Webcall back) afin de faciliter la prise de contact ;

• Un livre blanc orienté BTP, un livre blanc TPE et un livre blanc Evénementiel.

> 2. La diffusion

• Diffusion du kit mailing auprès de bases d'e-mailing partenaires avec redirection du trafic sur une landing page dédiée pour optimiser les conversions ;

• Diffusion des livres blancs auprès de différents partenaires médias : Le Monde Informatique, GPO-Mag, Infopro Digital ;

• Diffusion des livres blancs via la solution d'e-mailing de Viadeo (Vmail) ;

• Création d'un mini-site afin de rendre complémentaire une stratégie d'inbound marketing et d'outbound marketing.

> 3. Le ciblage

• Sur des cibles "génériques", comme les dirigeants d'entreprises ou des secteurs d'activités larges comme le BTP, l'utilisation de bases partenaires en e-mailing était conseillée ;

• Sur des cibles plus fines, comme les DSI, les responsables de salons ou de pop-up store, nous avons principalement travaillé avec des partenaires média tout en capitalisant sur la data de Viadeo.

> 4. Réception des leads & tracking

• Tracking de toutes les opérations afin d'être en mesure d'identifier la provenance des leads et le coût d'acquisition associé ;

• Livraison et intégration des leads directement dans le CRM client avec la création d'une Web API ;

• Validation des leads par le client pour s'assurer de la qualité.

> 5. Marketing Automation

• Mise en place d'une campagne de nurturing pour retravailler avec différents messages les leads n'étant pas suffisamment "chauds" ou dont la prise de décision n'est pas encore mûre.

RÉSULTATS

Les différentes opérations nous ont permis sur cette période :

• De générer plus de 1700 leads qualifiés et validés par les équipes de Bouygues Telecom Entreprises ;

• De diversifier les points d'entrées des leads et ainsi éviter une "Google ou e-mailing dépendance" ;

• De générer un coût par lead maximum à ne pas dépasser de 45 € HT ;

• D'atteindre les objectifs de Bouygues Telecom entreprises et de renouveler le partenariat sur différentes solutions Entreprise (mobile - Box).

Dans l'optique de baisser les coûts d'acquisition et d'augmenter la profitabilité, de nouvelles campagnes sont en préparation avec notamment de la génération de leads via Facebook Ads, du marketing d'influence et du native advertsing.

* Retrouvez la définition dans le lexique, en fin d'ouvrage.

> *"Il est vital de diversifier les approches : le marketing promotionnel pour obtenir des résultats rapides, et le marketing de contenu pour assurer un développement dans le temps."*

◊ BOUYGUES TELECOM ENTREPRISES
www.bouyguestelecom-entreprises.fr

Gelie Harry
Responsable Acquisition Online
Direction Marketing Entreprises
hgelie@bouyguestelecom.fr

◊ L'AGENCE B2B par EFFINITY
www.agence-b2b.com

Anthony Berthier
Team Leader
anthony.berthier@effiliation.partners

Ana Baptista
Key Account Director
ana.baptista@effiliation.partners

LEGRAND

Collaborer avec ses distributeurs pour déployer sa stratégie marketing BtoBtoC

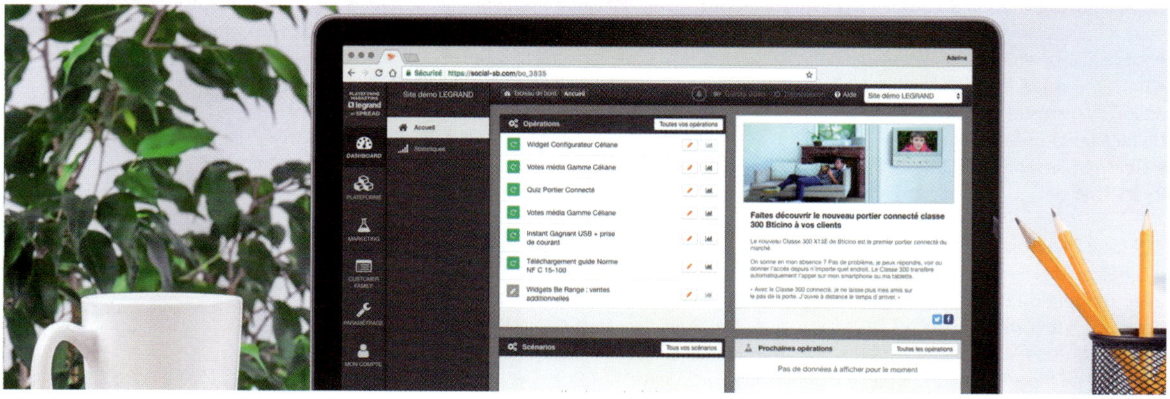

> La plateforme marketing Legrand

PROBLÉMATIQUE DE LA MARQUE

> Contexte et cible

Legrand est un des leaders mondiaux sur le marché des produits et systèmes pour installations électriques. Mais c'est aussi et surtout une marque particulièrement proactive dans sa stratégie *BtoBtoC**. Consciente qu'elle doit sans cesse **innover dans l'animation de son réseau de distribution**, elle sait aussi que c'est grâce au travail autour des valeurs de sa marque et de l'**engagement consommateur** que se fera la différence concurrentielle. Et non plus simplement par une promotion produit démesurée. Car si traditionnellement la bataille consistait plutôt à mener une guerre des prix, Legrand a décidé, tout en impliquant ses partenaires distributeurs, de prendre le problème à l'envers et de tirer la qualité de sa relation client vers le haut plutôt que ses marges vers le bas.

« **La vente en ligne de matériel électrique s'est beaucoup développée ces dernières années et la concurrence entre webshops est terrible. La plupart de ces sites disposent de ressources très limitées pour développer les contenus de qualité nécessaires à la promotion de nos offres. Nous souhaitons accompagner nos partenaires dans une démarche de création de valeur** », explique Benoît Watrigant, directeur digital et e-commerce du Groupe Legrand France.

> Objectifs

- Créer de la valeur autour de sa marque ;
- Maîtriser son image auprès de ses consommateurs ;
- Gagner la guerre de l'attention plutôt que la guerre des prix ;
- Collecter de la donnée sur ses clients finaux afin de mieux les connaître ;
- Renforcer la relation avec ses distributeurs pour rester dans le top fournisseurs.

SOLUTION STRATÉGIQUE

Mettre à disposition de Legrand une plateforme, SPREAD Partnership Marketing, lui permettant de proposer à ses partenaires distributeurs des actions marketing destinées à promouvoir la marque et ses produits. Chaque partenaire reçoit un accès à son espace personnalisé et dispose de différents outils pré-configurés par Legrand.

> Des opérations marketing

La marque dispose d'un catalogue de plus de 50 opérations, de l'instant gagnant au concours photo, en passant par le quiz, la vente privée ou encore la distribution de contenus téléchargeables. Elle utilise ces modèles d'opérations pour proposer à ses distributeurs une sélection en accord avec son image et sa stratégie, son actualité.

> Une base CRM

À chaque interaction par le biais de ces opérations, SPREAD récolte des données sociales, qui sont alors unifiées avec les données commerciales et comportementales des utilisateurs. Cette connaissance acquise sur chaque client est ainsi stockée dans un CRM. Legrand et son distributeur obtiennent ainsi une connaissance détaillée de leurs fans et consommateurs.

> Des scénarios automatisés

Grâce aux données acquises en amont, la plateforme permet, via son outil de scénarios automatisés et multicanal, de maintenir le contact avec son fan, client ou prospect au moment opportun, et surtout là où il se trouve (sur site, par mail ou par SMS). Legrand accompagne ainsi la stratégie de fidélisation de ses partenaires et gagne la préférence de ses consommateurs finaux dans le temps.

INFOS CLÉS

4 distributeurs impliqués en 6 mois

+ 3 % de CA généré grâce au guide

- **Objectif :** Renforcer son réseau de distribution, Renforcer la préférence consommateurs
- **Cibles :** Distributeurs (BtoB), consommateurs finaux (BtoC)
- **Moyens :** Plateforme marketing, Partenariat, Opérations marketing

MISE EN PLACE OPÉRATIONNELLE

Depuis janvier 2017, Legrand a d'ores et déjà accompagné 4 de ses distributeurs, avec un objectif à terme de 10 enseignes. Dans sa plateforme marketing, Legrand a mis à leur disposition aussi bien des mécaniques ludiques, comme l'instant gagnant ou le quiz, que des mécaniques plus orientées contenu comme des téléchargements de guides. Mais la marque vient également soutenir la stratégie d'animation commerciale de ses produits avec des opérations spécifiques et des widgets sur site.

> La stratégie de contenu

Le téléchargement d'un guide technique

Afin d'aider leurs clients professionnels à comprendre la nouvelle norme électrique NF C 15-100 et les changements qu'elle implique au niveau des installations électriques, la marque a mis à la disposition de ses partenaires un guide technique. Un widget sur le site internet du revendeur invite le visiteur à le télécharger en échange de ses coordonnées via une opération de téléchargement de contenu. En se positionnant ainsi comme un "facilitateur" de connaissances, Legrand aide ses distributeurs à **conseiller leurs clients** sur le sujet sensible des normes, tout en revendiquant pour sa marque une certaine expertise en la matière.

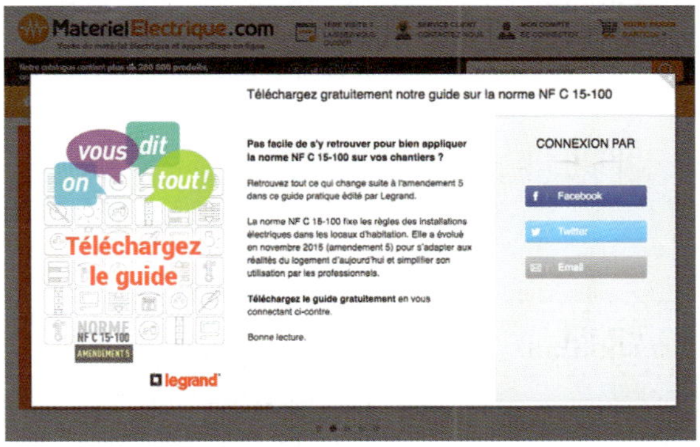

> Téléchargement du guide technique.

Le téléchargement d'un carnet de tendances

Afin d'atteindre cette fois-ci les clients particuliers, Legrand propose à ses distributeurs de relayer son carnet de tendances. Conçu selon une approche très déco, ce guide met en valeur les différents interrupteurs de la gamme Céliane grâce à des planches de style. En **associant ses distributeurs à son savoir-faire design** (et pas seulement technique), la marque se rapproche de ses consommateurs finaux, leur apporte des solutions concrètes sur ses produits et facilite également le processus de choix en magasin.

Le vote média Céliane

Pour aller encore plus loin dans sa démarche BtoC, Legrand a souhaité recueillir directement l'avis de ses clients sur sa nouvelle gamme de prises Céliane. Dans cette optique, le fabricant a créé pour ses revendeurs un vote média permettant aux visiteurs de choisir leur accessoire préféré (prise USB, prise liseuse, interrupteurs automatiques...) et tenter de le remporter. Très instructive pour Legrand et ses partenaires puisqu'elle permet d'obtenir de véritables insights produits, l'opération permet également de mettre un coup de projecteur sur la nouvelle gamme. Sans oublier que **le consommateur se sent à la fois écouté et impliqué**, tant par la marque que par le distributeur.

> *“C'est grâce au travail autour des valeurs de sa marque et de l'engagement consommateur que se fera la différence concurrentielle. Et non plus simplement par une promotion produit démesurée.”*

> La stratégie d'animation commerciale

Le quiz lancement produit

Legrand a souhaité accompagner le lancement de son portier connecté, un produit très innovant, mais assez onéreux, avec la mise en place d'un quiz. Chaque question du quiz mettait

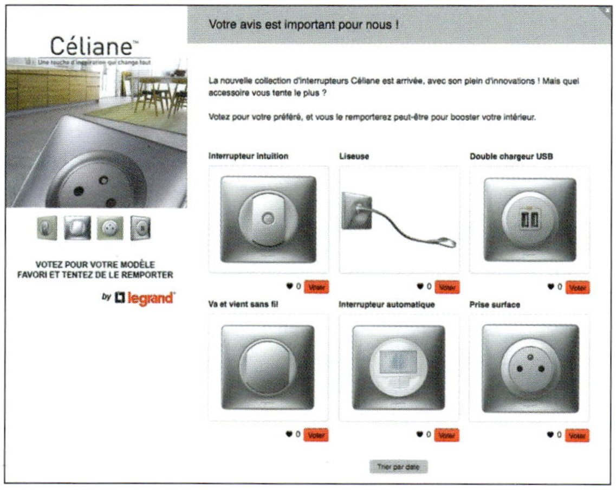

> Le vote média sur la gamme Céliane.

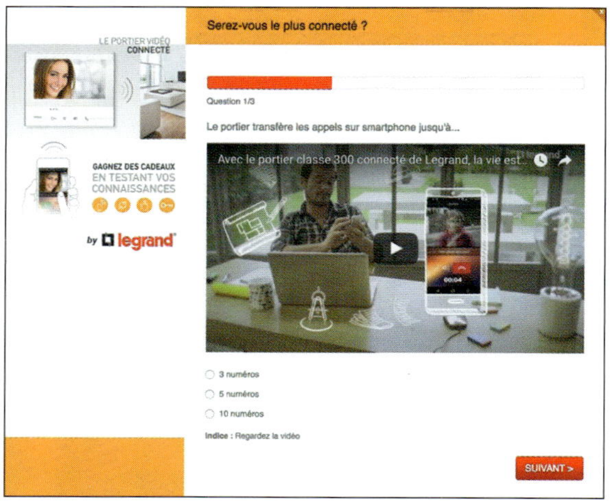

> Quiz sur le portier connecté.

en lumière un argument commercial clé et proposait de trouver des indices dans des vidéos de mise en scène du produit. La dimension ludique de l'opération couplée à l'utilisation de la vidéo, **facilite évidemment la mémorisation des principales qualités du portier connecté**. Mais elle permet aussi aux consommateurs finaux de se retrouver dans les problématiques des personnages et dans le storytelling du produit. Pour finir, bien qu'un seul des participants soit tiré au sort pour le remporter, tous les autres pourront très bien être relancés ultérieurement avec un code remise incitant à la conversion.

L'instant gagnant saisonnier

Le commerce, c'est aussi exploiter les grands marronniers et les pics de trafic qu'ils génèrent. Afin de coller au temps fort de Noël, Legrand a misé sur l'approche ludique avec un instant gagnant vantant les mérites de sa double prise USB Céliane. Jack le Geek, qui n'a presque plus de batterie dans son smartphone est confronté à un choix cornélien le soir de Noël : doit-il briser la magie en débranchant les belles guirlandes du sapin pour continuer de surfer sur Facebook ? Pour le savoir, le visiteur doit participer à l'instant gagnant et aider Jack à recharger son téléphone... puis s'apercevoir qu'avec la double prise, nul besoin de sacrifier le sapin ! Une excellente manière de **convaincre le grand public et surtout les néophytes de l'intérêt des innovations Legrand**, tout en offrant aux distributeurs l'opportunité d'animer leur boutique durant le temps fort des fêtes.

Les widgets de ventes additionnelles

En marge de sa gamme technique, Legrand dispose aussi d'une série de petits produits additionnels tels que des veilleuses ou adaptateurs USB, parfaits pour être traités en achat d'impulsion. Afin de **motiver ces conversions "coup de cœur" dans les boutiques en ligne de ses partenaires**, la marque a donc mis en place une sélection de widgets s'affichant en pied de page au bout d'un certain nombre de pages vues, et intitulés "Le saviez-vous". Chaque widget propose une information insolite ou notoire sur un argument clé d'un de ces produits. Une fois cliqué, celui-ci renvoie vers la fiche produit concernée.

> La stratégie de fidélisation

A terme, Legrand ira également plus loin en aidant ses distributeurs à déployer leur stratégie de fidélisation. De nombreuses actions pourront être mises en place, notamment grâce à l'utilisation de scénarios automatisés. À la suite d'opérations marketing, en relançant les participants sur les produits pour lesquels ils avaient manifesté un intérêt, en offrant un code remise, par exemple. Mais également dans la durée, en réactivant les clients qui n'ont plus passé de commande depuis plus de 6 mois. Ou encore en récompensant les clients les plus fidèles. En construisant, par exemple, une véritable stratégie de remise fidélité, mais aussi en les invitant à des événements qui leur sont exclusivement dédiés comme des ventes privées, ou pourquoi pas des tests produits en avant-première. Le but de cette stratégie : **entretenir une relation à long terme entre la marque, le distributeur et le consommateur**. En maintenant une conversation régulière, personnalisée et surtout opportune, en faisant progresser son attachement à la marque autant qu'à l'enseigne, et en cernant de plus en plus finement ses attentes et ses besoins.

RÉSULTATS

Les bénéfices sont partagés entre tous les acteurs de cet écosystème BtoBtoC tissé par Legrand.

> La marque

- Elle maîtrise totalement son image auprès de ses distributeurs et de ses consommateurs ;
- Elle renforce considérablement sa position auprès de ses partenaires en leur offrant une force de frappe marketing dont ils ne disposeraient pas forcément tout seul ;
- Elle touche un nombre conséquent de consommateurs finaux (qu'elle n'aurait pu toucher sans ses partenaires).

> Son distributeur

- Sa boutique est plus forte vis-à-vis de la concurrence, en proposant les produits d'une marque dynamique et aimée du grand public ;
- Grâce à la marque, il bénéficie d'un outil d'engagement qui lui permet de connaître et fidéliser ses clients ;
- Les opérations marketing influent directement sur son taux de conversion, par rapport à d'autres actions marketing plus classiques. Par exemple, le guide technique a généré + 3 % de chiffre d'affaires chez un des partenaires distributeurs de Legrand.

> Le client final

- Grâce aux opérations marketing, il accède à des offres ou des contenus dont il n'aurait pas pu bénéficier auparavant ;
- Par le biais des informations qu'il communique au partenaire, il reçoit des offres plus pertinentes, en accord avec ses attentes et ses centres d'intérêt.

* Retrouvez la définition dans le lexique en fin d'ouvrage.

> *« Legrand a mis à leur disposition aussi bien des mécaniques ludiques, comme l'instant gagnant ou le quiz, que des mécaniques plus orientées contenu comme des téléchargements de guides. »*

◊ LEGRAND
www.legrand.fr

Benoît Watrigant
Directeur digital et e-commerce

◊ SPREAD
www.spreadfamily.fr
Fiche d'entreprise p. 494

Virginie Ducreux
CEO
virginie@spreadfamily.com

Adeline Delaforge
Responsable communication
adeline@spreadfamily.com

LE MARKETING DE DEMAIN SE PRÉPARE DANS LES START-UP

Le marketing de demain se prépare dans les start-up en créant de nouveaux outils pour l'efficacité commerciale et marketing. Pour réussir leur transformation des pratiques commerciales, les entreprises doivent développer des talents multi-compétents, exponentiellement digitaux et auto-apprenants. Pour y répondre, une fonction nouvelle émerge : marketing technologist.

+ de 5 000
outils martech
sont disponibles

+ de 1 500
outils & start-up marketing
créés en 2017

Les meilleures équipes
marketing utilisent
+ 30 outils

“ Les nouveaux "super-pouvoirs" du marketing et de la vente moderne dépendent de l'harmonie entre les 3 S : les outils "salestech", les "sales process" et un nouveau "savoir-être" commercial. ”

Jean-Philippe CUNNIET
Marketing Technologist Tech&Mat

Pour la première fois dans l'histoire du marketing, la loi de Moore appliquée aux outils marketing vient d'être dépassée : en 2017, 5 000 outils permettent d'améliorer les actions marketing, et 4 nouveaux outils sont créés chaque jour[1].

La maîtrise des données couplée à l'intelligence artificielle promet de nouveaux super-pouvoirs que les professionnels du marketing et de la vente ont du mal à exploiter tant la croissance de la boîte à outils est rapide... Comment imaginer, faire accepter et déployer de nouveaux processus et technologies face à cette croissance exponentielle de nouveaux outils ?

Pour la première fois, la veille et les tests nécessaires pour appréhender ces outils dépassent notre capacité individuelle à les comprendre afin d'améliorer nos processus marketing et commerciaux.

Un nouveau métier est donc en train de naître : le marketing technologist, dont la mission est de comprendre, veiller, analyser les possibilités, tester les outils et orchestrer les multiples transformations digitales et humaines visant à améliorer les processus commerciaux de manière durable.
Pour cela, il doit prendre en compte tous les aspects humains, organisationnels et technologiques liés aux interactions marketing & commerciales : identifier les processus actuels de l'entreprise, les habitudes des équipes, la pression marketing sur les prospects, la complexité des outils et de leur mise en route, la dette technique (c'est-à-dire l'ensemble des coûts de maintenance ou de moindre performance des outils déjà implémentés dans votre organisation), avec pour objectif la fluidité et la simplification des interactions avec votre marque.

DES OUTILS, POUR QUOI FAIRE ?

La promesse de ces outils est grande : transformer votre marketing de manière exponentielle. Peut-on mettre en place des actions marketing 10 fois mieux ciblées et personnalisées, 10 fois plus rentables, tout en avançant 10 fois plus vite que les entreprises traditionnelles ?

Pour ceux qui ont eu l'opportunité de travailler alternativement au sein de grands groupes traditionnels puis de start-up exponentielles, le choc est particulièrement brutal, mais le choix est évident. Il faut optimiser le temps, l'énergie et l'efficacité de chaque processus en se faisant aider par les meilleures technologies.

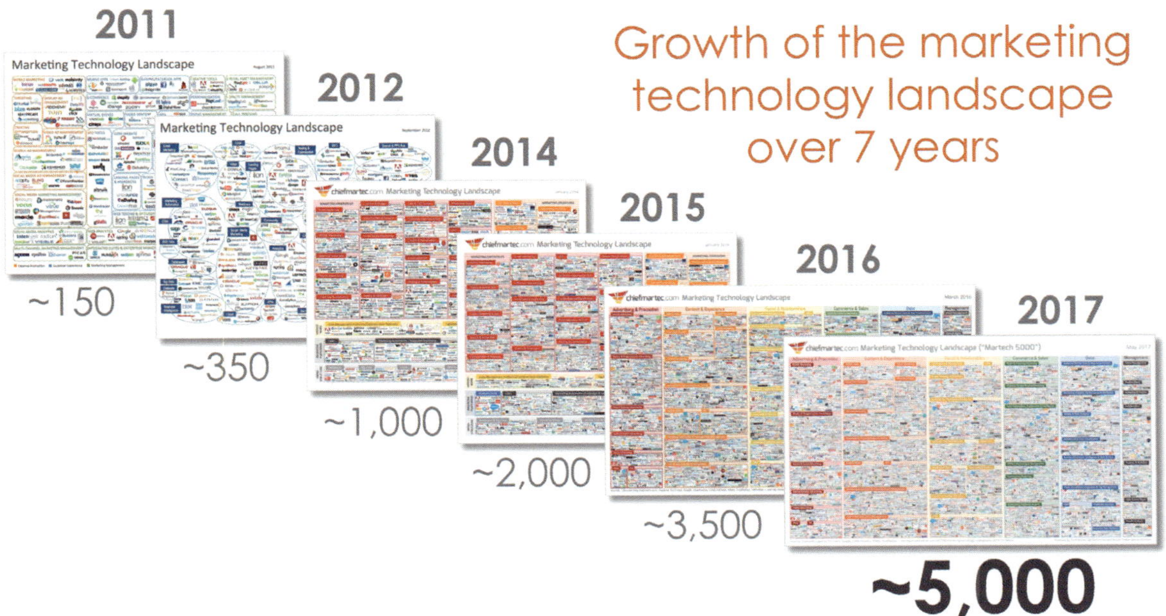

> L'évolution de technologies martech

Les nouveaux super-pouvoirs du marketing prédictif permettent :

- De mieux collecter et analyser les données afin d'accélérer les cycles de vente ;
- De gérer plus de prospects plus rapidement ;
- D'anticiper les besoins et de les détecter à l'aide d'algorithmes prédictifs ;
- De répondre 24/24h et 7/7j en vidéo pour humaniser la relation ou en langage naturel à l'aide de chatbots ou d'e-mails data-personnalisés ;
- De ne passer à côté d'aucune opportunité commerciale en détectant les signaux faibles qui transforment le moindre tweet en lead ;
- De mieux analyser son marché ;
- De surveiller ses concurrents ;
- De mieux gérer sa réputation en ligne...

... qu'ils soient destinés à favoriser l'engagement, la productivité commerciale, la fluidité de l'information, l'optimisation du suivi commercial, la connaissance des prospects et des opportunités d'affaires, le scoring des leads, la surveillance de la concurrence, l'analyse de la performance commerciale, la fluidification du management ou de la formation continue. La liste est immense, mais elle ne doit pas faire peur !

Toutes les tâches non créatives qui étaient analysées par des cerveaux "humains" peuvent désormais libérer du temps aux équipes marketing et commerciales tout en étant réalisées de manière systématique, complète et détaillée par des algorithmes. Les analyses que vous n'auriez pas pu imaginer tant elles auraient été chronophages peuvent être confiées à ces outils. L'intelligence artificielle et l'automatisation de certains processus libèrent le décideur marketing comme s'il avait un nouveau collaborateur très efficace.

UN OUTIL N'EST QU'UN OUTIL...

Les technologies marketing - prises seules - ne sont pas la panacée. Un outil seul n'a jamais construit une cathédrale. Il n'est pas question d'empiler les outils et de démultiplier les actions automatisées pour augmenter ses capacités marketing. Il faut réinventer tous ses processus marketing pour s'équiper à bon escient.

Depuis l'invention de l'e-mailing et des outils de "marketing automation", nous savons que certains outils mal gérés peuvent être aussi dangereux qu'une mitraillette : tirer partout sans savoir "exactement" sur qui, par manque de données ou de savoir-faire, est une inconscience marketing. Les outils de DMP (Data Management Platform) sont notamment là pour y remédier. D'après les chercheurs en marketing David Weinberger et Doc Searls, auteurs de "New Clues"[2], les outils marketing n'ont pas encore réussi à fluidifier les conversations commerciales, qui sont à la base du commerce.

Pour réussir, il faut coordonner les 3 S : les outils *"salestech*"*, les "sales process" (réinventer les processus), et le "savoir-être" c'est-à-dire tous les comportements humains de vos équipes envers vos prospects, qu'ils passent par le digital ou le face à face. La transformation doit être holistique.

DATA DRIVEN MARKETING

Au commencement, il y a les données. La data marketing est généralement éparpillée dans différents systèmes ou fichiers, contrôlés par des départements et responsables éloignés, empêchant d'avoir une image d'ensemble de son paysage commercial et concurrentiel, de son marché, des opportunités.

Dans les CRM, la donnée n'est généralement pas de bonne qualité, vieillissante, mal contrôlée, obsolète, contradictoire, inaccessible, incompatible ou juste inconnue. Pourtant, il faudra d'abord mettre de l'ordre dans ces données pour pouvoir en tirer des insights marketing & commerciaux de valeur... car un algorithme, aussi artificiellement intelligent soit-il, n'y changera rien. Les insights générés par l'outil ne seront exploitables qu'à partir de données exploitables ! Selon l'adage "garbage-in, garbage-out !", si vos données initiales sont de mauvaise qualité, vos actions marketing seront de mauvaise qualité.

Les données, algorithmes, processus, équipes humaines et outils *martech** doivent travailler harmonieusement, de manière fluide, pour livrer le meilleur de leurs possibilités.

COMMENT ENTRAÎNER SES ÉQUIPES ET ÉVITER LES RÉSISTANCES INTERNES ?

Demander à vos équipes de saisir des données dans un CRM ne sera souvent perçu que comme une forme d'obligation fastidieuse si cela n'est pas expliqué comme étant une partie d'un processus rentable, logique, complet et compréhensible (ou comme un test pour trouver le processus optimal).

La transformation du marketing nécessite tant d'agilité que nombre d'entreprises n'arrivent pas à infléchir la culture de leur entreprise, son mode de management, son système hiérarchique afin de trouver, par tâtonnements certes, la formule d'optimisation des interactions commerciales de l'entreprise.

"La mort du commercial BtoB" annoncée en titre du rapport de Forrester Research en 2015[3] arguait du fait que le marketing digital et les stratégies de contenus enlevaient tout rôle informatif aux commerciaux, et qu'ils allaient être dévorés par le marketing digital s'ils n'évoluaient pas rapidement vers un rôle de commerciaux "experts, accompagnants & conseils".

Pour beaucoup de salariés, aider l'entreprise à déployer des outils d'automatisation enclenche la peur de se rendre soi-même obsolète, alors qu'ils devraient participer à l'amélioration des processus commerciaux afin de rendre leur entreprise plus rentable et leur permettre d'évoluer, ce qui devrait (en soi) être rassurant : plus de croissance = plus d'opportunités.

L'homo-entreprisus préfère trop souvent faire l'autruche face à la peur de sa propre obsolescence ou face au risque d'échec. Sortez la tête du sable, car vos concurrents évoluent.

COMMENT FAIRE SON CHOIX PARMI CES TECHNOLOGIES ?

La quantité d'outils du marketeur implique de faire des choix, dont dépendra votre nouvelle efficacité marketing, donc la croissance de votre entreprise. Mais comment faire son choix ?

Ce choix est souvent fait de manière trop lente ou trop rapide, mais rarement de manière agile, par itérations successives, par tests évalués sur des critères data-driven objectifs et donc indiscutables. Beaucoup de décisions d'utilisation de nouveaux outils sont prises sans avoir impliqué toutes les parties concernées, et testés sans réfléchir à l'ensemble des "3 S", c'est-à-dire sans avoir analysé la manière dont un nouvel outil va fluidifier (ou complexifier), compléter (ou désorganiser), améliorer (ou détériorer) vos processus commerciaux.

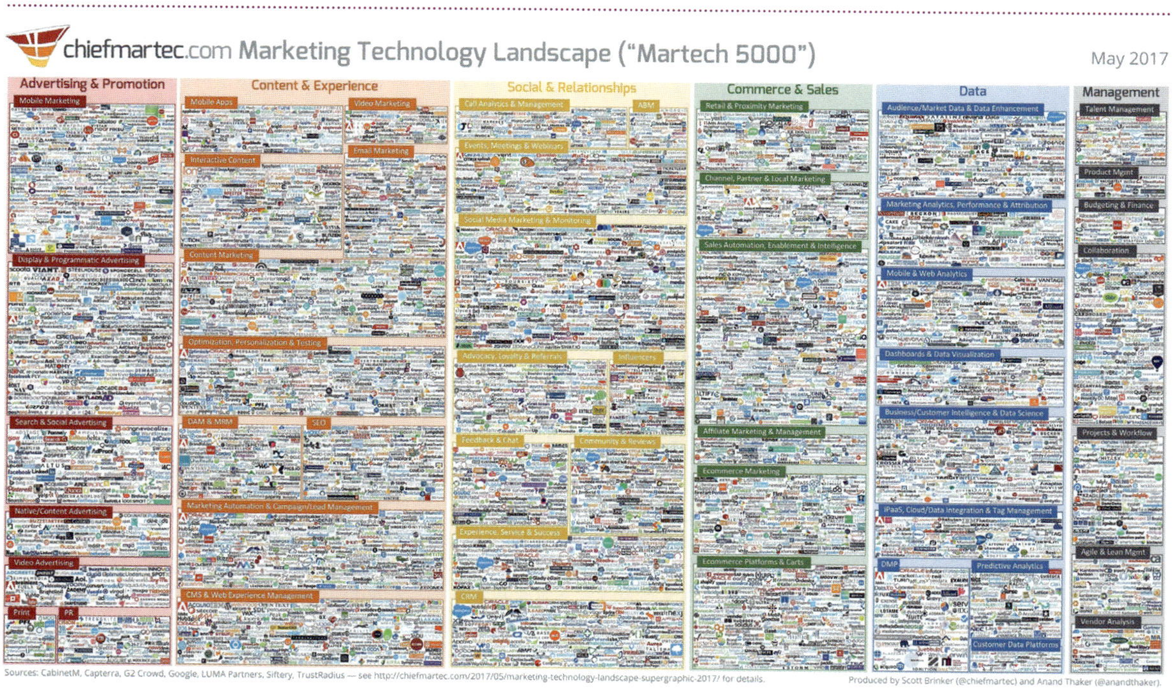

> Marketing Technology Landscape par Scott Brinker
www.cdn.chiefmartec.com/wp-content/uploads/2017/05/marketing_technology_landscape_2017.pdf

Chaque année, la compétition Stackies Awards présente les meilleures combinaisons d'outils sur la scène de la conférence Martech 4. Les grands groupes présentent les meilleurs processus réimaginés, testés et validés de manière indépendante, sans écouter les promesses des fournisseurs de solutions : un retour d'expérience extrêmement précieux et inspirant pour envisager votre propre stratégie 3S.

LE SOCIAL SELLING BtoB N'EST QUE LE HAUT DE L'ICEBERG...

En 2017, les commerciaux B2B ont cru que le *social selling** allait leur permettre de renouer contact avec leur prospect très en amont du cycle d'achat, puis ils se sont mis à utiliser les réseaux sociaux comme de nouveaux tuyaux d'arrosage massifs et incontrôlables.

Ce faisant, ils transforment progressivement un nouveau canal conversationnel digital en nouvelle nuisance pour laquelle les acheteurs ont déjà trouvé un nom : le "social spamming".
La vente moderne ne doit pas répliquer les erreurs du passé vécues avec le porte-à-porte abusif, le publipostage, le phoning, l'e-mailing...

VIVE LA VENTE MODERNE !

La vente moderne passe par des changements humains profonds. L'utilisation abusive ou erronée de nombreux outils mal intégrés à des processus de vente traditionnels irrite les acheteurs qui n'osent plus se connecter à LinkedIn, tant ils sont alors agressés par les messages instantanés du site. Les acheteurs rêvent d'un outil qui remplisse sa mission de fluidification et d'optimisation des échanges entre acheteurs et vendeurs pour avoir une efficacité optimale dans le processus d'achat.

Non, le social selling n'est pas la solution idéale... Certains croient encore que la solution est aussi simple.

UN NOUVEAU MÉTIER : MARKETING-TECHNOLOGIST

Pour guider les entreprises et les amener à bien exploiter le potentiel de ces technologies, les départements marketing et commerciaux doivent être prêts à une transformation en profondeur, avec l'œil protecteur de leur direction générale.

Pour une telle transformation, il devient indispensable d'accueillir et de développer de nouvelles compétences, et de placer l'entreprise en mode test-and-learn. La compréhension des enjeux par la direction de l'entreprise est essentielle tant il s'agit d'une transformation commerciale profonde.

La quantité d'outils et de possibilités oblige à les tester, les comparer, les analyser, ce qui ne peut être fait que par des experts extérieurs. Ces tâches techniques autant que chronophages ouvrent donc la voie à un nouveau conseil en marketing : le marketing-technologist, expert dans l'efficience des outils, grand connaisseur des techniques de vente autant que de stratégies de marketing.

Le marketeur ne peut pas être à la fois au four et au moulin... mais il doit être sur ses gardes.

[1] Source : Scott Brinker, Vice-Président Platform Ecosystem Hubspot et organisateur des conférences MarTech. www.chiefmartec.com/2017/05/marketing-techniology-landscape-supergraphic-2017/

[2] New Clues www.cluetrain.com/newclues/

[3] Death of a B2B salesman - Forrester Research - 2015 www.forrester.com/report/Death+Of+A+B2B+Salesman/-/E-RES122288

[4] Martech Conference - www.martechconf.com

* Retrouvez la définition dans le lexique en fin d'ouvrage.

> *"La vie, c'est comme une bicyclette, il faut avancer pour ne pas perdre l'équilibre."*
>
> Albert EINSTEIN

◊ MARKETING-TECHNOLOGIST
www.linkedin.com/in/jcunniet

Jean-Philippe Cunniet
jp@cunniet.com

UN CHAOS GRANDISSANT DANS L'UNIVERS DES ACHATS BtoB

Les changements que connaissent vos acheteurs les rendent presque méconnaissables. Ils effectuent des recherches anonymes, ils sont toujours plus nombreux à prendre des décisions collégiales et ils dédaignent de s'entretenir avec des commerciaux. Par ailleurs, des produits plus interchangeables contraignent les fournisseurs à se faire concurrence par les prix. Toutes ces difficultés allongent les cycles de ventes, compliquent la communication et, pour finir et plus coûteux encore, sont préjudiciables aux recettes.
Pour y faire face, les marketeurs BtoB n'ont d'autre choix que de s'adapter s'ils veulent prospérer, voire simplement survivre. Impossible de rester passifs.

86% des entreprises déclarent que la personnalisation joue un rôle dans leurs décisions d'achats.[1]

80% des entreprises BtoB qui ont recours à l'ABM le citent comme l'une de leurs principales stratégies génératrices de revenus.[2]

> *« Plus tôt nos informations parviennent aux acheteurs, plus ils prennent conscience de la valeur de Sealed Air. Pour nous, l'ABM est un vecteur idéal pour engager ces échanges numériques avec tous nos acheteurs. »*
>
> **Jenn GRABENSTETTER**
> *Executive Director Global Communications, Sealed Air*

Le marché du BtoB étant en pleine ébullition, les marketeurs de premier plan se tournent toujours plus vers l'account-based marketing (ABM) pour relever les nouveaux défis et distancer la concurrence. L'ABM repose sur la compréhension du comportement de l'acheteur et l'investissement dans un ensemble spécifique de comptes au travers de communications pertinentes et personnalisées qui tombent à point nommé.

LA CONTRIBUTION DE L'ABM À RELEVER VOS DÉFIS

L'account-based marketing constitue un changement radical d'état d'esprit. Plutôt que de se concentrer sur des individus, les entreprises identifient leurs comptes cibles, collectent des informations à leur sujet, puis, tel un laser, elles adoptent une orientation sur ces clients clés.

L'ABM peut accroître les recettes en garantissant que les vendeurs connaissent et peuvent atteindre leurs éventuels clients au début du cycle de vente, ce qui leur permet de les influencer au travers de contenus personnalisés, en amont du contact commercial. Cette méthode redonne le pouvoir au vendeur, qui est capable de façonner les besoins des clients en évitant le piège de la concurrence basée exclusivement sur le prix.

L'account-based marketing est une approche stratégique de la mobilisation de vos clients. L'ABM déplace l'axe de l'entreprise en direction d'un ensemble de comptes clairement définis, sélectionnés et classés par ordre de priorité en fonction de critères de segmentation clairement établis.

L'objectif de l'ABM est de fournir aux comptes que vous avez sélectionnés des informations personnalisées tout au long du cycle d'achat, informations qui auront un impact positif sur leur décision d'achat. Cela signifie qu'il faut commencer par identifier les comptes qui conviennent, puis être en mesure de continuer à les suivre après lorsqu'ils naviguent sur votre site Internet – ou ceux de vos concurrents – à la recherche d'informations.

La technologie ABM a recours à une combinaison d'IP, de cookies et de machine learning pour identifier les comptes qui consultent un site Internet. Une fois que le programme ABM est lancé, la même technologie de détection de comptes est utilisée pour identifier chacune des consultations d'un compte sur le site Internet. Ce compte englobe tout membre de l'équipe d'achats forte de 12 personnes qui n'aurait pas été identifié par votre entreprise auparavant. Une fois un compte détecté, l'ABM le cible avec de la publicité personnalisée.

Lorsque l'ABM est mené avec les bons chiffres et bien géré, il peut accroître les recettes en garantissant que les vendeurs connaissent et peuvent atteindre leurs éventuels clients pendant la phase de recherche anonyme, ce qui leur permet de les influencer en amont du contact commercial et d'éviter de devoir baisser les prix pour se démarquer de la concurrence ultérieurement. L'ABM peut également optimiser les dépenses publicitaires en ne présentant les bannières publicitaires qu'aux comptes clés, et non aux centaines de visiteurs.

Les messages personnalisés résultant de la collecte de données de qualité contribuent également à générer de meilleures affaires, et augmentent la proportion de clients potentiels qui finissent par acheter. Globalement, l'expérience client est gérée et optimisée, ce qui améliore les relations fournisseur-acheteur, encourage les clients à se montrer fidèles et accroît les chances de montées en gamme et de ventes croisées lucratives.

LES CLÉS D'UNE STRATÉGIE ABM GAGNANTE

> 1. Soyez obsédés par votre client

Lorsqu'une entreprise adopte une approche en fonction des comptes du marketing, le client n'est plus le roi, il devient une superstar internationale, dont chaque parole ou action est glanée par des fans en délire, focalisés sur leur idole et s'arrachant le moindre détail qu'ils peuvent grappiller à son sujet.

> 2. Assurez-vous que les ventes et le marketing fassent bonne équipe et harmonisent leurs objectifs

Avec l'ABM, il est question de qualité, pas de quantité. Cette approche repose sur le marketing et les ventes en marche vers les mêmes objectifs. Une implémentation réussie de l'ABM requiert une évolution de l'état d'esprit.

> 3. Prenez le temps de choisir vos comptes clés

L'ABM n'est pas un nouveau concept, mais à l'ère du numérique, il donne un nouveau sens et une nouvelle opportunité. Les technologies d'ABM offrent aux équipes commerciales et marketing un moyen de travailler ensemble pour identifier, rechercher et faire grandir sur le long terme les comptes client spécifiques qui présentent un potentiel de recettes importantes.

> 4. Rendez votre programme de mobilisation engageant

Créez du contenu personnalisé qui aborde les points sensibles des acheteurs et fournissez du contenu dans un ordre séquencé reposant sur des messages et créant un dialogue avec les acheteurs.

> 5. Pensez en termes d'années, pas de mois ni de trimestres

L'ABM exige des équipes une vision portant au-delà du prochain prospect ou de la prochaine affaire conclue et qu'elles évaluent le succès à l'échelle macro sur la base de chiffres sur le long terme.

[1] Source : Infosys, 2013

[2] Demand Metric. Found in ABM in a Nutshell, p. 15 but no source?

Quelle est la durée du cycle d'achat ?

Votre cycle de vente est plus de deux fois plus long que vous le pensez.

Pour les vendeurs, le cycle de vente moyen est de 7,4 mois. Mais pour les acheteurs, le processus commence bien avant: au total, les cycles d'achat sont en moyenne de 16,3 mois.

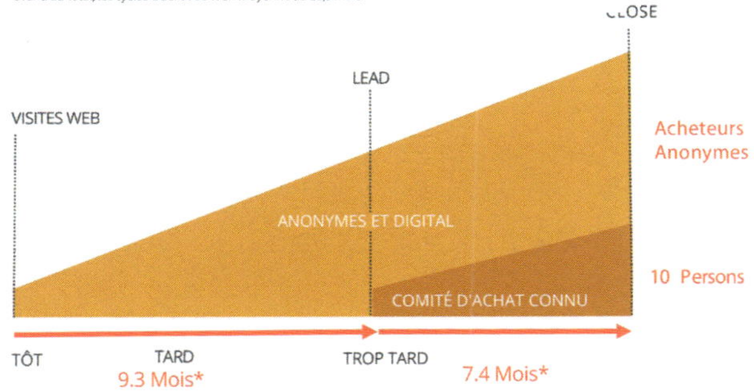

> source : Gartner, septembre 2016

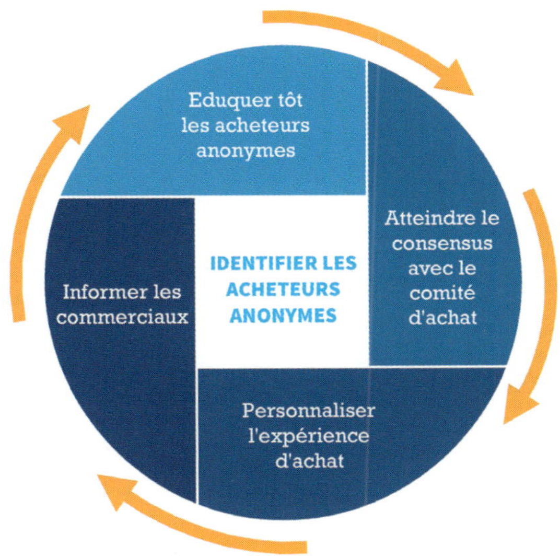

◊ **AZALEAD**
www.azalead.com/fr/

Stephanie Kidder
CMO

TENDANCES

ANALYTICS
MARKETING PRÉDICTIF
INTELLIGENCE ARTIFICIELLE
RGPD
BOT
COOKIE VOCAL
TRADING DESK
ATTRIBUTION
DMP
CHURN

04

DATA

Optez pour la Data, oui,
mais utilisée intelligemment !
Connaissance client, ciblage puis activation de la donnée en passant par l'optimisation de la performance : conseils et cas pratiques sur les problématiques au cœur de l'actualité et des réflexions stratégiques.

SOMMAIRE

CHAP.4

Connaissance client & Analytics

Stratégie de ciblage

Activation de la donnée

Optimisation de la performance

◇ *Étude de cas* ◆ *Article*

L'enjeu de l'exposition publicitaire

Mediametrie

Performances moyennes des campagnes digitales sur cibles

Périmètre

46 cibles
socio-démographiques normées

8 500 observations, pour un total de **3 300 campagnes**

Répartition par écran

Part des **écrans** dans les **couvertures 2+**

Part des **écrans** dans les **impressions 2+**

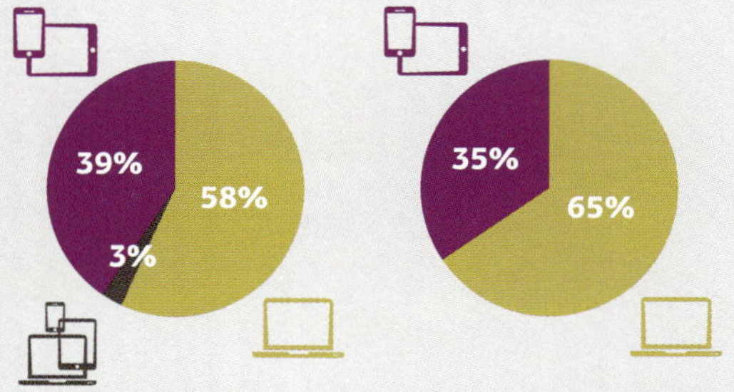

Périmètre : ensemble des campagnes depuis le 01/10/2015

Répartition des campagnes sur cible

25-49 ans

Pour atteindre 30% de la cible 25-49 ans, il faut délivrer en moyenne 40 millions d'impressions.

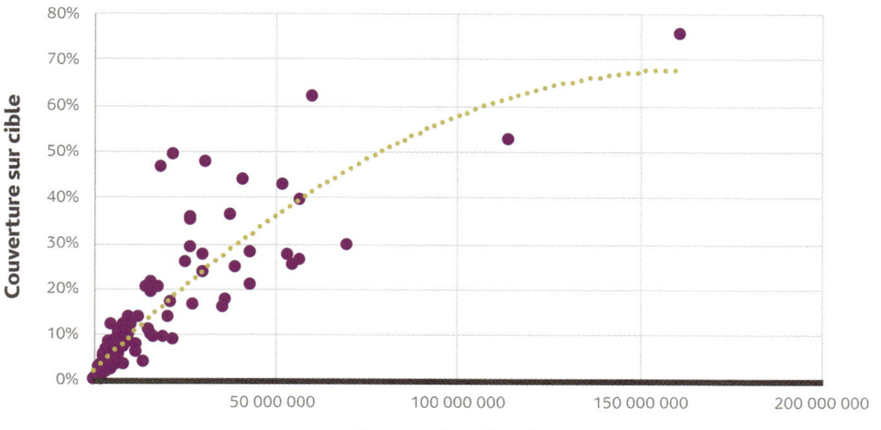

Périmètre : ensemble des campagnes sur cible ensemble 25-49 ans

Taux d'impressions sur cible

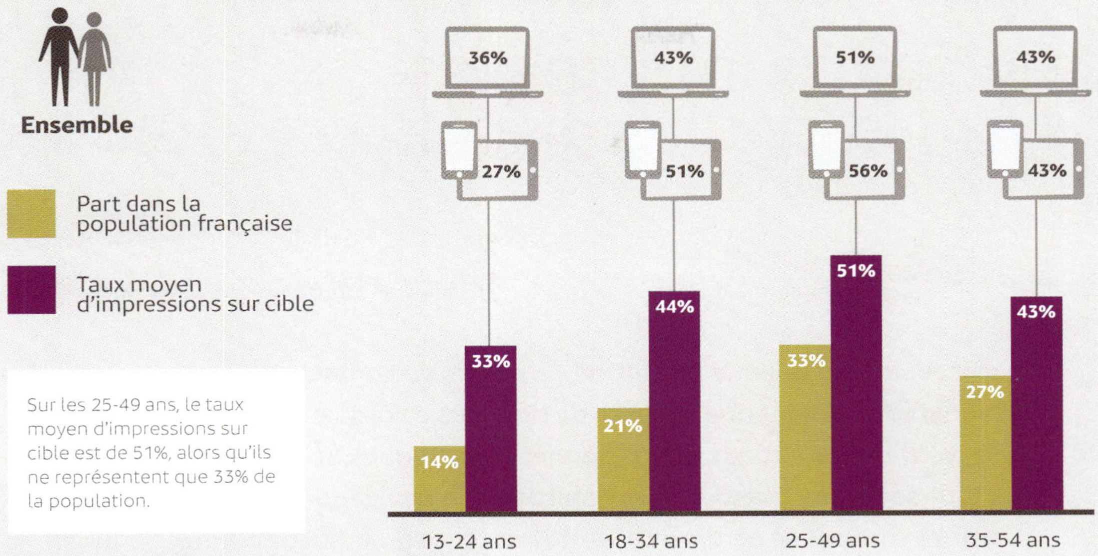

Sur les 25-49 ans, le taux moyen d'impressions sur cible est de 51%, alors qu'ils ne représentent que 33% de la population.

Périmètre : ensemble des observations hors data-providers

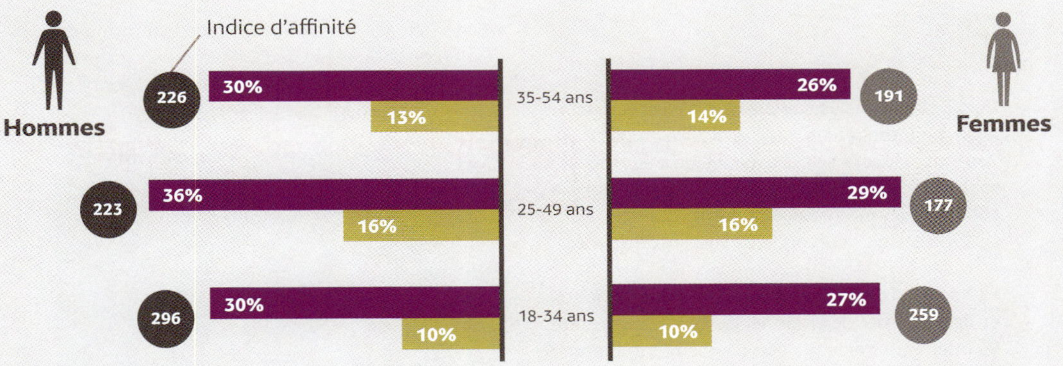

Périmètre : ensemble des observations sur cibles prioritaires Hommes-Femmes hors data-providers

L'indice d'affinité indique la proportion des impressions délivrées auprès de la cible prioritaire par rapport au poids de cette dernière dans la population totale (= % impressions servies sur cible / % cible dans population totale).

Normes DAR

Périmètre	Période du 1er novembre 2013 au 30 juin 2017 Univers de référence : France entière (INSEE)
Calculs	Pondération des résultats par le volume d'impressions Seuil minimal : 8 000 impressions
Définitions	Taux d'impressions sur cible : nombre d'impressions sur cible étudiée / nombre total d'impressions de la campagne x100

Fiche théorique

DONNE-MOI TES DATA, JE TE DIRAI QUI SONT TES UTILISATEURS

Il existe aujourd'hui une multitude de points de contact entre vos clients et vous, vous offrant une richesse de données colossale. Grâce à votre site web, vos réseaux sociaux ou vos données analytiques, vous êtes en mesure de tout savoir, ou presque, des habitudes de navigation des internautes. Comment ne pas se perdre dans cette immense quantité de données pour, au contraire, en tirer parti ?

COLLECTER : CONNAISSANCE CLIENT ET ANALYTICS

Pour pouvoir analyser et estimer la meilleure stratégie à adopter et les outils à mettre en place sur votre site, encore faut-il avoir les données nécessaires. Grâce à la data, il est possible de comprendre comment les internautes utilisent votre site. Pour cela, il existe plusieurs outils de collecte de données.

• Le session recording : l'enregistrement de vidéos en ligne permet de visionner les interactions entre les internautes et le site afin de mieux comprendre le parcours utilisateurs (mouvements de souris, clics, scroll des pages, formulaire complété, etc.). Ainsi les points de friction et les difficultés de navigation sont clairement identifiés ;

• Heatmap et zones de chaleur : les données de comportement de vos utilisateurs peuvent également être visualisées grâce à des heatmap. Vous pouvez vérifier le comportement de navigation de vos internautes en visualisant les éléments avec lesquels ils interagissent le plus. Les cartes de chaleur vous permettent de comparer la distribution des clics par zones de la page sur chaque variation d'un test ou sur vos personnalisations pour en affiner l'analyse ;

• Net Promoter Score : les outils de retours utilisateurs permettent de collecter plus directement les commentaires et remarques de chacun. L'enquête de satisfaction grâce au Net Promoter Score permet aussi d'identifier les types de répondants : détracteurs, passifs et promoteurs, tout en repérant les axes d'amélioration à mettre en place sur votre site.

• Data Management Platform ou plateforme de gestion des données : les DMP vont permettre de récupérer, centraliser, gérer et utiliser les données relatives aux prospects et clients.

Il existe également d'autres moyens de collecter la donnée comme les cookies (fichier texte placé sur les navigateurs), le tracking des URL, Google Analytics ou encore votre outil CRM.

ANALYSER : STRATÉGIE DE CIBLAGE

La donnée est le moyen le plus puissant pour analyser les attentes et besoins de vos internautes. Vous allez pouvoir comprendre quand et pourquoi ils n'ont pas converti, et ainsi optimiser votre site et mettre en place la bonne stratégie pour éviter les abandons dans le tunnel de conversion et les faibles taux de clics.

L'analyse de ces données va permettre d'identifier la provenance de vos prospects et de savoir quel processus génère le plus de clics. Ils ont renoncé à l'achat ? Vous pouvez savoir à quel moment, puis analyser ces données afin de savoir quels points sont à améliorer : un Call To Action (CTA) pas assez explicite ? Un tunnel d'achat décourageant ? Un panier qui multiplie les sources de fuites ?

La lecture des données n'est pas une évidence, l'analyse qui en découle non plus. Pour simplifier la lecture et l'analyse de cette abondance de données, des outils de data visualisation permettent d'illustrer ces chiffres. Comme leur nom l'indique, les outils de data visualisation affichent les données de façon visuelle. Cela peut se concrétiser par des graphiques, des camemberts, des diagrammes, des cartographies, des chronologies, des infographies ou même des créations graphiques inédites ou des photos. La présentation sous une forme illustrée rend les données plus lisibles et compréhensibles.

D'autres outils de web analytics permettent une lecture simplifiée des données. Par exemple, Google Analytics est aussi un outil clair et simple d'utilisation. Son interface propose également des éléments graphiques simplifiant la lecture et l'analyse de la donnée.

Analyser le comportement des internautes permet d'établir des recommandations et des modifications rationnelles, basées sur des données fiables. Ainsi, vous pourrez réduire la marge d'erreur en termes d'optimisation : nous savons que ce CTA n'est pas cliqué, il faut donc optimiser en premier lieu ce bouton avant de changer l'intégralité de la page. Mais là nous entrons déjà dans la phase suivante !

Cette seconde étape, qui peut sembler difficile puisqu'elle requiert une capacité d'introspection et un regard critique sur le site existant, s'avère néanmoins cruciale pour qui souhaite voir ses KPIs s'améliorer de manière drastique.

EXPLOITER : ACTIVATION DE LA DONNÉE

Après la collecte et l'analyse, il faut bien sûr exploiter la donnée, c'est-à-dire la transformer en action. Cette phase permet de tirer profit des connaissances client afin d'optimiser votre site via l'A/B testing et la personnalisation. Le premier point intéressant à mettre en lumière est que les hypothèses d'optimisation doivent toujours partir d'un problème clairement identifié. Surtout ne pas optimiser au hasard, au risque de perdre son temps.

On s'imagine souvent que pour améliorer les performances de son site e-commerce cela passe, par exemple, par un rapide changement de couleur du CTA "acheter". On pense alors, à tort ou à raison (parfois !), que modifier le CTA rouge par du vert contribuera à accroître son taux de conversion. Mais, c'est en réalité une erreur que de s'imaginer que des modifications basiques et rapides, apportées au niveau du design de vos pages, conduiront forcément à une amélioration significative de vos résultats !

Plutôt que de foncer tête baissée et trouver une solution "bricolée", il est préférable de savoir prendre du recul pour exploiter au mieux ces données. Commencez par le début.

• Identifiez le véritable problème à la source de mauvaises performances. Par exemple, un taux de rebond élevé sur votre landing page, ou un taux d'abandon élevé au moment de la facturation sur votre site ;

• Établissez une hypothèse de laquelle pourrait découler le problème identifié : "nos clients ne comprennent pas immédiatement les caractéristiques de nos produits lorsqu'ils lisent les fiches sur notre site e-commerce".

L'exploitation de la donnée peut vous permettre d'aller aussi plus loin lors de la phase de testing avec, par exemple, du cross-selling (suggestions de produits complémentaires selon les envies et préférences des internautes). La mise en place de ventes suggestives permet une augmentation du chiffre d'affaires de 30 %*. En effet, l'un des facteurs-clés dans la conversion réside dans la personnalisation. Il est donc important pour augmenter votre taux de conversion d'accompagner le client de façon personnalisée sur le site. Il doit se sentir guidé tout au long de sa navigation. Cela facilitera les conversions, mais augmentera également la confiance qu'il accorde à votre marque.

On parle ici d'une exploitation de la donnée qui peut venir pendant ou après une première phase d'optimisation de votre site. A/B testez d'abord votre nouvelle fiche produit ; vous y ajouterez prochainement des pop-in d'engagement pour inciter le cross-selling. L'exploitation de la donnée permet dans un second temps de personnaliser les messages adressés aux internautes selon plusieurs critères : nouveaux ou returning, inscrits ou non, selon la provenance ou encore le sexe et l'âge.

TESTER : OPTIMISATION DE LA PERFORMANCE

Comme évoqué précédemment, les hypothèses de test doivent découler de données concrètes et fiables. Les tests A/B reposent sur des changements ponctuels et ciblés, dont les retours seront automatiquement chiffrés. Mais comment formuler une hypothèse de test ? Au départ, la constitution de ces hypothèses peut sembler presque simple. Il s'agit principalement de formuler un changement et l'effet souhaité :

Changer (élément testé) de .... en .... va me permettre d'augmenter / diminuer .... (unité de mesure définie).

Par exemple : "Simplifier le formulaire en supprimant les champs facultatifs, tels que le téléphone et l'adresse postale, augmentera le nombre de contacts collectés."

Cette formule n'est, à ce stade, qu'une supposition théorique, qu'il conviendra de prouver ou désapprouver, mais elle vous

servira de fil rouge dans la résolution du problème rencontré. Point important cependant : l'impact du changement que vous souhaitez apporter doit toujours être mesurable en des termes quantifiables (taux de conversion, taux de rebond, taux d'abandon, etc.). Enfin, et parce que s'arrêter en si bonne voie serait dommage, tout l'enjeu final dans la constitution des hypothèses de A/B test est d'identifier, rapidement, celle qui viendra servir le mieux votre business.

Il existe de nombreux éléments qui vont vous permettre de constituer des hypothèses de test A/B efficaces. Voici quelques exemples pour débuter (et vous inspirer).

- Sur la home page : le header/ la bannière principale expliquant les produits ou les services proposés par le site permettent d'accroître la curiosité des clients et de prolonger leur temps de présence sur le site ;

- Dans les rubriques produits : les filtres font largement économiser du temps aux clients. Ils peuvent rapidement trouver ce qu'ils cherchent ;

- Dans les fiches produits : la recommandation produit crée une expérience plus personnalisée pour l'internaute et aide à augmenter son panier moyen ;

- Dans le panier : un CTA visible "procéder au paiement" incite largement les utilisateurs à convertir ;

- Sur la page de paiement : afficher les différentes étapes de paiement pour donner de la visibilité sur la suite du tunnel d'achat pour rassurer l'internaute et l'inciter à aller au bout de son acte d'achat.

Ces éléments vous offrent la possibilité de créer vos hypothèses en comparant votre site actuel et les propositions énoncées précédemment, avec comme objectif d'impacter directement les performances de conversion.

La définition des hypothèses des tests A/B est un travail à la fois complexe et surtout méthodique. Il ne faut pas oublier tous les bénéfices que cette étape pourra apporter à votre site. Aussi, la prochaine fois que vous souhaitez optimiser vos performances, pensez "analyse et data", avant "design et graphisme" : un bon début vers la mise en place d'hypothèses efficaces.

Les entreprises ont pour enjeu d'optimiser et de concevoir une expérience client riche et cohérente sur l'ensemble des canaux, de favoriser la conversion, de fidéliser et de se différencier pour faire face à la concurrence. Tout cela n'est pas possible sans la donnée. Collecter la donnée pour mieux comprendre les utilisateurs, analyser pour identifier les éléments à optimiser et exploiter pour transformer ces données en actions afin d'optimiser le parcours des internautes, ce sont les trois phases primordiales pour une démarche d'optimisation réussie.

* http://www.lsa-conso.fr/pourquoi-la-personnalisation-en-e-commerce-est-importante-infographie,248370

AB TASTY
www.abtasty.com

Sophie Ianiro
Content Marketing Manager
sophie.ianiro@abtasty.com

LA RECONNAISSANCE CONSOMMATEUR : QUELS SONT LES ENJEUX ?

Connaissons-nous vraiment nos consommateurs ? Les marques ont accès à une multitude de données concernant leurs clients. Cependant il est difficile pour elles de converser individuellement avec eux. Or, en exploitant la connaissance client, nous pouvons personnaliser le parcours consommateur et ainsi influencer nos prospects et clients pour générer de la croissance de chiffre d'affaires. Mais adoptons-nous tous la meilleure approche pour exploiter cette connaissance client dans nos communications ?

3,4 devices en moyenne par consommateur

66 % des internautes suppriment leurs cookies chaque mois

“Dans un système régi par une logique d'attribution [...] l'optimisation se réalise sur des objectifs éloignés de l'intérêt primaire de l'annonceur (qui est de générer du chiffre d'affaires incrémental et non de générer des clics).”

Hélène VOINCHET
Client Development Director Conversantmedia

1. QUELLE APPROCHE ADOPTER POUR VRAIMENT RECONNAÎTRE SES CONSOMMATEURS ?

L'un des premiers challenges de la connaissance client réside dans la reconnaissance sur le web de ses consommateurs selon leur niveau d'engagement et la prise en compte des évolutions de celui-ci dans le temps. En premier lieu, avoir une parfaite connaissance de ses clients est nécessaire, mais reconnaître ses clients sur la durée et sur tous les canaux est fondamental pour diffuser le message approprié à chaque individu. Pour cela, il est donc primordial pour une marque d'identifier et de savoir reconnaître ses consommateurs à une échelle individuelle et non par l'intermédiaire de segments, de cookies ou devices. Or, derrière un consommateur se cachent en moyenne 3 devices et 19 cookies en constant renouvellement. Le challenge est donc de rattacher l'ensemble des points de contact autour du même consommateur.

En effet, si une marque, avant de communiquer, n'a pas la capacité d'analyser et d'identifier en amont que des cookies et différents écrans correspondent à une seule et même personne, elle va inutilement et dangereusement augmenter sa pression marketing et prendre de mauvaises décisions concernant ses investissements média. D'autre part, les annonceurs doivent être capables de distinguer leurs consommateurs les uns des autres en fonction de leur statut - les prospects sans aucun engagement, ceux étant déjà en contact avec la marque, les clients actifs, inactifs, ou encore porteurs d'une carte de fidélité - et de suivre l'évolution de leur engagement envers la marque, lorsqu'ils passent du statut de prospect à celui de client, par exemple. Avoir une vision unifiée de son consommateur est la base d'une stratégie de marketing personnalisée.

En admettant que la première étape de l'identification soit amorcée, il faut garder en tête que les données de ces individus ne cessent de s'enrichir. Construire des profils persistants permet de capitaliser en temps réel et sur le long terme sur l'ensemble de ces données en constante mutation que les marques collectent. En effet, plus la durée de collecte de données sera longue, plus les profils seront précis, permettant des communications plus impactantes.

Grâce au maintien du contact sur la durée, les marques ont dès lors la capacité de construire des audiences engagées (prospects

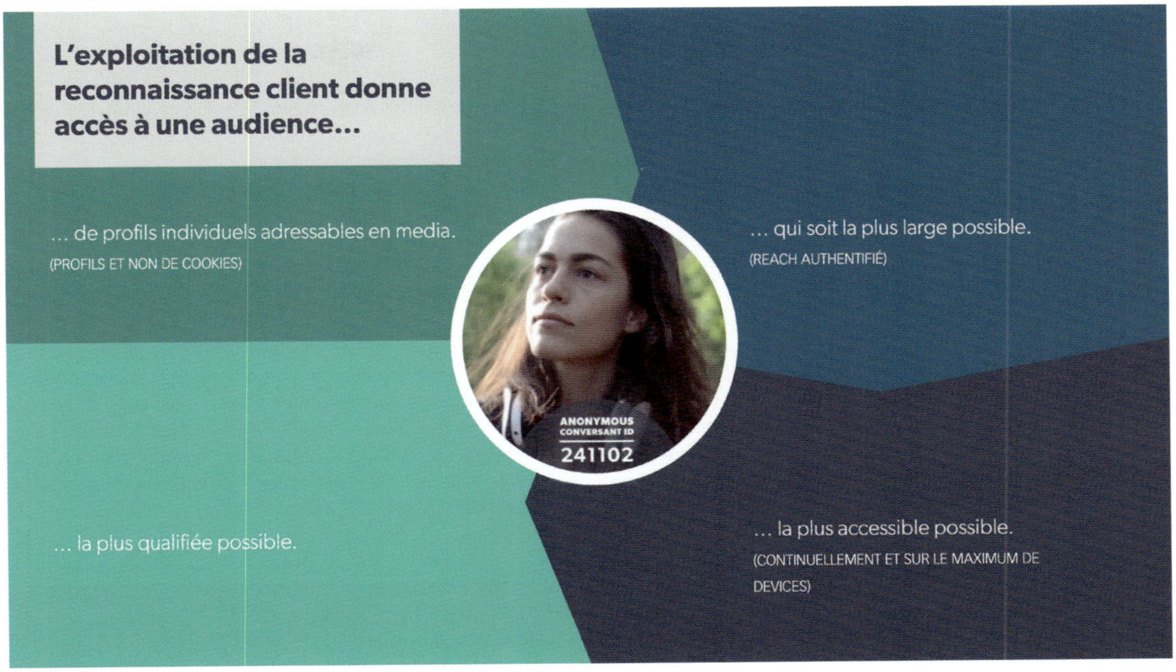

et clients) de plus en plus importantes. Elles peuvent ainsi décupler leur surface d'action tout en proposant des expériences totalement personnalisées à leurs consommateurs.

Une fois ces profils persistants construits, il faut ensuite définir et mettre en place des stratégies dynamiques adaptées à chaque individu. La prise de décision d'engager la conversation ou non est établie grâce à l'intervention d'un moteur décisionnel. En effet, celui-ci s'appuie sur la connaissance consommateur acquise pour déployer ces stratégies dynamiques en quelques millisecondes au moment où le consommateur est le plus à l'écoute.

Notons que la prise de décision s'appuie sur un scoring consommateur, combinaison de nombreux paramètres issus du comportement de l'individu qui permet de déterminer son niveau d'engagement et son potentiel de réalisation d'un prochain achat. Le moteur permet donc de décider à bon escient d'investir ou non sur un individu, quelle stratégie mettre en œuvre, quel message déployer, quelle offre, sur quel device, etc., ce qui conduit à la fois à une rationalisation des dépenses publicitaires et une maximisation des performances des programmes display.

2. LA TRANSITION VERS UN MARKETING DIGITAL BASÉ SUR LA RECONNAISSANCE CONSOMMATEUR

Afin d'obtenir une réconciliation de l'ensemble des données autour de chaque consommateur et de disposer d'une vision unifiée de celui-ci, l'onboarding de données annonceur est indispensable pour bénéficier d'une vision cross-canal. Il est ainsi possible de retrouver et identifier ses clients online et déployer une campagne publicitaire pertinente favorisant un parcours client sans couture et générant les meilleurs résultats. Enfin, on rapproche les données offline digitalisées des données de navigation du site annonceur, récupérées grâce à un tagging complet du site e-marchand.

Deux méthodologies de réconciliation des données règnent actuellement sur le marché : le *matching déterministique** et le matching probabilistique. La solution idéale doit permettre de répondre à des problématiques d'identification infaillible. Or, le matching probabilistique est une approche purement statistique et basée uniquement sur des modèles mathématiques engendrant une perte de précision dans la connaissance des consommateurs et donc une prise de décision sur l'exécution en programmatique moins performante. Pour de meilleurs résultats, mieux vaut privilégier le matching déterministique qui se base en temps réel sur des clés de matching fiables (adresse e-mail, combinaison prénom-nom-adresse postale, ID client...).

A ce stade, il est temps d'envisager la personnalisation des bannières, rendue possible grâce un outil DCO (Dynamic Creative Optimization). Celui-ci, adossé à une DSP connectée sur l'ensemble des ad exchanges du marché, permet l'affichage en temps réel de bannières personnalisées qui influenceront le consommateur au fil de sa relation avec la marque.

Afin de mesurer avec certitude les performances incrémentales d'un programme personnalisé, la méthodologie Test vs. Control est à privilégier. Elle permet la comparaison de deux groupes, l'un exposé au programme (95 %) et l'autre, échantillon représentatif de l'audience totale (5 %), non exposé. En étudiant les écarts de réponses au programme des 2 groupes en cross-device et en cross-canal, il est possible de déterminer les résultats incrémentaux générés grâce au programme ainsi que l'impact des investissements online sur le chiffre d'affaires offline. La notion de reconnaissance consommateur et de vision unifiée est à nouveau très importante : ce procédé offre la possibilité de constituer des groupes Test & Control constamment actifs, statistiquement fiables et représentatifs l'un de l'autre. Le revenu incrémental ainsi mesuré devient l'indicateur sur lequel optimiser en temps réel le programme.

Certains annonceurs ont compris les enjeux de la *reconnaissance client** et du marketing 1:1. Ils tentent alors de le mettre en œuvre en interne, en faisant appel à différents partenaires, chacun expert d'une étape du processus décrit ci-dessus : ils utilisent une plateforme d'onboarding, intègrent une DMP qu'ils connectent à une DSP tierce et mesurent l'ensemble des résultats via leur système d'attribution.

Toutefois, faire appel à des briques de solutions fragmentées est souvent à l'origine d'erreurs d'identification et d'une forte diminution de la taille de l'audience adressable. En effet, outre le fait que les marques s'adressent alors à des cookies et non à des individus uniques, l'audience adressable est limitée au bassin de cookies identifiés simultanément par l'ensemble des partenaires, impactant mathématiquement le revenu incrémental de manière considérable. A contrario, une solution intégrée permet d'accéder instantanément à des consommateurs d'une marque sur l'ensemble des outils natifs de son stack technologique (Schéma ci-contre).

Au-delà de la déperdition d'audience, la mise en place et la gestion d'un panel complet de partenaires nécessite une mobilisation massive de ressources (financement, temps, équipes, etc.) que les annonceurs doivent prendre en compte et gérer.

Egalement, l'optimisation des résultats est faussée, car basée sur la mesure des performances d'un système d'attribution. L'optimisation se réalise sur des objectifs éloignés de l'intérêt primaire de l'annonceur (qui est de générer du chiffre d'affaires incrémental et non de générer des clics). Dans un système régi par une logique d'attribution, les partenaires vont vouloir augmenter leur probabilité d'être l'auteur du dernier clic avant la vente et

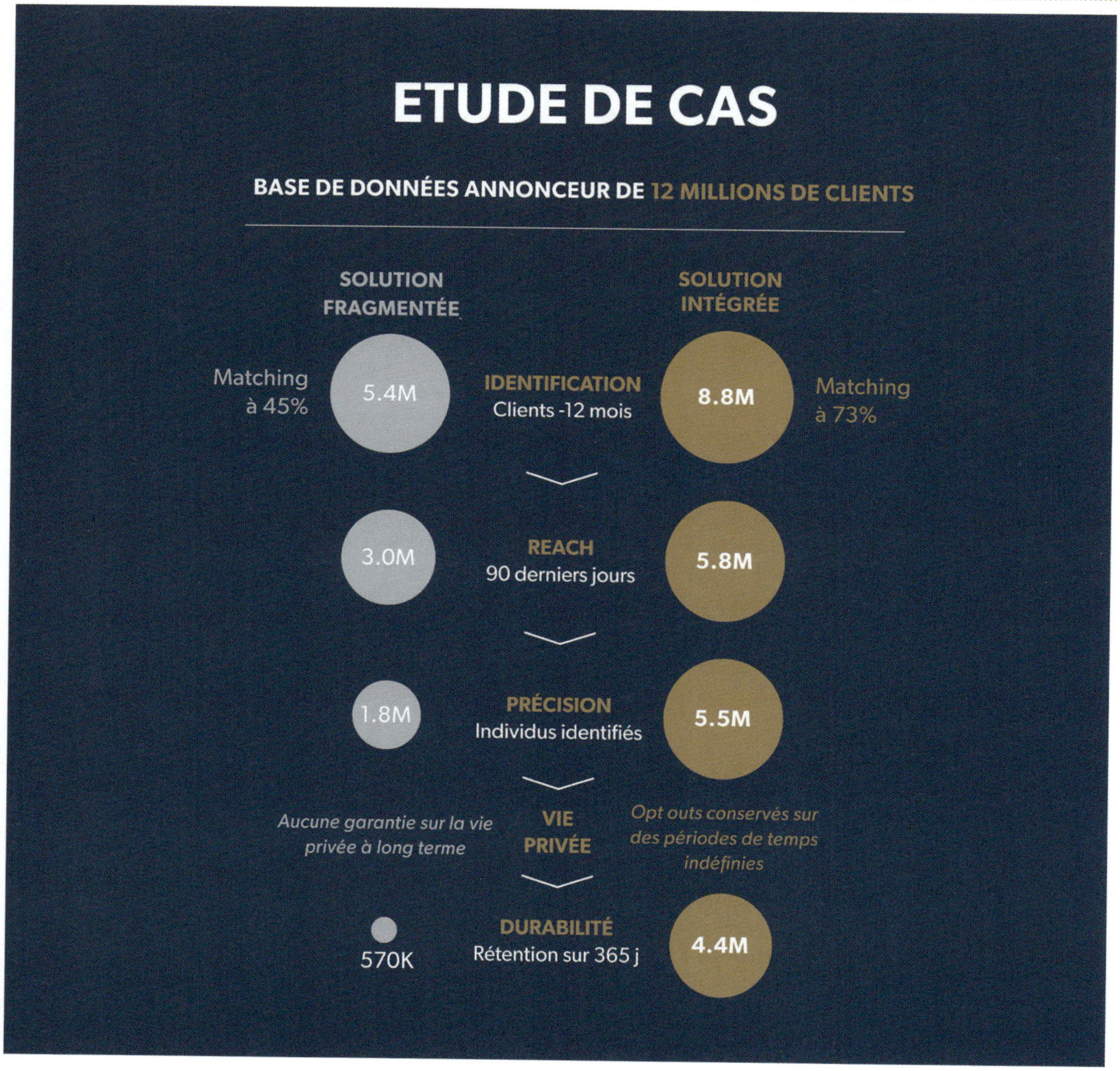

ainsi remporter l'attribution de la vente. Cela a pour effet de générer un volume important de clics et donc d'impressions. En plus d'augmenter la pression marketing et de proposer une expérience consommateur désagréable, cette approche gonfle inutilement les investissements marketing dégradant ainsi la rentabilité des programmes.

Une vraie alternative est possible par la mesure du revenu incrémental généré et l'optimisation sur ce seul et unique indicateur. Ainsi l'objectif et les optimisations du programme sont en phase avec l'objectif primaire des marques. Le meilleur moyen de générer du revenu incrémental passera toujours par une optimisation directement réalisée sur cet indicateur, et non sur des clics.

3. CE QU'APPORTE LA RECONNAISSANCE CONSOMMATEUR POUR VOTRE ORGANISATION

En dehors d'un impact évident sur la pertinence de la prise de parole et les performances en terme de revenu incrémental qui en découlent, bénéficier d'une connaissance consommateur telle que décrite ici en faisant appel à une solution intégrée peut décupler les capacités organisationnelles des entreprises. Les marques ont alors la possibilité de traiter leur tunnel marketing comme un Tout et non comme la somme de différentes parties. Elles peuvent identifier et suivre tout au long de son parcours chaque consommateur, et déployer des stratégies dynamiques qui influenceront son comportement et son engagement sur le long terme. A l'opposé de cette approche marketing globale et "décompartimentée" du tunnel, les annonceurs pourront consacrer l'intégralité de chacun de leurs budgets marketing à leur seul objectif premier.

Exemple, la plupart des budgets Acquisition, n'ont actuellement d'"Acquisition" que le titre. Investis pour diffuser des bannières d'acquisition sur les ad exchanges, ils sont souvent dépensés sans différentiation auprès d'un prospect engagé, d'un client offline ou d'un prospect sans aucun engagement avec la marque, soit l'individu-type auquel ils sont initialement destinés. En reconnaissant leurs consommateurs, les annonceurs peuvent désormais autant les cibler plus précisément que les exclure de certaines initiatives. Le budget Acquisition, uniquement consacré aux nouveaux prospects, est alors mieux investi et sa rentabilisation mieux mesurée. Il en est de même pour les budgets Retargeting qui sont aujourd'hui dépensés à tout-va sur les clients, et des bannières Branding diffusées à tort sur des prospects déjà engagés envers la marque communicante.

Un autre élément à prendre en considération est la possibilité d'améliorer les stratégies de fidélisation et de les déployer sur d'autres canaux que l'e-mailing, tels que display web/mobile et sur de nouveaux formats comme la vidéo, les réseaux sociaux, etc.

La fidélisation par e-mail permet déjà aux départements CRM de concentrer leurs actions sur les bons consommateurs, puisqu'ils peuvent distinguer acheteurs et prospects dans leurs bases de données. En revanche, cette audience qualifiée n'est traitée qu'en segments, avec des possibilités de personnalisation très limitées. De plus, la stratégie mise en œuvre n'atteint en réalité que les consommateurs qui veulent bien ouvrir et cliquer sur l'e-mail envoyé.

En activant les prises de parole de fidélisation sur d'autres canaux, les annonceurs créent une résonnance complémentaire à leurs messages, mais s'octroient également l'accès à une audience adressable bien plus large, englobant tous les clients, qui actuellement n'ouvrent jamais leurs newsletters.

Armées d'une connaissance infaillible sur leurs consommateurs, les équipes marketing seront désormais en mesure d'identifier précisément et d'émuler les comportements type des "meilleurs clients" auprès des autres déciles de clients et ainsi participer à la réalisation d'objectifs inédits. Par exemple, l'augmentation du taux de clients cross-canal, qui sont en général les clients avec la plus grande valeur pour les marques, achetant pour plus cher, et plus souvent. Vos équipes pourront également relever le défi d'augmenter le taux de repeat-purchase, et négocier le difficile virage entre la 1ère et la 2e commande, etc.

La liste de nouveaux objectifs à portée de main est désormais pléthorique !

* Retrouvez la définition dans le lexique en fin d'ouvrage.

> *"[En faisant appel à de multiples solutions] l'audience adressable est limitée au bassin de cookies identifiés simultanément par l'ensemble des partenaires, impactant mathématiquement le revenu incrémental de manière considérable."*
>
> Redouane BELLANI
> *VP Southern Europe Conversantmedia*

◊ **CONVERSANTMEDIA**
fr.conversantmedia.eu

Redouane Bellani
VP Southern Europe
rbellani@conversantmedia.com

Hélène Voinchet
Client Development Director
hvoinchet@conversantmedia.com

LE MARKETING PRÉDICTIF POUR RENFORCER L'ENGAGEMENT CLIENT ET BOOSTER LE REVENU : FOCUS SUR LE SECTEUR DE L'AUTOMOBILE

L'analyse des données n'a pas vocation à révolutionner les grands principes du marketing, elle accroît le champ des possibles. Rapprocher les data jusqu'à présent en silos, croiser de nombreux critères à la fois, raisonner en dynamique plutôt qu'en statique, bref créer des programmes d'analyse sophistiqués, intelligents et prédictifs est désormais possible grâce aux applications marketing et CRM de la technologie et des sciences.

40% des entreprises utilisent ou prévoient d'ici 12 mois d'utiliser les analyses prédictives

53% d'entre elles ont déclaré une augmentation significative des ventes

L'intelligence prédictive revêt plusieurs visages, mais elle s'appuie sur un même processus : collecter des données de différentes sources, les croiser avec les caractéristiques clients (données géographiques, démographiques, fréquence, récence d'achat, parcours d'achat...) afin d'évaluer son comportement futur avec la plus grande probabilité. Le marketing prédictif s'appuie donc sur des modélisations statistiques et des analyses avancées de données multiples, dynamiques, complexes à mettre en relation, qui requièrent des compétences pointues en datascience. Mais le jeu en vaut la chandelle et les champs d'application sont multiples - prédiction d'attrition, engagement client, recommandations produits, pertinence des messages - et débouche sur une formidable opportunité de personnaliser sa communication avec intelligence. La mise en place d'un CRM prédictif est un cas intéressant, qui nécessite de combiner créativité, technicité, compréhension métier, en amont du projet.

L'enjeu principal ne réside pas dans la méthode marketing ou CRM - le bon message, à la bonne personne au bon moment -, mais plutôt dans la manière de le penser en amont, de jouer avec la data, le scoring, la priorisation, afin de construire des scénarii réalistes avec le moins de biais possible, et de maximiser ainsi la fiabilité des prédictions, et donc le ROI. Quelques points à prendre en considération :

> *« Il ne faut pas se tromper de combat. Plus que l'ultra-personnalisation, c'est la pertinence du message qui est importante. »*
>
> Jean-Baptiste BOUZIGE
> *PDG Ekimetrics*

- **Pousser le bon produit au bon moment** : parmi un catalogue de plusieurs centaines de produits, forfaits, contrats de maintenance... une première priorisation doit être proposée afin de réduire le scope, et focaliser sur les offres qui ont vraiment du sens pour le consommateur ou pour la marque. Exemples de critères à choisir : les offres les plus populaires, les plus récurrentes, les plus profitables...

- **Seuls les produits prédictibles doivent être intégrés et les besoins aléatoires doivent être exclus**. Via des analyses avancées et complexes, les tendances d'achat de ces produits peuvent être identifiées, de manière à pouvoir prédire la date à laquelle chaque client, et selon son propre rythme, a besoin de chacun des produits.

- **Pousser le bon message à la bonne personne** : la segmentation comportementale est au cœur de cette approche : historique d'achat, contrats fidélité, localisation géographique, produits

favoris... L'objectif est de créer des relations fines et d'arriver à identifier le bon produit, la bonne offre et le bon discours. Meilleurs prix, qualité de service ou tout simplement préférence de marque sont des critères susceptibles de révéler des profils différents.

• **Proximité géographique** : l'analyse de la fidélité client a montré que les consommateurs sont plus susceptibles de passer à l'acte quand il existe une proximité géographique.

FOCUS SUR LE SECTEUR DE L'AUTOMOBILE

Traditionnellement quatre périodes critiques sont identifiées dans l'industrie automobile, exigeant des programmes CRM adaptés : prospection, achat du véhicule, livraison, après-vente. Dans l'idéal, ce cycle devrait être rebouclé avec du ré-achat. Si la problématique après-vente s'applique à de nombreux secteurs d'activités, c'est une période particulièrement stratégique chez les constructeurs automobiles. Entre deux achats, la période est longue. L'après-vente constitue une opportunité de générer de nouvelles opportunités de croissance, de renforcer la préférence de marque et de soigner la fidélité client. Les points de contact sont rares, très espacés (réparation, révision annuelle...), ce qui rend la relation client extrêmement difficile à mettre en place de manière efficace. Il est donc crucial de ne pas louper le coche, et de tirer le maximum de ces rares opportunités (d'autant qu'il est prouvé qu'il existe une corrélation directe entre la relation après-vente, le taux de fidélité et le réachat).

Dans le cas du programme relationnel pour un acteur majeur du secteur de l'automobile, de nombreuses données étaient disponibles, les étapes du parcours consommateur étaient bien construites, un programme CRM déjà en place et implémenté tout au long du cycle de vie du client. Néanmoins, dans une recherche d'innovation et d'amélioration continue, l'objectif du groupe automobile était d'améliorer sa stratégie après-vente afin d'augmenter son chiffre d'affaires à court terme, et sa préférence de marque à plus long terme.

Cet acteur souhaitait renouveler sa stratégie CRM et intégrer une approche prédictive basée sur l'analyse de ses données clients. L'objectif pour le groupe était de remplacer l'ancien CRM par un CRM prédictif centré sur les besoins clients en garantissant une approche innovante, et surtout des résultats quantifiables.

Pour réinventer sa stratégie relationnelle, et en opposition aux plans CRM traditionnellement construits sur la base de l'intuition ou de l'expérience, l'intelligence data a été injectée à chaque étape. Un programme automatisé et prédictif a été créé sur mesure, remplaçant celui déjà en place, en s'appuyant sur une combinaison de différentes méthodes de datascience (scoring, clustering...). De manière concrète, cela signifie que le programme relationnel a été mis en place pour analyser de multiples critères en flux (la gamme produit achetée par le client, sa fréquence et récence de visite, sa géographie, ses visites concessionnaires, sa révision annuelle effectuée ou non...) avant de pousser un message marketing. Sur la base de ces informations très précises, le système est donc à même d'estimer et de prédire quel type de produit peut intéresser le client, quelle offre est la plus pertinente à ce moment-là, et quel discours spécifique est susceptible de l'activer. Le moment précis de son cycle de vie a également été pris en compte, pour amener encore plus de pertinence et d'anticipation de ses besoins.

* Source : redEye.

◊ **EKIMETRICS**
www.ekimetrics.com
Fiche d'entreprise p. 482

Sophie Desroseaux
Directrice Marketing
sophie.desroseaux@ekimetrics.com

BANDAÏ NAMCO

Comment Bandaï a appréhendé ses cibles marketing ?

> Jeu vidéo Little Nightmares

PROBLÉMATIQUE DE LA MARQUE

Plus connu pour ses franchises Tekken ou Dragon Ball, l'éditeur de jeux vidéo Bandaï Namco Entertainment Europe a surpris l'industrie du jeu en lançant Little Nightmares, un conte sombre et étrange rempli de terreurs enfantines.

Pour le lancement de ce nouveau jeu vidéo, Bandaï Namco a voulu identifier précisément les attentes des joueurs en France, au Royaume-Uni et en Allemagne. Cette étude a permis à Bandaï de distinguer un profil de joueur unique dans chaque pays et ainsi de développer une communication personnalisée et adaptée en fonction de ses cibles.

Le budget de l'étude et de l'activation média était d'environ 150 000 €.

SOLUTION STRATÉGIQUE

L'objectif de cette étude approfondie était double :
• Analyser l'utilisation et le comportement des consommateurs avant la campagne ;
• Définir des cibles de marketing et adapter les activations par pays.

Afin de connaître de manière la plus approfondie possible les joueurs, Dentsu Aegis Network Lyon (France) et iProspect Data Consulting, en collaboration avec les principaux partenaires média (Amazon, Facebook, Captify et Amnet), ont eu l'idée de collecter un maximum de données sur le parcours de chaque visiteur du site Little Nightmares, mais également sur leur comportement au cours de la navigation et, plus spécifiquement, sur les médias sociaux afin d'en déduire les profils types des joueurs par pays.

MISE EN PLACE OPÉRATIONNELLE

Les consultants de iProspect Data Consulting ont déployé l'étude Data Dynamic Profiling qui se base sur trois étapes :

1- Collecte de données : grâce à un partenariat technologique avec Captify et via la pose de traceurs spécifiques d'autres partenaires média et data (Facebook, Amazon et Amnet) sur le site web de Little Nightmares, nous avons réussi à retracer précisément chaque parcours utilisateur avant et pendant la visite sur le site. Le croisement de ces données avec nos partenaires média et data a permis de déterminer les résultats de notre étude Data Dynamic Profiling.

2- Développement des connaissances : en fonction des données recueillies, nous avons pu identifier des univers sémantiques spécifiques associés à la navigation sur le site et à celles en amont du site. Ceci nous a permis de mettre en évidence la portée des expressions sémantiques et des intérêts de l'auditoire du site web Little Nightmares tout au long de la navigation des utilisateurs sur Internet.

3- Segmentation et activation : en adoptant la culture des jeux vidéo et ces idées, nous avons identifié les profils des joueurs à cibler dans chaque pays. Ensuite, les profils ont été divisés en segments directement activables pour les campagnes digitales notamment en display.

Cette activation nous a éclairés sur les différents types de profil de chaque pays.
Pour la France, le joueur type est un homme entre 25 et 44 ans. Il interagit principalement avec sa communauté sur Facebook. C'est un geek, nostalgique des jeux qu'il a connus durant son enfance. Il s'intéresse à de nombreux sujets qui ne sont pas forcément liés entre eux.

INFOS CLÉS

3 profils de joueurs identifiés pour la France, le Royaume-Uni et l'Allemagne

+ de 100 000 profils utilisateurs collectés en moins de 3 semaines

4 partenaires média sélectionnés comme source de données

- **Objectif :** Connaître la cible du jeu vidéo Little Nightmares
- **Cibles :** Gamers
- **Moyens :** Base de données
- **Budget :** De 100 000 € à 200 000 €

En ce qui concerne le gamer type en Allemagne, c'est également un homme entre 35 et 44 ans qui communique beaucoup sur les forums. Sa famille est très importante pour lui ainsi que tout ce qui lui est lié et il se passionne par les jeux type puzzles games.

Du côté de la Grande-Bretagne, c'est un joueur plus jeune, entre 18 et 24 ans et grand amateur de jeux vidéo. Il est constamment connecté avec sa communauté via les réseaux sociaux tels que Snapchat et YouTube.

RÉSULTATS

Grâce à l'étude Data Dynamic Profiling, nous avons obtenu les résultats suivants :
- Cinq segments par profil et par pays directement activables en média
- Trois cartes d'identité c'est-à-dire un profil type par pays avec ses propres particularités
- Trois stratégies d'activation média différentes et personnalisées déployées dans chaque pays afin de communiquer le mieux possible pour le lancement du jeu
- Quatre partenaires médias sélectionnés comme source de données
- Plus de 100 000 profils utilisateurs collectés en trois semaines.

> ***"Le Data Dynamic Profiling nous a éclairés sur le profil de nos joueurs et nous a permis de livrer des guidelines aux différents pays."***

◊ BANDAÏ NAMCO
www.little-nightmares.com/fr/

Charles-Arthur Bourget
Product Manager EMEA
cabourget@bandainamcoent.eu

◊ iPROSPECT
www.iprospect.com/fr/fr
Fiche d'entreprise p. 486

Thomine D'Yvoire
Directrice Conseil
thomine.dyvoire@dentsuaegis.com

Lucile Nourtier
Data Marketing Manager
lucile.nourtier@iprospect.com

WHISPERIES

Afficher les données e-commerce dans Google Analytics avec le Measurement Protocol

> Cas Whisperies : les données e-commerce dans GA

PROBLÉMATIQUE DE LA MARQUE

> L'entreprise

Whisperies est une entreprise créée par quatre parents de jeunes enfants en novembre 2013. La start-up propose une **plateforme de partage de contes et histoires pour enfants en ligne**, c'est un site collaboratif d'histoires numériques. Les histoires sont lues directement dans le navigateur, sur ordinateur ou appareil mobile, et présentent des animations et du son.

Chaque personne peut s'inscrire pour télécharger des histoires en ligne. On trouve aussi une partie pour les auteurs avec un éditeur en ligne. L'idée est de répondre au besoin des parents de **renouveler un catalogue d'histoires pour enfants assez étroit** et de simplifier le processus d'édition, souvent trop lourd pour les auteurs.

Un pourcentage des ventes (généré par les abonnements) est partagé entre les contributeurs (auteurs et illustrateurs) selon le nombre de lectures (plus une histoire est lue, plus les auteurs de cette histoire touchent des droits d'auteurs).

> Le site web étudié

Le site web présente deux facettes à ses utilisateurs : un **outil de conception d'histoires** pour les auteurs, et une **boutique en ligne** pour les utilisateurs, permettant de naviguer dans le catalogue en ligne et acheter les histoires, ou de souscrire à un abonnement.

Avec **entre 8 000 et 10 000 sessions par mois**, le site enregistre un trafic qui devient important et il est nécessaire de mettre en place des outils fiables pour accompagner la croissance de ce trafic.

> Le besoin exprimé

L'entreprise avait besoin, pour piloter son activité, de mesurer avec précision les chiffres de vente, afin d'utiliser Google Analytics comme un système de gestion de la boutique en ligne.

Un problème à corriger était une **différence entre les données enregistrées par Google Analytics et celles de ventes réelles dans le back-office**. Il fallait également pouvoir bien mesurer toutes les données de vente de produits, que ce soit achats uniques ou abonnements récurrents.

La solution privilégiée a été de configurer le suivi *e-commerce amélioré** et de mettre en place le suivi des transactions côté serveur.

SOLUTION STRATÉGIQUE

> Bien lire le trafic sur le site

Un outil Analytics peut devenir bien plus qu'un simple outil de suivi des visites de site web et l'entreprise l'a bien compris. Bien paramétré, il peut en effet être un précieux allié pour le **suivi et l'analyse de l'activité de vente en ligne**. Et cela gratuitement ! Bien analyser son activité, c'est commencer par se pencher sur les données traditionnelles de visites sur un outil de web analyse (Adobe, Google, Piwik…) : nombre de sessions, durée des sessions, taux de rebond sur des pages stratégiques, pages vues, événements et objectifs, et tout cela en fonction de l'appareil ou du canal d'acquisition… Ces données vont permettre de comprendre **l'engagement de l'utilisateur** : est-ce qu'il comprend le site ? Est-ce qu'il lui correspond ? Est-ce qu'il a envie d'aller plus loin ?

C'est une première étape d'analyse qui va mesurer **l'efficacité de l'acquisition** et qui répond à ces questions : les canaux d'acquisition attirent-ils suffisamment d'utilisateurs ? Sont-ils de bonne qualité ? Mon site est-il de bonne qualité ?

INFOS CLÉS

+ de 95 % de fiabilité du CA dans Google

Précision des données en hausse

- **Objectif :** Analyse, Ventes
- **Cibles :** Famille, Les 2 sexes, Enfants
- **Moyens :** E-commerce, Analytics, Measurement Protocol
- **Budget :** < à 50 000 €

> Connaître les données de vente e-commerce

Après cette étape, il faudra **mesurer précisément l'activité e-commerce de l'entreprise** : connaître les chiffres de vente, analyser les performances du tunnel de conversion, calculer exactement combien ont rapporté ou coûté les campagnes d'acquisition...

Pour cela, il faudra mettre en place une fonctionnalité intégrée gratuitement dans Google Analytics, le **suivi du commerce électronique amélioré.**

Bien configuré, ce module donnera des enseignements très riches sur la boutique en ligne : un suivi en temps réel pour s'assurer que les ventes fonctionnent bien, un rapport sur le comportement d'achat détaillant chaque étape d'un entonnoir de conversion, les performances par produit, les performances par liste de produit, le suivi des promotions internes et mises en avant, les offres spéciales... Ces données vont permettre de **piloter l'activité e-commerce comme un véritable logiciel de suivi des ventes**. Le tout dans une seule interface et gratuitement.

Cette étape permettra de connaître la **santé de l'activité de vente en ligne** : les chiffres de vente, performances des produits, efficacité des offres ponctuelles... pour pouvoir améliorer le site et/ou adapter l'offre de produits.

Nous allons ensuite chercher à augmenter la fiabilité des données avec le *protocole de mesure**. Voyons en détail la démarche.

MISE EN PLACE OPÉRATIONNELLE

> Le suivi du e-commerce amélioré

La première étape nécessaire pour le suivi e-commerce consiste à **activer les fonctionnalités dans Google Analytics**. Pour cela, l'outil a besoin de collecter des données supplémentaires par rapport à celles qu'il récolte habituellement. Si d'habitude l'outil enregistre toutes les données autour des pages vues et de la session, il va avoir ici besoin en supplément des **informations de transactions** sur le site. Cela nécessite donc de **rajouter des petits bouts de code** sur le site avec toutes ces données, pour qu'Analytics puisse associer les ventes avec les pages vues et sessions qui y sont corrélées. Celui-ci comprendra entre autres, les chiffres d'affaires et la liste des produits vendus.

Il est généralement assez facile d'implémenter ce code. Pour Whisperies, cette phase n'a pas posé trop de problèmes. Une équipe technique qui fonctionne rapidement et un déploiement sans complications permettent d'agir vite sur ce point.

Cette étape est nécessaire et importante, mais on constate régulièrement une certaine perte de données par rapport à ce qui est enregistré en ventes réelles. On a donc utilisé une technique supplémentaire pour cela avec le site Whisperies.

> Whisperies, plateforme de contes en ligne

> "Un outil Analytics peut devenir bien plus qu'un simple outil de suivi des visites de site web. Il peut en effet être un précieux allié pour le suivi et l'analyse de l'activité de vente en ligne."

04 • DATA

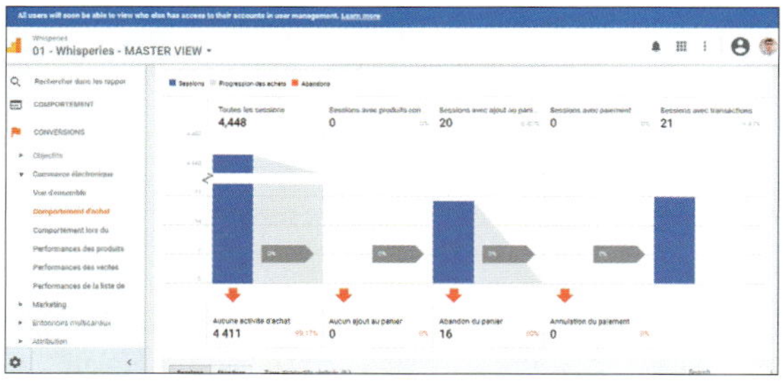

> Vue du tunnel de conversion dans Analytics .

```
<script>
window.dataLayer = window.dataLayer || []
dataLayer.push({
    'transactionId': '1234',
    'transactionAffiliation': 'Habillement ABCD',
    'transactionTotal': 38.26,
    'transactionTax': 1.29,
    'transactionShipping': 5,
    'transactionProducts': [{
        'sku': 'DD44',
        'name': 'T-shirt',
        'category': 'Vêtement',
        'price': 11.99,
        'quantity': 1
    },{
        'sku': 'AA1243544',
        'name': 'Chaussettes',
        'category': 'Vêtement',
        'price': 9.99,
        'quantity': 2
    }]
```

> Exemple de script e-commerce standard

> Accroître la fiabilité avec le protocole de mesure

Ainsi, afin d'augmenter encore la précision du suivi e-commerce pour avoir des chiffres de ventes très fiables, on va utiliser une technique appelée le protocole de mesure, détaillée dans ce point.

Les **différences de données** entre le back-office et les rapports Google Analytics peuvent être dues à de nombreux facteurs : périmètre différent, lenteur de la page de remerciement, serveur de tests pris en compte... mais le plus fréquent reste un souci de **redirection** entre le **système de paiement** et le retour vers le site. Les banques et autres services ne font pas toujours tout ce qui est en leur pouvoir pour accélérer le retour vers le site marchand. Effectivement, dans la grande majorité des systèmes e-commerce, l'utilisateur est amené à **quitter le site marchand pour aller sur un système de paiement**, souvent proposé par les banques, où le client va entrer ses informations bancaires et finaliser l'achat. C'est après cette étape qu'il est ramené vers le site marchand, sur une page de récapitulatif de paiement.

Et c'est en effet sur la page de confirmation de commande qu'il faut normalement lancer le **script spécifique dédié au suivi e-commerce par Google Analytics** (comme vu précédemment) avec toutes les informations contenues. Mais si cette page ne se charge pas assez rapidement ou que la redirection depuis la banque ne se fait pas, il est fréquent que le script Analytics ne se lance pas du tout. C'est pourtant le cas régulièrement, car la redirection vers le site n'est pas assez rapide, ou alors lorsque l'utilisateur ferme la fenêtre directement après achat. **Il est ainsi fréquent de voir jusqu'à 15 % de décalage entre le chiffre d'affaires réel et celui enregistré dans Google Analytics.**

Pour contrer le problème, il existe le suivi des transactions côté serveur, via le protocole de mesure. Cette solution est encore peu connue, même si son efficacité est prouvée depuis plusieurs années. Ainsi, **Google Analytics peut enregistrer des informations pour un utilisateur donné, même si celui-ci a déjà fermé son navigateur**. Ainsi, au lieu d'avoir un script e-commerce sur la page de confirmation de commande, nous avons fait en sorte que ce soit le serveur de Whisperies lui-même qui envoie la donnée à Google Analytics. L'utilisateur n'a pas besoin d'être allé sur la page de confirmation pour que la vente soit enregistrée dans Google Analytics, celle-ci l'est directement au moment où la vente est comptabilisée dans le système de commandes.

Nous identifions plusieurs avantages à l'envoi côté serveur :

- Avoir une **cohérence à 100 %** entre le back-office et Analytics ;
- Envoyer des informations e-commerce mensuellement pour les **abonnements**, même si l'utilisateur ne s'est pas connecté sur le site ;
- Enregistrer le chiffre d'affaires des **internautes bloquant Google Analytics** avec un plugin navigateur. Tout en respectant leur choix d'absence de tracking, nous pouvons envoyer les informations de la transaction. Ainsi, il devient possible d'évaluer le pourcentage d'internautes effectuant ce blocage ;
- **Envoyer des données confidentielles non nominatives**, comme la marge de chaque produit pour pouvoir analyser dans Google Analytics le retour sur investissement réel.

RÉSULTATS

› Bilan de la configuration

L'installation du suivi des performances e-commerce via serveur a pu être effectuée rapidement, car l'équipe technique de Whisperies avait une maîtrise complète du site web. Dès les premiers jours, quelques ajustements ont néanmoins été nécessaires notamment pour distinguer un premier abonnement d'un réabonnement.

Ainsi, les données de transactions s'enregistrent bien et permettent avec efficacité d'afficher et d'analyser facilement des rapports sur l'e-commerce directement dans Google Analytics.

Rapidement, on a constaté l'efficacité de la méthode avec une **fiabilité proche de 100 % des données de ventes** affichées dans Google Analytics par rapport à ce qui est enregistré en réel dans le CRM.

› Perspectives à envisager

Les données sont désormais utilisées au quotidien pour piloter l'activité des publicités pour cette marque en pleine croissance. Avec la mesure du réabonnement décorrélée des visites, il sera ainsi possible dans plusieurs mois de mesurer le chiffre d'affaires encore généré par les campagnes d'acquisition en cours de lancement à la rentrée 2017.

On pourra aussi dresser des **bilans comparatifs de données de vente**, mesurer l'apport de chaque canal d'acquisition et le retour sur investissement des campagnes, au-delà de celle de rentrée.

La prochaine étape des configurations est désormais d'effectuer au mieux le suivi des utilisateurs et des transactions entre l'application mobile et le site web, et ainsi gérer avec plus de précision le multi-touch.

* Retrouvez la définition dans le lexique en fin d'ouvrage.

> *“Il existe le suivi des transactions côté serveur via le protocole de mesure. Google Analytics peut enregistrer des informations pour un utilisateur donné, même si celui-ci a déjà fermé son navigateur.”*

◊ **WHISPERIES**
www.whisperies.com

Coralie Loridon
Traffic Manager
coralie@whisperies.com

◊ **WOPTIMO**
www.woptimo.com

Sébastien Monnier
CEO
sebastien@woptimo.com

Guillaume Simonin
Directeur de Clientèle
guillaume@woptimo.com

SPB

L'excellence opérationnelle : comment y arriver par des conversations téléphoniques transformées en data

> www.spb.eu/fr

PROBLÉMATIQUE DE LA MARQUE

SPB, le leader européen des assurances et services affinitaires, gère aujourd'hui plus de 50 millions d'assurés en Europe et est partenaire de plus de 100 grandes marques.

Le courtier traite des milliers d'appels chaque jour répartis vers des centaines de collaborateurs sur différents sites en France et à l'étranger. L'an dernier, SPB a d'ailleurs traité 3,18 millions d'appels pour près de 1,32 million de sinistres déclarés par ses assurés. Depuis 2011, un programme de transformation lean a été lancé pour améliorer les process, notamment en utilisant la méthode 5S, du pilotage de flux et du *Value Stream Mapping**. Une gestion proactive des sinistres a également été mise en place afin d'anticiper l'appel des assurés et aller vers eux au moment opportun. Un programme d'amélioration continue est intégré et celui-ci comprend à la fois contrôle qualité, formation, mesure des NPS, analyse de verbatim, analyse de réclamations lorsqu'il y en a. Aujourd'hui, 81 % des assurés déclarent être satisfaits de ses services, mais l'objectif de SPB est de continuellement améliorer l'expérience client au point de viser l'excellence opérationnelle.

SOLUTION STRATÉGIQUE

SPB souhaite comprendre le contenu des appels afin de simplifier au maximum la vie des assurés qui déclarent un sinistre et d'améliorer de façon continue le parcours et l'expérience assurés. Pour analyser les échanges entre les collaborateurs et les assurés, SPB a fait appel à la start-up Allo-Media et à sa technologie « Cookie Vocal », permettant de collecter 100 % de la data conversationnelle contenue dans les appels téléphoniques, également capable de les fusionner avec les parcours clients digitaux. La voix du client est extraite en temps réel grâce à une technologie propriétaire composée d'analyse du signal, de reconnaissance vocale et d'analyse sémantique. Toutes ces données sont ensuite remontées de manière anonymisée dans les outils analytiques et CRM (Google Analytics, Salesforce...) pour les équipes marketing, commerciales et relation client.

MISE EN PLACE OPÉRATIONNELLE

Afin d'enseigner à la solution comment classifier toutes ces données, une période de Proof of Concept de 3 mois est nécessaire. Cette période permet d'élaborer un modèle de langage adapté au vocabulaire spécifique de la marque en se basant sur l'analyse d'un échantillon minimum de 2 000 appels par mois. SPB et Allo-Media ont travaillé de concert pour affiner et approfondir le modèle de langage et atteindre un niveau de détails pertinent pour engager des plans d'amélioration. Grâce à la transformation des conversations en data intégralement exploitable, structurée et pertinente pour le business, SPB compte atteindre un niveau de satisfaction des assurés encore plus élevé.

RÉSULTATS

« Après les trois premiers mois de phase pilote, SPB est, grâce à la cartographie des données réalisée, en capacité d'identifier en continu des axes de progrès et ainsi améliorer l'expérience

INFOS CLÉS

- 10% d'appels de clients

- **Objectif :** Fidélisation, Excellence opérationnelle
- **Cibles :** BtoC, BtoB
- **Moyens :** CRM, Digital expérience, Analyse des appels
- **Budget :** De 50 000 € à 100 000 €

de ses assurés, indique Christelle Legrix, directrice des services d'assurance du groupe SPB. Au cœur de process complexes, un simple grain de sable peut venir enrayer une mécanique bien huilée. Dans le cadre de la détection de signaux faibles, la solution a notamment prévenu SPB que 800 documents n'avaient pas été envoyés dans les délais fixés par l'un de ses prestataires. Cela peut passer totalement inaperçu sur l'ensemble de l'activité, mais sans cette détection, cela aurait entraîné 800 appels d'assurés potentiellement mécontents pour s'informer du traitement de leurs dossiers respectifs et par conséquent 800 investigations individuelles des gestionnaires pour relancer la procédure. Grâce à cette vision en temps réel, SPB a pu relancer immédiatement l'édition de l'intégralité de ces documents sans attendre que les assurés le rappellent. Un exemple concret parmi d'autres qui a permis de détecter différents clients irritants. D'autres contrats ont depuis été ajoutés et une montée en charge progressive est mise en place jusqu'en avril 2018, dans un premier temps. SPB a ensuite pour projet de monitorer 100 % de certains flux pour pouvoir travailler sur les schémas de réitération d'appels et faire des corrélations avec son CRM déjà extrêmement fourni en informations. Le recrutement d'un business analyst est également en cours pour aller plus loin et tirer tous les bénéfices de cette démarche. »

* Retrouvez la définition dans le lexique en fin d'ouvrage.

> *« Grâce à la transformation des conversations en data intégralement exploitable, structurée et pertinente pour le business, SPB compte atteindre un niveau de satisfaction des assurés encore plus élevé. »*

> SPB, leader européen des assurances affinitaires www.spb.eu/fr/

◊ SPB
www.spb.eu/fr

Christelle Legrix
Directrice des Services d'Assurance
clegrix@spb.eu

Estelle Rouchon,
Directrice de la Communication Groupe
erouchon@spb.eu

◊ ALLO-MEDIA
www.allo-media.fr

Fiche d'entreprise p. 478

Romain Sambarino
CEO & Fondateur
rsambarino@allo-media.fr

Frédéric Daniel
Directeur Général Adjoint & Associé
f.daniel@allo-media.fr

Coup de cœur EXPERTISE

LA CUSTOMER DATA PLATFORM OU LA RÉVOLUTION PRAGMATIQUE DU MARKETING RELATIONNEL

Nous vivons une époque passionnante qui voit l'entreprise se transformer au rythme des révolutions de la donnée, de l'automatisation et du machine learning. Elles redéfinissent le champ des possibles dans la relation au consommateur en ancrant la marque dans une relation entièrement individualisée avec ce dernier. La gestion de cette expérience client n'a jamais été aussi précise et efficace.

66%
des marketeurs européens et nord-américains s'appuient sur les données CRM pour mieux comprendre leurs consommateurs
(eMarketer, 2016)

RÉCONCILIER CRM & DMP POUR CRÉER UNE STRATÉGIE CONVERSATIONNELLE PÉRENNE

Les priorités et niveaux de maturité des annonceurs sur ce sujet varient sensiblement : certains cherchent prioritairement à optimiser leurs investissements publicitaires avec une DMP média tandis que d'autres portent également leur regard vers les DMP qui se connectent au CRM et corrèlent les données de navigation aux données prospects et clients issues de sources diverses (ex. : points de vente, partenaires) pour consolider la connaissance et la vue du client. Ce type de DMP, dite DMP "First", collecte, harmonise et transforme toutes les données inhérentes à l'individu et à son comportement en informations pertinentes et activables.

Si les marques cherchent à réconcilier CRM et DMP, c'est que l'intérêt de ce rapprochement est évident : il affine la relation client dans l'espace (à travers les différents canaux) et dans le temps (à toutes les étapes du parcours client) de manière individualisée (connaissance fine). Il s'impose ainsi comme le socle logique de toute stratégie de marketing relationnel.

En effet, cette symbiose entre DMP et CRM promet d'enrichir les profils CRM nominatifs des données comportementales de la DMP de telle sorte que les profils nominatifs, mais aussi anonymes soient corrélés ou segmentés pour être activés instantanément. Les marques cherchent ainsi à casser cette frontière de l'identification et à traiter immédiatement un profil quel qu'il soit de la meilleure façon possible - par le prisme de son évolution sur toute la longueur du parcours client. Cette vision client "augmentée", enrichie de données comportementales contextuelles, offre aujourd'hui des opportunités uniques en termes de prospection, d'engagement, de service et d'aide à la décision.

LA SOUVERAINETÉ SUR LA DATA COMME ENJEU MAJEUR

Pour les entreprises européennes souhaitant opérer ce rapprochement entre CRM et DMP, le suivi des évolutions réglementaires RGPD en français ou GDPR en anglais (Règlement européen sur la Protection des Données, directive e-privacy) offre un cadre de réflexion primordial et passionnant encourageant une utilisation respectueuse et vertueuse de la

L'ALLIANCE DE LA DATA, DU CONTENU ET DES CANAUX
pour orchestrer l'expérience client en temps réel

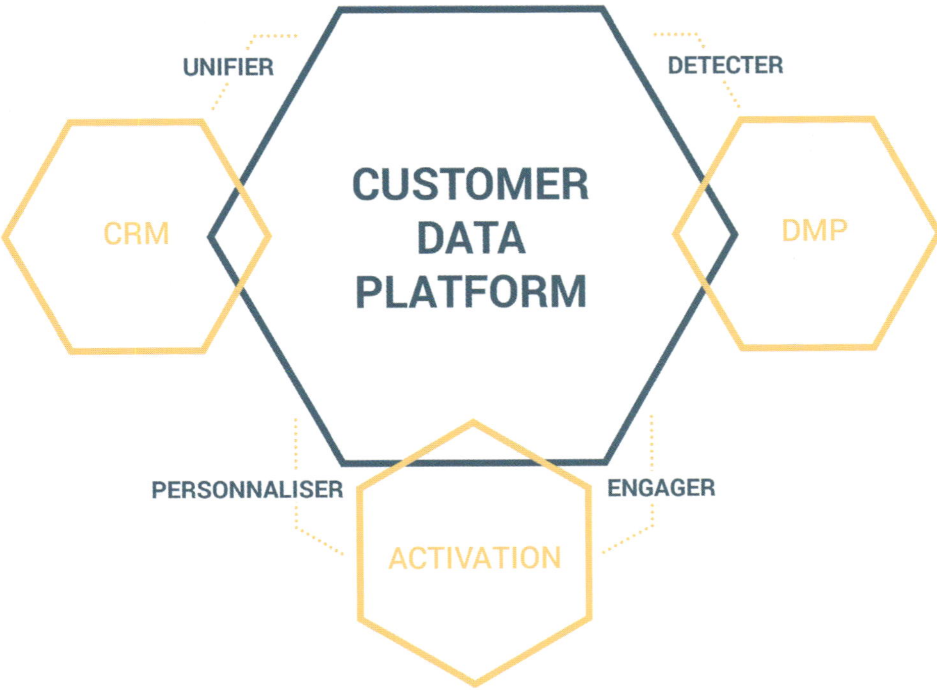

donnée personnelle. Le texte, qui entrera en vigueur en mai 2018, vise à « susciter la confiance qui permettra à l'économie du numérique de se développer ». Pour les entreprises, cela se traduit par davantage de transparence et de pédagogie quant à l'usage des données récoltées : dans quel but sont-elles stockées ? Pour quelle durée ?

Ce débat autour de la souveraineté de la data convoque donc une réflexion stratégique structurante autour du cycle de vie de la donnée et de sa valeur réelle pour l'entreprise. Cette dernière devra également transmettre à l'individu des facteurs de réassurance quant aux utilisations qui en sont faites. Parmi ces facteurs de réassurance, l'utilisation d'un cloud souverain, européen, voire français, constitue un argument tangible dans la construction d'une relation de confiance avec l'utilisateur.

UNIR ADTECH ET MARTECH POUR AMÉLIORER LE CUSTOMER JOURNEY

Les besoins des annonceurs évoluent fortement et les modèles publicitaires actuels font face à des challenges inédits. La montée en puissance de l'adtech ces dix dernières années - les technologies d'automatisation de ciblage et d'engagement publicitaires - génère de plus en plus de possibilités en termes de pertinence grâce au programmatique et à un déploiement omnicanal. En ciblant une démographie ou un comportement grâce au cookie anonyme, l'adtech permet de qualifier l'utilisateur en amont du parcours client sur les phases de notoriété et de prise de conscience. La finesse des options de ciblage de l'adtech tire également les marques vers le haut en matière de personnalisation et de contextualisation.

Cette effervescence est cependant nuancée par une frustration croissante en raison d'un certain obscurantisme pratiqué par des acteurs comme Google ou Facebook quant aux volumes facturés versus chiffres présentés. L'adtech a en effet tendance à aligner les intermédiaires, les plateformes traitant par exemple avec les agences des marques - le marketeur ayant un lien bien distant avec la réalité opérationnelle.

Pour renforcer leur pertinence sur les leviers adtech, les marques peuvent aujourd'hui se tourner vers les solutions marketing de gestion de l'expérience client issues de l'univers des martech. Elles couplent de plus en plus les offres de CRM et/ou DMP et leurs propositions de valeur se spécialisent et se diversifient : approche full-service, cloud souverain, formation, etc. En installant une relation privilégiée avec les marketeurs, les acteurs martech participent ainsi à faire remonter les compétences au sein de la marque.

L'aptitude de ces plateformes à se connecter à l'écosystème adtech permet de travailler en complémentarité, notoriété et engagement. Cette dualité devient la tour de contrôle du marketing avec un curseur placé sur la pertinence. En intégrant des informations contextuelles, dites chaudes, elles ouvrent les possibilités d'engagement vers le temps réel et la personnalisation one to one grâce à une vision granulaire du client.

Elle place de fait le marketeur en amont de la dimension publicitaire et non en aval. C'est l'une des vertus de la réconciliation CRM DMP : les métiers du marketing se voient ré-offrir l'autorité sur cette vision, ainsi que de nouveaux cas d'usage en mesure de nourrir la stratégie relationnelle de la marque.

LA CDP SERT LA VISION HOLISTIQUE DU CLIENT ET UN ENGAGEMENT OMNICANAL EN TEMPS RÉEL

Derrière ce qui semble être un énième acronyme dans la sphère du marketing digital se cache une vision décisive pour l'avenir du marketing : celle de centraliser toute l'intelligence inhérente au client au sein d'une même plateforme afin de lui proposer une relation systématiquement optimale et sur-mesure.

Pour comprendre la CDP, il faut repartir de la symbiose réussie entre DMP et CRM, c'est à dire de la gestion automatisée de l'expérience client dans un écosystème aux outils interconnectés. Cette symbiose garantit la qualité, la vitesse et la pertinence de la transformation des données. Le challenge principal de ce rapprochement consiste à synchroniser les outils de segmentation et d'activation en temps réel, afin d'offrir aux marques un nouvel horizon de scénarios d'activation. La CDP part donc de cet équilibre entre segmentation et activation et lui confère de nouvelles perspectives grâce à une gestion intelligente du profil du visiteur ou du client. Elle leur garantit une expérience cohérente et personnalisée sur tous les canaux et tous les points de contact, depuis le display (cookie anonyme au sein de la CDP) jusqu'au point de vente grâce à sa vision fine et holistique de chaque client.

Cette vision holistique du client, la CDP la tient au cœur de sa proposition et la nourrit en continu. Elle permet aux marques de mieux comprendre le parcours de leurs clients et prospects, de les situer précisément grâce à la grande variété de données brassées en amont, et ainsi de leur proposer les interactions les plus adaptées selon leur contexte et leurs besoins dans une logique d'expérience conversationnelle et en temps réel.

Cela se traduit par la création de processus d'engagement automatisés et optimisés pour faire vivre la relation client. Les équipes marketing peuvent se concentrer sur le déploiement de scénarios de plus en plus complexes et commencer à enrichir des modèles prédictifs justes, corrélés à des enjeux business précis.

LA CDP PERMET AUX MÉTIERS DU MARKETING DE SE CONCENTRER SUR DES EFFORTS STRATÉGIQUES

La CDP aspire à nourrir les différentes entités de l'entreprise destinées à interagir avec le client/prospect (des forces commerciales au SAV), à les aider à prendre des décisions stratégiques/opérationnelles rapides et à assurer une expérience cohérente et sans couture ni redondance.

Pour les métiers qui interagissent avec le client, la CDP produit des recommandations par individu et/ou par segment (tonalité, message, résonnance, timing). L'automatisation permet d'être plus précis, pertinent et donc efficace dans l'interaction humaine.

Parce qu'elle fait entrer la marque dans l'ère du marketing conversationnel, elle sensibilise toute l'entreprise à la donnée – des forces commerciales au SAV – ce qui la pousse à accélérer son déploiement sur d'autres territoires, d'autres canaux et à les intégrer à leur tour à l'écosystème digital.

La CDP ancre davantage le client comme centre névralgique de l'organisation et décuple le potentiel de son capital data. En optimisant les procédés de segmentation et d'activation, les innovations portées par la CDP facilitent les métiers du marketing et leur permettent de se concentrer sur la définition d'objectifs et la conception de scénarios d'engagement différenciants.

A terme, les profils opérationnels ne traiteront plus les segments de destinataires. Les évolutions liées à la data science et les incrémentations algorithmiques leur permettront de monitorer directement des objectifs business, par cas d'usage, par besoin. Facilitatrice et garante de la gouvernance de l'expérience client, la plateforme se chargera du reste.

MACHINE LEARNING ET INTELLIGENCE ARTIFICIELLE, MOTEURS DÉBRIDÉS DU MARKETING DE DEMAIN

La capacité des marques à déployer des campagnes omnicanales est d'autant plus importante que les supports digitaux se multiplient (mobiles, tablettes, objets connectés et assistants vocaux). Les attentes et les exigences des utilisateurs vont ainsi croître à mesure que nos appareils jouent un rôle toujours plus facilitateur, soutenu par des tendances de fond telles que l'IA (les assistants vocaux par exemple).

Si ces nouveaux objets et services cherchent encore leur place dans la proposition de valeur des entreprises, il ne fait aucun doute que leur intégration dessinera les usages de demain. L'enrichissement de l'écosystème digital du consommateur et sa consolidation par l'IA façonneront de nouvelles attentes. La force de l'automatisation résidera dans l'intelligence des modèles de ciblage et des logiques d'apprentissage, c'est-à-dire dans la finesse de la donnée ainsi que dans la capacité à enchaîner les bons messages tout au long du parcours client.

Les entreprises qui ont entamé le projet de réconcilier CRM & DMP sont déjà dans de bonnes dispositions pour anticiper les logiques de machine learning, lesquelles arbitreront prochainement la précieuse vue holistique du consommateur pour inscrire les marques dans une temporalité où la pertinence formelle et contextuelle du message s'avérera décisive.

LA CDP DE DEMAIN SE PRÉPARE AUJOURD'HUI

La symbiose entre CRM et DMP : entre données, contextes et contenus, s'opère aujourd'hui sous une pléiade de déclinaisons sur les marchés américains et français. Elle est le prérequis inconditionnel de toute vision holistique du client et d'interaction avec lui. La nécessité de justesse et de concordance au sein de ce tandem challenge frontalement les dispositifs en quinconce, les empilements d'outils et les approches best-of-breed. Elle leur préfère un schéma consolidé, best-of-class, où l'itération et le déploiement sont plus naturels et efficaces.

Les décideurs qui ont compris le besoin de bâtir aujourd'hui les organisations capables de naviguer demain dans un flot d'innovations, d'usages et d'attentes toujours plus ambitieux, le font en équilibrant d'ores et déjà les pendants de la CDP, une plateforme en pleine émulation. Ils s'inscrivent dans une transformation fondamentale du marketing relationnel où l'aide à la décision est supportée en temps réel par l'IA et où l'individu se voit proposer une expérience unique, sur-mesure, chaque fois plus enrichie.

> **“La CDP permet aux marques de piloter des campagnes omnicanales précises et engageantes, servies par une interface intuitive et des process synergiques.”**
>
> Julien PRÉLAT
> *Directeur Marketing et Produit Cabestan*

◊ **CABESTAN**
www.cabestan.com
Fiche d'entreprise p. 479

Julien Prélat
Directeur Marketing et Produit
prelat@pro.cabestan.com

AUCHAN.FR

Approche multi-leviers de la stratégie des ciblages digitaux

PROBLÉMATIQUE DE LA MARQUE

Avec une offre de plus de 130 000 produits, Auchan.fr est spécialisé sur la vente de produits non alimentaires.

Il fait également partie des sites les plus visités en France.

Fort de ce trafic important, mais également d'une base client de plusieurs millions d'adresses mail, provenant de l'environnement digital, mais également des magasins, la communication ciblée est une des forces d'Auchan.fr.

Pour améliorer cette communication ciblée, notre objectif est de délivrer le bon message au bon client, et de mettre à profit les possibilités de ciblages qu'offrent dorénavant la majorité des canaux digitaux.

Pour mener à bien cet objectif, notre problématique est multiple :
• Améliorer et centraliser les ciblages de tous les leviers ;
• Trouver les bons canaux de communication en fonction du profil du client ;
• Définir la bonne offre à proposer.

Les points de contact digitaux étant de plus en plus nombreux, la cohérence du message donné au client dans le temps est également primordiale.

SOLUTION STRATÉGIQUE

Pour répondre à ces problématiques, le client doit être au centre de la démarche. Nous devons pouvoir maîtriser quels clients nous touchons, et sur quels médias.

Du point de vue technique, nous avons décidé en 2015 de nous doter d'une *DMP** qui serait au centre de ce process.

Pour notre besoin, cette DMP doit pouvoir réconcilier les différentes sources de données online et offline, et nous permettre d'effectuer des ciblages précis (critères CRM classiques, comportemental on-site...). Nous pouvons ainsi cibler nos clients, mais également des prospects dont nous n'avons pas l'adresse e-mail.

Nous avions besoin également d'une DMP agrémentée de différents modèles algorithmiques basée sur nos données pour nous permettre d'améliorer les ciblages.

Enfin, elle doit être connectée aux différents médias que nous désirons activer (e-mail, réseaux sociaux, personnalisation on-site...).

Ainsi, la DMP nous permet de centraliser et d'améliorer nos ciblages, de les "distribuer" sur les différents médias, et de gérer la pression commerciale au client.

D'un point de vue opérationnel, une fois l'animation commerciale définie, nous définissons donc les cibles désirées et les scénarios d'animation en fonction du client et de ses caractéristiques (client, prospect, présence d'un e-mail, appétence à la communication...).

MISE EN PLACE OPÉRATIONNELLE

La première opération créée avec cette approche multi-leviers a été menée sur une opération commerciale "Jardin" du 22 février 2017 au 20 mars 2017.

> Choix des cibles

Auparavant ciblée uniquement sur nos clients ayant une adresse e-mail opt-in, via l'envoi d'une newsletter, nous avons élargi notre ciblage à des personnes que nous ne touchions pas (pas d'e-mail connu, opt-out, n'ouvre plus ses e-mails...).

INFOS CLÉS

Cohérence dans la communication

X2 population ciblée touchée

+ 30 % taux de clic sur bannières personnalisées

- **Objectif :** Fidélisation, Acquisition
- **Cibles :** Prospects, Clients
- **Moyens :** CRM, DMP, Personnalisation

> Optimisation du ciblage

Pour améliorer notre ciblage, nous avons également utilisé principalement deux algorithmes :

- Un algorithme nous permettant de trouver l'offre commerciale la plus adaptée au client (en l'occurrence ici, le jardin) ;

- Un algorithme de "*look-alike**" qui nous a permis d'augmenter notre potentiel de ciblage.

> Médias choisis

Les cibles étant définies, nous avons décidé sur quels médias ciblés nous allions pousser cette offre, ici :
- E-mailing ;
- Retargeting ;
- Réseaux sociaux ;
- Personnalisation de la home page de Auchan.fr avec un bandeau promotionnel de l'offre.

En fonction des caractéristiques clients, des scénarios médias ont été choisis.

Par exemple, étaient priorisés sur les médias payants des clients que nous ne pouvions plus contacter par mail.

A l'inverse, nous pouvions mettre en repoussoir certaines cibles clients sur le retargeting.

RÉSULTATS

Les résultats ont été très positifs.

> Augmentation de la population ciblée :

Par rapport à un simple envoi d'e-mailing, nous avons plus que doublé la population ciblée (et donc choisie) exposée à notre communication.

Nous avons réussi également à augmenter les points de contact sur cette opération, et ainsi maximiser les chances que les clients sélectionnés aient connaissance de l'offre.

> Amélioration des résultats :

Chaque média a profité de ce dispositif.
Par exemple, sur l'e-mail, la détection de "look-alike" nous a permis d'augmenter le nombre d'envois d'e-mails, avec des résultats similaires à notre cible initiale.

Sur le site Auchan.fr, le fait de personnaliser la home page a augmenté les taux de clics d'environ 30 %, mais également augmenté le chiffre d'affaires.

En outre, les coûts médias sont optimisés grâce au ciblage qui permet d'améliorer le ROI de l'investissement marketing.

> Cohérence de l'opération marketing :

Le ciblage étant centralisé, nous garantissons que le message proposé au client est le même entre les différents médias.

Par exemple, le client qui a reçu l'e-mailing "Jardin" retrouvera cette offre sur la home page du site, même s'il vient sur le site par un autre biais.

En plus des gains commerciaux, cette cohérence en termes de ciblage profite à l'expérience client et fidélise nos clients.

* Retrouvez la définition dans le lexique en fin d'ouvrage.

> *"En plus des gains commerciaux, cette cohérence en termes de ciblage profite à l'expérience client et fidélise nos clients."*

◊ AUCHAN.FR
www.auchan.fr

Dupont Gauthier
Responsable Data Intelligence
gaudupont@auchan.fr

MELIA HOTELS INTERNATIONAL

La DMP, une solution taillée pour rentabiliser son marketing digital

> Meliá, leader espagnol dans le secteur de l'hôtellerie

PROBLÉMATIQUE DE LA MARQUE

> Le contexte

Fondée en 1956 à Palma de Majorque (Espagne), Meliá Hotels International est l'une des chaînes hôtelières les plus importantes au niveau mondial, ainsi que le leader espagnol du secteur. À l'heure actuelle, elle compte plus de 370 hôtels situés dans 43 pays sur 4 continents, qui sont exploités sous 7 marques distinctes.

Tout au long de son histoire, Meliá Hotels International a pris part à un certain nombre de fusions/acquisitions de chaînes hôtelières qui lui ont permis de croître à un rythme effréné.

> La cible

Meliá Hotels a été développée dans le but de satisfaire chaque typologie de clients. La diversité de ses marques permet d'offrir un large éventail d'expériences clients, de la plus avant-gardiste à la plus familiale. Ses sept marques garantissent la qualité grâce à ses programmes de satisfaction de clients personnalisés.

> Les objectifs

- Augmenter les marges sur les ventes digitales provenant des principaux marchés apporteurs d'affaires : augmentation de 25 % à 40 % des parts des ventes digitales ;

- Améliorer l'expérience digitale du client et fidéliser toujours plus de clients : augmentation de 30 % à 50 % du chiffre d'affaires généré par ses clients fidèles.

> Le Budget

En 2014, Meliá a lancé un nouveau projet de transformation digitale. Ce dernier a représenté un investissement de plus de 100 millions d'euros sur la période 2014-2017.

L'IDÉE STRATÉGIQUE

Victor Oliver, Global Digital Campaigns Director chez Meliá Hotels International

« Nous avions beaucoup d'informations qui n'étaient pas générées en temps réel, comme les données CRM-centric ou les réservations dans les call centers de nos hôtels. L'un des éléments principaux que nous recherchions lors de notre choix était la précision, la fiabilité et la sécurité d'un outil de collecte de données. Il était également important d'avoir une connexion avec toutes les technologies que nous avions déjà chez Meliá tels que les DSP, les modèles d'attribution, les bidding tools, etc., mais aussi la capacité de se connecter avec nos partenaires actuels. Afin d'activer toutes ces données, nous souhaitions avoir une capacité de segmentation avancée et la possibilité d'activer ces segments dans les outils de marketing digital. »

En partant des objectifs et des besoins réels du groupe Meliá et afin de gérer au mieux la multitude de leurs données, une *Data Management Platform** (DMP) s'imposait d'elle-même comme la solution à adopter.

En effet, une DMP performante permet :
- Une centralisation : regroupement et croisement en temps réel des données CRM/PRM, online/offline, provenant de solutions tierces ou de base internes. Elles sont automatiquement enrichies par les données collectées via la DMP ;
- Une segmentation : étude de l'audience, définition des segments propres à chaque business ;
- Une activation : alimentation en temps réel des partenaires en charge du ciblage et de la personnalisation des campagnes, ex. : DSP, ad-exchange, retargeter, DCO, BI... ;
- Une sécurisation : seules les données choisies sont activées ou transférées.

INFOS CLÉS

x3 revenu incrémental (20 millions d'euros supplémentaires)

x2 nombre de clients touchés (200 millions d'envois)

+ de 90 segments créés

- **Objectif :** Ventes, Fidélisation
- **Cibles :** Famille, Etudiants, Couples
- **Moyens :** Display, DMP, Digital experience
- **Budget :** Plus de 100 millions d'euros

MISE EN PLACE OPÉRATIONNELLE

› Implémentation du système

Intégration de la DMP Eulerian

1. Enrichissement de la base client Meliá (voir figure)

2. Utilisation de la data dans les campagnes Meliá
(voir tableau ci-contre).
Comment la data est-elle segmentée et utilisée ?

3. Envoi de la data
Eulerian Technologies met en place un cookie-matching avec les partenaires Meliá capables d'activer les segments d'audience via une connexion S2S en temps réel.

4. Activation de la data
Après avoir collecté et trié les données grâce à la DMP, Meliá a créé plus de 90 segments. Ces segments sont basés sur le comportement de navigation, la typologie des clients, leurs interactions avec les campagnes précédentes ainsi que leurs préférences.
Meliá personnalise les bannières pour proposer une offre propre à chaque segment et entrer dans une communication one-to-one avec clients et prospects.

5. Analyses fines des campagnes
Meliá est désormais capable d'évaluer l'impact de ses campagnes marketing et de comparer la rentabilité de chaque segment grâce à une analyse cross-device.

RÉSULTATS

- x 2 nombre de clients touchés (200 millions d'envois)
- x 3 revenu incrémental (20 millions d'euros supplémentaires)
- Entre 10 et 20 audiences créées
- Plus de 90 segments créés

Victor Oliver, Global Digital Campaigns Director chez Meliá Hotels International
« Nous avons été soutenus et accompagnés par l'équipe très dynamique d'Eulerian qui a même développé des fonctionnalités personnalisées pour Meliá.
Nous pouvons désormais fixer un "frequency capping" identique pour toutes les campagnes, partenaires et canaux, afin d'adapter le nombre de diffusions d'une campagne à un même utilisateur. Grâce à cet ajustement, nous serons capables de réduire de 10 % les points d'impact ne menant pas à une vente. Meliá considère la technologie comme un élément différenciant dans le marketing digital. Nous pensons qu'une bonne connexion entre données et canaux d'activation joue un rôle essentiel et peut nous donner un avantage compétitif. »

* Retrouvez la définition dans le lexique en fin d'ouvrage.

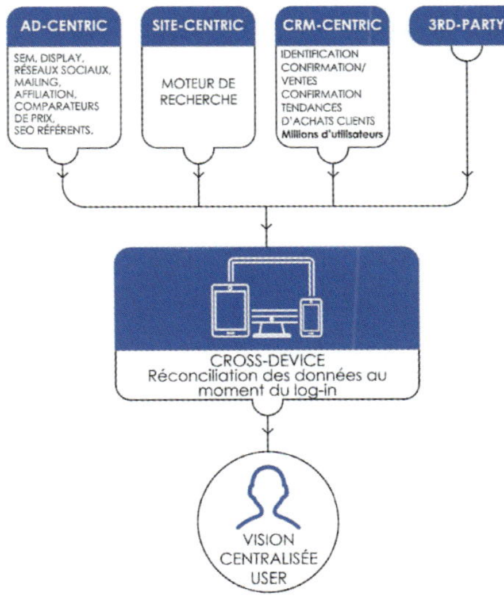

› figure : Enrichissement de la base client Meliá

Quel est le comportement du client sur le site ?	• Impressions • Taux de rebond • Durée de la session • Qualification du trafic • Dernière recherche
Où le client souhaite-t-il aller ?	• Top destinations • Favoris client
Comment le client aime-t-il voyager ?	• Typologie client • Achat avancé • Durée du séjour
Quelle est la marque préférée du client ?	• Préférences

› Utilisation de la data dans les campagnes Meliá

◊ **MELIÁ HOTELS INTERNATIONAL**
www.melia.com/fr

Victor Oliver
Global Digital Campaigns Director

◊ **EULERIAN TECHNOLOGIES**
www.eulerian.com
Fiche d'entreprise p. 483

Marie-Caroline Rougé
Content Manager
mc.rouge@eulerian.com

Alexandre Chapt
Directeur Marketing et Com.
a.chapt@eulerian.com

Coup de cœur • INSPIRATION

LES BOTS, VÉRITABLES CHEFS D'ORCHESTRE DE VOS DONNÉES

En l'espace d'un an, les *chatbots se sont invités dans tous les débats. Or, s'ils s'avèrent pertinents pour certains cas d'usage, réduire le sujet des *bots** aux chatbots, reviendrait à regarder le monde par le petit bout de la lorgnette. Nous allons traiter ici des bots au sens large : les progrès de l'IA viennent démultiplier les tâches que l'on peut leur confier.**

85% des interactions clients dispensées d'humains en 2020

+ 37 % sur le marché des chatbots d'ici 4 ans

Un bot est une brique logicielle chargée d'une mission spécifique. On est assez loin de Wall-E ! Ce qui définit ce petit robot, ce n'est pas son apparence, mais bien son rôle. En voici un exemple tout simple : votre répondeur téléphonique est un bot, car il réagit à votre place à une sollicitation extérieure. En réalité, dès qu'un logiciel se charge d'un travail à votre place, de façon autonome, on peut parler de bot. Autant dire que nous sommes entourés de centaines de bots ; et le phénomène n'est pas nouveau. Ce qui l'est, en revanche, c'est de vouloir les utiliser pour transformer l'entreprise et prendre le virage digital.

IA FORTE ET IA FAIBLE

L'un des pères fondateurs de l'Intelligence Artificielle, Marvin Lee Minsky (1927-2016) a défini sa discipline de la façon suivante : « Science dont le but est de faire faire par une machine des tâches que l'homme accomplit en utilisant son intelligence ». L'IA est généralement découpée en deux volets : IA faible et IA forte. Cette dernière, longtemps réservée à la science-fiction, est une intelligence artificielle capable de faire les mêmes choses que l'être humain, tout en ayant conscience d'elle-même. Mais on commence à entendre certains experts annoncer que nous connaîtrons l'IA forte, peut-être d'ici 30 ans. Ou bien... mille ans ! Les projections sont encore extrêmement variables.

> *"L'humain aime les "zones grises". Mais la machine ne comprend pas ce qui n'est pas formulé. Dès que l'on décide d'automatiser, on soulève des questions inédites sur les process."*
>
> Christophe TRICOT
> *Manager Big Data & Data Science*
> *Kynapse byOpen*

En attendant, l'IA faible offre un champ des possibles largement négligé par les entreprises, à l'exception des GAFIM qui ont pris une solide longueur d'avance. L'IA faible réalise déjà des prouesses, avec bien sûr la victoire de Deep Blue (IBM) face à Garry Kasparov, lors d'une partie d'échecs en 1997, mais aussi, depuis, des victoires au poker ou au jeu de go, les robots apprenant à bluffer et à devenir imprévisibles. Voitures autonomes, assistants vocaux, IA capables de jouer du piano, de peindre des toiles ou de monter des films, mais aussi explosion de l'IoT, magasin 100 % connecté, sans passage en caisse... les exemples fourmillent.

Cependant, le plus intéressant se trouve peut-être ailleurs, loin de ces exemples emblématiques : dans la façon dont l'IA peut transformer les tâches quotidiennes des entreprises.

ALIGNEMENT DES PLANÈTES

Pour prendre d'autres exemples que nous connaissons tous, la capacité des messageries à détecter les spams nous offre

un service confortable. Quand notre iPhone sonne et qu'un numéro inconnu s'affiche, nous apprécions que le smartphone nous suggère qui a appelé, en réconciliant l'appelant avec un numéro qu'il sera allé retrouver dans une signature d'e-mail. Ces fonctions ne sont pas perçues comme intrusives, mais au contraire comme pertinentes : les bots sont alors de précieux auxiliaires.

Transposé à l'échelle d'une entreprise, ce type de service ouvre plusieurs pistes : l'IA peut servir à automatiser de nombreuses tâches.

Alors, quand un directeur marketing songe à lancer un chatbot, il aurait tout intérêt à remettre tout cela en contexte : car ce dont les entreprises ont vraiment besoin, c'est la plupart du temps d'un bot, et non d'un chatbot. Les chatbots profitent cette année d'un "alignement des planètes" porté par l'explosion du social media, mais on n'a pas forcément plus besoin d'un outil de conversation avec le client, que d'un outil d'optimisation de l'opérationnel.

L'HUMAIN AIME LES "ZONES GRISES"

Décider de confier à un bot certaines missions de l'entreprise exige de mener au préalable une réflexion profonde sur la façon dont la société est structurée. Il faut par exemple disposer d'une grille de produits claire, ce qui est loin d'être évident, d'une agence à l'autre ou d'une région à l'autre.

Ensuite, s'appuyer sur un bot demande de formaliser un certain nombre de process qui ne l'ont jamais été. Quel diagnostic ce collaborateur réalise-t-il avant de conseiller tel ou tel produit d'assurance, à ce client-là précisément ? Personne ne se pose ces questions, car ce n'est pas dans la nature humaine de tout expliciter. L'humain aime les "zones grises". Dès que l'on décide d'automatiser, cela soulève des questions inédites, et cela devient même violent, car on force les individus à sortir de zones de flou "douillettes" et naturelles.

On l'a vu récemment avec le déploiement des bots au Crédit Mutuel (Watson) : il est d'abord mal passé auprès des syndicats.

DES COMPÉTENCES NOUVELLES À ACQUÉRIR D'URGENCE

On croit commencer par un bot de relation client, un "petit chatbot" pour désengorger le service client, mais un petit chatbot, ça n'existe pas... Si l'entreprise ne mène pas une réflexion profonde sur ses process, sur ce qu'elle apporte au client, pourquoi et comment, alors elle crée un chatbot hors-sol qui n'est qu'une "verrue", une vitrine, en somme un outil totalement contre-productif.

Pour pouvoir mener cette réflexion, les entreprises ont besoin de compétences spécifiques. Car, on l'a dit, s'auto-analyser est une opération violente. On ne soupçonne ni l'étendue ni la portée de ce qui est tacite dans une entreprise. Or les machines ne comprennent pas ce qui n'est pas formulé. Les entreprises disposent rarement en interne des compétences nécessaires. Et il n'existe pas d'offre sur étagère. C'est encore le "Far West"... On peut demander à une machine d'analyser trois millions d'interactions avec les clients, mais ce n'est pas pour autant que l'on en dégagera des bonnes pratiques.

Plus encore que de mathématiciens ou de data scientists, les entreprises ont donc besoin de "facilitateurs" c'est-à-dire des profils capables d'aller voir les métiers, d'échanger sur leurs méthodes, leurs besoins, leurs lacunes... Ils cartographient les compétences des différents services (avec une matière première en constante évolution) et instaurent un dialogue absolument nécessaire. Il n'existe pas de fiche de poste pour ce nouveau métier, qui tourne beaucoup autour de la fameuse "zone grise".

ANTHROPOLOGUES ET DÉVELOPPEURS "PLOMBIERS"

Pour travailler sur cette zone grise et sur l'acceptabilité des bots (l'accueil qu'ils recevront en interne, comme auprès du grand public), les entreprises ont besoin d'engager... des anthropologues. Une fonction encore bien rare dans leurs bureaux, mais qui présente toutes les compétences requises.

Un second type de profil s'avère nécessaire, cette fois pour plonger les mains dans la construction du bot : il vous faut des développeurs-intégrateurs dotés d'un état d'esprit très particulier. En effet, ils manipulent des outils qui potentiellement reconnaissent les caractères, le type de documents qu'on leur présente, les sentiments exprimés, etc. C'est une gigantesque boîte à outils et il faut avoir la capacité de manier et d'intégrer ces différentes briques. Ce sont des "plombiers", qui jonglent avec des technologies sémantiques, cognitives et aussi des technologies plus classiques.

Les compétences requises relèvent plutôt du tempérament de chacun. Ce qui constitue une bonne nouvelle, dans la mesure où les formations académiques n'existent pas ! Ces nouvelles compétences comportementales peuvent non seulement se trouver, mais surtout se développer en entreprise. Nous entrons dans l'époque de la créativité... Il incombe aux entreprises et aux RH en particulier de détecter et de nourrir ces profils-là. Le rôle des RH sera central et demande lui aussi une transformation profonde. On recherche des intrapreneurs, des "bidouilleurs", pour former des binômes idéaux avec les bots.

La mobilité interne sera le sujet-clé des années à venir. Sans ressources humaines adaptées, nul ne peut espérer réussir ses expérimentations autour de l'IA.

Un exemple : une entreprise emploie une vingtaine de personnes pour, tous les jours, trier des e-mails à la main : les faire suivre au service concerné, y répondre, les supprimer si besoin, etc. Un bot est tout à fait capable de comprendre une intention dans un e-mail et d'effectuer ce tri. Mais rien n'empêche de réaffecter les collaborateurs concernés à de nouvelles missions, en redonnant du sens au travail de chacun. Les compétences qu'il faut aux humains pour tirer le meilleur parti de l'IA ne s'apprennent pas seulement sur les bancs de l'école. Chaque entreprise a le choix, entre se restructurer sans réfléchir plus avant, ou inviter ses troupes à s'engager à ses côtés, pour développer les bons savoir-faire et s'approprier les briques d'IA.

Les cas d'usage des bots ont peu de limites : c'est à vous qu'il incombe de décider qu'en faire. Une assistante virtuelle, qui prend vos rendez-vous et répond à vos e-mails à votre place, comme le fait Julie Desk, qui vient de lever 2,5 millions d'euros ? Un bot capable de rechercher à votre place des informations complémentaires sur le web avant que vous n'accordiez un produit financier à un client ? Un bot qui plonge dans les archives de votre rédaction, extrait des articles publiés dix ans plus tôt et contextualise l'information dont vous aviez besoin ? Tout est possible.

UN TIME TO MARKET RACCOURCI

Les entreprises s'intéressent à l'intelligence artificielle avec des approches très différentes, certaines avancent en marche forcée quand d'autres, les pure players notamment, démarrent de but en blanc et progressent très vite.

De nouveaux acteurs peuvent occuper le terrain à tout moment, avec des solutions plus efficaces que les vôtres. Le contexte actuel d'explosion de l'IA génère une tension, l'angoisse de ne pas être au rendez-vous, tout comme la crainte des erreurs par excès de précipitation. En réalité, vous n'avez pas vraiment le choix : il faut aller vite. Le plus sûr est de lancer des POC rapidement, pour confirmer une conviction, exposer ses idées au seul juge de paix valable (le client) et choisir les pistes que l'on développera en priorité.

DONNÉES ENTRANTES ET DONNÉES SORTANTES

Et du côté du big data ? Les bots renouvellent là aussi le champ des possibles, avec deux grands types de données : celles qu'ils produisent et celles qu'on leur injecte.

La première catégorie est plutôt nouvelle pour les entreprises : si l'on prend l'exemple d'un chatbot qui génère des données conversationnelles, on obtient une masse d'informations très riche d'enseignements. En comparaison du nombre d'informations qui "redescendent" d'un plateau téléphonique, le bot livre une matière première exhaustive, intacte, que l'on peut soumettre à une analyse sémantique. Cela permet d'améliorer le service dans la durée, mais aussi d'apprendre en direct des informations sur la personne avec qui l'on interagit : est-il détendu ? Bienveillant ? Agacé ? Potentiellement en train de mentir ? Sur le point de rompre son contrat ? Et ainsi de suite. Le vocabulaire utilisé, la syntaxe, l'intonation... tout peut être passé au crible et indexé dans une sorte de thésaurus des émotions. Autre possibilité, qui repose sur une stratégie "vieille comme le marketing", l'introduction de données CRM dans les bots. Analyser le parcours utilisateur, ses frictions, ses "points chauds" devient plus facile.

Avec un bot, il est facile de tout garder et de tout traiter, mais les entreprises ne saisissent pas systématiquement cette opportunité, car elles n'en font pas une priorité. Pourtant, s'il fallait donner deux conseils, ce serait les suivants : d'abord, collectez tout ce que vous pouvez. Bien sûr, cela a un coût, mais il est certain que demain vous tirerez profit de ces données encore inexploitées. C'est une mine d'or qui vous permettra de construire des modèles d'hyper-segmentation. Ensuite, surveillez. On a vu le bot de Microsoft devenir néonazi en quelques heures... Gardez la main, améliorez continuellement votre bot, ne le laissez pas vous échapper.

* Retrouvez la définition dans le lexique en fin d'ouvrage.

> ***“Chaque entreprise a le choix entre se restructurer sans réfléchir plus avant, ou inviter ses troupes à s'engager à ses côtés pour développer les bons savoir-faire et s'approprier les briques d'IA.”***
>
> **Christophe TRICOT**
> *Manager Big Data & Data Science*
> *Kynapse byOpen*

◊ KYNAPSE I OPEN
www.kynapse.fr
open.global
Fiche d'entreprise p. 491

Christophe Tricot
Manager Big Data & Data Science
christophe.tricot@kynapse.fr

INTELLIGENCE ARTIFICIELLE : FANTASMES ET RÉALITÉS

L'intelligence artificielle a toujours nourri les fantasmes les plus fous. De "2001, l'Odyssée de l'espace" à "Terminator", on nous prédit des avenirs tous aussi différents les uns que les autres, avec cependant une constante : les machines seront douées d'intelligence. Mais où en sommes-nous réellement aujourd'hui ? Les machines sont-elles vraiment capables d'intelligence ?

15 700 milliards $ seront générés par l'IA d'ici 2030

20% des entreprises early adopters de l'IA

40% des entreprises sont en phase d'expérimentation

" Une IA bien conçue et bien entraînée sera capable de modéliser et de "comprendre" l'environnement d'une entreprise pour en tirer des avantages concurrentiels potentiellement phénoménaux. "

Anthony ROUSSEAU
Head of R&D, Partner Allo-Media

IA FAIBLE* ET IA FORTE*

Même si le terme "intelligence artificielle" est extrêmement à la mode actuellement, nous sommes encore très loin des fantasmes qu'il suscite dans nos esprits. Il convient tout d'abord de distinguer deux manières de "donner de l'intelligence" à une machine.

Historiquement, la première approche a été d'enseigner le comportement humain via une modélisation du monde et des règles qui le régissent. Dans cette approche, que l'on trouve parfois sous le nom " IA faible", c'est l'humain qui définit et programme les connaissances dans la machine. Il s'efforce de mettre noir sur blanc ce qu'il sait et la manière dont il raisonne dessus. Cette approche a occupé les chercheurs pendant quelques décennies, avec toutefois un problème majeur : il y a des choses que nous ne sommes pas capables d'expliquer. Essayez d'expliquer par "a + b" à un humain comment tenir sur un vélo. Pas facile, non ? Alors, imaginez à une machine...

Une autre approche a alors vu le jour. Au lieu de se baser sur des règles enseignées à la machine par un humain, elle se base sur un postulat totalement inverse : on va demander à la machine d'observer le "monde" et d'en tirer elle-même des conclusions. Cette approche est entièrement fondée sur les mathématiques statistiques. En fonction d'un certain nombre de données d'entrée présentées à la machine (celles-ci représentent le "monde" qu'elle connaîtra), on va lui demander de déduire des probabilités : quelle est la probabilité que tel événement advienne en fonction de tels ou tels autres événements observés ou observables ? Si bien que plus elle verra d'événements, plus elle sera capable d'en déduire d'autres de manière efficace.

Par exemple, si une machine observe qu'un client arrivant sur la page d'un produit X par une publicité Facebook donnée achète ce même produit, et qu'elle fait cette observation de manière répétée (différents clients, différents contextes...), elle sera capable "d'apprendre" que : telle campagne Facebook + page du produit X => achat du produit X.

> Proximité sémantique déduite par un réseau de neurones interrogé sur le concept de "marketing"

DE L'IMPORTANCE DE LA DONNÉE

Sachant cela, il devient alors primordial d'avoir le plus de données possible pour apprendre ces systèmes. Les données brutes collectées par le web, les signaux du marketing, les appels des call centers représentent des ensembles, le "monde", dont une intelligence artificielle pourra se nourrir. Cela constitue le nouvel Eldorado des entreprises qui voudront tirer leur épingle du jeu.

Une IA bien conçue et bien entraînée sera capable de modéliser et de "comprendre" l'environnement d'une entreprise et donc d'exploiter toute la donnée cachée et non traitable par un humain pour en tirer des avantages concurrentiels potentiellement phénoménaux.

APPRENTISSAGE SUPERVISÉ ET NON SUPERVISÉ

Un autre tremblement secoue depuis plusieurs mois déjà le monde grandissant de l'intelligence artificielle. En effet, actuellement, la plupart des apprentissages sont réalisés de façon "supervisée" c'est-à-dire qu'on présente à la machine des données à traiter en entrée, tout en lui indiquant pour chaque entrée la "réponse" attendue en sortie. Concrètement, cette approche permet à l'IA de créer des relations entre entrée et sortie (on appelle aussi ces liens mathématiques "réseau de neurones"), mais elles restent orientées par l'humain. Car c'est l'humain qui définit et associe en amont entrée donnée et sortie attendue, charge ensuite à la machine d'en déduire des corrélations invisibles, afin d'être capable par la suite de prédire des événements inédits.

Toutefois, produire de grandes quantités de données "annotées" est un travail long, fastidieux et coûteux. Il est dès lors rapidement apparu intéressant de pouvoir commencer à s'affranchir de ces étapes de préparation des données. Pour cela, de nouvelles approches, dites non supervisés, apparaissent. Le principe est simple : il s'agit toujours de présenter à la machine des données en entrée, mais cette fois de façon brute, non structurée. À l'aide d'algorithmes différents, on lui demandera alors, en plus d'apprendre le "monde" que l'on met à sa disposition, de structurer elle-même les données et d'en déduire des relations et des ensembles de façon totalement automatique. Ce faisant, en plus de s'affranchir d'interventions humaines coûteuses, cette approche représente une première étape vers la conceptualisation et l'élaboration de "vraies" intelligences artificielles, qui resteront cependant des intelligences dites spécialisées.

UNE MACHINE INTELLIGENTE ?

Mais pour autant, peut-on dire que les machines sont intelligentes ? Elles sont actuellement simplement capables de reproduire ce qu'elles observent et d'en généraliser des concepts afin de se spécialiser dans une tâche donnée. Malgré les articles alarmistes qui fleurissent régulièrement dans la presse, nous sommes encore loin du concept d'une intelligence artificielle "générale", qui serait capable de rivaliser avec l'être humain, voire l'humanité dans son ensemble. En revanche, les machines peuvent parfaitement, dès maintenant, être utilisées de manière très efficace dans le traitement des masses de données inexploitables par des humains. Ces masses de données, de plus en plus imposantes, représentent aujourd'hui un potentiel inexploité pour bon nombre d'entreprises.

* Retrouvez la définition dans le lexique en fin d'ouvrage.

◊ ALLO-MEDIA
www.allo-media.fr
Fiche d'entreprise p. 478

Vincent Jousse
CTO, Associé
v.jousse@allo-media.fr

Anthony Rousseau
Head of R&D, Associé
a.rousseau@allo-media.fr

COMMENT EXPLOITER UNE DATA MANAGEMENT PLATFORM EFFICACEMENT ?

Recueillir des données hétéroclites, les croiser entre elles, les comparer, les analyser afin de mieux comprendre et, in fine de mieux agir. Voici en quelques mots le fonctionnement d'une Data Management Platform. Pour que son déploiement soit un succès, plusieurs prérequis s'imposent : se recentrer sur le client, focaliser son action sur des profils ciblés, et accepter de travailler autrement.

100% des données collectées en temps réel

+ de 200 segments créés

20 % d'augmentation de la marge sur les premiers cas d'usage

DMP, trois lettres pour Data Management Platform. Derrière cet acronyme se cache une solution technologique taillée pour tirer le meilleur profit des données. Besoin de rationaliser l'usage des datas, de mieux comprendre les parcours clients dans une dimension cross-canal ou encore d'optimiser le ROI des campagnes média, la solution passe sans doute par le déploiement d'une DMP au sein d'une organisation.

Site internet, application pour smartphone, site mobile, le consommateur a depuis longtemps négocié le virage de l'omnicanalité. La difficulté consiste à le suivre, quel que soit le vecteur qu'il ait décidé d'employer pour interagir avec la marque. Avec une DMP, il est possible de procéder à la réconciliation de toutes les données collectées et de les rassembler autour de l'utilisateur. Pour ce faire, la DMP rapproche les différents moyens d'identification du client en vue de fournir une vision synthétique de ses interactions, quels que soient les canaux empruntés ou terminaux utilisés. La DMP est capable de reconnaître un client via son identifiant (s'il utilise une application), son adresse e-mail (s'il s'est inscrit à une newsletter), ou s'il scanne un QR Code imprimé dans un magazine, par exemple. La Data Management Platform agit alors comme une clé de réconciliation.

“ Avec une DMP, il est possible de procéder à la réconciliation de toutes les données collectées et de les rassembler autour de l'utilisateur. ”

Grâce à cette connaissance plus précise et plus globale du client, il devient possible pour les marques d'adapter leurs offres, de proposer une expérience plus satisfaisante à leurs consommateurs afin d'améliorer la conversion.

DMP : LA RECETTE DU SUCCÈS

Tout l'enjeu d'un projet DMP réussi repose sur la capacité de la solution à collecter, de manière très précise, 100 % des données en temps réel et ce, via les méthodes de collecte les plus fiables (cookie première partie, tracking par redirection…). La collecte en temps réel des données doit être réalisée de manière totalement sécurisée, quel que soit le terminal utilisé. Cependant, si la notion de collecte de données est déterminante, elle ne se suffit pas à elle-même. Une fois les données centralisées, elles doivent être croisées, recoupées en temps réel. Données CRM, PRM, offline… tous les points de contacts avec les clients, qu'ils proviennent de solutions tierces ou de base internes, doivent être traités et enrichis. C'est à partir de là que la DMP peut délivrer sa puissance en proposant la définition et la gestion de segments. La DMP permet aux utilisateurs d'étudier leurs audiences et de définir les segments utiles à leur business en

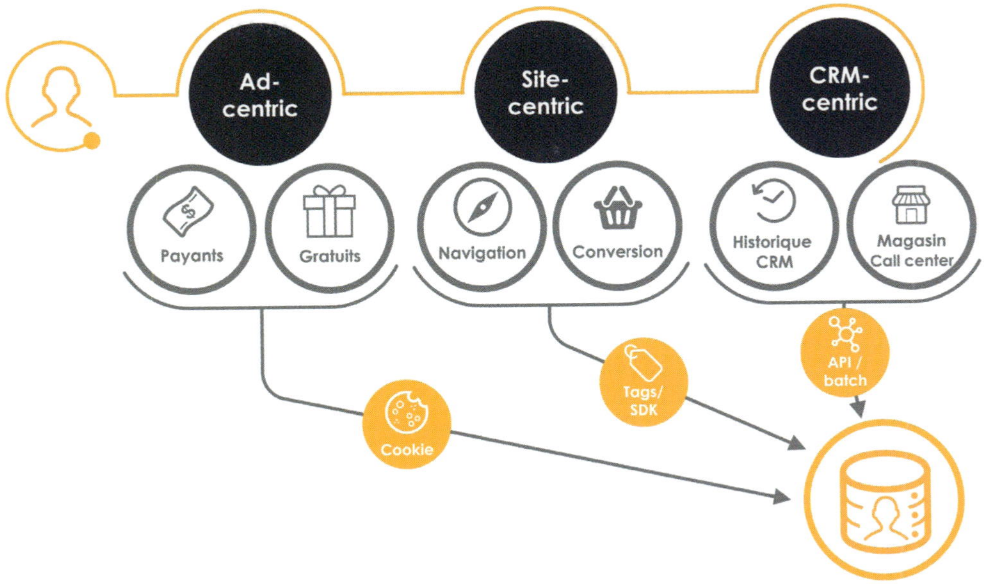

> Réunifier les interactions avec votre marque

toute simplicité, selon leurs objectifs marketing : acquisition, fidélisation, sensibilisation, réactivation... Les équipes marketing peuvent maîtriser entièrement les données transférées et les possibilités sont quasi-illimitées : ciblage programmatique optimisé, mise à jour des bases repoussoir, personnalisation et adaptation des messages marketing via le partenaire DCO, gestion de la pression média.

SYNTHÉTISER ET ANALYSER

Pour mener à bien l'intégration d'une DMP dans le système d'information de l'entreprise, il convient de travailler en mode "projet". Cerner les besoins des différents services concernés (marketing, communication, SI...), définir ensemble les objectifs... Il faudra travailler avec méthode et application avant même de chercher à comparer les fonctionnalités et l'ergonomie de la plateforme. Au-delà de la création et du croisement d'audiences, la visualisation des données, ou encore la qualité et l'intuitivité associées à l'interface dans la définition des scénarios sont autant d'éléments déterminants. La DMP doit proposer un aperçu synthétique et analytique des données, mais au-delà de l'outil en lui-même, les services et l'accompagnement fournis par l'éditeur de la solution sont déterminants, notamment sur les aspects sécurité et confidentialité.

Selon Emmanuel Brunet, CEO d'Eulerian Technologies, le choix d'une DMP doit se faire selon une logique analytique et pragmatique : « *Avant de comparer les solutions, un audit interne permettant de lister les modes d'utilisation les plus pertinents s'impose. Une DMP est une solution technologique qui n'a de sens que si l'on a défini ce que l'on souhaite en faire avant de l'adopter* ». Compte tenu de la sensibilité et du caractère stratégique des données, Emmanuel Brunet insiste sur l'importance de la localisation des données. « *Sont-elles hébergées en France, en Europe, sont-elles soumises au Patriot Act ? Le prestataire exploitera-t-il ces données pour son propre compte ? Autant de questionnements essentiels pourtant souvent négligés.*

DÉVELOPPER LE CROSS-SELLING

Le principe du cross-selling consiste à faire augmenter le panier moyen des clients en leur suggérant, au bon moment, des produits complémentaires susceptibles de correspondre à un désir, un besoin. L'objectif visé est bien la croissance du chiffre d'affaires ainsi qu'une meilleure maîtrise des coûts d'acquisition du client.

Vendre plus, c'est souvent vendre mieux. Par exemple, sur le marché des équipements high-tech où les marges restent limitées, c'est le volume qui crée la valeur. En proposant à un client un produit complémentaire à un article qu'il a déjà acheté dans un des magasins ou dans la boutique en ligne, la perspective de ventes additionnelles se profile ! Mais encore faut-il que la proposition soit adaptée aux centres d'intérêt et aux besoins du consommateur. Pour cela, la méthode consiste à calculer un score d'appétence pour chaque client. Il faudra fonder l'équation sur les données de navigation, croisées avec les historiques d'achats du consommateur. Ces données réconciliées alimenteront alors un moteur de recommandation en temps réel, lui-même dédié aux plateformes programmatiques (RTB) ou encore au CMS du site web.

TIRER PROFIT DU CRM

Le Directeur Marketing et Digital de la Fnac de l'époque est parti d'un constat simple : « *Le site Fnac.com génère, grâce à son trafic, de gigantesques volumes de données digitales, et nous avons une véritable culture du CRM à la Fnac, du fait notamment de notre programme Adhérents. Il nous fallait mettre cette manne d'informations à profit.* »

En se dotant d'une DMP, la Fnac pouvait répondre à deux axes stratégiques majeurs. D'un côté, réaliser des campagnes média plus performantes en optimisant considérablement les budgets et, pour les équipes rattachées au site de vente en ligne, bénéficier d'une augmentation du taux de conversion via des scénarios favorisant le cross-selling. À partir des données "client" et des derniers achats ou consultations de fiches produits, des efforts spécifiques étaient consentis pour communiquer de manière à inciter le consommateur à découvrir d'autres produits en phase avec ses centres d'intérêt.

« *Pour mener à bien ce projet,* confie le responsable, *nous avons constitué une équipe qui a d'abord eu pour mission de cerner les enjeux et de brainstormer pour coucher sur le papier des scénarios à tester.* » Si la Fnac disposait bien d'importants volumes de données à agréger au sein de la DMP, la difficulté première a été de cerner l'usage qui pourrait en être fait. « *L'outil est redoutablement puissant, et nous avons constaté que nous n'avions pas suffisamment cadré nos besoins en amont.* »

Les équipes ont donc dû se réunir pour affiner le déroulement des cas d'usage à partir des profils identifiés.

PRIORISER LES ACTIONS

Déployée entre mars et juillet 2016, la DMP est entrée en action à la fin du mois de juillet. La Fnac intègre progressivement des fonctionnalités. « *Avant une réelle industrialisation, nous avons réalisé quelques mesures ciblées.* » Et les premiers résultats ne se sont pas fait attendre : « *Les équipes sont enthousiastes, car nous disposons désormais d'une nouvelle façon de travailler ensemble et l'impact sur le taux de conversion est déjà sensible.* »

Cross-sell, up-sell, les indicateurs observés donnent, pour l'heure, des signes encourageants. Mais ce n'est pas tout ! Le déploiement de la DMP a par ailleurs contribué à rapprocher les différents services. « *Les discussions entre les équipes CRM, média et celles du site sont plus riches, nous travaillons avec plus de granularité. Quant aux équipes média, elles n'analysent plus leurs performances de campagnes de manière moyennisée, ce qui permet de mieux segmenter les profils et, par conséquent, nos actions !* »

RATIONALISER LES INVESTISSEMENTS

Pour favoriser l'adoption de la DMP, les équipes de la Fnac se sont fixées des objectifs raisonnables, susceptibles de remporter l'adhésion de tous. Et cela fonctionne ! Parmi les premiers cas d'usage, la société a pu, grâce à la DMP, démoyenniser ses enchères sur le search pour certaines catégories de produits.

« *Nous sommes partis de l'idée qu'il valait mieux investir davantage sur des clients que nous connaissions. Grâce à la DMP, nous avons mis en place une campagne sur certaines catégories high-tech avec l'ambition de matcher un maximum de cookies pour étendre la portée de nos campagnes* », indique le Directeur Marketing et Digital. Le bilan de cette première campagne est positif : « *Nous avons constaté que, grâce à la DMP, nous placions certes des enchères plus élevées, mais de manière plus ciblée et cohérente avec les profils de nos clients. Le taux de conversion a augmenté et le ROI également* ».

Lorsqu'une DMP est déployée, il est nécessaire de tester des hypothèses, des cas d'usage, pour obtenir des résultats pertinents. « *Contrairement aux idées reçues, ce n'est pas la quantité de données qui compte, mais la diversité de leurs sources* » indique Emmanuel Brunet. « *Après avoir agrégé les*

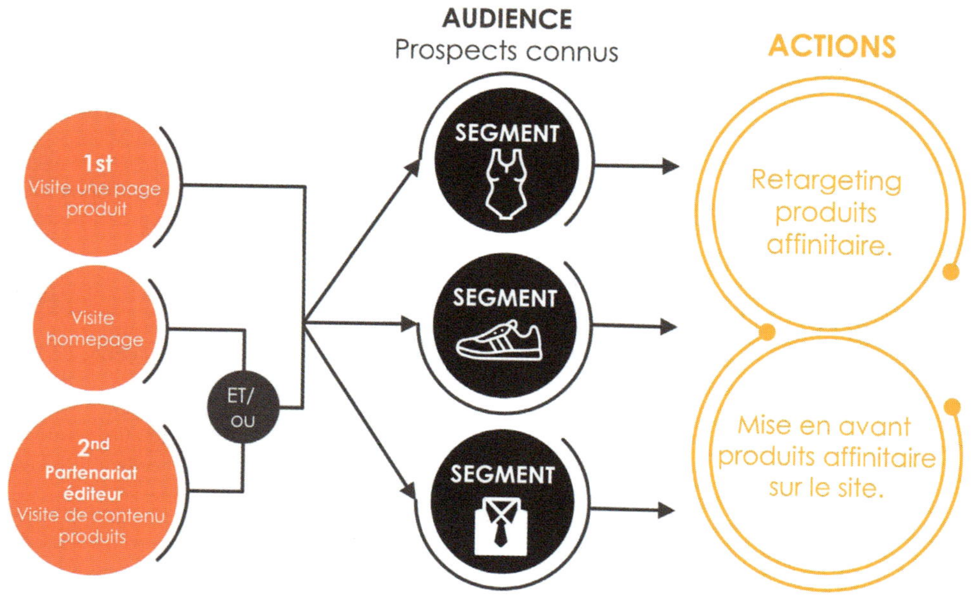

> Augmenter le CA en augmentant les ajouts au panier

> La DMP Fnac en chiffres

différents flux de données, il faut prendre le temps d'évaluer les performances, de déployer différents scénarios. Il faut faire preuve d'agilité intellectuelle tout en restant simple et pragmatique, pour que la DMP délivre sa pleine puissance. »

Au-delà de ces cas d'usage décrits, une DMP est susceptible de répondre à de nombreux autres besoins stratégiques, par exemple :

› Anticiper les ventes/Optimiser le stock
En rapprochant différentes sources de données (historiques de consommation, navigations web, recherches en ligne), il est possible d'anticiper les volumes nécessaires à l'approvisionnement des points de vente.

› Déployer des campagnes de réactivation
Acquérir de nouveaux clients est long, complexe et coûteux. Avec une DMP, il est possible d'identifier et de segmenter différents profils de clients qui n'ont pas consommé depuis une période donnée et définir des scénarios pour les inciter à revenir consommer. Il est possible, par exemple, de relancer des clients identifiés comme premium dans le CRM, qui ont ouvert une newsletter, mais qui n'ont pas cliqué sur le call to action.

› Effectuer un ciblage géographique précis sur clients avec code postal
Chacun le sait, le ciblage géographique par le biais de l'adresse IP est relativement imparfait ou tout du moins trop imprécis. Avec une DMP, il est possible d'exploiter le code postal du client (indispensable pour l'expédition d'une commande par exemple), pour géolocaliser son lieu de résidence avec précision afin de contextualiser les campagnes.

◊ EULERIAN TECHNOLOGIES
www.eulerian.com
Fiche d'entreprise p. 483

Marie-Caroline Rougé
Content Manager
mc.rouge@eulerian.com

Alexandre Chapt
Directeur Marketing et Communication
a.chapt@eulerian.com

DMP : COMMENT DÉTECTER LE CHURN ET LUTTER CONTRE ?

Banques, assurances, télécommunications… de nombreux secteurs d'activité sont confrontés à une problématique clé : le churn ! Les entreprises doivent trouver des solutions efficaces pour lutter contre la perte de clients ou d'utilisateurs. Toute la difficulté réside alors dans la capacité à comprendre ce qui incite le client à renoncer aux services d'une marque.

Gains de **20 à 25 %** de conversions sur l'achat de mots-clefs

Baisse constatée de **17 %** des coûts d'attribution

Le churn ou taux d'attrition correspond pour une entreprise à la proportion de clients perdus au cours d'une période. Par exemple, dans le secteur des télécommunications, il peut faire référence aux clients qui changent d'opérateur. Ainsi, le churn peut désigner la résiliation d'un forfait ou plus généralement d'un contrat qui lie le client et l'entreprise.

Le churn volontaire est souvent le résultat d'une insatisfaction sur l'offre ou la qualité des services, il faut alors détecter au plus tôt ces motifs d'insatisfaction afin d'y apporter une réponse appropriée, et au plus vite. Mais encore faut-il être prudent, car les actions commerciales anti-churn peuvent parfois être mal perçues par le consommateur qui s'étonnera par exemple d'une offre promotionnelle attractive qui interviendrait un peu trop tardivement. Le recours à une Data Management Platform (DMP) permet ainsi de détecter très tôt des signaux faibles laissant penser à une attrition possible du client. Une fois le profil détecté, il faudra encore le scorer – toujours grâce à la DMP – afin d'engager la démarche la mieux adaptée pour retenir le consommateur.

TENIR UN DISCOURS ADAPTÉ POUR RETENIR LES CLIENTS

> L'idée

Parmi les secteurs d'activité les plus impactés par le churn, le marché de la téléphonie et le milieu bancaire passent pour des évidences. En effet, particulièrement concurrentiels, en mutation constante, ces deux secteurs sont confrontés à une problématique majeure de rétention de leurs clients.

Pour une société de télécommunication, l'enjeu consiste à adopter une logique cross-canal pour lutter contre le churn. Utiliser une DMP dans une logique d'optimisation des achats média est connu ; y recourir pour la stratégie de rétention tend à l'être davantage. Pour s'adresser au client de manière ciblée, en vue de contrer ses motifs d'insatisfaction ou d'infidélité éventuels, le recours à la data est indispensable. Il s'agit donc de définir un cahier des charges précis, tout en prenant en considération que les sources de données peuvent être nombreuses et protéiformes. Enfin, le scoring, géré par le CRM, est indispensable afin d'être assuré d'actionner le bon levier, au bon moment.

Les banques en ligne, quant à elles, évoluent dans un secteur très concurrentiel, avec des clients relativement volatils. Pour

“Pour s'adresser au client de manière ciblée, en vue de contrer ses motifs d'insatisfaction ou d'infidélité éventuels, le recours à la data est indispensable.”

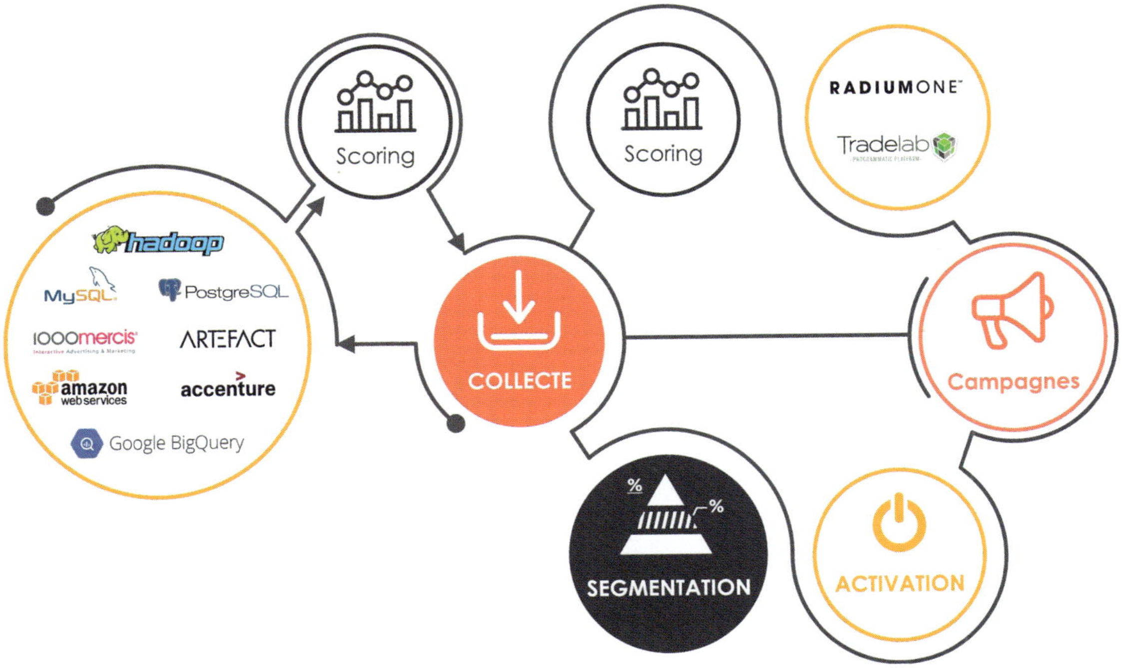

> Optimisation des campagnes grâce au scoring

un annonceur il est important de segmenter et catégoriser ses clients afin de pouvoir les adresser efficacement tout au long de leur cycle de vie. La progression dans le cycle d'engagement influence grandement la relation entre une marque et ses clients/prospects. En proposant des offres en amont d'un grand changement dans la vie de ses utilisateurs, une banque a créé un segment "à risque" au sein de sa DMP ce qui lui a permis de personnaliser ses offres promotionnelles.
Par exemple, un client détecté comme à risque recevra un e-mail avec une offre promotionnelle agressive sur le renouvellement de sa carte bancaire sans frais ou l'ajout de services complémentaires offerts afin de limiter l'attrition.

PLUS LOIN QUE L'ANTI-CHURN

Si le churn est une problématique clé, notamment pour le secteur de la téléphonie mobile, les bénéfices qui pourraient découler de l'utilisation de la DMP sont nombreux.

Une première approche peut consister à acheter des segments de manière spécifique : cross-sell, relation client, se positionner sur le search ou sur le display et adresser une offre sur mesure à chaque segment. Cette démarche peut permettre d'atteindre une excellente rentabilisation des achats média.

Dans la démarche d'acquisition de nouveaux clients (qui se fait par exemple dans un environnement propice comme celui des petites annonces téléphoniques, sur un site d'annonces comme leboncoin.fr), la DMP peut être mise à contribution pour optimiser l'achat en personnalisant les messages selon l'audience (nouveau client/ancien client) et ainsi éviter toute frustration ou tout effet décevant.

Ce processus exige de repenser ses pratiques : définition des segments, activation, définition des offres... de nombreuses actions doivent être mises en place par différents services. Si le projet est amorcé en amont par les équipes trafic des sites, de nombreuses autres seront impactées afin d'améliorer la rentabilité de la DMP.

« *Dans une stratégie de lutte anti-churn, le point essentiel, c'est la détection de signaux faibles* », signale Emmanuel Brunet, CEO d'Eulerian Technologies. « *En associant des données de consultation de site, mais aussi en mesurant les interactions et les points de contacts avec une hotline, par exemple, il est possible de dégager des profils d'utilisateurs susceptibles de résilier leur abonnement. La force des opérateurs, c'est leur culture de la donnée. La connaissance de ses clients permet d'agir de manière très ciblée sur un objectif marketing précis.* »

◊ **EULERIAN TECHNOLOGIES**
www.eulerian.com
Fiche d'entreprise p. 483

Marie-Caroline Rougé
Content Manager
mc.rouge@eulerian.com

Alexandre Chapt
Directeur Marketing et Communication
a.chapt@eulerian.com

AIR FRANCE

Comment envoyer une offre pertinente grâce à la data ?

PROBLÉMATIQUE DE LA MARQUE

Le Groupe Air France-KLM est un des leaders mondiaux du transport aérien. En 2016, il offre à ses clients un réseau couvrant 320 destinations dans 114 pays avec ses quatre marques : Air France, KLM, Transavia et Hop! Air France. Exploitant jusqu'à 2 200 vols par jour, depuis les hubs de Paris et Amsterdam, Air France-KLM a transporté 93,4 millions de passagers par une flotte de 534 avions.

Le digital est un enjeu majeur pour le groupe pour la vente directe de ses billets d'avion et la e-réputation de la compagnie. Leader reconnu dans les innovations digitales, Air France-KLM a rapidement développé ses ventes par des sites internet et applications mobiles et dû attirer du trafic sur ses propres solutions online à travers les canaux d'acquisition. La promotion des offres et des services à nos clients doit également être assurée par Air France sur les nouvelles plateformes de médias sociaux.

Afin de respecter les besoins très variés de nos clients et communiquer sur une offre large et adaptée aux différents besoins, Air France vise à personnaliser le plus possible ses campagnes commerciales auprès de ses clients.

Chaque client Air France a des besoins différents : envie de partir en week-end le moins cher possible ? Nécessité d'avoir un billet flexible pour raisons professionnelles ? Souhait d'améliorer l'expérience de son voyage à travers des options de voyages ? Curiosité de connaître les différentes classes de voyage ?

Afin de susciter l'adhésion du client, il est important de savoir à qui est envoyée toute campagne commerciale pour lui proposer la destination la plus pertinente ou le produit le plus en phase avec ses attentes ou son comportement.

Les intérêts pour Air France sont multiples :

- Etre cohérent de bout en bout dans sa communication avec un client défini ;
- Optimiser les coûts d'acquisition ;
- Réduire la pression commerciale parfois excessive ou non pertinente ;
- Optimiser l'utilisation des différents canaux d'acquisition avec une synchronisation pertinente.

SOLUTION STRATÉGIQUE

Connaître son client et lui proposer la bonne offre, voilà deux exemples mis en place chez Air France depuis 2017 : la recommandation de destinations selon l'appétence du client et surtout la reconnaissance d'un client qui voyage pour motif d'affaires.

> 1) La recommandation de destinations privilégiées

La plupart des campagnes commerciales par mail concernent des offres tarifaires : promotion long-courrier, focus sur le moyen-courrier ou alors le court-courrier. En général, seul un bloc d'une dizaine de destinations maximum est affiché dans la newsletter, alors que les promotions concernent généralement une trentaine de destinations.

Grâce à un algorithme développé par la recherche opérationnelle d'Air France, ce bloc de dix destinations peut être personnalisé pour tous les contacts dont l'algorithme est en mesure de déterminer une certaine appétence de voyage. S'appuyant sur l'historique d'achat du client ainsi que les affinités et liens de destinations entre elles (un client ayant plusieurs fois voyagé vers Los Angeles pourra être sensible à une offre San Francisco), le client qu'Air France connaît bien se verra ainsi proposer des destinations pertinentes avec ses habitudes ou des affinités éventuelles. D'où une amélioration des taux de clics sur le mail et des taux de conversion pour l'achat.

INFOS CLÉS

3 milliards €
de revenu Digital 2016

6,5 millions
de fans Facebook

- **Objectif :** Acquisition, Ventes
- **Cible :** CSP+
- **Moyens :** Display, Application Mobile, Base de données
- **Budget :** De 500 000 € à 1 million €

L'enjeu est également de pouvoir déterminer l'aéroport de départ habituel du client, pour savoir à quel aéroport il est le plus pertinent de communiquer les offres. Ainsi, un client basé à Nice qui ouvrira régulièrement ses mails depuis la Côte d'Azur, en toute logique, devra recevoir les offres long-courriers au départ de Nice et non de Paris. Le test de géolocalisation d'ouverture des mails a été lancé courant juin 2017.

> 2) La reconnaissance des clients à motif affaires

Concernant **un passager qui voyage pour motif affaires**, Air France souhaite leur adresser des communications spécifiques, dans la mesure où les besoins, attentes et comportements sont alors très différents d'un passager loisirs : flexibilité du billet, fréquence des vols, programme de fidélité, options payantes pertinentes (surclassement, accès au salon...). Tel est l'objet de toute la modélisation qui a été mise en place en 2016.

MISE EN PLACE OPÉRATIONNELLE

L'équipe Customer Insights d'Air France a développé fin 2016 un modèle complexe permettant à partir d'une réservation de déterminer si le client voyage pour motif affaires. L'étude porte sur la réservation d'un client et non sur le client en lui-même, car un même client peut évidemment avoir des besoins différents au cours de sa vie. Courant 2016, l'équipe a retenu huit paramètres pour identifier une réservation affaires : le canal de distribution, l'écart entre la date de réservation et la date de voyage, la classe de voyage, le prix du billet d'avion, les jours de semaine de voyage, le mois du voyage, la destination, la durée du voyage, la civilité, le niveau Flying Blue et la possession éventuelle d'une carte de crédit Corporate. Le mix de ces variables permettait de déterminer avec une probabilité forte qu'une réservation était liée à un motif affaires.

Il était très important d'avoir un volume large de données pour les exploiter. La récupération des informations a été faite sur un historique d'un an entre juin 2014 et mai 2015 et porte sur plus d'un million de réservations effectuées. Le choix d'un large éventail de réservations permet de plus de comprendre la taille et les caractéristiques de chaque segment sur chaque route.

Si on regarde les variables retenues pour le modèle, voilà quelques hypothèses et observations retenues pour construire le modèle.

- Les mois de voyage : octobre, novembre, février et mars sont les mois avec le plus faible taux de voyages à motif loisirs. A contrario, juillet/août et décembre sont beaucoup plus faibles en affaires ;

- Les jours de semaine : intuitivement, samedi et dimanche ont des taux de voyage affaires beaucoup plus faibles que les jours de semaine ouvrés ;

> ***« Connaître le client permet également grâce à la DMP d'optimiser la pression commerciale et maîtriser l'ensemble des communications qui lui est envoyé ! »***

> E-mail commercial avec destination

• Un client non Flying Blue a une probabilité beaucoup plus forte d'être loisirs ;

• Le canal de distribution : les billets achetés loisirs sont plus facilement identifiables (achat sur les moteurs de recherche grand public...) que les billets achetés affaires ;

• L'anticipation de la réservation : logiquement, plus la réservation est en mode dernière minute, plus la probabilité d'un motif affaires est forte ;

• Le type de courrier : 39 % des passagers en moyenne sur un court-courrier (destination France) ont un motif affaires. Ce taux chute à 14 % lorsqu'il s'agit d'un vol long-courrier à destination des DOM-TOM (destination plus orientée loisirs) ;

• La durée du voyage : quand elle est inférieure ou égale à deux journées, plus de 80 % de chances d'être un passager affaires. La combinaison de ces paramètres au travers d'une régression logistique a permis de développer ce modèle qui a montré une fiabilité de 87 %.

Pour compléter la qualification d'une bonne audience, voici également deux cas d'école simples.

Autres cas d'école : les partenariats d'échange de données et le retargeting automatique dans l'app.

Les partenariats d'échange de données avec des tierces parties sont également des moyens très efficaces pour qualifier l'audience ciblée.

En juin 2017, Air France a signé un partenariat avec une autre grande entreprise spécialisée dans le voyage, suite à un premier test pilote réussi au printemps 2016. Par ce partenariat, Air France est capable de récupérer les audiences du site du partenaire avec des paramètres importants : destination ciblée, dates de voyage, durée du voyage... La récupération de cette audience qualifiée permet de l'intégrer dans nos bases et de leur envoyer une offre adéquate sur la destination que cette clientèle aurait consultée sur le site partenaire. Cet échange d'audience va se déployer sur les marchés français, allemands et anglais au cours de l'été 2017 comme première étape.

Air France a mis en place évidemment le retargeting qui permet de mesurer l'appétence d'un client pour une destination. Ce client ayant initié une recherche dans le moteur de vente du site Air France pourra recevoir par mail une relance pour reprendre sa réservation.

Air France a lancé en mai 2017 une solution de retargeting automatique dans l'app par push. Tout client ayant effectué une recherche sur du court-courrier (le type de courrier le plus vendu dans nos solutions mobiles) recevra le lendemain de sa recherche une notification automatique par push sur son smartphone, l'invitant à reprendre et finaliser sa réservation dans l'application mobile. L'étape d'après pour Air France étant évidemment d'assurer un retargeting cross-device pour pouvoir relancer par push dans l'app un client qui a fait une recherche sur le site internet, et non plus uniquement l'application mobile.

RÉSULTATS

Début 2017, pour vérifier la fiabilité du modèle motif voyage affaires, il a été décidé de recouper les résultats avec les réponses au questionnaire de satisfaction eScore dans lequel le motif de voyage est clairement demandé. L'objectif est de vérifier que les voyageurs que le modèle attribue à affaires le soient bien dans le questionnaire de satisfaction rempli manuellement par ces clients. De même, c'est l'occasion de vérifier la réciproque : un client qui se prétend affaires est bien récupéré dans le modèle. Le modèle a montré un taux de fiabilité de 87 %.

87 % des clients ciblés comme voyageant à motif affaires ou loisirs et ayant été par la suite questionnés manuellement le sont bien. Le modèle est encore plus fiable et précis sur le court-courrier que le long-courrier.

> Application de cette segmentation

Cette segmentation permet d'engager le client sur des besoins très précis qui concernent une population moins nombreuse, mais à forte valeur ajoutée.

Ce modèle a ainsi été appliqué depuis sur plusieurs campagnes Air France exclusivement liées à des voyages affaires.

En juin 2017, une campagne tout canal : e-mail, social media, display a été lancée pour promouvoir les nouveaux tarifs Flex d'Air France, ainsi que tous les avantages liés à la flexibilité du billet.

L'autre cas d'usage est les campagnes de recrutement BlueBiz. BlueBiz est le programme de fidélité des PME-PMI et donc un produit qui concerne une clientèle très précise.

Dans le projet de DMP, il est également prévu que courant 2017, cette segmentation soit aussi utilisée pour les campagnes programmatiques de display, ainsi que d'autres canaux comme pour les push notifications.

Pour conclure, la connaissance du besoin du client permet une meilleure maîtrise de la communication.

> Campagne pour les tarifs Flex affaires

◊ AIR FRANCE
DIRECTION DIGITAL

Coup de cœur PRATIQUE

GRÉVIN PARIS

Comment utiliser la donnée dans le développement des revenus

PROBLÉMATIQUE DE LA MARQUE

A l'heure où le *yield management et l'utilisation de la donnée se développent sur l'ensemble des marchés, la Compagnie des Alpes a décidé d'étudier les possibilités d'utiliser ses données transactionnelles afin de développer son chiffre d'affaires.**

Depuis sa création en 1989, la Compagnie des Alpes s'est imposée comme un leader incontesté de l'industrie des loisirs, dont elle est actuellement le 10e acteur mondial. La CDA construit avec ses partenaires des projets générateurs d'expériences uniques, à l'opposé d'un concept standardisé. Des loisirs d'exception pour le plus grand nombre.

Grévin Paris, site de la Compagnie des Alpes et acteur touristique parisien depuis 1882, réalise plus de 65 % de sa distribution sur les canaux de vente historiques et matures. **Afin de développer sa part de marché et son chiffre d'affaires, Grévin Paris a identifié le canal de vente web direct comme un des leviers principaux.** La flexibilité de ce canal de vente a permis la mise en place de stratégies de yield management et de tarification dynamique afin d'augmenter prix moyens et chiffre d'affaires.

Ce système de prix dynamiques pour les billets vendus en ligne est en production depuis le printemps 2015.

SOLUTION STRATÉGIQUE

L'intérêt d'une stratégie de prix dynamiques est d'appliquer une tarification parfaitement adaptée à la demande pour un produit, ainsi qu'à la *propension à payer** de cette demande pour ce même produit en fonction du contexte.

Comme dans tous les sites de visites et d'attractions, la demande et la fréquentation de Grévin Paris sont fortement variables en fonction de la période de l'année, des vacances scolaires, du jour de la semaine et même de la météo. Bien sûr, la politique de prix appliquée a, elle aussi, un fort impact sur le nombre de visiteurs. La fréquentation quotidienne peut ainsi atteindre 6 000 visiteurs en période de forte demande et seulement 700 visiteurs lors des périodes plus creuses.

Cette forte variabilité de demande reflète les différents niveaux de volonté à visiter le musée au sein de la population cible. Ainsi, lors d'une période "favorable", un très grand nombre de personnes souhaite acheter un billet et inversement lors d'une période moins favorable. La propension d'ensemble de la demande à payer est donc très différente dans ces deux cas opposés : en moyenne, la demande sera prête à payer plus cher pour une visite lors d'une période favorable que pour une visite lors d'une période creuse.

C'est cette variation de propension à payer qu'exploite le yield management en essayant d'appliquer des prix au plus proche de la volonté à payer maximale des consommateurs selon le contexte.

Seulement, afin d'appliquer le bon prix au bon moment, il faut être capable de prévoir le niveau de demande pour chaque jour de visite avec une grande précision. C'est ainsi que le traitement des données prend tout son sens, les très grands volumes de données transactionnelles permettant d'identifier et de prévoir les moments d'achats et de visites préférentiels ainsi que la demande espérée pour chaque jour de visite.

Grévin Paris, en partenariat avec Tech4team, start-up spécialisée dans le yield management, a alors mis en place un système complet d'analyse de données, de prévision de demande et d'ajustement des prix.

INFOS CLÉS

10 niveaux de prix dynamiques en ligne

x 1,5 client achète des billets datés

+10% sur le prix moyen unitaire vendu

- **Objectif :** Développer les ventes, Optimiser les prix moyens
- **Cibles :** Nouveaux visiteurs, Acheteurs Web
- **Moyens :** Yield Management, Vente en ligne, Machine learning

MISE EN PLACE OPÉRATIONNELLE

La Compagnie des Alpes dispose d'un entrepôt de données pour l'ensemble de ses sites qui rassemble toutes les informations de ventes et de transactions.

Un flux quotidien de données a été automatisé vers Tech-4team pour que toutes les données soient continuellement analysées et utilisées afin de prévoir la demande et ajuster les prix dynamiquement.

Tech4team développe des algorithmes de machine learning qui effectuent des prévisions d'affluence sur l'ensemble des canaux de ventes jusqu'à 2 ans dans le futur. Ces algorithmes utilisent les données transactionnelles mises à disposition par la CDA et les croisent avec des données de facteurs externes : calendrier, vacances, météo, etc. Tous les jours, avec de nouvelles données disponibles, les prévisions sont mises à jour et diffusées sur un dashboard web mis à disposition des équipes de Grévin Paris. Un autre algorithme prend le relais et analyse les prévisions d'affluence quotidienne pour recommander le niveau de prix le plus adapté à chaque niveau d'affluence prévu. Ainsi, Grévin Paris dispose quotidiennement de prévisions et de recommandations de prix mises à jour sur un dashboard en ligne.

Grévin Paris procède alors à la mise à jour des prix dans son logiciel de billetterie. **Ainsi, depuis 2015, les prix des billets vendus en ligne sont continuellement optimisés et adaptés à la demande prévue.**

RÉSULTATS

En 24 mois de collaboration, les indicateurs de performance des ventes web de Grévin Paris ont enregistré les résultats suivants :

- **Hausse des ventes** de billetterie datée permettant de meilleures prévisions des niveaux de fréquentation sans cannibalisation des billets non datés donnant la liberté au client de son jour de visite ;

- **Augmentation des prix moyens** vendus sur le canal web grâce à l'activation du levier prix et du volume ;

- **Développement de la part des ventes web**, l'objectif 2020 étant 1 visiteur sur 4 en provenance du canal web.

Tech4team et Grévin Paris poursuivent leur collaboration pour la saison prochaine avec de nouveaux objectifs de croissance.

* Retrouvez la définition dans le lexique en fin d'ouvrage.

“La Compagnie des Alpes utilise les leviers de yield et de revenu management comme axes de développement majeur pour la croissance de sa destination de loisirs.”

COMPAGNIE DES ALPES
Grévin Paris

Hortense Halfen
Responsable Revenue Management & Analytics
hortense.halfen@compagniedesalpes.fr

TECH4TEAM
Tech4Team

Aurélien Artaud
Directeur du Développement
aurelien.artaud@tech4team.fr

RÉPÉTER SANS ÊTRE RÉPÉTITIF, MIEUX MESURER LES DUPLICATIONS DANS L'UNIVERS ONLINE

La consommation média à l'ère digitale est de plus en plus fragmentée, individualisée et participative. Nous passons progressivement d'une consommation médias de masse caractérisée par la puissance instantanée, encore dominante aujourd'hui, en temps passé par individu, à une consommation thématique et à la demande : "quand on veut, où l'on veut, sur le device que l'on veut".

37,4 millions d'internautes quotidiens, quel que soit l'écran (ordinateur, mobile ou tablette)

Dont **4,6 millions** se connectent alternativement depuis les 3 écrans au cours d'une même journée

Source : Médiamétrie//NetRatings - Internet Global - Juin 2017

4,9 millions d'individus regardent quotidiennement la télévision sur ordinateur, mobile ou tablette

+ de 3,4 millions d'entre eux l'ont également regardée sur un téléviseur au cours de la même journée

Source : Médiamétrie - Global TV - Avril-juin 2017

Tous les mois, Médiamétrie restitue ainsi l'audience de plusieurs milliers de sites Internet et d'une petite centaine de chaînes de télévision.
Sur le plan publicitaire, il s'agit d'une évolution encore plus radicale, particulièrement avec le développement rapide du programmatique.

Au premier semestre 2017, le programmatique représente 60 % de l'achat publicitaire Internet et en 2016, 639 millions d'euros. Il s'agit également d'une part croissante de l'espace publicitaire TV, en France, mais encore plus dans les pays anglo-saxons. Selon le SRI, en 2016 les recettes vidéo Internet représentaient 417 millions d'euros, dont 45 pour les contenus IPTV, avec une croissance à deux chiffres.

La publicité adressée permet un message unique pour un consommateur unique : chaque message est adapté au plus près à un individu particulier défini par sa singularité, exposé à un moment qui lui est spécifique. La connaissance parfaite du consommateur au service de la communication : la conquête du Graal ! Oui, mais pour quelle efficacité ?
Si la publicité adressée et le programmatique sont une réponse à la demande des annonceurs de toujours mieux cibler sans déperdition, grâce aux évolutions technologiques permises par le digital, ce type de communication publicitaire doit progresser pour atteindre avec précision les promesses de ciblages tout en gérant convenablement les objectifs de couverture et de répétition.

> Le programmatique est (encore) perfectible sur les notions de couverture et de répétition.

Pour l'instant les promesses de ciblage ne sont que partiellement tenues.
Par exemple, sur les 3 300 campagnes mesurées en France via la solution DAR (Nielsen Digital Ad Ratings) visant la cible des 25-49 ans, 51 % des impressions ont été véritablement délivrées sur cette cible : il s'agit à la fois d'une bonne performance par rapport à la publicité "classique", et d'une déception par rapport à ce qui a été promis par certains.
Au-delà de ces questions de cibles, les duplications de contacts sont difficiles à estimer. Qui n'a pas été confronté à la répétition excessive d'un message publicitaire sur Internet ? Considérés comme des contacts utiles, ils sont en réalité trop répétitifs et alors contre-productifs.
En effet, pour un même contenu, comment savoir que deux

contacts générés par deux écrans différents proviennent du seul et même individu, sauf en cas de log-in unique ? Le marché n'a pas non plus encore résolu la duplication de cookies provenant de sites ou d'acteurs différents.
C'est pourquoi on trouve parfois sur le marché des calculs farfelus de potentiels de contacts sur cibles, en tout cas supérieurs aux tailles de ces cibles telles qu'elles sont estimées dans les études de référence ou dans les statistiques officielles !
En vidéo, mesurer le nombre de contacts exposés au message n'est pas suffisant. La durée de visionnage et la part de surface exposée d'une publicité digitale doivent absolument être prises en compte pour en évaluer la valeur réelle. Sur ce sujet, Médiamétrie a défini, à la demande du marché, le GRP Vidéo pour que la valeur d'un contact vidéo soit comparable avec celui de la TV.

> Afin d'optimiser le potentiel et l'efficacité de la publicité adressée, les enjeux de déduplication de contacts, de mise en place d'identifiants uniques, de définitions de référents pertinents et partagés, sont essentiels.
Il est possible de calculer précisément les duplications de contacts liées aux nouveaux usages. Ainsi, Médiamétrie intègre à l'étude de référence Médiamat la consommation TV en délinéaire sur l'écran de TV et depuis 2016, une mesure de la TV sur les 4 écrans permet d'appréhender les apports d'audience des écrans Internet.

Pour la mesure de l'Internet Global, un panel unique de mono ou multi-équipés a été mis en place afin de mesurer au plus près les duplications site par site. C'est d'autant plus important qu'il y a d'ores et déjà des duplications quotidiennes conséquentes entre les différents écrans : ordinateur, téléphone mobile et tablette. Sur les 37 millions d'internautes se connectant chaque jour, plus de la moitié se connectent à au moins deux écrans.
En amont des enjeux de déduplications de contacts, il faut s'intéresser à la data média elle-même. En effet, il y a une multitude de données, mais il n'y a pas un standard de la donnée. A l'image de ce que nous sommes dans le domaine de l'audience, nous souhaitons favoriser l'émergence d'une référence commune de la data média en France, un tiers de confiance neutre et indépendant.

C'est pourquoi, nous avons créé avec les principaux acteurs de la donnée en France un Comité Data, qui réunit des médias, pure players, agences, annonceurs et opérateurs télécom. Ce Comité a pour mission de créer les conditions d'un standard commun de la data média en France en termes de format et de cibles. Son objectif est de qualifier, enrichir, valider et fédérer la donnée sur le marché français en s'appuyant sur l'expertise et les savoir-faire méthodologiques et technologiques de Médiamétrie. Dans ce cadre, la déduplication des cookies et d'individus, et donc l'identifiant unique, est apparue comme un sujet prioritaire pour tous, et ce, dès sa première réunion en juillet 2017.

L'objectif est de progresser vers ce standard commun de la data média en jouant le rôle de tiers de confiance.

Nous sommes convaincus de la nécessité de calculer au mieux les duplications, donc les couvertures et répétitions, dans un monde du toujours plus ! Plus de supports, plus d'écrans, plus de data et d'opportunités de contacts. Pour répéter sans être trop répétitif, ces informations médias sont cruciales pour bien piloter la communication publicitaire.

> **“Le programmatique est (encore) perfectible sur les notions de couverture et de répétition.”**

◊ **MÉDIAMÉTRIE**
www.mediametrie.fr
Fiche d'entreprise p. 490

Benoît Cassaigne
Directeur Exécutif
des Mesures d'audience
bcassaigne@mediametrie.fr

COMMENT EXPLOITER DE LA DONNÉE EN ÉTANT CONFORME À LA GDPR ?

A tout point de vue, la GDPR (General Data Protection Regulation) ou RGPD en français (Règlement Général sur la Protection des Données), le fameux Règlement UE 2016/679, impose une série de révolutions pour les professionnels qui traitent des données personnelles.

8 droits GDPR à rappeler dans les Privacy Policies

Sanctions jusqu'à **20 M€** ou **4%** du CA mondial

> Règlement E-Privacy

QUELLES SONT LES VÉRITABLES RÉVOLUTIONS DE LA PROTECTION DES *DONNÉES À CARACTÈRE PERSONNEL** ?

La première "révolution GDPR" est d'abord culturelle pour les entreprises : il s'agit de penser dès le départ la protection des données [personnelles] qui seront collectées par le responsable du traitement (le propriétaire des data) et traitées par un prestataire technique sous-traitant. C'est le concept du "privacy by design".

Et cette révolution culturelle passe par un changement juridique radical : ce sera à l'entreprise de prouver qu'elle respecte la GDPR, et non plus aux "personnes concernées" d'apporter la preuve du non-respect de cette législation par l'entreprise qui collecte ses données ! C'est le concept "d'accountability". Et pour renverser cette charge de la preuve - en clair, permettre à l'entreprise de faire présumer qu'elle respecte le droit - la GDPR incite les entreprises à mettre en place (lire en réalité "rend quasi obligatoire") des process d'audit et de vérification réguliers de "compliance GDPR".

Révolution culturelle encore, la GDPR définit la notion de "données à caractère personnel" non plus comme la simple liste des données identifiant directement une personne (nom, prénom, adresse mail, adresse IP, etc.), **mais comme la totalité des données qu'une entreprise peut agréger et traiter à partir d'un identifiant, quel qu'il soit**. En clair, toutes les "métadonnées", ces données techniques (quel OS, quel logiciel, depuis quel terminal, localisation du terminal, durée de la communication, etc.) propres à chaque communication électronique deviennent des données personnelles. Et les communications électroniques, ce sont les sites web, les messageries en ligne, les conversations téléphoniques depuis vos portables 4G, etc.

La révolution est aussi d'ordre juridique pour chaque entreprise. La GDPR impose des conditions très précises permettant de garantir la licéité des traitements. A ce titre, la loi nouvelle, applicable à l'identique dans tous les pays de l'Union européenne, dès le 25 mai 2018, impose un "principe de minimisation" des données à collecter et traiter. Il ne faudra plus collecter des données personnelles "en vrac" avant de décider "quoi en faire" (comme le fait Google depuis 1998), mais décider **avant toute collecte ou tout traitement** quelles seront les finalités du traitement des données collectées puis limiter au strict minimum la collecte des données aux seules données pertinentes au regard des finalités recherchées.

Et la révolution juridique ne s'arrête pas là. Les entreprises vont devoir informer clairement (et véritablement...) chaque "personne concernée" (les personnes physiques dont les données sont collectées) des droits dont elles disposent. Et parmi ces droits, certains sont nouveaux comme le "droit à la portabilité" (droit au transfert des data d'un consommateur d'un cloud vers un autre, etc.).

Et en plus de l'élargissement considérable de cette notion de donnée personnelle, la GDPR réglemente directement la notion de *profilage** ("analyser ou prédire le comportement" d'une personne physique) avec la réaffirmation systématique du droit d'opposition à profilage et prospection, qui doit être rappelé à chaque consommateur, client ou prospect (oui, vous avez bien lu, même pour le profilage des clients d'une entreprise !). Car il faudra, pour tous les e-commerçants faire accepter les contrats de vente/service (les CGU), puis faire accepter A PART les "Privacy Policies". Et dans les "Privacy Policies", il faudra rappeler chacun des 8 "droits GDPR" (accès, rectification, portabilité, etc.) et rappeler à part de ces 8 droits, l'existence spécifique du droit d'opposition à prospection/profilage.

La troisième révolution, et ce n'est pas la moindre, est d'ordre technique. A compter du 25 mai prochain, des impératifs de sécurisation technique des traitements de données s'imposeront : pseudonymisation des bases de données transmises aux sous-traitants, chiffrement des bases de données (stockage et transfert), audit technique et régulier des systèmes de protection techniques des "assets" data...

Les sanctions ? Jusqu'en 2016, le risque pour l'entreprise était de 300 000 € maximum. Avec la GDPR, l'Union européenne signe la fin de la récré avec des "sanctions administratives" pouvant monter jusqu'à 20 millions d'euros ou, pour les entreprises, jusqu'à 4 % du chiffre d'affaires mondial. Ne croyez pas que seuls les opérateurs de "tracking" tremblent...

A vous de voir si vous voulez que votre entreprise serve à financer la CNIL, avec (en prime) la publicité gratuite (et soyez-en assuré) et largement diffusée d'une jurisprudence infamante portant son nom...

* Retrouvez la définition dans le lexique en fin d'ouvrage.

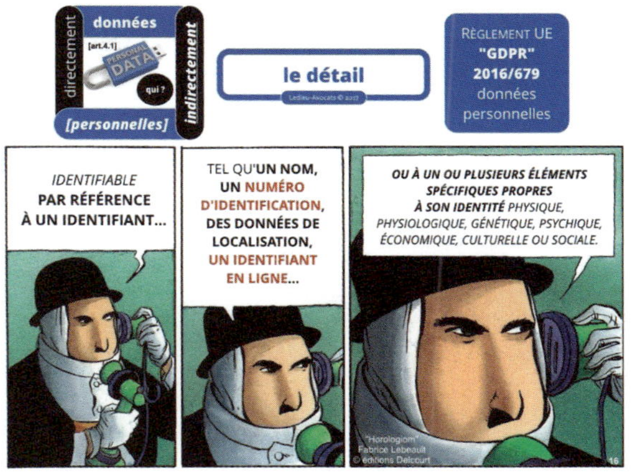

> Règlement UE "GDPR" 2016/679 Données Personnelles
www.ledieu-avocats.fr/blog-ledieu-avocats

04 • DATA

> **"Les entreprises vont devoir informer clairement (et véritablement...) chaque "personne concernée" (les personnes physiques dont les données sont collectées) des droits dont elles disposent."**
>
> Marc-Antoine LEDIEU
> *Avocat à la Cour Partner Bardehle Pagenberg*

◊ **ALLO-MEDIA**
www.allo-media.fr
Fiche d'entreprise p. 478

Marc-Antoine Ledieu
Avocat à la Cour
Partner Bardehle Pagenberg
www.ledieu-avocats.fr/blog

Conseil Protection des Données - Conformité GDPR d'Allo-Media
ledieu@bardehle.fr

ILS PARLENT DE NOUS

"

Allo-Media est en train de démontrer que l'avenir de la publicité en ligne passe par la voix.

— Forbes

"

Allo-Media, première start-up récompensée du Grand Prix de l'Excellence Marketing

— EN-CONTACT

"

Allo Media séduit les grands comptes avec son cookie vocal

— L'USINE DIGITALE

"

Le Cookie Vocal d'Allo-Media : une pépite pour la data !

— DMB DIGITAL MARKETING & BUSINESS

allomedia

ALLER PLUS LOIN DANS LA MESURE D'IMPACT ET L'ATTRIBUTION

Finies la candeur de l'ère digitale, l'attribution au premier ou au dernier clic, les interprétations sur les "intentions présumées d'acheter". Le consommateur reprend le pouvoir, complexifie le parcours client, et avec lui les méthodes d'attribution et de mesure d'impact. L'objectif étant d'investir là où ça compte et de construire une expérience de qualité, quels chemins s'offrent à nous ?

91 % des clients font une recherche web avant l'achat magasin

18 : nombre de sources web consultées avant un achat

PASSER DE MODÈLES SIMPLISTES À DES ANALYSES AVANCÉES

Les œillères tombent, et les marketeurs prennent conscience que la mesure de la performance et de l'attribution doit évoluer, à l'image du comportement consommateur. Ils sont à la recherche de nouveaux modèles plus holistiques, plus intelligents dans l'interprétation des données.

L'obsession du clic, l'analyse isolée d'un canal, la linéarité présumée des parcours d'achat ne permettent pas de mesurer l'impact marketing dans sa globalité. S'ajoutent à cela des éléments intangibles - météo, environnement, concurrence - qui ne sont que rarement pris en compte dans l'analyse de la performance.

Les modèles simplistes consistant à envisager le cycle de décision du client en 4 étapes - découverte, exploration, achat, après-vente - laissent la place à des modèles plus sophistiqués, ayant pour objectif de capturer la réalité de l'environnement extérieur et des comportements humains.

L'attribution simple laisse place à l'*attribution multi-touch**, élargissant son scope à l'analyse de plusieurs canaux. L'attribution multi-touch (MTA) est une méthode plutôt nouvelle qui consiste à mesurer la valeur et le ROI de campagnes multicanal. Favorisant une approche plutôt granulaire, à l'échelle de la campagne ou de l'individu, cette méthode peine néanmoins à nourrir les recommandations à un niveau plus stratégique et agrégé.

LE *MARKETING MIX MODELING** : UNE MÉTHODE QUI A FAIT SES PREUVES ET CONTINUE À S'ENRICHIR

Le marketing mix modeling (MMM), qui repose sur de la modélisation économétrique, s'est imposé ces dix dernières années comme la méthode standard de prévision et d'optimisation ROIste. Il s'agit d'expliquer le volume de ventes ou le chiffre d'affaires d'une marque ou d'une gamme de produits en fonction des différents leviers du marketing mix : TV, digital, prix, promotion, lancement produit, trade marketing, etc.

Cette approche scientifique du marketing a fait des émules, puisque même les big players du web tels que Google ou Facebook lancent aujourd'hui de grands programmes marketing mix modeling, pour fiabiliser la mesure de performance sur leurs réseaux. Grâce à ces programmes, la poignée de leaders en analytics avancées choisis comme "tiers de confiance" est désormais en mesure d'offrir des solutions de mesure du ROI marketing et digital d'une qualité jamais atteinte jusque-là.

> *"On ne règle pas la question business par la technique, mais par la stratégie, c'est pourquoi il est crucial de combiner les 2 parties du métier : stratégie et analyse de données."*
>
> Jean-Baptiste BOUZIGE
> *PDG Ekimetrics*

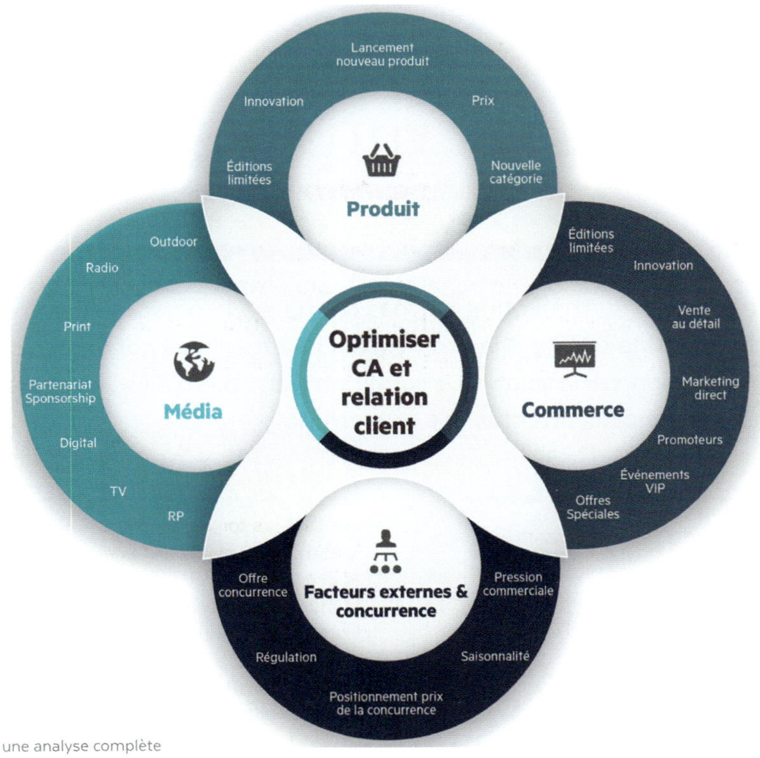

> Marketing mix modeling : une analyse complète

Analyser les réseaux sociaux avec précision, comparer les investissements TV et online, affiner l'impact du online-to-store est désormais possible avec, en prime, une robustesse et une granularité bien plus importantes qu'auparavant : analyses par catégorie, produit, pays, contenus. Un pas de plus vers une finesse d'analyse réclamée par les annonceurs depuis longtemps.

DE LA VISION MYOPE À LA VISION HOLISTIQUE

Aucune méthode aujourd'hui n'est capable de capturer la rapidité et la complexité des comportements clients, même les plus sophistiquées comme l'attribution multi-touch ou le marketing mix modeling. Dans ces conditions, il est important de se placer au bon niveau de réflexion pour éviter les biais... Les acteurs data les plus mûrs et les plus innovants combinent les approches et s'assurent de revenir systématiquement à la compréhension des bons leviers clients.

Il devient urgent d'intégrer les critères suivants à sa réflexion.
Les marketeurs doivent penser de manière holistique : mesurer la performance de leurs campagnes digitales, les interactions cross-canal, mais aussi quantifier l'impact sur le consommateur dans sa globalité, le ROI des investissements budgétaires, l'impact long terme sur la marque.

Les effets extérieurs doivent être mieux modélisés : informations concurrents, changements de prix, évènements économiques ou environnementaux ont un impact non négligeable sur le revenu et l'expérience client. Pour avoir une vision plus exacte, il est important d'isoler les effets marketing des effets extérieurs (ce que permet l'approche économétrique utilisée dans le marketing mix modeling).
Les délais de mise en œuvre doivent mieux coller à la réalité du consommateur, sans toutefois perdre de la robustesse. Les étapes de collecte, nettoyage, modélisation, analyse des données doivent tendre à se raccourcir pour être plus en phase avec le cycle de vie du client. Un challenge humain et technique, qui met en perspective délai d'analyse et fiabilité des modèles.

INNOVATION ET CRÉATIVITÉ AU SERVICE D'UNE EXPÉRIENCE GLOBALE PLUS QUALITATIVE

Le choix de la méthode de mesure du ROI et de l'impact marketing/digital illustre donc bien plus qu'une décision opérationnelle. C'est le reflet de la collaboration entre direction marketing et digitale, l'illustration d'un fonctionnement data-driven en silo ou global, et un marqueur du type de stratégie data que l'on construit au sein de son organisation.

Prendre en compte la réalité du consommateur avec intelligence, interpréter les signaux faibles, travailler avec des acteurs au fait des méthodes analytiques les plus avancées, permet aux marques de passer d'une mesure opérationnelle court termiste, à la construction d'une expérience client de qualité, tout au long du parcours d'achat, et même au-delà.

* Retrouvez la définition dans le lexique en fin d'ouvrage.

◊ **EKIMETRICS**
www.ekimetrics.com
Fiche d'entreprise p. 482

Jean-Baptiste Bouzige, *PDG fondateur*
jean-baptiste.bouzige@ekimetrics.com

Sophie Desroseaux, *Directrice Marketing*
sophie.desroseaux@ekimetrics.com

OPTIMISER SES CAMPAGNES MÉDIA GRÂCE À UNE DMP, C'EST POSSIBLE !

L'heure n'est plus au marketing de masse, mais à la personnalisation de l'expérience. L'exploitation d'une DMP est la promesse d'une meilleure cohérence dans les stratégies de communication, car la solution, à condition d'être bien utilisée, contribue à adresser des messages adaptés aux attentes des consommateurs.

+ de 850 000 e-shoppers chaque année

80 milliards d'euros correspond au montant des ventes e-commerce en 2017

Lorsqu'une entreprise s'engage dans cette voie, elle doit savoir dépasser les seuls effets de mode et mesurer, avant même de s'interroger sur les prestataires et les solutions, quels bénéfices le client pourra tirer de cette nouvelle solution. L'enjeu est bien là : recentrer l'action marketing, les achats publicitaires, les campagnes d'e-mailing, les offres ciblées... pour s'adapter en temps réel aux attentes du consommateur. Être présent au bon moment, au bon endroit et auprès de la bonne cible, tel est le but à atteindre... Telle est la promesse d'une DMP !

Parmi l'éventail de missions qu'une DMP est susceptible de remplir, il en est une qui répond à l'enjeu toujours plus ROIste des entreprises : l'optimisation des achats média. Toute démarche sur le plan du marketing et/ou de la communication doit répondre à un objectif de retour sur investissement. La DMP, via la segmentation, permet d'atteindre une très forte granularité qui sera mise à profit de la politique d'achat média. À l'heure où les plateformes programmatiques et l'automatisation des achats deviennent un standard, il n'est plus possible de s'en remettre aux seules intuitions. Seuls des faits et des données s'avèrent capables de donner des orientations tangibles afin de placer des enchères sur des mots-clés parfaitement adaptés à la stratégie de la marque. Les parcours des consommateurs sont toujours plus diffus, les solutions de collecte, d'analyse et d'attribution cross-device doivent permettre une réconciliation de toutes les données concernant un même utilisateur, quel que soit le terminal utilisé (ordinateur, tablette, téléphone : web & application native).

> « La DMP, via la segmentation, permet d'atteindre une très forte granularité qui sera mise à profit de la politique d'achat média. »

VOYAGES-SNCF.COM RENFORCE LE CIBLAGE

C'est dans cette optique que Voyages-sncf.com a lancé un projet de déploiement de DMP. « *Nous avions la conviction que les data pourraient nous permettre de gérer efficacement nos campagnes d'acquisition ou nos campagnes en régie interne. Nous utilisions déjà nos données à des fins de personnalisation et de ciblage, mais nous voulions aller plus loin* », explique Matthieu Ruault, Directeur Solutions Marketing Digital & Smart Data pour Voyages-sncf.com.

Pour mener à bien le projet, Matthieu Ruault est resté pragmatique : « *Nous avons avant tout misé sur la simplicité, explique-t-il. Nous collectons déjà des données comportementales via notre site et notre application, et devions ensuite synchroniser le CRM et la DMP.* » L'un des principaux critères de choix qui ont présidé au projet était un effort de mise en œuvre le plus faible possible.

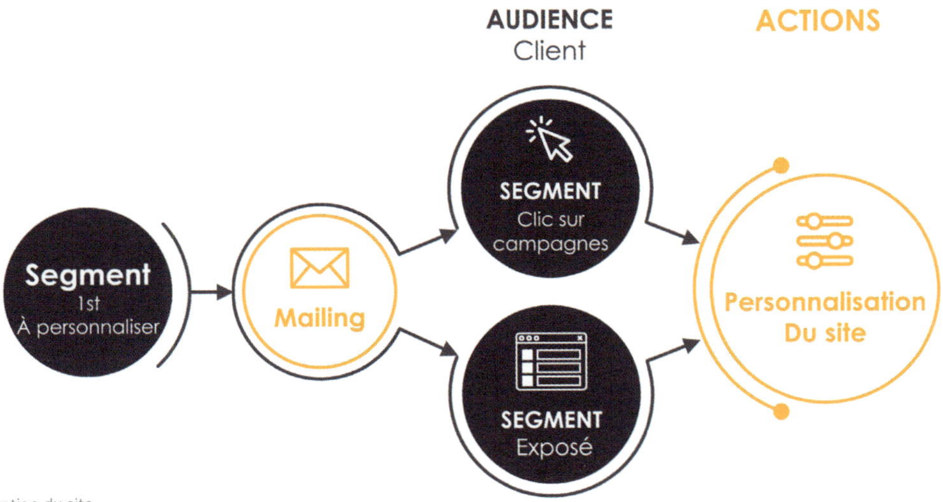

> Personnalisation du site

La DMP, déployée depuis le 1er juin 2016, est destinée à créer des audiences ciblées en vue d'améliorer l'efficacité des campagnes display et de celles gérées par la régie publicitaire.

« *Il est encore trop tôt pour tirer le bilan de nos premières expérimentations, précise Matthieu Ruault, mais les premiers indicateurs sont encourageants et nous réfléchissons déjà à l'avenir* ». Parmi les pistes envisagées : la possibilité de dégager un segment "fil rouge". « *Grâce à la DMP, nous pourrions isoler certains profils et faire en sorte d'établir un contact permanent avec cette audience en vue, au-delà des campagnes display, de relayer des offres promotionnelles et d'améliorer les ventes sur des profils captifs* », explique le responsable. Optimisation des campagnes SEM, personnalisation du site, optimisation des campagnes e-mailing... de nombreux chantiers sont encore envisagés. Mais la réussite de ce projet dépend beaucoup de la méthode appliquée pour gérer son déploiement.

UNE DÉMARCHE TEST AND LEARN

Matthieu Ruault est prudent. Pour conduire le projet, il a cherché avant tout à fédérer les énergies : abolir les frontières entre les services, travailler de concert pour apprendre à maîtriser l'outil, autant de préalables indispensables.

« *Nous agissons avec méthode. Une personne se charge de créer les segments via la DMP et nous ne nous dispersons pas. Nous explorons deux axes : le display et notre régie publicitaire interne.* » Pour favoriser l'adoption de la Data Management Platform, Voyages-sncf.com a adopté une démarche test and learn. « *Il faut éviter de s'engager sur des voies trop complexes ou trop ambitieuses. Dans ce genre de projet, il y a toujours des comptes à rendre et il faut démontrer qu'à chaque étape le ROI était au rendez-vous* », indique Matthieu Ruault.

Selon Emmanuel Brunet, CEO d'Eulerian Technologies, la DMP est un terme nouveau, mais pas une révolution : « *C'est une nouvelle brique dans le système digital des annonceurs qui leur permet de centraliser leurs données et d'exploiter au mieux leur patrimoine data de qualité dans des écosystèmes différents : média, on site, BI...* ». La clé de la réussite pour bénéficier du plein potentiel de la solution est de tester un nombre maximal de cas d'usage, d'utiliser la DMP dans des contextes différents, mais bien précis. « *Ceci permet de valider la pertinence de la technologie progressivement, sur des bénéfices variés et de manière pragmatique. Une fois la solution déployée, la connaissance du client s'améliore progressivement, les actions CRM peuvent être repensées, affinées, et les messages peuvent être personnalisés* », conclut Emmanuel Brunet.

> Interactions collectées et centralisées.

◊ **EULERIAN TECHNOLOGIES**
www.eulerian.com
Fiche d'entreprise p. 483

Marie-Caroline Rougé
Content Manager
mc.rouge@eulerian.com

Alexandre Chapt
Directeur Marketing et Communication
a.chapt@eulerian.com

PRICEMINISTER RAKUTEN

Big data et SEO prédictif, les nouveaux leviers de performance SEO

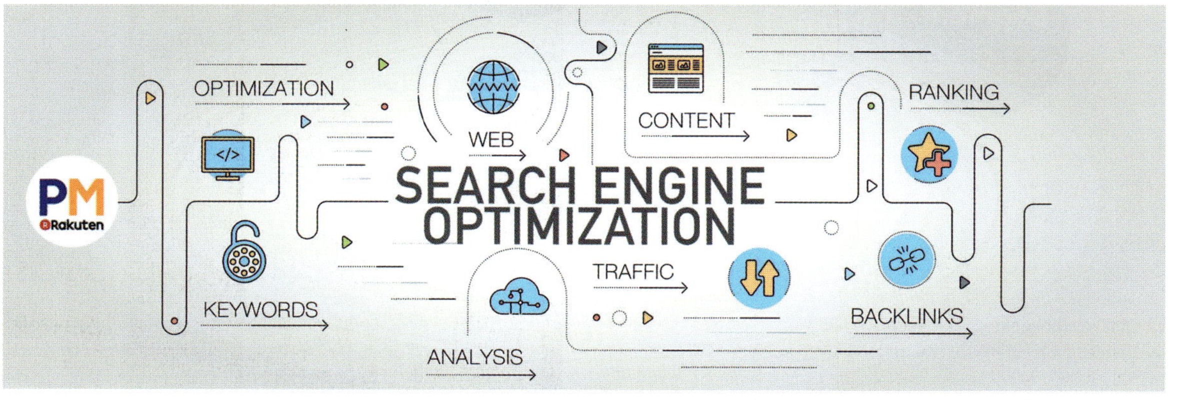

PROBLÉMATIQUE DE LA MARQUE

› PriceMinister-Rakuten : 100 % digital & 100 % marketplace

Pionnier du e-commerce en France, PriceMinister rassemble plus de 200 millions de produits neufs et d'occasion. Chaque mois, plusieurs millions d'utilisateurs se rendent sur le site www.priceminister.com pour profiter de ce choix unique ou pour mettre en vente leur article. Depuis les années 2000, notre marketplace conserve sa place dans le paysage des sites e-commerce les plus actifs en France grâce à ses audiences multi-devices et ses performances marketing.

› Des ambitions internationales

Cette belle aventure entrepreneuriale débute en août 2000, à l'initiative de Pierre Kosciusko-Morizet. Le concept de l'achat/vente garanti naît en France. PriceMinister est alors un acteur majeur de l'histoire du e-commerce. Depuis 2010, avec le rachat par Rakuten, la marketplace dynamise son activité. Une nécessité puisque la bulle internet explose et les acteurs du e-commerce se multiplient. Le e-commerce, un marché porteur où les chances d'être profitable deviennent plus complexes. L'arrivée de leaders mondiaux comme Amazon, la digitalisation massive des points de vente, ainsi que la transformation des métiers et des technologies du digital n'ont qu'une issue : l'innovation.

› Un combat pour une place de leader

Grand leader du e-commerce au Japon, le groupe Rakuten se dote par ses rachats de moyens pour développer son leadership dans le monde et pour faire front face à Amazon. Dans ce contexte, le groupe mise sur l'innovation marketing et la R&D. PriceMinister bénéficie ainsi dès son entrée dans le groupe d'une cellule de R&D rassemblant les métiers du big data et de la data science. L'enjeu de l'activité est de se placer parmi les leaders du e-commerce en France. L'acquisition de trafic par le *SEO** se positionne comme fer de lance majeur de l'entreprise. L'objectif est défini : accélérer la croissance du trafic par l'optimisation massive des performances de visibilité du site PriceMinister-Rakuten dans les *SERP**.

SOLUTION STRATÉGIQUE

› Notre ambition : couvrir un maximum de keywords et conquérir la short tail

Crawl, indexation et ranking sont les leviers de croissance du SEO. Ils constituent un triptyque incontournable pour augmenter les performances de visibilité. En qualité d'experts SEO, nous devons chercher à innover sur les pratiques employées pour mettre en place des optimisations SEO, véritables propositions de valeur pour les moteurs de recherche. Notre écosystème SEO chez PriceMinister est complexe par son volume et son aspect multi-marchés. Il est aussi une source de data gigantesque à analyser, décrypter et utiliser.

Premier défi : améliorer nos temps de réponse pour permettre à GoogleBot de crawler nos 25 millions de landing pages en moins de 60 jours. Une étape essentielle pour garantir la fraîcheur de crawl donnant ainsi la capacité à chaque page de pouvoir être indexée et positionnée. L'optimisation du serveur, des images et des ressources représente des actions très lourdes et chronophages. L'usage d'un système de cache reste alors une alternative pertinente pour nous permettre de desservir plus rapidement les pages aux bots. Néanmoins, gérer quotidiennement 25 millions de pages en cache requiert la mobilisation d'une infrastructure très puissante. Pourquoi ne pas prédire les URL crawlées par Google pour réduire la taille du cache ? Et pourquoi pas !

INFOS CLÉS

61% de prédiction du crawl de Google

+ 109% de pages indexées

+ 33 % de mots clés en page 1

• **Objectif :** Acquisition de trafic SEO, Chiffre d'affaires
• **Cibles :** Moteurs de recherche, Visiteurs grand public
• **Moyens :** SEO, Big data, Machine learning
• **Budget :** < à 50 000 €

Deuxième défi : augmenter en volume notre présence dans les SERP. Pourquoi ne pas essayer de prédire nos potentiels de croissance SEO par l'anticipation des tendances de recherches sur Google ? L'idée étant de reconnaître au travers de nos logs et données SEO analytics des *patterns** dans nos datas pour la probabilité du projet.

> Big data et SEO prédictif : une épopée prometteuse
« Utiliser l'analyse prédictive par du big data pour servir nos actions SEO est un vrai plus. Avec la quantité et l'historique de data que nous avons collectée chaque jour, nous pouvons étudier les comportements de crawl et les signaux historiques d'un top keyword. Nous imaginons ainsi obtenir par les technologies big data un modèle prédictif à partir duquel extrapoler une stratégie SEO efficace. »

Choix d'un cadrage méthode smart impliquant pour un maximum d'agilité, des objectifs de résultats à chaque étape et des processus chrono sensibles pour s'adapter rapidement et en autonomie au contexte réel.

Lancement de l'ère du SEO prédictif chez PriceMinister Rakuten.

MISE EN PLACE OPÉRATIONNELLE

> Durée
6 mois

> Choix stratégique d'organisation
Nous avons pris la décision de réaliser le projet de prédiction du crawl de Google et des top keywords en interne grâce à une coopération rapprochée entre l'équipe SEO, l'équipe BI et le RIT (RAKUTEN INSTITUTE OF TECHNOLOGY). D'un côté l'équipe business SEO, et de l'autre deux équipes composées de data scientists ayant une appétence particulière pour le big data et la R&D. C'est un atout réel pour le SEO de profiter de la proximité d'équipes de data scientists capables de créer des intelligences artificielles génératrices de business.

> Les étapes du pipeline
Ce projet doit permettre de faire parler les données entre elles, leur donner du sens et de la valeur en fonction de leur capacité à agir sur notre objectif business. La prédiction de comportement générateur d'actions SEO n'a de sens que si elle est faite en temps réel.

Première étape : définition de l'output
En qualité de business owner, l'équipe SEO est tenue de qualifier et de caractériser les pages et keywords à fort potentiel de crawl ou de recherche.

• Caractérisation des pages à potentiel de crawl : pages appelées par Google au moins une fois sur 24 heures ;

> *“Choix du cadrage méthode smart impliquant pour un maximum d'agilité, des objectifs de résultats à chaque étape et des processus chrono-sensibles pour s'adapter rapidement et en autonomie au contexte réel.”*

04 • DATA

• Caractérisation des keywords à fort potentiel de recherche : keyword associé à une page qui a généré N lead sur un temps T, évolution de X % des visites sur un temps T...

Après définition des spécifications et des règles de l'objectif, vient alors la mise en place d'un algorithme de classification permettant la catégorisation de chaque population type : succès ou échec. Pour être étudiées, ces populations de datas doivent être suffisamment équilibrées, car nous avons un échantillon assez important pour comprendre les différents facteurs de succès ou d'échec des populations.

Deuxième étape : définition des features
Pour chaque population de datas, des ensembles de variables appelées features sont définis. Elles constituent un ensemble de signaux facteurs ou non de succès dans la réponse à l'objectif défini.

Ces features sont de plusieurs sortes (ensembles).
• Données analytics SEO : premier bloc de features qui donne le potentiel extrinsèque des mots-clés. Les données Analytics SEO portent à la fois sur des critères de visibilité SEO, mais aussi sur des critères de pertinence. Ce sont par exemple des données pouvant nous permettre d'estimer le caractère e-commerce des mots-clés par la présence de sites marchands dans les résultats de pages ;
• Données catalogue : combien de % des produits appartiennent à cette catégorie, nombre de produits par page, stock produit, prix ;
• Données BI : chiffre d'affaires par visite estimé ou effectif ;
• Données de contenu : image, texte, sémantique... ;
• Données de serveur : logs de crawl, logs utilisateurs...

Chaque feature est un élément clé, potentiel signal que nos outils de machine learning pourront utiliser pour servir l'objectif et améliorer la variable de probabilité. Il fut donc important d'être très exhaustif sur cette étape et d'identifier toutes les chaînes de données à impliquer.

Troisième étape : l'entraînement de l'algorithme
Disposant maintenant des outputs et des features, nos équipes de data scientists ont pu démarrer l'entraînement d'un algorithme d'apprentissage supervisé. Une étape importante dans la mise en place d'une intelligence artificielle avec comme point d'attention majeur la performance du modèle prédictif.

Lors de cette période d'entraînement, l'algorithme va se servir de toutes les features pour déterminer les signaux favorisant ou non l'atteinte de l'objectif. Ce modèle prédictif analyse les performances et échecs passés convenant à chaque population. Il estime la probabilité de chaque keyword ou URL à générer du crawl, des visites et du chiffre d'affaires.

Afin d'améliorer les résultats de ce modèle prédictif, nous avons ajouté de nouvelles features et étudié leur influence sur le cycle d'échec ou de succès.

Quatrième étape : la prédiction
Pour concrétiser le projet "SEO prédictif", le modèle fut asservi dans un webservice implémenté dans notre back-end et permettant de prédire en temps réel.

Nous avons par la suite eu la volonté de rendre le modèle plus performant et réactif au contexte. Ce point implique ainsi d'une part de réentrainer l'apprentissage du modèle prédictif le plus fréquemment possible. D'autre part, une phase de features engineering qui viendra enrichir les features du modèle pour avoir des signaux de plus en plus fins capables de prédire le potentiel d'une page.

> "L'application de la prédiction de comportement au SEO est un succès dont les gains ne font qu'augmenter."

RÉSULTATS

> Big data et SEO : la prédiction de comportement est un défi réussi

- Jusqu'à 60 % de prédiction du crawl de Google : notre modèle prédictif du crawl de Google atteint un score suffisant pour améliorer notre performance SEO et le nombre d'URL uniques crawlées par les bots quotidiennement. Nous avons optimisé drastiquement nos coûts en réduisant la taille de notre cache à 1,2 million d'URL. Notre modèle prédictif traite chaque jour nos 30 millions de lignes de logs pour sortir parmi nos 25 millions d'URL la liste des tops 1,2 million d'URL en prédiction de crawl. Un bénéfice net et des gains de performance SEO réels.

- Un peu moins de 600 000 nouvelles landing pages : notre modèle prédictif sur les nouvelles tendances de recherche à fort potentiel e-commerce est un bel exploit. Nous avons ainsi pu anticiper la création de landing pages sur de futurs pics d'audience dans les SERP.

Ces deux modèles prédictifs sont complètement intégrés à nos process. Nous avons transformé notre back-end avec la mise en place de techniques algorithmiques issues de ces modèles prédictifs. Tous les comportements opérationnels de ces projets sont automatisés, suivent et font évoluer de façon autonome l'objectif défini.

> SEO prédictif : notre nouvel Eldorado de croissance SEO

- + 57 % de trafic SEO sur notre principal chapitre d'entrée
- + 60 % de visibilité SEO (source = Searchmetrics)
- + 31 % de mots-clés en page 1
- X 2 du nombre de pages indexées

L'application de la prédiction de comportement au SEO est un succès dont les gains ne font qu'augmenter.

* Retrouvez la définition dans le lexique en fin d'ouvrage.

◊ **PRICEMINISTER RAKUTEN**
www.priceminister.com

Cécile Beroni
Responsable SEO
cecile.beroni@priceminister.com

Alexia Lefeuvre
Responsable Communication
alexia.lefeuvre@priceminister.com

RATP DEV

Comment améliorer le confort des passagers grâce au big data

PROBLÉMATIQUE DE LA MARQUE

> la DATA aiguise une nouvelle forme de concurrence.
RATP Dev est un opérateur de transports qui exploite des réseaux de transports publics dans 15 pays, comme le fait sa maison mère la RATP en Ile de France.

Depuis quelques années, de nombreux acteurs se sont emparés du Big Data pour intervenir sur la chaine de valeur de la mobilité. Cela se traduit par une concurrence de plus en plus importante sur les activités liées à la mobilité urbaine, le cœur de métier de RATP Dev.

Cela peut être pour créer de nouvelles offres de transport centrées sur la voiture (VTC, UBER, Le Cab, VIA....) ou sur le transport collectif (Chariot, Bridj...), sur le guidage et l'information dynamique (Google, Moovit, Citymapper, ...). Même les fournisseurs historiques des transports publics se sont lancés dans cette approche pour capter plus de valeur et ne pas rester cantonnés dans leur rôle initial et profiter de l'IoT ; Alstom, Xerox, Bombardier, Trapeze, ...

Nos partenaires, nos fournisseurs deviennent aussi nos concurrents. Il est donc stratégique pour nous de maîtriser la donnée, son analyse opérationnelle, sous peine de voir notre métier se réduire à de la simple exécution de contrat, voire à de la sous-traitance.

Ne pas se positionner rapidement aurait conduit à laisser le loup rentrer dans la bergerie.

Deux pistes apparaissaient. Créer de nouveaux services pour nos voyageurs ; améliorer la performance économique des lignes et des réseaux exploités.

L'activité de gestion d'un réseau de transport est très souvent régie par un contrat entre une ville, un gouvernement, et l'opérateur. Cela impose un fonctionnement « B to B to C » dans nos actions marketing, c'est-à-dire l'implication de l'Autorité des Transports dans le choix des actions pour les utilisateurs.

Ces acteurs publics sont de plus en plus mobilisés sur une approche durable et responsable de la mobilité. Les frontières entre les différents secteurs publics (transport, voirie, énergie, social, éducation, ...) s'estompent au profil des Smart Cities. Dans ce domaine, la mobilité joue un rôle d'autant plus important que le développement des villes, l'augmentation de la population urbaine, la congestion, la pollution et le réchauffement climatique mettent la pression sur cet enjeu de fluidité, d'accessibilité et de performance. Il est donc crucial pour un opérateur de services publics de changer de dimension.

SOLUTION STRATÉGIQUE

> Intégrer le DATA MANAGEMENT au cœur de nos métiers
Les premiers P.O.C.s menés en 2015 nous ont convaincu que des approches Big Data permettaient effectivement d'apporter des réponses pertinentes aux attentes des villes. Ils nous ont aussi convaincu de certains facteurs de succès. Nous avons ainsi décidé de :

- Ne pas y aller seul et ne pas construire une solution « in house ».

- Privilégier le partenariat avec des acteurs spécialisés.

- Combiner le local (nos filiales en charge des contrats avec chaque ville) et le central pour assurer une chaine complète de traitement de la donnée.

INFOS CLÉS

+20% de places en heures de pointe

30" à 1' de diminution du temps d'attente pendant l'heure de pointe

- **Objectif :** Fidélisation, Notoriété,
- **Cibles :** Décideurs du contrat de gestion du tramway de Casablanca

- **Moyens :** BDD des validations des titres de transports (anonymes). « Journal » des données de fonctionnement de la ligne de tramway. 3 ans de collecte.
- **Budget :** 120 000 €

- Ne pas créer une direction DATA mais inscrire cette nouvelle discipline dans les métiers déjà présents, notamment en s'appuyant sur la bonne collaboration du couple Marketing / DSI.

- Contrôler les mises en œuvre opérationnelles vers nos clients car c'est là que réside notre plus-value et notre légitimité.

Nous avons donc opté pour une solution combinant le meilleur des deux mondes en co-créant une startup dédiée « Big Data et Mobilité Urbaine » en association avec une société spécialisée Big Data (Quantmetry). Cette solution s'appelle TRILOGY et elle est actuellement en cours de déploiement pour les réseaux de RATP Dev.

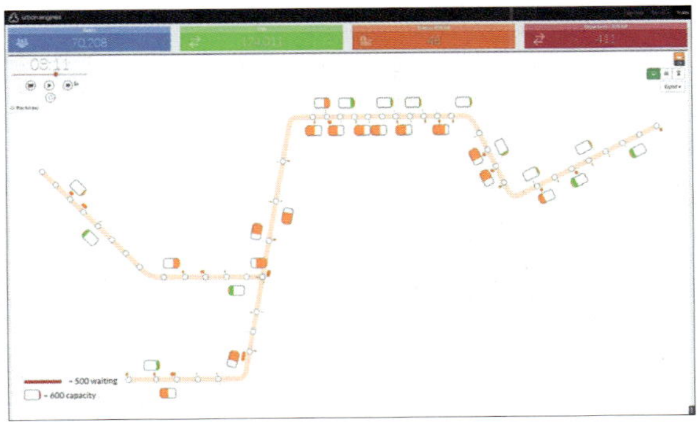

> le module de dataviz permet une mise en scène dynamique des données, ce qui les rend plus compréhensibles et fait apparaître facilement les solutions possibles.

MISE EN PLACE OPÉRATIONNELLE

TRILOGY est une solution fondée sur les besoins métiers qui s'appuie sur 3 éléments clés :

- **Une base de données** regroupant pour chaque ville l'ensemble des données décrivant les conditions de fonctionnement réel de nos équipements, des véhicules, leurs vitesses, leurs arrêts, les incidents, les avances/retards, ... Ainsi que les validations des titres de transport, arrêt par arrêt.

- **Un module de datavisualisation** très avancé, très ludique, car, dès le début, il est apparu fondamental de coupler le savoir avec la vulgarisation, l'interactivité. Cela permet de sortir de débats d'experts et facilite l'appropriation des recommandations par les décideurs.

- **Des modules de simulations ultra rapides**, qui « rejouent » des situations passées et testent des scénarios en quelques secondes. Cela permet d'identifier les « vrais » problèmes, de les objectiver. Cela permet aussi de mesurer la pertinence d'un scénario, ses impacts et de ne dérouler que les pistes les plus intéressantes.

Notre approche Big Data se déploie à partir de cas d'usage issus de besoins métiers avérés. Chaque cas d'usage part d'un besoin, d'un problème métier identifié sur le terrain, sur le marché. La phase initiale est donc toujours BOTTOM / UP même si l'équipe centrale joue le rôle d'aiguillon, de détecteur. Un site pilote qui sert de démonstrateur et de preuve afin de faciliter le déploiement au sein du groupe RATP. Puis le pilote est transformé en solution Big Data disponible pour tout autre réseau confronté au même besoin

Dans le cas du TRAMWAY DE CASABLANCA , l'approche Big Data a permis de générer +20% de places pour nos passagers en heure de pointe, sans aucune dépense supplémentaire pour la ville et son autorité de transport Casa Transports.

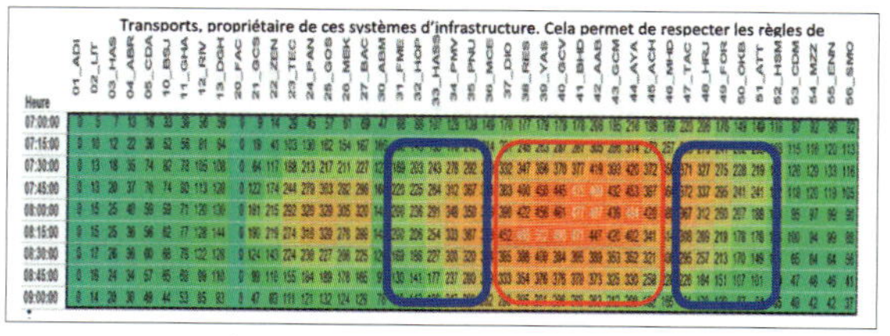

> Les zones orange/rouge sont les plus chargées. La solution a consisté à injecter plus de tramways dans la partie encadrée rouge et en enlever dans les parties bleues, le tout à moyens constants

> LA CAMPAGNE : 20.0 : 20% d'offre de transport en heure de pointe, 0 dépense supplémentaire grâce au Big Data.

Le tramway de Casablanca est un système ultra moderne qui a été lancé le 12/12/2012.

Le succès commercial a été rapide et continu. Le tramway transporte aujourd'hui plus de 120 000 personnes par jour. Au bout de 18 mois, les premières rumeurs sont apparues concernant le confort à bord : Trams bondés en heures de pointe, pas de places à bord, passagers insatisfaits, etc.

Face à ce genre de problèmes, les réponses classiques sont longues et onéreuses. Acheter de nouveaux tramways, modifier l'organisation de la maintenance pour avoir plus de trams disponibles, ...

Nous nous sommes appuyés sur les données captées sur 3 ans, depuis la mise en service, pour constituer une base d'information conséquente. Cela est beaucoup plus conséquent et exhaustif que les solutions classiques qui, pour des raisons de coûts, ne procédaient que par enquête ou par échantillon de données sur des jours types.

Le tramway est en effet équipé de systèmes d'information qui nous génèrent des données de validation de titres de transport et des données d'exploitation des véhicules (par ex ; par heure / géoloc, avance / retard par rapport à l'horaire,...).

Ces données sont récupérées dans un serveur central local, à Casablanca. Elles sont administrées localement. Puis elles sont remontées dans le système d'analyse tout en restant propriété de Casa Transports, propriétaire de ces systèmes d'infrastructure. Cela permet de respecter les règles de propriété et de privacy qui varient suivant les pays, tout en offrant à nos réseaux un système central unique.

En croisant les données de validation et d'exploitation, nous avons pu déterminer la charge à bord de chaque tramway à chaque instant de chaque journée.

Cela a évité le piège des « en moyenne » et des « on m'a dit, il paraît que,... » pour objectiver les problèmes.

RÉSULTATS

Dans notre cas, nous avons mis en évidence une surcharge durant 45 minutes par jour, en semaine, et sur un tronçon de 6 stations environ. Etait-ce bien raisonnable d'acheter des tramways et de les attendre 18 mois pour cela ?

Après avoir testé plusieurs scénarios, nous avons pu générer 20% de places disponibles en plus en démontrant que nous pouvions changer les fréquences de passage des tramways durant cette hyper-pointe du matin. En rapprochant les tramways de 5' à 4.30' durant cette période de pointe et en les éloignant durant les périodes de moindre charge, nous avons pu offrir cette capacité complémentaire sans moyens matériels ou humains supplémentaires. Cela peut sembler trivial pour des non-initiés mais dans notre métier, c'est un challenge technique réel qui peut prendre des mois d'études pour être établi !!!

Au-delà de ces résultats quantitatifs, nous avons beaucoup appris pour éviter certains pièges et nous focaliser sur des facteurs clés de succès.

La donnée collectée est une pépite brute, sans valeur visible avant d'être raffinée et montrer toute sa valeur. Le seul stockage de données ressemble à un tas d'or que personne n'exploite. Pourtant nombreux sont les managers qui sont convaincus que ces données « confiées » telles quelles au « Big Data » vont produire des prévisions intéressantes et fiables.

Il est donc nécessaire d'installer une culture « data » dans le fonctionnement opérationnel quotidien. Sans cela, pas de réel usage de ces données pour améliorer la performance.

La diversité des formats des données est déjà un premier défi qui nécessite un réel investissement quotidien des producteurs (dans notre cas chaque réseau de transport) pour être exploitable et générer de la valeur. C'est au producteur d'enrichir la donnée sous peine de forts surcoûts et de non compréhension des problématiques. Cela se traduit dans nos organisations par la création d'une fonction « data management » dans nos réseaux.

Le data management ne peut appartenir à un service dédié, sous peine de retomber dans les pièges du fonctionnement en silos. Il s'agit donc de l'installer dans l'entreprise de manière transverse, au service de la prise de décision, et non comme une nouvelle direction.

La Datavisualisation est critique car c'est le levier pour sortir d'un monde d'experts et partager les challenges et les décisions. Cela est d'autant plus vrai que toute décision, y compris purement « marketing » vient impacter toutes les dimensions de l'entreprise.

Le double effet « dataviz » et « approche transversale » peut modifier de manière positive et profonde le mode de prise de décision. La première « objective » les éléments d'information, les rend accessibles à tous, les placent littéralement au centre des débats, les sort du champ de d'expertise. A partir de ce moment-là, chacun peut s'en emparer pour proposer ses solutions. On évite ainsi les effets « silo » où chaque problème est traité souvent sous le seul angle de la direction métier concernée.

Ce changement culturel est sans doute le meilleur bénéfice du Big Data !

“ Le Big Data en soi n'est rien. Seule l'alliance des technologies, des data scientists et des experts métiers permet de créer une valeur ajoutée opérationnelle. Cela exige une mobilisation réelle de toute l'entreprise. ”

◊ RATP DEV

Patrick Vautier
Directeur Marketing et Innovation
patrick.vautier@ratpdev.com

04 • DATA

SELOGER

Internalisation du trading desk pour plus de transparence et de souplesse

> Campagne SeLoger 2017

PROBLÉMATIQUE DE LA MARQUE

De l'avant-projet à l'emménagement, SeLoger est depuis 25 ans aux côtés des Français. Financement (SeLoger Finances), estimation (LaCoteImmo by SeLoger), déménagement, accès internet, énergie, diagnostics, assurances, résiliations, devis de travaux (SeLoger Services), sont autant de solutions proposées pour accompagner chacun sur tous les aspects de son parcours et sur tous les projets (SeLoger Neuf, SeLoger Construire, Belles Demeures, SeLoger Vacances). Avec 30 millions de visites et 10 millions de visiteurs uniques par mois sur tous les supports, SeLoger est la marque préférée des Français pour se repérer et se lancer dans le monde de l'immobilier.

SeLoger a dévoilé, début 2017, une ambition stratégique renforcée et se positionne comme l'acteur qui accompagne et coache les Français tout au long de leurs projets immobiliers et à chacun de leurs mouvements de vie.

Plusieurs grandes initiatives, inspirées de cette nouvelle plateforme, ont été engagées et déployées :
• Une nouvelle identité visuelle et une nouvelle baseline : "SeLoger, avec vous quand la vie bouge" ;
• Une nouvelle campagne publicitaire pour ancrer le nouveau positionnement de SeLoger ;
• Une nouvelle expérience LifeMap sur le site ;
• Le déploiement de nouveaux services, plébiscités par les Français, autour du financement de leur projet et de leur déménagement ;
• Le lancement en propre de la régie SeLoger.
SeLoger poursuit son cycle d'innovation en s'attaquant à la question du programmatique.

Ces trois dernières années, le mode d'achat programmatique s'est considérablement développé et a convaincu nombre d'annonceurs de son intérêt pour mieux cibler les bonnes audiences et gagner en efficacité. Mais les marques s'interrogent sur le ROI de leurs investissements et s'inquiètent de son opacité. SeLoger a pris l'initiative d'internaliser ses achats programmatiques et de déployer son propre trading desk. Pour accompagner sa transformation, un acteur s'est imposé : Gamned!, partenaire de SeLoger depuis 2016.

SOLUTION STRATÉGIQUE

SeLoger se dote ainsi d'une capacité à opérer en direct ses achats médias programmatiques et à construire de nouvelles offres d'extension d'audience ciblée pour ses clients et partenaires. Cette innovation s'inscrit dans une volonté de maîtriser la qualité de ses achats programmatiques et notamment :
• De s'assurer d'une transparence sur toute la chaîne de valeur ;
• D'obtenir une meilleure articulation entre campagnes Display, CRM et Social ;
• De mettre en œuvre une stratégie efficace cross-devices et cross-channels ;
• De sécuriser la propriété des datas.

SeLoger va investir dans toutes les technologies nécessaires au déploiement de son trading desk : DCO, *DMP**, *DSP** et recruter une équipe dédiée.

> les objectifs

Internaliser pour reprendre la main sur la méthode d'achat :
• Mieux contrôler le capping (impression/visiteur /jour) ;
• Mieux contrôler le template de bannière pour "brandiser" l'offre ;
• Mieux contrôler la qualité des impressions (AtF/BtF) ;
• Mieux contrôler le réseau de diffusion (streaming/contenus).

INFOS CLÉS

25 % d'économies globales

Création d'une équipe dédiée

- **Objectif :** transparence, souplesse
- **Cibles :** En projet immobilier ou péri-immobiliers (travaux - financement - déménagement)
- **Moyens :** DMP, DSP

Internaliser pour reprendre la main sur la valorisation du display :
- Pouvoir opérer des campagnes d'extension d'audience à des prix raisonnables ;
- Pouvoir opérer la vente de cookies sur les DataEx ;
- A moyen terme : opérer directement les achats offline (TV...) ;
- Offrir aux clients des campagnes intentionnistes qualifiées au-delà de la galaxie des sites SeLoger.

Internaliser, c'est ajouter l'expertise humaine à l'algorithmie et mieux mettre en œuvre :
- Des scénarii CRM complexes (Display Reactivation) ;
- Les arbitrages cross-canaux/devices ;
- Les nouveaux types de leads sans historique ;
- Les différents moyens de mesurer la performance (CTR vs CPL, Last-Touch vs contribution...).

Internaliser, c'est s'assurer d'être propriétaire de sa donnée et mieux sécuriser :
- Les "tuyaux" dans lesquels transite la data (DMP) ;
- L'étanchéité des inputs data & des ordres d'achat (siège DSP) ;
- La vente de la data SeLoger à des tiers ;
- Le cadre juridique autour de la data (localisation des serveurs, dissociation des providers...).

> Campagne SeLoger 2017

MISE EN PLACE OPÉRATIONNELLE

Le programmatique exige des expertises complexes et évolutives. Gamned! accompagne SeLoger dans l'achat de ses outils, dont la DSP, et la formation de ses équipes.

La création du trading desk chez SeLoger est un dispositif en 3 phases vers l'autonomie et l'internalisation complète :
- Formation des équipes SeLoger et pilotage des campagnes par Gamned! ;
- Copilotage des campagnes par SeLoger et Gamned! (accompagnement des équipes SeLoger par Gamned!) ;
- Pilotage des campagnes par SeLoger et accompagnement ad hoc par Gamned!

> *« Internaliser l'achat programmatique permet plus de transparence, d'efficacité, de sécuriser nos datas et de proposer de nouvelles offres à nos clients. »*

RÉSULTATS

SeLoger vise 25 % d'économies globales grâce à son futur trading desk.
Le trading desk permet d'envisager de nouveaux produits.
Le principe de base est de réadresser les cookies SeLoger sur des inventaires tiers pour le compte de clients captifs ou non.
Un trading desk offre souplesse et transparence.
Les coûts peuvent être mutualisés avec l'acquisition et l'ordre d'achat peut être géré en temps réel selon les inventaires dispos sur les sites du Groupe. La restitution de la performance est transparente : on ne peut se cacher derrière l'algorithme.

◊ **SELOGER**
www.seloger.com

Guy de Feuardent
Responsable Audience
guy.defeuardent@seloger.com

◊ **GAMNED!**

* Retrouvez la définition dans le lexique en fin d'ouvrage.

BAZARCHIC

Améliorer votre performance digitale avec la data et l'intelligence artificielle

> La stratégie IA de BazarChic, acteur e-commerce de référence

PROBLÉMATIQUE DE LA MARQUE

> Le contexte

Créée en 2006, BazarChic est une marque du Groupe Galeries Lafayette depuis 2016. La marque propose des ventes événementielles quotidiennes de grandes marques à ses millions de membres, principalement une clientèle CSP+. En 11 ans, la marque est devenue le leader français des ventes événementielles haut de gamme dans les domaines de la mode, du vin et de l'épicerie fine ainsi que l'univers de la maison. Le Groupe Galeries Lafayette est un groupe français spécialiste de la mode et de la maison. Spécialiste du commerce de centre-ville, il opère dans le secteur des grands magasins et du commerce connecté.

Dans un marché du e-commerce français ultra concurrentiel et conformément à son ADN fort d'innovation digitale au service de la performance, BazarChic a lancé un projet transverse d'envergure centré sur la data avec pour ambition d'améliorer l'expérience client digitale.

Initié par la Digital Factory constituée d'experts du digital, le projet stratégique impacte toute l'organisation nécessitant donc un accompagnement et une acculturation importants.

> La cible

La marque s'adresse à tous les consommateurs et opère sur les marchés français, belges, suisses, luxembourgeois et les DOM-TOM.

> Les objectifs

L'initiative lancée repose sur plusieurs objectifs :
• Corporate et RH, afin de toujours attirer les meilleurs talents digitaux via une couverture médiatique BtoB ;
• Economiques, afin de capitaliser sur des innovations sources de revenus incrémentaux ;
• Productifs, afin d'améliorer toujours excellence opérationnelle des équipes.

SOLUTION STRATÉGIQUE

La réflexion stratégique repose sur le constat que les attentes et les usages des consommateurs évoluent très vite et que BazarChic doit être au rendez-vous de leurs exigences pour y répondre toujours mieux. L'autre constat et élément central dans l'idée initiale part de la nécessité d'optimiser en continu sa performance globale au meilleur coût (ROI) via l'industrialisation de ses process dans une logique d'amélioration du confort de travail et donc de la productivité des équipes via le prisme de la data et de l'*Intelligence Artificielle** (IA).

L'intégration de l'IA est également l'opportunité de constituer un écosystème digital maîtrisé au service du client.

Pour cela, un Marketing & Innovation Lab a été constitué afin de centraliser tous les projets autour de ces sujets stratégiques. Les solutions stratégiques retenues, parce que pragmatiques, sont les suivantes :

• Gagner en reach et efficacité en ouvrant dynamiquement sur l'extérieur de façon sécurisée et en logique open-innovation les données nécessaires ;

• Travailler à l'APIsation des systèmes d'information pour une agilité digitale optimisée ;

• Sélectionner les "meilleurs pain points" afin de travailler spécifiquement à leur amélioration ;

• Basculer vers un marketing temps réel et prédictif au service de la satisfaction de l'engagement client ;

INFOS CLÉS

+ 87 % de chiffre d'affaires

+ 25 % productivité des équipes

- **Objectif :** Ventes, Fidélisation
- **Cibles :** Les 2 sexes, CSP+, Les 30-40 ans
- **Moyens :** Base de données, E-commerce, Digital experience
- **Budget :** De 100 000 € à 200 000 €

- Personnaliser entièrement l'expérience utilisateur des membres dans une logique de meilleure conversion ;

- Améliorer le time to market (TTM) des projets et d'insuffler la logique de "Minimum Viable Product" (MVP).

MISE EN PLACE OPÉRATIONNELLE

> La durée
Depuis octobre 2016

> Les étapes
Avant tout, le paramétrage et la mise en place de l'écosystème nécessaire ont pris plusieurs mois durant l'année 2016 afin d'être prêt pour T4 2016 et la haute saison dans l'e-commerce.

Concrètement, le setup a duré plusieurs semaines, notamment de travail préparatoire sur les données à agréger et à activer en temps réel. Cela démontre le fort partenariat entre la DSI et les équipes métier, car cette initiative implique en amont d'avoir non seulement une bonne segmentation et donc connaissance client, mais également d'être capable de l'activer via des partenaires externes. Ainsi, l'un des défis résidait notamment dans l'onboarding et la sécurité des données à communiquer aux partenaires. Nous avons également réalisé beaucoup de tests sur les titres des e-mails et les créas.

Le premier projet d'IA est appliqué au réveil des membres dormants/inactifs. Pour cela, BazarChic a lancé un tout nouveau programme relationnel basé sur le *marketing prédictif** en temps réel. Ainsi, à la place des routines d'e-mails génériques historiques qui partent à des moments fixés à l'avance par les équipes (8 heures du matin, par exemple), le nouveau programme déclenche des e-mails en temps réel à partir de cookie-matching. En effet, lorsque la session web d'un internaute en dehors de BazarChic active un cookie sur un site faisant partie du réseau de notre partenaire (notify mail), celui-ci est matché avec le cookie BazarChic. Cela fait remonter chez BazarChic l'information qu'un de nos membres - inactif chez nous pourtant - est en train de surfer sur Internet ; c'est donc un faux inactif.

A ce moment en temps réel, un e-mail est envoyé avec une offre spécifique différente de la newsletter quotidienne utilisée sur les membres actifs. Comme le membre est sur Internet et qu'il y a de fortes chances qu'il consulte sa messagerie avant de fermer sa session, alors l'e-mail apparaît parmi les tous derniers reçus (stratégie "top inbox"). En conséquence, cela améliore fortement le taux d'ouverture, l'engagement, le ROI des campagnes et donc le chiffre d'affaires qui a quasiment doublé par rapport à celui des routines classiques sur le réveil d'inactifs. Autre résultat intéressant, grâce à l'optimisation du moment d'envoi, le lien de désinscription n'est plus le plus cliqué.

> Kit mail de lancement des Soldes d'Été 2017 personnalisé

> **« Intégrer l'IA au sein d'une organisation nécessite une forte anticipation des freins pouvant être rencontrés et une importante acculturation à ces approches disruptives afin d'emporter l'adhésion. »**

> Kit mail du lancement de la Boutique de Noël 2016 personnalisé

D'ici fin 2017, BazarChic prévoit de tester le même procédé sur le mobile avec en plus de la personnalisation encore plus poussée. Pour ce faire, l'identifiant du mobinaute (IDFA pour Apple et GAID pour Google) sera matché en complément du cookie et l'utilisateur recevra un push notif lorsqu'il sera en train d'utiliser activement son smartphone (lorsque le smartphone ne sera pas en veille). L'objectif de taux de réengagement en sera décuplé.

Le second projet d'IA est appliqué aux opérations commerciales (OPC) et spéciales (OPS). La stratégie déployée vise à améliorer les ciblages CRM utilisés pour optimiser le chiffre d'affaires par envoi avec une pression commerciale ajustée. Pour cela, les équipes ont déployé une IA supervisée via notre partenaire (Tinyclues) en testant via *A/B tests** systématiques les communications sortantes adressées. La démarche implémentée permet de sélectionner tous les bons contacts pertinents au ciblage via un scoring établissant mathématiquement l'appétence. Ce ciblage optimisé permet aux équipes de gagner du temps puisque c'est l'IA qui fait la sélection, et d'améliorer la finesse et la pertinence de la communication en comparaison des ciblages historiques basés sur une logique empirique.

Pour obtenir des résultats, il faut injecter toute l'intelligence et le savoir-faire du marketing/digital. Aujourd'hui, les équipes métier ont vraiment le contrôle sur la data et l'IA supervisée mise en place. Elles jugulent la pression commerciale, savent quand les gens réagissent le plus donc à quel moment faire du reach... C'est un cercle vertueux, car ces dispositifs permettent en retour d'améliorer davantage la connaissance client, ce qui est réutilisé sur d'autres leviers et touch points digitaux.

" Constituer un Innovation Lab et pratiquer des Proof Of Concept (POC) pragmatiques visant à résoudre des pain points et améliorer l'expérience et la satisfaction client dans une logique ROI fonctionne. "

RÉSULTATS

Les résultats enregistrés par ces initiatives innovantes et data-driven permettent d'établir le bilan suivant :

- Le chiffre d'affaires réalisé sur les opérations commerciales (OPC) et spéciales (OPS) est de 87 % supérieur via les ciblages optimisés avec l'IA mise en place en comparaison des ciblages empiriques ;

- Le taux d'ouverture des e-mails adressés via les programmes de marketing prédictif est deux à trois fois supérieur par rapport aux communications historiques ;

- Le taux de désinscription sur les e-mails de réveils de dormants/inactifs et d'opérations commerciales et spéciales est diminué de plus de 10 % ;

- La productivité des équipes est améliorée significativement grâce au gain de temps dégagé, à l'automatisation à grande échelle et à la logique industrielle mis en place ;

- La connaissance client est affinée via la mise en place d'une logique temps réel et la découverte des meilleurs micro-moments de consommation des membres de BazarChic.

Grâce à cette démarche en IA, la responsabilité est mieux partagée et n'est plus uniquement à la technique, elle est donc également au métier. Cela fait gagner du temps à la DSI, permet aux développeurs de développer - ce qui les fidélise - et la connaissance client rend les décisions moins subjectives. Autrement dit, la data est maintenant utilisée au quotidien pour faire de la smart data, pour améliorer les process, en tant qu'outil décisionnel, et pour gagner du temps. L'IA permet de diminuer les coûts des fonctions support.

* Retrouvez la définition dans le lexique en fin d'ouvrage.

BAZARCHIC
www.bazarchic.com

Julien-Henri Maurice
Directeur Marketing et Digital
jh.maurice@bazarchic.com

CAMPAGNE PRÉSIDENTIELLE 2017

Analyser le comportement de lecture sur les documents numériques

Lancé publiquement le 27 mars 2017, le site www.programmes-2017.com répertorie l'intégralité des 11 programmes officiels des candidats depuis le début de la campagne électorale. L'idée était d'analyser la lecture de ces programmes pour essayer d'identifier les thèmes qui intéressaient le plus, les bonnes pratiques dans la rédaction et l'infographie des documents...

> Contexte

L'objectif était tout d'abord de mettre à disposition des électeurs français l'ensemble des programmes des candidats sans traitement journalistique ni analyse. Ensuite, en analysant les comportements de lecture des citoyens, nous avons pu mesurer l'efficacité de chacun des programmes.

Les services presse des 11 candidats ont été contactés pour valider l'autorisation de diffusion des programmes sur une nouvelle plateforme (www.programmes-2017.com). Les services presse ont unanimement donné leur accord, à condition que les programmes soient consultables librement. Le service presse de Jean Lassalle a fourni un exemplaire pdf du livre "Un berger à l'Elysée", son programme n'étant pas encore disponible le 27 mars.

Un site web "one-pager" très basique a été mis en place sur le nom de domaine (disponible) www.programmes-2017.com. Les 11 programmes ont été proposés en lecture libre derrière un simple bouton d'accès et classés dans l'ordre alphabétique pour une stricte égalité de traitement.

Le site www.programmes-2017.com a été diffusé par de nombreux partenaires institutionnels et par le blog "Dessine-moi l'éco" sur ses pages Facebook (plus de 26 000 abonnés) et Twitter (plus de 4 500 abonnés). Deux publicités sponsorisées ont notamment été mises en place sur Facebook pour toucher les hommes et femmes de 25 à 60 ans en France. Ces publicités ont été vues par 96 822 personnes et ont généré 2 748 interactions (partages, likes, commentaires). De nombreux enseignants ont également partagé ce site sur les réseaux sociaux.

> Technologie

9 programmes sont en format pdf, dont celui de Jean Lassalle avec un livre de 89 pages (son programme pdf n'a été disponible que quelques jours avant le premier tour). Jean-Luc Mélenchon a opté pour un format "site web" et François Asselineau pour un support vidéo de 3 heures 46 minutes.

Sur les programmes (pdf et vidéo), nous avons inséré des *trackeurs invisibles** afin d'analyser le comportement de lecture des visiteurs. De la même manière que Google Analytics connaît le détail de visite de votre site web, ces trackeurs permettent de définir le parcours de lecture d'un document (doc, ppt, pdf, image, vidéo).

> Résultats

Nous avons été surpris (en bien) par les résultats !
25 000 consultations ont été réalisées sur le site entre le 27 mars 2017 et le 16 avril 2017. Zones territoriales : 85 % de lectures en France (1 400 communes différentes) et 15 % depuis l'étranger.

Les programmes des candidats les plus consultés

Le top 3 des candidats dont le programme a été le plus consulté :

- **Emmanuel Macron** est à l'origine du programme En Marche !. Un candidat nouveau dont il a été dit que le programme était un peu creux... ce qui a probablement stimulé l'envie de lire le programme. Il a été consulté par 19,57 % des internautes.
- **Jean-Luc Mélenchon** est signataire du texte et programme de la France Insoumise pour l'élection présidentielle de 2017, déposé sur LAEC.fr ("L'Avenir En Commun"), accessible sur un site web de manière claire et ordonnée.

INFOS CLÉS

1"56' temps de lecture moyen d'une offre commerciale

1"10' temps de lecture moyen d'un CV

70 % des lecteurs quittent un livre blanc avant la 12e page

- **Objectif** : Notoriété, Image
- **Cibles** : Les 2 sexes
- **Moyens** : Tracking, Site dédié, Réseaux sociaux
- **Budget** : < à 50 000 €

- **François Fillon** a connu un démarrage fulgurant avec les primaires de la droite, mais la consultation de son programme de 100 pages arrive en troisième position avec 40 % de lectures de moins qu'Emmanuel Macron.

> Classement (% du nombre total de lectures)
Emmanuel Macron : 19,57 % - Jean-Luc Mélenchon : 16,56 % - François Fillon : 11,90 % - Benoît Hamon : 10,25 % - Marine Le Pen : 8,84 % - Nathalie Arthaud : 7,76 % - Philippe Poutou : 5,92 % - François Asselineau 5,83 % - Jean Lassalle 4,77 % - Nicolas Dupont-Aignan : 4,61 % - Jacques Cheminade : 3,99 %

A l'instar des sondages électoraux, le classement a évolué sur la période analysée et Jean-Luc Mélenchon est passé en tête du classement sur la dernière semaine étudiée.

Nous pouvons remarquer que le programme de Marine Le Pen a été lu par un faible nombre de visiteurs, ce qui ne reflète pas son résultat au premier tour des élections. Ce faible nombre peut s'expliquer par des électeurs déjà convaincus par le parti et sa présidente... et par d'autres électeurs qui rejettent totalement les idées de ce parti et ne sont pas curieux de mieux les connaître.

> Les Français consacrent du temps à la lecture des programmes
28 % des lectures s'effectuent depuis un mobile. En moyenne, 68 % des consultations sont faites depuis un ordinateur (les autres consultations se font sur tablette).

Certaines infographies de programmes n'étaient vraiment pas adaptées à une lecture sur mobile... Et les temps de lecture confirment cette analyse !

> Le temps moyen de lecture de programme est de 3'26"
Néanmoins, l'attention des lecteurs a une durée limitée. Après les 12 premières pages, le temps de lecture de chaque page diminue drastiquement. En effet, quel que soit le nombre de pages lues, le temps de lecture reste presque identique.

On observe le temps de lecture maximal pour Jean Lassalle et son programme présenté sous le format d'un livre de 89 pages avec 5'14". Viennent ensuite Nicolas Dupont-Aignan (190 pages) avec 4'35'' puis Marine Le Pen (24 pages) avec 4'06". Le minimum de temps moyen par consultation revient à Jacques Cheminade avec 1'13''. A noter que le temps de lecture moyen du programme de François Asselineau est de de 2'10".

« Le classement par temps consacré est surprenant, car les deux premiers, Jean Lassalle et Nicolas Dupont-Aignan, sont les candidats dont les programmes comptent le moins de consultations, mais sur lesquels les Français passent le plus de temps ! », commente Sylvain Tillon.

> Statistiques globales de lecture des programmes.

" Sur les programmes (PDF et vidéos), nous avons inséré des trackeurs invisibles afin d'analyser le comportement de lecture des visiteurs [...] et définir le parcours de lecture d'un document. "

04 - DATA

> Statistiques reprises par M6 lors de son journal.

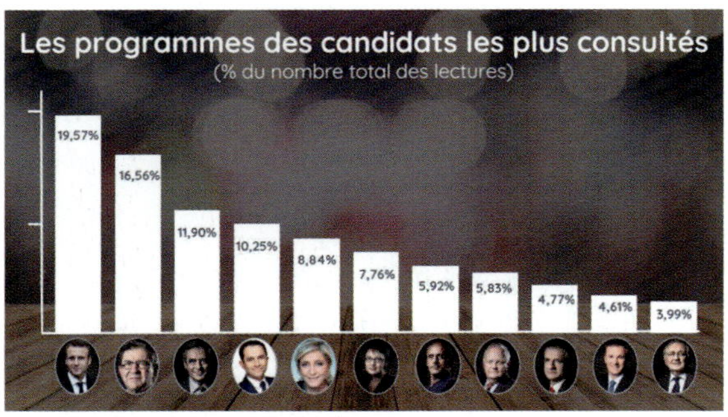

> Les programmes des candidats les plus consultés.

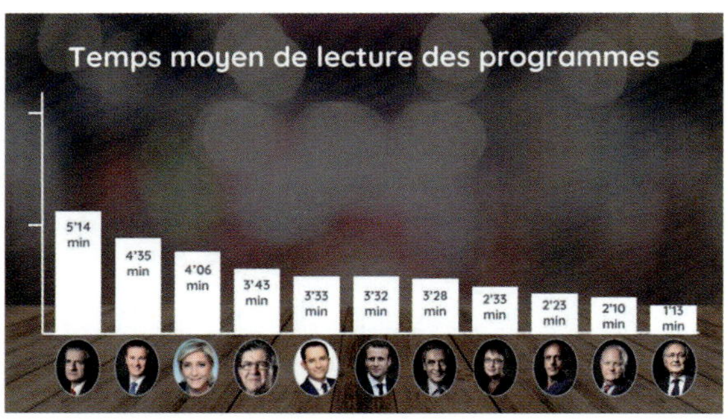

> Temps moyen de lecture des programmes .

Classement : Jean Lassalle : 5'14" - Nicolas Dupont-Aignan : 4'35" - Marine Le Pen : 4'06" - Jean-Luc Mélenchon : 3'43" - Benoît Hamon : 3'33" - Emmanuel Macron : 3'32" - François Fillon : 3'28" - Nathalie Arthaud : 2'33" - Philippe Poutou : 2'23" - François Asselineau : 2'10" - Jacques Cheminade : 1'13"
Les programmes de Marine Le Pen et d'Emmanuel Macron sont des programmes courts (en nombre de pages), mais ils font partie des programmes lus le plus longtemps : la mise en forme graphique, la mise en avant de mots-clés, l'insertion d'images et la concision des propos ont encouragé une lecture attentive.

Le temps de lecture maximal observé pour Jean Lassalle peut s'expliquer par la difficulté à trouver les points clés du programme au sein de son ouvrage "Un berger à l'Elysée" : le format livre, bien qu'il soit lu longtemps, ne permet pas de mettre en avant les points-clés du programme d'un candidat...

Par ailleurs, le format vidéo (expérimenté par François Asselineau) ne semble pas idéal pour transmettre ses idées et son programme. En effet, la vidéo de 3h46' n'a été visionnée que 2'10 en moyenne. Selon cette analyse, les électeurs ont besoin de pouvoir rapidement identifier les sujets qui les intéressent sans avoir à visionner tout le programme d'un candidat.

> Quels sont les thèmes qui ont retenu l'attention des Français ?

Nous retrouvons les thèmes majeurs de la campagne de chaque candidat parmi les thèmes qui ont le plus intéressé les lecteurs : immigration (pour Marine Le Pen), mondialisation (pour Philippe Poutou), famille (pour François Fillon)...

Par programme et selon les recherches d'information, les préoccupations majeures des Français dans le cadre de la campagne présidentielle sont les suivantes :

Nathalie Arthaud : 1 - Combattre l'influence du Front National parmi les exploités / 2 - Le capitalisme : la véritable menace contre l'environnement et la planète / 3 - Contrôle des travailleurs sur les entreprises

Jacques Cheminade (parmi les 3 documents mis à disposition ne présentant pas de structuration thématique) : 1 - Mon projet / 2 - Mes cent jours / 3 - Pourquoi je suis candidat

Nicolas Dupont-Aignan : 1 - Instruction Publique ; Repenser l'école de la République / 2 - Santé : une offre de soins pour tous les Français / 3 - Environnement et Energie : investir dans les énergies du futur et défendre la biodiversité

François Fillon : 1 - La famille / 2 - L'éducation supérieure / 3 - La justice

Benoît Hamon : 1 - Pour l'alliance des générations / 2 - Pour des services forts, modernes et protecteurs / 3 - Pour le travail et l'emploi, réussir la transition économique

Marine Le Pen : 1 - Retrouver des frontières qui protègent et en finir avec l'immigration incontrôlée / 2 - Protection sociale et pouvoir d'achat / 3 - Fiscalité

Emmanuel Macron : 1 - Rendre la vie des Français plus facile (simplification administrative) / 2 - Les mêmes chances pour tous nos enfants (éducation) / 3 - Faire plus pour ceux qui ont moins (retraite/handicap)

Philippe Poutou : 1 - Un projet internationaliste / 2 - Des services publics de qualité et gratuits / 3 - En finir avec le chômage, la précarité et les licenciements

Néanmoins, un autre thème - pourtant été peu présent lors des différents débats - ressort fortement : l'éducation et les services publics. Il est possible que l'intérêt vienne de cette absence des débats, mais il est aussi probable que ce thème intéresse réellement les électeurs et que ceux-ci attendent des propositions concrètes et innovantes pour réformer l'éducation !

Nous avons remarqué une évolution des thèmes consultés avant **le second tour pour Emmanuel Macron et Marine Le Pen.** En effet, les thèmes les plus lus d'Emmanuel Macron ont été : 1 - Libérer le travail dans l'entreprise / 2 - Un Etat qui protège. Et les thèmes les plus lus pour Marine Le Pen ont été : 1 - Une France fière / 2 - Retrouver des frontières qui protègent et en finir avec l'immigration incontrôlée.

Les électeurs du second tour qui n'ont pas voté pour ces 2 candidats au premier tour se sont intéressés à des thèmes assez différents de ceux qui ont voté pour ces candidats au premier tour. En effet, leurs attentes principales n'étaient sûrement pas les mêmes que celles des électeurs du premier tour...

Avec ces chiffres et ces analyses, les candidats auraient pu insister sur les sujets qui rassemblaient leurs électeurs du premier tour et ceux qui leur permettaient de rallier un maximum d'électeurs au second tour. Or, en 2017, ils n'ont écouté que les sondages.

> Nos recommandations pour des programmes efficaces pour l'élection de 2022

1 - Optimiser le temps de lecture : la principale clé réside dans la bonne utilisation du peu de temps de lecture des Français, pourtant volontaires pour lire un programme détaillé.

2 - Oublier les sommaires détaillés : les sommaires de programmes détaillés font fuir les lecteurs. Nicolas Dupont-Aignan perd 59 % des lecteurs avant la fin du sommaire. 36 % des lecteurs arrêtent la lecture avant la fin du sommaire tout candidat confondu.

3 - Raccourcir les programmes : la longueur des programmes décourage. Seuls 2 candidats, Emmanuel Macron et Marine Le Pen, conservent au moins 45 % de leurs lecteurs au-delà de la page médiane. Les 3 programmes les plus longs affichent la plus faible rétention[1] : Nicolas Dupont-Aignan, François Fillon et Jean Lassalle avec moins de 5 % des lecteurs qui vont au bout du programme.

4 - Choisir des typographies qui se lisent bien sur écran (téléphone ou ordinateur) : certaines polices sont difficilement lisibles sur écran (notamment le programme de Nathalie Arthaud). C'est très décourageant et donne envie au lecteur de zapper.

5 - Ne pas insérer des pages blanches : on ne lit pas sur écran comme sur papier ! Les pages blanches qui peuvent donner de la respiration à un texte papier invitent le lecteur web à quitter la lecture en lui faisant croire qu'il n'y a pas de suite...

[1] La rétention désigne la capacité d'un document (PDF) à retenir les lecteurs jusqu'à la dernière page.

> *« Ce classement est original dans le contexte des sondages traditionnels, car il analyse objectivement l'intérêt réel des Français pour les programmes détaillés de chaque candidat. »*

◊ TILKEE
www.tilkee.com

Stéphane Girardin
Directeur commercial
stephane@tilkee.com

Gautier Colson
Business Developer
gautier@tilkee.com

TENDANCES
PARCOURS CLIENT DIGITALISÉ
DRIVE-TO-STORE
MULTI-CANAL VS OMNICANAL
SEARCH + SOCIAL
ASSISTANT VIRTUEL
SEARCH E-COMMERCE
DSP2
API
CHATBOT
BLOCKCHAIN SUPPLY CHAIN

05

CONNECTED COMMERCE

Adoptez une stratégie e-commerce dans l'air du temps ! Retours d'expérience et astuces pour maîtriser sa stratégie phygitale, optimiser le parcours client et le tunnel de conversion.

SOMMAIRE

CHAP.5

◇ *Étude de cas* ◆ *Article*

Les pratiques des consommateurs connectés

Mediametrie

La part toujours croissante du mobile

Nombre de cyberacheteurs[1]

- **2005** : 13,9M – 55% des internautes
- **2010** : 26,4M – 72% des internautes
- **2015** : 34,7M – 78% des internautes
- **2017** : 37M – 83% des internautes

Top 5 des sites de « e-commerce » les plus visités en France[2]

Site	Visiteurs/mois	Part des internautes	dont sur mobile
Amazon	22,9M	43,8% internautes	47,8%
Cdiscount	15,5M	29,6% internautes	36,2%
Voyages-sncf.com	12,6M	24,2% internautes	49,7%
Fnac	12M	23% internautes	37,1%
Vente privee	12M	22,9% internautes	55%

Top 5 des catégories les plus achetées

Catégorie	Part
Habillement / Chaussures / Mode / Lingerie homme, femme	48%
Produits culturels	40%
Voyage / Tourisme	34%
Beauté Santé	26%
Billets pour des évènements	24%

S'informer avant d'acheter

78% **des internautes se sont informés avant d'acheter au cours du dernier mois quel que soit l'écran** (dont 85% depuis un ordinateur)

71%
Chercher des infos sur des produits

64%
Comparer des prix et/ou des produits

40%
Rechercher des coupons de réductions ou des achats groupés

Influence des commentaires sur l'achat en ligne

6/10
des internautes publient des commentaires au sujet d'un achat

9/10
des internautes indiquent avoir déjà lu des avis relatifs à un achat

2/3
des internautes ont été influencés positivement par les commentaires dans leur décision d'achat

3/4
des internautes ont renoncé à l'achat d'un produit suite à la lecture de commentaires négatifs

L'utilisation du smartphone en magasin

36% ont cherché des informations sur leur mobile dans un magasin avant un achat

Parmi eux, **75% ont été influencés par ces informations**

[1] Source : Médiamétrie - Observatoire des Usages Internet – T2 2017
[2] Source : Médiamétrie et Médiamétrie//NetRatings – Audience Internet Global – Catégorie créée spécialement pour la Fevad - Moyenne T2 2017 - France – Base : 15 ans et plus
Autres sources : Médiamétrie - Web Observatoire - T2 2017

DARTY

Drive to store : le digital au service des points de vente physiques

> Local Inventory Ads : Indication "En magasin"

PROBLÉMATIQUE DE LA MARQUE

Dans un environnement de plus en plus connecté, les clients doivent pouvoir trouver et acheter leurs produits, quel que soit le canal. Le Groupe FNAC DARTY propose un panel complet de parcours flexibles et transversaux : achat sur internet et livraison à domicile, achat sur internet et retrait en magasin ou encore recherche d'un produit sur internet et achat en magasin, etc.

> Chez DARTY cette stratégie omnicanale repose sur trois piliers complémentaires

Une forte présence sur internet : l'audience du site e-commerce est de plus de 4,8 millions de visiteurs uniques mensuels, avec une importance croissante des ventes sur mobile. L'enseigne dispose également d'une marketplace ouverte à des distributeurs partenaires, qui lui permet de proposer plusieurs millions d'offres en ligne.

Des services de livraison aux meilleurs standards du marché : DARTY travaille constamment afin d'offrir à ses clients une gamme de services de livraison performants et sur-mesure (livraison standard en 24h à domicile, par coursier en 2h ou en soirée à la convenance du client...).

Un réseau de magasins en constante expansion : pour renforcer la proximité avec ses clients, DARTY continue de développer son réseau de magasins en ouvrant notamment des magasins en franchise dans les zones de chalandise plus restreintes. Cet important maillage territorial (329 magasins) permet de développer le service de click & collect : depuis la création du Groupe FNAC DARTY, les clients d'une enseigne peuvent se faire livrer leurs achats en ligne dans un magasin de l'autre enseigne.

SOLUTION STRATÉGIQUE

Alors que nous observons une progression des achats effectués sur le web chaque année (+ 8,5 % de CA au 1er trimestre 2017[1]), les achats en magasin représentent toujours la grande majorité des achats en France. Pour le groupe FNAC DARTY, 84 % du CA est réalisé en magasin.

Le monde du retail est toutefois fortement concurrencé par les pureplayers et nous recherchons toujours des solutions pour mettre en avant notre important réseau de magasins. Une étude Google réalisée en 2016 sur l'enseigne DARTY révèle que 52 % des clients sont allés sur le site DARTY dans les 7 jours précédant leur achat en magasin. La publicité sur le web jouant un rôle crucial sur la décision d'achat des consommateurs, il nous a semblé évident de profiter de notre visibilité pour favoriser la visibilité de nos points de vente.

Nous cherchions un levier d'acquisition online nous permettant de générer et monitorer le trafic en magasin, mais les solutions récentes sont encore coûteuses et peu fiables. Les centaines de milliers d'impressions annuelles de nos annonces Google Shopping représentaient une puissante opportunité de mettre en avant la proximité de nos magasins auprès des internautes. Google nous a proposé de tester deux nouvelles fonctionnalités axées 100 % *ROPO** : les annonces "Local Inventory Ads" et la donnée de "store visits".

MISE EN PLACE OPÉRATIONNELLE

> Objectifs de la campagne :

1/Faire la promotion sur Google Shopping de nos produits et de leur disponibilité géolocalisée ;
2/Générer du trafic et des ventes incrémentales en magasin ;
3/Mesurer l'impact sur la fréquentation en magasin.

INFOS CLÉS

+ 135 % de store visits

+ 3 points : taux de store visits

- 43 % : coût par store visit

• **Objectif :** Online to store
• **Cibles :** Mobinautes
• **Moyens :** Liens sponsorisés

> Le dispositif :

Mise en place des annonces d'inventaires magasins : ce nouveau format d'annonce se nomme LIA (Local Inventory Ads). Les annonces d'inventaires magasins permettent de présenter nos produits et de fournir des informations sur nos magasins aux utilisateurs qui effectuent leurs recherches à proximité de ceux-ci. Techniquement la mise en place de ce nouveau format s'opère en 3 étapes :

• Création d'un flux d'inventaires magasins : flux contenant la disponibilité de nos produits pour chacun de nos 329 magasins ;
• Mise à jour de notre Google business center et rattachement avec notre compte Google AdWords ;
• Création de pages produit géolocalisées contenant la disponibilité magasin.

Implémentation de la métrique "store visit" : qui nous permet de mesurer l'impact de nos campagnes Google sur le trafic en magasin. Les données de visites en magasin sont issues de statistiques anonymes et cumulées. À partir des données actuelles et de l'historique, AdWords crée des valeurs modélisées estimant le nombre de personnes qui visitent nos magasins après avoir cliqué sur l'une de nos annonces (30 derniers jours maximum avant sa visite en magasin).

Grâce à la géolocalisation du mobile des prospects, Google est capable de savoir chaque fois que l'utilisateur est à proximité du point de vente, c'est-à-dire à l'emplacement de l'annonceur sur Google Maps. Lorsque c'est le cas, une conversion de type "visite en magasin" est comptabilisée. La seule condition pour mesurer la conversion est que le mobinaute ait activé l'historique de localisation sur son smartphone.

RÉSULTATS

Avec un budget en hausse de 35 % (vs N-1) sur Google Shopping et plus de 60 % du budget dédié aux annonces au format LIA, le taux de "store visits" a augmenté de 3 points, le nombre de visites en magasin a progressé de 135 %. Ces résultats (sur 60 jours de test) démontrent la réelle puissance du nouveau format LIA.

Le coût par "Store Visit" est aussi en baisse de 43 % ce qui permet à ce format d'être rentable. A noter que la mise en place de ce format n'a pas eu d'impact négatif sur les ventes online puisque celles-ci sont également en forte croissance.

" Le nombre de "store visits" a progressé de 135 % et le taux de "store visits" a augmenté de 3 points, ce qui démontre la réelle puissance du nouveau format Google Shopping Local Inventory Ads. "

[1] Indice e-commerce du JDN

* Retrouvez la définition dans le lexique en fin d'ouvrage.

◊ DARTY
www.darty.com

Jean Campan,
Responsable Acquisition Online
jean.campan@fnacdarty.com

Elena Candelori
Experte Acquisition SEA &Shopbots
elena.candelori@fnacdarty.com

PSA RETAIL

Experience Store : première concession phygitale de PSA Retail

PROBLÉMATIQUE DE LA MARQUE

› Moins de mètres carrés, plus d'accueil et de technologies !
PSA Retail, groupe de distribution du groupe PSA, concessionnaire des trois marques PEUGEOT, CITROËN et DS Automobiles, a inauguré au 39 rue Saint-Didier, dans l'iconique 16e arrondissement de Paris, "L'Experience Store", un concept de distribution automobile expérimental, totalement repensé pour s'intégrer dans les mégalopoles du 21e siècle et épouser les codes de la société digitale.

Cette expérience qui réunit les concessions *phygitales** des trois marques, avec chacune leur parcours client spécifique, associe dans une surface de 450 m², des solutions d'architecture innovantes, des espaces immersifs pour vivre une expérience digitale complète et des surfaces commerciales dédiées pour l'accueil des clients et l'exposition physique des voitures.

› Le contexte
Le prix moyen du mètre carré commercial atteint des sommets à Paris et dans les grandes villes du continent. Dans ce contexte, PSA Retail qui distribue les véhicules du groupe PSA dans les plus grandes villes européennes, expérimente un nouveau mode de distribution dans des emplacements physiques plus contraints, lui permettant à la fois de continuer à servir sa clientèle et de pérenniser ses affaires.

Les évolutions technologiques et comportementales qui s'accélèrent et qui ont comme dénominateur commun le digital en tant qu'outil et en tant que vecteur central du parcours client, conduisent naturellement à ré-architecturer les modèles de la distribution automobile autour de cet axe.

› La cible
La clientèle visée est une clientèle active, urbaine, à la recherche d'un nouveau véhicule, mais qui ne se rend pas en banlieue pour acheter sa voiture. C'est une clientèle avisée et à l'aise avec les outils du digital.

La majorité des clients configurent tout d'abord leur véhicule sur internet. Ils peuvent désormais poursuivre leur configuration dans le showroom sur des équipements digitaux immersifs, ce qui leur permet d'obtenir une image précise de leur véhicule.

› L'objectif
L'Experience Store répond à une triple problématique : **concilier point de vente urbain et attractif, avec une intégration poussée du digital, le tout dans un contexte immobilier qui impose de rester raisonnable en terme de surfaces**.

SOLUTION STRATÉGIQUE

› L'idée
L'Experience Store est la première concession qui intègre les trois marques du groupe PSA (Peugeot, Citroën et DS Automobiles) et offre une nouvelle expérience digitale au client. La réponse prend la forme d'un espace de 450 m² seulement, qui se décompose en trois showrooms indépendants attribués à chacune des marques du groupe. L'identité des trois marques est clairement exprimée dans chaque zone, qui accueille une ou deux voitures sélectionnées par les vendeurs en fonction du potentiel de vente et de l'actualité produit.

L'Experience Store de la rue Saint-Didier, chaînon manquant du parcours client omnicanal, est la première brique élémentaire d'un modèle expérimental qui pourrait s'étendre à d'autres villes. Les éléments qui le caractérisent sont :
- La réduction d'environ 2/3 des surfaces par rapport à une concession traditionnelle ;
- L'expérience digitale au cœur de l'espace de marque ;

INFOS CLÉS

10,9% des passants entrent dans l'Experience Store

100 % des clients ont utilisé le configurateur 3D dynamique

2/3 de réduction de la surface immobilière

- **Objectif :** Retail, Ventes
- **Cibles :** Prospects et Clients Automobile
- **Moyens :** Expérience Phygitale, Omnicanal

- Un ou deux véhicules récents en exposition physique ;
- Des personnels hautement spécialisés pour accueillir "des clients experts" et les accompagner jusqu'au bout du parcours client.

Un multimarquisme intelligent et assumé, permettant d'offrir sur un lieu maîtrisé en termes d'empreinte immobilière, toute l'étendue et la complémentarité des gammes des trois marques du groupe

> Les aspects innovants et de différenciation

Pour le reste de la gamme, c'est le multimédia qui prend le relais : tables tactiles intégrant des configurateurs 3D développés pour l'occasion et affichage sur des écrans grand format. L'espace digital immersif permet au potentiel acheteur de visualiser son véhicule sur grand écran, en choisissant toutes les options envisageables. Cela permet notamment une réduction considérable des surfaces par rapport à une concession traditionnelle.

Cependant, les clients venant en concession attendent pour certains d'entre eux de pouvoir essayer le véhicule de leur choix. L'Expérience Store est donc doté d'un parc d'essai permanent grâce aux généreuses surfaces disponibles en sous-sol. Ainsi, les clients pourront ajouter l'essai physique à l'expérience digitale immersive.

Un poste vendeur, privé et intime, situé dans le fond du showroom, permet au vendeur de finaliser la vente.

Les bornes de tracking situées à proximité de l'entrée permettent également d'adapter le nombre de vendeurs aux horaires pendant lesquels les clients se rendent en concession.

L'Après-Vente est également un élément central du service dû au client et de l'équilibre économique d'une concession moderne, même au sein d'un hyper centre-ville. Localisé au sous-sol, il réunit les trois marques au sein de l'Expérience Store, et réalisera, en année pleine, 19 000 heures de service en atelier.

> Les évolutions de l'idée

Le concept de l'Experience Store s'intègre complètement dans l'expérience omnicanale de distribution automobile et doit s'intégrer comme un touchpoint intimement imbriqué dans le parcours client en complément du e-commerce.

> *"Cette expérience réunit les concessions phygitales des trois marques. Elle associe solutions d'architecture innovantes, espaces immersifs et surfaces commerciales dédiées à l'accueil des clients et à l'exposition physique des voitures."*

MISE EN PLACE OPÉRATIONNELLE

Dans le cadre du projet Experience Store, le projet a dû combiner le développement de l'architecture intérieure, le suivi des travaux et le développement des supports digitaux.

> Architecture

L'Experience Store fait preuve d'un multimarquisme intelligent et assumé, permettant d'offrir sur un lieu maîtrisé en termes

d'empreinte immobilière, toute l'étendue et la complémentarité des gammes des trois marques du groupe : Peugeot, Citroën et DS Automobiles. Chaque espace respecte en effet l'identité de chacune des marques du groupe avec une architecture intérieure propre à chacune des marques. Chaque espace a été travaillé afin de faciliter l'UX physique et l'intégration dans cette UX des expériences phygitales.

> Expérience phygitale

L'Experience Store repousse les limites du digital et du virtuel. L'expérience phygitale doit permettre au client de se représenter le plus fidèlement possible le véhicule sans qu'il soit forcément présent en concession. Pour cela, nous avons développé plusieurs facilitateurs.

- **Configurateur 3D**

Le configurateur permet aux clients de tester et de choisir, sur une table tactile de 40 pouces, toutes les caractéristiques de la voiture grâce au configurateur. Couleur de la carrosserie, matériaux intérieurs, motorisation, niveau de version… Le résultat est projeté en temps réel sur grand écran avec des images 3D photoréalistes. Une série d'animations permet au client d'ouvrir le coffre, les portières, de zoomer sur les jantes… Une véritable visite virtuelle pour le client et un outil d'aide à la vente pour les vendeurs.

- **Samsung Gear VR**

La réalité virtuelle n'est pas un oxymore. Grâce au casque Samsung Gear VR et à la navigation 3D, les clients découvrent les technologies embarquées des modèles Peugeot et testent les nombreuses aides à la conduite disponibles dans la gamme : Advanced Grip Control, Hill Assist Descent Control, freinage automatique d'urgence, alerte risque de collision, alerte active de franchissement involontaire de ligne.

- **DS Virtual Vision**

Véritable prodige de technologie, le casque HTC Vive donne une dimension nouvelle à l'immersion. Disponible avec les modèles numériques des DS 3, DS 3 Cabrio, DS 4, DS 4 CROSSBACK et DS 7 CROSSBACK, cette technologie plonge l'utilisateur dans un environnement virtuel ultra-réaliste qui lui offre la possibilité d'une personnalisation intégrale, à 360°, de son véhicule : matériaux et niveaux de décoration intérieure et extérieure, teintes de toit et de carrosserie, choix des roues… Une expérience unique, à vivre dans l'arrondissement voisin, au DS World de la rue François-Ier !

> Formation Ambassadeurs commerciaux

Enfin, dans la mise en place opérationnelle du projet, nous avons dû adapter et former notre équipe d'Ambassadeurs commerciaux à ce nouveau type de concession automobile.

Les clients d'aujourd'hui étant beaucoup plus informés que par le passé, les vendeurs traditionnels évoluent et deviennent de vrais ambassadeurs commerciaux de marque. Ultra formés, très affutés en soft skills, connaissant le produit, ces experts sont aussi être très à l'aise avec tous les outils et les interfaces de la chaîne digitale.

> *“L'Experience Store PSA Retail révolutionne l'approche architecturale du Retail automobile en plaçant l'expérience digitale au cœur des showrooms et en réduisant de deux tiers l'empreinte immobilière.”*

Avant et pendant le démarrage de l'Experience Store, ces professionnels du commerce d'un genre nouveau ont bénéficié au total de 240 heures de formation en "soft skills" et sur les interfaces digitales, afin d'apporter à une clientèle, légitimement exigeante, le meilleur du savoir-faire des marques du groupe.

RÉSULTATS

Les résultats sont satisfaisants à plusieurs niveaux.

En termes économiques, tout d'abord, Experience Store permet de réduire l'empreinte immobilière de deux tiers, ce qui est considérable dans les hyper centres urbains.

Ensuite, en termes d'expérience client, les premiers résultats sont prometteurs. En effet, 2 mois après l'ouverture (avril 2017), le taux de captation des concessions a doublé (nombre de visiteurs/nombre de passants). Après les travaux, 10,9 % des passants entrent dans l'Experience Store, ils y passent en moyenne 7 minutes de plus.

Les écrans de configuration 3D confirment leur position centrale dans le process de découverte de la gamme et d'achat de véhicule. En effet, 100 % des clients de cette concession ont utilisé le configurateur 3D dynamique dans leur démarche d'achat.

* Retrouvez la définition dans le lexique en fin d'ouvrage.

◊ **PSA RETAIL**
www.experiencestore.psa-retail.fr

Xavier Duchemin
Directeur PSA Retail

Marie Laloy
Directrice Marketing & Digital

François Petit
Digitalisation des Points de Vente

BUFFALO GRILL

Le drive-to-restaurant

> Carrousel Facebook Ads "visites en points de vente"

PROBLÉMATIQUE DE LA MARQUE

Buffalo Grill est le leader en France de la restauration servie à table, grâce à des viandes grillées de qualité à prix compétitifs, et une identité de marque forte autour du concept de steak house. La marque compte 350 établissements, dont 33 ouvertures depuis 2015.

L'enseigne souhaite soutenir la notoriété de sa marque, développer la visibilité de ses enseignes, augmenter la fréquentation de ses établissements, et fidéliser sa clientèle sur le territoire français.

« Buffalo Grill a initié depuis 2016 une stratégie digitale plus forte que jamais et notamment avec une stratégie média tournée vers la performance. Nos campagnes média, en plus de la notoriété, doivent aussi être génératrices de trafic et de résultat. Travailler avec des solutions qui nous permettent d'analyser et de comprendre le comportement de nos clients dans leur choix est incontournable. La considération est la clé : comment faire pour que Buffalo Grill soit sur leur liste d'envie et les convaincre de venir dans nos restaurants. Chaque campagne est optimisée, chaque mot clé est analysé : capacité à générer de la fréquentation en restaurant, capacité à générer du lead... au prisme d'un budget toujours maîtrisé. Une stratégie *drive-to-web-to-store** résolument tournée vers la data dans l'optique de s'améliorer au quotidien pour que les futures campagnes soient encore plus performantes et optimisées. » Cécile Feuillade, Responsable de la Communication, du Digital et du CRM, Buffalo Grill.

Pour répondre aux attentes de son client, Vanksen s'appuie sur le parcours digital de consommation et identifie les moments clés pour adresser la cible, ainsi que les leviers permettant de maximiser les différents objectifs de conversion.

« Le challenge était de réussir à répondre à des objectifs divers, à savoir notoriété, trafic et business... avec un budget maîtrisé. Il a donc fallu mettre en place un dispositif très tactique avec des buts précis pour chaque cible et des ponts entre les différentes plateformes retenues. Enfin, il faut relever le volet innovant du projet avec la Bêta Google et la convergence entre digital et points de vente physiques. » Gregory Camus, Media Manager, Vanksen.

SOLUTION STRATÉGIQUE

Un plan média a été défini afin d'optimiser le parcours drive-to-web-to-store, mais également de renforcer la base de données clients.

La cible est d'abord divisée en 2 groupes : les actifs pendant leur journée de travail, qui seront ciblés sur les heures de déjeuner en semaine, et les couples et familles, qui seront davantage exposés les soirs et week-ends pour les repas loisirs. A noter que ces groupes peuvent se recouper. On s'appuie ensuite sur les étapes du parcours digital de consommation et les objectifs correspondants : attirer, convertir, conclure et fidéliser (Visuel 1) pour imaginer un dispositif long terme complet, avec l'activation de plusieurs leviers adaptés.

- Des campagnes **Google AdWords**, et notamment de la version bêta de la fonctionnalité "Suivi des conversions en magasin", pour adresser les internautes recherchant des produits de la marque ou simplement un restaurant à proximité ;

- Des campagnes **Facebook "Visites en point de vente"** qui permettent un ciblage géographique extrêmement précis afin d'attirer les internautes à proximité des restaurants avec une activation avant les heures de repas ;

INFOS CLÉS

+ de 110 000 clients venus en restaurant

0,16 € par visite en restaurant

- de 1,80 € par création de compte mybuffalo

- **Objectif :** Visibilité, Trafic, Drive-to-store, Fidélisation
- **Cibles :** Groupes, Familles, Actifs
- **Moyens :** Google Adwords, Facebook Ads, Promoted posts
- **Budget :** < 100 K€

- Des campagnes **Facebook "Génération de prospects"** et **"Conversions"** ciblant les internautes ayant récemment visité le site web de la marque, utilisé le Wi-Fi d'un restaurant de l'enseigne, ainsi que de nouveaux prospects via un ciblage par centres d'intérêt précis, pour répondre à l'objectif de fidélisation via l'inscription à la newsletter et la création de comptes MyBuffalo.

MISE EN PLACE OPÉRATIONNELLE

Des combinaisons de différents leviers sont activées, avec des déclinaisons spécifiques. Par ailleurs, grâce à l'analyse des données 2016 du site web de Buffalo Grill, il a été possible en 2017 d'affiner le dispositif par jour de la semaine et même par tranches horaires - pré-repas ou post-repas - afin de maximiser l'efficacité des leviers.

Afin d'optimiser la présence de la marque sur des requêtes directes et liées au contenu de son site internet, des campagnes défensives Google AdWords et Dynamic Search Ads ont été mises en place, à un coût ultra-compétitif.

Des campagnes de *retargeting** ont également été lancées avec une stratégie d'enchères alternative ciblant les personnes étant déjà venues en restaurants - identifiées, car elles ont utilisé le Wi-Fi de l'un des établissements - ou ayant déjà visité le site web de la marque, qui effectuent une recherche large de type "restaurant grillades" ou "restaurant viande", par exemple. On leur adresse alors un message très précis, comme le menu de la semaine, afin de les pousser à choisir les enseignes de la marque.

Un calendrier de diffusion rythme les campagnes Facebook Ads "visites en points de vente", qui mettent en avant - via des carrousels - les nouveaux menus et/ou l'itinéraire vers le restaurant le plus proche, et sont poussées selon des zones de chalandise plus ou moins larges suivant l'urbanisation de la zone.

Dans une logique d'*A/B testing**, on a par ailleurs comparé les visuels et les messages de deux menus différents et confronté les résultats en termes de taux de clics, de recherches d'itinéraire, d'appels depuis le smartphone et de visites en restaurant. Sur Facebook, ces résultats s'étendent même aux données démographiques sur les audiences ayant interagi avec les annonces, ainsi que sur l'engagement déclenché par les différents scénarios, permettant à Buffalo Grill de tirer des conclusions marketing de ces actions, sur les préférences des consommateurs.

RÉSULTATS

Les résultats ne se sont pas fait attendre avec des indications très positives dès les premières semaines de campagnes. Les campagnes Google AdWords "suivi des conversions en magasin" ont généré plus de 110 000 visites en restaurants en quelques semaines avec un coût par visite de 0,16 €. Côté fidélisation, les campagnes de retargeting Google et de Facebook Conquête notamment ont permis la création de plus de 10 000 comptes MyBuffalo.

L'analyse des résultats de campagnes permet d'affiner de plus en plus les calendriers de diffusion, ainsi que les ciblages et les zones géographiques, rendant les nouvelles actions toujours plus efficaces pour générer du trafic en restaurant à court et moyen termes.

* Retrouvez la définition dans le lexique en fin d'ouvrage.

› Entonnoir de conversion digital

> *“ Une stratégie digitale plus forte que jamais tournée vers la performance. ”*

BUFFALO GRILL
www.buffalo-grill.fr

Cécile Feuillade
Responsable de la Communication, du Digital et du CRM

VANKSEN
www.vanksen.com/fr
Fiche d'entreprise p. 495

Jérémy Coxet
Directeur Associé

05 - COMMERCE

GAZISSIMO

Le cycle d'engagement client, de l'acquisition jusqu'à la recommandation

PROBLÉMATIQUE DE LA MARQUE

> Contexte et cible

Gazissimo.fr base son concept produit sur un constat simple : gérer ses bouteilles de gaz relève du parcours du combattant. Pourtant 5 millions de foyers français font face à cette problématique et 85 % d'entre eux vivent dans des agglomérations de moins de 2 000 habitants, loin de tout point de vente. Partant de là, la marque a développé une offre e-commerce innovante, permettant de commander sa bouteille de gaz en ligne et de se faire livrer à domicile dans la journée, même en zone rurale.

> Objectifs

Développer sa notoriété et renforcer son image de marque. Pour satisfaire ses ambitions de croissance, Gazissimo avait également besoin d'**acquérir de nouveaux profils qualifiés** afin de les convertir, et bien sûr d'en apprendre plus sur leurs habitudes de consommation pour pouvoir les fidéliser et les inciter au réachat. Enfin, Gazissimo souhaitait **s'appuyer sur la recommandation de ses meilleurs clients** afin de poursuivre sa démarche d'acquisition.

SOLUTION STRATÉGIQUE

Intervenir, grâce à l'outil SPREAD, sur l'intégralité de cycle de vie du client, de la désanonymisation du trafic jusqu'à la recommandation par des clients ambassadeurs. Pour cela, la marque devait construire une relation qualitative et entretenue dans le temps. En maintenant une proximité avec ses clients, et en cultivant l'ADN ludique de sa communication via des opérations marketing régulières, la marque pouvait **construire jour après jour l'engagement de ses clients** et prospects.

> Les aspects innovants et de différenciation

La stratégie marketing de lancement de Gazissimo ne se base pas uniquement sur de l'acquisition de trafic en masse. La marque fait l'effort, dès la captation des premiers profils, de rentrer dans **une démarche de connaissance, de fidélisation et de détection d'ambassadeurs**. La relation qu'elle entame avec chacun de ses visiteurs est d'emblée plus qualitative et surtout basée sur l'écoute et le long terme.

MISE EN PLACE OPÉRATIONNELLE

> Les étapes

Tout d'abord, Gazissimo a mis en place une opération de newsletter récompensée. L'objectif : **convertir un maximum de visiteurs en *opt-in*** pour ensuite pouvoir entrer en contact avec eux de manière plus approfondie. Chaque inscrit se voit offrir un code promo d'une valeur de 6 € sur le montant de sa première commande.

Parallèlement, la marque a commencé à déployer sa stratégie d'animation marketing avec des jeux-concours et instants gagnants. Mettant à profit **les grands marronniers du e-commerce comme Noël ou même la Saint Valentin**, la marque a su distiller l'humour qui caractérise ses différentes prises de parole pour séduire ses communautés. Côté dotations, Gazissimo a alterné bons de réductions (pour motiver la conversion) et beaux lots en marge de son catalogue (pour renforcer l'attachement à la marque). Afin de rester tout de même dans son univers produit, la boutique s'est par exemple associée à Raviday et Barbecook pour faire gagner un barbecue à gaz à l'approche des beaux jours. Une bonne manière de projeter ses clients dans l'usage de ses produits, sans systématiquement tomber dans une logique de remise.

A chaque interaction, **la marque récolte des données personnalisées à son activité**, comme la fréquence d'achat ou encore le type d'utilisation des bouteilles. En enrichissant progressivement cette connaissance client, Gazissimo oriente à la fois sa stratégie d'e-mailings et de scénarios automatisés.

INFOS CLÉS

40 000 profils qualifiés en un an

36 % de clients fidélisés en un an

15 % des parrainés deviennent clients

- **Objectif :** Ventes, Fidélisation
- **Cibles :** 5 millions de foyers français
- **Moyens :** Opérations marketing, Messaging, Parrainage

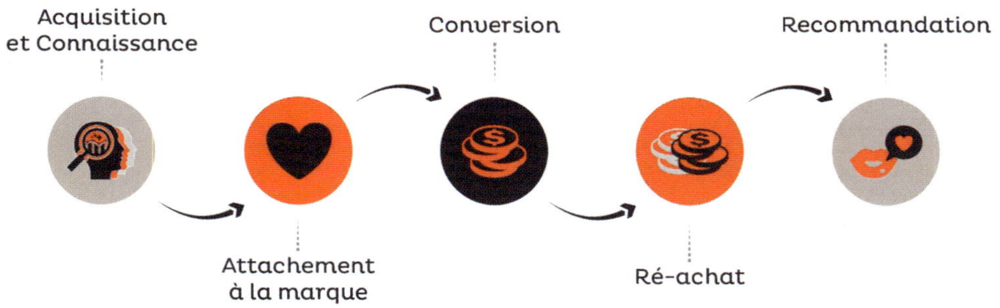

> Le cycle d'engagement du client avec SPREAD

www.spreadfamily.fr/welcome/telechargement-lca-integrale/?utm_source=ebg&utm_medium=internet-marketing&utm_campaign=article-gazissimo

En termes d'animation commerciale, la boutique décline **une stratégie de ventes flash régulières**, offrant des remises valables sur une journée. Un excellent catalyseur de vente, relayé à la fois par mail, via des pop-up sur le site et via ses réseaux sociaux. En effet, l'opération a parfois motivé jusqu'à 60 % du CA du jour.

La stratégie de scénarios a quant à elle pris forme progressivement. Gazissimo a notamment mis en place des relances automatiques, déclenchées en fonction de la date de dernière commande et la récurrence d'achat déclarée. Ainsi, la boutique est plus susceptible de relancer des clients qui ont un besoin bien réel. Elle reprend contact avec eux de manière opportune, en montrant **qu'elle a pris en compte leurs préférences et leurs habitudes**. Ces scénarios, en plus d'entretenir la conversation, favorisent le réachat et contribuent à la fidélisation.

Enfin, Gazissimo a mis en place dès le début un programme de parrainage. Les clients sont invités à recommander le site à leur entourage en échange d'une récompense. En l'occurrence, chaque filleul passant sa première commande rapporte 10 € de réduction à son parrain. L'incitation au parrainage se fait dans un message automatique envoyé le lendemain de la commande ainsi que par des relances occasionnelles. Les filleuls, quant à eux, sont encouragés à devenir parrains à leur tour. Comme pour tout service innovant, **la recommandation permet de lutter contre l'éventuelle frilosité des plus sceptiques**. La promesse de livraison étant particulièrement ambitieuse, les prospects sont rassurés de recevoir le retour d'expérience d'un proche ayant déjà éprouvé le service.

RÉSULTATS

La fidélisation n'est pas un sprint, mais plutôt un marathon. Toutefois, les premiers résultats en un an sont très positifs :
- 36 % du chiffre d'affaires sur 6 mois a été généré par le biais d'opérations marketing d'engagement ;
- Gazissimo a pu qualifier plus de 40 000 profils en un an ;
- 36 % de ses clients ont d'ores et déjà été fidélisés en un an ;
- 15 % des parrainages envoyés ont déjà abouti à la conversion d'un nouveau client.

* Retrouvez la définition dans le lexique en fin d'ouvrage.

> « La marque fait l'effort, dès la captation de ses premiers profils, de rentrer dans une démarche de connaissance, de fidélisation et de détection de ses ambassadeurs. »

GAZISSIMO
www.gazissimo.fr

Johanna Khersis
E-marketer

David Lhelgoualch
Webmaster

SPREAD
www.spreadfamily.fr
Fiche d'entreprise p. 494

Virginie Ducreux
CEO
virginie@spreadfamily.com

Adeline Delaforge
Responsable communication
adeline@spreadfamily.com

HOMESERVE

Lancement du premier assistant virtuel de vente du service Dépann&Moi

> Un problème de plomberie ? Tom, l'assistant virtuel de Dépann&Moi est là pour vous aider

PROBLÉMATIQUE DE LA MARQUE

HomeServe est une société de services pour la maison qui réalise depuis plus de 15 ans pour les foyers français des interventions d'assistance (installation, réparation, dépannage) dans les domaines de la plomberie, du chauffage, de l'électroménager et des objets connectés, grâce à son réseau national de prestataires agréés.

HomeServe, qui réalise une intervention toutes les 4 minutes en France, propose des solutions d'assistance pour tous les particuliers, via des contrats d'assistance accessibles par abonnement (www.homeserve.fr) ou à la demande (www.depannetmoi.fr). Dépann&Moi by HomeServe est la solution en ligne, simple et rapide pour le dépannage d'urgence à domicile, 7/7j, dans les domaines de la plomberie et de l'électricité, qui s'appuie sur l'expertise et le réseau national de HomeServe.

Les prix des interventions sont connus à l'avance, via l'établissement d'un devis personnalisé et en ligne, garantissant un prix fixe (déplacement, main d'œuvre et changement des pièces inclus).

SOLUTION STRATÉGIQUE

C'est dans une veine "intrapreneuriale" chère à HomeServe que l'entreprise a lancé la HomeServe Innovation Factory.

Ce département dédié à la recherche et au lancement de nouveaux concepts a pour mission quotidienne de réfléchir aux solutions pour simplifier l'usage de nos services dans un moment naturellement anxiogène pour les clients : la panne au sein de la maison.

Les projets sont conçus en mode "test and learn" au sein de la HomeServe Innovation Factory avec la plus grande agilité possible, en allant chercher les savoir-faire des meilleures start-up spécialistes dans leur domaine, en prenant le temps de tester chaque étape du parcours utilisateur, pour une implémentation rapide et éprouvée, au service des clients.

C'est dans cette dynamique que HomeServe s'est alliée à la start-up Recast.ai pour développer l'assistant virtuel Tom, au service de son site de dépannage d'urgence à domicile Dépann&Moi by HomeServe (www.depannetmoi.fr).

L'objectif de Tom est de réinventer l'expérience utilisateur autour de la réalisation du diagnostic d'une panne ou de la réparation à effectuer.

Sur un mode conversationnel, Tom interroge l'utilisateur sur son besoin, afin de l'aider à définir de manière précise sa panne et entamer son diagnostic, ce afin de lui proposer la prestation la plus adaptée.
En partenariat avec Recast.ai, spécialiste de la compréhension du langage naturel (NLP), HomeServe a opté pour une solution plus puissante qu'un simple chatbot reposant sur un arbre de décision avec un jeu de questions/réponses.
En effet, pour s'adapter à la complexité du métier technique du diagnostic plomberie tout en garantissant une bonne expérience utilisateur, Tom a été entraîné pour pouvoir comprendre le langage naturel de l'utilisateur confronté à une panne.

Les réflexions menées par la HomeServe Factory sur Tom ont coïncidé avec l'ouverture de la plateforme Facebook Messenger dédiée aux chatbots, ce qui promettait l'accès à un large bassin d'audience.

Les différents "templates" de questions et réponses proposés par la plateforme ont permis de créer une expérience client optimale, pour faciliter la définition d'un diagnostic fin et précis en ligne.

INFOS CLÉS

11 articles de presse

+ de 5 000 diagnostics effectués par Tom

+ de 450 scénarios différents

- **Objectif :** Acquisition, Notoriété
- **Cibles :** Les 30-40 ans
- **Moyens :** Chatbot, Messenger
- **Budget :** < à 50 000 €

Par exemple, l'usage des images proposées à l'intérieur des carrousels permet de guider l'utilisateur dans la compréhension de son diagnostic, et de l'aider à choisir la bonne réponse pour expliquer son problème.

Une fois le diagnostic réalisé, Tom propose la prestation la mieux adaptée, et le client finalise sa commande directement sur le site depannetmoi.fr.

MISE EN PLACE OPÉRATIONNELLE

Au sein de l'équipe innovation de la HomeServe Factory, une équipe dédiée a travaillé sur la conception de Tom, de manière très itérative, main dans la main avec le partenaire Recast.ai.

Portée par la connaissance métier de l'assistance avec l'intégration d'une tierce contributrice au projet, l'équipe innovation a su coupler les 3 compétences indispensables à la bonne exécution du projet : compétence métier, compétence technique et compétence UX.

Un projet d'envergure technique, puisque pour la première fois, un chatbot combinant plus de 350 chemins de conversation (diagnostic) a été conçu et développé.

Au-delà de Messenger, Tom a également intégré directement le site depannetmoi.fr à travers une pop-in, pour inviter l'utilisateur à démarrer son diagnostic en ligne directement à partir du site.

RÉSULTATS

Suite au lancement officiel de Tom, plusieurs articles ont mis en avant ce premier chatbot de ventes sur Facebook Messenger en France et ont classé Tom parmi les bots les plus techniquement avancés sur son segment.

Facebook Messenger a sélectionné Tom, parmi les meilleurs chatbots français, dans le cadre du lancement en version bêta de sa fonctionnalité "Discover Tab" en France. Cette visibilité auprès des utilisateurs Messenger a sans conteste permis d'accroître sa notoriété auprès du grand public.

L'équipe a expérimenté des campagnes d'acquisition notamment grâce aux Facebook Ads, d'une part pour faire connaître Tom, et d'autre part pour évangéliser ce nouvel usage sur le réseau social.

La HomeServe Innovation Factory travaille d'ores et déjà sur les prochaines étapes du développement de Tom : l'intégrer sous forme de webchat directement sur le site Dépann&Moi by HomeServe, et enrichir sa compréhension sur les diagnostics liés aux autres métiers d'HomeServe.

> Lancement du chatbot Tom à The Family auprès des journalistes et des partenaires HomeServe

◊ **HOMESERVE**
www.depannetmoi.fr

Hélène Mérazian
helene.merazian@homeserve.fr

Mickael Loreau
mickael.loreau@homeserve.fr

◊ **RECAST.AI**
www.recast.ai

Omer Biran
omer.biran@recast.ai

BLOCKCHAIN, LA TECHNOLOGIE QUI VA BOULEVERSER L'ÉCOSYSTÈME SUPPLY CHAIN

La supply chain est un écosystème complexe où interagissent de nombreux acteurs différents. Leurs stratégies et intérêts divergents impactent la poursuite de leur objectif commun : la mise à disposition au consommateur d'un "produit donné, au bon moment, au bon endroit, au meilleur coût et avec la meilleure qualité". La blockchain réconcilie ce type d'écosystème en offrant à chaque acteur une visibilité de bout en bout des expéditions. La supply chain aurait-elle enfin trouvé son Graal ?

8e moyen de paiement mondial : le Bitcoin

100 000 commerçants l'acceptent comme moyen de paiement

"Internet a été la première révolution numérique, la blockchain sera la deuxième."

En 2016, les médias dévoilaient au grand public les capacités de la blockchain. Depuis, pas moins de cinq articles par jour sont publiés sur le sujet sur les sites français. Cette technologie, qui trouve son origine dans le bitcoin (une monnaie numérique créée en 2008), s'émancipe désormais du secteur financier pour aller séduire d'autres secteurs : l'assurance, l'art ou encore la supply chain, l'objet de cet article.

LA BLOCKCHAIN APPORTE UNE RÉPONSE AUX NOUVELLES TENDANCES DE CONSOMMATION QUI COMPLEXIFIENT LA CHAÎNE LOGISTIQUE

> Une confiance envers la marque qui ne suffit plus

Il y a plusieurs années, l'apposition de la marque sur un produit était un gage de qualité pour le consommateur. Par la suite, le consommateur s'est tourné vers les blogs pour obtenir des avis sur les produits. Désormais, le consommateur attend plus. Les scandales réglementaires, industriels et alimentaires de ces dernières années ont installé un climat de défiance envers les produits de consommation. Pour rassurer les consommateurs, les marques tentent d'apporter les preuves de la qualité de leurs produits : "D'où viennent-ils ? De quoi sont-ils composés ? Comment sont-ils faits ?" Cependant, ces informations sur les origines et les étapes de transformation sont difficiles à obtenir et à consolider à cause du nombre important d'acteurs et de sous-traitants impliqués tout au long de la chaîne.

> L'expérience de livraison

Ces produits de qualité, le consommateur veut les obtenir au moment où il le désire et où il le souhaite. Une étude IFOP 2016[1] révèle que la livraison est le critère numéro un lors d'un achat en ligne, avant même le paiement. Le consommateur est fidèle à l'enseigne qui lui fournira l'objet convoité le plus rapidement et/ou le plus facilement possible.

Cela complexifie fortement la gestion des flux logistiques pour les marques. Elles démultiplient les points de livraison. Retrait en magasin, livraison en point relais ou livraison à domicile, le coût de ces modes de livraison oblige les marques à optimiser leurs approvisionnements dans l'objectif final de maintenir la rentabilité économique. Les magasins deviennent des mini-plateformes logistiques au plus proche des lieux de

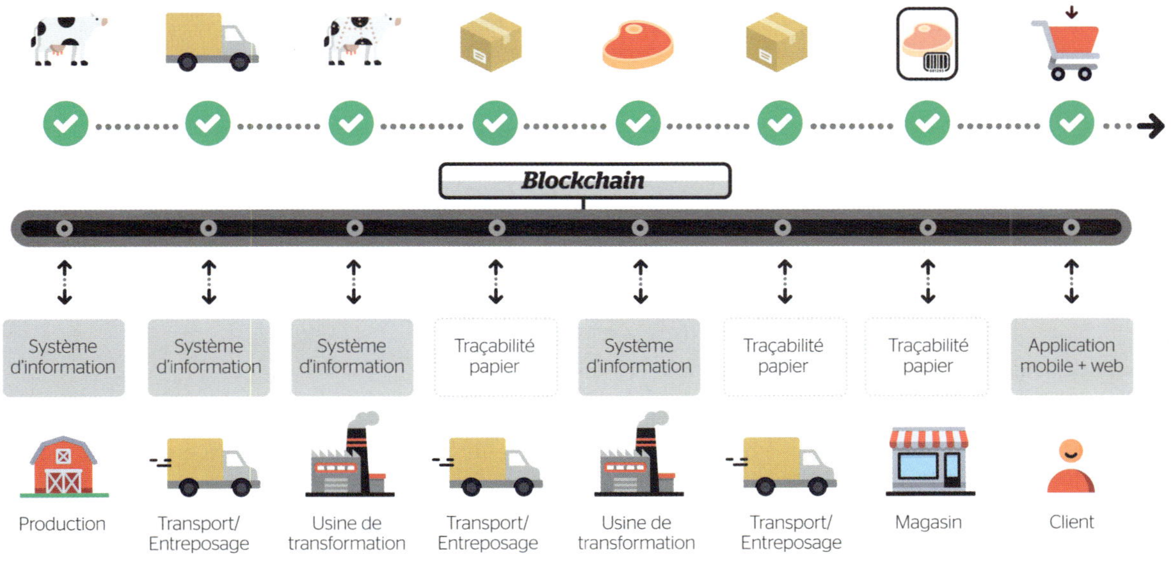

> La technologie qui va fédérer l'écosystème

consommation, les entrepôts d'expédition se spécialisent et les moyens de livraison s'adaptent aux lieux de destination. Elles ont besoin de visibilité en amont et en aval puisque leur performance logistique dépend fortement de l'information dont elles disposent pour réagir rapidement. Or, la complexité de l'écosystème et la diversité des systèmes d'informations adoptés par chacun des acteurs rendent difficile le partage d'informations. Aucun acteur ne peut assumer le coût de l'interopérabilité complète de ses systèmes d'informations avec ceux des autres acteurs, ni imposer son propre protocole de traçabilité.

EN QUOI LA BLOCKCHAIN VA-T-ELLE RÉPONDRE À CES PROBLÉMATIQUES ?

La blockchain est conçue pour apporter des solutions aux écosystèmes complexes où il n'y a pas d'acteur central, où les acteurs qui collaborent ne se font pas naturellement confiance, où l'accès à la donnée doit être centralisé et où la protection des données est essentielle. C'est le cas de la supply chain. La blockchain est une technologie qui va fédérer l'écosystème. Elle recrée la confiance nécessaire pour faire collaborer des acteurs parfois partenaires, parfois concurrents en garantissant sécurité, traçabilité et confidentialité. La blockchain offre une visibilité de bout en bout des expéditions de marchandises. Comment ? Chaque évènement qui concerne un produit donné (production, transformation, transport, entreposage, livraison, etc.) est consigné, sous la forme d'une transaction, dans la blockchain. Cette dernière trace de la même manière la documentation et le conditionnement associés à ce produit.

> La traçabilité produit

Les évènements liés à une expédition sont publiés par les acteurs sur la blockchain et sont consultables en quasi temps réel par les participants qui auront les droits nécessaires. Cette disponibilité de l'information va faire évoluer la relation entre les acteurs et leur permettre d'adopter une position proactive. Par exemple, en cas d'alerte de grande envergure (contrefaçon, alerte sanitaire, etc.), une marque pourra facilement identifier les lots touchés et les campagnes de retours marchandise et/ou de sensibilisation seront parfaitement ciblées. Le suivi des expéditions est d'autant plus simple que, dans la blockchain, la correspondance peut être faite entre les différents numéros de suivi qui sont apposés à une même marchandise tout au long de la chaîne. Un donneur d'ordre pourra, en saisissant son propre numéro d'identifiant interne, suivre sa marchandise en dehors de son réseau et indépendamment des identifiants successifs apposés par d'autres acteurs.

> La traçabilité documentaire

La blockchain a vocation à stocker des preuves de l'existence de documents. Les acteurs déposent sur un outil habituel de partage, le document qu'ils souhaitent mettre à disposition. Dans la blockchain, une empreinte du document est créée et stockée dans la transaction ainsi que le moyen pour consulter ledit document. Cette information peut être accessible à tous ou restreinte à certains acteurs définis. Une transaction pourra, par exemple, stipuler qu'une marchandise est bio et précisera l'empreinte du certificat qui l'atteste et le moyen de le consulter. Dans l'objectif de prouver la qualité de leurs produits, les entreprises pourront ainsi mettre à disposition divers documents (certificats d'origine, chartes qualité, etc.) aux acteurs aval de la chaîne, jusqu'au consommateur final.

> La traçabilité du conditionnement

La traçabilité peut être étendue jusqu'à l'unité de conditionnement. Sont visées, en particulier, les palettes en bois qui permettent le transport des marchandises. Ces palettes sont des articles consignés. A ce titre, elles font l'objet d'un échange. Lors d'une livraison, un chauffeur doit récupérer le nombre de palettes vides équivalent au nombre de palettes de marchandise livrées. Or, l'opération d'échange ne se passe pas toujours de cette manière et il se peut que le destinataire rende un nombre inférieur de palettes qui peuvent, de plus, être d'une qualité inférieure à celles précédemment livrées. La blockchain, comme registre ouvert et partagé, peut tracer de manière fiable, les transactions d'échanges. Tous les acteurs pourront consulter à tout instant la balance et programmer le transport retour des palettes en conséquence.

COMMENT VA-T-ELLE PERMETTRE CETTE TRAÇABILITÉ COMPLÈTE ?

> La blockchain en quelques mots

La blockchain n'est pas une technologie qui va remplacer les logiciels métiers (WMS, TMS). Elle va permettre de rendre visibles les informations clés détenues par ces logiciels aux autres acteurs de la chaîne. Elle compose une couche supérieure qui réalise le partage sécurisé de l'information. Il faut visualiser un registre, sur lequel sont inscrits les évènements liés à la marchandise. Chaque acteur détient une copie du registre qui est mis à jour, simultanément et en temps réel. Ce dernier est ouvert en lecture et/ou en écriture, selon les politiques de droit définies au préalable. Il a la particularité d'être infalsifiable, partagé et sécurisé grâce à la combinaison de plusieurs procédés cryptographiques.

Comment ça marche ? Une transaction se fait directement entre les participants concernés. Une fois signée électroniquement par toutes les parties concernées, elle est validée par le système grâce au processus de consensus distribué. Ce terme barbare désigne la validation, l'enregistrement et la sécurisation de la transaction. Par exemple, dans le cadre de la livraison d'une marchandise, deux acteurs signent successivement la transaction : celui qui transmet la marchandise et celui qui la reçoit. Les deux parties s'accordent sur la bonne réalisation de la prestation. Cela concrétise le transfert de responsabilité. Dans la blockchain, un processus valide que l'historique justifie la possession de la marchandise par le livreur à l'instant t et que le destinataire avait les droits pour la réceptionner. Une fois cette validation réalisée, l'enregistrement et la sécurisation de la transaction se font par un système technique basé sur la cryptographie et les mathématiques.

Le système n'a pas besoin d'acteur central pour fonctionner. La confiance est portée par la technologie elle-même et non un tiers de confiance. C'est en ce point que réside la rupture avec les solutions existantes.

> Une technologie éprouvée

Depuis 2008, la technologie blockchain est éprouvée dans le commerce de la monnaie électronique bitcoin. Sur cette blockchain, pas de banque. Les bitcoins sont échangés directement entre les participants et les mécanismes cryptographiques garantissent la sécurité et la fiabilité des échanges. En 2014, plus de 560 000 transactions ont été réalisées pour un montant atteignant 159 millions de dollars. Bitcoin est le 8e moyen de paiement mondial derrière Visa et PayPal et plus de 100 000 commerçants l'acceptent comme moyen de paiement (dont Dell, Wikipédia et Expédia).

QUELS BÉNÉFICES TIRER DE LA BLOCKCHAIN ?

Grâce à la blockchain, les acteurs deviennent proactifs et amélioreront leur performance. Une marque améliorera significativement l'expérience d'achat de ses consommateurs. Un distributeur obtiendra de la visibilité sur tous les acteurs en amont de la chaîne et disposera ainsi d'une meilleure connaissance de la qualité des produits qu'il vend. Pour un logisticien, la blockchain va permettre de répondre à 100 % aux exigences de traçabilité imposées par ses donneurs d'ordre. Enfin, le consommateur final verra sa confiance envers la marque renforcée grâce aux informations produits mises à sa disposition. Cette liste des bénéfices n'est pas exhaustive, chaque acteur va dégager d'autres bénéfices qui seront propres à son rôle dans la chaîne.

2018, L'ANNÉE DES EXPÉRIMENTATIONS

Comme il était impossible d'imaginer tout le potentiel d'internet à sa création, il est difficile de concevoir toutes les portes qu'ouvrira la blockchain. Chaque jour, de nouveaux cas d'usages sont identifiés. La problématique réside désormais dans leur viabilité et dans la définition des solutions pertinentes qui s'y adosseront. Cette technologie va permettre de franchir un cap dans la performance logistique, dès lors que l'ensemble des acteurs d'une chaîne se seront fédérés autour d'une solution basée sur la blockchain. Elle est un moyen de résoudre des problématiques trop complexes pour être adressées par les solutions du marché, ou par un seul acteur. Cependant, il n'existe pas de solution logicielle préconçue pour tirer parti de la blockchain. Chaque écosystème doit mettre en œuvre une solution basée sur cette technologie qui aura été spécifiquement étudiée et développée pour son besoin. Les acteurs doivent pour cela être accompagnés par des experts (ESN, start-up) ayant cette compétence blockchain.

[1] http://www.ifop.com/media/poll/3352-1-study_file.pdf

"La blockchain va transformer notre économie. Sa promesse : la révolution de la confiance au sein des écosystèmes complexes."

Charline CROSNIER
Business Developer Worldline

◊ **WORLDLINE**
www.worldline.com
Fiche d'entreprise p. 496

Charline Crosnier
Business Developer
charline.crosnier@worldline.com

PRÉPAREZ-VOUS À BASCULER VERS L'ÉCONOMIE DES APIs

Les *APIs sont des interfaces par lesquelles un logiciel offre des services à un autre logiciel. Techniquement, leur rôle premier est de faciliter l'accès à un service, mais d'un point de vue stratégique, les APIs sont un vivier d'opportunités business et d'innovations en termes d'expériences clients.**

50 000 APIs ouvertes existeraient, tous secteurs confondus

1 000 milliards d'appels API gérés par Netflix par jour

"Le vocable d'API est en quelques mois passé du vocabulaire des "techs" à celui des "execs"."

LES PERSPECTIVES LIÉES AUX APIs

Le concept d'*APIs** (Application Programming Interface ou Interface de Programmation) n'est pas nouveau en soi. Les APIs sont utilisées et bien connues de la sphère IT depuis de nombreuses années. Aujourd'hui, elles sont en passe de devenir un enjeu stratégique pour l'ensemble des entreprises. Pourquoi ?

Des acteurs leaders dans leur domaine (Google, Twitter, etc.) ont ouvert la voie en les utilisant pour faire émerger de nouveaux modèles économiques et de nouvelles manières de délivrer des services. Via leurs APIs, ces marques déploient leurs services sur d'autres applications au travers du web. On peut l'illustrer avec l'API cartographique de Google qui, intégrée à un site web e-commerce, enrichit l'expérience de l'utilisateur. Grâce à cette API facilement accessible, Google s'est imposé comme le référent de données géographiques en installant sa marque au cœur des services digitaux préférés par les consommateurs.

CAS D'USAGE #1 : UNIFIER L'EXPÉRIENCE CLIENT À L'HEURE DU MULTI-DEVICE

Traditionnellement un fournisseur de services construit ses applications pour ses canaux et conserve jalousement la relation avec ses utilisateurs. L'enjeu est de maîtriser un écosystème de taille limitée à un groupe de partenaires soigneusement choisis. Dans une stratégie d'ouverture des APIs, le principe est de rendre le service accessible le plus largement et le plus simplement possible. Il est même fréquent de ne pas développer les interfaces dédiées aux utilisateurs finaux ; autrement dit le service est consommé par les clients au travers d'applications ou d'équipements développés et fournis par des tiers. **Plus votre API est consommée et plus le revenu associé est important.**

› **Cas typique :** Netflix, service de streaming disponible sur plus de 200 types de devices (smartphones, télévisions, consoles de jeux, etc.).

Le client Netflix ne s'étonne plus de retrouver son épisode commencé sur son iPad, calé à la bonne seconde, lorsqu'il le reprend sur la télévision 2 heures plus tard.

Cette cohérence et cette disponibilité de service sont le résultat de la stratégie API de Netflix. Ainsi, le fournisseur de vidéo se concentre sur son cœur de métier et s'affranchit du déve-

> De nouveaux écosystèmes digitaux basés sur les APIs

loppement et de la maintenance de centaines d'applications clientes dédiées. Les équipes de développement des fabricants de smart-TV, de box internet et autres Chromecast ont donc la charge de l'intégration de ces APIs dans leurs produits tout en bénéficiant du support de Netflix. De son côté, ce dernier anime une communauté de développeurs externes, leur propose tout le support requis et sécurise l'utilisation de ses APIs.

En 2014, malgré la taille de la communauté de 18 000 développeurs, Netflix a fermé ses *APIs ouvertes** pour se concentrer sur des API semi-ouvertes, c'est-à-dire proposées à des partenaires. En effet, Netflix n'a pas obtenu le foisonnement d'innovations souhaité. La consommation des APIs ouvertes ne représentait qu'un volume très faible des usages. Cet exemple montre l'importance de bien identifier le public cible et les usages attendus.

CAS D'USAGE #2 : DÉMULTIPLIER LES OPPORTUNITÉS D'ACQUISITION CLIENT

Le modèle économique des APIs est, dans la majorité des cas basé sur une facturation à l'usage. L'objet est donc d'être consommé par le plus d'applications et de sites internet possible, comme le font Google ou ViaMichelin avec leurs services cartographiques. D'autres acteurs ont imaginé des modèles plus créatifs.

> Cas typique : Walgreens, distributeur américain, qui propose dans son offre un service de tirage photo en ligne.

L'activité de tirage de photo en ligne est globalement en forte décroissance. La majorité des photos est aujourd'hui prise sur mobile et ne fait presque jamais l'objet de tirage papier. Plutôt que de chercher à amener les consommateurs sur sa plateforme en ligne, Walgreens a choisi d'être accessible directement dans les applications déjà utilisées par les consommateurs pour prendre des photos. Pour ce faire, la marque expose des APIs permettant aux développeurs d'intégrer facilement à leurs applications une fonctionnalité de commande de tirage photo. Pour inciter les développeurs à s'affilier, Walgreens propose un modèle de partage de la valeur. Pour chaque tirage commandé depuis son application, le développeur reçoit une part du montant de la commande. **Cette démarche a été très profitable à la marque qui est, à ce jour, intégrée dans une centaine d'applications mobiles pour un investissement limité.**

La création de valeur profite, d'une part, à la marque qui fidélise ses clients en enrichissant son service et, d'autre part, à l'éditeur qui augmente ses ventes grâce à ce nouveau canal.

CAS D'USAGE #3 : AMÉLIORER L'UBIQUITÉ DES SERVICES BTOB (OU INTERENTREPRISES)

Les APIs sont le moyen le plus simple d'ajouter une nouvelle fonctionnalité à un service digital. Elles sont aussi particulièrement efficaces pour s'interfacer à une multitude de sites internet et d'applications mobiles. Dans ces cas d'utilisations spécifiques aux services BtoB (ou interentreprises), la facturation de l'API est souvent liée à la valeur apportée au service final.

> Cas typique : les solutions de paiement en ligne indispensables à tout site internet e-commerce.

Ces fonctionnalités de paiement sont déployées sur les applications et sites e-commerce via des APIs et elles tirent leur revenu de commissions sur le montant du paiement lui-même.

CAS D'USAGE #4 : LE CAS PARTICULIER DES APIs LIÉES AUX SERVICES FINANCIERS

Les services financiers traitent des masses de données colossales. La nouvelle Directive sur les Services de Paiement (DSP2) oblige les banques à ouvrir l'accès à ces données. Ainsi des acteurs tiers agiles vont pouvoir proposer des services innovants aux clients de banques. L'exemple usuel est celui de l'agrégation, dans une seule application, des données de comptes détenus dans plusieurs banques. Couplé à l'intelligence artificielle, on peut imaginer un enrichissement rapide des services avec de la gestion de trésorerie, du transfert automatique, des ordres de bourse... **Les APIs sont alors une solution toute trouvée et essentielle dans l'interconnexion entre ces services tiers et les services des banques.**

Comme le résume Frédéric Vieren, expert e-commerce et transformation digitale chez Worldline, l'adoption des APIs peut résulter de choix stratégiques des entreprises, mais elle est parfois imposée par une évolution du paysage concurrentiel ou du marché qui converge vers de nouveaux usages.
Différents types d'APIs s'offrent alors à l'entreprise selon son objectif :

- **Les APIs ouvertes** : ce sont des APIs diffusées sur le web de façon publique. Elles sont mises à disposition de tous les développeurs moyennant une simple contractualisation en ligne ;
- **Les APIs semi-ouvertes** : ce sont des APIs accessibles à un nombre limité de partenaires sélectionnés par l'entreprise ;
- **Les APIs fermées** : ce sont des APIs réservées aux développeurs internes de l'entreprise.

QUELLES NOUVELLES OPPORTUNITÉS POUR QUELS ACTEURS

> #1 - Devenir fournisseur d'API

Si vous êtes fournisseur de services ou si vous disposez d'un savoir-faire particulier que vous vendez à vos clients, vous êtes probablement en situation de devenir fournisseur d'API.

Exemple d'une société de nettoyage de vêtements. Si elle met à disposition des APIs de présentation de ses services et de prise de commandes et qu'elle définit un modèle de partage de la valeur, elle se met en situation d'être intégrée très facilement dans des offres de services plus larges type hôtellerie, conciergerie et commerce de proximité. Dans ce modèle, la société de nettoyage bénéficie de la visibilité des partenaires et acquiert un accès à une nouvelle clientèle. Cet écosystème digital facilité par les APIs est gagnant-gagnant par la réduction des coûts d'acquisition client d'un côté et l'enrichissement du service délivré de l'autre.

Exemple d'un site de petites annonces. S'il expose une API qui permet de gérer des annonces, cette API peut être intégrée

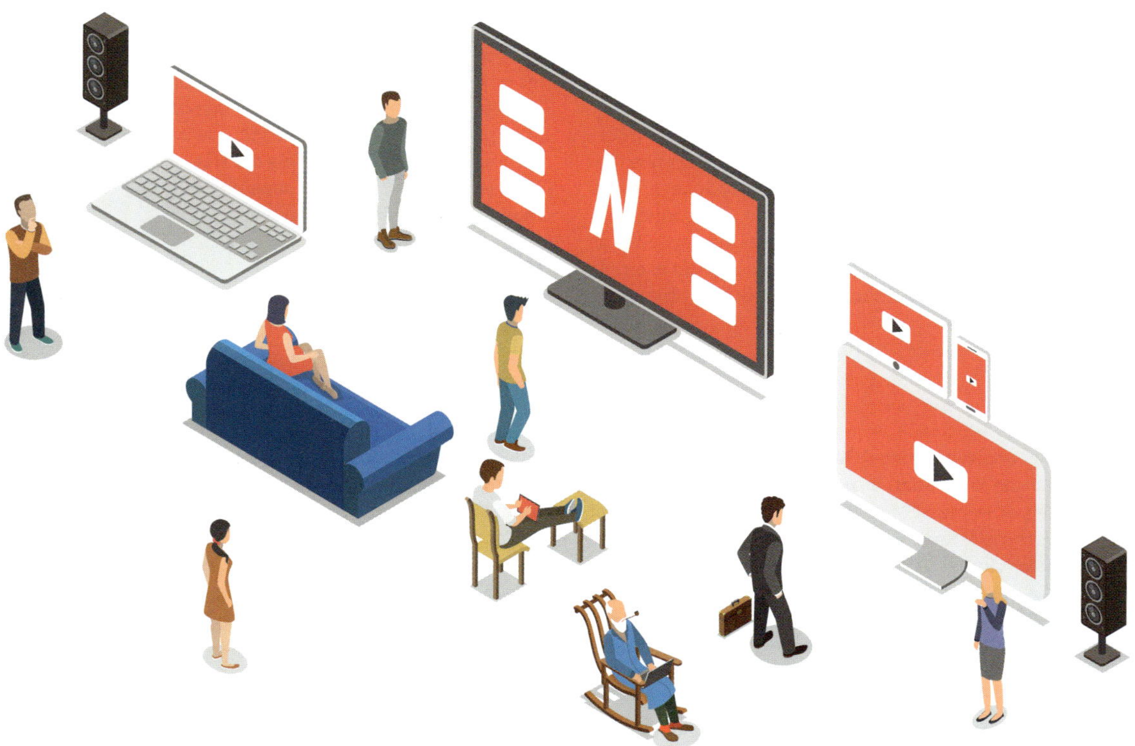

> Netflix est disponible sur plus de 200 devices

par les logiciels de gestion immobilière. Dans ce cas, lors de l'entrée d'un bien dans le parc, la mise en ligne de l'annonce est automatisée. Ce même exemple peut être décliné à l'infini pour l'automobile, l'emploi, etc.

> #2 - Devenir consommateur d'API

Une marque disposant déjà des différents canaux de vente peut choisir d'enrichir l'expérience de ses clients en intégrant des services disponibles sous forme d'APIs. Elle devient alors consommatrice d'APIs. Ce positionnement présente de multiples avantages : enrichir son offre de services et monétiser son audience, ajouter des fonctionnalités sans avoir à en supporter le coût de développement.

La généralisation des APIs est en marche. Une offre de plus en plus conséquente d'APIs émerge. Il suffit pour s'en convaincre de consulter un annuaire d'APIs public tel que : www.programmableweb.com/apis/directory

> Vers de nouveaux écosystèmes plus riches, mais aussi plus mouvants

Au-delà des nombreux bénéfices énoncés, cette nouvelle pratique induit de nouveaux risques à prendre en compte. En fonction du rôle de consommateur ou de fournisseur d'API, la nature des risques varie.

> La relation contractuelle entre consommateur et fournisseur de services est bouleversée. Dans un système totalement ouvert, l'enrôlement au service se fait par une simple contractualisation en ligne. Le service est consommable dans les secondes qui suivent l'inscription. Il n'est presque jamais question de négocier de gré à gré des conditions de vente ou des niveaux de services. L'offre de services est définie par le fournisseur qui est maître des modalités d'utilisation, des garanties et des règles de résiliation. En contrepartie, il n'y a le plus souvent ni engagement de durée ni minimum de facturation. Le changement de fournisseur s'en trouve simplifié.

Cette volatilité est un risque pour le fournisseur qui peut perdre rapidement ses clients au profit d'un concurrent plus attractif. Par ailleurs, l'exposition de fonctions métiers mal protégées implique des risques de vol de données ou de propriété intellectuelle. Un utilisateur malveillant peut appliquer une exploration systématique des données pour les récupérer ou pour pratiquer de l'ingénierie inversée.

Les consommateurs de services doivent, quant à eux, être conscients que le service lié à l'API peut être modifié ou interrompu avec un préavis relativement court. Si un service est critique pour leur métier, le fait d'utiliser une API publique avec ce type de contrat fait peser un risque considérable sur leurs opérations. C'est par exemple le cas de l'application "A Better Queue" qui n'a pas survécu à la fermeture des APIs publiques de Netflix : www.abetterqueue.com

CONCLUSION

L'ouverture et la monétisation des APIs présentent de réelles opportunités en termes de création de valeur, nouveaux revenus, réduction du coût d'acquisition client, mais aussi en termes d'agilité et de réduction du time-to-market. Néanmoins, cette ouverture doit faire partie d'une stratégie clairement établie, bâtie sur un modèle économique pertinent.

Les APIs seront-elles proposées uniquement en interne, à des partenaires ou ouvertes à tous ? Le passage à l'*API ouverte** doit se faire de manière raisonnée sans négliger les difficultés nouvelles qu'elle induit. Des solutions techniques et des produits spécialisés ont émergé pour faciliter et sécuriser cette transformation. Votre plateforme d'API doit garantir la sécurité des accès et la monétisation du service. Pour ce faire, il est important de se faire accompagner par des experts du domaine qui à ce jour restent assez peu nombreux.

* Retrouvez la définition dans le lexique en fin d'ouvrage.

> *"Son adoption peut résulter de choix stratégiques des entreprises, mais parfois elle est imposée par une évolution du paysage concurrentiel ou du marché qui converge vers de nouveaux usages."*
>
> Frédéric VIEREN
> *Expert e-commerce & Transformation digitale Worldline*

◊ **WORLDLINE**
www.worldline.com
Fiche d'entreprise p. 496

Frédéric Vieren
Expert e-commerce
& Transformation Digitale
frederic.vieren@worldline.com

Christine Magnier
Marketing Manager
christine.magnier@worldline.com

APRIL

Un programme complet de digitalisation du parcours client pour l'assurance emprunteur

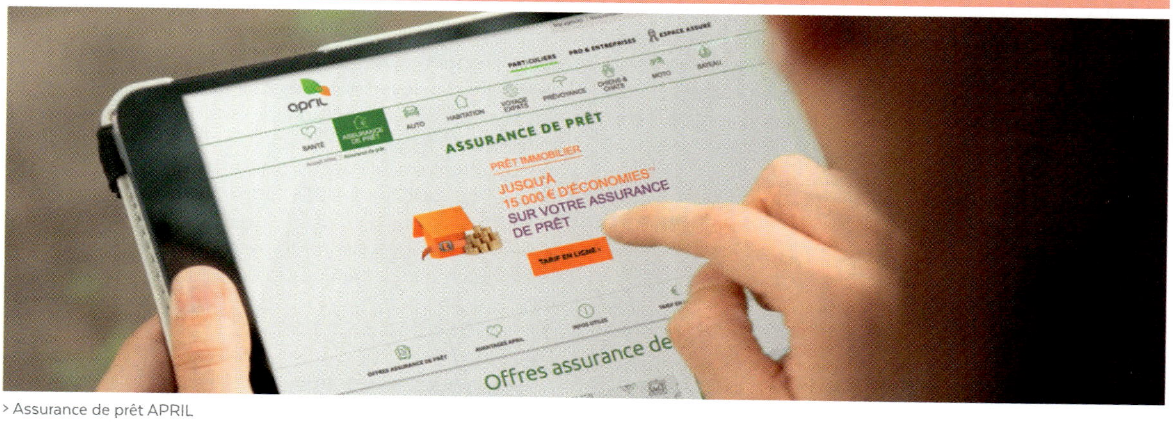

> Assurance de prêt APRIL

PROBLÉMATIQUE DE LA MARQUE

APRIL, groupe international de services en assurance, premier courtier grossiste en France, assure, conçoit, gère et distribue des solutions d'assurance et des prestations d'assistance accessibles à tous les particuliers. En tant que courtier grossiste en assurance de prêt immobilier, sa problématique stratégique consiste à gagner la préférence des clients emprunteurs et des distributeurs, pour l'essentiel des courtiers indépendants travaillant avec plusieurs fournisseurs assureurs. Or, l'assurance de prêt est "trustée" par les banques, qui s'arrogent 85 % du marché. Étant en immédiate proximité avec l'emprunteur au moment de la négociation du crédit, il leur est en effet aisé de proposer leur propre assurance. Du reste, les consommateurs sont peu au fait de la possibilité de contracter une assurance de prêt auprès d'un autre organisme.

La souscription d'une *assurance de prêt en délégation*[1] est pourtant possible. Mais pour qu'un emprunteur décide de passer outre les recommandations de son banquier et fasse cette démarche de délégation, deux conditions sont nécessaires : qu'il y ait un écart de prix significatif entre l'offre de la banque et une offre dite individuelle, et que le processus de délégation permette de disposer des documents nécessaires (certificat d'adhésion et délégation de bénéfice) rapidement et simplement pour faire accepter cette assurance alternative à sa banque.

La délégation d'assurance de prêt a ceci de particulier qu'elle nécessite une "sélection médicale". L'emprunteur doit déclarer son état de santé (de façon plus ou moins approfondie selon son âge et les capitaux empruntés), pour permettre à l'assureur de statuer favorablement ou non sur sa couverture (l'acceptation peut comprendre des conditions particulières telles que des surprimes ou des exclusions de garanties). Cette particularité rend le parcours de souscription long, complexe et l'expérience client peu satisfaisante d'une manière générale. Et ce, d'autant plus que l'emprunteur est souvent contraint dans le temps par son achat immobilier (signature d'un compromis, délai de rétractation, signature définitive de la vente, etc.).

> PSD (Parcours de Souscription Digitale) : un programme complet de digitalisation

Comment utiliser la transformation digitale pour améliorer l'expérience client dans le parcours de souscription d'une assurance emprunteur ? Pour répondre à ce besoin stratégique, APRIL a mené un vaste programme de transformation baptisé PSD – pour Parcours de Souscription Digitale –, avec pour objectif de rendre la souscription fluide, simple et rapide et de gagner la préférence de ses distributeurs tout en proposant aux emprunteurs une expérience client enrichie.

SOLUTION STRATÉGIQUE

La digitalisation de l'ensemble du processus de souscription d'assurance emprunteur, mise en place par APRIL, ne repose pas seulement sur un extranet de souscription "user friendly" pour les distributeurs, mais bien sur la création d'un processus digital complet permettant à toutes les parties prenantes de participer ensemble à la souscription du dossier de façon fluide et rapide grâce à une plateforme 100 % digitalisée.

Les innovations et les éléments de différenciation majeurs de ce parcours de souscription digital tiennent en 3 points :
• La création (en partenariat avec le réassureur Hannover Re) d'un module de sélection médicale en ligne capable d'évaluer un profil médical et de tarifer le coût du risque associé ;
• L'utilisation d'une même plateforme par le client, le distributeur et les équipes de gestion, donnant ainsi à ces 3 acteurs la

INFOS CLÉS

96 % de satisfaction client

90 % des flux dématérialisés

Souscription **2x** plus rapide

• **Objectif** : Acquisition, Souscription

• **Cibles** : Courtiers, Emprunteurs

• **Moyens** : Digitalisation, Robot intelligent, Signature électronique

possibilité d'interagir sur la constitution du dossier (chacun à des niveaux différents de confidentialité et de fonctionnalités de l'outil selon le profil) ;

• La personnalisation de l'outil pour les distributeurs, de manière à entretenir un lien fort avec leurs clients et à être intégrés au bon moment et avec le bon niveau d'interaction dans un processus digitalisé.

Le parti pris d'APRIL a été de réconcilier l'humain et le digital. La digitalisation n'exclut pas l'humain, elle permet au contraire de clarifier ce qui, dans un processus de vente et de souscription d'une assurance, a une valeur relationnelle et doit donc continuer à être réalisé par une personne et non par une machine. A contrario, là où la relation, le conseil, la proximité ne sont pas en jeu, il y a lieu de digitaliser.

> "La digitalisation n'exclut pas l'humain, elle permet de clarifier ce qui, dans un processus de vente et de souscription d'une assurance, a une valeur relationnelle et doit être réalisé par un humain."

Cette analyse a permis à APRIL de comprendre qu'au-delà d'une interface facile d'utilisation, simple pour le distributeur comme pour le client emprunteur, la vraie révolution digitale allait se situer dans les *back-offices**. Développer un outil convivial qui donne rapidement un tarif et édite des documents est une vision partielle de la digitalisation. La vraie valeur ajoutée pour le client est de se voir proposer un parcours digital qui va de la découverte du tarif au certificat d'adhésion, avec la possibilité d'accéder à l'information pertinente à chacune des étapes, et d'interagir avec le distributeur et/ou le gestionnaire du dossier au bon moment. Cela pour in fine récupérer les documents exigés par la banque et obtenir son prêt dans les temps !

C'est toute "l'arrière cuisine" que le distributeur et le client ne voient pas, qui, une fois digitalisée, permet de créer plus de valeur pour les clients et pour l'entreprise. La stratégie informatique d'APRIL a donc consisté à développer sur une même plateforme les applicatifs nécessaires à la gestion du parcours, évitant ainsi les ruptures et les changements d'outils lors du passage du dossier du courtier au back-office, du back-office au client, etc.

MISE EN PLACE OPÉRATIONNELLE

L'idée-force de la digitalisation du parcours emprunteur d'APRIL a été de digitaliser la "sélection médicale" en utilisant un "robot intelligent" (développé avec le réassureur Hannover Re) capable de tarifer plus de 4 500 pathologies. Basé sur un questionnaire dynamique, il déclenche de nouvelles questions en fonction des réponses de l'emprunteur, de façon à bien cerner son profil médical. Un effort particulier a été apporté à la pédagogie et à l'ergonomie de ce module pour qu'un emprunteur puisse remplir le questionnaire dynamique en ligne dans un espace personnel sécurisé en moins de dix minutes, simplement en connaissant son état de santé et sans avoir de notions médicales précises.

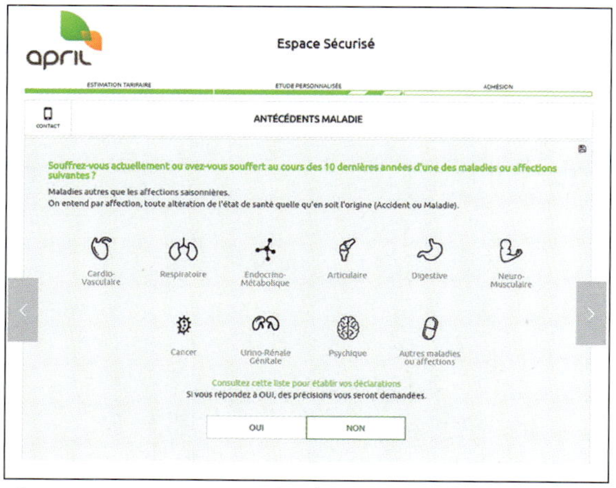

> Parcours de souscription digitale (PSD).

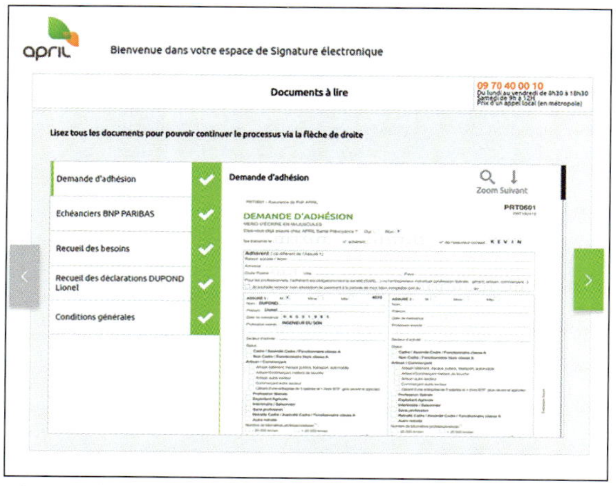

> Signature électronique sur PSD.

La signature électronique des déclarations et des demandes d'adhésion a également été introduite. L'architecture de la plateforme de souscription digitale développée par APRIL repose sur un orchestrateur de tâches qui gère un *workflow**, en communiquant avec les différentes applications devant intervenir dans le process.

Ainsi le client, le distributeur et les équipes de gestion ont une vision partagée de l'état d'avancement du dossier, des étapes à venir et un accès permanent aux documents clés (devis, conditions générales, demande d'adhésion, etc.), le tout en temps réel et "sans couture".

La digitalisation du processus a également engendré un changement complet du système de pilotage des équipes et de l'activité. Le temps où l'on comptait le stock, le nombre de tâches à effectuer et les délais de réalisation des tâches est révolu. La gestion d'un workflow implique une tout autre vision : piloter le processus pour donner le maximum de satisfaction au client et au distributeur, en fonction de l'expérience qu'ils vont vivre. On ne compte plus les actes, mais les clients satisfaits, on ne raisonne plus en stock, mais en niveau d'atteinte d'un objectif de qualité de service. Les indicateurs clés deviennent le pourcentage de cas où les promesses de délais de traitement sont tenues, et le niveau de satisfaction des clients. Peu importe le niveau de stock à traiter si l'on sait que dans plus de 95 % des cas, les tâches du workflow ont été traitées dans le délai cible fixé et qu'elles correspondent à un fort niveau de satisfaction client.

RÉSULTATS

La digitalisation permet à APRIL d'améliorer significativement la qualité perçue par ses clients et ses distributeurs, notamment au niveau de la sélection médicale, qui était par le passé l'un des goulots d'étranglement du processus de souscription.

Ainsi, selon une étude réalisée par APRIL auprès de clients utilisateurs, le taux de satisfaction du module digital de déclaration médicale est de 96 %. 93 % des clients interrogés ont trouvé le module rapide et ont jugé qu'il était simple de déclarer leur état de santé. Dans 90 % des cas, le module de sélection médicale en ligne permet de rendre une décision et de donner un tarif ; dans les 10 % restants, le recours à un gestionnaire-tarificateur spécialisé ou au médecin-conseil de la compagnie est nécessaire. Une vraie réussite qui vient récompenser les efforts de développement entrepris pour rendre le module pédagogique, ergonomique et facile d'utilisation !

Le taux de dématérialisation a, lui, bondi de 50 à 90 % (seuls 10 % d'irréductibles utilisent encore du papier) générant de l'efficience de gestion et surtout une amélioration des principaux indicateurs de performance (délais, taux de concrétisation des dossiers). Certains distributeurs, qui ont pleinement adopté la plateforme de souscription et délaissé le papier, constatent un bond de plus de 25 % du taux de transformation des affaires, et des délais de souscription divisés par deux.

La transformation des métiers du back-office est également un des résultats les plus notables de la digitalisation : les conseillers sont passés du statut d'agents administratifs de souscription à celui de conseillers clientèle chargés d'accompagner les clients et les distributeurs dans les moments clés du processus de souscription. Bien plus que l'adoption d'un nouvel outil, c'est la transformation du métier même qui est majeure : la part des tâches administratives a été drastiquement réduite (car automatisée) et a laissé place à des actes à beaucoup plus forte valeur ajoutée (explication d'une décision médicale, relances commerciales, accompagnement dans la finalisation du dossier, dans les formalités médicales complémentaires, etc.). La valeur ajoutée apportée et les relations humaines avec les clients et les distributeurs sont la plus grande source de satisfaction des équipes, désormais improprement appelées "back-office" puisqu'elles sont maintenant de plus en plus en contact avec les clients.

En étant au service de l'amélioration de l'expérience client, la digitalisation a fait passer le back-office de l'ère de la gestion d'actes administratifs à l'accompagnement, relationnel et commercial, de proximité des clients et des distributeurs. Une vraie révolution !

[1] La délégation d'assurance de prêt immobilier permet à l'emprunteur de contracter une assurance auprès d'un autre organisme que celui qui lui accorde un prêt immobilier.

> ***"En étant au service de l'amélioration de l'expérience client, la digitalisation a fait passer le back-office de l'ère de la gestion d'actes administratifs à l'accompagnement de proximité."***

APRIL
groupe.april.fr

Patrick Burkin
Directeur assurance emprunteur

05 • COMMERCE

CONVERSATION ET CHATBOTS : VERS LA FIN DE L'EXPOSITION DE MASSE

Les *chatbots annoncent le retour à l'essence même du commerce, la conversation et s'épanouissent dans le médium de l'époque : le messaging. Dialoguer avec une marque comme avec un ami, s'informer, acheter... La conversation par messaging fait entrer les entreprises dans la poche de leurs clients, apporte toujours plus de temps réel dans les relations et y associe l'intelligence artificielle.**

x 2,5 impact de la conversation sur le taux de réachat

20% taux de conversation après une conversation

3 milliards de personnes utilisent les apps de messaging

1994 : la première bannière publicitaire fait son apparition sur internet. Une bannière intrigante d'AT&T invite l'internaute à "cliquer ici". Son taux de clic ? 44 % ! A l'époque, 1 % de la population mondiale était connectée. 23 ans plus tard, 40 % de la population mondiale est connectée et le taux de clics sur les bannières publicitaires est passé sous la barre de 0,1 %.

Pour compenser cette chute drastique du taux de clic, les entreprises investissent massivement dans l'affichage publicitaire. La publicité en ligne est partout et, pour s'assurer de notre attention, elle est devenue interruptive : elle vous interrompt avant, pendant et après avoir regardé une vidéo, elle vous barre l'accès à l'article que vous vouliez lire sur mobile...

BIENVENUE DANS L'ÈRE DE LA CONVERSATION

Face à cette surexposition, la réaction des internautes ne s'est pas fait attendre. 40 % des internautes américains sont équipés d'un adblocker, 33 % en France avec une croissance de 20 % sur les 10 derniers mois. L'équation de la croissance des entreprises repose quasi exclusivement sur l'acquisition de nouveaux clients et donc sur l'augmentation d'un trafic chèrement acquis. Un investissement récompensé par une conversion à hauteur de 2 % en moyenne.

Les visiteurs ne sont pas uniquement des adresses IP ou des numéros de carte bancaire. Ce sont des personnes, comme vous et moi. Des personnes qui ont des doutes, des questions, des problèmes et qui attendent d'être considérées. Les clients sont à la recherche de l'instant de vérité et d'une expérience authentique.

C'est pourquoi les marques doivent engager le dialogue et rendre le *e-commerce conversationnel** : la conversation est l'expérience la plus riche, sincère et naturelle. Elle multiplie la conversion par dix, atteignant un taux de 20 %, et surtout, elle se révèle être le plus puissant levier de fidélisation et de bouche à oreille. Un visiteur qui réalise un achat pour la première fois sur un site e-commerce rachètera 2,5 fois plus dans les 3 prochains mois s'il a échangé avec un représentant de la marque.

Le support de dialogue qu'offre le messaging est une opportunité unique d'intégrer la conversation : 3 milliards de personnes utilisent activement les applications de messaging.

> *"La conversation est l'expérience la plus riche, sincère et naturelle. Elle multiplie la conversion par dix et elle se révèle être le plus puissant levier de fidélisation et de bouche à oreille."*
>
> Julien HERVOUËT
> *CEO iAdvize*

> 3 milliards d'utilisateurs d'apps de messaging.

LE CHALLENGE DE L'UBIQUITÉ

L'enjeu majeur pour les entreprises réside alors dans le fait de proposer une expérience client conversationnelle partout, tout le temps, en temps réel et qui doit être à la fois authentique, personnelle, fiable et s'incarner de façon industrialisée. C'est le défi de l'*ubiquité** que les marques doivent relever.

LA LUTTE ENTRE LES HUMAINS ET LES MACHINES EST-ELLE ENGAGÉE ?

Plus que jamais, l'intelligence artificielle est au cœur des conversations qui nourrissent l'expérience client en ligne. Depuis un an, le monde de l'expérience client ne cesse de parler de chatbots, d'IA ou de deep learning. En réalité, les technologies ont peu évolué depuis 10 ans.

L'INTELLIGENCE ARTIFICIELLE ET SES LIMITES

La première limite de l'intelligence artificielle, comme son nom l'indique, est son caractère artificiel. Les êtres humains sont mus par leurs émotions et elles sont précisément ce qu'il y a de plus complexe à simuler pour l'intelligence artificielle. Plus encore, l'enjeu réside dans la connaissance : elle est détenue par les experts humains qui l'enrichissent en permanence de leurs expériences personnelles.

Nous sommes donc encore loin du potentiel annoncé par les chatbots. Les entreprises multiplient les expériences autour d'une IA entièrement automatisée, mais peu se révèlent concluantes. Microsoft en a d'ailleurs fait les frais avec la controverse que son chatbot Tay a soulevée en 2016. Réseau de neurones virtuels, il s'est nourri des interactions humaines tout comme un enfant le ferait. Et, tout comme un enfant, si on utilise un langage grossier en sa présence, Tay a appris et répété ce qu'on lui a dit. Dans les 24 heures, il est devenu une IA fasciste et révisionniste, avant d'être déconnecté par Microsoft.

HUMAIN + MACHINE > MACHINE

Il ne faut pas opposer humain et machine. Au contraire, l'exosquelette en est le parfait exemple : l'humain combiné à la machine offre des capacités supérieures à la machine.

L'exemple du service client en ligne est intéressant. Aujourd'hui, 20 % des conversations peuvent être entièrement automatisées, 50 % demandent l'intervention d'un humain afin de valider ou corriger les réponses formulées par les bots et 30 % sont gérées par les humains seuls. La machine incarnée par les chabots est en effet parfaite pour traiter des questions posées très fréquemment et dont la valeur ajoutée est faible. L'humain doit intervenir sur des questions plus variées où l'expertise et l'émotion liée à toute relation font la différence. En réalité, la machine permet à l'homme de se concentrer sur ce qui fait justement sa valeur.

Il est temps d'amener plus d'intelligence dans les relations et moins d'artifice.

* Retrouvez la définition dans le lexique en fin d'ouvrage.

> Gérer son trajet Voyages-sncf.com dans Messenger.

◊ iADVIZE
www.iadvize.com
Fiche d'entreprise p. 485

Julien Hervouët
CEO

Coup de cœur · PRATIQUE

SEARCH + SOCIAL : LE DUO GAGNANT POUR OPTIMISER SES CAMPAGNES MULTICANALES

Les annonceurs qui souhaitent faire leur place dans ce monde en phase de transformation digitale accélérée doivent utiliser l'ensemble des canaux numériques afin de promouvoir efficacement leurs marques. Selon l'Observatoire de la e-publicité, le search et les réseaux sociaux s'arrogent 70 % du marché digital français. Ils deviennent donc incontournables dans une stratégie digitale qui vise à couvrir la totalité du parcours d'achat.

70% du marché de la publicité digitale français via le Search et les réseaux sociaux

75% du temps passé en ligne par les consommateurs sur Google et Facebook

POURQUOI COMBINER LE SEARCH ET LE SOCIAL ?

Les annonceurs numériques passent de l'ère du message à celle du dialogue. Logique : il faut souvent plusieurs contacts avec une marque pour qu'un prospect ou un client existant effectue l'action souhaitée. C'est d'autant plus vrai dans le contexte actuel où le parcours client se complexifie : par exemple, démarrage par des recherches sur internet mobile puis visite en magasin avant de surfer sur Facebook et d'échanger avec son réseau, pour convertir finalement en ligne. On est loin du schéma linéaire d'il y a quelques années.

Partant de cet état de fait, les marques doivent prendre conscience que leurs performances dépendent non seulement de l'expérience client qu'elles offrent, mais aussi de leur capacité à se différencier. Vanter son produit ou mettre en avant un prix avantageux ne suffit plus aujourd'hui. En complément d'outils de communication traditionnels, il faut désormais adopter une approche innovante dans l'utilisation du digital pour interagir avec ses consommateurs, et ce, tout au long du tunnel de conversion.
La clé est d'identifier et de connecter le consommateur et ses comportements sur l'ensemble de son parcours. Pour ensuite réconcilier les différents points de contact par le biais de la publicité numérique.

Google (prépondérant sur le levier search avec ses dispositifs de liens sponsorisés) et Facebook (imbattable sur le combo réseau social et publicité mobile) sont devenus incontournables et concentrent en moyenne 75 % du temps passé en ligne par les consommateurs. D'un côté, la publicité "social" a la capacité de délivrer un message contextuel à une audience qualifiée ; de l'autre, le search offre aux clients une expérience plus riche en leur présentant des annonces pertinentes incluant des photos du produit, ses caractéristiques. Il capte ainsi les intentionnistes.
Du point de vue du directeur marketing, il y a un intérêt évident à marier les deux réseaux en combinant le ciblage d'audience aux signaux d'achats.

Pour preuve, les internautes qui cliquent sur les publicités d'un annonceur dans le search et le social convertissent environ deux fois plus que ceux qui ne cliquent que sur des publicités dans le search.

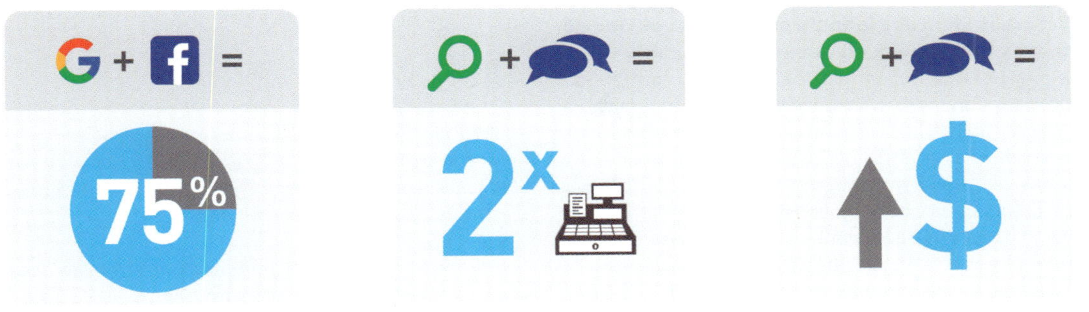

Les gens passent 75 % de leur temps sur Facebook ou Google.[3]

Les clients qui cliquent sur vos publicités dans le Search et le Social sont plus susceptibles d'acheter.

Les clients qui cliquent sur vos annonces Search et Social dépensent plus.

> Les effets du combo search + social sur vos clics, conversions et revenus

L'impact du multicanal se révèle encore plus important avec les clics dans le social : le taux de clics des utilisateurs qui ont cliqué à la fois sur une annonce search et une annonce "social" est approximativement 4,5 fois supérieur à celui des utilisateurs qui n'ont cliqué que sur une annonce search. Le constat est sans appel.

Même observation sur la valeur du panier moyen : les clients qui cliquent sur les annonces search et social dépensent plus. Précisément, ils génèrent deux fois plus de chiffre d'affaires par "action" que ceux qui ne cliquent que sur des publicités search. Le résultat s'avère encore plus frappant dans la publicité dite "social". Ainsi, les utilisateurs qui cliquent sur une publicité search et social réalisent six fois plus de chiffre d'affaires par action que ceux cliquant sur une publicité "social" uniquement. La clé d'une campagne réussie reposera donc sur la manière d'utiliser les données de l'un pour optimiser l'autre et vice versa, et tout cela de manière automatisée.

COMMENT METTRE EN PLACE UNE STRATÉGIE CROSS-CANAL ?

> 1. Par des règles de planification

La cohérence du message entre Google et Facebook constitue la priorité ainsi que l'importance d'aligner les objectifs sur l'ensemble des canaux. Par exemple, si un e-commerçant cherche à promouvoir une offre en magasin uniquement, la bonne stratégie consiste à inclure ses publicités d'inventaire local de Google et son objectif de visites en magasin de Facebook dans son plan média.

Même stratégie à appliquer sur les formats : il est dans l'intérêt de l'annonceur de déterminer la façon dont les différents formats peuvent fonctionner ensemble à chaque étape du parcours de l'acheteur. Par exemple, en associant les extensions SiteLink de Google à ses messages clés dans Facebook, il crée pour son audience une expérience optimale et continue sur tous ses supports publicitaires.

> 2. Par des règles d'exécution

Une première règle porte sur l'utilisation des données d'intention. Concrètement, les consommateurs indiquent à Google ce qu'ils recherchent dans leurs requêtes. C'est une information-clé pour l'annonceur qui doit la récupérer pour personnaliser les publicités que cette cible voit sur Facebook.

Une seconde règle consiste à tirer parti des données d'engagement social sur Facebook pour renseigner ses stratégies de liens sponsorisés (search). Par exemple en créant des segments d'audience sur Google en fonction des données d'engagement afin d'améliorer la précision du ciblage et des enchères.
Une troisième règle concerne l'alignement des structures de compte entre les publicités dynamiques Facebook et Google Shopping pour coordonner et optimiser leurs messages multicanaux.

S'agissant des ventes croisées multicanales, là encore, la combinaison se révèle avantageuse : lorsqu'un utilisateur vient de convertir par le search, la marque peut augmenter sa valeur vie client en lui proposant des produits complémentaires sur Facebook.

> 3. Par des règles de mesure

Pour performer, il faut mesurer. C'est incontournable. Dès lors, il est recommandé de tout mettre en œuvre pour faciliter l'évaluation des résultats de campagnes sur tous les points de contact. Cela passe par une convention de nommage standardisée. Une fois que tout est conforme, les équipes marketing peuvent facilement mesurer les résultats de leurs campagnes sur l'ensemble des canaux.

> 4. Par l'association des formats publicitaires de Google et Facebook tout au long du tunnel de conversion

Les deux géants du web offrent de nombreux formats de publicités aux annonceurs. Certains s'avèrent plus adaptés à l'étape de sensibilisation à la marque, dans la partie haute du tunnel de conversion (YouTube True View, publicité vidéo...), tandis que d'autres sont clairement conçus pour amener les utilisateurs de la phase de considération à la phase de conversion (Lead Ads de Facebook, publicités texte avec des extensions d'appel téléphonique de Google). Même après la phase d'achat, les deux canaux continuent de proposer des formats publicitaires (remarketing dynamique, dynamic ads...), afin de permettre aux annonceurs de rester présents à l'esprit de leurs cibles. Dans tous les cas, l'important est d'élaborer des stratégies marketing personnalisées tout au long du parcours d'achat en combinant les formats publicitaires des deux canaux.

QUELS SONT LES DÉFIS D'UN PROGRAMME UNIFIÉ ?

Ils sont au nombre de trois.

Le premier challenge passe par l'établissement d'un partenariat entre les équipes de search et de social pour soutenir les tests d'améliorations *incrémentales** et démontrer les résultats des campagnes unifiées.

Le second porte sur l'élaboration d'une stratégie des petits pas, en démarrant par des campagnes avec un budget modeste, mais qui génèrent des gains rapides. Le but étant de démontrer les résultats du rapprochement des équipes de search et de social.

Quant au dernier défi à relever, il réside dans la mise en œuvre d'un nouveau modèle de mesure de la performance. La priorité va aujourd'hui à une formule qui révèle la contribution individuelle et collective de chaque canal payant lors de l'événement de conversion. Ce qui signifie le passage de l'attribution au dernier clic à une attribution unifiée dans le contexte d'un parcours client multicanal sur Facebook et Google.

Dans ce schéma idéal, les équipes marketing sont alors capables d'ajuster les dépenses publicitaires de la manière la plus intelligente possible, pour élaborer des campagnes rentables et passer ainsi du storytelling au storyselling !

* Retrouvez la définition dans le lexique en fin d'ouvrage

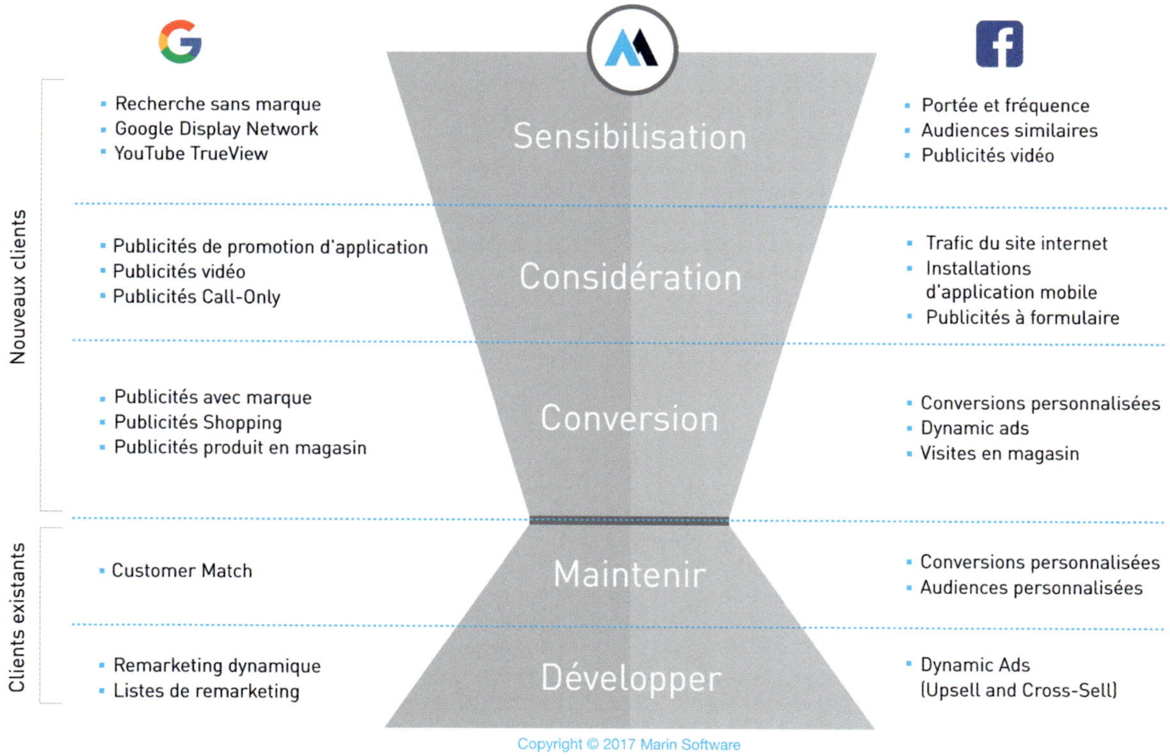

> Google et Facebook tout au long du tunnel de conversion

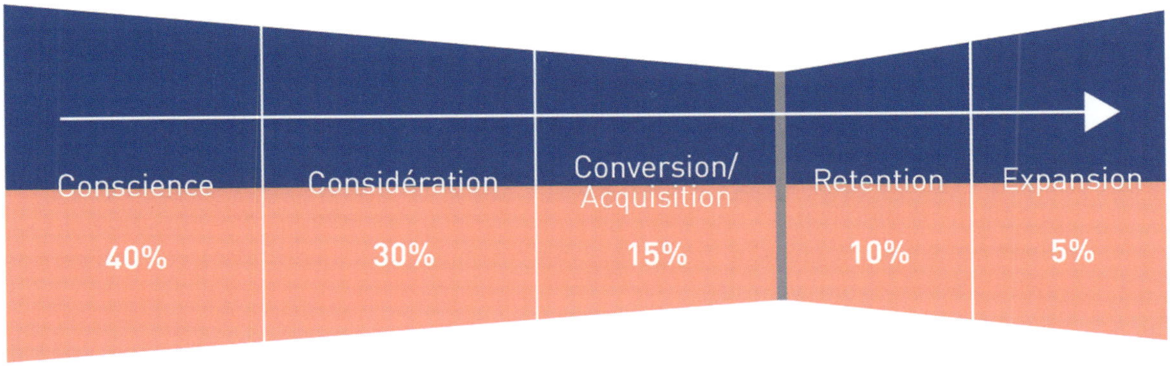

> Répartissez votre budget entre les nouveaux clients et les clients existants

EN UNIFIANT LE SEARCH ET LE SOCIAL, LES HÔTELS MELIA MULTIPLIENT PAR 6,7 LEUR ROI

La chaîne d'hôtels espagnole souhaitait analyser l'efficacité des Dynamic Ads auprès des internautes intéressés par des séjours présentés sur son site web. Ces clients potentiels se sont vus proposer des annonces de remarketing pertinentes promouvant des résidences hôtelières sur l'ensemble du réseau publicitaire Facebook.

Le reciblage des internautes en fonction de leur recherche a permis d'identifier parmi des milliers de combinaisons possibles la publicité la plus pertinente. Les retours qui ont découlé de l'utilisation des Dynamic Ads for Travel sont considérables : le CPA de Melia a diminué de 36 % grâce aux audiences d'intentions de recherche. Dans le même temps, grâce à l'unification du search et du social, son retour sur investissement a été multiplié par 6,7.

“Il y a un intérêt évident à marier les deux réseaux [Google et Facebook] en combinant le ciblage d'audience aux signaux d'achats.”

MARIN SOFTWARE
www.marinsoftware.fr

Fiche d'entreprise p. 489

Brett Loney
Social Product Marketing Manager
bloney@marinsoftware.com

Wesley MacLaggan
SVP of Marketing
wmaclaggan@marinsftware.com

COMPRENDRE LE RÉFÉRENCEMENT NATUREL (SEO) EN 2018

Nous vivons une ère où tout se complexifie en marketing. D'autant plus en marketing digital. La multiplication des stratégies, des leviers, des acteurs, des intermédiaires... Sans oublier la progression frénétique des technologies : algorithmes et intelligences artificielles en figure de proue.

4 : nombre de catégories dans la matrice des chapeaux

Google reste le moteur de recherche n° 1 en France en 2017

Veille technologique, formations, conférences et événements professionnels : ces quelques pratiques constituent le "starter pack" du web marketeur qui veut garder un œil sur les dernières évolutions technologiques et professionnelles.

Pour autant, il reste difficile d'avoir une lecture claire et synthétique des différents leviers de communication web. C'est particulièrement vrai pour l'un d'entre eux : le référencement naturel. Voilà une discipline qui apparaît obscure à bien des professionnels du marketing digital. Et elle a de quoi l'être : entre la myriade d'outils, les aspects techniques, sémantiques, algorithmiques et autres – le SEO (*Search Engine Optimization**) est souvent jugé hermétique.

Les équipes marketing qui ont plus ou moins connaissance des enjeux ont souvent cette lecture du référencement naturel : l'opposition entre "white hat" et "*black hat**". Autrement dit, les professionnels du SEO qui respectent les consignes de Google et ceux qui ne les respectent pas.

Cette vision a l'avantage d'être simple et synthétique. Mais elle est malheureusement trop caricaturale pour recouvrir la réalité du métier.

Appuyons-nous sur cette première opposition entre white et black hat pour venir l'enrichir. L'objectif : donner une vision riche, nuancée et plus proche de la réalité du SEO en 2018.

WHITE ET BLACK HAT : DE QUOI PARLE-T-ON ?

On imagine souvent white et black hat comme deux catégories de professionnels. Un SEO serait "white hat" ou "black hat" comme s'il faisait partie d'une équipe.

En réalité, white et black hat ne désignent pas des catégories de personnes, mais des ensembles de méthodes et techniques. Celles-ci peuvent être propres au SEO ou appartenir à un ensemble plus large tout en participant au positionnement d'un site internet dans les moteurs de recherche. Les relations presse par exemple dépassent le champ d'application du SEO, mais peuvent tout de même favoriser le positionnement d'un site si des liens sont réalisés vers celui-ci.

S'il existe deux catégories distinctes de méthodes, c'est qu'il existe des différences entre elles. La première d'entre elles se constitue autour des consignes édictées par Google.

A L'ORIGINE : LES CONSIGNES DE GOOGLE

On entend parler des guidelines de Google ici et là comme quelque chose d'obscur et vaporeux. En réalité, peu de professionnels en connaissent la teneur. La plupart du temps, on sait seulement qu'il ne faut pas mettre trop d'occurrences d'un mot-clé dans un contenu - et c'est tout ! Bien sûr, Google est bien plus précis que ça sur les choses à faire et à ne pas faire. L'objet de cet article n'est pas de détailler ces consignes. Mais s'il fallait les résumer, on pourrait dire que le moteur veut que l'on pense à l'internaute avant de penser à lui. En faisant le contraire, vous vous opposez à ses consignes et prenez le risque de recevoir une pénalité.

Les méthodes white hat adoptent cette vision. Les black hat préfèrent d'abord s'adresser aux robots et aux algorithmes des moteurs pour les orienter. La première catégorie est à l'abri de la pénalité alors que la seconde s'y expose.

On peut résumer cette idée avec un premier schéma (ci-contre).

D'un côté, on a l'ensemble de méthodes black hat qui ne s'adresse qu'aux algorithmes. Il ignore les guidelines de Google et s'expose ainsi à une pénalité. Pour le white hat, c'est l'exact contraire, car il s'adresse d'abord aux humains.

On obtient une ébauche de matrice : "matrice des chapeaux" - mais avec deux trous...

LA MATRICE DES CHAPEAUX

Les algorithmes ont beau évoluer tous les jours, certaines méthodes et techniques destinées à les influencer sont à un jour J indétectables par ces deniers. C'est ce qui protège ces techniques de la pénalité : pas vu, pas pris ! Cette catégorie de méthode est nommée "grey hat".

Par exemple, certains contenus ne sont pas destinés à être lus par l'internaute. Ils sont rédigés à la seule destination des robots et des algorithmes dans l'espoir d'améliorer son positionnement. La technique risquerait donc la pénalité. Pour autant, les algorithmes sont aujourd'hui dans l'incapacité de détecter le fait qu'un texte est rédigé pour eux. C'est ce qui met la technique à l'abri de la pénalité et la caractérise comme grey hat.

De l'autre côté de notre matrice, nous avons une catégorie qu'on appellera "dunce cap" : "bonnet d'âne" en français. Le dunce cap recouvre des méthodes mal-exploitées, sous-exploitées ou inexploitées. Ces méthodes peuvent aussi bien impacter la navigation de l'internaute que celle des robots des moteurs de recherche. Ces méthodes peuvent être pénalisantes ou même pénalisées. Une pénalité qui peut être infligée alors même que le webmaster n'a pas recherché à flouer le moteur de recherche.
Par exemple, un site au temps de chargement trop long est à la fois pénalisant pour l'internaute et pour les robots du moteur de recherche. Les deux auront des difficultés à télécharger votre contenu. L'internaute restera moins longtemps sur votre site et le robot aurait pu consulter plus de contenus dans un même laps de temps. Ce temps de chargement trop long s'avère pénalisant.

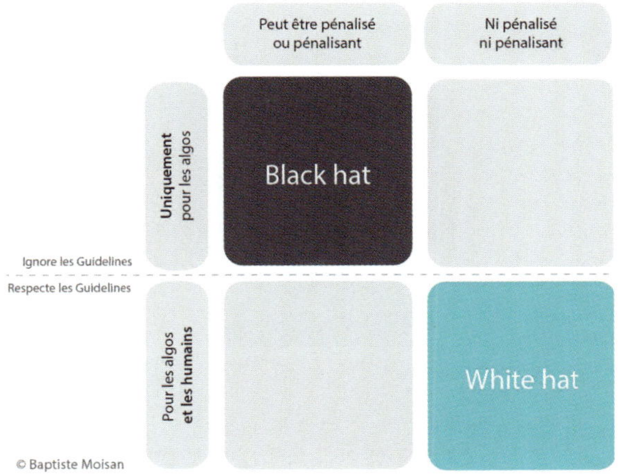

> La "matrice des chapeaux" - 2 catégories

> ***"On imagine souvent white et black hat comme deux catégories de professionnels. Un SEO serait "white hat" ou "black hat" comme s'il faisait partie d'une équipe."***
>
> **Baptiste MOISAN**
> *Trafic manager Siècle Digital*

05 • COMMERCE

> La "matrice des chapeaux" - 4 catégories.

Deuxième exemple : un CMS (Content Management System) mal configuré qui va dupliquer des pages intégrant le même contenu. C'est une erreur de la part du webmaster. Les robots n'aiment pas beaucoup le contenu dupliqué et, si c'est à grande échelle, ce peut être à l'origine d'une pénalité. Attention, donc ! En ajoutant le grey hat et le dunce cap, nous obtenons une matrice des chapeaux complète (voir schéma ci-contre).

Le respect ou non des consignes de Google est une première base de distinction entre white et black hat. Nous y avons ajouté deux différences :
- Le risque ou non de pénalité ;
- La cible.

Ces trois différences sont toutes liées les unes aux autres. Le choix de la cible (algorithmes ou algorithmes et humains) influence le respect ou non des guidelines qui lui-même implique ou non un risque de pénalité.

Même en proposant une base de distinction plus riche, la matrice des chapeaux n'est pas moins manichéenne que la lecture de base qui oppose white hat et black hat.
C'est pourquoi il faut y ajouter la notion de "glissements" qui apporte toute la nuance nécessaire à la bonne compréhension du référencement naturel.

> *"Il y a vingt ans, le keyword était grey hat. En répétant un mot-clé plus que de raison dans un texte, on s'adressait aux algorithmes incapables de détecter la tentative de manipulation."*
>
> Baptiste MOISAN
> *Trafic manager Siècle Digital*

ATTENTION, ÇA GLISSE !

Il y a fort longtemps, aux débuts des moteurs de recherche, répéter de nombreuses fois un mot-clé dans une page permettait de favoriser son positionnement. Certains webmasters en ont abusé et ont fait du "keyword stuffing" - entendez "bourrage de mots-clés".

Cette époque est évidemment révolue et les algorithmes se sont complexifiés. Ils sont aujourd'hui capables de détecter des contenus "sur-optimisés" pour les pénaliser.

Il y a vingt ans, le keyword stuffing était grey hat. En répétant un mot-clé plus que de raison dans un texte, on s'adressait aux algorithmes et ces derniers étaient incapables de détecter la tentative de manipulation. Le risque de pénalité n'existait pas. Les algorithmes ayant évolué, ce n'est plus le cas aujourd'hui. La technique bascule du grey vers le black hat.

Cet exemple nous montre une chose : même si l'on considère qu'une méthode est aujourd'hui grey hat, elle n'est pas nécessairement ancrée dans cette catégorie pour toujours. Elle peut être amenée à "glisser" d'un ensemble à l'autre, comme le keyword stuffing qui a glissé du grey vers le black hat.

Puisque les algorithmes se perfectionnent tous les jours, les techniques visant à les manipuler se complexifient également. C'est une lutte perpétuelle qui vise d'un côté à mieux détecter et de l'autre à mieux camoufler. Ces évolutions perpétuelles ne garantissent pas à une méthode de rester vissée dans un ensemble pour toujours.

C'est aussi vrai pour des méthodes white hat qui peuvent glisser vers le grey hat et inversement.

Par exemple, poser un lien sur un forum : on peut d'abord penser que ce lien ne sera jamais cliqué par un internaute et on le pose uniquement pour les robots. C'est une méthode qui ne peut pas être pénalisée si elle est bien réalisée : c'est grey hat. Finalement, on se rend compte que ce lien nous envoie un peu de trafic toutes les semaines. Puisqu'il est cliqué, il délivre de la valeur à l'internaute. Ce qu'on pensait être une méthode grey hat devient white hat car elle s'adresse aussi à l'internaute.

Alors, qu'est-ce qui provoque précisément ces glissements ? C'est là qu'intervient la notion d'environnements.

UNE QUESTION D'ENVIRONNEMENTS

Un glissement d'un ensemble à l'autre est conditionné par un ou des environnements et leurs évolutions. Pour reprendre l'exemple du keyword stuffing qui a glissé du grey vers le black hat, ceci est dû à trois environnements :

• **L'environnement politique** : Google considère que les sites abusant de la technique délivrent du contenu de faible qualité et peu de valeur à l'internaute. Or, Google veut avant tout satisfaire l'internaute. C'est la politique de Google ;

• **L'environnement technique** : selon cette politique, le moteur a recherché à détecter un contenu sur-optimisé pour le pénaliser. Les algorithmes ont évolué techniquement dans ce sens ;

• **L'environnement concurrentiel** : vous n'êtes pas tout seul sur les moteurs de recherche. Et si vos concurrents n'ont pas l'habitude de sur-optimiser leurs contenus alors que vous le faites avec insistance, vous avez plus de chances de vous attirer les foudres de Google. Au contraire, dans un environnement où tout le monde le pratique, vous pouvez vous fondre dans la masse.

Un quatrième environnement peut être impliqué dans certaines typologies de glissements, notamment entre white et grey hat. C'est **l'environnement socioculturel** : ce dernier concerne les habitudes de recherche et de consommation d'information des internautes.

Pour reprendre l'exemple du lien posé sur le forum, c'est l'environnement socioculturel qui est impliqué dans le glissement du grey hat vers le white hat. Les internautes ont recherché de l'information sur le forum et ont trouvé le lien pertinent pour cliquer dessus.

ENFIN, POUR BIEN COMPRENDRE

Avec la matrice des chapeaux, nous avons pu enrichir la traditionnelle lecture white et black hat pour proposer deux nouvelles catégories et des nouvelles distinctions.

Nous y avons ajouté la notion de glissements qui veut qu'une méthode puisse évoluer d'un ensemble à l'autre sous l'effet d'environnements et de leurs évolutions. Même si l'on peut obtenir une nouvelle vision avec ces deux éléments, on est encore loin de la réalité qui - malheureusement - est plus compliquée.

Déjà, un professionnel du SEO va souvent exploiter des méthodes de manière transverse, quelles que soient les catégories auxquelles elles appartiennent. White, grey ou black hat (sans être à l'abri du dunce cap) : une stratégie de référencement naturel peut tout recouvrir à la fois.

Ensuite, une stratégie inclut régulièrement des "niveaux" où des méthodes black hat viennent "soutenir" des méthodes white hat.

Enfin, ajoutez à cela les glissements entre catégories selon les environnements et leurs évolutions et vous commencez à obtenir une lecture qui s'approche de la réalité du référencement naturel. Et elle n'est plus aussi simple que la classique opposition entre white et black hat !

* Retrouvez la définition dans le lexique en fin d'ouvrage.

SIÈCLE DIGITAL
www.siecledigital.fr
Fiche d'entreprise p. 499

Baptiste Moisan
Trafic manager
baptiste.moisan@gmail.com

Arnaud Verchère
cofondateur de Siècle Digital
arnaud@siecledigital.fr

VOYAGES-SNCF.COM

Accroître sa visibilité sur un carrefour d'audience qualifiée à travers la DCO

> Exemples de bannière DCO (Prix non contractuel) - Créé par OCEBO.

PROBLÉMATIQUE DE LA MARQUE

> Le contexte

Les comparateurs de prix en ligne se multiplient, les algorithmes s'affinent pour proposer au visiteur le voyage qu'il recherche au meilleur prix et en un minimum de temps. Et nombreux sont les acteurs du voyage qui souhaitent se positionner sur ces offres, souvent très similaires.

Prenons l'exemple d'une requête Paris-Lyon sur un comparateur X : ce sont pas moins de 11 sites marchands et 10 compagnies de transport aérien, ferroviaire ou routier qui répondent sur un total de 646 résultats de recherche étendus sur plusieurs pages. La concurrence est forte, l'enjeu est donc de se démarquer, d'être le plus visible possible pour capter le trafic appétant. Et le prix n'est plus un argument de vente tant il est similaire d'une offre à l'autre. Tableau récapitulatif des offres, meilleurs prix par compagnie ou mode de transport, encart sponsorisé en premier résultat de recherche ou annonce payante en sidebar... tous les moyens sont bons pour promouvoir son offre tarifaire et se démarquer de la concurrence... et il en reste à explorer !

En parallèle, le programmatique se développe : adresser le bon message à la bonne personne et au bon moment, tel est le dogme qui rythme l'activité des ad-servers. Et pour adresser un "bon message", l'utilisation de données dynamiques est de rigueur, afin de garantir à l'utilisateur une parfaite fraîcheur de l'information qu'il recevra. C'est ce que permettent de faire les bannières *DCO** (Dynamic Creative Optimization), le nouveau dispositif que Voyages-sncf.com a testé sur les comparateurs pour gagner en visibilité.

> La cible

Dans le cadre de sa campagne DCO sur les comparateurs de voyages, Voyages-sncf.com s'adresse à tout visiteur en quête de la meilleure alternative pour se déplacer et pour qui le temps de trajet et le prix demeurent ses deux principaux critères de choix.

> Les objectifs

L'objectif de la démarche est d'accroître sa visibilité dans un environnement fortement concurrentiel et sur un espace réduit (ici, une page de résultat de recherche et qui plus est, au-dessus d'une ligne de flottaison) afin de :

- Capter le prospect en intention d'achat et acquérir de nouveaux clients ;
- Gagner des parts de marché sur les modes de transport alternatifs (ex. l'aérien) ;
- Promouvoir des prix d'appel compétitifs ;
- Promouvoir les nouveaux temps de trajet de l'axe Atlantique (ex. Paris-Rennes en 1h28) ;
- Augmenter le volume de ventes et le volume d'affaires.

SOLUTION STRATÉGIQUE

> L'idée

L'idée est de faire ressortir l'offre de Voyages-sncf.com le plus clairement et visiblement possible en réunissant les informations principales que l'internaute recherche, à savoir : l'origine et la destination, la date, le prix et/ou le temps de trajet. L'ad-server DCO (Dynamic Creative Optimization), connecté aux bases de données de Voyages-sncf.com, permet de rassembler ces éléments sur un même support, grâce à une mise en place technique qui sera présentée plus tard.
Le produit principal étant le train, de fait, toutes les routes ne seront pas ciblées. On ne conservera que les routes nationales

INFOS CLÉS

x7 du CTR par rapport à la moyenne RTB

2 millions d'impressions/mois

- **Objectif :** Acquisition, Ventes
- **Cibles :** Prospects
- **Moyens :** Display, Comparateur de prix, data

et plus stratégiquement les routes ciblées par l'aérien, afin d'en récupérer quelques parts de marché.
En occupant 100 % des espaces visuels disponibles sur la page sous différents formats avec une bannière animée, on maximise la visibilité de l'offre présentée et la captation de trafic.

> Les aspects innovants et de différenciation
Jusqu'à présent, les affichages display sont des messages globaux de promotion d'une offre générique ou, au mieux, une bannière de retargeting reprenant des éléments de navigation antérieurs. Aujourd'hui, la bannière DCO diffuse en temps réel les réponses à des requêtes effectuées sur un comparateur. Si les résultats de recherche ne se concentraient qu'au centre de la page les uns à la suite des autres, ils sont désormais présentés sur des bannières incluant un clic différencié permettant une redirection vers une page de devis pré-remplie, pour maximiser les chances de conversion.

« La campagne de Voyages-sncf.com nous permet de mettre en avant des bannières contextualisées pertinentes et engageantes pour les utilisateurs de liligo.com. C'est un véritable levier de performances. » Antoine Lefranc, Advertising Coordinator chez Liligo

MISE EN PLACE OPÉRATIONNELLE

> La durée : depuis avril 2017
> Les choix créatifs
Un internaute consacre en moyenne 3 secondes à la visualisation d'une bannière. Il faut donc être rapide, concis, efficace pour livrer au visiteur les informations qu'il recherche.
- **Rapide** : les différents éléments apparaissent en 2 secondes sur la bannière
- **Concis** : on se limite à 3 blocs distincts. Les informations du trajet que sont l'origine, la destination et la date ; le prix OU le temps de trajet ; le call-to-action redirigeant vers le site. On se concentre sur un contenu informatif pur, afin d'éviter l'effet publicité de la bannière.
- **Efficace** : 3 couleurs pour 3 blocs afin que le résultat soit très visuel et clair. Un effet "bump" discret sur le CTA permet de retenir l'attention une fois l'animation passée et un visuel de fond, représentant la destination choisie, permet d'interpeller directement le visiteur en contextualisant la bannière.

> Les étapes
Nous avons d'abord choisi l'ad-server qui permettrait de mettre en place ces bannières, et c'est avec ADventori que nous avons décidé de lancer ce test. La création des visuels sera gérée par l'agence OCEBO.
Nous avons connecté l'ad-server à notre *API**, afin qu'il puisse récupérer en temps réel toutes les informations relatives au trajet requêté. De son côté, l'ad-server récupère sur le site du comparateur les 3 informations clés que sont la ville de départ, la ville d'arrivée, et la date de l'aller.
Quelques traductions de nom de ville en code resarail (équivalent code IATA pour le ferroviaire) plus tard et l'interrogation de notre API peut se faire.
Une fois les résultats collectés, il s'agira de savoir lequel afficher, entre le prix et le temps de trajet. Par exemple, si le trajet requêté concerne une ligne très grande vitesse, alors l'argument n° 1 à mettre en avant sera la durée du trajet. Ou bien si le prix proposé à la date souhaitée est bien supérieur à la moyenne constatée, alors il sera plus judicieux d'afficher un prix plus faible sur un départ différé.
C'est donc toute une arborescence de scénarios qui est rédigée et interrogée par l'ad-server, afin de diffuser le bon message selon le contexte.
La redirection se fait ensuite vers une page de devis ou le calendrier des prix Voyages-sncf.com, selon le cas de figure.

« L'ad-server a opéré un pivot dans cette campagne, en permettant de connecter les données 1st party de Voyages-sncf.com à celles des sites éditeurs. La pertinence du message est optimale pour l'internaute. ». Carole Ellouk, Chief Marketing Officer chez ADventori

RÉSULTATS

Les résultats ont été encourageants dès le lancement de la campagne :
- **CTR : x 7 par rapport à la moyenne constatée en RTB**
- **Volume d'impressions : 2 millions/mois**

L'heure est désormais à l'optimisation et au développement des campagnes.
A l'optimisation, en réalisant divers A/B tests sur les types de redirections, contenus de bannière et visuels, afin de maximiser les performances de la campagne et d'améliorer nos KPIs.
Au développement, en partant à la conquête de nouveaux inventaires, en déployant les campagnes à l'international et en ouvrant de nouvelles routes.
La DCO recèle d'axes de développement !

« La DCO est une nouvelle manière de prendre la parole chez nos partenaires, plus pertinente, plus esthétique et engendrant de ce fait de meilleurs résultats. »

* Retrouvez la définition dans le lexique en fin d'ouvrage.

VOYAGES-SNCF.COM
www.voyages-sncf.com

Clémence Truttmann
Chef de projet Partenariats Web
ctruttmann@voyages-sncf.com

Clément Guerin
Responsable Partenariats et Médias
cguerin@voyages-sncf.com

PRICEMINISTER-RAKUTEN

Le contenu utilisateur, premier facteur de conversion

PROBLÉMATIQUE DE LA MARQUE

› PriceMinister-Rakuten : 100 % digital et 100 % marketplace
Pionnier du e-commerce en France, PriceMinister-Rakuten est une place de marché qui a pour vocation de faire se rencontrer l'offre et la demande de particuliers (CtoC) et de professionnels (BtoBtoC) sur 200 millions d'articles neufs et d'occasion sur tous les produits du quotidien (mode, maison, high-tech, auto-moto, DIY, jardinage, bricolage, culture, etc.). Chaque mois, plusieurs millions d'utilisateurs se rendent sur le site www.priceminister.com pour profiter de ce choix unique ou pour mettre en vente leur(s) article(s). Depuis les années 2000, notre marketplace conserve sa place dans le paysage des sites e-commerce les plus actifs en France grâce à ses audiences multi-devices et ses performances marketing. Le site compte aujourd'hui une communauté de 17 millions de membres à qui il offre depuis toujours sa garantie de tiers de confiance : le site paie le vendeur une fois que l'acheteur a reçu son produit.

› Votre avis nous intéresse !
PriceMinister-Rakuten permet à ses utilisateurs de partager leur avis sur les produits qu'ils ont achetés. Avec plus d'un million d'avis, ce jeu de données a un énorme potentiel pour améliorer la qualité du site et permettre aux utilisateurs de trouver le produit qui leur convient le mieux. Chaque utilisateur peut aussi évaluer un avis, en spécifiant s'il est utile pour lui ou non. Ce retour est aussi très important pour la qualité des services. C'est un axe fondamental pour l'acuité de nos recommandations produits. Cela vient parfaire l'expérience et le parcours client.

Les avis des autres utilisateurs du site sont cruciaux dans le taux de conversion. Ils peuvent aider à se décider et favoriser l'acte d'achat. Il est donc stratégique pour nous de les qualifier au maximum. Cela vient asseoir un peu plus notre position de tiers de confiance.

En valorisant l'expérience communautaire, nous encourageons aussi nos utilisateurs à partager leurs retours d'expérience et à créer un cercle vertueux de la recommandation.

SOLUTION STRATÉGIQUE

› Qualité des avis
La qualité des avis peut être directement reliée aux nombres de personnes qui ont voté pour savoir si un avis est utile/pas utile.

La question à laquelle nous avons souhaité répondre est de savoir si nous pouvions utiliser les évaluations des avis pour faire remonter les avis les plus utiles et donc, les plus qualitatifs.

Certains avis sont ainsi particulièrement intéressants, par exemple : « *Très grandes et belles cartes soyeuses, les illustrations sont extrêmement bien réalisées, le manuel d'explications est facile et très lisible, pour la voyance personnelle ou pour tirer les cartes en cérémonial la grandeur des cartes permet d'organiser un vrai tirage professionnel.* »

D'autres le sont moins car plus personnels, par exemple :
« *Jeu très bien pour ma fille de 4 ans. Je recommande pour les jeunes enfants ; très satisfait.* »

Cette approche est particulièrement originale, car elle cherche à prédire des données secondaires attachées aux avis. Prédire ce retour des utilisateurs sur les avis (retour qui est subjectif et personnel) est particulièrement ambitieux, et peut avoir des implications plus générales que le e-commerce. Cette approche est en partie similaire à l'analyse de sentiment, qui vise à déterminer les sentiments (objectivité/subjectivité) d'un texte, mais va au-delà. En effet, un avis négatif, mais structuré et informatif, est parfois plus utile lors de la prise de décision de l'utilisateur qu'un avis positif, mais non informatif.

INFOS CLÉS

8 mois durée du challenge

139 participants

Meilleure performance obtenue (*AUC** : 0,732)

- **Objectif :** Ventes, Conversion
- **Cibles :** Les 2 sexes, tous âges confondus
- **Moyens :** Data, Base de données, Référencement naturel

> Data challenge

Afin de résoudre ce problème ou de défricher les pistes d'améliorations, nous avons participé à un data challenge organisé et hébergé par l'Ecole Normale Supérieure (ENS). La participation au challenge est issue de la collaboration entre l'équipe Big Data Europe team de Rakuten (Search, Recommendations, Targeting, etc.) et le Rakuten Institute of Technology (RIT) (Computer Vision, Human Computer Interface, Machine Learning, Deep Learning, etc.).

Notre participation à ce challenge s'inscrit dans un esprit d'échange scientifique, avec un partage de données et de résultats : les données mises à disposition par PriceMinister ne sont pas confidentielles et les rapports algorithmiques des élèves sont mis à disposition des entreprises. Il s'agit d'un moyen scientifique d'utiliser des données peu volumineuses, mais extrêmement riches et complexes.

> "Beaucoup de solutions proposées étaient fondées sur les réseaux de neurones profonds (deep learning). Ces approches sont populaires depuis quelques années, et ont déjà prouvé leur efficacité."

MISE EN PLACE OPÉRATIONNELLE

> La préparation des données

Nous avons extrait les avis de produits vendus sur le site pour créer une base de données permettant l'apprentissage des algorithmes. La validation est, quant à elle, effectuée sur des produits n'étant plus vendus, afin d'éviter qu'elle soit accessible aux candidats. Cette approche est standard (et nécessaire) afin de valider correctement la qualité prédictive des algorithmes proposés.

Nous disposons ainsi de 113 940 avis pour l'apprentissage des algorithmes, et de 49 792 pour l'évaluation. Chaque avis est décrit par les données suivantes :

- ID – identifiant de l'échantillon ;
- review_content – contenu de l'avis écrit par l'utilisateur (en français) ;
- review_title – titre de l'avis écrit par l'utilisateur (en français) ;
- review_stars – note donnée par l'utilisateur sur le produit ;
- product – identifiant du produit.

De plus, un avis est labellisé comme utile (class 1) ou inutile (class 0), en se fondant sur leur nombre de retours :

- utile si (nombre de retours positifs/total du nombre de retours) > 0.5 ;
- inutile si (nombre de retours positifs/total du nombre de retours) < 0.5.

Nous avons enlevé les avis pour lesquels le nombre de retours positifs et le nombre de retours négatifs étaient égaux. Nous avons utilisé la mesure *AUC** (Area Under the Curve) pour l'évaluation.

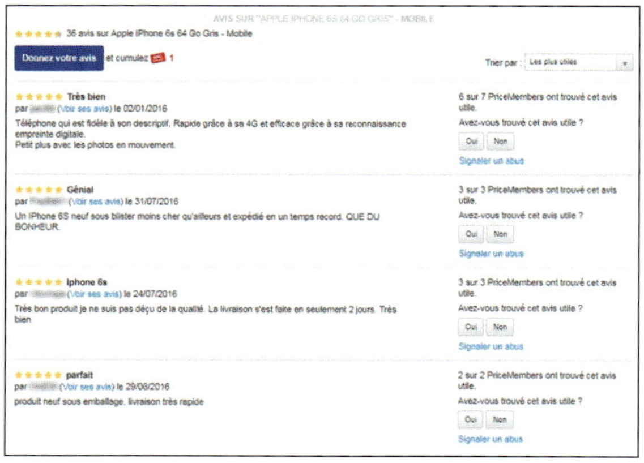

Exemple de donnée d'entrée :
ID ; review_content ; review_title ; review_stars ; product ; useful
40 ; le jeu est très bon le seul défaut c'est que les pièces ne tiennent pas bien sur l'échiquier ; un jeu d'échec très attrayant et complet bonne acquisition pour son prix défiant la concurrence ; 5 ; 5bec8c1b067ab2a211d229705c6a7f84bc2ea8e27b80a-46d7a85130423740e177d053f16991f48fe9ba51d462a8cf-f7e4ec2b66b28f815effc8d8e196af0e1da ; True

Les données sont accessibles ici : https://challengedata.ens.fr/fr/challenge/26/prediction_de_linteret_des_avis_utilisateurs.html

> Participation

La durée du data challenge a été de 8 mois (novembre 2016 à juin 2017), avec 139 participants et 22 participants actifs qui ont effectué plus de 200 soumissions. Les participants ont rendu leurs travaux lors d'une soutenance à laquelle nous étions conviés. La compétition était ouverte à tous : outre les étudiants des ENS, on retrouve des participants d'autres grandes écoles ou universités.

> Attributs

Les premiers résultats du Data challenge ont principalement été qualitatifs sur la base des avis de nos produits. Des pré-traitements relativement simples des données (ponctuations, casse...) ont permis de mettre à jour des avis répétés (ou spams).

Création d'attributs supplémentaires (feature engineering)

Une des tâches importantes dans la conception d'algorithmes prédictifs est la définition d'attributs qui vont caractériser un échantillon (ici, un avis) et permettre d'en tirer des règles afin de discriminer les différentes classes (ici, savoir si un avis va être utile ou non). Parmi les attributs proposés par les étudiants, nous retrouvons :

- TF/IDF (term frequency, inverse document frequency). Cet attribut est standard dans le traitement de données textuelles, et il a été utilisé par la plus grande partie des participations se basant sur des approches prédictives standard (machine learning). Il permet entre autres de diminuer l'importance des mots fréquents mais peu discriminatifs ;

- Des attributs bas niveaux, tels que le nombre de mots différents, de caractères différents, de N-grams... dans le contenu des avis. Ces attributs reflètent de manière indirecte la complexité lexicale et la qualité orthographique d'un avis ;

- La fraction de fautes dans l'avis, ainsi que diverses mesures de "readability" (par ex. Flesh-Kincaid) qui se basent sur l'hypothèse qu'un avis clair et bien écrit est probablement plus intéressant qu'un avis brouillon et illisible.

> Algorithmes

La plupart des candidatures ont proposé des solutions fondées sur les réseaux de neurones profonds (deep learning). Ces approches sont populaires depuis quelques années et ont déjà prouvé leur efficacité dans des domaines comme la reconnaissance d'images ou le traitement de la parole.

Un des aspects intéressants de ces approches est l'utilisation de couches dites "récurrentes" (LSTM) qui visent à modéliser la structure temporelle du message et donc, à en extraire un sens logique. De manière simplifiée, nous pourrions voir cela comme la modélisation de l'enchaînement logique de mots et de concepts amenant à la construction d'un avis sur un produit.

RÉSULTATS

En général, les approches "classiques" fondées sur la construction d'attributs (SVM, Random Forests) ont souvent obtenu des performances moins bonnes que les approches par deep learning, qui internalisent la construction de ces attributs et le font de manière plus efficace.

Les rapports des participants nous ont permis d'avoir une meilleure compréhension des problèmes de qualité qui peuvent être attachés à nos avis. Ils ont aussi ouvert de nombreuses pistes afin de trier et filtrer les avis qui seront utiles pour les utilisateurs. Ce data challenge est donc riche d'enseignements qui seront très utiles à mettre en œuvre dans la pratique.

> Conclusion

La meilleure performance obtenue (AUC : Area Under The Curve) est de 0,732. Nous ne rentrerons pas dans le détail de ce score, mais il nous permet de conclure que les méthodes récentes de deep learning permettent efficacement de caractériser un avis comme utile ou non utile pour les utilisateurs en considérant seulement le contenu textuel de l'avis.

Ces résultats vont nous permettre de mettre en avant un contenu plus qualitatif pour les utilisateurs mais aussi de détecter les fraudeurs ou spammeurs potentiels. Ce type d'approches pourra aussi être utilisé pour quantifier plus efficacement les autres contenus textuels du site, comme la description des produits, les échanges entre vendeurs et acheteurs, etc.

La data au service de la personnalisation et de l'expérience client a de beaux jours devant elle.

* Retrouvez la définition dans le lexique en fin d'ouvrage.

"La question à laquelle nous avons souhaité répondre est de savoir si nous pouvions utiliser les évaluations des avis pour faire remonter les avis les plus utiles et donc, les plus qualitatifs."

◊ **PRICEMINISTER-RAKUTEN**
www.priceminister.com

Vincent Michel
Data Scientist
vincent.michel@rakuten.com

Alexia Lefeuvre
Responsable Communication
alexia.lefeuvre@priceminister.com

LE SEARCH SUR LES PLATEFORMES E-COMMERCE

Aujourd'hui popularisées par les géants de la distribution web comme Amazon, les plateformes e-commerce deviennent un passage incontournable du parcours d'achat du consommateur.

Le top 15 de ces sites e-commerce représente plus d'une centaine de millions de visiteurs par mois

Environ **80%** de l'activité se passent sur la première page de résultats de recherche

LES PLATEFORMES E-COMMERCE : DES CARREFOURS D'AUDIENCE À DISPOSITION DES MARQUES

Ces plateformes permettent à l'internaute de trouver le produit ou service de différentes marques, ce qui facilite ainsi la comparaison entre l'ensemble des offres proposées. La navigation sur cette typologie de sites s'est largement démocratisée, en témoignent le succès du récent Prime Day et les résultats des derniers Cyber Monday et Black Friday.

D'un point de vue annonceurs, l'intégration d'une boutique de marque facilite l'accès à un public plus large. Selon la récente étude Médiamétrie sur les audiences internet, le top 15 de ces sites e-commerce représente plus d'une centaine de millions de visiteurs par mois.

En plus d'avoir à disposition des usagers engagés avec des comportements d'achat fréquents, elles bénéficient également d'une large gamme de services complémentaires comprenant les transactions, le paiement et l'acheminement des commandes en fonction des plateformes.

Les annonceurs passent par les *marketplaces** afin de monitorer leur présence sur les différentes plateformes contre rémunération. Cette rémunération prend la forme d'une commission qui peut varier entre 5 à 30 % du chiffre d'affaires selon les acteurs et les produits, commission à laquelle peut également s'ajouter un abonnement annuel ou mensuel.

UN NOUVEAU CHALLENGE

L'attrait des consommateurs pour ces hypermarchés digitaux pousse les marques à y référencer de plus en plus de produits de leurs catalogues, même les marques les plus réticentes. Par exemple, après des années de refus, le leader mondial des équipementiers sportifs, Nike, vend depuis cet été ses baskets sur Amazon.

Ce sont alors des millions de fiches produits qui sont proposées aux internautes à travers des dizaines de catégories... Et donc de nouveaux challenges pour les marques :

- Comment rendre visible son inventaire produit dans ces hypermarchés digitaux ?
- Comment se démarquer des produits de ses concurrents ?
- Comment améliorer la position des marques pour capter le plus de ventes ?

mediametrie // NetRatings

Top 15 des sites et applications de « e-commerce »
Internet Global

		Visiteurs uniques moyens par mois	Couverture France mensuelle (en % de la pop. française)	Visiteurs uniques moyens par jour
1	amazon	23 499 000	45,1%	3 726 000
2	Cdiscount	16 659 000	32,0%	1 712 000
3	fnac	13 267 000	25,5%	997 000
4	voyages-sncf.com	12 124 000	23,3%	1 030 000
5	vente-privee	11 867 000	22,8%	2 693 000
6	ebay	11 576 000	22,2%	1 504 000
7	GROUPON	11 179 000	21,5%	1 521 000
8	Carrefour	10 257 000	19,7%	1 002 000
9	Booking	9 344 000	17,9%	740 000
10	E.Leclerc	9 127 000	17,5%	887 000
11	La Redoute	8 747 000	16,8%	746 000
12	Leroy Merlin	8 490 000	16,3%	625 000
13	showroomprive.com	8 435 000	16,2%	1 306 000
14	DARTY	8 005 000	15,4%	492 000
15	PRICEMINISTER	7 915 000	15,2%	617 000

- Mesure « Brand »
- Source : Médiamétrie et Médiamétrie//NetRatings – Audience Internet Global – Catégorie créée spécialement pour la Fevad - Moyenne T1 2017 - France – Base : 15 ans et plus - Copyright Médiamétrie//NetRatings – Tous droits réservés

En moyenne, près de **37,3 millions d'internautes** (72% des Français) ont consulté, chaque mois, **au moins un des sites et/ou applications du Top 15.**

LA PREMIÈRE PAGE DE RÉSULTATS DE RECHERCHE RIEN !

Environ 80 % de l'activité se passent sur la première page de résultats de recherche, c'est pourquoi l'indexation des pages produits est clé pour assurer une visibilité maximum des produits.

Comme le SEO pour le référencement des sites, le contenu et la pertinence sont les deux éléments clés pour faire émerger de manière naturelle les pages produits. Les marques collaborent avec les équipes retail et leurs agences afin de valoriser les assets sur les plateformes grâce à l'optimisation des pages produits ou des boutiques intégrées.

Un travail de fond attend les annonceurs afin de faire correspondre le contenu de leurs pages produits avec les requêtes des consommateurs, tout en leur assurant une expérience client attrayante.

Les critères d'indexation vont varier entre les différentes plateformes, mais ce sont principalement les champs textuels qui sont concernés (Titre, Description, Mots-clés relatifs au produit). On sait aussi que le contenu enrichi est très apprécié par des retailers comme Amazon. En effet, la qualité des photos de présentation et la mise en ligne de vidéos peuvent avoir un impact sur le positionnement des produits.

Depuis quelques années, les plateformes e-commerce développent des offres de *paid search** avec ou sans l'aide de partenaires technologiques. Les marques peuvent désormais enchérir sur des emplacements e-commerce premium et s'assurer de toucher une audience plus large et ciblée en fonction de l'expression de ses besoins.

DES PLATEFORMES TECHNOLOGIQUES AU SERVICE DES PUBLICITAIRES

Appelées "Sponsored Product" ou "Searchandising", ces solutions qui permettent de placer les fiches produits en top position commencent à émerger dans les plans média comme un bon complément aux investissements SEA plus traditionnels (Google, Yahoo, Bing).

Directement intégré dans les résultats de recherche et lors de la navigation sur les sites marchands, le search e-commerce a déjà fait ses preuves :
- Ciblage des consommateurs intentionnistes actifs ;
- Génération de trafic qualifié vers les pages produits ;
- Développement du chiffre d'affaires.

On trouve sur le marché des solutions aux *CPC** et *CPM** intégrant cette approche, comme Amazon qui a lancé Amazon Sponsored Service (AMS), son adserver search dédié.

D'autres plateformes e-commerce ont intégré des technologies externes afin de monétiser leurs inventaires. Nous pouvons ainsi intégrer des annonces sponsorisées sur la plateforme Criteo Sponsored Product ce qui permet de diffuser les offres sur un inventaire de sites e-commerces (Fnac, Darty ou Micromania). Nous pouvons également, via la plateforme Storetail, interagir avec les internautes effectuant des requêtes sur les drives de types Carrefour, E.Leclerc et Intermarché.

Les plateformes sont principalement en "self-service", le gestionnaire ayant la main sur la création et la mise en ligne des campagnes. Les solutions sont encore relativement jeunes et vont se développer en fonction des feed-back des utilisateurs et de l'évolution du marché afin de s'adapter aux besoins des marques et des agences.

* Retrouvez la définition dans le lexique en fin d'ouvrage.

◊ iPROSPECT
www.iprospect.com/fr
Fiche d'entreprise p. 486

Nicolas Vivies
Responsable Programmatique
Plateforme E-commerce
nicolas.vivies@iprospect.com

Vincent Cézard
Directeur SEA
vincent.cezard@iprospect.com

5 CAS D'USAGE POUR ENRICHIR VOTRE STRATÉGIE E-MAIL AVEC LES DONNÉES DE NAVIGATION WEB

La collecte des données de navigation présente des opportunités intéressantes pour enrichir votre stratégie e-mail. Ces données vous permettent de mettre en œuvre des campagnes de rebond basées sur les comportements observés en ligne. Complémentaires aux campagnes traditionnelles, les campagnes de rebond peuvent exploiter les données de navigation de différentes manières.

91 % des annonceurs utilisent l'e-mailing de façon quasi systématique, à toutes les étapes du cycle de vie du consommateur

"Pour mener à bien cette démarche, il est essentiel de conduire une réflexion en amont sur la manière d'imbriquer ces campagnes de rebond avec les campagnes traditionnelles afin de garantir une expérience cohérente et d'éviter les doublons marketing."

Eric PIERSON
Directeur Commercial Cabestan

Nous vous proposons un tour d'horizon avec cinq cas d'usage concrets pour mener une stratégie e-mail pertinente avec les données de navigation web.

1 - Réveiller les endormis

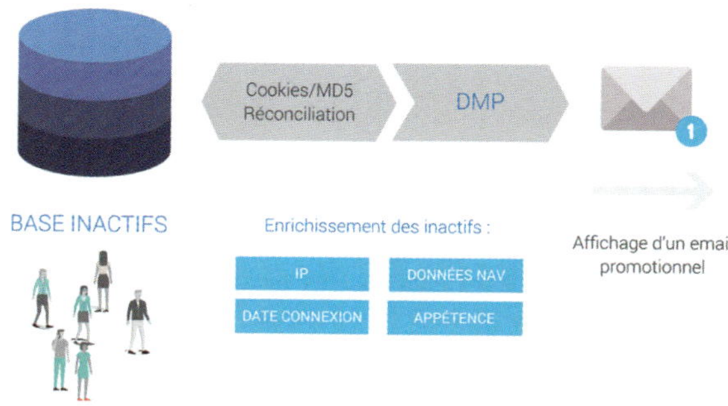

Certains de vos e-mails sont devenus inactifs dans votre base clients et/ou prospects et ils ont été placés en repoussoir des campagnes traditionnelles, car ils impactent négativement vos statistiques.

En isolant ces contacts, vous pouvez mettre en place une campagne qui adresse un e-mail lorsqu'un comportement en ligne est détecté, sur la foi d'une connexion.

Vous pouvez alors "raviver" le contact de manière personnalisée et pertinente, et diminuer ainsi le nombre de vos clients inactifs.

2 - Limiter le *churn**

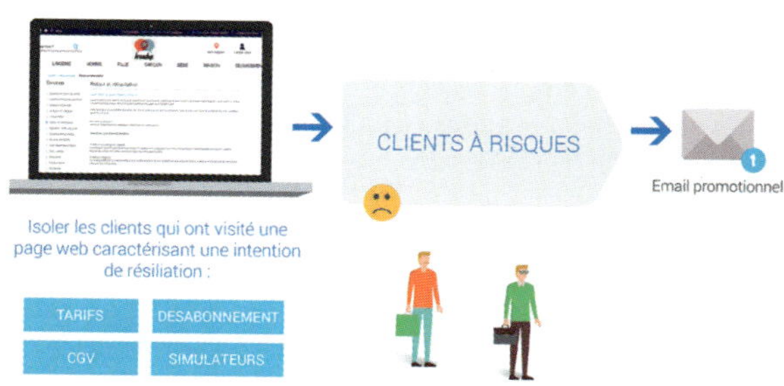

Le churn, aussi nommé "attrition", désigne la perte de clientèle ou d'abonnés.

En analysant son comportement de navigation, vous détectez un client caractérisant une intention de résiliation (tarifs, conditions générales de vente, simulateurs, désabonnements), soit par la visite qu'il a effectuée sur votre site soit à travers son historique de navigation sur d'autres sites.

Vous pouvez déclencher des actions marketing anti-attrition en temps réel en lui envoyant par exemple un e-mail promotionnel. Par cette action, vous contribuez à améliorer la satisfaction client grâce au développement d'une relation proactive et personnalisée avec lui et pouvez allouer davantage de budget aux clients à risque.

3 - Réactiver les "abandonnistes"

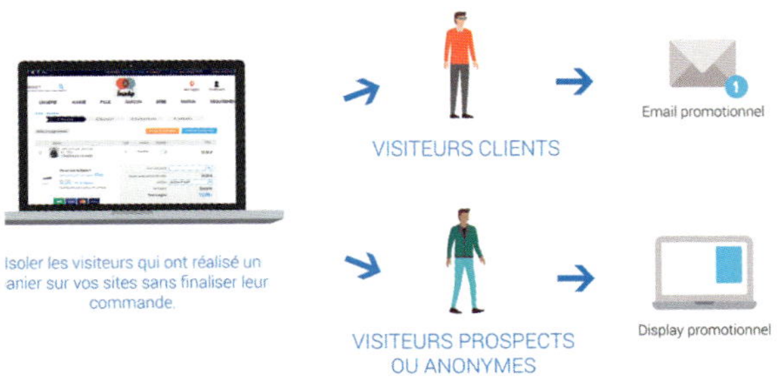

Un abandonniste est un internaute qui constitue un panier sur votre site et abandonne avant d'avoir finalisé sa commande.

S'il s'agit d'un prospect ou d'un anonyme, la collecte d'un *cookie** peut vous permettre par exemple de diffuser un display promotionnel. S'il s'agit d'un client, l'identification de l'étape du tunnel de conversion l'ayant fait décrocher (généralement la livraison ou le paiement) vous permet d'adresser un message de réassurance personnalisé, avec un bloc de contenu directement lié à la raison de l'abandon.

La vertu est triple : vous réduisez ainsi votre taux d'abandon, vous diminuez la perte de chiffre d'affaires et vos contacts mesurent le niveau de personnalisation de votre relation client.

4 - Pousser l'offre la plus adéquate

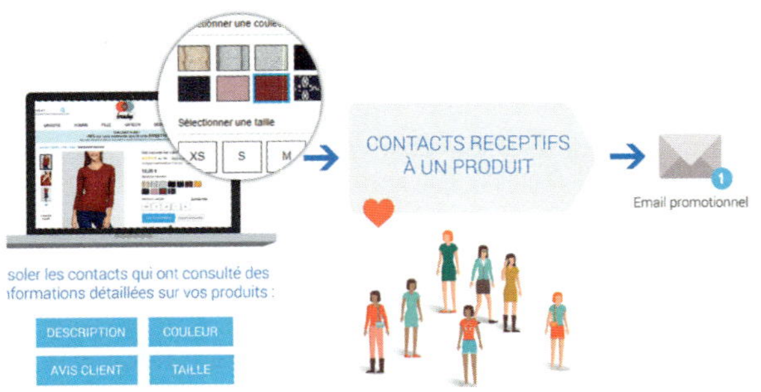

Un internaute a consulté des informations détaillées sur vos produits : description, couleur, taille, avis client... La détection de ces intentions d'achat vous permet de comprendre qu'un contact est réceptif à un ou plusieurs produits spécifiques : c'est un "intentionniste".

Dès lors, ces données vous permettent de construire un message entièrement personnalisé, en phase avec les appétences du contact. Quand il s'agit d'un client, l'envoi d'un e-mail promotionnel est l'opportunité de lui proposer des produits croisés voire une montée en gamme.

Ce travail de recoupement des données offre plusieurs bénéfices : il permet notamment d'augmenter significativement le taux de transformation, de développer la récurrence des ventes et de réduire les coûts de recrutement de nouveaux clients.

5 - Détecter des moments de vie

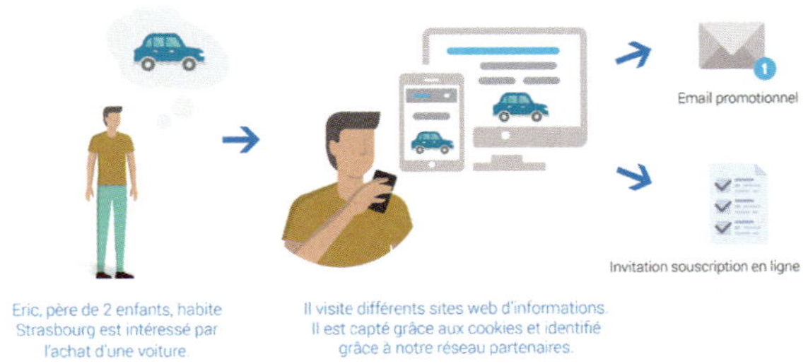

À chaque changement important, les internautes recherchent des informations sur Internet : comparaison, avis, consultation... Le partage de données entre sites partenaires, recoupées avec les données déjà possédées sur un contact, permet ainsi de détecter des "moments de vie", tels qu'un déménagement ou l'achat d'une voiture.

Le fait d'identifier cette intention ou ce besoin vous permet de prendre la parole "au bon moment" pour adresser une offre personnalisée et pertinente, telle qu'une brochure ou une invitation à souscrire en ligne.

Quels que soient les cas de figure, les données de navigation web apparaissent comme une source précieuse pour développer la connaissance des clients et la détection de leurs comportements. Elles offrent également une opportunité de développer des prises de parole par des messages très contextualisés.

Pour mener à bien cette démarche, il est essentiel de mener une réflexion en amont sur la manière d'imbriquer ces campagnes de rebond avec les campagnes traditionnelles, afin de garantir une expérience cohérente et d'éviter les doublons marketing.

* Retrouvez la définition dans le lexique en fin d'ouvrage.

CABESTAN
www.cabestan.com
Fiche d'entreprise p. 479

Eric Pierson
Directeur Commercial
pierson@pro.cabestan.com

PARIS AÉROPORT

Développer la notoriété et la connaissance d'une nouvelle activité e-commerce

> Accès en 1 clic à la réservation de billet d'avion.

PROBLÉMATIQUE DE LA MARQUE

> Passer d'un site web d'information à un site tout-en-un de préparation au voyage

Avec en moyenne plus de 1,3 million de visites chaque mois en 2016, le site Paris Aéroport est l'un des sites de référence d'informations pratiques sur les horaires et statuts des vols arrivant ou quittant les aéroports de Paris-Orly et de Paris-Charles de Gaulle. Il propose aussi d'autres informations pratiques sur les différents moyens d'accès aux terminaux, la préparation de ses bagages et de son voyage ainsi que des informations touristiques avec une sélection de bonnes adresses (expos, bars et restaurants, visite d'un quartier...) issues du magazine gratuit, Paris Worldwide, disponible pour tous les passagers à leur arrivée comme au départ.

Jusqu'à début 2017, Paris Aéroport proposait uniquement à la vente la réservation de parking avec des tarifs exclusifs web. Afin d'accompagner notre client "door-to-door", de son domicile à l'embarquement en avion, sachant que les études montraient que l'aéroport était légitime pour proposer d'autres services à la vente, de nouvelles activités ont été proposées. Ainsi, depuis mai, il est possible d'acheter via nos partenaires **un billet d'avion**, de réserver une **chambre d'hôtel** (sur Paris ou partout dans le monde), de **louer une voiture** : bref, l'offre de tous les acteurs du voyage.

> Les différents objectifs liés à cette nouvelle offre

La différenciation de l'offre consiste en un service complet et de bout en bout autour du voyage à nos passagers :

• Avec près d'une dizaine de nouveaux services réservables en ligne, dont certains, en exclusivité, Paris Aéroport devient un acteur du tourisme en France et propose désormais à l'ensemble de ses passagers, l'une des **plus vastes palettes de services dans le monde du voyage**.

> Objectif de la campagne de communication

Le plan 360° de communication doit permettre de **développer la notoriété de cette nouvelle activité** afin de créer un réflexe de consultation future de notre site web lors de l'organisation d'un prochain voyage.

Paris Aéroport dispose à la base de deux atouts extrêmement puissants pour se positionner sur ce marché :

• Capitaliser sur notre trafic naturel et notre positionnement de référent pour proposer à la vente des services utiles aux passagers de nos aéroports ;

• Les internautes qui viennent sur notre site web sont le cœur de cible pour vendre ces prestations.

Le dispositif de communication va donc jouer sur cette proximité avec nos cibles et le fait que nous sommes déjà en contact avec ces futurs acheteurs.

SOLUTION STRATÉGIQUE

> Construire un positionnement d'offre différenciée et complète

Au-delà des prestations vendues sur de nombreux sites web, il faut offrir des "plus" pour créer une proposition de valeur unique : ainsi, nous proposons également d'acheter des billets de transport en commun, des entrées dans les plus prestigieux musées, des excursions touristiques en bus ou bateaux sur la Seine, etc. Et ces achats peuvent être récupérés simplement à la descente d'avion en se rendant aux comptoirs Tourisme Information présents dans nos aéroports ! Enfin, des services

INFOS CLÉS

3 millions d'occasions de vues en 1 mois

350 000 visites sur pages services

10-20 % de vues avec vidéo sur Twitter

- **Objectif :** Notoriété, Ventes
- **Cibles :** Les 2 sexes, CSP+, Les 30-40 ans
- **Moyens :** Jeu-concours, Site Internet, Liens sponsorisés

de protection et d'assurance des bagages peuvent être réservés avant le passage à l'aéroport.

L'objectif est d'offrir plus de services à notre cœur de cible, les passagers, qu'ils soient passagers occasionnels (touristes) ou "frequent flyers" (business), autour de cette "marketplace" du tourisme à Paris.

> Comment faire connaître ces nouveaux services ?
Si beaucoup de nos passagers utilisent notre site web ou notre application mobile pour trouver des informations sur leur vol ou sur nos aéroports, **ils ne viennent pas encore pour acheter leur voyage** sur Paris Aéroport !

Voyages SNCF a, dans le passé, mis beaucoup d'argent en achat d'espace média pour faire savoir qu'il vendait "autre chose que du train".

Il est donc primordial de faire connaître ces nouveautés lors de la consultation de notre site web... sans nuire à la satisfaction client et aux attentes de base autour de l'information vol (50 % des visites) et aux moyens d'accéder ou de quitter nos aéroports (25 % des visites).

L'idée principale a été de jouer sur **différents leviers pour développer la connaissance de ces prestations** via :
- Une nouvelle **page d'accueil** qui les met en visibilité, de façon évidente ;
- Une mécanique d'**autopromotion** sur les autres pages "carrefour d'audience" de notre site ;
- Un **quiz ludique** destiné à capter la curiosité et l'intérêt de nos internautes : en leur proposant de trouver la destination idéale ou originale de voyage pour chacun parmi les nombreuses offres de nos partenaires compagnies aériennes. L'objectif est également de faire découvrir la variété des villes desservies par nos 2 aéroports ;
- Une **vidéo** pour un usage notamment sur les réseaux sociaux : elle montre de façon concrète la simplicité et l'exhaustivité des services réservables sur Paris Aéroport !
- Un **jeu-concours** pour créer du trafic et favoriser la connaissance de cette offre en faisant gagner des billets d'avion ;
- Un plan d'**achat d'espace média SEM** pour assurer une présence dans la part de voix des différents acteurs.

L'ensemble du dispositif est destiné à créer la notoriété de ces nouvelles prestations disponibles à l'achat en ligne.
Tous ces leviers aboutissent in fine vers une des pages d'achat en ligne de celles-ci.

MISE EN PLACE OPÉRATIONNELLE

> Leviers utilisés
Les différents leviers combinent du paid et du owned media :
- De l'achat d'espace classique entièrement orienté ROI via du

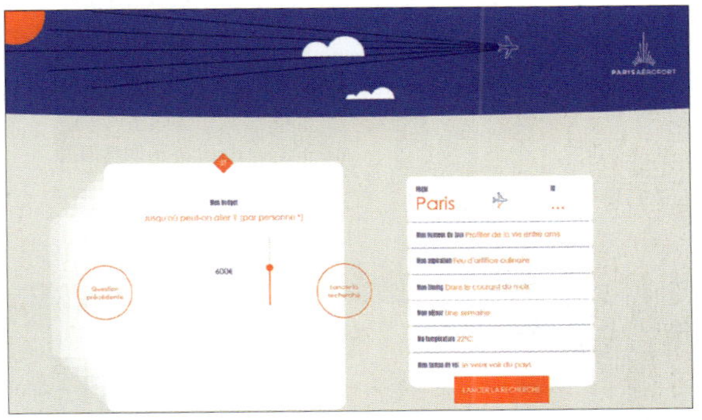

> Le quiz ludique : trouver la destination idéale !

> *"Utiliser un mix de leviers pour développer la notoriété de la nouvelle offre : vidéo de présentation, jeu-concours, quiz ludique, autopromotion, UX via la page d'accueil, SEM..."*

> Autopromotion des nouveaux services via l'info vol.

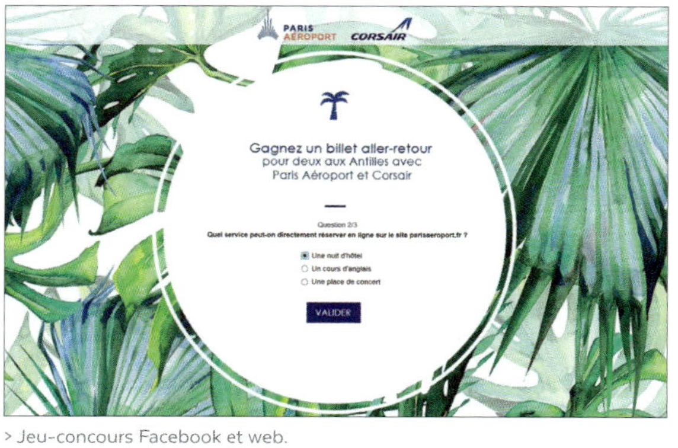

> Jeu-concours Facebook et web.

> Nouvelle structuration de la page d'accueil.

> Vidéo didactique en motion design.

SEM directement vers les pages "fiches produit" ;

- Un axe ludique et viral destiné à la notoriété avec le jeu-concours et le quiz ;
- Un axe pédagogique avec la vidéo.

> La vidéo didactique "Paul le Français et Kaylie l'Américaine"

L'objectif est de montrer qu'il est très facile et rapide de commander un ensemble très diversifié de services depuis le site de Paris Aéroport ou l'application mobile.

Pour cela, la vidéo est bilingue, car elle s'adresse également aux touristes étrangers arrivant sur Paris. Elle présente 2 cas de personae :

- Paul, un Français partant de Paris qui ne sait pas encore où partir ! Avec le test "A chaque envie son voyage" il va trouver sa destination idéale : Johannesburg en Afrique du Sud. Il va commander en quelques clics des prestations aussi diverses qu'une location de voiture, un hôtel et une protection de ses bagages ;

- Kaylie, une Américaine visitant Paris et récupérant à sa descente d'avion ses billets pour le Bus Direct et son pass de transport afin de rejoindre la capitale et son hôtel réservé sur le site Paris Aéroport, de profiter d'une balade en bus touristique puis sur la Seine et de visiter le Musée du Louvre avec son billet déjà en poche !

Ces deux personnes ont un point commun : elles ont découvert que Paris Aéroport et ses partenaires pouvaient leur faciliter le voyage de façon étonnante, avec l'ensemble de leurs achats regroupés dans leur Compte Client !

> Le test "A chaque envie son voyage"

La mécanique de ce levier repose sur l'appétence forte pour tout un chacun de découvrir de nouvelles destinations ou d'avoir des idées pour ses prochaines vacances ou grands week-ends. L'accroche est donc ici réalisée via un QCM simple et ludique qui propose à l'internaute de trouver "sa" destination idéale. Des modules "réseaux sociaux" permettent de partager avec ses proches la destination retenue et incitent à la viralité.

Basé sur les quiz des magazines féminins, le test propose de répondre à quelques questions pour suggérer au maximum 7 destinations correspondant à ses critères et ses envies du moment : partir à la plage ou plutôt pour une découverte culturelle, seul ou avec son ami(e), dans une semaine ou dans un mois... Complétés par une notion de budget, les résultats s'affichent.

Toutes les destinations proposées sont disponibles au départ de nos aéroports de Paris-Orly ou de Paris-Charles de Gaulle. Si le test favorise les destinations les plus "populaires", il est également possible de se "faire surprendre" via 7 nouvelles propositions qui sortent des sentiers battus !

Tous les utilisateurs du test se voient proposer de réserver dans la foulée leur billet d'avion sur le site Paris Aéroport : l'objectif est de vendre cette première brique du voyage qui ensuite pourra être complétée par d'autres services lors de la consultation du site web.

> Le jeu-concours "Gagnez 2 billets A/R pour les Antilles"
Favoriser la viralité et développer la notoriété des nouveaux services commercialisés via Paris Aéroport étaient les objectifs de cet événement sous forme de jeu-concours : en effet, pour participer et peut-être gagner, il fallait répondre à 3 questions dont l'une portait sur la connaissance des services dorénavant proposés.

Le jeu, positionné sur Facebook et notre site web et relayé via nos réseaux sociaux et un plan d'achat d'espaces, incitait donc à la visite et la découverte de notre plateforme d'e-commerce.

Tous les joueurs ont donc pris connaissance de cette offre augmentant ainsi sa notoriété !

> Timing de mise en oeuvre
Il était important de grouper les mises en ligne afin d'avoir dès le démarrage un dispositif complet.

Mi-mai 2017 :
• Annonce et communiqué de presse sur le développement de ces nouveaux services commercialisés sur notre site Web ;
• Mise en ligne de la nouvelle page d'accueil ;
• Lancement du quiz "A chaque envie son voyage" ;
• Diffusion de la vidéo en motion design présentant ces nouveautés et intégration sur notre chaîne YouTube Paris Aéroport.

Juin 2017 :
• Démarrage du plan de communication SEM (jusqu'à fin 2017).

Juillet 2017 :
• Lancement du jeu-concours pour gagner des billets d'avion sur Facebook et notre site web.

RÉSULTATS

Les indicateurs suivis
• Visites sur les pages mentionnant les nouveaux e-services ;
• Participants au jeu-concours, utilisateurs du quiz et nombre de visiteurs des pages sur cette offre à l'issue de leur participation ;
• Clics sur la page d'accueil sur les onglets dédiés aux nouveaux services.

Dans ce qui est notable :
• Bon taux de clic sur l'autopromotion du quiz "A chaque envie son voyage" ;
• Fort intérêt pour la présentation éditoriale de la nouvelle page d'accueil plus simple... qui effectue la promotion des nouveaux e-services ;
• Jeu-concours (bilan non disponible au bouclage).

Les participants savent dorénavant que lors de la préparation de leur prochain voyage, Paris Aéroport est à même de **leur proposer une offre extrêmement complète de services** à des prix intéressants, avec des bénéfices exclusifs sur certaines offres. Le pari est réussi : faire en sorte que **Paris Aéroport soit considéré dans la *part de choix*** * de nos passagers lorsqu'ils vont réserver ces services !

* Retrouvez la définition dans le lexique en fin d'ouvrage.

> *"Mettre en place un dispositif qui permet l'acte de transformation facilement dans une optique ROI : call to action, accès rapide en 1 clic, recherche de billet d'avion dès la page d'accueil."*

PARIS AÉROPORT
www.parisaeroport.fr

Elise Hermant
Pôle Médias et Réputation

Philippe Saffon
Responsable Médias et Digital
philippe.saffon@adp.fr

DSP2 ET INSTANT PAYMENT, QUELLES OPPORTUNITÉS POUR LES E-COMMERÇANTS ?

L'écosystème des paiements est en constante mutation en termes d'évolution des usages, de profusion de nouvelles technologies, de nouveaux entrants ou encore avec l'introduction de nouvelles réglementations comme SEPA, MIF, EPAS, *DSP2, *Instant Payment**, etc. Intéressons-nous de plus près à la DSP2, à l'Instant Payment et à leurs implications sur l'activité des e-commerçants.**

59% des marchands voient l'Instant Payment comme impactant

50% des clients feraient confiance à un PISP (Accenture)

Vers la simplification de l'expérience de paiement en ligne.

LE NOUVEAU RÔLE DU PAYMENT INITIATION SERVICE PROVIDER (PISP)

Le nouveau service PIS, Payment Initiation Service, introduit par la *DSP2**, repose sur un acteur réglementé, le PISP. Celui-ci a la possibilité d'initier un virement bancaire pour le compte d'autrui, à condition d'obtenir son accord au préalable. Un e-commerçant va pouvoir proposer à ses clients une expérience de paiement alternative basée sur le virement. Les e-commerçants peuvent soit s'appuyer sur le service PIS d'un fournisseur tiers, soit devenir eux-mêmes un PISP et émettre leur propre solution de paiement propriétaire. Cependant, cette dernière option est plutôt adaptée aux e-commerçants ayant une base de clients significative, leur assurant des flux élevés et un retour sur investissement rapide.

Pour les consommateurs, cette solution de paiement est plus simple, car il n'y a plus besoin d'entrer son numéro de carte pour chaque achat, seul le log-in de la banque en ligne, déjà connu pour la plupart, est nécessaire. Par ailleurs, en donnant leur accord pour chaque paiement, ils gardent le contrôle sur leur compte ce qui facilitera à terme l'adoption du service.

L'EXPÉRIENCE CLIENT, UN ENJEU MAJEUR POUR LES E-COMMERÇANTS

En proposant de nouveaux moyens de paiement, les e-commerçants doivent offrir une solution conforme aux nouvelles exigences des consommateurs et être au même niveau de service que la carte bancaire, largement utilisée aujourd'hui en France. Les consommateurs sont aujourd'hui de plus en plus exigeants en termes d'expérience client : elle doit être simple, omnicanale et sécurisée.

- Simple et omnicanale : l'expérience client liée au PIS doit être homogène sur tous les canaux de vente (en ligne ou en magasin) ;
- Sécurisée : il est aussi nécessaire de trouver le bon équilibre entre les impératifs réglementaires en termes d'authentification forte, de sécurité et d'expérience client.

Enfin, l'adoption de cette solution de paiement alternative dépendra également des services à valeur ajoutée qui y seront attachés comme les programmes de fidélisation ou encore les facilités de paiement.

Selon une étude d'Accenture, 50 % des consommateurs adultes seraient à l'aise avec l'idée de confier l'initiation de leurs paiements à un acteur tiers. Cependant, cela suggère que si les consommateurs sont ouverts à l'utilisation des services des PISP, il n'en reste pas moins que ce sont les acteurs déjà établis dans les paiements, tels que les banques ou les grands e-commerçants qui sauront le plus attirer les consommateurs.

UNE LONGUEUR D'AVANCE POUR LES E-COMMERÇANTS DANS LE DÉVELOPPEMENT D'UNE SOLUTION PISP PROPRIÉTAIRE

Les e-commerçants ont certes une longueur d'avance du fait que leurs clients sont déjà habitués à utiliser différentes solutions de paiement. Néanmoins, ils devront rapidement repenser leur stratégie autour des paiements afin de tirer profit de cette nouvelle opportunité. Avec la DSP2, les e-commerçants ont la possibilité d'être leur propre processeur de paiements en tant que PISP et de se connecter directement aux banques à travers des APIs. Ainsi, les e-commerçants vont pouvoir alléger le processus de paiement en proposant un paiement en one-click pour les clients récurrents et améliorer l'expérience client. Plusieurs e-commerçants ont déjà déployé des solutions de one-click reposant sur la carte bancaire et pourraient faire évoluer le service afin de l'adapter au service du PISP reposant sur le virement bancaire.

> « Les banques et les e-commerçants sont les deux acteurs qui seraient à même de gagner la confiance des consommateurs pour le développement de l'offre de Payment Initiator Service. »

LA SUITE LOGIQUE DE LA DSP2 : L'INSTANT PAYMENT

L'implémentation de l'*Instant Payment** ou virement instantané (*SCTinst**) devrait être mise en œuvre en novembre 2017 au niveau européen. Cela implique de nouveaux défis techniques et organisationnels pour les e-commerçants. En s'appuyant sur un fournisseur tiers ou en étant un PISP lui-même, un e-commerçant peut plus facilement faire évoluer son offre de paiement vers un service de paiement instantané qui s'intègre à une expérience client digitale. L'avantage pour les e-commerçants sera la disponibilité quasi instantanée des fonds, ce qui les prémunit contre les risques d'impayés. Ceci est d'autant plus avantageux pour les petites et moyennes entreprises dont l'activité peut être mise en péril à cause des défauts de paiements.

La DSP2 permettra aux e-commerçants de dynamiser leur offre et de proposer des moyens de paiements innovants qui s'adaptent aux usages et besoins des consommateurs. Cependant, cette nouvelle directive apporte de nouvelles contraintes réglementaires avec l'obligation d'assurer une authentification forte. Cette option sera certainement davantage bénéfique aux plus grands e-commerçants ayant des flux de transactions importants. Ainsi, leurs coûts de traitement des paiements seront réduits par rapport à ceux des cartes bancaires. Dans ce cas, l'investissement en termes de mise en conformité par rapport à la DSP2 sera donc justifié.

* Retrouvez la définition dans le lexique en fin d'ouvrage.

WORLDLINE
www.linkedin.com/showcase/10855862
Fiche d'entreprise p. 496

Didier Barré
Product Manager Merchant Services
didier.barré@worldline.com

TENDANCES

M-COMMERCE
SOCIAL
ADS MOBILE
GÉOLOCALISATION
APP STORE
OPTIMISATION
DEEP
LINKING
MOBILE
PAYMENT
PUSH
& IN-APP
UX
MOBILE
WEB
VS APP
MOBILE
FIRST

06

MOBILE & IOT

Maîtrisez au mieux votre mobilité !
Le mobile et son champ des possibles : analyse des usages et tendances en marketing mobile, avec un focus sur la géolocalisation et les objets connectés.

SOMMAIRE

CHAP.6

Applications mobiles

Géolocalisation

Marketing mobile

Objets connectés

◇ *Étude de cas* ◆ *Article* ● *Interview*

Smartphone : toujours mieux !

Mediametrie

Les applications au cœur de l'expérience

L'équipement en smartphone

79% Des internautes 15+ sont équipés d'un **smartphone (+3 points)**

Les systèmes d'exploitation des smartphones

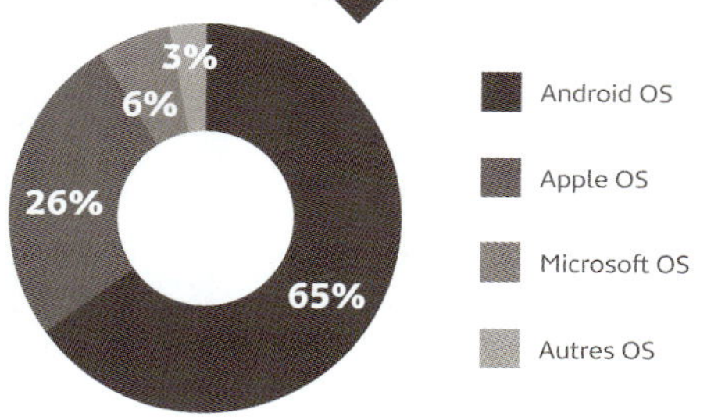

L'équipement et l'abonnement 4G sur téléphone mobile

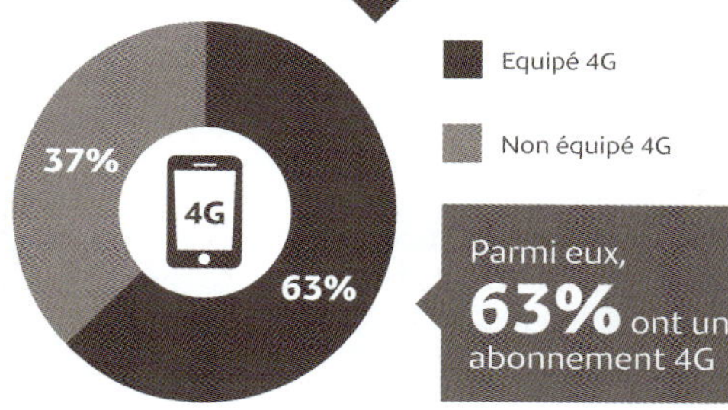

Parmi eux, **63%** ont un abonnement 4G

L'intérêt pour les nouvelles fonctionnalités sur mobile

Top 5 nouvelles fonctionnalités souhaitées

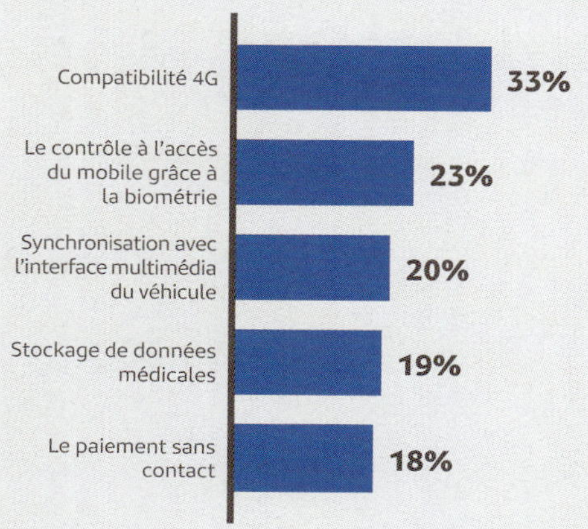

Les situations de visionnage

37% ont **regardé une vidéo (TV + vidéo) sur smartphone** au cours du mois

Les situations en plus forte progression

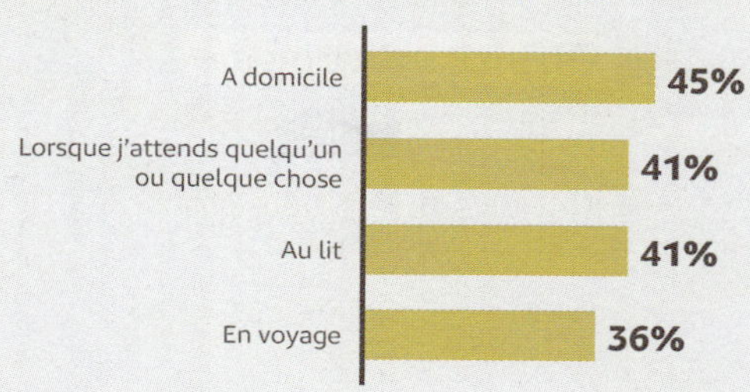

Les applications

41% des équipés smartphone accèdent aux contenus via des **applications (+6 points)**

59% préfèrent les applications pour leur **facilité d'utilisation**

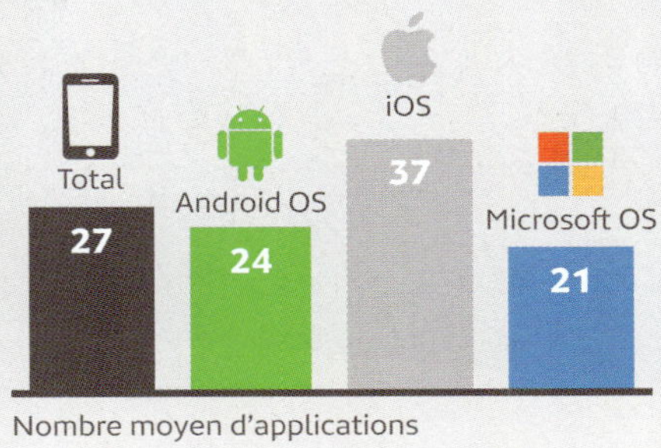

Top 5 catégories d'applications téléchargées

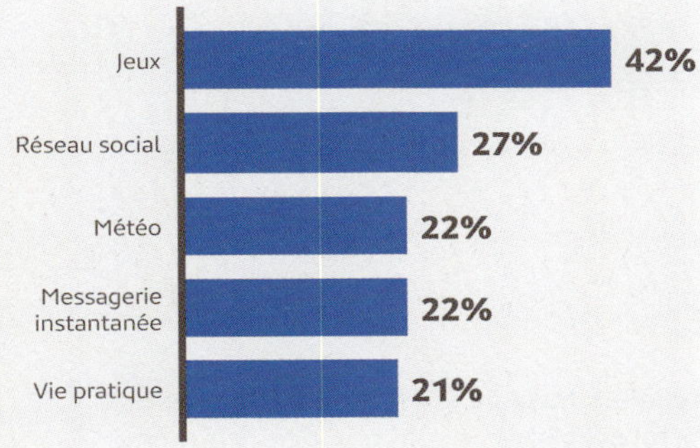

Top 5 catégories d'applications désinstallées

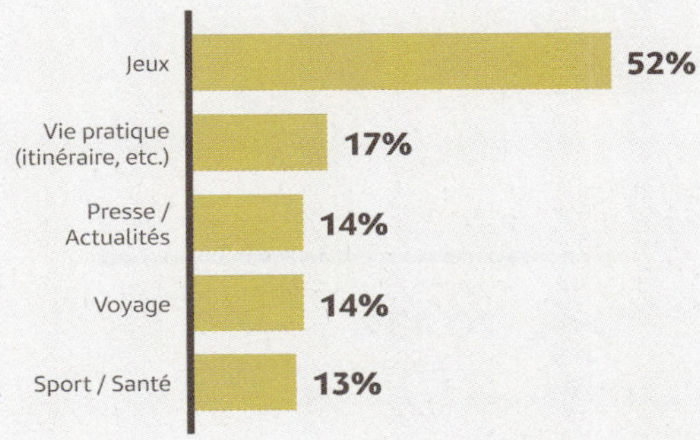

La géolocalisation

70% acceptent d'être **géolocalisés** sur leur smartphone

Top 5 motivations

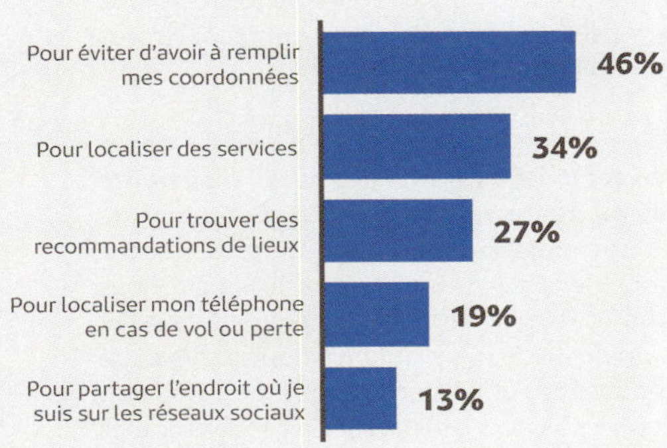

Le M-commerce

19% ont **effectué un achat sur smartphone** au cours du mois

Top 5 catégories d'achat

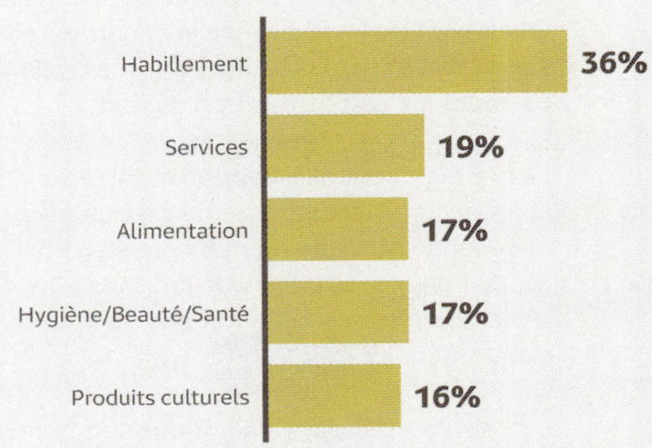

[1] Dont téléchargements payants (livres, CD, jeux vidéo, etc.)

*Source : Médiamétrie - Web Observatoire - T2 2017

VISIBILITÉ MOBILE : POURQUOI ÊTES-VOUS DÉJÀ EN RETARD ?

« Il faut être mobile, curieux, cosmopolite. La rigidité, autrefois pôle de stabilité, est devenue mortelle » écrivait Arthur Koestler, dans *Le zéro et l'infini*. Force est de constater que si l'usage du mobile a chamboulé notre manière d'appréhender les activités digitales, de nombreux services ont évolué pour s'adapter à cette nouvelle norme.

70,43% des connexions se faisaient sur desktop en 2016 en France

Google a été le premier à changer la donne en indiquant que dès l'année prochaine, son algorithme allait s'adapter petit à petit afin **que les versions mobiles des sites web servent d'index à son moteur de recherche**. Si on ajoute à l'arrivée des chatbots* et des PWA (Progressive Web App), l'arrivée des assistants personnels sur smartphone, dont l'utilisation se fait de manière exponentielle, nous arrivons à l'aube d'une nouvelle ère, celle du nomadisme.

En partant de ce constat, les questions sur le mobile sont légion. Comment bien réussir sa transition pour **conserver ou accroître sa visibilité** ? À quel moment effectuer cette transition ? **Quels sont les leviers à activer** afin de pérenniser son action et ne pas tomber dans les méandres de l'oubli de cette transition digitale ?

La première réponse à apporter est la suivante : si vous commencez à peine à vous poser ces questions, vous êtes vraiment en retard. Si Rome ne s'est pas construite en un jour, s'assurer d'une transition efficace ne se fait pas non plus en un claquement de doigts.

Il ne faut cependant pas oublier un point des plus importants : **les disparités sectorielles et démographiques**. Si la consommation internet mondiale a basculé sur le mobile en octobre 2016, tous les pays ne sont pas logés à la même enseigne. On peut noter qu'en France, à la même époque, la navigation sur desktop représentait encore 70,43 % des connexions.

Si ces chiffrent tendent à rassurer les entreprises, car ils annoncent que cette transformation n'est pas encore effective dans une bonne partie de l'hémisphère nord, il n'en est rien. Et tout cela à cause d'une simple loi mathématique, la **Loi des grands nombres**, qui tend à prouver que depuis que le mobile est majoritairement utilisé au niveau mondial, la **tendance amènera inexorablement vers une utilisation mobile dans l'ensemble des pays**. De plus, plus cette part augmente, plus la convergence vers le mobile devrait être rapide. Sans vouloir enfoncer le clou, nous l'avions tous vu arriver. Les snackings contents ont été les premiers, les organismes bancaires par la suite (NFC, paiements sans contact sécurisés via mobile, etc.).

Également, en suivant cette même loi, **les disparités sectorielles vont, elles aussi, disparaître plus ou moins rapidement**. Et d'un point de vue sociologique, ce phénomène est assez compréhensible et s'explique par le fait que nous sommes de plus en plus nombreux à travailler sur un poste de travail informatique. L'attrait de la nouveauté et l'aspect ludique s'en trouvent forcement assez limités, les privilèges des sociétés pour tracer le moindre e-mail envoyé n'aidant pas. **À ce jour, votre mobile représente la liberté,**

StatCounter Global Stats
Desktop vs Mobile vs Tablet Market Share WOLDWIDE, Q3 2017

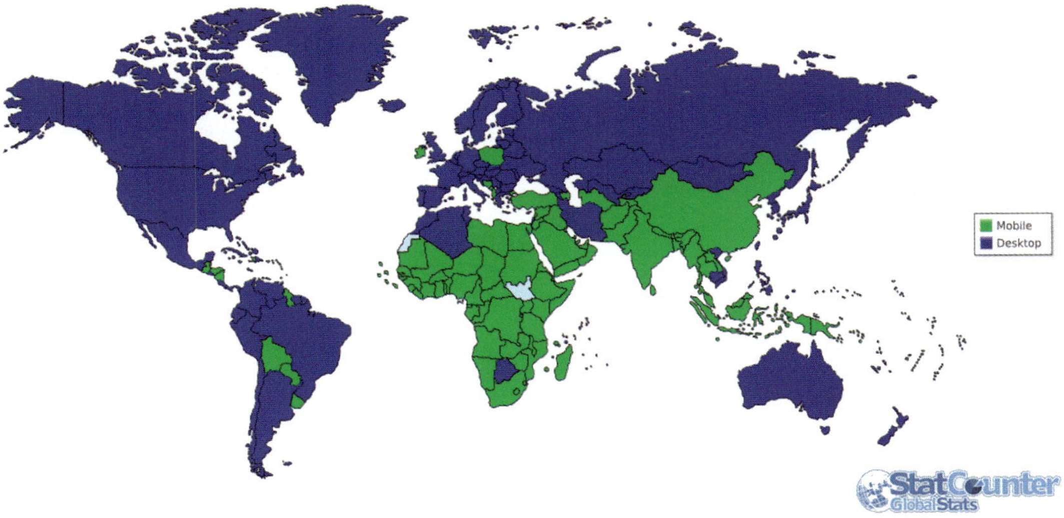

qu'elle soit sociale ou qu'elle permette de phagocyter des contenus à la pelle. Tout cela pour vous amener à l'achat ou à la surconsommation de contenus.

Cependant, ce qu'on appelle une transition est en soi une révolution : les comportements changent et les internautes se montrent de moins en moins patients. Le taux d'abandon des sites devient faramineux au moindre impact du temps de chargement ou de l'expérience client. En effet, entre **la génération des Millennials, qui a visiblement mieux à faire que de laisser une page charger pendant 10 secondes sur son mobile**, et les réseaux télécoms qui nous promettent des vitesses de chargement toujours plus rapides, plus **personne ne veut voir son expérience mobile et même digitale dégradée**. Forcément, Google l'a bien compris et, de fait, lui donne **de plus en plus d'importance dans son algorithme**.

Le temps où donner de la visibilité à son site web n'était qu'une affaire de mots-clés est réellement révolu. **La visibilité passe aujourd'hui par la compréhension des attentes de vos prospects, peu importe les facteurs**. Et c'est là où est la vraie révolution.

Alors évidemment, le monde n'est pas tout rose. Il est inutile de jeter la pierre aux grandes sociétés considérées comme léthargiques par les start-up bercées dans l'hyper-agilité. Le premier point à prendre en compte, c'est que **plus un changement est grand du fait de la nature ou de la date de création de l'entreprise, plus il coûte cher, et plus il inclut des risques**. Prenez l'exemple d'une start-up qui n'a que deux ans d'existence, le changement est tellement minime que cela en est presque indécent.

QUELS SONT LES FACTEURS CLÉS DE RÉUSSITE ?

La transition mobile nécessite une évolution importante des esprits et des approches au sein des entreprises.

Elle est accompagnée inévitablement d'investissements considérables dans le développement, d'études de marché et de comportements, de recrutements d'individus possédant les compétences requises.

Cette mutation, communément appelée **l'approche *mobile-first*** *, consiste à prioriser le mobinaute, à prendre en compte ses particularités de navigation et à anticiper ses attentes... Cela permet de créer une expérience optimale pour l'utilisateur mobile, de mettre en avant le contenu important et de décider, en amont, des fondements techniques corrects.

Compte tenu de la panoplie de devices, de points de contact et de formats de contenus mobiles, l'identification des bons leviers de croissance sur ce terrain peu exploré s'avère cruciale pour une entreprise. De fait, ceux-ci peuvent être présentés par un triptyque : toucher **le mobinaute au bon endroit, au bon moment et avec le bon format de contenu**.

- **"Au bon endroit"** signifie qu'il faut se positionner là où l'audience cible est habituée à chercher vos produits ou services. Celle-ci passe-t-elle par Apple Store/Google Play Market ou les moteurs de recherche classiques ? Ainsi on peut identifier les principaux supports utilisés : site web, application ou les deux. Mais pas que ! Par exemple, l'engouement omniprésent pour des outils de messagerie instantanée en a fait un support à part entière ;

- **"Au bon moment"**, c'est comprendre à quel moment il est optimal de passer votre message et combien de temps le mobinaute a pour cela. Par exemple, c'est devenu un standard pour les sites média de mettre en place le format AMP permettant l'accès instantané aux contenus ou, pour un site e-commerce, de proposer un support en temps réel via Facebook Messenger au lieu d'un formulaire sans date de réponse ;

• **"Avec le bon format"** consiste à prendre en compte les usages des consommateurs (mobile, desktop, tablette...) pour communiquer votre message : formats textes ou média, vidéos préparées ou live, simples ou 360°, avec ou sans la réalité augmentée, formel ou ludique, posts ou stories, etc.

Commencez par les actifs que vous possédez déjà. Cela sera certainement le site web. Tous les outils de web analytics modernes permettent d'analyser les particularités de comportement par type de terminal. Posez-vous des questions : est-ce que mon site reste aussi performant sur des terminaux mobiles que sur desktop ? Si non, pourquoi ? En fonction des sites, les réponses peuvent être différentes : temps de chargement excessif, erreurs d'affichage de contenu, formulaires non adaptés à l'écran mobile, contenus importants mal priorisés, etc. N'hésitez pas à refaire un parcours type de mobinaute vous-même afin de vérifier que l'expérience soit optimale.

Votre site mobile peut exister sous 3 formes - version **mobile dédiée, site responsive ou adaptative** - dont le choix va dépendre de votre infrastructure technique et de la nécessité d'afficher des contenus différemment sur desktop et mobile. Le plus grand avantage du site web mobile est qu'il ne demande pas d'installation préalable, et est ainsi ouvert au plus large public et aux moteurs de recherche comme Google ou Bing.

En parallèle, il y a de plus en plus d'entreprises et de start-up dont le "cœur mobile" se trouve non sur le site, mais au sein de leur application mobile. Le choix du bon support est toujours stratégique et imposé par les particularités de comportements de vos prospects et de la valeur ajoutée que peut apporter l'application. Après, de la même manière que la vie d'un site web ne fait que commencer après sa création, la vie d'une application mobile vous demandera de la promotion, du support client et des mises à jour techniques et ergonomiques.

Depuis 10 ans, le succès fulgurant des applications natives n'est pas passé inaperçu dans le web classique. De nombreuses fonctionnalités et avantages auparavant réservés aux applications mobiles se sont confortablement installés sur les sites web.

Ainsi, les formats AMP (Accelerated Mobile Pages) de Google et Instant Articles de Facebook permettent aujourd'hui un affichage quasi immédiat des contenus. De plus en plus de sites proposent d'activer des push et notifications ou demandent votre géolocalisation pour afficher des offres à côté de chez vous. Ces nouvelles options permettent à la fois une navigation simplifiée qui se rapproche de celles des applications mobiles, de sécuriser l'envoi de données assuré par le protocole HTTPS et de consulter le site hors connexion. Elles ont également permis le lancement d'un nouveau type de support : Progressive Web Apps, un site web avec les fonctionnalités d'une application mobile.

On observe aujourd'hui un glissement des usages autrefois fortement concentrés autour des applications natives et une tendance vers un rééquilibrage de l'usage entre le mobile web et les apps.

A côté des applications natives et du mobile web, on assiste, depuis ces dernières années, à l'efflorescence d'un autre support de communication - outils de messagerie instantanée - intégrant désormais de plus en plus la technologie des ***chatbots****. Par exemple, il est désormais possible depuis Facebook Messenger et avec l'assistance d'un chatbot, de consulter la météo, de rechercher un billet d'avion, de commander un VTC, d'obtenir une consultation médicale ou encore de transférer de l'argent à ses proches.

Selon Satya Nadella, CEO de Microsoft, « les chatbots vont fondamentalement révolutionner la manière dont les gens vivent leur expérience avec l'informatique. Ils vont, dans un premier temps, améliorer les applications, mais très vite, ils les remplaceront pour devenir LA nouvelle interface de communication. » (WPC 2016).

Les formats de communication évoluent également. Les performances des téléphones mobiles couplées aux accès de haut débit nous emmènent vers la création de formats plus riches et variés. Les technologies de réalité augmentée, d'intelligence artificielle, de vidéo 360° et HD se reproduisent confortablement sur notre device de poche. Et les marques, qui sont toujours en quête de nouvelles possibilités pour capter de l'audience, en profitent déjà :

• IKEA est en train de développer une application pour "essayer" un meuble dans votre chambre grâce aux technologies de la **réalité augmentée** ;

• La chaîne télé Arte a lancé l'application Arte360 pour mettre en valeur ses concerts grâce aux **vidéos 360°** et au **gyroscope** intégré dans les téléphones portables ;

• Les vidéos en direct, appelées communément live, popularisées par Périscope et reprises ensuite par tous les réseaux sociaux majeurs - Facebook, Instagram, YouTube - sont régulièrement utilisées par des marques sportives qui développent leur notoriété en proposant un autre angle de vue non formel lors des compétitions.

Les usages ne sont donc véritablement plus les mêmes. La faculté qu'aura une entreprise à réussir sa transition mobile va plus loin qu'une simple amélioration de son site qui répondrait aux nouvelles attentes des utilisateurs. Il faut repenser intégralement son écosystème mobile et le porter au cœur de sa stratégie de conquête et de fidélisation.

Adapter ses formats de diffusions aux nouveaux usages demande du temps et il est donc important de vous poser la question suivante : **la transformation digitale mobile étant imminente, suis-je en retard ?**

* Retrouvez la définition dans le lexique en fin d'ouvrage.

“La transition mobile nécessite une évolution importante des esprits et des approches au sein de l'entreprise.”

◊ iPROSPECT
www.iprospect.com/fr/fr
Fiche d'entreprise p. 486

Simon Rotbart
Membre du stack mobile de Dentsu Aegis Network
simon.rotbart@iprospect.com

Aliaksei Rylko
Consultant SEO
aliaksei.rylko@iprospect.com

SITE WEB MOBILE OU APP : QUELLE PLATEFORME POUR LE FUTUR ?

D'ici 2021, le nombre de smartphones doublera pour atteindre 6,3 milliards. Depuis la naissance de l'App Store il y a 9 ans, le temps passé sur les applications n'a cessé d'augmenter. Aujourd'hui, nous passons en moyenne 2 heures par jour dans les apps et plus de 85 % du temps que nous passons sur nos smartphones leur est consacré.

6,3 milliards de smartphones en prévision pour 2021

+ de 85% du temps passé sur nos smartphones est consacré aux applications

2008 : l'App Store voyait le jour

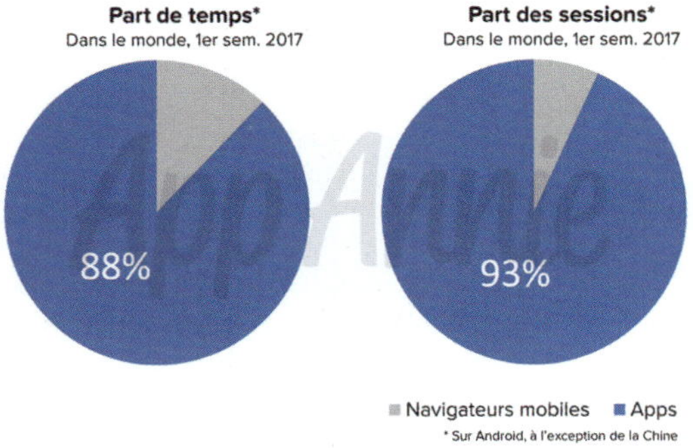

Si les sites web mobiles ne sont pas près de disparaître, les apps le sont encore moins. On assiste aux mêmes phénomènes qu'avec la réalité virtuelle et la 2D. Les deux ont leur utilité, mais l'une est considérablement plus riche en informations que l'autre. Pour de nombreuses marques, l'app est le portail numérique principal, tandis que le site web mobile n'est qu'une vitrine pour leurs différentes audiences - destinée à faciliter la découverte des services.

De nombreuses sociétés considèrent toujours les apps comme un petit plus, un moyen de peaufiner son image de marque, et non comme un outil pour doper ses ventes. Si le mobile n'est pas au centre de la stratégie commerciale d'une marque, rien d'étonnant à ce qu'investir dans une app paraisse superflu. Mais cela signifie également passer à côté de nombreux canaux de vente et d'un marché potentiel en pleine croissance. Dans notre dernière étude, nous prévoyions qu'en 2021, le m-commerce augmentera de 5 000 milliards de dollars pour atteindre la somme astronomique de 6 000 milliards de dollars.

Les téléphones étant devenus de véritables ordinateurs portables (ou smartphones), les consommateurs ont évolué avec eux. Une évolution qui dépasse de loin la compréhension des commerçants ordinaires. Les attentes des consommateurs sont plus grandes que jamais. De même, les opportunités de fidélisation et les moyens pour satisfaire les clients se sont multipliés.

Les apps intègrent des fonctionnalités et des technologies qui permettent d'offrir une meilleure expérience utilisateur. Et ça tombe bien, les utilisateurs, de nos jours, recherchent justement une expérience fluide et efficace. Pour les marques, ce n'est pas la concurrence directe qui dicte la norme, mais bien les start-up. Si un client télécharge par exemple l'application de Topshop, il ne la comparera pas à celle de Zara, mais bien à celles de Facebook et Snapchat - les apps de l'App Store qu'il utilise quotidiennement. Plus de 85 % du temps passé sur mobile étant consacré aux applications, les marques doivent accroître leur niveau d'exigence pour répondre à celui des consommateurs.

Les banques sont le parfait exemple d'une stratégie numérique adaptée à la génération des digital natives. Les consommateurs peuvent désormais ouvrir un compte bancaire avec leur smartphone, et si cela n'était pas possible avec leur banque actuelle, ils n'hésiteraient pas à en changer pour un service leur offrant une expérience plus fluide et accessible.

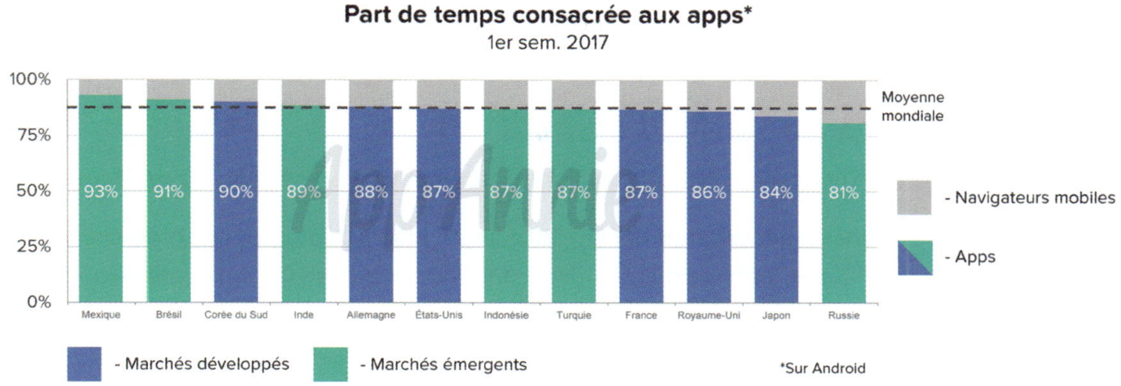

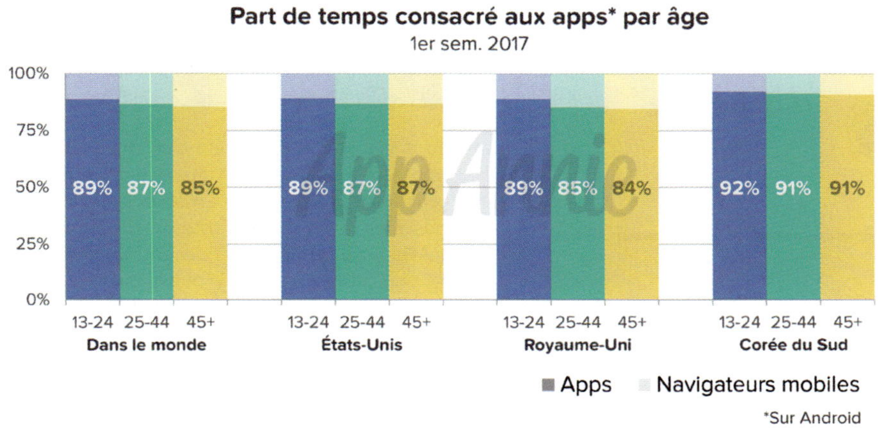

Si les fonctionnalités ne garantissent plus la fidélité des consommateurs, les apps peuvent conduire à un niveau d'engagement supérieur à celui des sites web mobiles. Plus une marque pourra rassembler d'informations sur ses clients, plus elle sera en mesure d'adapter le contenu et l'expérience qu'elle propose à leurs centres d'intérêt. Que ce soit grâce aux notifications push basées sur la géolocalisation, aux listes d'envies ou aux mises à jour ponctuelles, les apps proposent un portail dynamique propice à la fidélisation des clients : une expérience en 3D, pour ainsi dire.

Cette tendance est un phénomène répandu, qui ne se limite pas aux jeux vidéo ou aux réseaux sociaux. Les fonctionnalités de sécurité comme touch ID/la reconnaissance d'empreinte et l'activation vocale ont grandement aidé les apps bancaires et les apps de courtage à se développer. En outre, la réalité augmentée permet désormais aux consommateurs de visualiser en direct le meuble qu'ils souhaitent acheter avant même de mettre un pied en boutique. Les voyageurs peuvent, quant à eux, bénéficier instantanément du meilleur taux de change grâce à des apps comme Revolut, Transferwise ou N26, et s'enregistrer à l'aéroport en utilisant leur smartphone comme carte d'embarquement. Même si les sites web mobiles permettent aux consommateurs d'obtenir facilement et rapidement les informations dont ils ont besoin, les applications sont venues profondément bouleverser leur comportement.

De façon surprenante, on entend encore parfois certains vétérans de l'industrie protester « mais les app stores sont tellement bondés »! Suggérer au cours d'une réunion qu'une entreprise ne devrait pas avoir de site web parce qu'il en existe déjà trop serait ridicule. Au lieu de cela, les professionnels du marketing ont développé des stratégies SEO pour promouvoir leurs sites web. L'app économie a ses propres règles en matière d'App Store optimization (ASO). Sachant que plus de 85 % du temps que nous passons sur notre mobile est consacré aux apps et que le nombre de smartphones est amené à doubler pour atteindre 6,3 milliards d'ici 2021, la question n'est pas de savoir s'il faut ou non une appli, mais de savoir comment mettre au point une stratégie mobile réussie.

Il y a 9 ans, l'App Store voyait le jour (un an plus tôt sortait le premier iPhone). À cette époque, nous n'avions que très peu de données sur l'app économie comparées aux données disponibles pour les sites web. Neuf ans plus tard, on sait désormais qu'en 2016, les utilisateurs ont passé 150 milliards d'heures de plus sur les apps qu'en 2015 - 900 milliards au total. Alors que l'industrie parlait encore de sites web mobiles multi-écrans, les utilisateurs étaient déjà passés aux apps mobiles.

◊ APP ANNIE
www.appannie.com

Thierry Guiot
South Europe Territory Director

COMMENT CONCEVOIR UN PRODUIT MOBILE QUE VOS UTILISATEURS VONT ADORER ?

Pendant plusieurs années "mobile first" était un buzzword, bien souvent utilisé par l'écosystème mobile pour justifier le développement d'une application mobile. Aujourd'hui le mobile est devenu un sujet hautement stratégique pour de nombreuses entreprises, car il marque une évolution de leur stratégie dans laquelle cette révolution devient la pierre angulaire de l'expérience client omnicanale.

460 millions
d'euros : poids du marché des applications en France en 2016

> "Essayer de choisir entre développer un site mobile ou une application mobile est un faux débat : votre entreprise a avant tout besoin de déterminer une stratégie mobile."

CONSEIL N° 1 : METTEZ FIN AU DÉBAT ENTRE SITE MOBILE ET APPLICATION MOBILE

Tout d'abord, ayez en tête que choisir entre site mobile et application mobile est un faux débat : **votre entreprise a avant tout besoin d'une stratégie mobile**. Pour cela, vous pouvez vous poser les questions suivantes pour amorcer votre réflexion :
- Avez-vous des objectifs clairement définis sur le mobile ?
- Connaissez-vous bien le public que vous ciblez ?
- Comment vos concurrents répondent-ils aux besoins des clients en situation de mobilité ?
- Disposez-vous de données et des outils adéquats pour les analyser ?

Répondre à ces questions préliminaires vous évitera de faire fausse route, par exemple, en plaçant trop d'efforts sur le développement d'une application mobile alors que vos consommateurs vous recherchent sur leur navigateur mobile et sont donc en attente d'une expérience web mobile de qualité. Aujourd'hui, il semble opportun d'envisager une **stratégie mobile de complémentarité entre application mobile et site mobile**. En effet, on remarque qu'un site mobile attire davantage des prospects et des clients occasionnels, là où une application mobile attire plutôt des clients fidèles à votre entreprise. Les deux canaux de diffusion doivent donc être soigneusement étudiés conjointement lors de l'élaboration de votre stratégie marketing mobile.

CONSEIL N° 2 : DÉFINISSEZ UNE VISION PRODUIT CLAIRE

La priorité pour un chef de produit mobile est de définir et véhiculer la vision produit auprès de son équipe de développement. Pour résumer cela en une phrase : **la vision du produit est la réponse opérationnelle à la stratégie d'entreprise**. La vision d'un produit ne peut donc pas être définie après quelques séances de workshop. Bien souvent elle se dessine au fur et à mesure des réflexions, des analyses et peut prendre plus du temps avant d'être correctement structurée. D'ailleurs, cette vision stratégique n'est pas gravée dans le marbre, elle peut évoluer au cours du cycle de vie du produit. Pour commencer à déterminer la vision de votre produit mobile, posez-vous par exemple les questions suivantes :
- Quels problèmes spécifiques des consommateurs souhaitez-vous résoudre ?

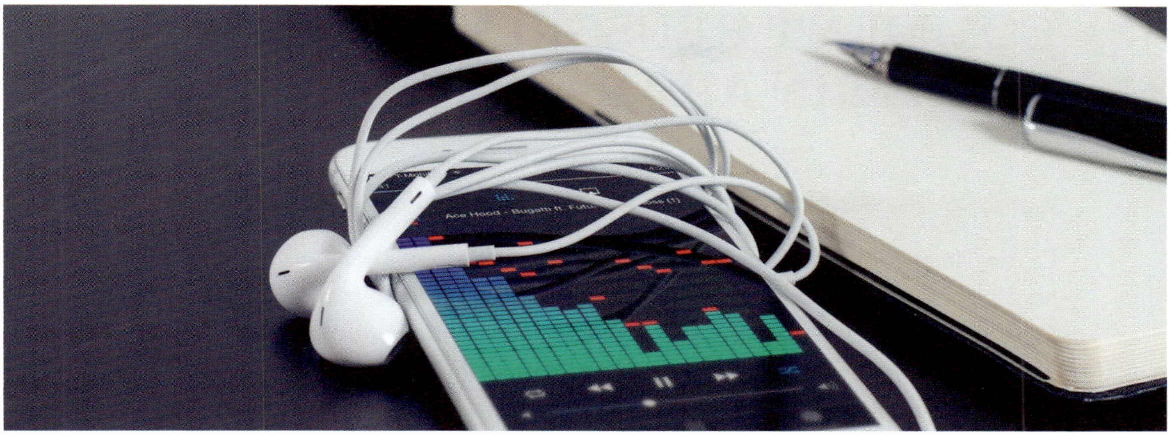

• Avez-vous une idée du public concerné par ce problème et quelles sont ses caractéristiques ?
• Quelle solution concrète à ce problème proposez-vous ?

CONSEIL N° 3 : CONCEVEZ VOTRE PRODUIT MOBILE EN PLAÇANT L'UTILISATEUR AU CENTRE

Beaucoup d'entreprises se disent *"customer-centric*"*. La démarche est honorable et clairement moderne, mais dans les faits, ces entreprises tiennent-elles réellement compte lors de la conception d'un produit mobile des habitudes et besoins des consommateurs ? Pour éviter de créer des produits dont les clients n'ont pas besoin et qu'ils n'utiliseront pas, il est important d'impliquer des utilisateurs dès le début de la conception d'un produit, c'est l'objectif de l'approche *"design thinking*"*.

La méthode de conception design thinking n'est pas basée sur le simple fait de concevoir quelque chose, **c'est une méthode de conception qui se concentre sur les problèmes des consommateurs pour en imaginer des solutions fonctionnelles**. Elle permet au cours d'une session d'idéation d'établir une ou plusieurs solutions fonctionnelles puis de tester via un prototype auprès d'une cible d'utilisateurs afin d'obtenir de vrais retours en situation d'utilisation afin d'améliorer la conception du produit. Cette démarche de conception place donc enfin l'utilisateur au centre et permet d'anticiper au plus tôt les biais de conception UX/UI pour se concentrer sur ce qui apporte de la valeur aux utilisateurs.

CONSEIL N° 4 : ÉCOUTEZ ET APPRENEZ DE VOS CLIENTS

Les consommateurs ont une voix et cela fait plusieurs années qu'ils n'hésitent plus à donner leur avis sur différents canaux à propos de votre marque ou produit. Il faut voir cela comme une opportunité pour votre entreprise d'utiliser ces sources de contribution pour faire évoluer votre application mobile ou corriger des problèmes. Toutefois, traiter les avis utilisateurs pour faire évoluer un produit est une bonne idée, mais les utilisateurs ne doivent pas dicter l'évolution de votre produit. A vouloir satisfaire tout le monde à la fois, une application mobile va perdre son identité et sa fonction principale, finalement **en voulant s'adresser à tout le monde, un produit va finir par ne plus s'adresser à personne**.

CONSEIL N° 5 : AMÉLIOREZ LA QUALITÉ DE VOTRE PRODUIT MOBILE

La phase de tests, bien que souvent sous-estimée dans les budgets, est une clé du succès de votre projet de création d'application ou de site mobile. Pour cause, une expérience désagréable pour le client (lenteur, bugs, crash d'une application, etc.) **se termine généralement par un mobinaute qui quitte votre site mobile ou désinstalle votre application mobile**. Quelques bonnes pratiques sur le sujet :
• Prenez à bras le corps le sujet du test dès le début du projet pour préparer le matériel de test, la rédaction de scénarios de test, catégoriser les différentes résolutions de smartphones et OS utilisés par votre cible ;
• Réduisez la dette technique de votre application mobile pour faciliter la maintenance, la fiabilité du code et les évolutions futures ;
• Intégrez dans votre équipe un ou plusieurs testeurs ou utilisez les plateformes en ligne de bêta-testeurs ;
• Testez, en continu, afin de garder un haut niveau de qualité de chaque version livrée en production.

* Retrouvez la définition dans le lexique en fin d'ouvrage.

◊ OWLIE
www.owlie.xyz

Cédric Oeblinger
CEO & Co-Founder
cedric@owlie.xyz

COMMENT RÉUSSIR VOS CAMPAGNES PUSH & IN-APP SUR MOBILE ?

Le mobile est devenu le canal n° 1 du business et de la relation pour les entreprises comme en a témoigné Renaud Ménérat, le président de la Mobile Marketing Association France. Effectivement, en tant qu'acteur du marketing automation pour mobile, chez FollowAnalytics, nous ne pouvons que rejoindre ce postulat que nous observons tous les jours auprès de nos clients et prospects.

80% des entreprises ont une ou plusieurs applications

75% utilisent des solutions de push notification

“La réussite des campagnes marketing sur mobile représente un enjeu stratégique pour les marques. En ce sens, les push notifications sont des outils à maîtriser pour ne pas que vos mobinautes vous abandonnent en désinstallant votre application.”

• Notre dernière étude confirme l'appétence des entreprises pour le mobile puisque 80 % des entreprises interrogées ont développé une ou plusieurs applications ;
• 75 % utilisent des solutions de push notification.
Néanmoins, comment être sûr d'utiliser ce format à bon escient ? Quelles différences existe-t-il entre le push et l'in-app pour vos campagnes marketing ? Quel format utiliser pour mieux engager ? Rappelons tout d'abord les distinctions entre push et in-app.

• **Push notification** : message d'alerte qui s'affiche sur l'écran du smartphone des utilisateurs. Ces messages sont liés aux applications que le mobinaute a installées sur son téléphone. Selon les OS mobiles (Androïd, IOS), certaines applications demanderont une autorisation pour la réception des notifications. Le plus de ce format est qu'il s'affiche hors de l'app, comme une alerte, sur l'écran verrouillé ou quand l'utilisateur est sur une autre app. Voici quelques exemples d'utilisation de push : alerte retard, SAV, offre commerciale, anniversaire, bons plans, relance de panier abandonné ;
• **In-app template** : message envoyé sur les écrans des smartphones dont la fonctionnalité est identique aux push : engager vos porteurs d'applications. La différence est qu'il intervient au niveau du format ; plus immersif. Il s'affiche dans l'app elle-même, et donc uniquement aux utilisateurs qui ouvrent l'app.

Une campagne marketing mobile doit être pensée en fonction des actions que vous souhaitez faire réaliser à vos utilisateurs. Pour vous aider à réussir vos campagnes, voici 4 conseils clés.

CONSEIL N° 1 : PRÉPAREZ À L'ONBOARDING

Il est nécessaire de préparer vos utilisateurs à l'envoi et à l'acceptation des push. En effet, la gestion des permissions est très importante afin que vos campagnes aient un impact positif. Il est conseillé de réfléchir au message expliquant la valeur ajoutée des push que vos utilisateurs découvriront quand ils ouvriront l'application. En mettant ce système en place, vous vous assurez que vos utilisateurs acceptent et consultent vos push.

CONSEIL N° 2 : DÉFINISSEZ VOS PERSONAS & LES BONS MOMENTS

Créez vos personas afin de pouvoir cibler efficacement vos porteurs d'app. Privilégiez toujours la personnalisation au broadcast. Ainsi vous obtiendrez une meilleure connaissance client pour

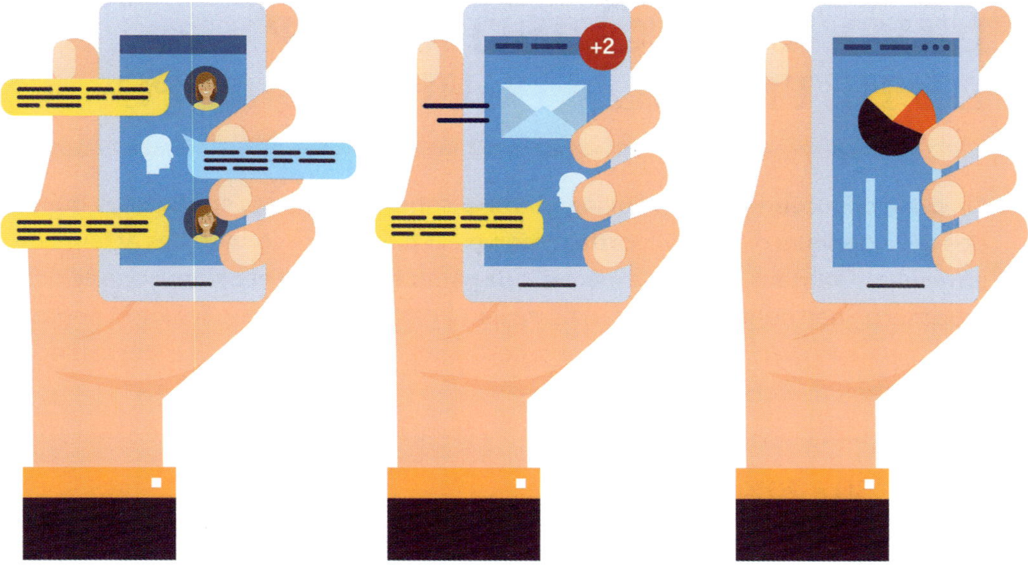

créer vos segments et optimiser au mieux vos communications. Tenez compte également des bons moments pour leur envoyer des push. En effet, certaines applications décident de n'envoyer aucun push le week-end (ex. : banque, assurance). D'autres, au contraire, en fonction de leurs activités préfèrent communiquer les week-ends (bons plans, sorties). Gaumont Pathé, par exemple, intensifie ses push lors de journées de mauvais temps pour encourager ses clients à venir regarder un bon film au chaud.

CONSEIL N° 3 : DÉTAILLEZ LE PLAN DE MARQUAGE

Le plan de marquage regroupe l'ensemble des événements que vous souhaitez suivre dans votre application (bouton, complétions de formulaire, note...). Pour le réussir, il est nécessaire de mettre à plat le ou les parcours clients de votre application, puis de suivre point par point les actions à tagguer. A l'issue de cette démarche, vous obtenez une succession d'actions majeures auxquelles il faut rattacher un tag.

CONSEIL N° 4 : DÉTERMINEZ LE BON FORMAT

Le format du push ou de l'in-app joue un rôle incontestable sur le taux d'ouverture de vos campagnes. Son, fichier animé, vidéo, couleur, police : vous pouvez réellement créer le message que vous souhaitez, représentant au mieux votre marque.
Sachez, par exemple, que l'ajout d'un emoji augmente sensiblement le taux d'ouverture de vos push.

QUAND LOUIS VUITTON S'OCCUPE DE VOTRE SAINT-VALENTIN

A l'occasion de la Saint-Valentin, la marque de luxe a mis en place une campagne in-app très réussie. En effet, l'application gratuite proposait d'aider les Valentin à trouver le restaurant idéal pour une soirée en amoureux. Parmi la sélection de restaurants, vous pouviez choisir un dîner aux chandelles, un apéritif romantique, ou encore un repas en tête à tête dans un lieu insolite. Techniquement, du 9 au 14 février, les mobinautes ont reçu des push leur indiquant le lieu qui conviendrait le mieux à leurs envies. La marque a choisi une combinaison push et d'in-app.
En conclusion, retenez que le push est un message que vos mobinautes consultent sans devoir faire le moindre effort. Il est en ce sens plus efficace pour être lu, car plus réduit en nombre de caractères et envoyé sans avoir à demander le moindre effort à votre audience. L'in-app offre un visuel plus attractif et s'il est bien designé peut représenter une véritable vitrine de marque. Une combinaison est un gage de réussite. Nous conseillons d'utiliser les push pour un message très court, pour susciter une envie, de la curiosité. Puis, d'ajouter à cette campagne des in-app qui présenteront avec plus de détails votre contenu, car ils n'ont aucune limitation.
Aujourd'hui, le gap entre push et in-app tend néanmoins à disparaître avec la sortie de nouveaux devices IOS 10, 11, Oreo qui permettent toujours plus de possibilités en termes de création et de personnalisation.

Naëlle Hadji-Bormann
Responsable Marketing EMEA
FollowAnalytics

LE DEEP LINKING, UN PUISSANT LEVIER D'ACQUISITION ET DE RÉTENTION POUR LES APPS

On parle beaucoup de deep linking parmi la communauté des spécialistes du mobile et des développeurs d'apps. Or, cette notion n'est pas encore connue des acteurs du digital en général. Pourtant, une fois expliqué, cela paraît très simple et comme une évidence pour proposer un parcours fluide à ses utilisateurs. Qu'est-ce que le deep linking et pourquoi est-il essentiel de le mettre en place pour améliorer l'efficacité de votre stratégie d'acquisition ou de rétention d'app marketing ?

10 à 20% des utilisateurs partagent du contenu sur les réseaux sociaux

2 mondes à part : les applis et le web

LE PROBLÈME

Nous avons tous été confrontés à ce problème.
Vous êtes connecté à une appli installée sur votre mobile, dans laquelle vous avez déjà entré votre compte. Vous recevez un mail du service web en question et vous cliquez sur un lien dans ce mail. Le lien ouvre votre navigateur mobile (pas l'app !), et on vous redemande de vous identifier !!!
Ce ne serait pas génial si l'appli s'ouvrait plutôt directement ? L'appli que vous avez fait l'effort d'installer et dans laquelle vous êtes déjà identifié ? Eh bien, c'est possible, et la solution s'appelle le deep linking.

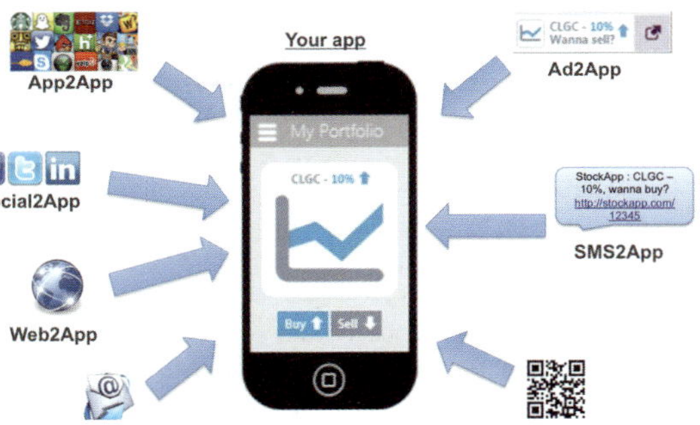

> Le deep linking, votre Everything2App (Web2App, Email2App, Social2App, QR2App...)

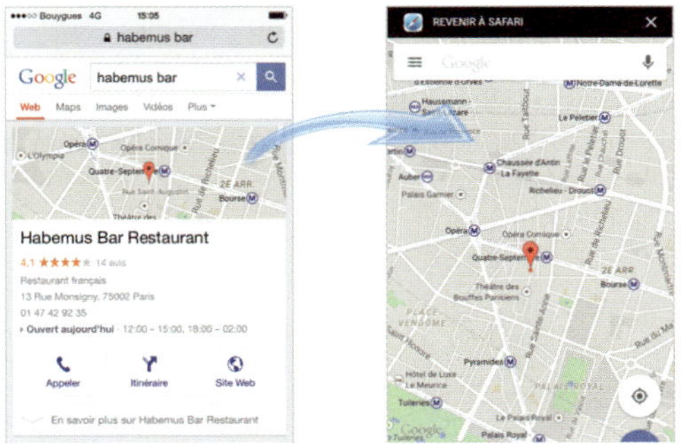

> Web2App - un clic sur le plan des résultats locaux ouvre directement l'appli Google Maps

POURQUOI C'EST COMME ÇA ?

En fait, les applis mobiles et le web tel qu'il nous est familier (pages web, navigateurs, e-mail...) sont deux mondes à part. Les applications installées sur votre ordinateur comme Word ou Excel sont également très différentes des sites web. Par ailleurs, les applis mobiles étaient au départ destinées à être des "jeux ou calculatrices", et non pas pensées pour accéder à du contenu web. Il en découle que les standards de liens web HTML ou HTTP URL ne fonctionnent pas dans l'univers des applis.
Notez que les applis Android peuvent capturer les liens web, mais il ne s'agit pas d'une solution multiplateforme et elle peut entraîner de mauvaises expériences utilisateur (le lien s'ouvre, mais n'est pas géré par l'appli).

La technologie pour ouvrir une appli dans une section ou un contenu dédiés (nommés URL Scheme) existait pourtant bien dès le départ, mais elle n'a jamais été compatible avec les standards du web (liens HTTP).

MAIS QU'EST-CE DONC QUE LE DEEP LINKING ?

Le deep linking relie ces 2 mondes à part, les applis et le web, et permet d'ouvrir les applis directement au contenu ou à la section souhaités en cliquant sur des liens web standard (HTTP).
Pour cela, il utilise des mécanismes technologiques mais vous serez sans doute plus intéressés par ce qu'il vous permet de faire. En effet, dans la mesure où tous les canaux de marketing numérique reposent sur des standards web, réussir à les faire fonctionner en techno appli vous permet de rentabiliser vos efforts de marketing numérique également sur votre appli !

Notez bien que le sujet n'est pas nouveau, mais il est très tendance actuellement, car le deep linking est une condition nécessaire au retargeting et au rich advertising.

Le secteur du marketing mobile a compris qu'il s'agissait d'un enjeu majeur, et il semble à l'heure actuelle que tous les acteurs majeurs du mobile proposent une solution deep linking.

COMMENT ÇA MARCHE ?

La technologie derrière le deep linking repose sur une idée simple : router les différents cas de figure vers le mécanisme approprié. Par exemple, router les navigateurs web vers une page web (HTTP URL) et router les mobiles vers une ouverture d'appli (URL Scheme).

Et par la même occasion, si l'utilisateur est sur mobile et que l'appli n'est pas installée, le guider vers une installation.
Notez qu'il n'est pas toujours possible de détecter si une appli est déjà installée, mais il existe des solutions alternatives, un peu bricolées cependant.

Exemples de deep linking mobile :

- Un clic sur le plan des résultats d'une recherche sur google ouvre directement l'appli Google Maps
- Un clic sur un contenu mail de LinkedIn ouvre directement l'appli LinkedIn à la bonne page

GROWTH HACKING & BOUCLE VIRALE

Comme nous l'avons vu précédemment, le deep linking permettra à l'utilisateur qui clique sur des liens dans les réseaux sociaux d'ouvrir l'appli directement. Si votre application est à base de contenu, vous pouvez le transformer en un puissant canal d'acquisition et de rétention.

La mécanique virale des réseaux sociaux repose sur 2 comportements des utilisateurs : la production et la consommation.

D'un côté, une petite partie (disons 10 à 20 %) des utilisateurs partagent du contenu sur les réseaux sociaux. Par exemple, ils partagent de la musique sur Deezer ou Spotify. Les autres utilisateurs vont ensuite consommer ce contenu partagé, augmentant ainsi l'usage de l'appli (rétention). Si ces utilisateurs ne connaissent pas l'appli, c'est une excellente façon de la leur faire découvrir et installer (acquisition), notamment car le contenu in-app a été partagé par une personne de confiance.

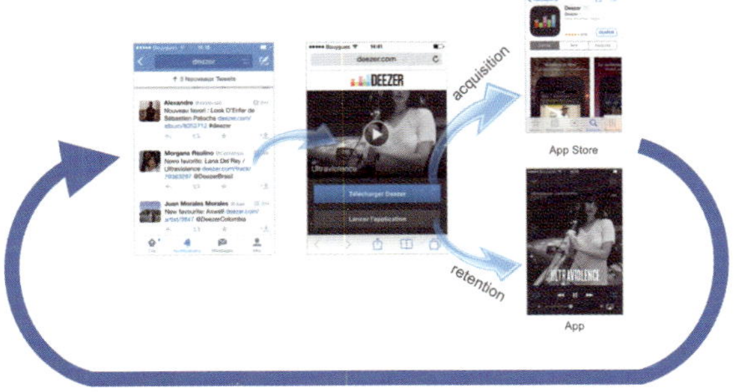

> Growth hacking : générer l'acquisition et la rétention

Mais ce n'est pas tout : une partie de ces consommateurs de contenu ou des nouveaux utilisateurs de l'appli partageront également du contenu... menant ainsi à la création d'une boucle virale !
Le deep linking est un excellent ingrédient pour améliorer le fonctionnement de la boucle virale et pour se débarrasser d'une grande partie de la friction.

Il sera dans votre intérêt de rechercher pour votre appli davantage de façons pour les utilisateurs de partager du contenu ou de les inciter à partager. C'est ce qu'ont fait assez tôt Deezer et Spotify, en permettant à leurs utilisateurs de se connecter à leurs comptes Facebook et de partager automatiquement leurs likes de chansons, albums ou artistes dans l'appli.

Rappelez-vous que les utilisateurs recherchent un "retour sur investissement" lorsqu'ils partagent. Dans le cas de la musique, il s'agit clairement de faire découvrir de nouveaux sons ou de se faire reconnaître comme mélomane (le self branding est en effet une aspiration commune à nombre d'utilisateurs des réseaux sociaux).

COMMENT LE CONSTRUIRE

Maintenant que vous connaissez le **Quoi** et le **Pourquoi**, il vous faut probablement une vision du **Comment**.

De nombreux éditeurs d'application ont par le passé construit leur propre solution maison pour ces liens profonds dans les applications. Mais le sujet est devenu de plus en plus complexe, avec beaucoup de fragmentation (variations entre les différentes versions d'OS et les modèles de smartphone). Comme pour le routage d'e-mail ou de notifications push, les éditeurs d'application ont aujourd'hui intérêt à se reposer sur des solutions qui sont désormais matures.

Les acteurs majeurs de l'attribution mobile (NB : attribution des clics sur une campagne ayant conduit à l'installation de l'application) proposent tous leur propre solution : Tune, Adjust et Appsflyer.
Des solutions spécialisées sont apparues ces dernières années, comme Yozio, Hokolinks, mais surtout Branch qui est devenu la plateforme de référence des grands éditeurs d'apps mondiaux comme français (Airbnb, Pinterest, Target, HotelTonight, Showroomprivé, CDiscount, Dailymotion...).
Ces solutions offrent par ailleurs des innovations intéressantes pour les parcours mobiles, comme l'accueil personnalisé dans le cadre d'un parrainage lors du premier lancement de l'application, ou encore l'indexation du contenu des applications sur les moteurs de recherche web mobile.

En conclusion : le deep linking est un enjeu à la fois pour l'expérience utilisateur et le marketing des applications, avec une forte dimension technique. C'est un mécanisme qui devient indispensable pour qu'une application mobile rencontre le succès.

Vincent Tessier
Expert média mobile
MarketingMobile.co

Alexandre Jubien
Consultant en Stratégie Mobile
www.thinkmobile.fr

Coup de cœur PRATIQUE

MONDIAL ASSISTANCE

Offrir aux voyageurs une application disposant de services pratiques à l'étranger

> L'app Voyage Zen : travel protection.

PROBLÉMATIQUE DE LA MARQUE

> Le contexte

Depuis quelques années, nous assistons à l'émergence de nouveaux usages, de nouveaux comportements des voyageurs. De plus en plus partent en voyage avec leur smartphone en poche (85 % des voyageurs emportent leur smartphone en voyage en 2015).

D'autre part, les voyageurs attendent qu'on leur propose de l'information, du conseil, utile et personnalisé en fonction de leur situation, de leur destination.

Et en cas d'incident à l'étranger, l'immédiateté et la simplification de l'accès et des démarches apparaissent essentielles.

Dans le cadre de sa stratégie de digitalisation et développement du multi-accès, Allianz Worldwide Partners, leader de l'assurance/assistance voyage, s'attache à renforcer en permanence la relation avec ses clients pour être présent tout au long de son voyage et pas uniquement au moment où survient un incident.

SOLUTION STRATÉGIQUE

> Customer Centrix

L'idée essentielle tournait autour du constat que les deux seuls moments où le voyageur avait un contact avec son assureur ou son assisteur étaient l'acte d'achat de l'assurance et la demande d'assistance. Il existait donc un vide important à combler, vide où très souvent le voyageur est en situation d'incertitude voire de stress au moment de l'événement (accident, incident, questionnement...).

Partant de ce constat, l'expérience client a été repensée en positionnant le client au cœur du dispositif et en s'attachant à solutionner les moments douloureux du parcours client. Il nous est rapidement apparu qu'il devait disposer de ces solutions à portée de main.

Nous avons donc établi une liste de fonctionnalités indispensables que nous avons hiérarchisées et inscrites dans une *roadmap**. Il nous a semblé important d'opter pour une solution en mode *API** afin de permettre leur intégration dans notre app, mais également dans les app ou sites de nos clients-partenaires.

MISE EN PLACE OPÉRATIONNELLE

Proposée en mode téléchargement pour iPhone et Android, l'application a nécessité un travail important au niveau des systèmes de *back-end** pour pouvoir discuter en temps réel avec les infrastructures actuelles. Elle dispose ainsi de fonctionnalités opérationnelles qui répondent aux différents moments du voyage.

> Avant le départ

- Télécharger son contrat d'assurance voyage pour avoir à portée de main tous les détails indispensables en cas de besoin : le numéro du contrat, les personnes assurées, les dates de validité, les garanties et conditions générales ;

- Intégrer les photos de ses propres médicaments accompagnées d'un descriptif de ses traitements en cours. Une fonctionnalité très utile en cas d'urgence, pour se faire comprendre le plus rapidement possible et s'assurer d'avoir le remède le plus adapté ;

- Ajouter, pour les prospects, son type de carte bancaire ainsi que le pays de destination pour disposer d'un diagnostic de couverture médicale immédiat et au besoin acheter en ligne le complément de couverture médicale manquant. Ainsi, une carte bleue classique dispose d'une couverture des frais médicaux

INFOS CLÉS

+ de 25 000 téléchargements

Déjà **9** fonctionnalités

- **Objectif :** Fidélisation, Ventes
- **Cibles :** Les 2 sexes
- **Moyens :** Application Mobile, Digital expérience, E-commerce
- **Budget :** De 200 000 € à 500 000 €

insuffisante (plafond limité à 11 000 €) pour un voyage aux Etats-Unis. Le comparateur de carte propose alors d'upgrader la couverture des frais médicaux (jusqu'à 150 000 €) en quelques clics, et place ainsi le voyageur dans une situation de couverture financière adaptée en cas d'hospitalisation sur le lieu de séjour.

> Pendant le séjour

- Disposer des numéros d'urgence du lieu de séjour ;
- Obtenir la dénomination commune des médicaments pour se faire comprendre d'un médecin à l'étranger ;
- Traduire un terme médical dans la langue du pays ;
- Trouver par géolocalisation un établissement hospitalier (référencé par Mondial Assistance) autour de soi. La localisation de l'établissement est présentée sur une carte ou en mode liste ;
- Accéder par un clic ou par une préouverture de dossier à la plateforme d'assistance médicale de Mondial Assistance France H24 7/7 ;
- Suivre son dossier d'assistance médicale en étant informé au jour le jour de l'avancée du dossier.

Allianz Worldwide Partners France a pour ambition d'enrichir l'application par d'autres fonctionnalités en ligne qui viendront compléter le parcours client :

- Demander un remboursement sur des frais de prestations engagés par le voyageur ;
- Demander une attestation d'assurance dans le cadre de la procédure de demande de visa auprès des ambassades ;
- Vidéo/livechat entre le patient et le médecin.

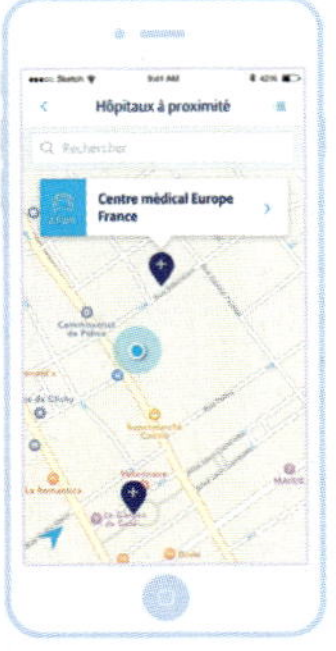

Je localise les hôpitaux à proximité

J'utilise le traducteur médical disponible en 18 langues

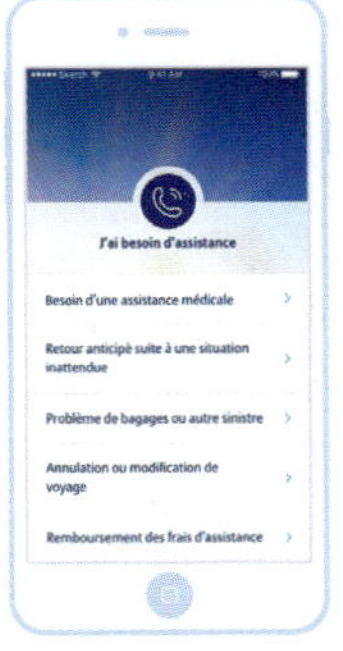

Je contacte l'assistance partout, à tout moment

> *“ Avec l'application Voyage Zen, nous souhaitons renforcer la relation avec nos clients tout au long de leur voyage, et pas uniquement au moment où survient un incident. ”*

RÉSULTATS

Le lancement de l'application dans sa première version a rencontré un franc succès avec plus de 25 000 téléchargements et les retombées médiatiques ont été importantes. Destinée au marché BtoC dans sa conception initiale, l'application adressera également le marché BtoBtoC pour couvrir le plus largement possible les voyageurs susceptibles d'utiliser nos services. Cet exemple de succès digital montre à quel point il est important de repenser l'approche des processus en positionnant l'expérience client au cœur de nos préoccupations, et en proposant à nos partenaires des solutions facilement intégrables dans leurs propres systèmes dans un but commun d'enrichir le partenariat et de répondre au besoin du client final par une présence à ses côtés à tout moment.

* Retrouvez la définition dans le lexique en fin d'ouvrage.

◊ ALLIANZ WORLDWIDE PARTNERS FRANCE
www.allianz-voyage.fr

Direction Marketing et digital
Patrick Krepper
Directeur Programme Transformation Digitale AWP France
patrick.krepper@mondial-assistance.fr

Catherine Dibouès
Responsable Marché Voyage Loisir Mobilité
catherine.diboues@mondial-assistance.fr

STABILO

Faire vivre l'expérience produit sur mobile

> **Graffeur utilisant l'application.** www.josianefaitdelapub.com/stabilo-stripe-me-up

PROBLÉMATIQUE DE LA MARQUE

> Le contexte
STABILO est une marque allemande créée en 1855 à Nuremberg. La marque au cygne est mondialement connue pour ses STABILO Boss. Une notoriété si forte que le mot STABILO fait aujourd'hui référence au produit qu'il désigne : le surligneur.

A l'occasion de la rentrée et pour promouvoir son nouveau stylo-feutre, point 88, STABILO France, accompagné par l'agence Josiane, lance une application mobile et un dispositif digital : "Stripe Me Up". Ce dispositif rentre dans le cadre de la campagne de marque internationale de STABILO : "Stripe up your life".

> La cible
Les Millennials, des écoliers aux étudiants.
Une cible jeune, mobile et connectée, toujours en quête de nouvelles expériences.

> Les objectifs
- Accélérer le passage de STABILO au digital et ancrer la marque "dans son temps".
- Engager ses consommateurs dans une vraie expérience augmentée.
- Développer l'univers lifestyle et coloré de la marque.

> Le budget
100 000 €

SOLUTION STRATÉGIQUE

> L'idée
Dans une étude récente, Kantar Millward Brown et Kantar Media indiquent que 75 % des Millennials pensent que les marques ont tellement peu de sens qu'elles sont amenées à disparaître ! Comment s'adresser à ces fameux Millennials, une cible particulièrement volatile qui se désintéresse des marques ?

En offrant une véritable expérience digitale adaptée à leurs codes pour qu'ils puissent s'approprier la marque, jouer avec et laisser une trace dans leur environnement. Ainsi, en reprenant les codes de la pop-culture et de la street-culture à travers une application mobile, Stabilo a une véritable occasion de créer un lien avec cette jeunesse si prisée des annonceurs.

> Les aspects innovants et de différenciation
Aujourd'hui, de nombreuses applications utilisent le smartphone comme un outil graphique permettant de jouer avec son environnement. Mais en 2014, date de sortie de la campagne, nous n'étions qu'aux prémices de Snapchat et autres applications du même type. La tendance flottait dans l'air, Stabilo l'a saisi.

La notoriété assise de la marque sur les surligneurs aux couleurs fluorescentes, la richesse de son univers ont été des atouts non négligeables pour une campagne fortement attribuable.

MISE EN PLACE OPÉRATIONNELLE

L'idée consiste à faire vivre l'expérience du stylo-feutre Point 88 directement depuis son smartphone grâce à une mécanique de *gamification** associée à une réflexion mobile-to-store.

L'application (iOS et Android) permet de dessiner selon ses mouvements, de s'approprier les lieux, de laisser sa trace dans l'espace. L'application fonctionne comme un feutre virtuel permettant d'écrire, de dessiner en bougeant son smartphone directement sur les photos ou vidéos qu'il capture. Les images

INFOS CLÉS

Application au **top 2** divertissement de l'Apple Store

Près de **35 000** stripes créées par les utilisateurs

Plus de **70** retombées presse

- **Objectif :** Image, Ventes
- **Cibles :** Etudiants, Enfants
- **Moyens :** Application mobile, Display, Jeu-concours, Films et prints digitaux
- **Budget :** De 50 000 € à 100 000 €

produites grâce à l'application peuvent ensuite être partagées directement sur les réseaux sociaux. L'utilisateur pouvait également dessiner ou écrire avec son doigt directement sur l'écran de son smartphone et personnaliser ses propres photos, bien avant l'arrivée de Snapchat ou WhatsApp.

Une mécanique de gamification a été mise en place pour récompenser les meilleures "stripes", les plus créatives et les plus originales, ainsi que les meilleurs "stripeurs" : plus un utilisateur créait, plus il était créatif et plus il gagnait des points pour remporter des cadeaux (un scooter, des iPad et des produits STABILO). Plus il "stripait" près d'un point de vente STABILO, plus il gagnait de points (mécanique mobile-to-store pour inciter les utilisateurs à se rendre en magasin).

Un site web (et mobile) permettait de retrouver, au sein d'un mini réseau social, toutes les stripes créées, les utilisateurs ainsi que les contenus de la campagne. Les meilleures stripes et les meilleurs stripeurs étaient mis en avant sur le site.

Pour lancer l'application et raconter l'histoire – et l'expérience – que la marque propose, STABILO France et Josiane ont développé une campagne digitale et de nombreux contenus.

5 films et 5 visuels viennent développer l'univers lifestyle et coloré de la marque dans un registre de mouvement et de créativité urbaine : un graffeur, un couple de breakdancers, un skateur, une danseuse et une roller-girl impriment ainsi leurs mouvements dans l'espace et sur l'asphalte grâce aux traits fluorescents du stylo-feutre Point 88.

Pour viraliser la campagne, elle a été diffusée sur les réseaux sociaux de la marque (organique + paid) et sur mobile (push téléchargement) ainsi que sur YouTube. Les contenus et la campagne ont largement été repris sur Twitter et sur Facebook, ce qui a permis de lancer la page Facebook de STABILO France.

Une campagne RP et eRP a également été déployée, avec de nombreuses retombées, notamment TV (BFM Business), print (Stratégies...), web et blogs (la Réclame, Il était une pub, CB News, INfluencia...).

RÉSULTATS

Les retombées
En moins d'un mois :
- Près de 35 000 stripes créées par les utilisateurs (UGC : User Generated Content)
- 4 500 tweets
- Plus de 70 retombées presse
- Application au top 2 divertissement de l'Apple Store

* Retrouvez la définition dans le lexique en fin d'ouvrage.

> *« L'idée consiste à faire vivre l'expérience du stylo-feutre Point 88 directement depuis son smartphone grâce à une mécanique de gamification associée à une réflexion mobile-to-store. »*

◊ STABILO FRANCE
www.stabilo.com/fr

◊ JOSIANE
www.josianefaitdelapub.com

Laurent Allias
fondateur
laurent@lemaildejosiane.com

Baptiste Thiery
fondateur
baptiste@lemaildejosiane

Anne-Marie Bruno
responsable développement
annemarie@lemaildejosiane.com

06 • MOBILE & IOT

BESCHERELLE

Dédramatiser l'apprentissage de l'orthographe et de la rédaction grâce à une plateforme ludique

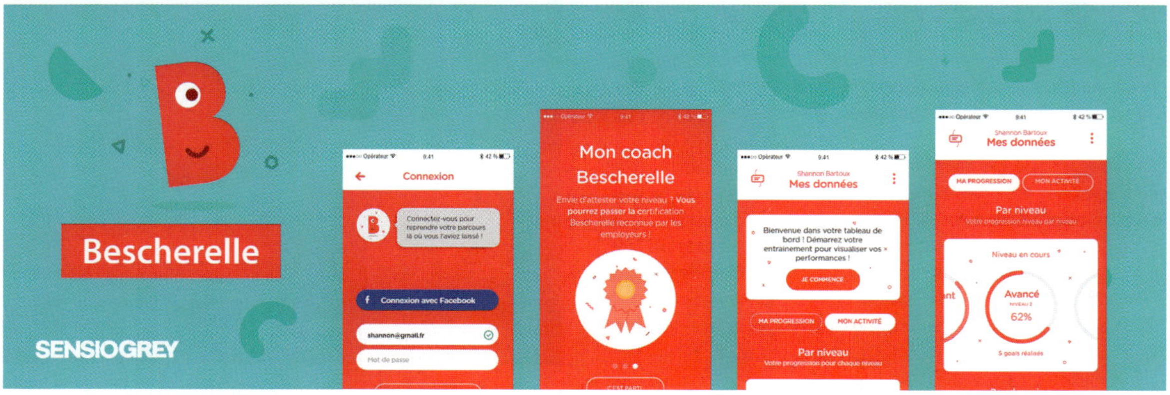

> Application mobile d'e-learning Bescherelle

PROBLÉMATIQUE DE LA MARQUE

> Problématique

Comment créer une plateforme de formation en langue française pour adulte Bescherelle, capable de faire progresser en orthographe et en rédaction même ceux qui n'aiment pas ça.

> Le contexte

L'orthographe et la rédaction ne sont pas maîtrisées par tous. Elles constituent pourtant des marqueurs sociaux forts voire un handicap professionnel et personnel si elles ne sont pas maîtrisées.

Parmi les gens qui font des fautes, il y a ceux qui assument et il y a les autres. Ces derniers veulent progresser et font appel à différents supports qui ne sont pas toujours gratuits ou performants.

Si l'on regarde de plus près, on constate que si toutes ces personnes font des fautes aujourd'hui, c'est parce qu'elles n'aimaient pas l'orthographe à l'école et, faute de moyen, ont accumulé de grosses lacunes.

Comment parvenir à les faire progresser sans qu'elles aient l'impression de revenir sur les bancs de l'école ? La marque Bescherelle bénéficie d'une crédibilité pour lancer sa plateforme *e-learning** qui propose une solution innovante d'apprentissage adaptatif.

> La cible

Tous ceux pour qui l'orthographe est devenue un problème récurrent. Ceux qui font des fautes, qui n'ont jamais aimé l'orthographe et qui n'ont pas encore trouvé une méthode suffisamment performante leur offrant une formation adaptée et leur promettant des résultats probants.

Un public pour lequel la rédaction et l'orthographe sont des enjeux. Des personnes souvent amenées à écrire qui ne peuvent plus se permettre de faire des fautes au risque de ne pas atteindre leurs objectifs, voire d'être gravement sanctionnés.

> Les objectifs

- Bousculer les codes de l'apprentissage grâce à un service e-learning mobile performant ;
- Dédramatiser l'apprentissage de la rédaction et de l'orthographe.

SOLUTION STRATÉGIQUE

> L'idée

SensioGrey a réalisé avec Bescherelle un programme qui repose sur une intelligence artificielle et qui offre un parcours pédagogique totalement personnalisé, dont les contenus s'adaptent en temps réel aux réponses de l'utilisateur.

Proposer à ceux qui sont fâchés avec l'orthographe et la rédaction un accompagnement vers la réussite.

> Les aspects innovants et de différenciation

Ce programme repose sur une intelligence artificielle développée par la start-up américaine Knewton et offre un parcours pédagogique totalement personnalisé, dont les contenus s'adaptent en temps réel aux réponses de l'utilisateur. L'application est conçue selon les codes de la gamification et des interfaces conversationnelles qui collent avec les habitudes d'utilisation des consommateurs, pour dédramatiser l'approche de l'orthographe et de la rédaction tout en rendant l'expérience plus divertissante. Un coach accompagne et encourage les utilisateurs tout au long de leur parcours pour conserver leur motivation.

INFOS CLÉS

- **Objectif :** Fidélisation, Notoriété
- **Cibles :** Les 2 sexes, Etudiants, CSP+
- **Moyens :** Application mobile, Mobile, Digital expérience

MISE EN PLACE OPÉRATIONNELLE

> Le dispositif

SensioGrey a développé une application mobile humanisée basée sur la gamification.

Dès la première ouverture de l'application, un dialogue virtuel s'instaure entre l'apprenant et l'application. Le ton est sympathique, mais surtout pas infantilisant. Hormis l'affichage des règles, rien ne peut rappeler l'école, qui peut parfois être un mauvais souvenir pour certains utilisateurs.

Dès son arrivée sur l'interface, quelques questions sont posées à l'utilisateur pour cerner son profil, son niveau et lui faire expérimenter l'expérience d'apprentissage dès sa première visite. Ce test présente rapidement le parcours le plus adapté à l'utilisateur. Pour lever le frein du coût, on lui propose de tester l'application gratuitement. Puis si l'utilisateur veut s'abonner, tout se fait in app pour ne mettre aucune barrière entre la visite et l'acte d'achat.

Dans l'hypothèse où l'utilisateur choisit de tester l'application gratuitement, il devra tout de même remplir un formulaire afin de l'intégrer au CRM. L'application peut être utilisée sans contrainte de temps, l'utilisateur peut lui consacrer ses temps morts. A chaque étape, le dialogue est maintenu par le coach virtuel qui manifeste beaucoup d'empathie pour l'apprenant. Lorsque l'apprenant fait une erreur, une astuce lui est proposée. Ainsi, l'apprentissage est simplifié pour ne surtout pas déranger l'utilisateur. De plus, une consultation de la règle est possible en vidéo ou en fiche lecture.

Le dashboard de progression permet de mesurer l'avancement de l'entraînement par rapport à l'objectif fixé. Le coach intervient pour encourager une utilisation régulière et sur le long terme. L'apprenant, quant à lui, peut faire le point sur les compétences acquises. Des push notifications rappellent à l'apprenant qu'il faut se connecter. Elles sont envoyées selon le rythme choisi par l'utilisateur pour rythmer le parcours de progression et fixer des objectifs. Une bibliothèque permet de rechercher une règle ou de mettre en favori une règle qu'on a du mal à retenir.

> Les étapes

Développement de l'application d'abord pour iOS, puis des évolutions seront envisagées suite aux premiers retours utilisateurs avant développement pour Android.

CONCLUSION

Avec sa nouvelle application révolutionnaire, Bescherelle, marque emblématique de la langue française, a montré qu'elle était une marque moderne, qui a su évoluer avec son temps et transformer l'apprentissage de l'orthographe et de la rédaction. Vous trouverez les résultats de la campagne ici : www.sensiogrey.com/realisations/bescherelle

* Retrouvez la définition dans le lexique en fin d'ouvrage.

> Plateforme de e-learning Bescherelle

> *“Proposer à ceux qui sont fâchés avec l'orthographe un accompagnement vers la réussite.”*

◊ BESCHERELLE

Julia Rerolle
jrerolle@editions-hatier.fr

Amandine Giraud
agiraud@editions-hatier.fr

◊ SENSIOGREY
www.sensiogrey.com

Clotilde Ravin
clotilde.ravin@sensiogrey.com

Claire Couzi
claire.couzi@sensiogrey.com

SAINT-GOBAIN

Améliorer le service client via une solution e-commerce mobile : Glassolutions

> Application mobile de prise de commande de Glassolutions.

PROBLÉMATIQUE DE LA MARQUE

> Le contexte

Glassolutions est l'enseigne de transformation et distribution de solutions verrières pour le bâtiment du **Groupe Saint-Gobain**. Elle est présente dans 16 pays en Europe et compte près de 200 sites. Son site internet français compte en moyenne 15 000 visiteurs uniques par mois.

Notre métier a 3 spécificités majeures :

• Les produits verriers sont entièrement fabriqués **sur mesure**, si bien qu'aucune solution e-commerce standard sur le marché ne peut être utilisée ;

• Il s'agit d'un métier de **spécialiste**, il n'y a pas de réseau de distribution, ce qui signifie que les industriels doivent s'adresser directement à tous types de clients (de l'artisan poseur aux grands projets en passant par les fabricants de fenêtres ou de meubles, etc.) ;

• Glassolutions est une enseigne **multi-pays**, les clients sont donc présents dans toute l'Europe.

100 % de produits sur-mesure signifient que remettre un prix ou une date de livraison peut s'avérer complexe, puisque chaque produit doit être configuré (dimensions au millimètre) et la production préparée en conséquence.

A l'inverse, les artisans ont un besoin fort d'instantanéité, car ils auront plus de chance de gagner une affaire s'ils sont plus rapides à remettre un devis que leurs concurrents. Par ailleurs, il est critique pour eux d'avoir des délais de livraison fiables afin de pouvoir planifier leurs chantiers.

> Les objectifs

Glassolutions cherche une solution pour faciliter la relation avec ses clients artisans locaux et afin de pouvoir répondre à leurs problématiques quotidiennes :

• Passer moins de temps sur du travail administratif, et plus sur le terrain à chiffrer et gagner des affaires ;

• Avoir une information très rapide des prix et des délais de livraison ;

• Suivre facilement leurs devis et leurs commandes.

Enfin, cette solution se doit d'être mobile, car c'est le mode de consommation privilégié de cette typologie de clients. Ils veulent pouvoir créer un devis directement sur un chantier. En France, 65 % des artisans possèdent un smartphone et près de la moitié d'entre eux déclarent passer des commandes en ligne.

SOLUTION STRATÉGIQUE

> L'idée

Une application mobile était nécessaire pour pouvoir atteindre ces objectifs, parmi lesquels :

• Présenter une offre compréhensible par le plus grand nombre, et pas seulement pour nos clients experts du verre ;

• Calculer instantanément le prix d'un verre configuré ;

• Afficher instantanément une date de livraison indépendamment des plans de production ;

• Assurer le suivi des commandes en temps réel ;

• Être accessible en 24 heures sur 24, 7 jours sur 7.

Cet outil repose techniquement sur un *configurateur** connecté au CRM de Glassolutions. Sa construction dépend de 2 décisions stratégiques :

• Une promesse logistique : le calcul dynamique des délais est établi selon une charte de service spécifique à chaque pays ;

• Une politique tarifaire : le calcul des prix repose sur une segmentation clients définie localement.

INFOS CLÉS

4 mois du développement au lancement

+ 32 % de CA chez les clients connectés

99 % respect de la promesse

- **Objectif :** Ventes, Fidélisation
- **Cibles :** Professionnels, BtoB
- **Moyens :** Application Mobile, E-commerce, Digital expérience

MISE EN PLACE OPÉRATIONNELLE

Pour mettre en place cette stratégie, une équipe IT et business est dédiée à ce projet. La construction de la plateforme est faite en mode **agile**, c'est-à-dire que les phases de design, build et tests sont faites par "sprints" de quelques semaines. La mise à disposition d'un premier outil entre les mains des clients a été possible très rapidement et de nouveaux déploiements sont réalisés chaque mois, sur la base des **retours clients**, afin d'être extrêmement réactifs et d'apporter un maximum d'améliorations à l'outil.

Le déploiement a débuté par une phase de **pilote** au Royaume-Uni, puis la méthode a été industrialisée pour lancer les pays suivants, au rythme d'un nouveau pays chaque trimestre.

Sur des marchés très traditionnels, l'**adoption** et le **change management** sont des challenges quotidiens :
- Mise en place d'un plan de communication interne dans chaque pays vis-à-vis des commerciaux sous forme de sessions de formation, de séminaires de motivation, de réponse aux objections, de bonus et de challenges ;
- La promotion de l'outil est faite par les commerciaux, sur le terrain auprès de leurs clients : il est indispensable d'être présent lors de la première connexion.

Des campagnes de marketing opérationnel permettent l'animation des clients déjà connectés, plus pour la prospection puisque le volume n'est pas un objectif en soi dans un marché BtoB. En effet, plutôt que de connecter un grand nombre d'artisans, il est plus efficace d'avoir un ciblage fin et de connecter en priorité les clients intéressés par l'outil.

> Confirmation de commande sur l'App Glassolutions.

> *"Mise en place en 4 mois, du développement au prototype opérationnel."*

RÉSULTATS

Un premier outil mis à la disposition des clients très rapidement : **4 mois** du développement au prototype opérationnel.

Une solution déployée auprès des clients de **60 sites physiques** en : France, Royaume-Uni, Allemagne, Belgique, Autriche et Danemark.

Une progression de **+ 32 % de CA** online + offline auprès des clients connectés.

Des programmes de "change" lancés dans les pays connectés : refonte du pricing, optimisation du process de prise de commande, création de services logistiques "express".

A ce jour, il n'existe **aucun service équivalent** sur le marché du verre en Europe.

* Retrouvez la définition dans le lexique en fin d'ouvrage.

◊ SAINT-GOBAIN GLASSOLUTIONS
www.glassolutions.fr

Laurent Elisseche
Directeur Digital
laurent.elisseche@saint-gobain.com

Amir Hadjadj
Directeur Communication
amir.hadjadj@saint-gobain.com

◊ PROS
www.pros.com

Virginie Dupin
Directrice Marketing

BAZARCHIC

Déployer efficacement une stratégie m-commerce sur vos applications mobiles

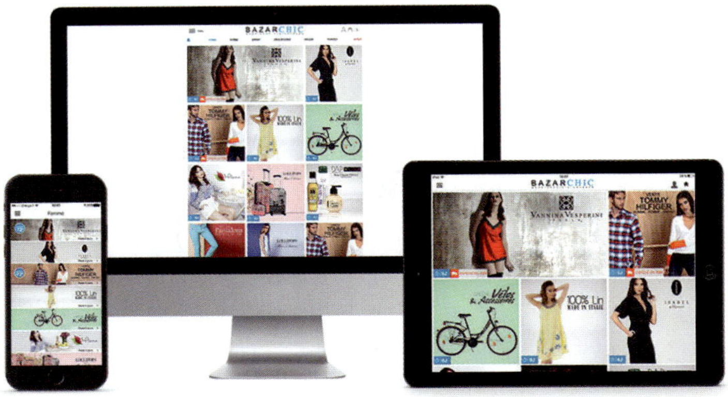

PROBLÉMATIQUE DE LA MARQUE

> Le contexte

Créée en 2006, BazarChic est une marque du Groupe Galeries Lafayette depuis 2016. La marque propose des ventes événementielles quotidiennes de grandes marques à ses millions de membres, principalement une clientèle CSP+. En 11 ans, la marque est devenue le leader français des ventes événementielles haut de gamme dans les domaines de la mode, du vin et de l'épicerie fine ainsi que l'univers de la maison. Le Groupe Galeries Lafayette est un groupe français spécialiste de la mode et de la maison. Spécialiste du commerce de centre-ville, il opère dans le secteur des grands magasins et du commerce connecté.

Dans un marché du e-commerce français ultra concurrentiel et conformément à son ADN fort d'innovation digitale au service de la performance, la marque a lancé dès 2009 un projet stratégique d'envergure en lançant la première application mobile shopping de l'Apple Store (iOS) sur le secteur des ventes événementielles avec pour ambition de se rapprocher toujours plus de ses membres en leur proposant un service optimisé en situation de mobilité.

> La cible

BazarChic s'adresse à tous les consommateurs utilisant le système d'exploitation mobile d'Apple (iOS) et de Google (Android) et opère sur les marchés français, belges, suisses, luxembourgeois et les DOM-TOM.

> Les objectifs

L'initiative lancée repose sur plusieurs objectifs :
• Corporate et RH, afin de toujours attirer les meilleurs talents digitaux via une couverture médiatique BtoB ;
• Economiques, afin de capitaliser sur des innovations sources de revenus incrémentaux ;
• Marketing, afin d'accompagner l'évolution des usages du consommateur vers le mobile.

SOLUTION STRATÉGIQUE

La réflexion stratégique repose sur le constat que les attentes et les usages des consommateurs évoluent très vite et que BazarChic doit être au rendez-vous de leurs exigences pour y répondre toujours mieux. L'autre constat et élément central dans l'idée initiale part de la nécessité d'optimiser en continu sa performance globale au meilleur coût (ROI) via la portabilité de son portail historique (www.bazarchic.com) sur les terminaux mobiles - smartphones et tablettes - afin de capitaliser sur les nouveaux micro-moments de consommation.

Le lancement d'une démarche stratégique transverse mobile first est également l'opportunité de constituer un écosystème digital maîtrisé en interne et d'adapter l'organisation au service du client.

Pour cela, une Digital & Mobile Factory a été constituée afin de centraliser tous les projets autour de ce projet stratégique. Les solutions stratégiques retenues, parce que pragmatiques, sont les suivantes :
• Internaliser les équipes de développement dédiées afin de capitaliser sur l'expertise et de gagner en agilité ;
• Passer en méthodologie de travail Scrum avec des sprints rapides et des soumissions aux stores deux fois par mois ;
• Insuffler une stratégie app first dédiée et une approche mobile first globale ;
• Avoir un impact fort sur la définition et l'implémentation de tout projet mis en production, notamment l'ergonomie (UX) y compris intégrer les codes du mobile sur le desktop ;
• Basculer tout le contenu du ".com" également vers les apps afin de proposer une expérience sans couture ;

INFOS CLÉS

- **Objectif :** Ventes, Fidélisation
- **Cibles :** Les 2 sexes, CSP+, Famille
- **Moyens :** Application Mobile, Digital expérience, Mobile
- **Budget :** De 500 000 € à 1 million €

- Constituer un écosystème MarTech dédié notamment sur l'UX, l'attribution, les partenaires publicitaires ;
- Améliorer la prise de parole auprès des membres mobinautes avec des formats adaptés ;
- Améliorer le time to market (TTM) des projets et insuffler la logique de "Minimum Viable Product" (MVP).

MISE EN PLACE OPÉRATIONNELLE

> La durée
Depuis août 2009.

> Les étapes
Pour être une entreprise mobile first, l'un des facteurs clés de succès est l'organisation et les outils. Pour cela, les équipes projets sont réparties en task forces agiles avec un prisme riche de plusieurs dimensions incontournables comme l'UX, l'ASO, la stabilité, la speed, la data, le CRM, l'analytics, le ROI.

Les équipes ont ainsi basculé dans leur approche en partant de l'écran le plus challengeant/restrictif (iPhone 4/5) pour ensuite intégrer le desktop et non l'inverse pour ne surtout pas décliner (car dans "déclinaison", il y a "déclin"). Un autre changement est d'apporter aux équipes les outils adaptés afin de pouvoir simuler dynamiquement les interfaces et de faire du design thinking et ainsi de faciliter aussi le travail des équipes de développement et de factoriser au maximum les composants des pages. La résultante produit une accélération de la sortie des projets et la stimulation de l'innovation digitale.

Côté outils, afin de systématiser une approche data-driven, les équipes ont sélectionné les solutions adaptées aux applications mobiles comme Crashlytics - filiale de Google - afin de maintenir le taux de "crash-free" le plus élevé possible et d'être alerté en temps réel des bugs de l'application et de pouvoir intégrer les patchs les résolvant dans la soumission suivante des applications et d'avoir ainsi une approche corrective et évolutive ; la stabilité d'une application mobile étant une attente très forte chez les consommateurs mobinautes. La résultante est un taux proche de 100 % depuis la mise en place de cette dynamique. Crashlytics permet également de surveiller en temps réel le trafic sur les applications mobiles et d'en faire donc un outil central de surveillance de l'activité.

En complément, un outil d'*UX Analytics** comme Azetone a été implémenté afin de monitorer les parcours clients au sein des applications via les heatmaps sur des segments clients identifiés comme à potentiel afin de développer les revenus générés par ces populations prioritaires. Des *A/B tests** systématiques sont également menés avant de mettre en production toute nouvelle page ou tout changement d'un élément dans une page. Cela permet de gagner fortement en agilité et réactivité et de trouver la meilleure solution selon l'audience. L'autre

> Nouvelle page d'accueil de l'application mobile de BazarChic

> *"Juguler toutes les dimensions incontournables pour une application mobile réussie est une démarche stratégique nécessitant de faire basculer toutes les équipes en logique mobile first."*

> Nouvelle page de tutoriel d'accueil de l'application mobile de BazarChic

> Exemple de page de heatmap de l'ancienne page produit de l'application mobile de BazarChic

résultante est une fréquence de visite fortement améliorée avec un engagement au sein des apps beaucoup plus important qui a permis d'augmenter le chiffre d'affaires. Cette démarche de réduction des irritants clients couplée à l'optimisation de la rapidité de l'app en basculant une partie de l'intelligence du local vers des webservices appelés à distance, et la réduction de son poids à 35 Mo seulement ont permis d'obtenir un impact positif sur la m-réputation.

Ensuite, un travail particulier a été mené sur l'optimisation du référencement sur les stores d'applications - l'App Store d'Apple et le Play Store de Google - afin de positionner les applications sur les meilleurs mots-clés, d'apparaître en mise en avant événementielle sur les stores, d'optimiser aussi les visuels sur les pages des applications afin d'encourager le téléchargement. En outre, une forte attention est portée en permanence sur l'évolution des systèmes d'exploitation mobiles - notamment lors des sorties annuelles majeures - afin d'adopter les nouvelles fonctionnalités qui font la différence et d'assurer une non-régression des applications avec les mises à jour.

Enfin, un outil de m-CRM comme Accengage a été déployé afin d'optimiser l'interaction sur les applications mobiles avec les membres en multipliant les formes de prise de parole adaptées à l'in-app et off-app. Ainsi, l'implémentation de cet outil permet de gagner en agilité au sein de l'application et d'automatiser les communications avec des redirections majoritairement en deep link afin de faciliter la navigation in-app. L'effet immédiat des communications off-app est un réengagement fort des mobinautes avec un pic d'audience entre 10 % et 20 %.

Le dernier outil utilisé est AppAnnie qui permet au quotidien notamment de surveiller le volume de téléchargements des applications par store chaque jour et de réaliser des analyses sur des périodes plus longues également.

RÉSULTATS

Les résultats enregistrés par ces initiatives innovantes et data-driven permettent d'établir le bilan suivant :

- Le trafic issu des applications mobiles a été multiplié par 10 en 4 ans ;
- Le chiffre d'affaires réalisé sur les applications représente désormais une vente sur deux ;
- Le taux de rétention des applications a été optimisé de 30 % et se situe bien au-dessus du taux moyen marché ;
- Le taux d'inscription après téléchargement a augmenté de 15 % via les optimisations ergonomiques apportées ;
- Les équipes de développement "web" et "mobile" travaillent conjointement sur des sprints convergents ;
- La connaissance client est affinée via la mise en place d'une logique temps-réel et la découverte des meilleurs micro-moments de consommation des membres de BazarChic ;
- La fréquence d'achat s'est améliorée et le panier moyen a rattrapé celui du desktop, qui jusqu'en 2015 le dépassait.

Grâce à la démarche mobile first menée, l'organisation des équipes a été totalement revue afin d'intégrer toutes les dimensions incontournables afférentes au mobile et BazarChic a encore gagné en agilité et en réactivité pour raccourcir le temps nécessaire à la sortie des innovations produit.

L'écosystème constitué autour du mobile permet aujourd'hui à BazarChic de faire partie des acteurs les plus avancés du marché.

* Retrouvez la définition dans le lexique en fin d'ouvrage.

“ Arriver à faire basculer les équipes vers le mobile first ne doit pas produire le travers possible du mobile only où le desktop serait complètement mort et donc recréerait un silo en interne. ”

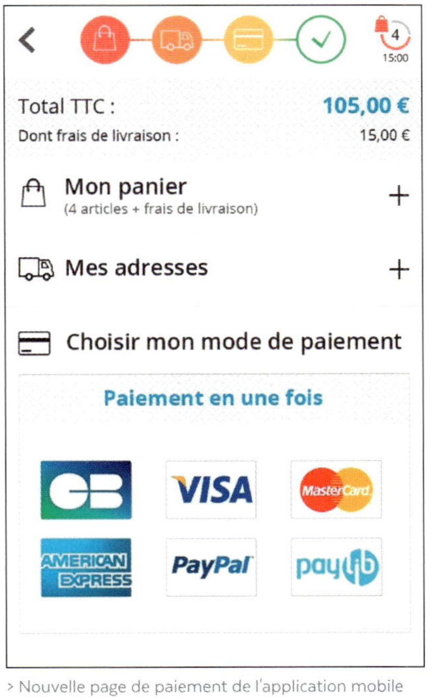

> Nouvelle page de paiement de l'application mobile de BazarChic

◊ BAZARCHIC
www.bazarchic.com

Julien-Henri Maurice
Directeur Marketing et Digital
jh.maurice@bazarchic.com

06 • MOBILE & IOT

BFORBANK

Accéder à son compte bancaire en un clin d'œil : allier expérience client et sécurité

PROBLÉMATIQUE DE LA MARQUE

> Le contexte

BforBank, la banque 100 % en ligne du groupe Crédit Agricole propose depuis 2015 une application mobile dédiée à ses clients pour la consultation de leurs comptes et la réalisation de leurs opérations bancaires. L'application est une réponse adaptée aux comportements et aux attentes de clients de plus en plus mobiles.

Aujourd'hui, les clients attendent des services bancaires personnalisés, simples et faciles d'accès. C'est ce qui est constaté au travers des *verbatim* clients sur le Play Store et l'App Store.
La réussite de l'exercice tient à la satisfaction de l'exigence du client, dans le respect des normes réglementaires et sécuritaires pour protéger les données du client.

> La cible

Les clients BforBank (hommes/femmes, 25-65 ans) utilisant l'application sur iOS ou Android.

> Les objectifs

Trois objectifs majeurs :
- Augmenter la satisfaction des clients ;
- Accroître le nombre d'utilisateurs sur application ;
- Gagner la préférence et par extension conduire le client à faire de BforBank sa banque principale.

Pour répondre à ces objectifs, deux actions ont été mises en place :
- Simplifier l'authentification à l'application via la technologie de l'empreinte digitale sur iOS (*Touch ID**) ;
- Afficher le solde du compte bancaire depuis l'écran d'authentification sans connexion nécessaire à l'espace client.

SOLUTION STRATÉGIQUE

> L'idée

Comment améliorer significativement l'expérience utilisateur tout en garantissant la sécurité des services bancaires ? Telle a été la problématique que nos équipes ont dû résoudre. BforBank a donc procédé à une refonte fonctionnelle et d'interface de la mire d'authentification de l'application sur iOS et Android.

La réalisation du projet a été possible grâce à la combinaison de deux solutions :
- Le *Touch ID** pour l'authentification par empreinte digitale, qui permet d'accéder à ses comptes en un clin d'œil ;
- L'authentification non rejouable *"out of band*"*, un système d'authentification renforcée, qui permet de sécuriser le service d'Apple.

MISE EN PLACE OPÉRATIONNELLE

> La durée

De la conception à la publication de ces nouvelles fonctionnalités sur iOS et Android, le projet a duré 12 mois. La nouvelle mire d'authentification est en ligne depuis mai 2017.

> Les choix créatifs

Le projet s'est construit autour de l'expérience utilisateur. En activant ces fonctionnalités, le client devait bénéficier de la meilleure expérience utilisateur et d'un niveau de sécurité optimal. BforBank et son agence mobile userADgents ont élaboré des cinématiques cohérentes et non contraignantes pour le client qui mettra en place l'authentification par Touch ID.

Le travail d'interface a également été primordial pour l'affichage des données de comptes sur la mire d'authentification. Pour

INFOS CLÉS

1 client sur 2 a activé le Touch ID

+ 2 % d'utilisation de l'app en 1 mois

+ 1 étoile sur les stores

- **Objectif :** Fidélisation, Optimisation expérience client
- **Cibles :** 25-65 ans, CSP+
- **Moyens :** Touch ID, Application mobile, ANROOB
- **Budget :** De 50 000 € à 100 000 €

rappel, l'objectif était d'afficher le solde du compte bancaire du client ainsi que l'encours de la carte bancaire sans qu'il ait à rentrer dans son espace client. Il fallait cependant ne pas afficher ostensiblement les informations sur la mire. Nous avons donc choisi un picto qui suggère l'action d'affichage des informations de compte. Ainsi, elles sont masquées par défaut et au tap sur le picto "œil" les informations s'affichent.

Enfin, une rubrique a été créée à l'intérieur de l'application pour que le client puisse choisir d'utiliser ou non ces fonctionnalités.

Une refonte graphique de la mire d'authentification a également été réalisée pour présenter aux clients un design plus épuré et moderne tout en restant conforme avec notre positionnement haut de gamme. Le but de la refonte graphique était d'amoindrir le ressenti de contrainte que peut susciter l'acte d'authentification. Le design des champs "identifiants" et "date de naissance" a été revu. Les rectangles initialement présents ont été remplacés par de simples lignes pour épurer l'écran et apporter de la modernité. Pour créer un sentiment de proximité, une image de fond présentant un personnage consultant son smartphone a été choisie. Le gris presque noir, enfin, a été sélectionné pour répondre aux codes haut de gamme de la marque.

> Les étapes

1. Travaux UX avec userADgents pour la fonctionnalité d'authentification avec Touch ID et d'affichage du solde du compte ;
2. Validation sécurité et technique des parcours client pour les deux fonctionnalités ;
3. Conception des maquettes fonctionnelles puis conception graphique ;
4. Rédaction des spécifications fonctionnelles ;
5. Validation juridique des éléments de langage ;
6. Développement et tests.

> Ouverture

Le mobile devient central dans le monde bancaire et les acteurs qui se démarqueront sont ceux qui allieront sécurité des données et innovations. L'idée est de continuer d'observer les innovations des OS telles que le paiement par mobile ou encore l'empreinte digitale sur Android, pour enrichir l'expérience client.

RÉSULTATS

- Augmentation de 2 % du taux d'utilisation de l'appli
- Plus de la moitié des clients possédant un iPhone ont activé la fonctionnalité de Touch ID
- Les notes dans les stores sont passées de 2 à 3 étoiles après publication des fonctionnalités

Verbatim clients sur l'authentification par empreinte digitale : « ... le Touch ID est un vrai plus. Je suis un utilisateur très satisfait de cette application. »

« ... la dernière version est agréable au niveau du système d'identification par empreinte digitale. »

* Retrouvez la définition dans le lexique en d'ouvrage.

> Visuels mire d'authentification BforBank.

> *« Pour atténuer le ressenti de contrainte que peut susciter l'acte d'authentification, le choix créatif a été de proposer une interface plus épurée, plus moderne et ergonomique. »*

◊ BFORBANK
www.bforbank.com

Julia Poublan
Directrice Marketing Communication

Maïté Savon
Chef de projets application mobile

◊ USERADGENT
www.useradgents.com

Renaud Ménérat
Fondateur de userADgents
r.menerat@useradgents.com

COMMENT FAIRE ACCEPTER GEOFENCING ET GÉOLOCALISATION À VOS PORTEURS D'APPLICATION SANS LES CONTRAINDRE

A la suite des derniers scandales concernant certaines entreprises au sujet de leur collecte de données sur mobile et des règles d'acceptation des utilisateurs, la géolocalisation et le geofencing constituent des sujets cruciaux en termes de respect de la vie privée. De plus, avec l'arrivée du RGPD en mai 2018, ce sujet représente un enjeu pour l'ensemble des entreprises digitales.

61,4% activent leur géolocalisation par défaut

67,9% des professionnels demandent à leurs utilisateurs d'activer la géolocalisation au téléchargement de l'application

> *“Envoyer des notifications sur les réductions ou bons plans des outils de jardinage aux personnes qui habitent en centre-ville est une erreur à éviter. Cette démarche aura davantage comme résultat de donner envie de désinstaller l'application à vos utilisateurs que d'apprécier les avantages commerciaux.”*

A ce titre, examinons comment intégrer judicieusement la géolocalisation dans vos campagnes marketing mobile et en faire comprendre la plus-value à vos utilisateurs. Commençons par rappeler la différence entre geofencing et géolocalisation.

Geofencing : va plus loin, car se sert de la géolocalisation pour identifier à l'entrée ou à la sortie. Permet de stimuler l'utilisateur en lui envoyant une notification push ou un message lors de son entrée ou départ d'une zone géographique prédéfinie. Cela demande que l'utilisateur ait accepté en amont à la fois de se faire géolocaliser et de recevoir des messages en fonction de ses déplacements.

Géolocalisation : procédé permettant de placer un objet ou une personne sur une carte à l'aide de coordonnées géographiques. Très répandue aujourd'hui sur les objets connectés, et en tout premier lieu sur les smartphones.

Pour les entreprises, le geofencing permet d'avoir une communication contextualisée par rapport à une zone géographique dans laquelle se trouve vos clients. Un gage majeur de personnalisation dans leur façon de s'adresser à leurs utilisateurs.
A titre d'exemple, nous pouvons souligner l'application de l'Olympique Lyonnais (l'OL) qui a recours à des campagnes de geofencing. En effet, il est tout à fait envisageable d'imaginer que les porteurs d'applications se trouvant aux abords du stade et/ou dans le stade reçoivent sous format push ou in-app : le résultat du match, la possibilité d'acheter des places, les services disponibles dans le stade. D'autres entreprises ont recours également au geofencing. La FNAC ou encore les Apple Stores pratiquent également ce type de communications et parviennent à vous envoyer des push quand vous êtes en magasin.

Un autre exemple : celui de KFC. La marque désirait faire en sorte que les personnes étant dans un rayon proche d'un de leurs restaurants et qui possèdent l'application de la marque puissent recevoir des notifications sur les nouveautés ou réductions du moment. Pour ce faire la fonctionnalité geofencing est l'outil efficace.

La géolocalisation représente également un atout considérable pour personnaliser la relation client. Elle est à envisager dans une approche de ciblage sur un plan précis contrairement au geofencing qui cible une zone étendue. Attention néanmoins à bien intégrer la géolocalisation en amont de vos

campagnes. Effectivement, comme l'explique Sébastien Icardi, Customer Success Manager chez FollowAnalytics : « *Envoyer des messages sur les réductions pour les outils de jardinage aux personnes qui habitent en appartement, en pleine ville, est une erreur à éviter* ». En effet, communiquer sur ces produits serait inadapté de la part de la marque et aura tendance à inviter le mobinaute à désinstaller l'application, ne se sentant pas concerné par le message poussé.

En plus de l'impact sur la relation client, la géolocalisation tout comme le geofencing jouent également sur votre stratégie de ciblage. En effet, ces fonctionnalités sont à prendre en considération dans votre analytics. Elle vous permet ainsi un ciblage intelligent afin d'adresser le bon message à la bonne personne. En regardant où se trouvent vos porteurs d'app, elles nourrissent également votre analytics et vous aide à constituer des segments actualisés. En regardant le nombre de porteurs d'app qui se trouvent à ce moment dans vos magasins, vous pouvez en conséquence mieux connaître les zones d'affluence et périodes pour adresser, en priorité, vos campagnes dans ces magasins..

Cependant quand on parle de géolocalisation on pense tout de suite à acceptation. Pour obtenir le consentement de vos utilisateurs, une communication en amont est à prévoir. A ce titre, plusieurs exemples existent. Le plus commun étant de pousser une pop-up à vos mobinautes leur demandant s'ils acceptent la géolocalisation. Il est toutefois conseillé de penser à le faire dès la première utilisation de l'application. Vous pouvez, par exemple, avoir recours à un écran custom expliquant la plus-value pour l'utilisateur d'accepter la géolocalisation. Il doit percevoir qu'en acceptant cela lui rendra un service supplémentaire auquel il n'aurait pas accès s'il refusait.

Tous ces aspects sont à appliquer en tenant compte des différentes logiques de permission. Sur IOS, c'est une logique d'opt-in qui prévaut. Le droit est donné d'accepter ou de refuser les push notifications. Sur Androïd, cela est un peu différent, car l'acceptation est d'office faite lorsqu'un utilisateur télécharge et installe l'application. Néanmoins, cette façon de faire est en train d'évoluer sur cet OS. Toutefois rappelons que l'explication de valeur de la géolocalisation est le premier aspect à travailler avant d'intégrer cette fonctionnalité à vos campagnes marketing.

Dans le contexte actuel où les problématiques de protection de données sont remises à l'ordre du jour, la géolocalisation est un sujet stratégique en termes de protection de la vie privée. De plus, avec l'échéance du RGPD (Règlement européen sur la protection des données) annoncé pour mai 2018, cette fonctionnalité devra être unifiée à un niveau européen. Nouveau cap dans cette économie de la data auquel les entreprises digitales doivent se préparer.

◊ FOLLOWANALYTICS

Naëlle Hadji-Bormann
Responsable Marketing EMEA

GÉMO / GROUPE ERAM

Générer du trafic en points de vente

PROBLÉMATIQUE DE LA MARQUE

> Le contexte

Gémo, leader incontesté dans la distribution spécialisée est une marque qui depuis 20 ans propose, dans un même point de vente, du textile, des chaussures, ainsi que des accessoires pour toute la famille. Chacun peut se faire plaisir parmi leurs 15 000 références, à des prix toujours accessibles.

Dans un contexte où le e-commerce gagne en parts de marché, Gémo a souhaité collaborer avec Fidzup pour opérer des campagnes de publicité drive-to-store. Le but pour Gémo étant de générer un maximum de visites in-store permettant d'effectuer des opérations de reciblage.

> La cible

Pour la mise en place de cette campagne Gémo a souhaité cibler toutes les personnes entrant dans ses 44 points de vente situés en Ile-de-France. Sachant que la cible de Gémo est familiale, homme, femme, enfant et bébé avec un cœur de cible femme de 25/45 ans.

> Les objectifs : ventes et acquisition clients

Les challenges de l'implémentation de cette campagne pour Gémo étaient bien définis. L'objectif de la collaboration entre les deux sociétés était de maximiser les visites en magasins grâce à un contenu digital et des publicités ciblées et géolocalisées. Dans le cas présent, le but était de réaliser des opérations de reciblage basées sur le comportement des clients en magasins. Notre business model au CPV a séduit Gémo pour qui il semblait évident de payer des visites in-store et non des clics comme c'était le cas jusqu'à présent.

Enfin, notre technologie permet de mesurer de manière précise grâce au Wi-Fi (entre 2 et 10 mètres) la fréquentation des magasins, ce qui signifie que notre annonceur peut récolter des statistiques exactes et calculer de manière précise son ROI sur la campagne. Le gros changement pour Gémo a été de connaître de manière plus efficace les retombées de ses budgets engagés dans le digital.

> Le budget

Pour cette campagne, Gémo nous a confié 30 K€, la répartition du budget s'est faite de la manière suivante : 25 K€ en diffusion média et 5 K€ en retargeting.

SOLUTION STRATÉGIQUE

Utiliser notre technologie innovante basée sur le Wi-Fi pour opérer des campagnes média et tracker le trafic généré dans les points de vente via notre Fidbox.

> Les aspects innovants et de différenciation

La diffusion géolocalisée en campagne locale, multi-locale ou nationale est une innovation sur le marché, la possibilité de dissocier les campagnes selon la pertinence de la localisation est aujourd'hui un avantage concurrentiel important.

Ensuite une précision de tracking in-store grâce au Wi-Fi est un des éléments de différenciation qui a fait pencher la balance fortement dans le choix de Gémo. En comparaison avec une technologie GPS, le Wi-Fi peut détecter par exemple les clients acheteurs et non acheteurs en magasin.

Enfin, l'élément différenciateur le plus séduisant pour nos clients est le business model au CPV qui permet de ne payer que les visites que nous générons en magasin grâce à la diffusion de nos publicités ciblées.

INFOS CLÉS

CPV à **5 €**

+ 15 000 visites en un mois

2 % des mobinautes se sont rendus en magasin

- **Objectif :** Ventes, Acquisition
- **Cibles :** Les 2 sexes, Famille, Les 30-40 ans
- **Moyens :** Géolocalisation, Mobile, Point de Vente
- **Budget :** 30 K€

MISE EN PLACE OPÉRATIONNELLE

> La durée

Gémo est un client Fidzup en fil rouge depuis 2015. A noter que les chiffres exposés concernent une campagne dont la durée est d'un mois.

> Les choix créatif

Fidzup a préconisé à Gémo d'adapter le choix des créations en fonctions de différents paramètres tels que :

- La période ;
- Le plan de communication ;
- Les temps forts (journées portes ouvertes, soldes, etc.) ;
- Les résultats des campagnes précédentes.

Les formats sélectionnés pour opérer cette campagne :

- La bannière au format 320 x 50 ;
- L'interstitiel au format 320 x 480 ;
- Le pavé au format 300 x 250.

RÉSULTATS

La campagne Gémo a été un vrai succès. Les objectifs fixés ont été réalisés et Gémo a pu précisément mesurer l'efficacité de la campagne et du budget engagé avec Fidzup. Grâce à notre solution et au dispositif Fidbox (box Wi-Fi), le taux de visite retargeting a été de 1,93 % et le CPV par visite retargeting de 5 €. Grâce à cette campagne "Petits prix de printemps" Gémo a généré plus de 15 000 visites en un mois sur l'ensemble de son réseau de 44 magasins en Ile-de-France.

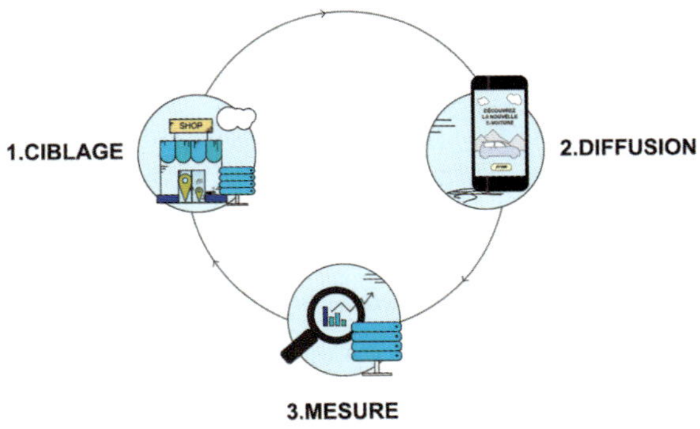

> Le marketing mobile à la performance

◊ FIDZUP
Fidzup

Julien Reymond
VP Sales
julien@fidzup.com

Anissa Sersoub
Head of Marketing
anissa@fidzup.com

Coup de cœur – Pratique

5 ÉTAPES POUR RÉUSSIR UNE STRATÉGIE DE PUBLICITÉ SOCIALE SUR MOBILE

Bientôt le mobile, support média numéro un, devant la télévision ? Possible, au vu de son développement : selon les prévisions de Zénith, il devrait atteindre 62,8 % des investissements digitaux en 2019. Une récente étude de comScore appuie aussi sur le fait que 80 % du temps passé sur les réseaux sociaux l'est à partir d'appareils mobiles. C'est pourquoi les annonceurs doivent penser mobile first et faire en sorte que tous les points de contact sur le parcours d'achat du consommateur soient optimisés pour le mobile. Une démarche résumée en 5 étapes clés.

Le mobile devrait atteindre **62,8%** des investissements digitaux en 2019

> *“Les annonceurs doivent tirer parti de l'expérience mobile, car c'est un élément crucial du parcours d'achat moderne. L'excellence du ciblage, des visuels et de l'optimisation pour le mobile doit être à l'avant-garde de tout ce qui est numérique.”*
>
> Ben Ó MATHÚIN
> *Social Media Team Marin Software*

1) CAPTER LA BONNE AUDIENCE AU BON MOMENT

Comment toucher des consommateurs ultra-connectés dans un environnement positif et sans risque pour la marque ? Avec le développement du programmatique mobile, c'est possible. Cette technique permet d'identifier précisément les cibles que l'annonceur cherche. Même si celles-ci naviguent d'un écran à l'autre, le programmatique permet de mesurer l'impact en temps réel et de diffuser une pub vidéo sur mobile à une personne et une pub display sur tablette à une autre.

Identifier la bonne audience n'est qu'un pan de la stratégie. Reste à identifier les moments-clés. En clair, les marques cherchent à toucher les consommateurs quand ils sont sur le point de s'engager. Ce qui passe par une planification des publicités pour atteindre les utilisateurs au moment où ils sont le plus susceptibles d'être réceptifs au message : à la pause du midi, le soir, après le repas...

2) CONSTRUIRE UNE EXPÉRIENCE MOBILE

Comment sortir du lot ? En suscitant l'engouement via une expérience publicitaire réussie. Pour ce faire, les créations publicitaires doivent être captivantes et variées. Les formats se multiplient de la vidéo au *canvas** il y en a pour tous les goûts ! Pour obtenir le meilleur impact, la personnalisation présente un intérêt certain. Avec le mobile et le programmatique, les marques peuvent combiner la data "utilisateur" avec des indicateurs contextuels et diffuser des messages très personnalisés.

Attention aussi à tenir compte du support et à bien dissocier les campagnes pour le mobile et celles pour le desktop. Certaines différences sont importantes : par exemple, une personne qui consulte son mobile, parfois, coupe le son pour ne pas déranger son environnement. Il peut donc s'avérer pertinent de concevoir des contenus silencieux.

3) ASSURER UNE EXPÉRIENCE FLUIDE

Attirer l'attention du consommateur ne suffit pas. Le but est bien de guider celui-ci sur le parcours d'achat grâce à une expérience fluide et transparente ! Et adaptée au mobile bien sûr. C'est la raison pour laquelle il faut faire attention à quelques éléments

> Développez les visites et les ventes en magasin

clés, notamment le temps de chargement des pages. Si c'est trop long, le consommateur partira. A ce propos, les articles instantanés Facebook constituent un moyen simple et efficace de diffusion de contenus rapides et interactifs.

Il convient de s'assurer aussi que la page de destination soit facile d'emploi. Sur le sujet, la plupart des experts conseillent de réduire la quantité de texte, d'intégrer des statistiques et des pixels de tracking afin de générer davantage d'engagement. La fluidité du parcours s'étend bien entendu jusqu'au processus de paiement, qui doit assurer une transaction simple, rapide et sans couture. C'est aussi une condition sine qua non pour éviter l'abandon de panier.

4) FAVORISER LA CONVERSION EN VERROUILLANT LE DISPOSITIF

Le processus de conversion peut prendre du temps : le prospect apparaît intéressé, mais hésite, prend son temps... La marque doit alors prendre les choses en main et "guider" jusqu'à l'entonnoir de conversion en reciblant celui qu'elle a attiré grâce à la publicité. De fait, via le *reciblage**, il est possible de "suivre" son visiteur partout sur le web et de lui rappeler subtilement à l'aide de messages ou visuels pertinents qu'il n'a pas encore réalisé son achat.

Plusieurs techniques existent, notamment les publicités dynamiques qui permettent aux annonceurs de promouvoir automatiquement leur catalogue produit sur tous les appareils, ciblant ainsi une audience qui a exprimé son intention d'acheter. Il est aussi possible, lorsque les clients consultent de nouveau leur fil d'actualité, de leur rappeler ce qu'ils ont presque acheté.

5) CRÉER DU BUZZ AUTOUR DE LA VENTE POUR GÉNÉRER UN CYCLE CONTINU D'ACHATS

La vente est réalisée, mais le travail ne s'arrête pas là. L'idéal serait de profiter de "l'événement" pour conduire le consommateur à promouvoir la marque et à communiquer sur son shopping. L'idée étant qu'il partage son parcours positif avec une autre personne, pour déclencher une envie d'achat auprès d'un autre consommateur. A ce titre, les réseaux sociaux constituent la caisse de résonance idéale.

En respectant ces 5 étapes, les annonceurs développeront une stratégie efficace sur le mobile. De plus, régulièrement, les éditeurs proposent des nouveautés, pour améliorer l'impact de la publicité mobile. Citons les Lead Ads de Facebook, qui constituent un bon moyen pour encourager les consommateurs à s'engager activement auprès de l'annonceur.

Dans un autre domaine, Canvas offre en un clic l'accès à un contenu publicitaire "interactif et immersif". Il peut même utiliser des données du profil Facebook de l'utilisateur pour adapter le contenu en conséquence.

Enfin, pour les retailers, la fonctionnalité de visites en point de vente de Facebook s'avère aussi très utile pour amener des clients dans leurs magasins. Elle capture des données à partir du mobile pour fournir aux annonceurs des rapports en circuit fermé, précisant combien de personnes se sont rendues en magasin après avoir vu une publicité. Impact ciblé avec une efficacité mesurée : le secret d'une campagne réussie !

* Retrouvez la définition dans le lexique en fin d'ouvrage.

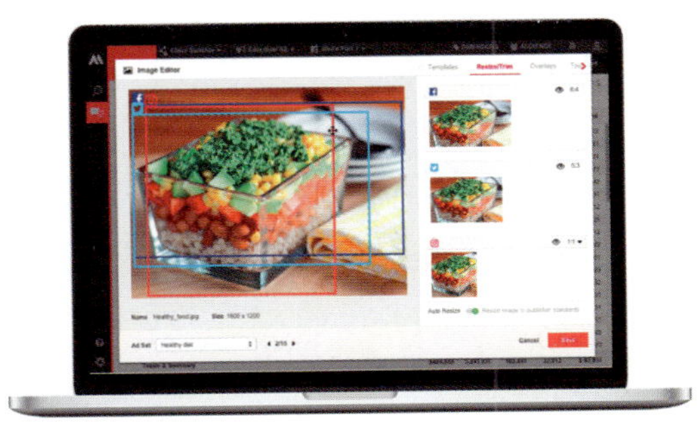

> Editer vos photos en quelques clics directement dans l'app Marin Social

◊ MARIN SOFTWARE
www.marinsoftware.fr
Fiche d'entreprise p. 489

Hadjira Eatwell
heatwell@marinsoftware.com

Brett Loney
bloney@marinsoftware.com

DEEZER

Transposer les bénéfices d'un service à travers une publicité interactive & personnalisée

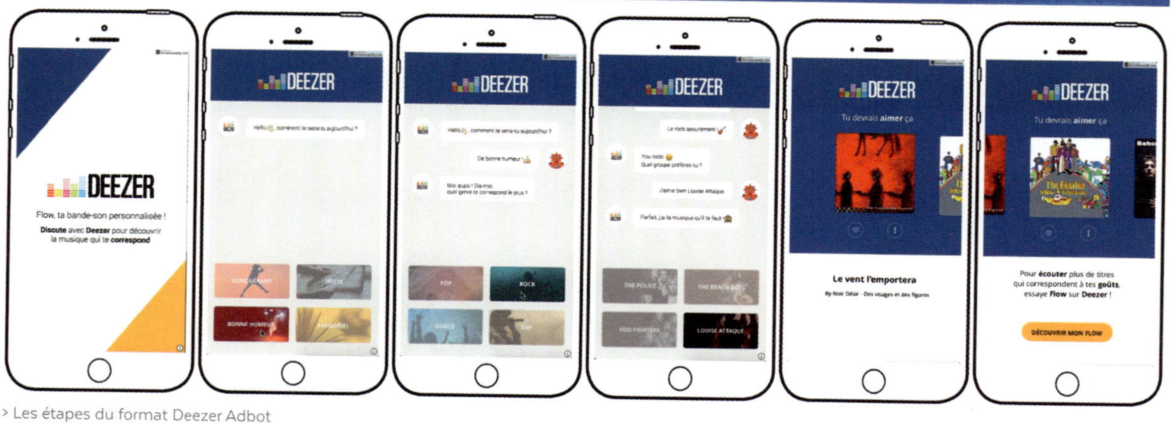

> Les étapes du format Deezer Adbot

PROBLÉMATIQUE DE LA MARQUE

> Le contexte

Par le passé, Deezer a collaboré avec Adotmob dans la mise en place de dispositifs innovants sur mobile. Cette année, à l'occasion d'une prise de parole en France sur le service de playlist intelligent *Flow*[1], Deezer a fait appel à Adotmob afin de l'accompagner dans la mise en place d'un dispositif mobile original et ludique, à l'image de son service.

Deezer, leader du streaming musical en France, propose un large catalogue musical riche de 43 millions de titres et rassemble à ce jour 12 millions d'utilisateurs actifs dans le monde. Disponible dans 185 pays, le service propose une écoute sur de multiples supports. Deezer est la seule plateforme musicale à offrir la fonctionnalité "Flow".

> Notre parti-pris ?

Réaliser un format mobile ludique et surprenant qui grâce à une mécanique "user-centered"*, permet de mettre en avant les bénéfices d'une fonctionnalité technologique telle que celle proposée par le service Flow.

> Objectifs qualitatifs

Faire connaître le service de playlists Flow[1] et communiquer sur sa "value proposition" :
• Susciter la curiosité du mobinaute ;
• Émerveiller le mobinaute grâce à un dispositif dynamique et personnalisé ;
• Créer la surprise grâce à un dispositif publicitaire original et intelligent.

> Objectifs quantitatifs

Faire adhérer le mobinaute à l'égard du service :
• Atteindre des mobinautes uniques ;
• Générer de l'engagement au sein du format (interactions, playlists générées...) ;
• Amener le mobinaute à compléter l'expérience proposée par le format.

SOLUTION STRATÉGIQUE

> Idée stratégique

Afin d'apporter plus de pertinence et d'engagement à l'opération publicitaire Deezer Adbot, la société spécialisée dans la publicité programmatique a choisi de construire le message autour de la valeur ajoutée du service de playlists Flow.

> Comment ?

Le service sur-mesure de Deezer utilise des algorithmes de recommandations afin de personnaliser le contenu de l'utilisateur. L'idée stratégique principale était d'illustrer cette "intelligence artificielle" au travers d'un chatbot publicitaire.

Pour Deezer et Adotmob, le but était de proposer au mobinaute une expérience utilisateur inoubliable afin d'associer la marque à des émotions fortes ou encore à des moments forts de la vie partagés en musique.

> Le dispositif

Deezer Adbot a pour but de poser des questions simples sur l'humeur actuelle, les activités prévues par le mobinaute afin de lui proposer un choix de styles et d'artistes en adéquation avec ses attentes. Une fois la playlist idéale estimée par l'Adbot, le mobinaute a la possibilité d'écouter des extraits audio directement au sein du format publicitaire, et ce, sans avoir à se connecter sur la plateforme de Deezer.

INFOS CLÉS

3 millions de vues uniques

49,08% de taux de rétention

6,50% de taux de complétion

- **Objectif :** Notoriété, Image
- **Cibles :** Les 2 sexes, Les 25-45 ans, City dwellers
- **Moyens :** Storytelling, Display, Dynamic messages
- **Budget :** < à 50 000 €

Ce nouveau type d'expérience publicitaire permet d'amener le mobinaute à découvrir l'utilité du service Flow grâce à une expérience inédite et unique, personnalisée en temps réel en fonction de ses interactions avec le format.

> Challenges

- Illustrer un service se basant sur l'utilisation d'algorithmes de recommandation ;
- Allier branding & performance par la création de métriques sur-mesure et adaptées à l'expérience ;
- Transposer l'univers de Deezer de façon créative.

> Opportunités

L'implémentation de cette campagne exigeait un accès à l'API Deezer afin d'adapter et de personnaliser le contenu des formats en temps réel via les données suivantes :

- Beats per minute[2] (BPM) ;
- Genre musical ;
- Artistes ;
- Samples audio.

MISE EN PLACE OPÉRATIONNELLE

> La durée

1 mois (avril-mai 2017).

> Format

Bannière expand & interstitiel rich media appelant en temps réel l'API Deezer pour adapter le contenu en fonction des réponses des utilisateurs.

> Targeting

- Geo-targeting : top 30 villes en France & top 20 villes au Royaume-Uni et en Allemagne ;
- Audience targeting : toucher une cible grand public âgée de 25 à 45 ans grâce aux données exclusives issues de *vente-privee* + extension d'audience (look-alike) afin d'améliorer le reach de mobinautes sur la campagne.

> Les choix créatifs

L'intégration de ce dispositif a été développée par l'équipe créative Adotmob. La création de ce format a été rendue possible grâce au HTLM5 et au protocole MRAID afin de proposer une expérience responsive et interactive aboutie.

« *L'approche innovante et créative apportée par Adotmob nous a permis d'illustrer au mieux la fonctionnalité Flow, souvent difficile à promouvoir par des formats classiques. Ensemble, nous avons réussi à délivrer un message clair, ludique et durable avec près de 70 000 sessions complétées !* », explique Vincent Lacaze, User Aquisition chez Deezer.

RÉSULTATS

Les résultats obtenus ont dépassé les attentes. La campagne a généré un fort taux d'engagement, ce qui prouve qu'un format expérientiel et surtout "user-centré" suscite l'intérêt d'un mobinaute à l'égard d'une marque. Les performances de la campagne témoignent de son bon déroulement avec un taux de complétion par pays très intéressant.

Playlists générées : ~ 3 millions de playlists générées sur un mois de campagne

France :

- Taux de rétention (6 secondes passées sur le format) = 49,08 % ;
- Taux de complétion = 6,50 %.

Royaume-Uni :

- Taux de rétention = 40,47 % ;
- Taux de complétion = 8,08 %.

Allemagne :

- Taux de rétention = 48,77 % ;
- Taux de complétion = 5,24 %.

[1] Reposant sur un algorithme intuitif, le flow est une fonctionnalité qui vous permet d'écouter de la musique favorite et des découvertes sur-mesure.

[2] 4 catégories pour distinguer l'humeur, l'activité du mobinaute ou encore les saisons (ex. : un rythme dynamique sera associé à la joie, la fête...).

* Retrouvez la définition dans le lexique en fin d'ouvrage.

> Flow logo by Deezer

◊ DEEZER
www.deezer.com

Vincent Lacaze,
User Acquisition Manager
vla@deezer.com

◊ ADOTMOB
www.adotmob.com

Hamza Kourimate
Head of Insights
hamza.kourimate@adotmob.com

ASO : TROIS LETTRES POUR RENDRE VISIBLE SON APPLICATION MOBILE DANS LES STORES

Un des faits marquants des nouveaux usages mobiles est que le temps passé sur nos écrans mobiles est largement dédié aux applications. L'enjeu pour les créateurs d'applications consiste à émerger du maelstrom concurrentiel afin d'espérer développer le nombre de téléchargements. L'*ASO (App Store Optimization) est la discipline qui répond à cet objectif.**

65% des téléchargements sont issus d'une recherche

2,3 h/jour moyenne d'utilisation des applications

> "Les app stores sont non seulement le passage obligé pour télécharger une application, mais aussi pour beaucoup de mobinautes un moyen de découverte de nouveautés à télécharger."
>
> Jean DECHERF
> *Consultant Indépendant*

LES ENJEUX DE L'ASO

L'ASO consiste à optimiser la présence d'une application sur les *app stores** qui sont non seulement le passage obligé pour télécharger une application, mais aussi pour beaucoup de mobinautes un moyen de découverte de nouveautés à télécharger.

DES VISUELS POUR CONVAINCRE

Les éléments visuels sont déterminants, car ils donnent à l'utilisateur la première impression qui s'avérera souvent décisive quant à sa décision d'installer l'application.

› L'icône de l'application

L'icône de l'application est un des éléments les plus visibles de l'application. Elle la représente non seulement sur les app stores, mais aussi parmi les applications de l'écran d'accueil de l'utilisateur, une fois l'application installée. L'icône a un impact fort et ne passe pas inaperçue. On se souvient par exemple du changement de design de l'icône des applications Instagram ou du changement de tonalité de vert de l'icône Spotify qui avait déclenché un grand nombre de commentaires d'utilisateurs mécontents face à ces changements...

› Les captures d'écrans

Elles sont essentielles pour présenter l'application et ses fonctionnalités. C'est l'unique moyen pour l'utilisateur d'avoir un aperçu de l'application avant de l'installer sur son mobile. Il est fortement recommandé de scénariser les fonctionnalités essentielles de l'application, avec cinq captures possibles sur Apple et huit sur Android, afin de permettre à l'utilisateur de se projeter. Au-delà du visuel, il est possible de mettre en scène, d'annoter, de titrer les captures d'écran.

En marge des captures d'écran, il est également possible de proposer une courte vidéo de présentation de l'application. Cette dernière offre davantage de possibilités pour présenter les fonctionnalités de l'application dans un cadre réel d'utilisation.

TRAVAILLER LES MOTS-CLÉS POUR MIEUX SE POSITIONNER SUR LES MOTEURS DE RECHERCHE

On entend souvent dire que l'ASO, c'est le SEO des applications. Effectivement, il y a des similitudes à mettre en avant son application en se positionnant sur des mots-clés stratégiques.

> Le titre et le sous-titre

Le titre de l'application peut contenir jusqu'à 30 caractères sur l'App Store d'Apple et le *Google Play Store**. En plus du nom de l'application, il est recommandé d'ajouter un terme qualifiant l'application pour que l'utilisateur identifie la proposition de valeur de l'application et pour faciliter l'indexation par les moteurs de recherche. Le sous-titre, quand il est disponible, permet d'ajouter quelques mots-clés stratégiques qui décrivent l'application.

> Description

Plusieurs champs de description sont affichés sur les stores. Séparés par une description courte visible et une description longue qu'il faut développer pour pouvoir la lire, les champs de description sont utiles pour mettre en avant les fonctionnalités et les usages de l'application, et pour en présenter l'intérêt.
Commencer par une phrase d'accroche, puis poursuivre avec les fonctionnalités principales de l'application permet d'argumenter sur le bénéfice utilisateur de télécharger l'application, tout en plaçant des mots-clés stratégiques pour se positionner sur les requêtes des utilisateurs.

> Le champ de mots-clés (Apple)

Le champ de mots-clés est une particularité de la plateforme Apple. Il donne la possibilité de décrire les fonctionnalités de l'application en cent caractères. Concrètement, cela permet de suggérer des mots-clés à l'algorithme du moteur, pour prendre des positions au sein des résultats de recherche, en plus du titre et des descriptions.

LES CLASSEMENTS ET LA MISE EN AVANT : LE GRAAL DE L'ASO

La mise en avant par les équipes éditoriales d'Apple ou Google, c'est la garantie d'une visibilité optimale et gratuite.

> Le choix de la catégorie et les classements par catégorie

Le choix de la catégorie n'est pas anodin. L'App Store Apple et Google Play Store séparent les jeux et les applications. Les catégories n'ont pas les mêmes niveaux de concurrence et ne revêtent pas par conséquent la même difficulté d'émergence au sein des classements. Twitter est par exemple passé de la catégorie "réseau social" à la catégorie "actualité" pour éviter la concurrence des autres applications du secteur et ainsi pérenniser une position de leader.

> Notes et commentaires

Les notes et les commentaires des utilisateurs sont déterminants pour le positionnement et la visibilité de l'application sur les app stores. La recommandation et l'avis par les pairs sont un signal fort, sérieusement pris en compte par les utilisateurs. Pour les algorithmes des moteurs, les applications bien positionnées n'ont en général pas moins de quatre étoiles.

POUR CONCLURE

L'ASO, c'est le SEO des applications... mais pas seulement ! L'App Store Optimization est un sujet complet qui est au cœur des stratégies à mettre en place pour développer son nombre d'utilisateurs. Il est le premier point de contact avec l'utilisateur et le dernier avant l'installation tant désirée, mais ne suffit pas cependant à assurer une stratégie complète de visibilité. C'est un maillon indispensable d'une chaîne de valeur qui commence à peine avec l'acquisition d'un nouvel utilisateur, qu'il conviendra "d'onboarder" correctement et de fidéliser.

* Retrouvez la définition dans le lexique en fin d'ouvrage.

◊ JEAN DECHERF
www.jeandecherf.com

Jean Decherf
contact@jeandecherf.com

06 • MOBILE & IOT

Michaël Benisti

Mobile first : Vestiaire Collective souhaite un paiement sans friction

Michaël Benisti
Head of Payments & Revenue Protection

> Société : Vestiaire Collective

Michaël Benisti, Head of Payments & Revenue Protection chez Vestiaire Collective, une marketplace qui met en relation acheteurs et vendeurs de produits de luxe d'occasion, évoque l'importance qu'a pris le mobile et revient sur une actualité juridique qui pourrait fortement impacter les expériences d'achats e-commerce.

> Que signifie être "mobile first" chez Vestiaire Collective ?
Début 2014, nous avons pris au sein de Vestiaire Collective le pari du mobile first. Concrètement, cela signifie la conception de nouvelles fonctionnalités en priorité sur mobile avant d'être déclinées sur desktop. De plus, nous avons adapté les fonctionnalités existantes de notre site afin de le rendre intégralement responsive.

Ce pari est aujourd'hui réussi : 70 % de notre trafic et plus de 60 % de notre volume d'affaires sont maintenant réalisés sur mobile. Néanmoins, nous n'avons pas mis le desktop de côté et sommes pleinement conscients que le parcours d'achat est souvent multi-device. C'est d'ailleurs la raison principale pour laquelle nous avons réalisé le projet de Panier Persistant qui a été mis en production il y a déjà plusieurs années : des produits ajoutés dans un panier mobile se retrouveront immédiatement sur desktop et vice-versa.

> Quelles sont les pratiques mises en place par Vestiaire Collective en termes de paiement mobile ?
Vestiaire Collective propose à ses clients à travers le monde un choix de 23 moyens de paiements et nous avons toujours veillé à ce que l'expérience mobile soit optimale.

A titre d'exemple, lors de la saisie du numéro de carte bancaire sur iOS, l'acheteur voit apparaître son pavé numérique plutôt que le clavier standard. Nous utilisons aussi l'auto-spacing afin de reproduire les espaces inscrits sur le numéro de carte pour en faciliter la lecture et éviter les erreurs de saisie. Concrètement, au lieu d'avoir 1234123412341234 vous aurez 1234 1234 1234 1234.

> Comment Vestiaire Collective réussit-elle à créer de la valeur à travers le paiement ?
Depuis 2013, nous proposons à nos vendeurs d'être payés sur un portefeuille électronique. Ce portefeuille peut alors être utilisé comme moyen de paiement. Cela facilite donc la conversion du vendeur en acheteur.

Par ailleurs, notre panier moyen d'environ 400 € nous a amenés à déployer dans nos principaux marchés des solutions de paiement fractionné pour permettre à nos acheteurs d'étaler le montant de leur achat sur 3 à 12 mois selon les pays. Cette facilité de paiement implique des frais clients que nous prenons ponctuellement en charge lors d'opérations promotionnelles.

> La sécurisation des moyens de paiements est un sujet prépondérant. Comment ce défi est-il traité au sein de Vestiaire Collective ? Que pensez-vous du 3DSecure ?

Le secteur du luxe est une cible de choix pour les détenteurs de numéros de cartes bancaires volées. Bien que la sécurisation des moyens de paiement soit un enjeu important au sein de Vestiaire Collective, nous avons pris le parti d'offrir une expérience avec un niveau de friction minimale en observant une approche par les risques. Malgré les montants élevés de nos paniers, il était hors de question pour nous de retarder une transaction à des fins de validation et ainsi de faire patienter nos acheteurs et nos vendeurs.

Plus de 99,5 % de nos commandes sont validées au plus tard 30 minutes après le paiement. Pour nous aider à la décision sur les commandes à risques, notre équipe s'appuie sur plusieurs prestataires : Riskified, Adyen et Ethoca. Nous faisons un usage très limité du 3DSecure qui ajoute une étape de plus dans le parcours de paiement et qui est selon nous loin d'être indispensable. N'oublions pas que l'e-commerçant choisit ou non d'imposer une authentification 3DSecure, mais n'a aucune maîtrise sur la page de saisie 3DSecure qui sera proposée par la banque du client. Les pages 3DSecure sont souvent mal adaptées au mobile. Par ailleurs, la mise en œuvre du 3DSecure implique de nombreux acteurs qui sont chacun une zone de risque. A titre d'exemple, le 14 juin 2017, les transactions 3DSecure de cartes françaises ne pouvaient être réalisées à cause d'un dysfonctionnement technique.

> La révolution digitale du paiement est dorénavant encadrée au niveau communautaire par la directive sur les services de paiement 2 (DSP2). Elle conduira à une sécurité accrue des échanges et des données. Cette dernière devrait entrer en application en 2019.
Que va-t-elle changer pour vous ? Comment comptez-vous y faire face ?

Sur le paiement en ligne, les régulateurs européens ont selon moi oublié l'approche par les risques. La DSP2 dit essentiellement qu'une authentification forte (typiquement le 3DSecure dans un paiement par carte bancaire) sera imposée pour toutes les transactions au-delà de 30 €. A mon sens, l'Union Européenne est ainsi en train de remettre en cause la possibilité d'un paiement sans friction, alors même que les outils de lutte contre la fraude n'ont jamais été aussi performants à travers notamment la puissance qu'offrent le big data et le machine learning.

De nombreux e-commerçants arrivent à atteindre un coût de la fraude tout à fait acceptable sans créer de frictions. Malheureusement, en l'état actuel du texte, on comprend que nous serons tous soumis aux mêmes règles, quelle que soit notre performance actuelle en matière de lutte contre la fraude.

> Page de paiement par carte de Vestiaire Collective : autospacing et pavé numérique facilitent la saisie du numéro de carte bancaire..

"Chez Vestiaire Collective, nous avons pris le parti d'offrir une expérience de paiement avec un niveau de friction minimale en observant une approche par les risques."

HACHETTE LIVRE

Rendre l'expérience de lecture plus digitale

> Exemples de livres du catalogue Hachette Livre rendus shazamables

PROBLÉMATIQUE DE LA MARQUE

Hachette Livre, premier groupe d'édition français, place au cœur de sa stratégie digitale la création d'un lien plus direct avec les lecteurs. Le livre papier est un support auquel les lecteurs restent très attachés et qui génère encore la grande majorité des usages. Hachette Livre a cherché à identifier un partenaire solide et innovant lui permettant d'enrichir l'expérience de lecture de certains ouvrages papier.

Des tests ont pu être effectués en intégrant des QR codes sur certains ouvrages du groupe, mais les résultats sont rarement satisfaisants. Une friction importante intervient notamment dès qu'il s'agit d'expliquer aux lecteurs comment télécharger un lecteur de QR code, sans parler de l'aspect esthétique, qui pouvait également représenter un frein pour les éditeurs Hachette Livre.

En parallèle, l'application Shazam, téléchargée plus d'un milliard de fois dans le monde, est utilisée chaque mois par des centaines de millions d'utilisateurs, en premier lieu pour découvrir de la musique. Une nouvelle fonctionnalité récente permet désormais aux utilisateurs de l'application de découvrir également des contenus visuels.

SOLUTION STRATÉGIQUE

Un partenariat a été évoqué puis mis en place avec les équipes de Shazam au cours de l'année 2016. Ce partenariat offre aux éditeurs du groupe Hachette Livre la possibilité d'associer à des livres imprimés des contenus numériques additionnels, accessibles grâce à la technologie de reconnaissance visuelle de Shazam.

L'accès à ces contenus inédits est promu directement dans le livre, via un "call-to-action" et le logo de l'application. Il devient ainsi possible de "*shazamer**" les couvertures de certains livres et d'accéder instantanément, sur un mobile, à des contenus exclusifs enrichissant le livre que le lecteur tient entre ses mains.

L'idée est de proposer des contenus pertinents, inédits et donnant envie au lecteur d'utiliser son téléphone mobile pour découvrir un bonus, pouvant être consommé avant sa lecture, par exemple lors d'une visite en librairie, mais également après, pour aller plus loin et découvrir ce que l'auteur souhaitait partager avec elle ou lui.

Les contenus proposés, impliquant bien sûr quasi systématiquement les auteurs, peuvent aller d'une interview vidéo à un jeu-concours permettant de gagner des codes promotionnels, en passant par la fin alternative du livre ou une carte interactive à consulter. Ces contenus sont disponibles directement dans l'application Shazam, une fois la couverture reconnue.

MISE EN PLACE OPÉRATIONNELLE

Entre juin 2016 et septembre 2017, c'est ainsi plus d'une vingtaine d'ouvrages du catalogue des éditeurs Hachette Livre qui ont été rendus "shazamables".
On y trouve notamment :

• Les saisons 4 et 5 de la série "After" d'Anna Todd (Livre de Poche)
En scannant la couverture des livres via la caméra de Shazam, les lecteurs de la saga accèdent à plusieurs vidéos de l'auteur racontant des anecdotes exclusives. Par ailleurs, la campagne d'affichage en gares a également été rendue interactive : les visuels shazamables permettaient aux utilisateurs d'accéder à un concours permettant de gagner des box cadeaux After ;

• Le guide "Un grand Week-end à Londres" (Hachette Tourisme)
Les utilisateurs de ce guide de voyage ont eu accès à une carte

INFOS CLÉS

25 expériences de lecture enrichies

- **Objectif :** Notoriété, Image
- **Cibles :** Les 2 sexes, 20-30 ans, 30-40 ans
- **Moyens :** Application Mobile, CRM, Digital expérience
- **Budget :** < à 50 000 €

interactive à télécharger, indiquant les principaux centres d'intérêt de la capitale britannique. Ce contenu simple et clairement proposé aux lecteurs a été plébiscité par les acheteurs du guide ;

- Le roman "Another story of bad boys" (Hachette Romans) par Mathilde Aloha.

Cet ouvrage de romance à destination des jeunes adultes a tout d'abord été disponible en version numérique via la plateforme d'auto-édition Wattpad. Sa parution en version papier a remporté un vif succès. La couverture du livre a été rendue shazamable et donne accès à des contenus inédits : 3 bonus complémentaires à l'histoire, écrits spécialement par l'auteur, ainsi qu'un extrait du tome 2 de la série et un jeu-concours permettant de gagner un exemplaire du tome 2 ;

- Fairy Tail Zéro (Pika)

Ce manga s'adresse à une population jeune, digital native et très engagée. L'utilisation de Shazam permet aux lecteurs de découvrir une vidéo inédite mettant en scène l'auteur de la série Fairy Tail, Hiro Mashima.

RÉSULTATS

Ces opérations ont remporté un vif succès. Au-delà des articles de presse annonçant le partenariat, les éditeurs et les auteurs ont été convaincus par cette façon innovante d'animer leurs ouvrages, et de faire un pont ludique entre des ouvrages papier et l'univers du numérique. Shazam offre une technologie fiable et possède l'énorme avantage d'être déjà connu et utilisé en France par plus de 10 millions de personnes.

On note que les populations les plus susceptibles d'utiliser Shazam pour enrichir leur expérience de lecture sont plutôt les 18-34 ans. Shazam a en tout cas enregistré des usages très performants, avec notamment des taux de conversion supérieurs à ses autres utilisations, notamment dans l'alimentaire ou la grande conso.

* Retrouvez la définition dans le lexique en fin d'ouvrage.

> *“Ce partenariat a permis aux équipes marketing, digitales et éditoriales des éditeurs du groupe Hachette Livre de faire preuve d'une grande créativité, en créant une passerelle inédite entre le monde du papier et celui du numérique.”*

◊ HACHETTE LIVRE
www.hachette.fr

Guillaume Pech-Gourg
Directeur Marketing Digital et CRM Groupe
gpechgourg@hachette-livre.fr

◊ SHAZAM
www.shazam.com

Julie Leplus
Country Manager France
julie.leplus@shazam.com

Coup de cœur • INSPIRATION •

INTERNET DES OBJETS : DÉPASSEZ LE STADE DU POC

L'IoT est entré dans les mœurs progressivement : il est arrivé par le grand public, avec les bracelets connectés, balances, montres, thermostats... Autant de produits qui n'étaient pas toujours d'une éblouissante utilité, mais ont eu le mérite de démocratiser la discipline. Une nouvelle ère a commencé : les industriels ont pris la mesure de son potentiel, mais ne savent pas comment en tirer parti.

200 objets connectables autour de nous, 5 % utilisés

30 à 200 milliards d'objets connectés d'ici 2020

D'abord - et exactement comme si vous vouliez créer une application mobile - il faut pour développer un objet connecté engager un travail de fond afin d'identifier la "killer feature", ce fameux usage différenciant. La killer feature tout à la fois crée de la valeur, emporte l'adhésion des utilisateurs, vient légitimer le support, le canal, et parfois même s'avère capable de bouleverser un modèle économique.

Pour poursuivre le parallèle avec le monde des apps, Kusmi Tea a eu l'excellente idée de proposer un minuteur d'infusion par type de thé. Leclerc, de son côté, a intégré dans son app "Qui est le moins cher ?" un comparateur de prix localisé. Et Pokemon Go, à l'été 2016, a su embrasser d'un coup toutes les opportunités de la réalité augmentée...

Voilà le type de démarches fondées sur une killer feature dont les professionnels de l'*IoT** peuvent s'inspirer.

Les technologies, elles, sont prêtes. Bien sûr, tout évolue encore très vite, notamment en matière de réseaux disponibles (et sûrs), mais rien ne justifie plus à ce stade de conserver une posture attentiste.

> *"Les entreprises et collectivités ont l'opportunité de définir les nouvelles règles du jeu. Celle qui prendra les devants sur son marché aura de bonnes chances de s'imposer."*
>
> Nicolas DEVOS
> *Key IoT Solutions Manager Open*

INTÉGRER L'INDUSTRIALISATION TRÈS EN AMONT

On se lance volontiers dans la réalisation d'un POC (Proof of Concept) pour valider les technologies d'une nouvelle architecture, en l'occurrence d'un objet connecté. Mais cette même approche s'utilise côté usages. Elle porte alors le nom de POV : Proof of Value. Il s'agit tout simplement d'expérimenter les services connectés de bout en bout et auprès d'une population réduite : cela permet de valider l'adhérence de l'usage, de l'expérience avec les gains attendus.

Pour aller plus loin, vous pouvez même décider d'un objectif de MVP, pour Minimum Viable Product, en français "plus petit produit viable". Le MVP repose sur l'élaboration d'un prototype minimal, en vue d'effectuer des tests de lancement, tout en minimisant les coûts. En réalité, on progresse déjà dans la phase d'industrialisation.

MISE EN SÉCURITÉ

L'IoT est sur le point de bouleverser de nombreux secteurs professionnels et cela va souvent dans le sens de la sécurité,

de la confiance et de la protection, comme on le voit avec les nouvelles solutions de protection du travailleur isolé.

Un grand nom de la chimie a ainsi fait équiper ses sites classés Seveso d'un outil de géolocalisation du personnel, indoor et outdoor. Les données demeurent anonymes, mais elles permettent aux pompiers présents sur le site de savoir où intervenir en cas d'alerte : ils ne passeront plus 20 minutes à fouiller un bâtiment dans lequel, finalement, il n'y avait personne.

Un autre industriel a doté ses équipes, habilitées pour travailler en grande hauteur dans des conditions souvent acrobatiques, de détecteurs de chute connectés. Ces professionnels qui passent une partie de leur journée à escalader et effectuer des sauts au niveau des structures en hauteur devaient mobiliser un collègue qui les observait pour vérifier que tout se passait bien ; avec le niveau de fiabilité qu'on peut imaginer dans le temps pour l'exécution de cette surveillance importante, mais assez peu enrichissante. Les capteurs ont créé une valeur ajoutée significative. L'algorithme est capable de distinguer l'activité normale comme un saut ou une descente d'échelle, d'une chute contrôlée et freinée par les dispositifs de sécurité. Un travailleur inanimé dans un harnais ne dispose que de 15 minutes d'espérance de vie, avant que le harnais ne lui coupe la circulation du sang au niveau des artères fémorales (syndrome du harnais).

Pour mettre au point ce premier objet connecté, il a fallu enregistrer des données, sur le principe du *Machine Learning** : près de 600 chutes ont été simulées avec un mannequin en laboratoire. Objectif : zéro faux négatif, bien sûr. Et sur les faux positifs, le taux recherché est ambitieux également, de l'ordre de 1 à 2 %.

Au-delà des enjeux de sécurité, l'IoT peut être déployé dans les process internes, pour mesurer la production, éviter des situations critiques (machines en panne), améliorer la traçabilité et les circuits d'approvisionnement, éviter les ruptures dans la chaîne de fournisseurs... On recherche des gains, mais surtout de la connaissance, de l'apprentissage, par exemple en identifiant les signaux faibles qui annoncent une panne imminente.

Et bien sûr, l'IoT peut aussi être mis au service de la relation client ; c'est l'autre facette de ses activités. Les marques engagées dans cette "industrie 4.0" restent discrètes sur le sujet, mais les exemples fourmillent. Le concept central est celui du PRM : autrement dit un CRM appliqué au produit. Par exemple, un fabricant de chaudières peut trouver un intérêt à rendre ses produits intelligents et connectés : s'il a vendu une chaudière quinze ans plus tôt, il ne sait pas si elle est toujours en fonction. Et s'il vient juste d'en vendre une, il ignore si elle est bien utilisée dans les conditions pour lesquelles elle a été conçue. Ces données entrantes peuvent être ré-injectées dans ses services de R&D ou encore lui permettre d'établir enfin un lien avec l'utilisateur malgré les intermédiaires du réseau de distribution.

EFFETS D'ANNONCE

La santé et les *smart cities**, deux domaines auxquels l'IoT a beaucoup à offrir, tardent en revanche à transformer l'essai. Ces marchés se montrent curieux, mais frileux. Les propositions explosent de la part des start-up, cependant les décideurs et en particulier les pouvoirs publics ont du mal à se saisir du sujet. Il existe des freins naturels, comme la sensibilité de la donnée liée à la santé, ou celui de "l'embarras du choix" en matière de smart cities (les priorités sont nombreuses, de la gestion efficiente des énergies à l'optimisation des transports collectifs, en passant par le service de déplacement multimodal optimisé !), mais les principaux blocages relèvent surtout des budgets (qui finance quoi ?). Les effets d'annonce se multiplient, rarement suivis d'engagements opérationnels. C'est dommage, car les collectivités prennent le risque de se faire distancer dans leurs propres sphères de compétences.

A ce titre, le sujet de la collecte des déchets est emblématique. C'est un marché important, avec un très fort potentiel. On pourrait imaginer que demain, le particulier sorte sa poubelle parce qu'elle est pleine, et non parce que c'est le jour du passage des éboueurs. Le camion-poubelle, lui, passerait dans sa rue parce qu'il saurait qu'une poubelle l'attend. Les villes vont-elles prendre la main sur ce type de projet ? Ou se verront-elles devancées par les entreprises de collecte traditionnelles, disruptant leur propre marché ? Ou, troisième option, verra-t-on un nouvel acteur s'imposer, "sortant de nulle part" ? Toutes ces parties ont l'opportunité de définir les nouvelles règles du jeu…

SORTIR DU CADRE

De manière générale, les entreprises ont du mal à sortir du cadre et à imaginer de nouveaux services remettant en question l'existant. C'est un réflexe normal : nous tendons tous à faire tourner ce qui fonctionne déjà et à optimiser les acquis. Pourtant, l'IoT ouvre bien d'autres portes. Les grands groupes "y vont", mais pour les PME et ETI, c'est plus difficile. Ces entreprises de taille moyenne ont moins de moyens pour réaliser une veille et restent moins sensibilisées aux enjeux de l'IoT. Le modèle économique, le ROI, peut paraître complexe, d'autant que le marché bouge très vite. Mais il faut voir cette instabilité, cette course en avant, comme une opportunité : c'est ainsi, cela ne s'arrêtera plus, la vie numérique est fondée sur le mouvement et la question n'est plus de savoir si c'est une bonne chose ou non, mais de prendre le taureau par les cornes.

Se lancer ne coûte pas cher et ne demande pas davantage de temps que de s'interroger tous les mois en Comex sur la nécessité d'y aller ou pas… Le retour d'expérience sera immédiat.

SÉCURISEZ

L'IoT nous fait entrer dans un monde ultra connecté, dans lequel les notions de confiance et de sécurisation seront des enjeux majeurs ; c'est tout particulièrement dans ces deux domaines que le protocole Blockchain et sa notion d'architecture de confiance distribuée devrait trouver sa plus large application. L'apparente simplicité de connexion d'un dispositif électronique peut parfois nous faire perdre de vue ce que cela représente. Il devient en effet virtuellement accessible depuis n'importe quel ordinateur connecté à Internet ! Faites-vous accompagner par des spécialistes pour que vos données restent votre propriété.

Enfin, n'oubliez pas de faire l'analyse de risques (Disponibilité, Intégrité, Confidentialité, Traçabilité) des données remontées par l'objet connecté. Une donnée pourrait être manipulée. Elle doit être recoupée si elle doit être utilisée pour prendre des décisions critiques. Une donnée personnelle peut être lue et divulguée : attention à la réglementation GDPR.

BIEN CHOISIR SON RÉSEAU

En matière de réseau, les pionniers LoRa et Sigfox voient désormais arriver de nouveaux acteurs. La question de la normalisation

auprès du 3GPP sera cruciale. En attendant, voici quelques réflexions à mener pour choisir une technologie :

• Suivant le volume de dispositifs envisagé, est-il plus intéressant de déployer votre propre réseau ou de vous appuyer sur un réseau opéré ?
• Sur un réseau opérateur, assurez-vous que le service restera fonctionnel pendant toute la durée de vie de l'objet connecté. Si le service s'arrête, l'objet devient muet. Lorsqu'on a quelques dizaines de milliers d'objets répartis sur tout le territoire, on n'a pas toujours envie d'en faire la tournée pour changer la carte SIM ou le module de communication ;
• Gardez en tête que chaque technologie a été optimisée pour répondre à un type de besoins. On ne peut pas nécessairement tout faire avec une seule technologie. L'hybridation des technologies est-elle pertinente ?
• Vérifiez l'adéquation entre votre cible business et la couverture du réseau à horizon 1 an, 3 ans ?

* Retrouvez la définition dans le lexique en fin d'ouvrage.

MAISON CONNECTÉE, LE PROBLÈME DU HUB

Les initiatives autour de la maison connectée sont légion, mais concrètement, dans nos vies quotidiennes, rien n'a encore vraiment changé. Pour quelle raison ? C'est parce qu'il manque un dispositif commun sur lequel tous les *objets connectés** pourraient venir se greffer...

Aujourd'hui, un consommateur qui achète un volet roulant Somfy et une cafetière Nespresso, par exemple, aura besoin de l'app Somfy et de l'app Nespresso. Et ainsi de suite : avec autant d'apps que d'objets connectés ! On comprend facilement que, d'un point de vue UX, ce n'est pas la bonne direction... Pour tenter de régler ce problème, quelques initiatives se font jour, comme le hub numérique de La Poste, mais aucune ne s'est encore imposée. Et de nombreux acteurs se montrent très réticents à l'idée de partager leurs données avec des confrères, ou même avec d'autres acteurs du bâtiment et du confort à domicile. Les constructeurs eux-mêmes ne sautent pas de joie lorsqu'on leur parle IoT, imaginant d'emblée des problèmes de câbles à n'en plus finir, eux qui peinent déjà, parfois, à installer le nombre de prises prévues et à placer celles-ci aux bons endroits.

Hier, les promoteurs offraient la cuisine, aujourd'hui ils offrent la connectivité, mais en réalité le logement connecté n'est pas encore au point. Or, avec un marketing exacerbé, on augmente le niveau d'attente et les exigences du consommateur.

Heureusement, il y a des solutions. Par exemple, on peut très bien imaginer qu'un promoteur crée son propre hub, en laissant la liberté à tous les fournisseurs de solutions de venir s'inscrire sur sa plateforme, dans l'esprit d'une marketplace, où chacun gère ses clients. Ici, le promoteur jouerait le rôle de tiers de confiance, mettant en relation les habitants du logement et les fournisseurs de matériel et de services.

"Se lancer ne coûte pas cher et ne demande pas davantage de temps que de s'interroger tous les mois en Comex sur la nécessité d'y aller ou pas... Le retour d'expérience sera immédiat."

Christophe CHARVET
Expert IoT, P-seller Microsoft IoT Open

◊ OPEN
www.open.global
www.iot.open.global
Fiche d'entreprise p. 491

Nicolas Devos
Key IoT Solutions Manager
nicolas.devos@open-groupe.com

Christophe Charvet
Expert IoT, P-seller Microsoft IoT
christophe.charvet@open-groupe.com

L'INTERNET DES OBJETS CRÉE UNE NOUVELLE INTIMITÉ ENTRE LA MARQUE ET SES CLIENTS

L'Internet des Objets permet aux entreprises d'être beaucoup plus proches des besoins et usages de leurs clients en proposant des services personnalisés et en adaptant en temps réel leur produit au client. La relation d'intimité est réciproque, car l'utilisateur a plus de pouvoir sur les marques. Il peut vérifier que la marque respecte ses promesses en ayant accès à ses données et en les partageant.

63% volume d'IoT (5,2 Md €) en BtoC vs 37 % en BtoB (Gartner 2017)

250 Md € en 2020 : marché mondial IoT (BCG 2017)

> *"Les objets connectés servent d'abord, pour les Français, à alerter en temps réel (50 %), à surveiller le logement (41 %) puis à contrôler la consommation (40 %)."*
>
> Etude OPINIONWAY
> *France mars 2017*

Un des premiers intérêts de connecter ses produits est d'avoir une connaissance beaucoup plus précise de l'usage de ses produits par ses clients. L'exemple le plus évident est de savoir si le produit a été utilisé ou non. En effet, en particulier si c'est un cadeau, bon nombre de produits ne sont soit jamais utilisés soit le sont sur une courte période (5 min product), car on n'a pas compris comment l'utiliser la première fois, il est trop compliqué à utiliser ou présente peu d'intérêt. Cette information difficile à obtenir auparavant, vous l'obtenez pour l'ensemble de vos produits quand votre produit est connecté.

C'est aussi la raison pour laquelle il est essentiel d'engager le client à s'inscrire dès son achat afin, le cas échéant, de lui proposer de l'aide si son produit n'a pas été utilisé peu de temps après son achat.

Connecter son produit est aussi un moyen de le faire évoluer, ainsi Babolat s'est rendu compte avec sa raquette connectée qu'un très grand nombre de ses joueurs sliçaient la plupart de leurs balles ce qui entraîne une déformation du cordage. Sur la base de ces informations, Babolat a alors renforcé son cordage non seulement sur ses raquettes connectées, mais aussi sur ses autres raquettes.

De la même manière, Holî avait remarqué que sa fonction réveil, ajoutée au dernier moment sur leurs ampoules connectées, était à leur grande surprise beaucoup plus utilisée que prévu. Ils ont alors développé cette fonction et mis à jour à distance leurs ampoules et leurs applications pour proposer des fonctions beaucoup plus évoluées. Il est ainsi facile de faire évoluer son produit en fonction des besoins de son client.

> L'IA crée des scénarios pour Smart Home sans vous

Avec l'*intelligence artificielle**, la dernière phase est la capacité de modifier son produit en temps réel en fonction de son utilisateur. Un des gros freins au développement du Smart Home (ex-domotique !) est la complexité de créer des scénarios (ex. : éteindre les lumières, réduire les chauffages, enclencher l'alarme quand je sors de chez moi et réaliser l'inverse quand je reviens). Vivint, société américaine qui réalise des solutions Smart Home, apprend des comportements réguliers de ses utilisateurs pour automatiquement proposer puis lancer des scénarios quand on quitte son domicile ou que l'on revient chez soi, sans aucune programmation. Ween, thermostat "intelligent" anticipe même vos retours et ajuste le chauffage sans que vous ayez à le lui indiquer.

Néanmoins, cette connectivité ne va pas sans contrepartie pour le fabricant. Le client devient de plus en plus exigeant. L'utilisateur est prêt à accepter de transmettre ses données à condition qu'un service correspondant et utile lui soit proposé. Cela est d'autant plus important que 50 % des utilisateurs n'achètent pas d'*objets connectés**, car ils n'ont pas confiance dans l'utilisation de leurs données. Avec le *RGPD** (Règlement Général de la Protection des Données européen), la gestion des données personnelles est beaucoup plus encadrée : cryptage ou pseudonymisation pour les données les plus sensibles ; pas de traitement automatisé sur les données sensibles ; capacité à expliquer les raisons d'un refus ; consentement explicite des personnes concernées ; droit à l'oubli ; droit à la portabilité de ses données.

CA et croissance annuelle 2016 des nouveaux produits connectés

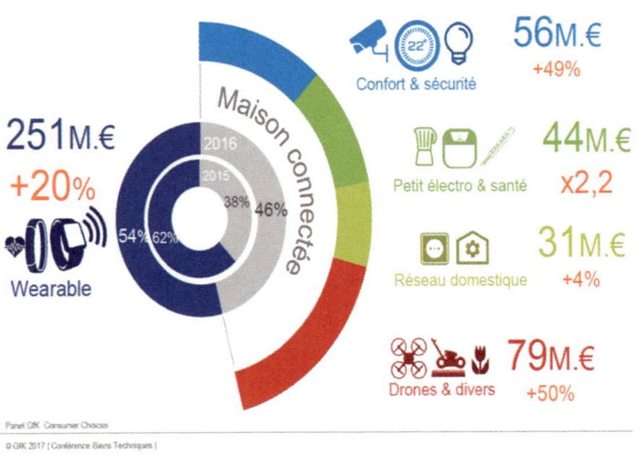

> CA et croissance 2016 des produits connectés (GfK)

Dès la conception, un produit doit intégrer les éléments : Privacy by design, security by default. La caméra Somfy (ex-My Fox) ouvre automatiquement son clapet quand on part et le ferme quand on revient afin de préserver l'intimité de ses occupants. Pour donner un contre-exemple, une start-up avait développé une serrure connectée qui indiquait crypter les mots de passe en AES 256 bits, fort niveau de cryptage. Le problème est que le mot de passe en lui-même était obligatoirement constitué d'un code à 4 chiffres rendant complètement inutile le cryptage AES. La sécurité doit se voir de bout en bout et cela est d'autant plus important que pour une grande entreprise, une faille de sécurité sur un produit, même peu vendu, peut avoir des répercussions sur l'image totale de l'entreprise et lui faire perdre la confiance de ses clients.

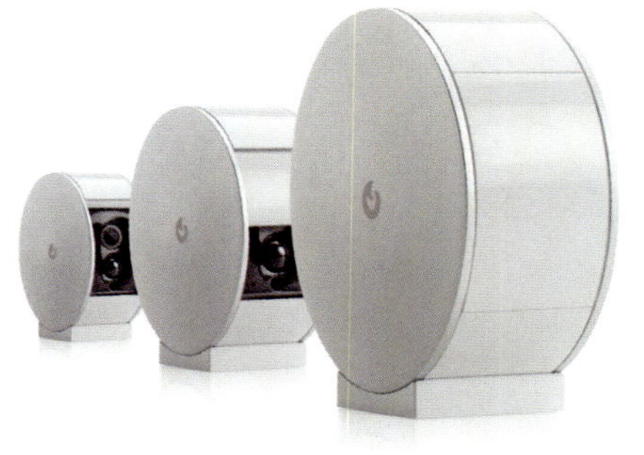

> Caméra intégrant le Privacy by design

Les objets connectés donnent aussi plus de pouvoir aux clients, car ayant accès à leurs données d'utilisation, ils peuvent beaucoup plus facilement comparer leurs produits avec ceux des concurrents (directement ou via des plateformes d'agrégation de données). La falsification des moteurs, en l'occurrence Diesel sera ainsi beaucoup plus difficile à cacher, car les utilisateurs auront accès à leurs données de consommation et de pollution réelles et pourront très rapidement remonter les anomalies entre les arguments commerciaux et la réalité. Dans le domaine de la cosmétique, au CES Las Vegas, il y a de plus en plus d'équipements optiques pour moins de 100 € qui analysent la peau, vous conseillent les meilleures crèmes et sont capables d'analyser dans le temps la qualité des produits utilisés. Même si, aujourd'hui, beaucoup de ces appareils ont une fiabilité relative, ils dénotent une tendance qui permet aux clients de "contrôler" les marques.

L'Internet des Objets crée ainsi un lien intime entre le client et la marque, qui devient plus équilibré et qui sur le long terme se fonde sur la confiance (que chacun pourra vérifier !).

* Retrouvez la définition dans le lexique en fin d'ouvrage.

◊ LIVOSPHERE
www.livosphere.com

Dimitri Carbonnelle
Fondateur de Livosphere,
Expert en IoT, IA
dimitri@livosphere.com

TENDANCES

NOUVEAUX MÉTIERS DU DIGITAL

BOÎTE À OUTILS NUMÉRIQUE

ADAPTIVE LEARNING

SMART DATA & IA

ACCULTURATION DIGITALE

MARKETING RH

START-UP SPIRIT

FLEXIBILITÉ DU TRAVAIL

07

TRANSFORMATION DIGITALE

Acccélérez votre transformation !
Comprendre et maîtriser la digitalisation des entreprises et de l'emploi. Mise en lumière des évolutions et des nouveaux métiers du digital.

SOMMAIRE

CHAP.7

□ *Fiche métier* ◇ *Étude de cas* ◆ *Article* ● *Interview*

« Mon emploi/ma carrière » depuis tous les écrans

Les Femmes particulièrement actives

19,7 millions
de personnes se sont rendues au moins une fois sur un site ou une application emploi/carrière quel que soit l'écran
soit près d'1/3 des individus 15+

Chaque jour,
2,6 millions de personnes 15+ se sont rendues sur au moins un site ou une application emploi/carrière

Répartition des consultations par écran

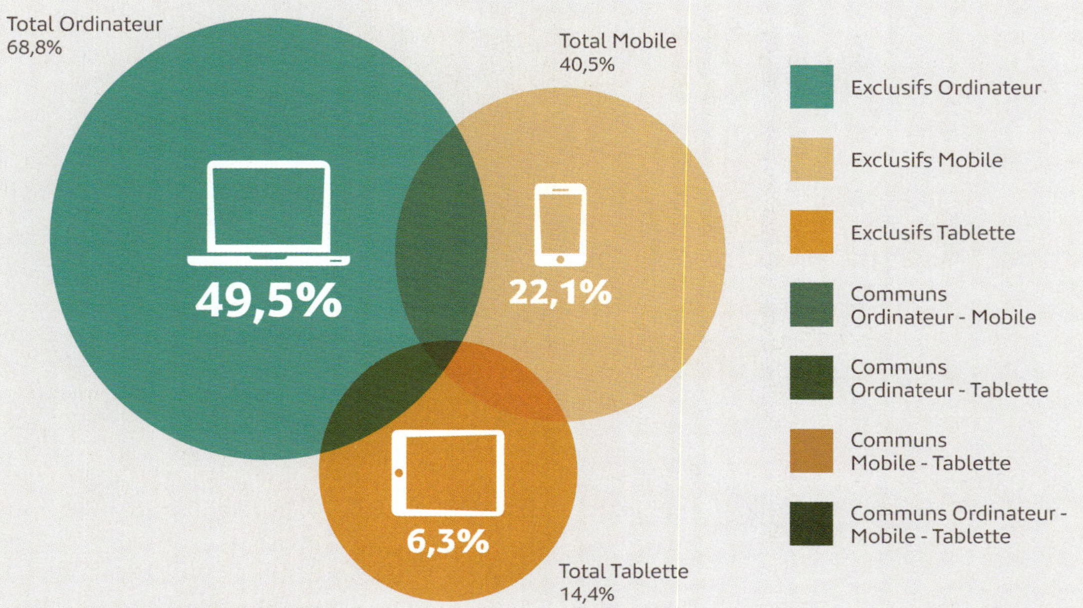

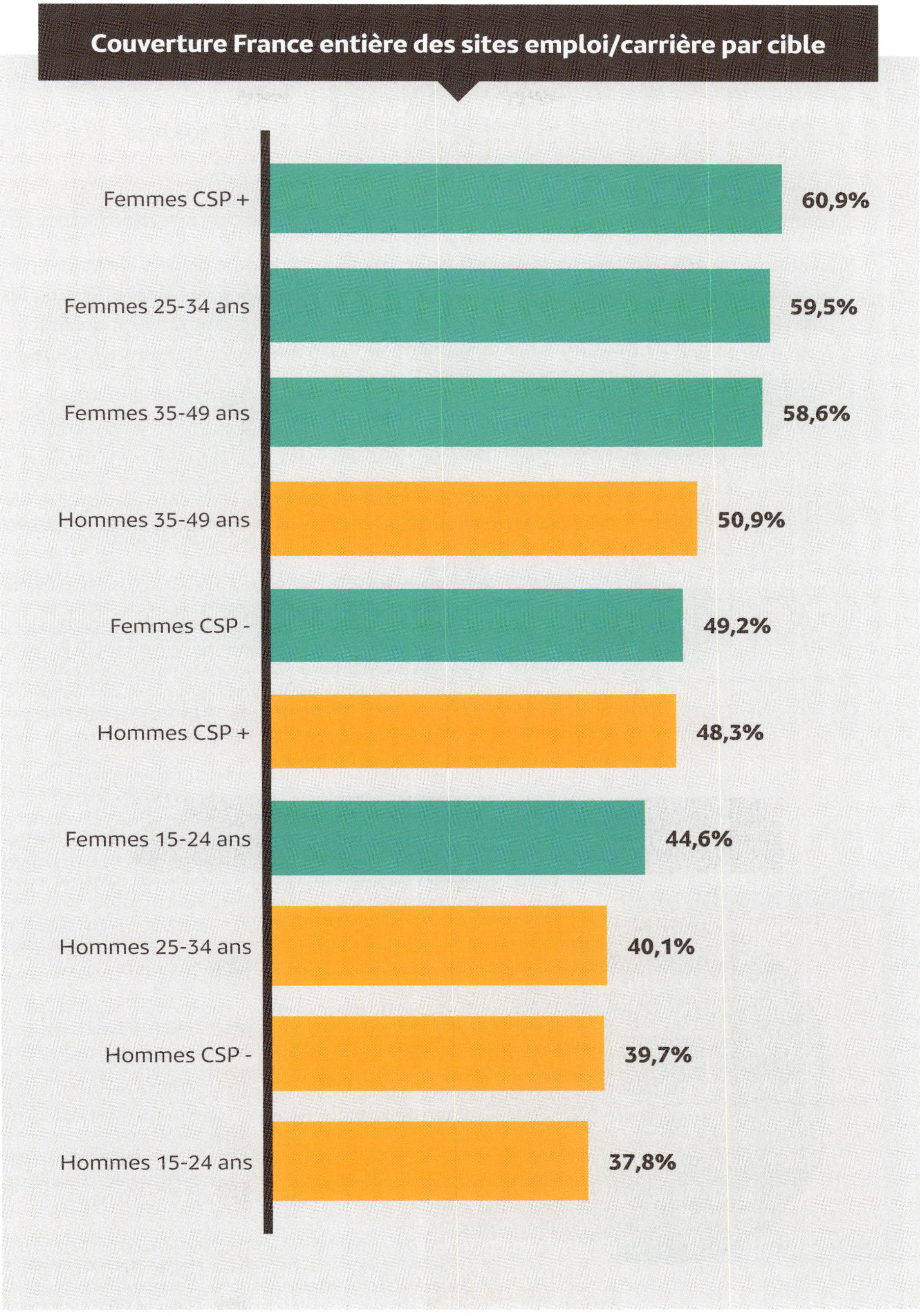

Source : Médiamétrie et Mediametrie//NetRatings – Audience Internet Global – sous-catégorie « Emploi/Carrière » – France – Juin 2017 – 15 ans et plus

ÉTUDE DES SALAIRES DES MÉTIERS WEB MARKETING 2017 (EN ILE-DE-FRANCE)

Avec près de 400 recrutements réalisés en un an, auprès de pure players, de start-up et de grands groupes, nous avons identifié et analysé les évolutions des salaires des profils sales et webmarketing du digital. Cette étude est une analyse quantitative et qualitative, fondée sur les recrutements réalisés en 2017 et concerne exclusivement les secteurs géographiques de Paris et Ile-de-France.

La maîtrise du SEA permet de gagner **10 à 15 %** de salaire en plus

Un Product Owner junior peut gagner entre **38 K€ et 50 K€**

> *« Les compétences sur les leviers d'acquisition payants (PPC) sont particulièrement recherchées et entraînent une majoration des salaires (10 à 15 % supérieurs à d'autres spécialisations). »*

La digitalisation des entreprises a entraîné le recrutement, ces dernières années, d'un nombre croissant de talents pour répondre aux nombreuses problématiques liées au web marketing. Les attentes des entreprises sur ces métiers ont changé, les profils et les rémunérations aussi.

Devenus aujourd'hui des piliers de croissance et de rentabilité, les profils marketing sont de plus en plus recherchés et sollicités. Il existe toutefois des disparités en fonction des spécialisations de chacun et de l'environnement dans lequel ils évoluent. Une start-up recherchera des profils multi-leviers, habitués à générer un fort retour sur investissement avec peu de moyens : c'est souvent une seule et même personne qui est amenée à définir la stratégie et à la mettre en place.

Nous observons que les compétences sur les leviers d'acquisition payants (*PPC**) sont particulièrement recherchées et entraînent une majoration des salaires (10 à 15 % supérieurs à d'autres spécialisations). La raison est assez simple : le retour sur investissement peut être important et très rapide pour des campagnes AdWords, Facebook ads ou autres leviers bien maîtrisés. La demande est aussi croissante concernant les profils qui conjuguent des compétences techniques et marketing. Cela a pour effet de doper un peu les rémunérations de ces candidats doublement qualifiés.

Le Growth Hacker constitue un bon exemple de profil hybride : capable de booster l'acquisition d'utilisateurs d'une application, et donc sa croissance, avec des moyens limités, il mélange pour cela des compétences techniques et marketing, un mindset opportuniste et une créativité importante. Le Growth Hacker est donc particulièrement en vogue dans les start-up en forte accélération. Il peut espérer une rémunération comprise entre 45 K€ et 65 K€ pour 3 à 5 ans d'expérience environ. Globalement, plus un Growth Hacker développe de compétences techniques, plus il peut prétendre à un salaire élevé.

Malgré une apparition relativement récente, les profils de Growth Hackers ou de Product Owners ont réussi à se rendre rapidement indispensables en environnement start-up. Depuis deux ans, on observe la montée en puissance de ces métiers, car la concurrence dans l'univers start-up est de plus en plus féroce et le besoin de résultats est quasi immédiat (course à la levée de fonds).

	Junior (0 à 3 ans)	**Confirmé** (4 à 8 ans)	**Sénior** (+ 8 ans)
Community Manager	25 - 32 K€	-	-
Social Media Manager	-	35 - 45 K€	45 - 60 K€
Chef de Projet web	25 - 35 K€	35 - 45 K€	-
Responsable Affiliation	28 - 35 K€	35 - 45 K€	45 K€ et +
Reponsable Webmarketing	30 - 43 K€	43 - 60 K€	60 - 80 K€
Responsable Marketing et Com.	35 - 40 K€	40 - 50 K€	50 - 60 K€
Traffic Manager	30 - 40 K€	40 - 50 K€	-
Responsable SEM	30 - 35 K€	40 - 45 K€	45 - 50 K€
Responsable CRM	35 - 45 K€	45 - 60 K€	60 - 65 K€
Responsable Acquisition	38 - 50 K€	50 - 65 K€	65 - 70 K€
Crowth Hacker	35 - 45 K€	45 - 60 K€	-
Product Owner	38 - 48 K€	48 - 65 K€	65 K€ et +
Directeur Marketing (CMO)	-	50 - 70 K€	70 K€ et +
CDO	-	-	100 K€ et +

On assiste également à l'avènement du métier de Product Owner (PO) dans les start-up. Celui-ci devient progressivement un maillon essentiel dans les structures de taille moyenne (30 à 40 employés minimum). Les Product Owners ont pour principale mission de faire le lien entre les équipes techniques, marketing & design. Ce sont donc des profils plutôt rares qui doivent maîtriser des compétences variées tout en ayant une vision business et produit. Il s'agit d'un rôle clé qui est souvent directement rattaché aux associés. Il est en somme logique que les salaires des Product Owners soient assez confortables. Ainsi, un profil jusqu'à 3 ans d'expérience peut gagner entre 38 K€ et 50 K€ et le salaire peut significativement augmenter au-delà de 3 ans d'expérience (50-65 K€ entre 4 et 8 ans d'expérience). Les Product Owners avec un background technique (compétences en développement en particulier) peuvent justifier en général d'un salaire un peu plus important que la moyenne.

A contrario, pour certains métiers, nous assistons à une baisse des demandes de la part des entreprises. C'est souvent le cas pour des postes différents qui peuvent fusionner en un seul : les compétences en e-mailing se retrouvent par exemple dans le périmètre de postes orientés *CRM** au sens large. Nous notons aussi une forte baisse des besoins sur les métiers touchant à l'affiliation. Les rémunérations pour ces métiers sont impactées en conséquence : un profil junior touche un salaire compris entre 28 K€ et 33 K€ ; une personne plus confirmée (entre 3 et 8 ans d'expérience) navigue entre 40 K€ et 45 K€.

Un petit mot également sur les social media managers : leur nombre est en forte croissance puisque les entreprises ont pris conscience de la nécessité d'avoir une personne, ou une équipe, entièrement dédiée à la gestion de leur e-réputation. Les réseaux sociaux demeurent un levier d'acquisition et de notoriété puissant et cela se ressent sur la quantité d'offres disponibles sur le marché. En nous appuyant sur l'étude, nous constatons que les Community Managers ne font pas toute leur carrière à ce poste. D'une part, ils atteignent un plafond en termes de rémunération (aux alentours de 45 K€) et, d'autre part, ils travaillent rarement plus de 8 ans sur la partie social media et préfèrent se réorienter vers d'autres postes marketing offrant un périmètre plus large.

Enfin, à noter que la demande des entreprises françaises concernant les profils de Chief Digital Officer ne cesse de croître. La rareté, la séniorité de ce profil et le rôle stratégique qu'il occupe au sein d'une entreprise engendrent souvent un salaire supérieur à 100 K€.

* Retrouvez la définition dans le lexique en fin d'ouvrage.

◊ URBAN LINKER
www.urbanlinker.com

Amaury Perrier
Head of Marketing & Growth
amaury@urbanlinker.com

Fiche métier

UI/UX DESIGNER

Nous échangeons de plus en plus avec les marques à travers des écrans, il est donc nécessaire qu'applications et sites web soient optimisés pour fournir une expérience et un parcours qui favorisent les interactions. La création d'interfaces qui développent le lien entre marque et consommateur est du ressort de l'UX designer et de l'UI designer.

LE MÉTIER

Boutique e-commerce, application mobile, site desktop ou mobile (idéalement responsive)... que ce soit pour un service ou un produit dédié aux entreprises ou aux particuliers, les marques se doivent de fournir une expérience qui correspond aux usages actuels et fidélise le client.

Pour la création de cette expérience, UX designer et UI designer travaillent main dans la main, même s'il existe des professionnels qui rassemblent ces deux rôles dans leur profil.

D'une part, l'UX designer (pour user experience) définit le parcours de l'utilisateur dans le site ou l'application. C'est lui qui mène la réflexion autour de l'architecture de l'interface et des liens entre les différentes étapes du parcours. Il crée un storytelling à la fois cohérent avec l'histoire de la marque et fluide pour répondre de façon transparente et ergonomique aux attentes de l'utilisateur. Son rôle est ainsi de créer des expériences d'usage accessibles et faciles à comprendre qui mettent en place une relation de confiance et permettent d'atteindre les objectifs de l'entreprise.

D'autre part, l'UI designer (pour user interface) s'attache aux éléments visuels des sites et applications. Il crée des interfaces qui correspondent aux codes et à l'univers graphique de la marque, tout en hiérarchisant les informations et éléments visuels (images, boutons, call-to-action, menus...) pour que les écrans soient compréhensibles en un clin d'œil. Il crée chaque écran de l'interface pour s'assurer de la cohérence de l'expérience complète.

L'UI designer et l'UX designer doivent tous deux conserver un état d'esprit user-centric, c'est-à-dire se soucier en premier lieu de l'utilisateur. Avant le lancement définitif de leurs applications, ils font tester les expériences qu'ils co-créent, intègrent les retours des usagers et doivent être prêts à faire évoluer les interfaces en même temps qu'évoluent les usages.

Pour mener leur mission à bien et concevoir des expériences réalisables, l'UI et l'UX designers doivent avoir des compétences en graphisme et en développement qui leur permettent d'échanger avec les équipes techniques qui donneront vie au projet conçu.

LES MISSIONS

- Définir des persona d'utilisateurs avec leurs besoins et usages ;
- Créer des scénarios d'usage des sites et applications en gardant les objectifs de l'entreprise à l'esprit ;
- Définir les parcours d'utilisation des interfaces et l'architecture des sites et applications ;
- Concevoir l'aspect graphique des interfaces en hiérarchisant les informations et en intégrant les codes visuels de la marque ;
- Créer des interfaces qui s'adaptent d'un écran et d'un système d'exploitation à l'autre en restant reconnaissables ;
- Prototyper et tester les interfaces ;
- Mettre à jour les interfaces et parcours clients pendant toute la durée de vie d'une application ou d'un site.

LES APTITUDES ET LES COMPÉTENCES

- Connaissance des langages et méthodes de développement de sites et applications ;
- Capacité à comprendre les usages et besoins des utilisateurs ;
- Capacité à travailler main dans la main avec l'équipe de développement graphique et de développement technique ;
- Capacité à garder en vue les objectifs marketing de l'entreprise ;
- Capacité à analyser et intégrer les retours des utilisateurs ;
- Compétences graphiques pour la conception des interfaces ;
- Connaissance des différents formats, interfaces et contraintes des systèmes d'exploitation et appareils d'affichage ;
- Maîtrise des méthodes de prototypage comme le design thinking ou les design sprints.

LA FORMATION

À l'image de ces métiers, les formations en UX et UI design sont récentes. Une grande partie des UX et UI designers seniors ont ainsi effectué une formation initiale en webdesign, en gestion de projet web, en développement de sites ou d'applications... et se sont spécialisés au fil de leur carrière. Des cycles de formations professionnelles leur sont d'ailleurs accessibles, comme celles en UX design aux Gobelins ou à l'IESA multimédia, en UI-UX design à l'École Multimédia. Des MOOCs sont également mis à disposition par des universités ou organismes de formation.

En termes de formations initiales, les spécialisations suivantes sont notamment disponibles, axées sur le web ou sur l'aspect arts appliqués :

- A l'ESDAC : diplôme d'Ecole et qualification professionnelle en UX Design, Bac + 3 ; Web concepteur - option UX design, Bac + 2 ;
- A LISAA : mastère chef de projet UX/design ;
- A l'Université de Valenciennes : mastère Création et Ingénierie Numérique
- A l'EEMI : bachelor Métiers du Web ;
- A l'HETIC : programme Grande Ecole (diplôme d'expert[e] en ingénierie de la communication numérique), Mastère Marketing & User eXperience.

LE SALAIRE

	UI/UX Designer
Junior	28 K€ - 35 K€/an
7 ans d'expérience	36 K€ - 45 K€/an
+15 ans d'expérience	50 K€ à 60 K€/an

Source : glassdoor

◊ 231e47
www.231e47.com

Andrea Goulet
Responsable contenus
andrea@231e47.com

Fiche métier

DATA SCIENTIST

L'immense quantité de données créées par l'écosystème d'une entreprise ne demande qu'à être exploitée pour améliorer les processus et résultats de l'organisation. Le Data Scientist met ainsi en avant des corrélations internes et externes a priori invisibles pour développer la performance de l'entreprise en aidant à la prise de décision.

LE MÉTIER

L'émergence du big data et le développement de nouveaux concurrents, dont l'activité est en grande partie soutenue par la donnée, oblige les entreprises à intégrer des data analysts et scientists dans leurs équipes. Ils sont responsables de l'identification des données pertinentes sur tous les canaux intérieurs et extérieurs à l'entreprise, générées aussi bien par les clients, les collaborateurs, les fournisseurs que les concurrents.
Grâce à une forte compétence technique doublée d'une fine connaissance des enjeux de l'entreprise, ils croisent les données pour mettre en évidence des corrélations qui pourront aider les décideurs dans la définition des axes stratégiques et opérationnels de leurs actions.
Le Data Scientist doit ainsi être en mesure de développer des algorithmes de collecte, traitement, stockage, présentation des données. Capable de mettre en place ces modèles d'analyse de données de différentes sources, il sait également créer des interfaces qui rendent ces données et les conclusions qu'elles apportent compréhensibles par les décideurs non-spécialistes du traitement de données.

Le Data Scientist a aujourd'hui un rôle clef dans les entreprises, que ce soit pour améliorer ses produits, ses services, ses programmes de formation interne, ses campagnes marketing, son activité sur les réseaux sociaux, sa stratégie de recrutement... Il collabore ainsi à la fois avec les directions marketing, de la communication, des ressources humaines, financière...
Les décideurs avec lesquels il travaille pouvant appartenir à toute verticale métier de l'entreprise et l'analyse de données étant nécessaire dans toutes les industries, il doit être capable d'intégrer rapidement des enjeux de performance variés pour lesquels il identifie des sources différentes afin d'enrichir ses bases de données.
Répondre à leurs problématiques nécessite de maîtriser les outils de traitement et d'analyse de données, mais aussi de développer ses propres algorithmes pour les questions propres à l'entreprise.

Les données étant créées en quantités toujours plus importantes et les industries étant bousculées par des acteurs non traditionnels, le Data Scientist a pris une importance grandissante au cours des dix dernières années et sera amené à jouer un rôle de plus en plus grand dans les prises de décisions à l'avenir.

LES MISSIONS

Les missions du Data Scientist comprennent des aspects technologiques et business pour appliquer la data science aux enjeux métier. Elles incluent ainsi :
• L'extraction et le nettoyage des données afin d'extraire les plus pertinentes, cohérentes et fiables pour la prise de décision au sein de l'entreprise ;
• L'implémentation ou l'enrichissement d'algorithmes adaptés pour chaque département avec lequel il collabore ;
• La réponse à des problématiques propres à chaque département concernant les fournisseurs, la clientèle et les collaborateurs, dont l'analyse de sentiments et l'examen du retargeting ;
• L'identification de sources intéressantes pour l'entreprise pour enrichir les bases de données existantes.

LES APTITUDES ET LES COMPÉTENCES

- Maîtrise des outils techniques d'analyse et de compilation des données ;
- Capacité à présenter ses conclusions de façon compréhensible à un non-spécialiste pour aider à la prise de décision éclairée ;
- Capacité à identifier des conclusions inattendues et à mettre en évidence des pistes de réflexion nouvelles ;
- Excellente connaissance de l'entreprise et de son écosystème ;
- Réactivité face aux problématiques présentées par les différents départements.

LA FORMATION

Les Data Scientists ont en écrasante majorité des formations supérieures de niveau Bac + 4/Bac + 5 en data science, big data ou analyse de données.

- Masters : european master in datamining and knowledge management (Lyon 2), statistiques pour l'évaluation et la prospective (université de Reims-Champagne Ardenne), MIASHS : big data et fouille de données (Paris 8), data science (Grenoble INP Ensimag, Polytech Nantes) ;
- Mastère en ingénierie big data (ESGI) ;
- Masters of sciences (MSc) : statistics for smart data (Ensai), big data for business (double diplôme Ecole polytechnique - HEC), data sciences & business analytics (double diplôme Centrale Supelec - Essec Business School), applied data science & big data (Data science institute), data science (Ensae ParisTech), data management (PSB) ;
- Diplôme d'ingénieur avec spécialisation big data : IAMD - ingénierie et applications des masses de données (Télécom Nancy), big data & data science (Mines Nancy), data science (Ensae ParisTECH), ingénierie des systèmes d'information (Grenoble INP Ensimag) ;
- Mastère spécialisé (MS) : big data - gestion et analyse des données massives (Télécom ParisTech), big data : analyse management et valorisation responsable (Ensimag + EMSI Ecole de management de Grenoble).

LE SALAIRE

	Data Scientist
Junior	35 K€ - 38 K€/an
4 ans d'expérience	45 K€ - 55 K€/an
+10 ans d'expérience	50 K€ - 60 K€/an

Source : www.cidj.com/article-metier/data-analyst-data-scientist

◊ 231e47
www.231e47.com

Florent Steyaert
Directeur associé
florent@231e47.com

Mohamed-Achref Maiza

29 ans et Data Scientist chez Renault

Mohamed-Achref Maiza
Data Scientist
Renault

Il revient pour nous sur son parcours et nous explique non seulement son métier, mais aussi son ressenti et ses perspectives d'avenir. Le métier de Data Scientist est très en vogue, mais on ne le comprend pas toujours. Mohamed-Achref Maiza a le plaisir de nous éclairer sur le sujet et nous donne même envie de nous y intéresser de plus près.

> En quelques mots, qui êtes-vous et quel est votre parcours ?

Mohamed-Achref Maiza, 29 ans.
Je suis ingénieur tunisien, diplômé en 2012 de l'Ecole nationale des Sciences de l'Informatique après un projet de fin d'études effectué en France à la Société Générale.
Je cultive depuis mon jeune âge l'esprit algorithmique et une passion forte pour la programmation. J'ai réussi aujourd'hui à en faire une partie importante de mon métier qui s'articule essentiellement autour du traitement et de l'exploitation de la donnée.
J'ai eu la chance d'avoir des expériences très variées : dans le secteur bancaire, le conseil en décisionnel, l'assurance et en ce moment dans l'industrie automobile.

> Pourquoi être devenu Data Scientist ? Vocation ou aboutissement d'un parcours imprévu ?

Pour moi c'était plutôt comme un déclic dans un milieu professionnel très propice. Également une motivation extrême à apprendre de nouvelles technologies.

Une opportunité s'est présentée à moi pour contribuer en tant que développeur à un projet pilote big data dans le groupe AXA en pleine transformation digitale. Je me rappelle qu'à la même période, certains documentaires télévisés m'ont éveillé l'esprit quant à l'explosion des données et l'impact majeur qu'auraient celles-ci dans notre avenir. A partir de ce moment-là, j'ai considérablement réduit mes heures de sommeil. Ma curiosité m'emportait vers des cours scientifiques alliant méthodes mathématiques, apprentissage statistique et techniques de confection algorithmique à grande échelle.

J'ai utilisé principalement des MOOCs (cours en ligne), des articles de recherche et des compétitions en machine learning. Pour maîtriser le maximum et évoluer vers un poste en data science, cela m'a demandé beaucoup de travail. Heureusement, je me suis

senti passionné par cette matière et je suis resté méthodique. Cela s'est avéré fructueux dès ma première candidature chez Direct Assurance pour un poste de Data Scientist actuariat.

> En quoi consiste votre métier ?

Mon rôle consiste à comprendre des problèmes business et à les résoudre en exploitant de la donnée. Je travaille en ce moment pour le groupe Renault où l'innovation digitale et la data science sont en train de devenir un axe stratégique surtout pour les métiers de l'ingénierie, de la qualité, de la fabrication et de l'après-vente.

> Plus précisément quelles sont vos tâches au quotidien ?

Mes tâches sont assez variées. Je rencontre souvent des équipes métiers pour comprendre les processus et les problématiques associées afin d'identifier celles que l'on pourrait résoudre avec la data science.

Mais je dois aussi interagir constamment avec les équipes IT et data lake. Ainsi je peux suivre les évolutions de l'infrastructure, demander l'ingestion de nouvelles données ou proposer le déploiement de nouveaux outils.

Je passe beaucoup de temps à explorer les données, les nettoyer et faire des analyses descriptives qui produisent des idées. Ensuite, en fonction du cas, je rentre dans l'implémentation d'un modèle de machine learning. L'objectif est de performer bien au-delà des capacités humaines face à des tâches complexes et surtout d'une façon automatisée.

Enfin, je participe à des réunions de partage. Nous aimons les faire d'une façon transversale dans l'entreprise pour démontrer une solution aux problèmes de certains et en inspirer d'autres. Partant du métier et revenant au métier, la boucle est ainsi bouclée.

“L'objectif est de performer bien au delà des capacités humaines face à des tâches complexes et surtout d'une façon automatisée.”

> Quels sont les outils d'un Data Scientist ?
Les outils évoluent constamment, mais il y en a certains que le Data Scientist de nos jours doit absolument connaître pour être plus performant. D'abord, il faut être capable d'interagir en SQL avec des bases de données traditionnelles, mais aussi des entrepôts distribués sur Hadoop avec du requêtage en paradigme MapReduce à travers des composants comme Pig, Hive ou Hbase.

Il y a ensuite les environnements de programmation, les librairies statistiques, de machine learning et de visualisation. Deux grandes écoles existent : R et Python. Je pense qu'il faut maîtriser les deux pour bénéficier des richesses de chacune.

Une nouvelle tendance est d'implémenter les traitements et les algorithmes directement en Spark. Ceci facilite un déploiement scalable sur une grande volumétrie de données. Spark est un moteur distribué et unifié pour créer des applications de données. Il évolue à grande vitesse et pourrait devenir la boîte à outils complète du Data Scientist dans les 5 ans à venir.

Enfin, il existe des outils moins connus, mais très efficaces. Ils permettent d'expérimenter d'une façon très rapide sur des tâches d'apprentissage automatique incrémental (online learning). Je pense au fameux programme Vowpal Wabbit que j'utilise sur un environnement Linux.

> Qu'est-ce qui selon vous fait d'une personne un bon Data Scientist ?
Sa curiosité, sa capacité d'adaptation et un esprit qui aime résoudre les problèmes.
La communication est un atout important, pas toujours évident pour des talents mathématiques et informatiques. Je la vois donc comme l'une de ces compétences qu'un bon Data Scientist doit développer en continu.

> Quelle partie de votre profession préférez-vous ? Pour quelles raisons ?
En y pensant rapidement, je peux évoquer deux parties.
Le machine learning qui est un univers fantastique. Le principe est

d'aider la machine pour qu'elle puisse nous aider, lui apprendre comment elle doit apprendre à partir des données. Je vois des tentatives par certains éditeurs de logiciels qui essaient d'automatiser le rôle du Data Scientist. Mais je pense que c'est encore loin d'arriver et que rien ne vaut un modèle de machine learning bien construit. D'où l'exigence de maintenir un niveau compétitif et de s'entraîner comme un vrai sportif.

Un autre périmètre que j'apprécie beaucoup est la visualisation graphique des données. Si le Data Scientist possède en lui une âme d'artiste, c'est bien là qu'elle va se manifester.

« Une nouvelle tendance est d'implémenter les traitements et les algorithmes directement en Spark. »

> Comment vous voyez-vous dans 10 ans ?

Il y a plusieurs alternatives. Approfondir au maximum mon expertise dans ce domaine en continuant la pratique de la data science ou bien m'orienter vers des responsabilités stratégiques. Le rôle du Chief Data Officer me paraît extrêmement intéressant. Il va devoir connaître tous les secrets du big data et être capable d'imaginer et d'implémenter la stratégie adéquate pour débloquer le potentiel donné de l'entreprise.

Il y aurait également la possibilité de fonder une start-up avec un nouveau service sur le marché construit grâce aux données. Mais là il faudrait d'abord trouver une idée brillante.

> Si d'un coup de baguette magique vous pouviez changer de métier, que seriez-vous ?

Je deviendrais pilote de course, car j'aime bien l'état d'esprit de ces sportifs talentueux qui poussent tout le temps les limites de leurs capacités physique et mentale.
Il y a de la compétition, du plaisir et un sentiment de gloire après chaque réussite.
Sur la base de ces critères, Data Scientist est aussi un excellent métier.

> Un conseil pour les Data Scientists de demain ?

Soyez autodidacte, apprenez et pratiquez avec plaisir. Ne planifiez pas trop votre champ d'expertise, car le monde et la technologie évoluent à grande vitesse.

◊ CLÉMENTINE
www.clementine.jobs
Fiche d'entreprise p. 481

Assya Ouchene
Content and Community Manager

Fiche métier

DATA ANALYST

Le Data Analyst traite les extractions de bases de données. Il les analyse et se charge de leur interprétation afin que l'entreprise puisse en tirer des améliorations business. Il est celui qui va permettre d'orienter les futures actions à mener.

LE MÉTIER

Le Data Analyst est responsable de l'analyse de données issues de l'activité de l'entreprise. Il recueille et traite les données afin de soumettre des recommandations pertinentes. Ses missions ont pour objectif de donner vie aux données en les interprétant.

Il exploite les informations recueillies par différents canaux qui visent à faciliter les prises de décisions par les managers.

Pour cela, le Data Analyst fait appel à divers outils et langages, dont Excel, mais aussi SAS, SQL, VBA, ACCES ou encore R.

Ses compétences en techniques statistiques et sa maîtrise des chiffres lui facilitent cette tâche. Aussi, il comprend et pratique les différents langages de bases de données SQL. Il peut également, selon l'entreprise qu'il intègre et les missions qui lui sont assignées, utiliser des outils tels que *Hadoop* ou *Spark* pour transformer les données brutes en informations utiles. Mais ce sont généralement les data scientists, au profil plus technique, qui les utilisent.

Son rôle répond à l'enjeu de la valorisation de la masse de données collectées par les entreprises. Son aisance relationnelle lui permet d'interagir avec les métiers et de simplifier des problématiques techniques. Ainsi, il est capable d'apporter une vision cohérente des activités de son entreprise.
Bien souvent, le Data Analyst travaille pour des entreprises issues de secteurs d'activités divers où l'analyse de la donnée est créatrice de valeur ajoutée (banque, assurance, e-commerce, industrie automobile...).

Au vu de l'accroissement considérable du nombre de données collectées, le Data Analyst risque fort de voir son poste évoluer au cours des prochaines années. Trop de données collectées sont en attente d'analyse et donc non mises à profit. Le Data Analyst a pour mission de remédier à cette situation et de faire face à des données de plus en plus importantes et très variées. Son rôle consiste à trouver de nouvelles façons de traiter la donnée avec l'appui de nouveaux outils.

LES MISSIONS

- Recueillir, traiter et étudier les données statistiques pour produire des analyses métiers et des recommandations ;
- Construire et faire évoluer les rapports issus du Business Intelligence (BI) & Web Analytics pour permettre aux différentes équipes d'avoir une vision cohérente sur les résultats d'activité des produits et leur bon fonctionnement technique ;
- Gérer les outils d'analyse permettant aux décideurs internes ou aux clients de suivre l'évolution de leurs sites ou produits ;
- Assurer la bonne interprétation et la diffusion des rapports d'analyse résultant du BI & web analytics.

COMPÉTENCES

- Maîtrise des techniques statistiques et de datamining (SAS, SPSS, VBA, ACCES) ou encore, des langages (R) de bases de données SQL, et des outils de web analytics ;
- Maîtrise complète des outils de bureautique, en particulier Excel ;
- Anglais courant.

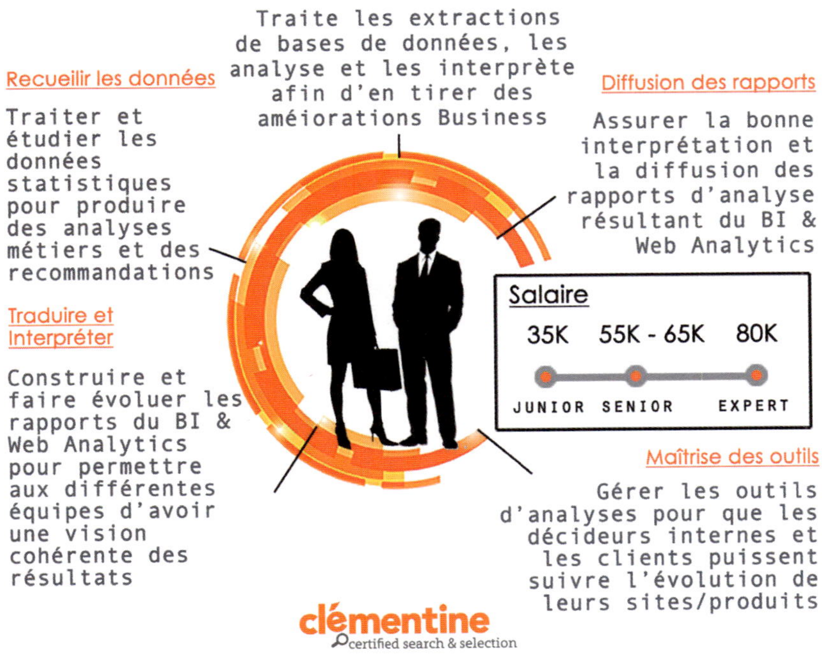

QUALITÉS

- Force de proposition ;
- Rigueur ;
- Réactivité ;
- Esprit analytique et de synthèse ;
- Aisance rédactionnelle ;
- Excellent relationnel ;
- Sens de l'organisation.

PROFIL

Cette profession requiert un diplôme de niveau Bac + 4 à Bac + 5 dans le domaine des études statistiques. Le Data Analyst peut être diplômé d'un Master en statistique/économétrie ou d'un Master spécialisé en big data, par exemple.

Une connaissance métier, notamment en marketing et relation client sera appréciée. Après avoir acquis une expérience significative, le Data Analyst pourra éventuellement évoluer sur un poste de data scientist.

LE SALAIRE

	Data Analyst
Junior	35-45 K€/an
Senior	55-65 K€/an
Expert	70-80 K€/an

Estimation du cabinet de recrutement Clémentine

◊ CLÉMENTINE
www.clementine.jobs
Fiche d'entreprise p. 481

Emmanuel Stanislas
Fondateur et Directeur
estanislas@clementine.jobs

Fiche métier

CHIEF DIGITAL OFFICER - CDO

Le Chief Digital Officer - CDO (ou directeur de la stratégie digitale en français) a pour mission de mener à bien la transformation numérique d'une entreprise. Par conséquent, son rôle consiste à intégrer simultanément des technologies adaptées, de nouvelles sources de revenus et une culture du numérique, voire de l'innovation au sein de l'entreprise.

LE MÉTIER

Il doit engager une réflexion sur l'impact du numérique dans l'activité de l'entreprise, et par la suite mettre en place une stratégie de transition digitale.

Sa position dans l'organigramme dépend de l'importance qui est donnée à la transformation digitale. Toutefois, le CDO peut siéger au comité de direction et participer aussi à la stratégie globale de l'entreprise.

L'action du CDO est transverse aux différents services de l'entreprise, c'est pourquoi il doit avoir une vision globale de l'activité. Il intervient à tous les niveaux de l'organisation et son action s'inscrit en coordination avec la direction des systèmes d'informations (DSI) et la direction des ressources humaines (DRH).

Ce métier qui a connu un succès médiatique en France reste cependant encore peu reconnu. Il est généralement présent dans les grands groupes, car il s'agit d'un métier lié aux nouvelles technologies. Néanmoins, il n'est pas encore bien intégré dans la culture d'entreprise, ce qui fait dire à certains que ce poste est temporaire et voué à disparaître.

Non pas que son poste soit inutile, mais le CDO participe indéniablement à le faire disparaître. N'oublions pas qu'il a pour objectif de digitaliser. Digitaliser quoi ? Une enseigne, des méthodes de travail, une façon de consommer, de produire... Ainsi, une fois la transformation numérique effectuée et les utilisateurs formés, il n'a plus de raison d'exercer son métier.

Le CDO est disrupteur. Il apporte nouveauté et modernité pour faciliter les procédures habituellement pratiquées. Il transforme les façons de travailler pour accommoder tant les employés, les employeurs que les clients. C'est, pour un grand nombre d'entreprises, un changement déconcertant. Les habitudes de travail sont modifiées et digitalisées. Les collaborateurs doivent se former et (ré)apprendre à utiliser les outils à disposition.

Le CDO renverse donc une pratique pour en installer une autre, amenée à évoluer en permanence. C'est pour produire et consommer différemment qu'il agit de la sorte. Il instaure de nouvelles méthodes adaptées aux besoins de l'enseigne et aux pratiques du marché. Le CDO suit l'évolution de son projet et s'assure que celui-ci est conforme au cahier des charges. Il est le plus performant et le plus avisé quant aux modifications à mettre en œuvre.

A noter qu'une transformation digitale peut impliquer l'instauration du home office (télétravail ou travail à distance) et aller jusqu'à l'intégration de nouvelles technologies data.

Par ailleurs, Antoine Borde, bras droit de la CDO du groupe L'Oréal, le rappelle à juste titre : « La data est perçue comme la possibilité de s'emparer d'un nouvel avantage compétitif permettant de cibler la bonne personne, au bon moment, et de lui proposer le bon produit. »

Mais la profession de CDO est aussi une question de timing. Il faut savoir appliquer cette transformation digitale au bon moment, dans le cas contraire les répercussions sur l'image de marque pourraient être plus impactantes que prévu. Le CDO prend donc les mesures nécessaires pour minimiser les pertes liées au non-investissement dans les nouvelles technologies.

La transformation apporte de grands changements qui, comme nous l'avons dit, peuvent perturber les clients. Il ne s'agirait pas de les perdre à cause d'une mauvaise analyse de risque.

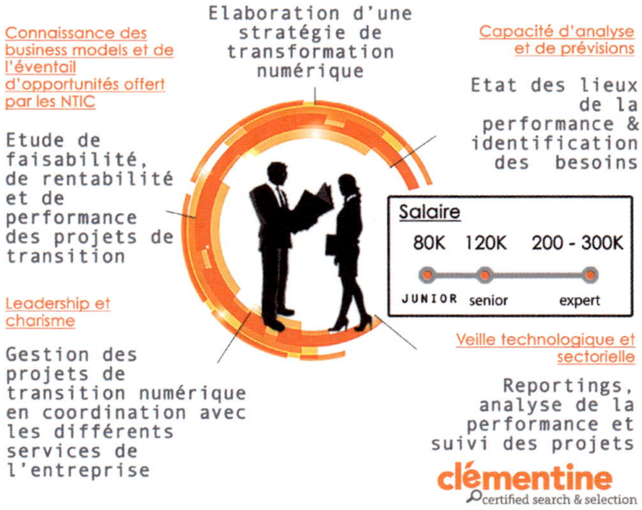

LES MISSIONS

- Etat des lieux du fonctionnement du système d'information de l'entreprise ;
- Identification des limites et des besoins fonctionnels de l'entreprise ;
- Réflexion approfondie sur les opportunités dans l'efficacité et la recherche de croissance ;
- Etudes sur l'impact de nouvelles technologies et sur l'organisation de l'entreprise dans une visée de rationalisation et d'industrialisation par le numérique ;
- Etudes d'opportunités et de faisabilité des projets de transition envisagés ;
- Mise en place d'une stratégie de transition digitale ;
- Gestion des projets visant à accomplir les mutations attendues en coordination avec les différents pôles de l'entreprise ;
- Reporting auprès de la direction et analyse des performances des projets engagés ;
- Veille technologique approfondie.

Le CDO manage généralement une équipe d'experts du numérique afin d'étudier et de préparer les transformations nécessaires aux changements. Ces travaux d'étude s'appuient sur l'ensemble des ressources disponibles de l'entreprise et sont effectués en collaboration avec les différents services de celle-ci (RH, SI, production...). Les projets de transformations seront supportés par l'ensemble des ressources.

COMPÉTENCES

- Leader et charismatique ;
- Capacité d'analyse et de projection ;
- Grande connaissance des technologies d'entreprise (informatique, gestion des données, big data, solutions de cloud computing, solutions web...) ;
- Connaissance des *business models** et de l'organisation globale des entreprises ;
- Compétences techniques assurant sa légitimité auprès des différents pôles de l'entreprise ;
- Management de transition et management stratégique ;
- Gestion de projet.

QUALITÉS

Réfléchi, organisé, pédagogue, consciencieux, ambitieux, culture du résultat.

FORMATION

Le CDO détient un diplôme universitaire ou de grande école nationale, voire internationale (HEC, Science Po, ESCP, Oxford, Berkeley...). Avec un Bac + 5 en poche, le CDO doit également posséder une connaissance approfondie des technologies informatiques et des outils disponibles à l'échelle d'une entreprise. Véritable leader, il dirige les équipes en charge des projets de transition, mais doit aussi être en mesure de convaincre la direction d'adopter les changements nécessaires. Pour cela, une double expérience à un poste de direction ou de gestion de projets digitaux est primordiale.

LE SALAIRE

De 80 K€ à 160 K€ par an, le salaire du CDO peut atteindre 200 K€, voire 300 K€ au sein des grands groupes. La rémunération peut fortement varier en fonction de la taille de l'entreprise et du secteur d'activité, mais aussi de l'urgence d'opérer la transformation digitale.

	Chief Digital Officer - CDO
Junior	80-90 K€/an
Senior	100-120 K€/an
Expert	200-300 K€/an

Estimation du cabinet de recrutement Clémentine

* Retrouvez la définition dans le lexique en fin d'ouvrage.

◊ CLÉMENTINE
www.clementine.jobs
Fiche d'entreprise p. 481

Emmanuel Stanislas
Fondateur et Directeur
estanislas@clementine.jobs

Daniel Hansberger
Directeur
dhansberger@clementine.jobs

Antoine Le Feuvre

Témoignage du Chief Digital Officer chez Suez Recyclage et Valorisation France

Antoine Le Feuvre
Chief Digital Officer
SUEZ Recyclage & Valorisation France

Antoine Le Feuvre revient pour nous sur son parcours et nous explique non seulement son métier, mais aussi son quotidien et les perspectives d'évolution de sa fonction. Le métier de Chief Digital Officer est très en vogue, mais on ne le comprend pas toujours. Antoine Le Feuvre nous éclaire sur le sujet et les enjeux de ce rôle.

> En quelques mots, qui êtes-vous et quel est votre parcours ?

J'ai 45 ans, 2 enfants. Je travaille depuis 20 ans dans l'Internet et les nouvelles technologies.
Si je devais retenir deux mots pour décrire mon parcours :

- La technologie : une vraie passion, associée à la conviction que nous vivons une période de transition incroyable sous l'impulsion du digital ;
- Le focus client qui a été le fil conducteur de ma vie professionnelle.

Je viens de quitter un marché qui a été fortement transformé par le digital – l'industrie du voyage – pour un marché qui est à l'aube de sa propre révolution.
J'ai une double formation d'Ingénieur et un 3e cycle en gestion des entreprises.
Après un parcours à l'étranger puis en société de conseils, j'ai développé avec trois associés une start-up qui a connu un vrai succès. L'idée était simple : transposer les nouveaux usages apparus avec les premiers sites de réservation de voyage sur internet au monde de l'entreprise afin d'optimiser la gestion des déplacements professionnels.
Fin 2011, nous avons vendu la société au leader mondial, le groupe américain Expedia Inc. Ma mission a alors été de réussir l'intégration de notre activité au sein de ce grand groupe et de la développer au-delà des frontières européennes.

> Pourquoi être devenu Chief Digital Officer ? Vocation ou aboutissement d'un parcours imprévu ?

Il s'agit d'abord d'une rencontre avec un grand groupe et ses dirigeants, nous partagions la même vision d'un monde en mutation profonde et l'envie d'agir concrètement. J'ai été séduit par le positionnement disruptif et pragmatique de la mission. Elle associe l'impératif de la transformation digitale et l'exigence d'améliorer l'expérience client.
En complément des missions traditionnelles de CDO, je suis également responsable d'une toute nouvelle ligne d'activé, la Business Line Digital, porteuse de son propre P&L et membre du CoDir de SUEZ R&V France.

> Vous êtes jeune et ex-entrepreneur. Qu'est-ce que ça change, permet, contraint ?

Mon parcours est effectivement atypique pour ce type de poste. SUEZ R&V France a eu une approche disruptive dans le recrutement de son CDO. Il s'agit d'une preuve d'audace de faire confiance à un entrepreneur issu d'une start-up pour infuser la culture digitale dans un grand groupe comme SUEZ R&V.

La mission qui m'a été confiée est avant tout entrepreneuriale - au sein d'un grand groupe. Et je suis convaincu que la richesse et les idées innovantes naissent de la collaboration entre des personnes issues d'univers différents.

Depuis plusieurs années tous les grands groupes cherchent la meilleure formule pour comprendre le monde extérieur et adapter leurs organisations. L'enjeu est de créer des passerelles entre les différents écosystèmes (grands groupes, start-up) et entre les générations pour adapter au mieux les organisations et les services aux clients. Je suis convaincu que ces frontières vont devenir de plus en plus poreuses.

> En quoi consiste votre métier ?

Mon rôle est de concrétiser l'ambition du SUEZ R&V France d'être la référence digitale de son secteur. Cela consiste notamment à permettre à l'entreprise de devenir digitale (et non pas uniquement à "faire" du digital).

Il s'agit donc d'accompagner l'entreprise vers des changements radicaux dans ses processus et sa relation aux clients : nos camions - équipés de capteurs - deviennent intelligents et communicants, nos bennes nous informent en temps réel de leur niveau de remplissage, chaque jour nos usines apprennent d'elles-mêmes grâce au deep learning...

Les nouvelles technologies offrent des pouvoirs infinis, les entreprises qui les maîtrisent et qui connaissent parfaitement leurs clients seront les leaders de demain.

Cela nécessite dès à présent :

- D'impacter le court terme ;
- De poser progressivement les fondations d'une entreprise digitale utilisant les technologies de pointe (IoT, big data, IA, deep learning, etc.), de nouvelles méthodes de travail collaboratives et fortement intégrées avec l'écosystème de l'innovation digitale ;
- D'écrire collectivement l'ambition digitale de demain et, notamment définir les nouvelles ruptures que nous souhaitons proposer à nos clients.

> Plus précisément quelles sont vos tâches au quotidien ? Ce que vous préférez ? Pourquoi ?

Mon temps se répartit en quatre activités :

- Le day-to-day. Nous lançons à un rythme soutenu de nouvelles initiatives : places de marché, performance de nos actifs industriels, applications mobiles, etc. ;
- La coordination avec mes pairs en interne et en externe. Le digital est avant tout collaboratif ;
- L'exploration des nouvelles tendances et la définition des nouveaux modèles de l'entreprise ;
- La communication de la vision digitale de SUEZ R&V, en interne et en externe.

> Qu'est-ce qui selon vous fait d'une personne un CDO ?

- Sa transversalité (stratégie, marketing, IT, processus, innovation, etc.) ;
- Son engagement dans l'excellence "client" ;
- Son humilité ;
- Sa vision : sa capacité à entreprendre et porter une vision.

> Comment vous voyez-vous dans 5 ans ?

J'occupe aujourd'hui un poste qui n'existait pas il y a 5 ans, et il en sera probablement de même dans 5 ans. Mais quels que soient ma mission et son intitulé, mes drivers seront très certainement les mêmes :

- La volonté de travailler en équipe ;
- Un projet qui a du sens ;
- L'envie d'agir et d'être moteur de ces transformations.

> Un conseil pour les CDO de demain ?

Pour être légitime et impacter, le CDO de demain devrait aller au bout de la logique du digital, qui est la transformation économique des modèles économiques. En ce sens, il portera des enjeux économiques donc de P&L.

◊ **CLÉMENTINE**
www.clementine.jobs
Fiche d'entreprise p. 481

Emmanuel Stanislas
Fondateur et Directeur
estanislas@clementine.jobs

Fiche métier

RESPONSABLE E-COMMERCE/ M-COMMERCE

Le Responsable E-commerce/M-commerce est en charge du processus global de vente sur un ou plusieurs sites web marchands. Il a pour objectif d'assurer le bon déroulement des achats en ligne, de cibler la clientèle acheteuse et d'assurer le développement des ventes online.

LE MÉTIER

A la pointe des innovations technologiques du web et du marché de l'internet, il participe au succès commercial de ses plateformes.

Son rôle est donc à la fois commercial, marketing et technique. Il est en quelque sorte l'élément charnière entre les équipes de développeurs web, les équipes commerciales et de la communication.

Suite au développement des terminaux mobiles dans le e-commerce, le Responsable du Commerce Online est également en charge du M-commerce, du développement de son offre vers différentes tailles d'écrans et des enjeux qui en découlent.

De nouvelles applications commerciales dans l'exploitation des données (big data) participent également à la montée en compétence du Responsable E-commerce. En effet, de nombreuses ouvertures technologiques dans la data intelligence, la connaissance client, le multi-device ou encore le ciblage sont susceptibles de présenter des avantages concurrentiels essentiels au développement des plateformes de E-commerce.

Le Responsable E-commerce travaille sur un secteur en cours de structuration, notamment suite à l'élargissement de l'audience internet résultant de la généralisation du haut débit. De nouvelles perspectives d'évolution du secteur sont visibles à travers l'apparition de nouveaux outils/logiciels et d'autres innovations technologiques telles que la généralisation des smartphones (M-commerce) et des objets connectés.

Vers de nouveaux modèles : le nouveau métier de Responsable des Ventes Online s'inscrit en parallèle du secteur de la vente traditionnelle qui, malgré sa persistance, doit diversifier ses vecteurs de vente vers le multicanal (boutiques, sites web, applications mobiles...). Ce poste peut donc s'inscrire au sein d'une société pure player (uniquement sur internet), mais également au sein d'une structure "click & mortar", jumelant les lieux de ventes réels et virtuels.

L'apparition de l'omnicanal permet également de transformer un magasin en place connectée, facilitant l'acte d'achat et la fidélisation. Le Responsable E-commerce doit donc anticiper les comportements de la clientèle et s'adapter aux tendances relatives à l'acte d'achat : e-mails, SMS, réseaux sociaux...

L'ampleur prise par ce secteur en expansion est une opportunité pour le Responsable E-commerce qui pourra parfois accéder au poste de Directeur E-commerce, siéger au comité exécutif et participer aux décisions stratégiques.

LES MISSIONS

- Organisation du site et performance commerciale en optimisant la mise en avant des produits, l'ergonomie de la plateforme et le parcours client ;
- Suivi des commandes, gestion des stocks (et éventuellement de la livraison) ;
- Etudes de marché, segmentation et identification de la cible des produits commercialisés ;
- Définition des stratégies web marketing et pilotage des différents leviers de webmarketing (*SEM**, *SEO**, display, réseaux sociaux...) ;
- Elaboration de la charte graphique (en collaboration avec les webdesigners/développeurs) du site et des mentions légales (aidé du service juridique) sur le déroulement des achats en ligne. Sécurisation du paiement. Réalisation du *storytelling** en relation avec les équipes de communication ;

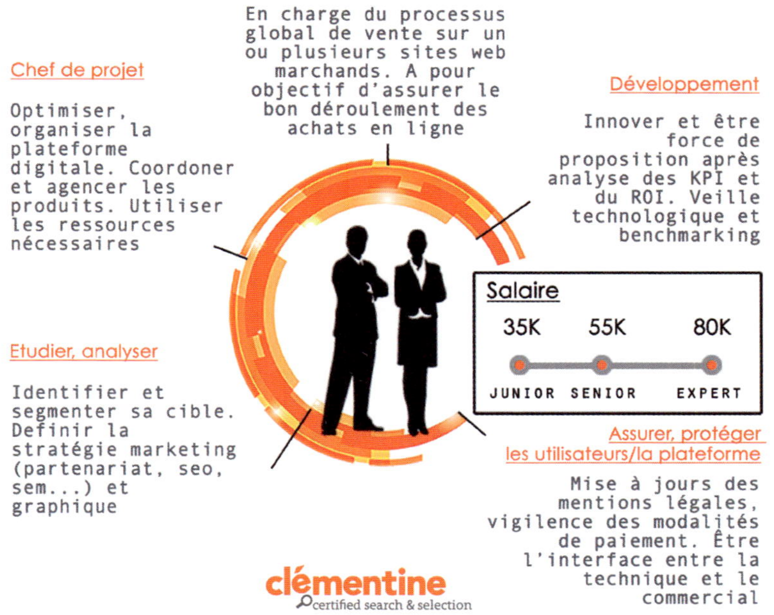

• Développement de partenariats divers afin de valoriser l'image de marque et le référencement du site e-commerce ;
• Proposition de développement, d'idées nouvelles et originales afin d'augmenter les visites et les transactions sur le site ;
• Fidélisation des clients ou des membres ;
• Analyse des indicateurs de performance et du ROI (Return On Investment) ;
• Veille technologique approfondie et benchmarking ;
• Optimisation de l'affiliation et des partenariats marchands SI marketplace.

COMPÉTENCES

• Capacité d'analyse et de négociation ;
• Maîtrise des outils de publicité en ligne et des logiciels de Web Analytics ;
• Compétences en business développement et en gestion de projet ;
• Connaissance de l'écosystème des marketplaces ;
• Maîtrise des techniques marketing de segmentation et de ciblage ;
• Connaissances des technologies et pratiques web & mobiles ;
• Management d'équipe.

QUALITÉS

• Curiosité ;
• Organisation ;
• Réactivité ;
• Esprit de synthèse ;
• Goût du challenge ;
• Très bon sens relationnel.

FORMATION

Le Responsable E-commerce est généralement issu d'une école de commerce ou d'un équivalent Bac + 5 spécialisé en e-business/marketing digital. Une connaissance approfondie de l'environnement web, des nouvelles technologies et des pratiques digitales est exigée, raison pour laquelle il devra posséder 5 ans d'expérience au minimum en webmarketing avant d'accéder à ce poste à responsabilité.

LE SALAIRE

Le salaire peut varier selon la taille de l'entreprise (notamment s'il s'agit d'un pure player, d'un click & mortar...). La rémunération pourra aussi dépendre des responsabilités accordées et des résultats obtenus.

	Responsable E-Commerce/ M-Commerce
Junior	45-50 K€/an
Senior	55-60 K€/an
Expert	70-80 K€/an

Estimation du cabinet de recrutement Clémentine

* Retrouvez la définition dans le lexique en fin d'ouvrage.

◊ CLÉMENTINE
www.clementine.jobs
Fiche d'entreprise p. 481

Emmanuel Stanislas
Fondateur et Directeur
estanislas@clementine.jobs

Fiche métier

RESPONSABLE CYBERSÉCURITÉ

Mots de passe, correspondance privée, données bancaires, informations confidentielles... Vos serveurs regorgent de données que vos collaborateurs et clients vous confient avec la conviction qu'elles ne seront communiquées à personne. Le Responsable Cybersécurité a ainsi un rôle clef pour assurer la protection des données de l'entreprise et de ses usagers.

LE MÉTIER

Dans un contexte où les données sont de plus en plus précieuses, il est aussi de plus en plus important de les protéger. Qu'il s'agisse des e-mails de Sony, des adresses des membres d'Ashley Madison ou encore des numéros de Sécurité sociale de millions d'Américains, les piratages récents montrent à la fois la variété des données convoitées par les pirates et les enjeux de ces fuites.

La cybersécurité recouvre ainsi de nouveaux points d'entrée à protéger, de nouvelles bonnes pratiques à mettre en place et de nouveaux publics à sensibiliser pour s'assurer de la sécurité des données de l'entreprise (e-mails échangés, informations personnelles des collaborateurs, données économiques de l'entreprise...) ou de ses clients (informations bancaires, adresses, mots de passe...).

Le rôle du Responsable Cybersécurité est donc de s'assurer que tous les points d'entrée des données protégées par l'entreprise sont sécurisés au maximum. Il est ainsi responsable aussi bien des équipements utilisés, des programmes utilisés et développés, des réseaux et protocoles d'échanges que des directives données aux collaborateurs pour leur permettre d'être acteurs de la sécurité de leurs données.

Il doit pour cela établir une stratégie de cybersécurité qui inclut de maintenir les systèmes d'information de l'entreprise à jour en respectant les derniers protocoles en vigueur et choisir des équipements les plus sécurisés possible.

Pour s'assurer de la sécurité des systèmes d'information, il a dans son équipe des personnes dont le rôle est de tester directement les failles de sécurité pour prévenir les possibles intrusions.

Alors que les collaborateurs ont tendance à utiliser de plus en plus leurs propres appareils (développement du BYOD) et leurs propres applications, et que l'entreprise utilise des suites d'applications clef en main, au Responsable Cybersécurité de trouver le juste milieu entre le verrouillage des systèmes et données et le confort de travail quotidien à tous les niveaux de l'organisation.

Enfin, le Responsable Cybersécurité se doit de suivre (voire d'anticiper) les législations mises en place pour garantir la sécurité des données. Il devra ainsi avoir une bonne connaissance de la loi Informatique et Libertés et des recommandations de la CNIL en France, mais aussi connaître ses équivalents dans d'autres pays en cas de déploiement de l'entreprise et de son offre à l'international.

Il est ainsi indispensable, pour un Responsable Cybersécurité, d'avoir une vision technique, législative et d'usage de son organisation pour proposer à la direction une politique globale de cybersécurité compréhensible et applicable.

LES MISSIONS

- Définir la politique de sécurité du système d'information de l'entreprise et veiller à son application ;
- Assurer un rôle de conseil, d'assistance, d'information, de formation et d'alerte ;
- Intervenir au niveau technique et opérationnel sur les systèmes d'information de son organisation ;
- Maintenir une veille technologique et réglementaire et faire évoluer le système d'information dont il est responsable pour assurer qu'il est conforme à la

législation en vigueur et le plus sûr possible ;
• Diriger l'équipe d'exploitants et chefs de projets en cybersécurité, être l'interface des experts et intervenants extérieurs dans le domaine.

LES APTITUDES ET LES COMPÉTENCES

• Maîtrise avancée de l'architecture des systèmes et réseaux ;
• Procédures d'exploitation et d'échange des données ;
• Connaissance avancée des systèmes d'exploitation et langages de programmation ;
• Maîtrise des outils de chiffrement et des pare-feu ;
• Capacité à formaliser et faire évoluer une politique de cybersécurité ;
• Capacité à manager une équipe et à rendre le sujet de la cybersécurité accessible et compréhensible à des non-spécialistes, aussi bien dans ses politiques globales que dans leur application au quotidien.

LA FORMATION

Si les formations en cybersécurité semblent fleurir, certaines sont labellisées SecNumEdu par l'ANSSI (Agence Nationale pour la Sécurité des Systèmes Informatiques). Cette agence rattachée au Secrétaire général de la Défense et de la Sécurité nationale garantit ainsi que les formations répondent à une charte aux critères définis par les professionnels de la cybersécurité. www.//bit.ly/formationscybersecu

Les formations labellisées incluent des licences professionnelles, mais les responsables cybersécurité ont des diplômes de niveau supérieur :
• Master (en cryptologique et sécurité informatique à l'Université de Bordeaux, en informatique avec parcours IRCOMS à l'Institut des Sciences et Techniques de Valenciennes...) ;
• Ingénieur (à l'EPITA, à TELECOM SudParis...) ;
• Mastère spécialisé (en ingénierie de la cybersécurité à TELECOM Lille, en architecture Cyber-Sécurité et Intégration à l'ISEP...).

Avant d'accéder au poste de Responsable Cybersécurité, ces formations doivent être complétées d'expériences diverses et les professionnels doivent se former en permanence pour rester au fait des derniers risques technologiques et évolutions.

LE SALAIRE

	Responsable Cybersécurité
Junior	35 K€/an
Milieu de carrière	60 K€/an
Senior	80 K€/an

Source Urban Linker pour l'IDF

◊ 231e47
www.231e47.com

Florent Steyaert
Directeur associé
florent@231e47.com

07 • T. DIGITALE

Fiche métier

DÉVELOPPEUR DE CHATBOTS

Les chatbots sont un outil en plein essor. Qu'ils soient assistants personnels ou au service de la relation client interne ou externe de l'entreprise, il est essentiel d'atteindre le juste milieu entre l'humain et l'automatisation de la conversation. Ainsi au-delà de l'aspect technique, les développeurs de chatbots doivent maîtriser la facette sémantique qui fluidifie les échanges.

LE MÉTIER

L'essor des chatbots n'est pas un hasard : alors que les marques cherchent à personnaliser leur rapport aux consommateurs, elles investissent les applications de messagerie, où les internautes s'attendent à des réponses de plus en plus immédiates.

Les assistants conversationnels se développent également, de Siri aux assistants intégrés aux sites web. En parallèle, les intelligences artificielles se développent toujours plus, permettant de créer des chatbots qui ne se contentent pas de suivre des arborescences conversationnelles prédéfinies, mais répondent à des questions complexes pour lesquelles les réponses ne sont pas préenregistrées.

Les développeurs de chatbots ont ainsi un double rôle : celui de développer l'interface du chatbot et celui de le nourrir en corpus sémantique plus ou moins complexe pour qu'il puisse échanger avec les utilisateurs.

Dans le cas d'un chatbot simple, il s'agira principalement de développer des scénarii de conversation qui permettent au chatbot d'avoir des réactions adaptées aux mots-clefs employés par les utilisateurs.

Dans le cas d'un bot complexe, il faudra nourrir l'intelligence artificielle de façon à ce qu'elle soit capable de reconnaître les constructions de phrases écrites ou dites par l'utilisateur et de construire elle-même les réponses correspondantes.

Dans chacune de ces deux situations, le Développeur de Chatbots doit avoir une casquette de développeur. Il doit maîtriser les langages et plateformes de développement des chatbots : Facebook Messenger, Twitter, applications mobiles propres, sites de marques, Slack... Chaque plateforme a ses propres contraintes qui doivent être maîtrisées pour une adaptation des outils.

Enfin, le chatbot n'est pas un simple outil de conversation ou de service après-vente et peut être considéré un levier de développement commercial. Le Développeur de Chatbot doit ainsi comprendre à quel moment l'utilisateur est prêt à recevoir une suggestion de produit ou service à acheter, savoir quel produit suggérer ou vers quelle plateforme renvoyer pour consolider le lien construit et transformer l'internaute en client, ou fidéliser le client.

LES MISSIONS

Le Développeur de Chatbot est au service du service communication ou marketing de l'entreprise, sa mission principale est donc de transposer le lien entre l'entreprise et son client en conversation automatisée. Il doit donc trouver le juste milieu entre la conversation humaine, faite de spontanéité et d'hésitations et l'échange avec une application, où tout est beaucoup plus rapide et direct.

Voici quelques facettes de cette mission globale :

- Nourrir le chatbot de corpus de textes et liens pertinents pour l'organisation pour laquelle il travaille ;
- Apprendre au chatbot à reconnaître les expressions utilisées par les internautes pour y apporter des réponses adaptées ;
- Améliorer le chatbot en continu en identifiant et inventoriant les questions récurrentes auxquelles il apporte une réponse erronée ;

• Créer et tester des arborescences et scénarios de conversation ;
• Intégrer aux réponses du chatbot des call-to-action pertinents qui permettent de transformer le service en outil de développement de l'entreprise.

LES APTITUDES ET LES COMPÉTENCES

• Anticiper les besoins des utilisateurs ;
• Détecter des tendances d'usage des plateformes ;
• Construire et sélectionner des corpus sémantiques pertinents ;
• Comprendre les attentes des utilisateurs quant au ton et au vocabulaire utilisés par le chatbot ;
• Savoir dépasser le cadre utilitaire pour intégrer des éléments de conversation qui rendent le chatbot proactif et permettent aux utilisateurs de patienter, qui saluent l'utilisateur, qui le relancent pour aller plus loin... ;
• Savoir identifier des usages du chatbot créés par l'utilisateur pour une amélioration permanente de l'outil ;
• Maîtriser les langages de développement des chatbots (JavaScript, angular JS...) et le fonctionnement des plateformes auxquelles les bots sont intégrés.

LA FORMATION

Si les agences recrutent volontiers des développeurs autodidactes qui ont des portfolios GitHub ou des outils à montrer, certaines formations de développeur ouvrent des portes. À titre d'exemple :
• Les diplômes d'écoles : Ecole 42, Epitech, SupInfo, Isep, EFREI...
• Ou universitaires :
- licence pro développeur informatique multisupport (Aix-Marseille 2, Lille 1) ;
- licence pro développeur web pour l'entreprise (Grenoble 1) ;
- master pro informatique professionnelle parcours langages et programmation (Paris 7).

LE SALAIRE

	Développeur
Junior	Environ 30 K€/an
Milieu de carrière	Environ 40 K€/an
Senior	Plus de 50 K€/an

Source : Regionsjob

◊ 231e47
www.231e47.com

Loïc Perrin
Directeur associé
loic@231e47.com

Fiche métier

GROWTH HACKER

Le concept de "growth hacking" arrive tout droit des Etats-Unis. Il désigne la capacité d'une start-up à accélérer sa croissance/son financement grâce aux pratiques de marketing digital innovant.

LE MÉTIER

Ce phénomène de croissance rapide s'est principalement observé chez certains *pure players** réussissant à acquérir une hausse spectaculaire de leur chiffre d'affaires, en grande majorité grâce aux ressources disponibles sur internet.

Le growth hacking ne constitue pas en soi une technique ; il relève plutôt d'une nouvelle vision de la croissance. Le growth s'appuie uniquement sur des leviers digitaux, il est à la frontière entre le développement web et le marketing. Il s'agit d'une fonction très large, car elle peut englober des champs d'action très variés, du webdesign à la rédaction de contenu web, en passant par le développement et l'analyse du trafic web.

Le Growth Hacker peut travailler seul (généralement dans une start-up) ou au sein d'une équipe lorsqu'il s'agit de projets de grande envergure. Il n'existe pas de profil type ni de diplômes référents à cette fonction.

La mission du Growth Hacker est assez vague. Il doit être le déclencheur de la croissance accélérée que connaissent certaines start-up innovantes. Son objectif est de créer la réputation d'une enseigne et un afflux de trafic grâce aux outils du digital. Le Growth Hacker est en quelque sorte un prospecteur de masse, il doit acquérir un très grand nombre d'adhérents en peu de temps, pour faire décoller une start-up ou un nouveau produit. Cette activité est donc une arme de marketing massive et prend sa source dans l'innovation et la communication. Néanmoins, elle ne remplace pas ces fonctions connexes. Le growth hacking est par principe une profession dédiée aux start-up, mais de grands groupes s'intéressent de près à cette fonction incontournable pour conquérir très vite un nouveau marché ou lancer un nouveau produit.

La mission globale du Growth Hacker est généralement envisagée à court terme, mais son implication dans un projet/une entreprise peut également se concevoir à plus long terme. De même, certaines entreprises se sont spécialisées dans le conseil pour la croissance, d'autres dans le partage de contenus viraux et d'informations qui font le buzz. Les perspectives d'évolution du Growth Hacker sont généralement rapides et sans limites puisqu'un profil expert peut très bien remplir un poste de direction.

LES MISSIONS

• Référencement sur le web (SEO) : l'acquisition d'une visibilité d'un site internet sur les moteurs de recherche participe à la réputation d'une entreprise. C'est donc un enjeu clé pour positionner ses sites web dans les premiers résultats de Google ;
• Analyse du trafic : avec notamment l'utilisation d'outils tels que Google Analytics. Cela permet d'effectuer un suivi et une adaptation marketing de son action. Idéalement, le Growth Hacker mettra en place un tracking de liens ;
• Développement du web : le Growth Hacker peut passer par les fonctions de webmaster, d'Intégrateur Web ou encore de Codeur hors pair. Cette capacité à développer lui permet de faire beaucoup avec peu de moyens ;
• Automatisation de tâches marketing : il constitue de petits programmes informatiques permettant la récupération/l'utilisation de données en masse, e-mails ou autres renseignements précieux sur les réseaux sociaux. Le Growth Hacker est capable de programmer des opérations pertinentes qui auront des utilités diverses ;
• Publicité en ligne : peut également être utilisée comme outil de croissance, puisqu'elle permet de cibler une population d'internautes avec une très grande précision, selon leur *CSP**, leurs intérêts... *Google AdSense**, mais aussi de nombreuses régies, services d'affiliation et annonceurs serviront à accroître le "reach" de son activité sur le web ;

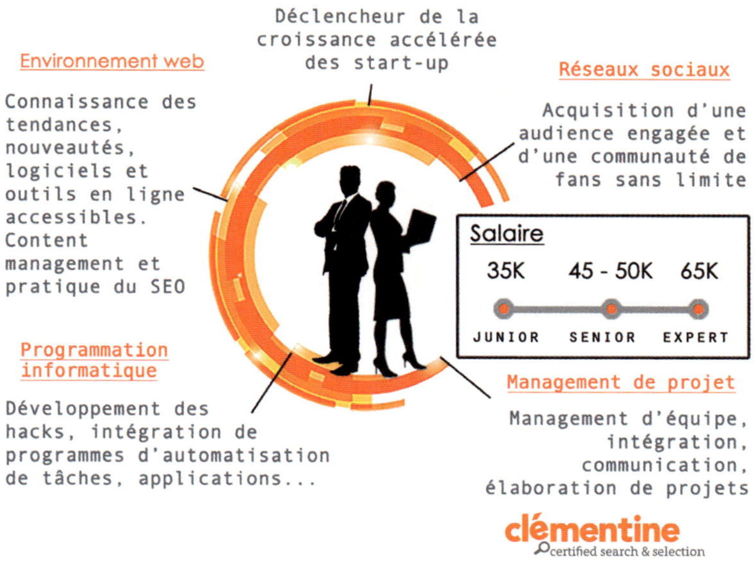

• Communication sur les réseaux sociaux (SMO) : l'investissement des réseaux sociaux permet de créer une e-réputation et de se constituer une communauté de "followers". De nombreux outils de partage d'information peuvent alors être utilisés ;
• E-mailing : c'est une manière très efficace de communiquer rapidement avec un grand nombre de personnes et de fidéliser ses adhérents. Mais attention, ces pratiques doivent respecter l'encadrement juridique imposé par la législation en vigueur ;
• Innovation : l'esprit de créativité est primordial pour rendre une marque visible, déclencher des externalités positives, initier le bouche-à-oreille. Cette créativité nécessite une réflexion poussée sur les moyens et les résultats d'un projet ;
• Acquisition de financements : peut également servir dans l'élaboration de nouveaux projets, notamment par le biais du crowdfunding.

COMPÉTENCES

• Le Growth Hacker est le plus souvent une personne autodidacte et ses compétences variées ne sont pas prédéfinies. Il aime acquérir de nouvelles compétences et est passionné par le web. Pour cela, les outils du Growth Hacker peuvent être vastes. On en citera quelques-uns :
• Connaissance approfondie de l'environnement web, tendances, nouveautés, logiciels, outils en ligne accessibles ;
• Référencement web (SEO) ;
• Programmation informatique lui permettant de développer ses "hacks", programmes d'automatisation de tâches, applications... ;
• Management de projet et management d'équipe pour soutenir les activités de l'entreprise, élaborer une stratégie, des projets, participer à la communication, demander un budget et s'intégrer au sein de l'entreprise ;
• Content management également requis pour mettre en place une communication digitale efficace. Le montage vidéo, l'écriture, la photographie... toutes les disciplines peuvent être utilisées dans le cadre du growth hacking ;
• Connaissance et maîtrise des réseaux sociaux afin d'acquérir une audience engagée et une communauté de fans sans limite ;
• Maîtrise de bases de données (SQL).

QUALITÉS

• Créativité ;
• Originalité ;
• Polyvalence ;
• Passion pour les usages du web (geek) ;
• Fibre artistique ;
• Réseau professionnel.

FORMATION

Il n'y a pas réellement de profil type du Growth Hacker. De niveau d'étude post-Bac à Bac + 5, le profil du candidat sera essentiellement évalué sur son expérience du web et sur ses précédents succès.

LE SALAIRE

	Growth Hacker
Junior	35-40 K€/an
Senior	45-50 K€/an
Expert	65-70 K€/an

Estimation du cabinet de recrutement Clémentine

* Retrouvez la définition dans le lexique en fin d'ouvrage.

◊ CLÉMENTINE
www.clementine.jobs
Fiche d'entreprise p. 481

Emmanuel Stanislas
Fondateur et Directeur
estanislas@clementine.jobs

Fiche métier

DIGITAL ENTREPRENEUR

Le Digital Entrepreneur initie la création d'une entreprise, à partir d'une idée qu'il fait vivre sur une plateforme digitale. Son modèle d'affaires s'appuie sur les outils numériques et se déploie grâce aux différents leviers techniques et marketing mis en place.

LE MÉTIER

Dans un premier temps le Digital Entrepreneur crée son *business plan** et son business model afin d'évaluer la viabilité de son projet à court, moyen et long termes. Le développement de ce produit ou service digital se fait de manière tactique de sorte que son produit ou service puisse en tout temps être mis sur le marché. On dira de celui-ci qu'il est le résultat du *MVP** (Minimum Viable Product).

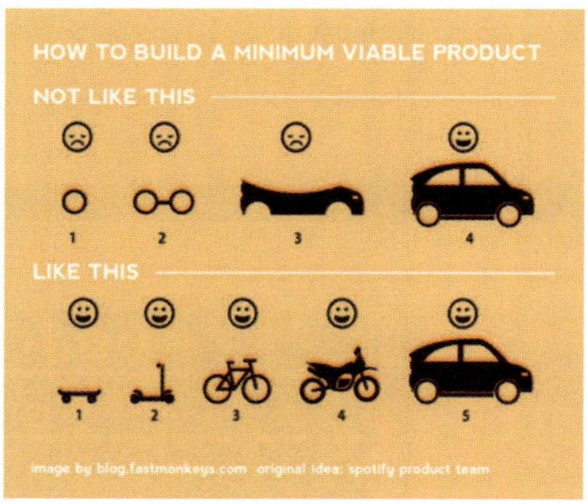

Dans un second temps, le Digital Entrepreneur recrute les ressources humaines jugées élémentaires et met en place les outils qui accompagneront les employés et qui sont nécessaires au développement du projet.
Le Digital Entrepreneur ne doit pas se laisser déconcentrer lors de la création du projet et ne doit à aucun moment perdre de vue sa ligne de mire.

La difficulté première du Digital Entrepreneur est la priorisation des tâches. Puis l'investissement et le temps accordés à chacune d'entre elles.

A chaque étape qu'il intègre au projet, il doit se demander si celle-ci est essentielle et de quelle façon il peut l'optimiser pour qu'elle soit financièrement rentable. Tout ce qu'il met en place doit pouvoir être rentabilisé en 3 à 5 ans, d'après les indicateurs de création de business plan. Ceci afin de s'assurer que l'entreprise se développe avec une gestion financière saine.

Une fois tous les éléments en sa possession, le Digital Entrepreneur endosse le rôle de Manager, car c'est lui qui va devoir coacher au jour le jour son équipe et lui fournir les informations requises pour l'implémentation du site et le déploiement du projet en général.

Néanmoins, ne disposant pas de toutes les compétences pour réaliser adéquatement le projet, il est important qu'il sache déléguer aux personnes habilitées et en charge de ces fonctions. En bon pédagogue, il doit savoir associer ses qualités relationnelles à son sens de l'écoute.

Il gagnera à avoir des notions dans chaque domaine d'application afin de pouvoir comprendre et suivre l'avancement du projet dans différents domaines d'expertise. De ce fait, il lui sera possible de juger de la qualité de celui-ci et de formuler des recommandations pour constamment l'améliorer.

C'est à cette étape que le Digital Entrepreneur est confronté aux contraintes budgétaires. Il doit être raisonnable et concilier ce qu'il veut obtenir avec ce qu'il peut se permettre d'obtenir. Les ambitions des jeunes entrepreneurs peuvent parfois les inciter à dépasser cette limite budgétaire, ce qui les pousse par la suite à effectuer de nouvelles levées de fonds auprès de business angels, par exemple. Renouveler une levée de fonds peu de temps après le lancement du projet n'est généralement pas bon signe, car cela met en lumière une mauvaise gestion financière et donc une instabilité de la start-up.

Une fois le projet lancé et la récupération des premiers indicateurs de performance réalisée, le

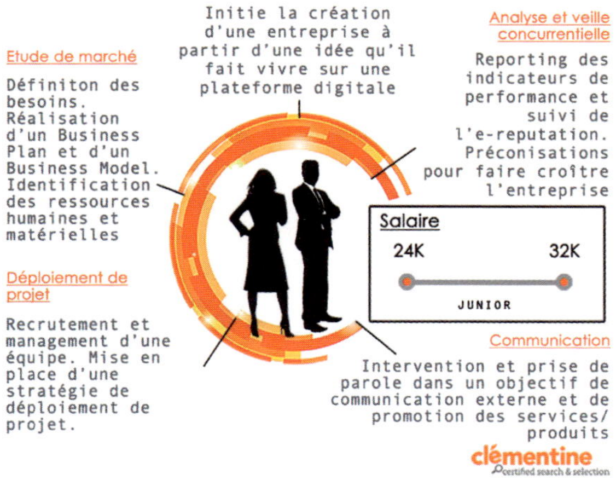

Digital Entrepreneur analyse minutieusement les statistiques afin d'apporter les modifications nécessaires à l'optimisation du ROI. Une start-up qui fonctionne, c'est une start-up qui bénéficie de retombées positives de ses utilisateurs.

Le nombre de visites sur le site ainsi que la durée de ces dernières seront les premiers indicateurs utiles. Ensuite, s'il bénéficie de formulaires de contact ou de panier marchand, il pourra juger de la qualité de son produit ou service. Il devra absolument assurer la mise en place d'un traçage de ses visiteurs afin de comprendre le parcours qu'ils ont effectué avant d'arriver à la conclusion d'achat ou de prise de contact.

Ainsi, le Digital Entrepreneur pourra maximiser ses profits en insistant et investissant davantage dans le levier marketing qui lui apporte le plus de trafic.

En parallèle, il devra suivre l'e-réputation de sa société et constamment évaluer la qualité de ce que son équipe produit. Il devra également faire évoluer la plateforme, les services ainsi que les produits. C'est en innovant et en faisant progresser son entreprise que celle-ci aura plus de probabilité de répondre aux besoins et usages des utilisateurs et donc de perdurer.

LES MISSIONS

- Etude de marché ;
- Définition des besoins du marché et conception de l'offre ;
- Identification des ressources humaines et matérielles ;
- Réalisation d'un business plan et du business model ;
- Recrutement et management d'une équipe (technique, marketing, relation client...) ;
- Mise en place d'une stratégie de déploiement de projet ;
- Intervention et prise de parole dans un objectif de communication externe et de promotion ;
- Analyse et reporting des indicateurs de performance ;
- Veille concurrentielle et suivi de l'e-réputation ;
- Préconisations visant à améliorer les services ou produits et faire croître l'entreprise.

Bien que le Digital Entrepreneur ait recours à des experts pour chaque domaine d'intervention, il doit néanmoins faire preuve de polyvalence et intervenir si besoin.
Tant à la tête de la start-up qu'à la tête de son équipe, il doit trouver le temps de concilier ses missions (communicant, intervenant, promoteur) avec celles des employés.

COMPÉTENCES

- Connaissance des outils de référencement et de positionnement ;
- Pratique de growth hacking ;
- Connaissances des outils d'indicateurs de performances (*KPI**) ;
- Notion des outils et pratiques de datamining ;
- Compréhension des enjeux techniques ;
- Management stratégique ;
- Gestion de projet.

QUALITÉS

Organisé, pédagogue, leader, consciencieux, persévérant, réaliste, raisonnable.

FORMATION

Détenteur idéalement d'un Bac + 5 dans le secteur du management, de la finance ou du marketing, le Digital Entrepreneur n'a pas de parcours type. Il possède avant tout une forte ambition professionnelle, un esprit indépendant et une force de persuasion. Il a le goût du challenge et est une sorte de touche-à-tout. Il n'a pas peur de relever les défis et est prêt à prendre des risques. Notez que 1 start-up sur 10 réussit, ce qui représente tout de même 90 % d'échec. De toute évidence à l'étranger et notamment aux Etats-Unis, l'échec n'est pas perçu de la même manière. Aux Etats-Unis, il est perçu positivement, car considéré comme l'occasion de recommencer en adoptant une meilleure approche. En France, une start-up qui fait faillite n'est pas vraiment à l'avantage du Digital Entrepreneur (CEO). On considère qu'il n'a pas pris les mesures nécessaires à la viabilité économique de l'entreprise. Il faut donc de l'ambition, mais aussi de la détermination pour se lancer dans la création d'entreprise en général.

LE SALAIRE

Le salaire du Digital Entrepreneur est peut-être le plus variable qui puisse exister dans le secteur du digital. Entre ceux qui se rémunèrent largement, car leur entreprise connaît le succès (BlaBlaCar, SnapChat, Airbnb...) et ceux qui luttent pour déployer leur projet, la rémunération du Digital Entrepreneur n'est jamais identique. Mais comme vous l'aurez compris, le salaire n'est pas la motivation première d'un Entrepreneur. Encore faut-il qu'il puisse avoir les moyens de se rémunérer, car c'est bien souvent grâce aux investisseurs que la société existe. Néanmoins, il essaie de s'accorder un montant un peu plus élevé que le SMIC, entre 24 K€/an et 32 K€/an pour commencer.

	Digital Entrepreneur - CEO
Entrepreneur	24-32 K€/an

Estimation du cabinet de recrutement Clémentine

◊ CLÉMENTINE
www.clementine.jobs
Fiche d'entreprise p. 481

Emmanuel Stanislas
Fondateur et Directeur
estanislas@clementine.jobs

Fiche métier

CHIEF PRODUCT OFFICER - CPO

Le Chief Product Officer ou CPO, accompagne, structure et accélère la croissance économique de l'entreprise. Il est en charge de la stratégie des produits et supervise tous les éléments de celui-ci, de sa conceptualisation à ses performances de lancement.

LE MÉTIER

Le CPO est spécialiste du product management. Il se charge de structurer et professionnaliser cette pratique. Il manage dans l'objectif de consolider son équipe et de la faire monter en compétence.

En étroite collaboration avec l'équipe recherche et développement (R&D), le CPO partage ses tâches. Ainsi, il peut se concentrer sur la rédaction du cahier des charges fonctionnel et du recettage.

La principale fonction du CPO est de prendre la tête du département product management. Il s'assure que toutes les ressources sont utilisées de manière optimale et que chaque membre de son équipe exécute sa mission conformément à ce qui a été acté en amont.

Afin de garantir un travail de qualité et accompli dans les délais, le CPO assiste régulièrement son équipe dans les tâches qui leur ont été attribuées.

Aussi, il participe à la transformation du produit, de l'idée à la conception. Il doit bien évidemment tenir compte des contraintes budgétaires, des besoins marketing et des objectifs de l'entreprise (délais...).

Il doit s'approcher au plus près de la demande en évitant au maximum les dépassements de budget et de planning.

Ainsi le CPO manage au jour le jour les exécutions appliquées au produit dans l'objectif de trouver, dans la finalité, un produit conforme au cahier des charges et au contrat établi.

Egalement à la tête de la stratégie produit, il s'occupe du processus qui conduit à un portefeuille de produits évolutif qui stimulera à son tour la rentabilité des produits de l'entreprise. De même, il garantit une amélioration continue du produit ainsi que la conformité de celui-ci aux besoins du marché.

Afin d'obtenir un *ROI** (return on investment) positif, le CPO n'hésite pas à aller à la rencontre des clients, à considérer leur témoignage et leurs recommandations quant aux caractéristiques du produit.

Ensuite, le CPO préconise la tarification et le positionnement du produit auprès du Product Manager Junior. Ceci l'amène à coordonner les fonctions de conception, de maintenance et d'amélioration du produit.

Il s'assure aussi que la campagne de communication menée autour du produit est conforme à l'image de ce dernier.

Le CPO peut participer également au recrutement du personnel. Il s'assure que l'environnement de travail est suffisamment agréable et propice aux besoins de l'équipe. Ses qualités managériales et de communicant lui permettent de retenir les talents du département et de les pousser à la performance tout au long du projet.

Une fois le produit lancé sur le marché, le CPO effectue des tests et analyse les résultats obtenus. A la suite des conclusions, il réexamine et affine, si besoin, l'offre ou le produit. Il suit de près les performances et observe les évolutions dans le temps.

LES MISSIONS

- **Accompagner le client** :
- Recueillir, analyser et définir le besoin client ;
- Améliorer quotidiennement son expérience ;
- S'assurer de sa satisfaction.

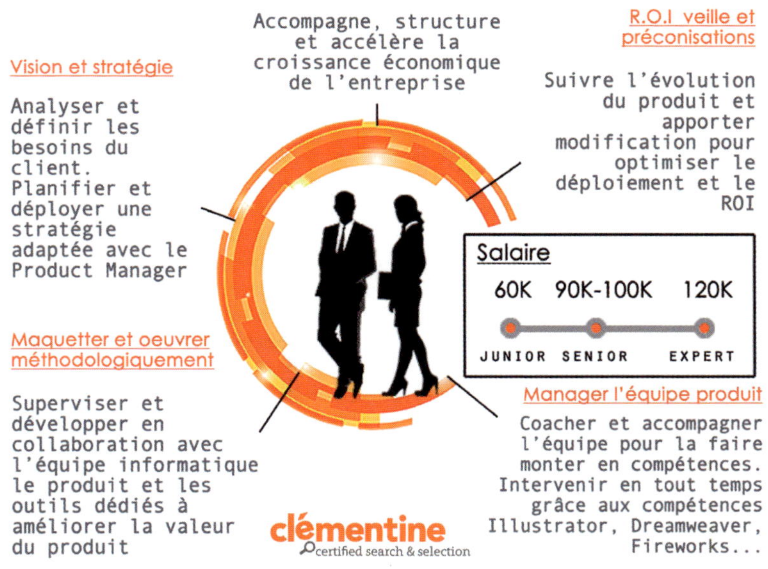

- **Gérer les produits** :
- Evaluer la faisabilité des produits ;
- Maquetter les solutions produit ;
- Mettre en œuvre une méthodologie de développement des produits efficace en collaboration avec l'équipe informatique ;
- Collaborer avec les équipes internes et les différents partenaires pour concevoir une stratégie de commercialisation efficace ;
- Superviser la définition de la *roadmap** produit ;
- Développer des outils dédiés à améliorer la valeur ;
- Surveiller les indicateurs clés de performance.
- **Manager l'équipe produit** :
- Définir et mettre en place des processus de travail ;
- Suivre le développement de l'équipe et l'accompagner sur les projets ;
- Coacher l'équipe pour la faire monter en compétences, notamment sur sa capacité de recherche et d'analyse ainsi que sa faculté à améliorer ses produits ;
- Faire le lien entre la direction, les équipes techniques et les partenaires des produits.

COMPÉTENCES

- Maîtrise de logiciels (Illustrator, Dreamweaver, Fireworks, Visio et Photoshop) ;
- Maîtrise du Pack Office, particulièrement Excel pour l'analyse et les statistiques et PowerPoint pour les présentations et les reporting ;
- Gestion des projets MT/LT et de la performance ;
- Expérience web, BtoB comme BtoC, back et front.

QUALITÉS

- Aisance relationnelle ;
- Capacité de conviction ;
- Leadership ;
- Esprit analytique ;
- Pédagogie ;
- Sens de la délégation ;
- Autonomie ;
- Anticipation ;
- Réactivité ;
- Persévérance.

FORMATION

Diplômé d'une école de commerce ou d'ingénieur, le CPO possède un Bac + 5. Une expérience significative d'au moins 5 ans dans la gestion de produit en tant que Product Manager lui est essentielle avant de parvenir aux fonctions du Chief Product Officer.

LE SALAIRE

	Chief Product Officier - CPO
Junior	60-70 K€/an
Senior	90-100 K€/an
Expert	100-120 K€/an

Estimation du cabinet de recrutement Clémentine

* Retrouvez la définition dans le lexique en fin d'ouvrage.

◊ CLÉMENTINE
www.clementine.jobs
Fiche d'entreprise p. 481

Emmanuel Stanislas
Fondateur et Directeur
estanislas@clementine.jobs

Alexandre Roucher

Témoignage du Chief Product Officer chez PrestaShop

Alexandre Roucher
Chief Product Officer
PrestaShop

Il revient pour nous sur son parcours et nous explique non seulement son métier, mais aussi son ressenti et ses perspectives d'avenir. Le métier de Chief Product Officer est très en vogue, mais on ne le comprend pas toujours. Alexandre Roucher a le plaisir de nous éclairer sur le sujet et de décrypter pour nous les enjeux de ce rôle.

> En quelques mots, qui êtes-vous et quel est votre parcours ?

Alexandre Roucher, 35 ans.
Je suis un marketeur de formation qui s'est passionné pour l'univers web. Je dirige aujourd'hui les équipes produit chez PrestaShop, une solution permettant à n'importe quel marchand de créer sa boutique en ligne.

C'est un cours "d'informatique" en école qui m'a mis le pied à l'étrier. Le principe était de mettre en place un pseudo site sous Access ; j'ai adoré, et j'ai voulu orienter mes stages dans le web. Ce que j'ai fait chez Henkel chez qui je développais la communication des marques sur internet. Je travaillais à l'époque avec des agences et ai voulu en savoir un peu plus sur leur manière d'opérer. J'ai donc terminé mes études chez l'une d'entre elles en stage (Digitas).

Puis j'ai rejoint Meetic pour 4 ans en tant que chef de produit, et enfin Viadeo chez qui j'ai passé 6 ans. J'y ai alors exercé tous les postes produit ; je suis entré en tant que Product Owner sur les abonnements Premium. J'ai eu la chance d'y travailler en direct avec Thierry Lunati, l'un des deux fondateurs, qui m'a proposé d'évoluer sur le produit BtoB qui présentait plus de potentiel d'évolution. Je suis passé responsable, puis ai dirigé l'équipe BtoB pendant 4 ans. En 2016, j'ai eu l'opportunité de prendre la tête de la totalité du produit Viadeo (BtoB, BtoC et Mobile) en tant que CPO.

> Pourquoi être devenu chief product officer ? Vocation ou aboutissement d'un parcours imprévu ?

C'est un entre-deux. Ce n'est pas une vocation née lors de mon enfance, ce serait compliqué vu l'ancienneté du domaine ; mais ce n'est pas non plus un parcours totalement imprévu.

Toutes mes expériences se sont enchaînées de manière très logique, et dès lors que je suis entré chez Meetic en tant que

Chef de Produit, le poste de CPO était l'issue logique si l'envie de management était présente.

La question est donc : pourquoi être devenu Chef de Produit ? Je crois que je suis un Ingénieur refoulé ! Plus jeune, j'avais orienté mes études vers des matières scientifiques, mais je n'ai pas vraiment excellé et me suis redirigé (un peu forcé) vers des matières plus économiques. Je pense en avoir conservé un raisonnement très cartésien, avec une connaissance marketing et business (j'ai fait une licence d'économie internationale suivie d'une école de commerce). Naturellement, j'ai donc été attiré par un poste qui nécessite un esprit mathématique, et une logique business, et ce sont les caractéristiques fortes du Chef de Produit.

> En quoi consiste votre métier ?
Il y a trois grandes facettes dans le métier de CPO : la définition de la stratégie, la gestion de l'opérationnel/le management et la communication.

La définition de la stratégie se fait sur deux axes : la vision, d'une part, qui permet d'établir les orientations sur le long terme du produit, les règles et seuils sur lesquels on souhaite faire évoluer la société. Et la roadmap d'autre part, qui permet de définir concrètement la manière dont on va atteindre cette vision ; généralement une succession de projets dont le raisonnement est plus court termiste et qui intègre les impératifs business.

Cela peut varier d'une entreprise à l'autre, mais pour ma part, je dirige une équipe constituée de Product Owners, d'UX et UI designers, et de Content/Community Managers. Mon rôle principal est donc le management et l'accompagnement de cette équipe dans la réalisation de la roadmap produit.

Et enfin, le troisième volet clé est la communication. Chez les pure players, le produit (site, soft ou application) est la constituante majeure de la société, mais ce cœur est systématiquement appuyé sur les compétences de toutes les équipes (commerciales, juridiques, support, marketing, etc.). Pour cette raison il est impératif que toute la société ait une parfaite connaissance des directions et projets qui vont constituer le quotidien du produit. Sans une bonne communication, les autres équipes ne s'investiront pas pour faire des projets, un succès. C'est la responsabilité du CPO ; ainsi que d'être le représentant du produit à l'extérieur et participer régulièrement à des conférences, ou interviews.

> Plus précisément quelles sont vos tâches au quotidien ?
Elles sont très variées et c'est ce qui fait la richesse de ce métier ! La première chose à savoir est que les journées sont majoritairement constituées de réunions ! Pour définir la stratégie et les roadmaps, il faut avoir une excellente connaissance des problématiques et stratégies des autres équipes. La coordination régulière est donc une dimension importante. Cette coordination est aussi faite en top-down pour que toute l'équipe produit puisse être informée de ce qui peut avoir un impact sur leurs projets.

Au quotidien, les exercices de veille concurrentielle, informations marché et suivi des résultats sont des impératifs, mais ce

> *« Il y a trois grandes facettes dans le métier de CPO : la définition de la stratégie, la gestion de l'opérationnel/ le management et la communication. »*

n'est pas spécifique au poste de CPO, c'est une charge qui doit aussi être exercée par les Product Owners. Les points avec les membres de l'équipe produit sont très réguliers et peuvent prendre plusieurs formes : points de coordination, points spécifiques d'accompagnement sur les projets, ateliers de brainstorm, résultats, revue de roadmap, etc.

Dans mon cas, les exercices de roadmap ont lieu tous les 6 mois, avec une révision tous les 3 mois pour assurer le réajustement en fonction des résultats. Il y a donc dans ce process des étapes régulières d'idéation, de tests utilisateurs, d'analyse des chiffres, et de réunions de présentation.

Je travaille aussi beaucoup à établir des process efficaces, clairs et non chronophages entre les équipes Tech et Produit. Cela nécessite beaucoup d'échanges avec les intervenants de chaque partie, mais aussi de participer régulièrement aux rituels pour savoir les optimiser.

> Quels sont les outils d'un CPO ?

Tout ce qui permet de comprendre les chiffres, donc nos outils internes, et Excel.
PowerPoint énormément pour la communication.
Confluence pour la gestion des spécifications fonctionnelles. Bien organisé et maintenu, c'est un excellent moyen de centralisation.
Drive pour le travail collaboratif sur des documents spécifiques.
Trello pour le suivi des projets, Slack pour la communication, Evernote pour la prise de notes.
LastPass pour la gestion des login/password.

> Qu'est-ce qui, selon vous, fait d'une personne un bon Chief Product Officer ?

L'écoute, être malin, raisonner business.
L'écoute, car faire du produit, c'est savoir écouter ses utilisateurs, les autres équipes, et son marché. Et, car être CPO, c'est savoir écouter ses collaborateurs directs qui sont ceux qui vont développer la plus forte connaissance de leur segment de marché. Je n'apporte que la vue globale, ils apportent la vue détaillée.

Etre malin, car il y a toujours différentes manières de mettre en place un projet. Il faut savoir être rusé et aborder les choses sous un angle différent et parfois naïf pour trouver la meilleure manière de penser et séquencer son projet. Etre naïf est très difficile quand on connaît très bien son environnement.

Raisonner business, car sans raisonnement business, on ne fait qu'écouter ses clients, et c'est le plus gros risque de tuer son business. Etre un bon CPO, c'est savoir mettre le curseur au bon endroit pour satisfaire ses clients et donner à l'entreprise les moyens de grandir.

> *"Être un bon CPO, c'est savoir mettre le curseur au bon endroit pour satisfaire ses clients et donner à l'entreprise les moyens de grandir."*

> Quelle partie de votre profession préférez-vous ? Pour quelles raisons ?
Ce que j'aime dans le produit, c'est le cycle de réalisation des produits. J'aime voir un projet prendre forme, et commencer à obtenir les résultats, suivre la performance et travailler à son amélioration. Je suis en train de décrire le poste de Product Owner... vous comprendrez donc que je vis maintenant par procuration !

J'aime travailler à trouver la meilleure solution, la plus efficace, le plus lean possible, point que je décris plus haut. Pour y arriver, il faut écouter, chercher à comprendre, rentrer dans les détails... cela mène à avoir une très bonne connaissance du produit. C'est ce qui me fait vibrer.

> Comment vous voyez-vous dans 10 ans ?
Je ne sais pas du tout. Le poste de CPO est un poste qui nécessite une remise en question permanente ; les secteurs du web/mobile/soft sont en évolution constante, on ne s'ennuie donc jamais. Cela dit, je ne suis pas du style à rester 10 ans au même endroit, j'aime apprendre de nouveaux domaines régulièrement, il y a donc des chances que je sois en train de travailler dans une start-up liée à l'une de mes passions. La moto par exemple.

> Si d'un coup de baguette magique vous pouviez changer de métier, que seriez-vous ?
Je serais probablement menuisier. J'ai toujours été attiré par ce métier que je trouve magnifique. C'est un domaine qui nécessite beaucoup de réflexion et d'anticipation pour arriver à un résultat qui soit satisfaisant. Le bois spécifiquement est une manière vivante, chaude, particulièrement agréable à travailler. La reconversion m'a déjà traversé l'esprit, mais elle n'est pas évidente !

> Un conseil pour les Chief Product Officer de demain ?
Soyez un Manager humain, sachez écouter, déléguer, et ne faites pas à votre équipe ce que vous ne voudriez pas que l'on vous fasse. Sans votre équipe, vous n'êtes pas grand-chose. Communiquez sans relâche, si une information passe mal, ce n'est pas que les autres ne l'ont pas comprise, c'est que vous l'avez mal dite, ou pas assez répétée.

Merci à Alexandre Roucher pour son témoignage.

◊ CLÉMENTINE
www.clementine.jobs
Fiche d'entreprise p. 481

Cécile Eymard
Consultante en Recrutement spécialisée en Digital

BOOSTER VOTRE ATTRACTIVITÉ EMPLOYEUR ET VOTRE RENTABILITÉ AVEC LE MARKETING RH

Internet est partout depuis longtemps. Le marketing digital a révolutionné l'e-commerce, la relation et le parcours client... Le monde de l'emploi et sa communication ne pouvaient ignorer longtemps ces avancées. Avec le marketing digital RH, les entreprises mutent substantiellement vers une nouvelle relation avec leurs candidats. Explications.

2,5 milliards de gigabytes de données

78 % des internautes trouve l'expérience des sites carrières stressante

> "Mieux recruter c'est connaître ceux qui vous aiment, savoir comment les attirer, séduire ceux qui pourraient vous rejoindre, car en phase avec vos valeurs."
>
> Jeremy DURIS et Thibaud MICHEL
> *Cofondateurs Agence TWININ*

AU COMMENCEMENT : L'OFFRE D'EMPLOI

Pour les néophytes, un rapide éclairage s'impose. En recrutement pendant de nombreuses années, le modèle dominant était simple : une annonce et des candidats. L'avènement de la *marque employeur** à la fin des années 90 donne aux entreprises de la valeur et surtout l'opportunité d'avoir un nouvel espace de communication. Début 2000, l'arrivée des Jobboards simplifie et fluidifie la mise en place des annonces, mais ne change finalement que peu de choses, sauf à réduire la valeur de ces espaces.

L'avènement encore récent de LinkedIn, mais aussi des métamoteurs n'a du reste fait que continuer à prendre le pas sur les dépenses en matière d'achat d'espace, en raison d'une plus grande précision et d'une efficacité accrue. Et si du côté entreprise le plus grand bouleversement de la communication employeur peut être attribué aux contenus sur les réseaux sociaux, cette manière de communiquer reste finalement très classique puisque le rapport est toujours le même : un média, un contenu.

LA CONNAISSANCE DU CANDIDAT, CLÉ DE LA SURVIE DES ENTREPRISES

Et c'est bien ce rapport qui est en train de muter avec le marketing RH digital, car en s'inspirant des techniques marketing du e-commerce, celui-ci est en train de changer en profondeur cette posture et, l'air de rien, la communication vis-à-vis des candidats, en donnant aux entreprises des leviers jusqu'à maintenant inexplorés.

En pleine guerre des talents, les entreprises sont condamnées à mieux recruter pour assurer leur performance et leur pérennité. « Mieux recruter c'est connaître ceux qui vous aiment, savoir comment les attirer, séduire ceux qui pourraient vous rejoindre, car en phase avec vos valeurs. La clé du succès est la connaissance, elle devient même une histoire de survie », souligne Jeremy Duris, cofondateur de l'agence Twinin.

Et c'est ce que procure justement le marketing digital RH. Il permet d'identifier vos cibles : savoir qui elles sont, comment elles réagissent, ce qu'elles aiment...

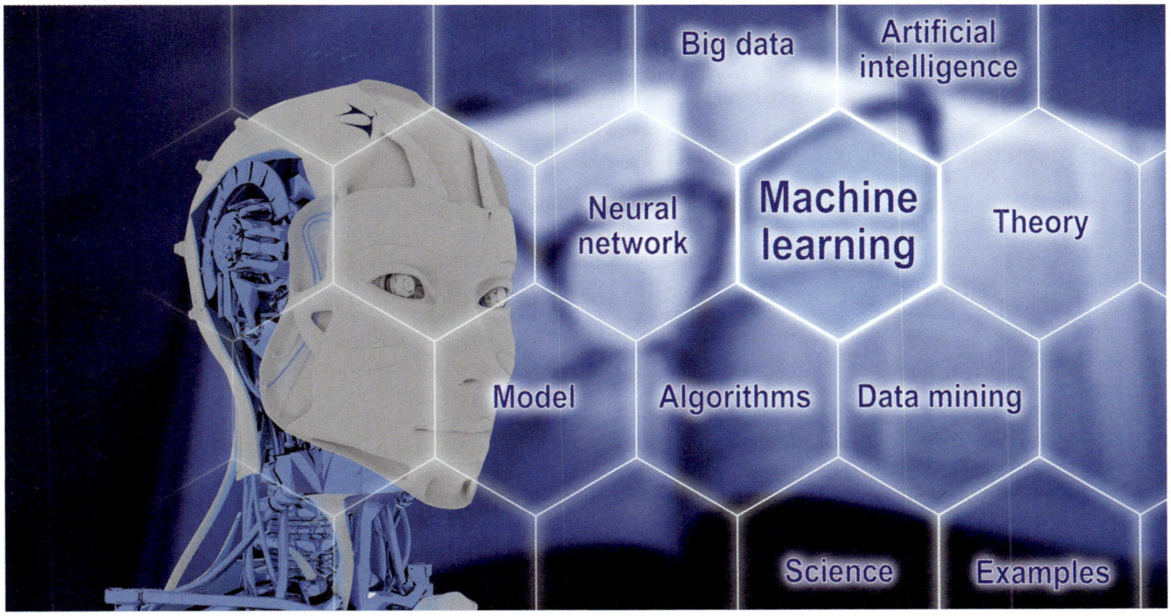

DES CAMPAGNES DE COMMUNICATION RECRUTEMENT QUI S'ADAPTENT EN CONTINU

Concrètement, il est tout à fait possible, en exploitant les informations des pages carrières des entreprises et en posant des pixels depuis celles-ci, de tracker les candidats et d'activer une action qui réponde à un scénario précis. Pour illustrer le propos, prenons l'exemple le plus simple, celui d'un call to action. Quand un internaute reste longtemps sur une offre d'emploi, ou regarde plusieurs fois une vidéo métier, pourquoi ne pas rentrer directement en contact avec lui ou le mettre en contact avec un collaborateur qui fait justement ce métier ?

La pose de pixels autorise également la récolte de datas qu'elles soient sociodémographiques, psychologiques et/ou comportementales. Des informations utiles qui permettent de créer un plan de taggage (sur la page carrière, les offres d'emplois et/ou une landing page métier) et donc de suivre les candidats et analyser leurs parcours : savoir où ils sont allés, combien de temps, sur quelle information, etc. Un des gains immédiats de ces datas réside d'ailleurs dans la segmentation que nous allons en faire pour créer des personas (portrait-robot) et la mise en place de recommandations et d'actions de communication stratégiques en continu qui vont prendre en compte et intégrer ces datas pour les rendre plus impactantes et toucher in fine les futurs candidats.

Pour être plus clair, l'analyse des comportements à chaque campagne de communication via les données, mais aussi les heatmaps (cartes de chaleur) permet ainsi, en temps réel, d'étudier les différents degrés d'intérêt, d'implication du candidat et ainsi ajuster la stratégie à adopter (retargeting, social ads, e-mailing, SMS, etc.) en mettant en place des expériences jusqu'à trouver la ou les activations les plus impactantes et les systématiser pour toucher réellement les futurs candidats.

LE RÔLE DU MÉDIA S'INTERVERTIT : SEULS LES CRITÈRES DU CIBLAGE COMPTENT

Chaque jour, les utilisateurs d'internet laissent dans leur sillage plus de 2,5 milliards de gigabytes de données, ce qui représente une source incroyable de connaissances sur les personnes. Quand on pense au potentiel d'interaction avec une personne à un moment précis, la créativité refait très vite surface. Il pose en principe fondateur que seuls les critères du ciblage comptent. Le marketing RH touche le cœur de la communication employeur puisqu'il change la manière de concevoir cette dernière en la nourrissant exclusivement de réalité. Il modifie également le rôle du média qui ne correspond plus qu'à la seule réponse d'un algorithme à une requête.

Ces techniques de marketing servent à mieux comprendre comment répondre aux attentes des candidats et à savoir où leur parler en adaptant notre produit, c'est-à-dire vous, l'entreprise. Ici nous parlons de vous rendre attractifs, de produire du lien, du dialogue, du contenu. Pour conclure, le marketing RH doit finalement servir et optimiser la créativité, créer de l'émotion, de l'attachement, de la projection auprès de chaque candidat et lui promettre ainsi un extraordinaire terrain de jeu émotionnel.

* Retrouvez la définition dans le lexique en fin d'ouvrage.

◊ TWININ
www.twinin.fr

Thibaud Michel
Cofondateur
thibaud.michel@twinin.fr

Jeremy Duris
Cofondateur
jeremy.duris@twinin.fr

RECRUTEMENT ET BIG DATA : LES ALGORITHMES VONT-ILS DEVENIR INDISPENSABLES ?

Un mauvais recrutement peut coûter cher à l'entreprise. Les nouveaux algorithmes propulsés par le big data permettent aujourd'hui de réduire les risques en prédisant le succès ou l'échec d'une embauche. Technologie d'avenir, certainement, mais la décision humaine reste irremplaçable.

45% des recrutements de cadres passent par des tests

-50% de turn-over peut être obtenu grâce aux algorithmes

1 seconde, le temps machine nécessaire pour trier 500 CV

S'il existe un secteur en permanente révolution, c'est bien celui du recrutement. Après avoir absorbé l'arrivée des job boards dans les premières années d'Internet et ayant à peine terminé d'intégrer les réseaux sociaux comme ingrédient essentiel du processus, le métier de recruteur vit actuellement son troisième bouleversement majeur avec le recrutement assisté par les algorithmes.

Tout comme les secteurs financier ou marketing avant lui, celui du recrutement et des RH voit arriver des solutions qui puisent dans de grandes quantités de données, que les individus actifs donnent volontairement ou non, afin de déterminer des listes de profils idéaux sur la base de critères de sélection adaptés aux besoins de l'entreprise.

Autrement dit le big data et les algorithmes sont utilisés pour prédire la probabilité de succès ou d'échec d'un candidat potentiel, en comparant son profil à celui de milliers d'autres salariés occupant un poste similaire. La science-fiction d'hier est devenue la rationalisation d'aujourd'hui, et l'on comprend bien l'intérêt de l'entreprise à recourir à ce type d'outils d'intelligence artificielle et de services de matching toujours plus sophistiqués pour éviter les erreurs de casting et augmenter le taux de réussite d'un recrutement.

Ces technologies d'avenir prennent de l'ampleur et leurs concepteurs espèrent bien parvenir à disrupter un secteur déjà très hétérogène. Comme toutes les évolutions à marche forcée, les recruteurs de tous ordres, qu'ils soient DRH, responsables de services, patrons de PME ou chasseurs de têtes ont tout intérêt à suivre de près cette tendance, à l'accepter et à s'y adapter, mais aussi à conserver un regard critique sur les limites de ces nouveaux outils.

GAGNER DU TEMPS ET ÉLARGIR LE CHAMP DES POSSIBLES

Le marché des ressources humaines est en pleine explosion avec des centaines de nouvelles start-up proposant des technologies misant sur la donnée, nous promettant des recrutements toujours plus pertinents, rapides et ciblés.

Dans un recrutement, deux phases distinctes se succèdent : l'identification (trouver des bons profils) et la sélection (choisir les

meilleurs profils), la première étant très chronophage tandis que la seconde présente de forts risques d'erreur. Les nouveaux outils ont pour objectif d'assister l'humain dans ces deux séquences en lui faisant gagner du temps et en réduisant l'imprévu.

Les outils les plus en vogue et accessibles reposent sur un système de matching affinitaire dont le but est de faire correspondre de manière idéale un candidat et une entreprise, comme le font les sites de rencontres entre particuliers. En analysant de manière automatisée les données des bases de milliers de CV et celles des réseaux sociaux, on décharge l'humain d'une tâche titanesque tout en obtenant de manière précise le pourcentage d'adéquation entre les deux parties.

Plus avancés, les algorithmes prédictifs vont analyser de très grandes quantités de données variées de milliers, voire de millions, de profils pour en tirer de multiples modélisations de parcours qui vont aider les recruteurs à prendre leur décision. Un travail préalable d'étude des personnalités des collaborateurs de l'entreprise qui réussissent dans leur mission va permettre de dessiner un profil type du succès, que l'on va tenter de retrouver chez des candidats à l'aide de tests de personnalité poussés. Et il peut y avoir des surprises, comme la découverte par IBM que les meilleurs vendeurs n'étaient pas les plus extravertis, mais les plus tenaces.

Plus fort encore, l'intelligence artificielle de reconnaissance faciale commence à être utilisée par certains grands groupes

> **“Une automatisation excessive des processus entraînerait des dysfonctionnements absurdes, mais elle nous dirigerait surtout vers une déshumanisation du recrutement.”**
>
> Emmanuel **STANISLAS**
> *Fondateur du cabinet de conseil en recrutement Clémentine*

pour analyser les réactions et émotions des candidats lors d'entretiens vidéo, afin de déceler leur motivation profonde et leur enthousiasme face au poste proposé. Car aujourd'hui, c'est souvent plus à la personnalité et aux *"soft skills*"* qu'aux diplômes et compétences que s'intéressent les recruteurs.

Ces nouvelles méthodes permettent donc de réduire la durée des recrutements et de prendre de meilleures décisions, mais pas seulement. L'objectivité naturelle des algorithmes ouvre également la porte à des profils qui n'auraient jamais été repérés lors d'un processus classique, en raison de leur parcours a priori non adapté au poste, ou qui auraient été victimes de discrimination.

> **"La rencontre réelle lors d'un recrutement reste irremplaçable pour injecter une part de subjectivité, de sensibilité, de feeling, d'expérience et de bienveillance."**
>
> **Emmanuel STANISLAS**
> *Fondateur du cabinet de conseil en recrutement Clémentine*

Il s'agit ainsi d'une chance pour des individus peu diplômés ou au parcours atypique d'être identifiés comme possédant un gros potentiel pour s'épanouir dans un métier auquel ils n'avaient jamais songé. Les qualités humaines, comme la capacité d'adaptation, l'autonomie ou la relation aux autres, prennent ainsi le pas sur les compétences qui pourront être acquises durant une formation.

L'avantage des algorithmes, c'est également qu'ils ne se soucient pas de savoir si un candidat a la peau noire, est une femme, n'est plus tout jeune ou est handicapé. Le géant Unilever a ainsi relevé qu'en utilisant ce type d'outils durant un an, l'embauche de candidats non blancs avait augmenté de manière significative, tandis que la parité était parfaitement respectée.

D'après une étude de la Harvard Business Review de 2014, les algorithmes feraient ainsi mieux que l'intuition en débarrassant le recrutement des éléments parasites subjectifs sans lien avec le poste, dont les humains sont coutumiers, comme la recherche instinctive de profils qui leur ressemblent. Alors, la machine est-elle désormais en mesure de remplacer totalement l'homme lorsqu'il s'agit de recruter les meilleurs talents pour une entreprise ? Pas si sûr.

LE FANTASME DE LA VÉRITÉ IMMUABLE

Attention à ne pas tomber dans le piège de la croyance aveugle en une logique qui aurait systématiquement raison, puisque scientifique. L'impression de réduction du risque produite par l'analyse statistique ne doit pas être perçue comme une vérité immuable qui ferait passer toutes les corrélations pour des causalités.

Cette approche mathématique n'est pas infaillible, car la psychologie humaine n'est pas une science exacte, mais empreinte d'émotions et victime de biais cognitifs. L'homme n'est pas toujours un "homo economicus" doté d'un raisonnement rationnel constant, mais constitué de milliers de subtilités que les algorithmes mettront du temps à comprendre et assimiler.

Plus le recrutement est spécifique et pointu, s'intégrant généralement dans un contexte de guerre des talents, et plus l'humain conservera sa valeur ajoutée par rapport à l'automatisation des processus dans la quête d'identification et de sélection des profils. Prenons l'exemple du data scientist, très recherché actuellement, avec un vivier restreint de talents divisé entre les jeunes diplômés de cette spécialité ou de plusieurs autres convergentes, et les cadres confirmés dont les compétences ont évolué progressivement vers ce métier. Une recherche de profils, au ciblage épars, est encore complexe pour la machine qui aura des difficultés à agréger l'ensemble des compétences techniques, comportementales, managériales et "l'intelligence émotionnelle" qui fait de chaque candidat, une personne unique.

Aujourd'hui, de nombreuses données sont encore difficilement modélisables et l'examen approfondi d'une personnalité par des algorithmes lors de tests poussés ne saurait être suffisamment complet pour se passer du regard de l'homme. D'autant plus que pour produire des résultats probants, il est nécessaire d'alimenter les algorithmes avec de grands volumes de données, restreignant pour le moment leur utilisation aux grands groupes disposant d'une masse critique de salariés et de candidats.

Et lorsque l'on dispose de suffisamment de données pour modéliser le profil du candidat parfait, n'y a-t-il pas un risque de ne recruter que des clones du salarié performant ? La diversité des profils nécessaire pour la complémentarité et l'émulation entre collaborateurs en prend un sacré coup. Pire encore, ce type de recrutement prédictif aurait pour effet d'inciter les entreprises à reproduire ce qu'elles maîtrisent déjà, les faisant glisser vers l'immobilisme quand l'époque exige au contraire de la prospective et des prises de risque.

Il demeure enfin la problématique des données personnelles. La loi Informatique et Libertés exige que l'on collecte et traite des données avec un objectif déterminé, légitime et explicite alors que des quantités astronomiques d'informations sont le plus souvent rassemblées par les entreprises sans encadrement défini, avant même la conception des algorithmes. Avec l'entrée en vigueur du *RGPD** en mai 2018, nul doute que la transparence des algorithmes de recrutement sera scrutée au plus près.

L'HUMAIN RESTE LA CLÉ DÉTERMINANTE D'UN RECRUTEMENT RÉUSSI

Si les algorithmes ont de beaux jours devant eux, d'autant qu'ils ne cesseront d'évoluer pour se perfectionner et assister toujours mieux l'homme dans ses tâches, ils ne doivent en aucun cas se substituer à lui, dont le rôle de garde-fou reste essentiel. Dans un avenir proche, on perçoit aisément les bénéfices de gain de temps, notamment pour les recrutements massifs de profils assez peu qualifiés, mais il est essentiel de ne pas glisser sous le tapis les questionnements stratégiques et éthiques qui se posent sur le plus long terme.

Chercher à prédire l'avenir pour se rassurer et prendre les bonnes décisions est une quête ancestrale et légitime de l'homme, mais n'est-ce pas l'imprévisible qui crée souvent une valeur inattendue et au final déterminante ? Non seulement une automatisation excessive des processus entraînerait des dysfonctionnements absurdes, certes en parallèle de réussites incontestables, mais elle nous dirigerait surtout vers une déshumanisation du recrutement, que personne ne souhaite.

Le paradoxe de notre époque qui voit grandir les intelligences artificielles est que nous nous attachons toujours plus aux qualités humaines, celles qui permettent réellement aux hommes de travailler et d'avancer ensemble. La rencontre réelle lors d'un recrutement reste ainsi irremplaçable pour injecter une part de subjectivité, de sensibilité, de feeling, d'expérience et de bienveillance. De cela dépendra la capacité des nouvelles recrues à progresser en confiance et avec efficacité dans un monde du travail en pleine transformation.

Nous devons donc faire preuve de recul, à la fois sur la technologie dont la raison d'être reste de nous servir et pas l'inverse, mais aussi sur nous-mêmes, humains imparfaits qui avons toujours utilisé de nouveaux outils pour continuer à progresser. Tout en restant vigilants et conscients de notre valeur inestimable, nous devons embrasser les révolutions digitales et leur promesse d'avenir, en acceptant que le métier de recruteur change et qu'il doit évoluer pour devenir toujours plus juste et pertinent. Alors, prêts à relever le challenge ?

* Retrouvez la définition dans le lexique en fin d'ouvrage.

◊ **CLÉMENTINE**
www.clementine.jobs
Fiche d'entreprise p. 481

Emmanuel Stanislas
Fondateur du cabinet de conseil en recrutement Clémentine
estanislas@clementine.jobs

EVOLUTION DU MÉTIER DE CHASSEUR : DU SOURCING AU CONSEIL

Avec l'arrivée de nouveaux outils digitaux d'identification et de mise en relation, à l'instar de LinkedIn, la valeur ajoutée du chasseur a naturellement évolué vers le conseil et l'accompagnement des clients et des candidats tout au long du processus de recrutement.

in **94%** des recruteurs sont aujourd'hui actifs sur LinkedIn

Avec la digitalisation des outils d'identification et de mise en relation professionnels, le métier de chasseur s'est trouvé fondamentalement révolutionné. Auparavant, la valeur ajoutée des cabinets de recrutement résidait dans leur base de données. Aujourd'hui, il suffit d'un compte LinkedIn Recruteur pour avoir une capacité de "reach" digne d'un chasseur aguerri. Dans les cabinets mêmes, la puissance de certaines solutions en ligne et des outils de requêtage tend à reléguer au second plan la sacro-sainte base d'antan.
Dans ces conditions, où la valeur ajoutée du chasseur réside-t-elle ?

> *"En phase de cadrage, l'objectif est autant de repartir avec une idée claire de ce que le chasseur doit chercher, que de donner une idée claire au client de ce qu'il attend et a à offrir aux candidats."*
>
> **Emmanuel STANISLAS**
> *Fondateur du cabinet de conseil en recrutement Clémentine*

EN AMONT DE LA RECHERCHE, PRÉCISER ATTENTES & BESOINS

La valeur ajoutée du chasseur réside dans une phase où la chasse, à proprement parler, n'a pas commencé. Le conseil du chasseur doit intervenir en amont, dès la prise de brief, lorsque le client expose son besoin et ses attentes en lui apportant son éclairage sur le poste en lui-même et sa façon de s'intégrer au cadre organisationnel de l'entreprise (rattachement hiérarchique, encadrement de ressources...). La compréhension du profil recherché mérite également d'être creusée afin de jauger le niveau de séniorité et d'expertise attendu en lien avec les objectifs du poste ainsi que les qualités qui permettront une intégration réussie du candidat.
Etudier les réussites et échecs d'intégration et évaluer la capacité d'atteinte d'objectifs des ex-collaborateurs du client permet également d'identifier cette particularité qui optimise les chances de réussite.

Ce rôle d'accompagnement sur la partie de cadrage des attendus continue une fois la mission lancée, car le chasseur, de par sa position au contact même du marché, est une source d'information précieuse sur la réalité de marché qui s'offre à lui. Ainsi, au fil des discussions avec les candidats, la réalité du marché se précise et permet d'affiner certains éléments de la recherche, comme le niveau de salaire prévu pour un niveau d'expertise requis. Le chasseur est en mesure d'étayer cet état des lieux par le concret d'un CV assorti d'un contexte et d'une rémunération. A la lumière de ce benchmark, le chasseur donne à son client les moyens de confronter ses attentes vis-à-vis du profil recherché à la réalité d'un marché et de s'ouvrir à différents scénarii avec des candidats pertinents sur différentes dimensions.

L'ÉVALUATION, UNE ÉTAPE CLEF POUR ASSURER UNE INTÉGRATION RÉUSSIE

Aujourd'hui, les outils de requêtage mis à disposition permettent d'atteindre une granularité dans les recherches effectuées qui s'avère être d'une efficacité extrême... pour trouver des gens qui font la même chose, ailleurs.

La tentation du "perfect match", du "plug-and-play" que laisse miroiter la recherche par mots-clefs utilisant des *opérateurs booléens** est grande et les algorithmes des réseaux professionnels en ligne poussent d'eux-mêmes des "profils similaires" sur les recherches effectuées. Cette modalité de recherche par mots-clefs peut malheureusement être contre-productive en ce sens qu'elle risque à terme de restreindre les résultats de ladite recherche à une juxtaposition de clones. C'est là que les capacités d'évaluation du chasseur sont mises à profit.

Grâce à une évaluation précise des compétences et du profil, le chasseur peut alors mettre en lumière les compétences d'un candidat et étudier leur transférabilité éventuelle au contexte et aux attendus du poste.

Au-delà des intitulés de postes qu'a portés un candidat ou des secteurs dans lesquels il a pu évoluer, son parcours fait de lui une somme de compétences qui pourront ou non s'adapter dans un nouveau contexte sur un nouveau poste. A cet égard, l'évaluation est un facteur clef, car déterminant de la capacité du candidat à s'intégrer et évoluer dans le temps.

L'évaluation couvre également la motivation des candidats, ce qui permet de renforcer la vision non pas de l'actuel, centré sur les réalisations passées, mais plutôt sur le potentiel dans une vision plus évolutive.

UN DÉBUT DE RELATION FONDÉ SUR LA TRANSPARENCE

Au-delà de la capacité d'un candidat à se déployer dans un nouveau contexte en s'appuyant sur des compétences jugées "transférables", le chasseur doit avant tout aplanir les conditions de la rencontre qui aura lieu entre client et candidat. La prestation du chasseur revient avant tout à promouvoir une mise en relation, une opportunité de rencontre et, in fine, c'est au candidat et au client de se convaincre mutuellement lors de leur rencontre.

Le chasseur devra œuvrer en amont pour poser une base de contrat entre client et candidat qui mette en transparence les attentes et conditions de chacun afin de limiter les surprises et les déconvenues éventuelles lors de la rencontre et en phase de négociation. Cela commence d'ailleurs avec le client, avec la construction d'un storytelling autour du poste et de l'entreprise - storytelling qui se devra d'être fidèle à la réalité pour éthiquement convaincre les candidats.

Une fois un candidat intéressant et intéressé identifié, le chasseur devra effectuer un travail de mise en transparence et d'explicitation afin de s'assurer que les attentes posées côté client et côté candidats ont bien été formulées et entendues. Sur cette phase de rencontre et par la suite de négociation, le chasseur effectue un travail de facilitateur, permettant un démarrage de relation sur des bases saines et en toute transparence.

* Retrouvez la définition dans le lexique en fin d'ouvrage.

◊ CLÉMENTINE
www.clementine.jobs
Fiche d'entreprise p. 481

Emmanuel Stanislas
Fondateur du cabinet de conseil en recrutement Clémentine
estanislas@clementine.jobs

ATTIRER LES TALENTS, UN DÉFI POUR LES GRANDES ENTREPRISES FACE AUX START-UP

À l'aube d'une nouvelle ère du marché du travail, plus que jamais technologique, et du redémarrage de la croissance économique, cette fois bien réel, la chasse aux meilleurs talents vire à une véritable guérilla entre les recruteurs des grands groupes, qu'ils soient internes ou externes.

> *"Plus qu'un poste, le profil rare désire qu'on lui présente une vision d'avenir et qu'on lui propose un projet qu'il va pouvoir s'approprier pour s'y impliquer."*
>
> **Emmanuel STANISLAS**
> *Fondateur du cabinet de conseil en recrutement Clémentine*

Cette tension entre l'offre et la demande place les profils très recherchés dans une position favorable qui les amène à choisir des postes, non seulement bien rémunérés, mais surtout sources de motivation personnelle, qui donnent un sens à leur implication professionnelle

UN DÉFICIT D'IMAGE

Les grandes entreprises, actuellement en pleine phase de transformation numérique, ont toutes besoin de spécialistes de la data ou de développeurs multi-compétences. Mais aujourd'hui, ce sont davantage les start-up qui font rêver les meilleurs profils, et pas seulement ceux issus de la génération Z, tout juste sortis des grandes écoles, tous désireux de devenir entrepreneurs, si l'on en croit les dernières études sur le sujet.

Pour les entreprises que l'on qualifiera de "traditionnelles", le défi est de séduire ces profils puis de les fidéliser, enjeu de moins en moins évident à l'heure de l'hypermobilité qui pousse les meilleurs à changer de poste tous les six mois pour atteindre rapidement des salaires stratosphériques.

Quelques DRH de grands groupes partent même battus d'avance, renonçant d'entrée de jeu à monter au front : « les bons data scientists ne voudront jamais venir chez nous », peut-on parfois entendre lors de certaines réunions.

HALTE AU DÉFAITISME !

Pour ces entreprises, la clé de la séduction passe avant tout par un changement de leur image, souvent déformée, et donc un travail en profondeur de la marque employeur. C'est aux communicants, mais aussi aux professionnels du recrutement, d'aider les entreprises, qui se sous-estiment souvent, à mieux se connaître en identifiant les éléments conformes à leur image et ceux, plus différenciants, comme l'audace, la créativité ou l'agilité.

C'est ce travail d'analyse qui permettra de promouvoir les atouts méconnus de la société, pour réussir à convaincre les meilleurs talents de rejoindre un groupe qui, de prime abord, ne les fait pas rêver.

PROPOSER UN PROJET D'AVENIR AVANT TOUT

Dans l'esprit de beaucoup de candidats à l'emploi, l'image de marque employeur d'une grande entreprise pourrait se résumer au mot-clé "confort" quand celle de la start-up tendrait davantage vers le mot-clé "aventure". Un stéréotype non sans fondement qu'il s'agit toutefois de casser pour finalement proposer un amalgame de deux composantes a priori antinomiques : profiter des avantages qu'une grande structure a les moyens d'offrir à ses collaborateurs tout en étant motivé par des projets innovants qui donnent envie de se lever le matin.

La tâche la plus déterminante du chasseur de profils à haut potentiel n'est donc plus aujourd'hui de les identifier ou même de les tester, mais bien de les convaincre que le nouveau poste qu'on leur propose est celui qu'il leur faut. A charge pour le recruteur de modifier l'image faussée de la grande entreprise endormie, victime de préjugés bien enracinés.

L'objectif n'est donc pas seulement de "vendre" une situation actuelle parcellaire, mais plus globalement l'ambition portée par l'entreprise et ce qu'elle compte devenir dans les deux à trois prochaines années, grâce entre autres aux recrutements qu'elle réalise aujourd'hui.

Plus qu'un poste, le profil rare désire qu'on lui présente une vision d'avenir et qu'on lui propose un projet qu'il va pouvoir s'approprier pour s'y impliquer. Par exemple, ce serait une erreur stratégique pour un constructeur automobile de ne pas évoquer ses ambitions sur la voiture autonome lors du recrutement d'un cadre supérieur spécialiste de la donnée.

RECRUTER DES LEADERS INSPIRANTS

Bien qu'elles puissent souffrir des travers d'organisations complexes, l'assertion selon laquelle les grandes entreprises ne peuvent pas innover est absurde. D'autant plus que ces dernières années, les systèmes organisationnels dits "de start-up" tels que les méthodes agiles, l'utilisation d'outils collaboratifs disruptifs ou le management horizontal tendent à se répandre progressivement dans les grandes structures.

Et cela sans compter la multiplication des créations "d'intra start-up", le rachat de jeunes pousses ou la dilution des groupes dans de multiples filiales dédiées à des métiers spécifiques, pour justement stimuler l'innovation. Autant de leviers déterminants pour redorer l'image de l'entreprise, mais encore faut-il savoir les valoriser auprès des talents recherchés. Pour prouver sa modernité aux yeux du monde, il peut s'avérer judicieux de faire appel à une nouvelle recrue pour l'incarner : un ambassadeur respecté et au rayonnement suffisant pour attirer d'autres talents. Réussir à recruter un start-uper américain qui a réussi dans la Silicon Valley pour diriger le service innovation d'une banque historique à Paris pourrait bien être la meilleure idée à trouver pour convaincre des génies de la data d'en faire leur manager.

Un recrutement de cette envergure n'est pas simple, mais l'occasion peut se présenter à la suite du rachat d'une start-up, qui ne consiste pas seulement en l'acquisition d'actifs, mais aussi en l'intégration de personnalités fortes qu'il s'agit de conserver comme moteurs d'inspiration (*"Acqui-hiring*"*).

Une autre voie pour la grande entreprise est enfin de laisser ses propres profils à haut potentiel exprimer pleinement leur talent et communiquer leur réussite en externe. Une valeur individuelle qui permettra aux recruteurs de convaincre et fédérer autour de leaders, au service du collectif.

* Retrouvez la définition dans le lexique en fin d'ouvrage.

◊ **CLÉMENTINE**
www.clementine.jobs
Fiche d'entreprise p. 481

Emmanuel Stanislas
Fondateur du cabinet de conseil en recrutement Clémentine
estanislas@clementine.jobs

BOÎTE À OUTILS POUR UNE TRANSFORMATION DIGITALE RÉUSSIE

La transformation digitale agit comme un miroir, imposant à chaque entreprise d'observer son reflet pour s'interroger sur son modèle économique, sa stratégie et ses ambitions. Lui tourner le dos revient à sortir de la course : nul ne doute plus que la transformation digitale ne soit devenue un passage obligé et qu'elle constitue une formidable opportunité.

42 % des PDG lancés dans la transformation digitale (Gartner)

33 % des PDG définissent et mesurent leurs revenus numériques

> "Pour la plupart des entreprises, la question du bien-fondé de la transformation digitale ne se pose donc plus. Reste celle, tout aussi cruciale, du "Comment ?""
>
> Frédéric SEBAG
> *Co-Président Open*

TRANSFORMER LE RISQUE EN OPPORTUNITÉ : COMMENT FAIRE ?

Souvenez-vous… On a commencé, dans les années 90, par entendre parler de "nouveaux médias", puis de "révolutions des médias", et ensuite de nouveaux acteurs, avec cet acronyme : les *GAFA**. Il a fallu à la plupart d'entre nous, qui ne sommes pas des digital natives, un peu de temps pour prendre la mesure de ce qui venait de s'enclencher.

Le philosophe Bernard Stiegler estime que la révolution numérique n'est ni un média de plus ni une simple révolution technologique : elle constitue plutôt un phénomène rare dans l'histoire de l'humanité, comparable à l'invention de l'imprimerie. Et de fait, en nous faisant passer d'une culture orale à une culture écrite largement diffusée, l'imprimerie, qui au départ était une invention technique, a donné le coup d'envoi de plusieurs révolutions en chaîne : quelques années plus tard, la diffusion des livres a échappé au seul contrôle de l'Eglise, favorisant la Renaissance, puis les révolutions politiques et industrielles.

Voici comment une technologie inédite, en venant changer notre rapport au savoir et à la connaissance, bouscule l'ordre du monde. Et le numérique est en effet vraiment comparable à l'imprimerie. Il y a un faux ami dans le livre de Jeremy Rifkin "La troisième révolution industrielle" : c'est son titre ! Car nous ne vivons pas seulement une révolution industrielle, mais aussi sociale, culturelle, économique, politique… Avec une différence majeure par rapport à nos ancêtres qui ont vu naître l'imprimerie : tout ceci s'opère non pas sur trois siècles, mais sur deux générations.

Depuis que le numérique a croisé la mobilité, avec les smart-phones, cette révolution est devenue exponentielle. Il est normal qu'elle paraisse angoissante et difficile à suivre pour les citoyens, et plus encore pour les entreprises.

L'INVENTION D'INTERNET

Si l'on revient au moment très particulier de l'invention d'Internet, au début des années 60, à l'ouest des Etats-Unis, on découvre un contexte global de remise en cause de l'autorité, de l'organisation traditionnelle de la famille, de l'Université et de l'entreprise. Les étudiants informaticiens à l'origine du Web ont

> Salle Shape au sein du Fastlab® byOpen

cherché avant tout une solution pour redistribuer les pouvoirs, pour établir une vision du monde moins hiérarchique et plus horizontale. Pour eux, cela passait par une approche qui, avec le recul, était bel et bien visionnaire : un jour, tout le monde posséderait un ordinateur. Il manquait un réseau pour relier entre elles ces futures machines, pour apporter à chacun une autonomie d'information.

ANALYSER LES USAGES

Cette vision était à la fois sociale et politique et si on ne comprend pas sa portée, on rate le ferment de la révolution numérique, la clef de la transformation de nos usages. Les GAFA ont su magistralement utiliser tout cela. D'abord, ils se placent "over the top" : AirBnB n'a construit aucun hôtel, Blablacar ne se préoccupe ni de construire des routes ni des voitures. Tous se placent à la croisée d'un besoin et d'une offre. Ils savent trouver la place parfaite, devenir l'intermédiaire utile. Dans le cas de Google, il y a certes une révolution technologique, mais pour beaucoup d'autres il s'agit seulement d'usages et d'innovation en matière d'UX. Si Netflix connaît un si beau succès, ce n'est pas grâce à son catalogue, mais à son modèle d'affaires (brillant) et à son interface irréprochable, à l'opposé du design habituel des Box, sur lesquelles on perd une heure à trouver un film.

Sur le marché de l'assurance, même chose. Lemonade s'est mis à la place du client qui doit parfois patienter six mois pour obtenir un remboursement en cas de sinistre. Ce n'est plus possible, a décrété la start-up. Et on obtient à la sortie une assurance que l'on peut souscrire en moins d'une minute et qui rembourse en moins de trois minutes. Une belle leçon à méditer, dans un secteur que l'on pensait difficile à "disrupter" et relativement à l'abri des nouveaux acteurs.

CINQ FREINS À LEVER

Pour la plupart des entreprises, la question du bien-fondé de la transformation digitale ne se pose donc plus. Reste celle, tout aussi cruciale, du "Comment ?".

En prise directe sur le terrain, nous observons bien souvent que le premier frein relève de la gouvernance. Se décider à sauter le pas reste plus difficile que tout le reste. Les raisons en sont tout à fait légitimes : d'abord, le sujet paraît glissant, aventureux ; il comporte une grande part d'exploration. C'est le premier blocage. Mais les dirigeants doivent faire face à quatre autres obstacles : en premier lieu, la résistance au changement. Leurs équipes se montrent en effet plus ou moins réticentes - quand il ne s'agit pas d'une levée de boucliers - à l'idée de modifier leurs habitudes de travail et leur périmètre d'activités.

Vient ensuite la complexité du processus de mise en œuvre, associée - et c'est important - à la quasi-absence de visibilité du ROI ; puis le manque de moyens financiers et humains, avec souvent la crainte de s'appuyer sur une ressource externe perçue comme onéreuse.

Enfin, le sujet des données et plus particulièrement celui de la sécurité des données peut conduire à une prudence excessive, quand ce n'est pas à une paralysie.

Ces cinq freins valent pour absolument tous les secteurs d'activité, toutes les tailles et toutes les structures d'entreprise. Bien sûr, certaines activités sont plus chahutées que d'autres ; c'est le cas des médias que la digitalisation invite à une refonte structurelle, ou encore des banques, bousculées par leurs petites sœurs 100 % digitales.

UN *TIME TO MARKET** ACCÉLÉRÉ

Quelles que soient les craintes du dirigeant, il faut y aller : c'est le marché qui impose le rythme à suivre. Or ce rythme est rapide. Les entreprises doivent se lancer avec, en poche, de nouvelles technologies, un nouvel état d'esprit et de nouvelles méthodes, fondées sur l'agilité. Elles doivent, de plus, s'appuyer sur l'approche client (celle de l'usage, celle de la demande !), mettant au rebut d'autres approches plus traditionnelles, fondées sur l'offre. On ne crée plus des projets, mais des produits. Et plus que jamais, le fond et la forme s'avèrent indissociables : il faut imaginer le bon produit, mais aussi savoir le présenter, le faire adopter et créer les conditions de fidélisation maximale. On ne réfléchit plus en années, ni en trimestres : mais bel et bien en mois et en semaines.

FRAMEWORK DE TRANSFORMATION

Pour planifier cette transformation, on peut, pour faciliter la visualisation du travail à accomplir, distinguer cinq domaines à traiter :
• L'élaboration, la mesure et l'animation de la marque numérique ;
• Le marketing et l'animation de la relation client ;
• La conception et l'exploitation de nouveaux services et objets connectés ;
• La revue des processus internes ;
• L'accompagnement au changement d'usages des ressources humaines.

Opérer la transformation numérique de l'entreprise, c'est adresser technologiquement et comportementalement (usages) ces cinq domaines, en utilisant les trois leviers que sont :
• L'équipement & l'utilisation de technologies innovantes ;
• L'exploitation de la donnée (produite, stockée, partagée, analysée) ;
• La mise en place de nouveaux usages, cultures et organisations (social, collaboratif, connecté...).

Cette transformation qui peut paraître difficile à engager de prime abord passe avant tout par une culture de l'expérimentation, des projets lancés sur des cycles courts et itératifs, avec une culture du droit à l'erreur.

IDÉATION, PROTOTYPAGE ET INDUSTRIALISATION : LE TRIPTYQUE VERTUEUX

Pour réussir à remporter un pari risqué, les acteurs de la transformation digitale doivent mettre en place trois outils principaux :

• L'outil d'idéation et de prototypage est sûrement le plus précieux : un processus très pragmatique qui rend éligible (ou pas !) l'initiative portée par l'entreprise, qui permet de la hisser au stade du concret, de lever tous les doutes sur son intérêt initial comme sur sa mise en œuvre pour la présenter en comité de direction avec des arguments solides, laissant peu de place à l'ambiguïté ou l'approximation. Pour réussir cette étape, une

méthode a fait ses preuves, celle par exemple du Fastlab® : l'idée est de réunir, en un même lieu propice à l'innovation, les acteurs à l'initiative du projet, ceux concernés par son futur déploiement et des experts capables de les éclairer sur les outils et méthodes du marché, encourageant et guidant leur réflexion. Le tout animé au travers d'une méthode agile adaptée et séquencée, sur une durée limitée.

• L'industrialisation, au sein d'une digital factory, regroupant l'ensemble des experts sur des sites de production sécurisés et processés, permet d'itérer et d'exploiter de nouvelles versions plus abouties sur la base du MVP (Minimum Viable Product) issu des étapes idéation et prototypage. L'industrialisation paraît beaucoup plus simple une fois qu'un projet a passé les deux premiers stades. L'entreprise ne se trouve plus au pied d'une "montagne" à gravir, elle s'est déjà engagée dans la transformation numérique et va réunir progressivement tous les ingrédients indispensables à son succès. C'est ainsi que l'Institut Curie, dès 2015, a pu mettre en œuvre un programme d'innovation eSanté, via la conception d'une application mobile inédite : MyCurie permet aux patients soignés en longue maladie de disposer, dans leur smartphone, de leur dossier complet, depuis le parcours de soins (dates des prochains rendez-vous) jusqu'aux informations consignées par les différents spécialistes, qui ne sont pas toujours en mesure d'échanger directement entre eux. Une belle façon de transformer une situation d'angoisse et d'isolement en modèle d'accompagnement, malgré un contexte difficile.

• Une plateforme technologique telle que Fast IT inclut les méthodes, outils et technologies garants de la réussite de la transformation digitale et des exigences qu'elle porte, à savoir des applications accessibles à tout moment, de partout, mises à jour très fréquemment.

MARIEZ L'IT ET LE NUMÉRIQUE

Reste à souligner une condition indispensable de succès : rien ne sera possible si le CDO (Chief Digital Officer) n'avance pas main dans la main avec le DSI (Directeur des Systèmes d'Information). Nous insistons constamment sur l'importance de la présence de celui-ci (ou des membres de son équipe) lors des séances d'idéation et de prototypage. "Mariez" vos Directeurs Digitaux et IT ! Ce nouveau binôme constituera le pivot de l'entreprise transformée. Dans la réalité, on en est encore souvent trop loin. Certains cependant ouvrent la voie : Engie a nommé CDO son DSI groupe, et la SNCF a recruté l'été dernier le CTO de Sanofi pour en faire son DG Digital et SI.

Nos propres métiers l'ont compris depuis longtemps : les SSII sont devenues des ESN, entreprises de service numérique. Nous savions manier le code informatique ; nous savons désormais jongler avec les nouveaux usages numériques. Cette double compétence est indispensable. Que ce soit chez nous, ou chez nos clients, on ne peut plus dissocier le "moteur" informatique de la démarche de transformation digitale : on ne fait rien de bon sans ouvrir le capot.

* Retrouvez la définition dans le lexique en fin d'ouvrage.

> *"C'est le marché qui impose le rythme à suivre. Or ce rythme est rapide. On ne réfléchit plus en années, ni en trimestres, mais bel et bien en mois et en semaines."*
>
> Laurent BOURE
> *Directeur du Fastlab® byOpen*

◊ **OPEN**
www.open.global
fastlab.open.global
Fiche d'entreprise p. 491

Laurent Boure
Directeur du Fastlab® byOpen

ORANGE FRANCE

#SocialRoom : la transformation digitale par le Social Media Listening

> La #SocialRoom d'Orange France.

PROBLÉMATIQUE DE LA MARQUE

> Le contexte

Tout a commencé avec une idée très simple : si l'on pouvait remonter du web et des réseaux sociaux ce que les internautes disent de nos produits et services, on pourrait apprendre énormément de choses et comprendre encore mieux ce qui a de l'importance pour nos clients.

L'idée a germé rapidement et nous avons mis en place un **Proof Of Concept** dans un box près du local des imprimantes, avec deux écrans de TV fixés sur des roulettes et branchés sur des solutions de ***social media listening**** pour suivre le lancement de notre offre de domotique **Homelive.**

Deux ans plus tard, Orange France dispose de sa ***Social Room****, le centre de pilotage de l'activité digitale, et rien que sur l'année 2016 ce sont **78 millions de messages** sur le secteur des telcos qui ont été publiés par les internautes (source Linkfluence).

> La cible

- Les experts de la communication digitale et des réseaux sociaux (community managers, social media managers) ;
- Les directions marketing qui souhaitent suivre en temps réel les conversations autour de leurs produits ;
- L'ensemble des 80 000 collaborateurs d'Orange France.

> L'objectif

Créer un espace de travail et d'accueil qui permet de :
- **Écouter** la voix du web social à partir du web social (réseaux sociaux, forums de discussions, sites médias, blogs, etc.) ;
- **Diffuser** la voix du client à tous les collaborateurs d'Orange France en affichant en temps réel les conversations du web des internautes dans leur vécu avec la marque ;
- **Agir** en adaptant notre communication face à l'actualité en temps réel pour répondre au plus près des attentes des publics ciblés ;
- **Acculturer** à la transformation digitale les collaborateurs en étant un lieu d'échange et de formation autour de la communication digitale et de la data.

SOLUTION STRATÉGIQUE

Nous voulions que les membres des équipes digitales soient regroupés au même endroit et aient une vision commune des activités en cours. Nous nous sommes inspirés des centres de pilotage de l'industrie spatiale (NASA Mission Control) et aussi, plus proches de notre métier, des centres de supervision du réseau (Network Operating Center) pour mettre en place la #SocialRoom.

La #SocialRoom d'Orange France est organisée en 3 espaces complémentaires
- 1 espace collaboratif modulable avec un mur d'images composé de 8 écrans ;
- 1 espace de travail séparable avec 1 écran de suivi d'actualités ;
- 12 positions de travail fixes dont 2 places de passage ;
- 1 espace de vie avec un mur d'images de 4 écrans (lieu de pause, de réunions informelles ou de mini-conférences).

L'ensemble des 13 écrans sont personnalisables depuis une régie centrale ainsi que depuis n'importe quelle position de travail à l'intérieur de la #SocialRoom, permettant ainsi d'adapter le contenu affiché aux besoins du moment. Ainsi tout collaborateur peut très facilement faire afficher sur les écrans de la #SocialRoom un évènement qui a attiré son attention et qu'il souhaite partager avec ses collègues (par exemple la dernière vidéo qui "buzze", le live stream d'un temps fort de l'actualité ou piloter sa campagne de communication en partageant un affichage commun avec ses interlocuteurs).

INFOS CLÉS

200 visiteurs de la #SocialRoom

6 Promotions Social Media & Data

80 000 collaborateurs exposés

- **Objectif :** Image, Notoriété
- **Cibles :** collaborateurs
- **Moyens :** Digital expérience, E-réputation, Buzz

Les écrans sont disposés en mode paysage, mais aussi en mode portrait pour être en conformité avec les nouveaux formats de consommation des vidéos (ex. Periscope.tv)

Nous mettons également à disposition des *Social Stick**, pour permettre aux entités de créer des mini #SocialRoom très simplement et rapidement.

L'équipe de la #SocialRoom d'Orange France est organisée autour de 4 métiers principaux :

- Data & Social Media Listening
Analyse en temps réel des conversations du web pour optimiser les opérations média digitales.
- Digital Acceleration Team
Décryptage des nouvelles tendances de communication digitale, tests de dispositifs innovants et partage des bonnes pratiques.
- E-influence
Conception et déploiement des actions de communication digitale auprès des blogueurs/influenceurs, en coordination avec les Relations Presse.
- Animation des réseaux sociaux
Pilotage de l'activation du média digital et animation des contenus Orange France et Sosh sur les réseaux sociaux.

MISE EN PLACE OPÉRATIONNELLE

- 2015 Proof Of Concept pour le lancement de HomeLive
- 2016 #SocialRoom temporaire
- 2017 Déploiement suite logicielle #SocialRoom sur les 80 000 postes du parc PC
- 21/02/2017 Inauguration de la #SocialRoom définitive en présence du Comex Orange France

RÉSULTATS

La #SocialRoom est devenue un lieu de partage qui met son expertise à disposition des collaborateurs à plusieurs niveaux.

Portes ouvertes : nous recevons tous les mardis et jeudis collaborateurs et externes pendant 30 minutes pour leur présenter les activités de l'entreprise dans la communication digitale. Depuis le début de l'année, nous avons reçu plus de 200 collaborateurs et externes.

Quickmeetings : tous les mois, partage en 45 minutes top chrono du meilleur de l'actu digitale et social media et décryptage d'une tendance de fond de la communication digitale. A destination de la filière communication.

6 promotions "Parcours Social Media & Data". Formation proposée par l'École de la Communication, organe interne de formation, pour découvrir ou se perfectionner sur le social media & data et les outils digitaux.

À la demande : études et notes de veilles sur des risques de crises, opportunités. Analyse des conversations, décryptage de tendances, bilan de campagne...

War Room : possibilité de configurer l'espace pour suivre en temps réel les temps forts, les lancements de produits, les événements Orange ou externes.

* Retrouvez la définition dans le lexique en fin d'ouvrage.

> Formation dans la #SocialRoom avec Médhi Famibelle.

◊ ORANGE FRANCE
www.orange.com

Médhi Corneille Famibelle
Centre d'Excellence Data & #SocialRoom
medhi.famibelle@orange.com

Philippe Pichon
Digital Accélération Team
philippe.pichon@orange.com

◊ VIDEOSONIC

CEO VidéoSonic
Intégrateur de la #SocialRoom

SMART DATA ET IA, CLEFS DE LA GUERRE DES TALENTS ?

Alors que l'entreprise et tout son écosystème produisent toujours plus de données, comment les DRH et RRH peuvent-ils manier la *smart data et l'intelligence artificielle pour créer des expériences RH toujours plus adaptées aux collaborateurs et qui favorisent l'empowerment de chacun ?**

90% de réduction des coûts de processus grâce aux chatbots

50% des tâches en entreprise seront impactées par l'IA d'ici 2020

Niveau d'études et écoles fréquentées, nombre d'enfants, genre, éloignement entre le travail et le domicile, entreprises précédentes, évaluations annuelles, nombre de connexions aux formations en ligne… Les entreprises ont à leur disposition une quantité quasiment infinie d'informations à propos de leurs collaborateurs - et de leurs candidats -, complétées d'informations sur leur propre écosystème et les changements qui l'affectent.

De la même façon que le big data impacte l'expérience des consommateurs dans la sphère privée, il peut transformer l'expérience collaborateur dans la sphère professionnelle. On sait que les salariés s'attendent au même niveau d'usage technologique à l'intérieur et à l'extérieur de l'entreprise. Mais si, en tant que client interne de l'organisation, ils s'attendaient aussi au même niveau de personnalisation de l'offre ?

Dans des organisations américaines où les réglementations RH sont plus flexibles que dans les entreprises françaises, on observe différent packages salariaux qui incluent des primes variant en fonction des membres de la famille qui dépendent du collaborateur (comme chez Buffer), des outils d'analyse des micro-expressions des candidats lors d'entretiens vidéo (chez Unilever ou Goldman Sachs grâce à HireVue), ou encore des outils de présélection des candidats pour mettre les meilleurs éléments en contact avec les collaborateurs actuels sur des plateformes (comme à l'hôpital Mount Sinai de New York).

Les directions des ressources humaines françaises devraient-elles aussi se mettre massivement à l'usage de la smart data et de l'intelligence artificielle ?

Les SIRH sont truffés d'informations précieuses qui n'attendent qu'à être exploitées et qui peuvent énormément apporter à l'entreprise aussi bien qu'au collaborateur. En sélectionnant les informations pertinentes avec l'aide d'un data scientist, les services RH deviennent capables d'isoler leur smart data, c'est-à-dire les données qui leur sont réellement utiles, pour améliorer l'efficacité de tous les processus RH.

LES CANDIDATS À LA LOUPE

Lorsqu'un candidat soumet son dossier à un recruteur, il y fait en règle générale figurer son âge, son adresse (et donc son éloignement géographique de l'entreprise), son niveau d'études

et l'établissement supérieur fréquenté, et enfin ses éventuelles expériences passées. Le canal par lequel le candidat postule est une autre information qui s'ajoute aux précédentes. Ces données peuvent permettre de prévoir l'avenir d'un candidat dans l'entreprise. En effet, comparer son parcours avec le parcours des collaborateurs déjà présents à un poste similaire au sein de l'organisation est une façon de connaître l'évolution potentielle des nouvelles recrues. Cela implique d'une part de limiter les erreurs de recrutement, d'autre part de donner au candidat, dès son entrée dans l'entreprise, une idée des évolutions possibles.

La smart data, par l'analyse de l'efficacité des points de contact mis en œuvre dans la marque employeur, permet également de mieux séduire les candidats en leur partageant le bon message au bon endroit. Pour les responsables marque employeur et recrutement, travailler avec un data scientist est ainsi une façon d'améliorer l'expérience candidat pour attirer les meilleurs talents, qui sont souvent convoités par plusieurs entreprises, donc difficiles à capter.

L'EXPÉRIENCE FLUIDIFIÉE AU SEIN DE L'ENTREPRISE

Une fois le talent entré dans l'entreprise, il devient clef de le fidéliser. Alors qu'égaler l'offre salariale d'une autre entreprise est facile, créer une expérience qui répond aux attentes des candidats peut être plus complexe. La smart data peut lui permettre de mieux gérer sa propre carrière. L'adaptive learning intègre de l'analyse de smart data pour suggérer les formations les plus adaptées au profil et aux objectifs de chacun. En retour, le RRH a une meilleure visibilité des profils enrichis présents dans l'entreprise dans son SIRH et peut ainsi plus facilement proposer de nouveaux postes à ses talents. L'analyse des performances de chacun, croisées avec ses compétences interpersonnelles, permet de décider si son avenir réside dans un poste d'expert ou de manager (ou de manager expert), mais aussi d'anticiper les éventuels départs de l'entreprise. Enfin, dans le cadre de programmes comme le *reverse mentoring**, où il faut associer directement un junior et un senior de l'entreprise, l'analyse de données permet de créer des paires mentor-mentoré les plus efficaces possible.

La smart data donne aux responsables RH le pouvoir de prendre des décisions plus éclairées. Dans un métier profondément humain, il peut parfois être difficile d'être parfaitement objectif et les biais inconscients, bien que l'on connaisse leur existence, peuvent influencer les choix effectués. La smart data permet d'enlever une part de subjectivité aux décisions, au profit des statistiques et de la science. Si les décisions ne peuvent pas être déléguées entièrement aux algorithmes, ceux-ci ont l'avantage de présenter les meilleures options avant l'intervention d'un être humain qui remet de l'émotion et du contact dans les process, libéré de la crainte de ne pas prendre une décision juste.

DES INTERFACES NOURRIES D'INTELLIGENCE ARTIFICIELLE

La délégation d'une part des process RH passe également par l'intégration des datas et de l'intelligence artificielle pas seulement dans les prises de décision, mais aussi dans les échanges avec les collaborateurs. Tout comme les marques profitent des chatbots pour créer un premier contact avec les consommateurs et répondre à leurs questions simples, des chatbots nourris d'intelligence peuvent prendre en charge des échanges qui ne nécessitent pas directement l'intervention d'un responsable RH.

Imaginons qu'un collaborateur ait besoin de savoir rapidement combien il lui reste de jours de congé, d'obtenir un duplicata d'une fiche de paye ou de refaire sa carte de cantine égarée. Pour répondre à ces demandes, il suffit au RRH d'appuyer sur un bouton - sa valeur ajoutée est donc faible, et pourtant il reçoit sans doute énormément de demandes de ce genre. D'ailleurs, même dans les entreprises où les collaborateurs ont accès à une interface où ils peuvent retrouver ces informations, ils préfèrent peut-être demander à un RRH, parce que cela leur paraît plus simple et plus rapide que de chercher la réponse. Pourtant, ces demandes très administratives pourraient très aisément être déléguées à un chatbot, intégré par exemple à la messagerie instantanée de l'entreprise. Il suffirait alors aux collaborateurs de lui demander "fiche de paye", "carte de cantine" ou "jours de congés" pour qu'il déclenche l'envoi de duplicata, la demande ou le chiffre attendu.

Les responsables des ressources humaines n'en deviennent pas pour autant inutiles. Au contraire, le chatbot n'est qu'un premier filtre qui doit être en mesure d'alerter les RRH dès qu'une question plus complexe se présente, voire de fixer directement un rendez-vous entre le RRH et le collaborateur si cela est requis. Ils peuvent ainsi révéler leur réelle valeur ajoutée en se tenant à disposition des collaborateurs pour répondre aux demandes qui nécessitent l'expertise d'un humain.

Cela nécessite bien sûr des adaptations de la part des RRH : ouverture des systèmes avec l'aide d'interfaces sécurisées, indexation des informations pour que l'intelligence artificielle les identifie facilement par leurs méta-données... mais cela leur permet également d'être moins interrompus pour se consacrer à des tâches de plus long terme.

L'intelligence artificielle fluidifie également les interactions entre les collaborateurs. Des chatbots comme Niles (intégrable à Slack) apprennent des questions posées et des réponses apportées pour ensuite pouvoir répondre eux-mêmes aux demandes. Ainsi, si Niles voit passer la date de la prochaine réunion du comité exécutif de l'entreprise, il saura répondre si quelqu'un repose la question. Il existe également des intelligences artificielles qui envoient des rappels au moment où on leur demande de le faire, d'autres qui permettent de passer commande de ramettes de papier ou de signaler une panne d'imprimante et de calculer le temps d'intervention. L'intelligence artificielle réduit donc les frictions du quotidien pour les collaborateurs.

Tout l'enjeu de l'intelligence artificielle et de la smart data pour les directions des ressources humaines est de considérer le collaborateur comme un client interne. Si l'entreprise est capable de fournir une expérience enrichie à ses clients externes, elle doit, par cohérence, pouvoir en faire de même avec ses clients internes.

LA PERFORMANCE SUIVIE AU-DELÀ DE L'ENTRETIEN ANNUEL

L'un des processus de management et de ressources humaines qui a le plus besoin d'être révolutionné est peut-être l'entretien annuel. Tel qu'il est pratiqué dans de nombreuses entreprises, il ne permet de revenir que sur les semaines qui viennent de s'écouler, par manque de notes et de mémoire sur l'année complète. Ensuite, les données recueillies sont traitées manuellement pendant plusieurs semaines par les directions des ressources humaines. Là encore, les bots peuvent permettre une analyse en temps réel. À titre d'exemple, Engazify (également intégré à Slack) permet de recueillir des retours à 360 degrés pendant toute l'année, d'analyser ces retours, d'envoyer à chacun ladite analyse, valable au moment de l'envoi. Les entretiens annuels peuvent ainsi changer d'objectifs. Plutôt que de revenir longuement de façon superficielle sur les mois écoulés pour parler de l'avenir, ils peuvent servir, grâce à une analyse formalisée réalisée en amont et disponible pour chacune des parties de l'entretien, à évoquer en profondeur les pistes possibles pour l'évolution du collaborateur au sein de l'organisation. La smart data et l'intelligence artificielle deviennent donc de véritables vecteurs du développement de carrière en tant que socle de la partie humaine de l'accompagnement.

Le développement d'une expérience collaborateur différenciante et réellement employee-centric est aujourd'hui essentielle pour attirer et fidéliser les talents. Celle-ci passe évidemment par des valeurs d'entreprise fortes et une adéquation à la fois entre l'expérience offerte aux clients externes et internes, en plus de la cohérence technologique entre les usages privés et professionnels des collaborateurs. Tout doit être simplifié aussi bien pour l'autonomisation des collaborateurs que pour les responsables des ressources humaines, qui justifient plus facilement leurs décisions et apportent plus de valeur ajoutée dans leurs interactions avec les salariés. C'est ce que permettent la smart data et l'intelligence artificielle en donnant l'opportunité à chacun d'être plus acteur de son poste et de sa carrière, et donc en développant sur le long terme l'empowerment et la responsabilisation au sein de l'entreprise.

* Retrouvez la définition dans le lexique en fin d'ouvrage.

> **"Les algorithmes permettent d'élargir le champ des possibles. Ils mettent en évidence des offres d'emploi qui ne correspondent pas uniquement au métier, mais aussi à des compétences transférables."**
>
> Thomas ALLAIRE
> *PDG Jobijoba*

231e47
www.231e47.com

Jean-Noël Chaintreuil
CEO
jn@231e47.com

07 • T. DIGITALE

Coup de cœur · Inspiration

LE START-UP SPIRIT UNE PRIORITÉ POUR LES GROUPES

Quelles clés pour renforcer l'esprit d'innovation en entreprise ?

250 "googlers" prennent leur petit-déjeuner dans une cafétéria gratuite ou bien se retrouvent dans la salle de sport

Maintenir un fort pouvoir d'innovation au sein d'entités parvenues à maturité, tel est le défi auquel sont confrontés aussi bien les grands groupes que les start-up qui ont réussi. Une nécessité qui suppose aussi d'identifier quels types de talents, organisations et modes de management se montrent aujourd'hui les plus adaptés à cet objectif.

Tirant les leçons de l'expérience, les grands groupes affichent aujourd'hui l'ambition d'être et de demeurer à la source des futures innovations sur leur marché. Aucun ne souhaite à nouveau voir émerger l'équivalent d'Airbnb, Lending Club, Uber ou d'autres licornes dont on sait qu'elles peuvent bousculer un marché au point de s'imposer rapidement comme de nouveaux leaders, plaçant de ce fait ceux d'hier dans une situation inconfortable.

C'est dans ce contexte que se sont développés de nouveaux dispositifs qui prennent en compte le caractère multidimensionnel de l'innovation : les digital *think tanks** et autres digital factories qui se multiplient aussi chez les grands groupes de l'économie traditionnelle, soucieux de faire émerger l'offre, le produit, le business model ou le service de demain. Mais de quoi est-il réellement question en termes de RH ?

> *"En matière d'acquisition des talents, cultiver le start-up spirit ne signifie pas uniquement attirer les meilleurs dans l'attente qu'ils apportent l'idée ou la solution idéale."*
>
> David YANA
> *DRH Google France*

QUELLES ORGANISATIONS, QUELS TALENTS POUR INNOVER ?

Derrière la terminologie de cette open innovation, les questions demeurent les mêmes : quels types de talents choisir, à qui confier la responsabilité de certains projets, doit-on privilégier les ressources internes ou bien faire appel à l'extérieur ? Quelle organisation ou dispositif mettre en place ? Etc. La gestion des talents demeure le nerf du start-up spirit, et avec elle, la question des modes de management choisis.

À ce titre, le management de Google offre un ensemble de réponses pour entretenir l'esprit d'innovation au sein de l'entreprise. Les fondateurs de Google, Larry Page et Sergey Brin, ont privilégié très tôt un modèle hiérarchique non conventionnel, relativement plat, où le collaborateur est au centre de l'organisation, et non le manager, un management qui accompagne plus qu'il ne dirige. Chez Google en effet, on considère que l'innovation et la créativité peuvent émaner de partout, à condition de créer les lieux où elles puissent s'exprimer. Tous les matins, 250 "googlers" prennent leur petit-déjeuner dans une cafétéria gratuite ou se retrouvent dans la salle de sport, le studio de musique ou tout autre lieu qui génère de la rencontre et des échanges avec une véritable liberté d'expression.

LA FIN DU MODÈLE VISIONNAIRE AU PROFIT D'UNE CULTURE DE L'ÉCOUTE ET DU FEED-BACK

Dans ce dispositif, le modèle du manager autoritaire imposant ses choix n'a pas sa place. Managers et collaborateurs s'évaluent mutuellement : les dirigeants exposent tous leurs objectifs, l'état d'avancement de leurs projets dont, naturellement, un certain nombre échoue. Le "*window dressing**" ne fait pas partie de la culture maison : on ne déguise pas les résultats dont la dimension financière n'est qu'une composante parmi d'autres.

Par ailleurs, un travail de qualité sur un projet abandonné peut lui aussi donner lieu à prime, promotion et reconnaissance ; car échouer vite, c'est échouer bien si l'on considère que cela conduit à identifier plus rapidement les solutions qui seront les bonnes. C'est aussi démontrer que la prise de risque est payante dans la gestion d'une carrière digitale, car sans prise de risque, il n'y a pas d'innovation.

RECRUTER LES MEILLEURS NE SUFFIT PAS

En matière d'acquisition des talents, cultiver le start-up spirit ne signifie pas uniquement attirer les meilleurs dans l'attente qu'ils apportent l'idée géniale ou la solution idéale.

Google, par exemple ne recrute pas uniquement des experts, mais aussi des généralistes. Face au défi majeur qu'est la transformation digitale des entreprises, ces professionnels sont en effet capables d'accompagner les clients, quel que soit leur domaine d'activité. Un choix stratégique qui permet à Google de s'adapter aux changements d'un marché en constante évolution.

FAIRE LE PARI DE L'INTELLIGENCE COLLECTIVE

Enfin, cultiver le start-up spirit implique également de lutter contre les stéréotypes qui sont un frein à l'innovation.

Google, là encore, est attentif à la diversité du management et des équipes, à la parité homme-femme et au management intergénérationnel. Si l'entreprise compte essentiellement des jeunes talents, elle reconnaît cependant l'expertise, la prise de recul propre aux générations précédentes et s'emploie à mettre leurs compétences en commun. L'autorité du manager chez Google vient avant tout de sa capacité à écouter et rendre cohérentes les propositions. Ce modèle a intégré le fait que l'entreprise de demain instaure un nouveau rapport au savoir et au pouvoir. L'innovation n'y est pas le fait d'un individu visionnaire, mais une co-création à laquelle tous participent, de près ou de loin.

Promouvoir l'innovation, c'est donc aussi travailler à faire exister une intelligence collective au sein de l'entreprise.

* Retrouvez la définition dans le lexique en fin d'ouvrage.

◊ **CLÉMENTINE**
www.clementine.jobs

Fiche d'entreprise p. 481

Emmanuel Stanislas
fondateur et directeur du cabinet de conseil en recrutement
estanislas@clementine.jobs

David Yana
DRH de Google France

L'ADAPTIVE LEARNING, MIEUX SE CONNAÎTRE POUR MIEUX APPRENDRE

Après l'e-learning, les vidéos et la mode des MOOC et autres *COOC/SPOC, la nouvelle révolution de la formation est tout simplement de s'adapter à la personne formée. La formation a désormais comme objectif de construire une expérience apprenant aux méthodologies adaptées à chacun et dont l'apprenant peut devenir acteur.**

L'adaptive learning permet la rétention **de 70 %** des acquis

L'engagement devient un élément essentiel de la formation

> *" Chacun peut avoir une formation individualisée qui correspond exactement à ses besoins. Il faut pour cela se baser sur le big data, les sciences cognitives et la maîtrise de savants algorithmes. "*
>
> **Anthony HIÉ**
> *Directeur des systèmes de l'information et du numérique, Institut catholique de Paris*

COMMENT MIEUX SE CONNAÎTRE ET DÉFINIR SON PROFIL D'APPRENANT ?

Outils au centre du processus de formation, les *LMS** (Learning Management System) sont en pleine révolution depuis quelques années grâce notamment à l'arrivée de l'Intelligence artificielle qui leur permet d'avoir de nouvelles fonctionnalités. Des algorithmes intelligents apprenant les comportements des apprenants grâce à la répétition et au big data permettent de proposer des contenus de plus en plus pertinents aux collaborateurs. Et ce n'est qu'une partie des opportunités offertes par la technologie.

Comment peut-on profiler, apprendre, cibler et proposer un parcours complet adapté et personnalisé ?

Plusieurs étapes sont nécessaires pour personnaliser une expérience d'apprentissage :
- L'apprenant répond à une série de questions qui sont analysées afin de définir son profil cognitif et ses habitudes de formation (durée, période de la journée, mobile...) ;
- Le manager positionne les objectifs pédagogiques et opérationnels ;
- Le responsable de formation valide un budget global.

Grâce à ces données, le système peut produire un parcours personnalisé adapté à la façon d'apprendre de l'apprenant, aux objectifs et au budget. La difficulté de l'adaptive learning réside ainsi dans la production d'un catalogue de formations ultra-détaillé et contenant une importante quantité de métadonnées pour référencer les modules selon une multiplicité de critères.

Cette méthode met au placard toutes les études du type du 70/20/10 ou encore la courbe de l'oubli. Les actions de formation d'adaptive learning représentent 70 % de ce qui est appris (contre 10 % dans les modèles de formation plus anciens) et grâce au ciblage du profil de l'apprenant et des objectifs opérationnels, à peine 30 % des notions sont oubliées en 3 semaines (contre 90 % auparavant).

DES FORMATS D'APPRENTISSAGE TOUJOURS PLUS NOMBREUX

Afin de s'adapter à un maximum de profils d'apprenants, il est nécessaire d'intégrer dans son LMS des ressources de tout type pour créer des parcours blended (multiformats, mixant présentiel

et distanciel). À ce jour fleurissent des formats inexistants il y a quelques années :

- Micro-learning ou rapid learning ou nuggets : contenus consommés en moins de 3 minutes - souvent sur mobile au cours d'un temps creux de la journée. Ce format est très pertinent pour les gros consommateurs de contenus digitaux et particulièrement les générations Y ou Z ayant l'habitude de papillonner sur YouTube, Twitter ou Instagram qui ne veulent pas avoir l'impression qu'on leur impose un format ;

- Peer coaching ou échange entre pairs. Depuis l'avènement du P2P, nous voyons tout ce que les autres ont à nous apporter. Il est dans la philosophie de l'adaptive learning que chacun devienne formateur de l'autre et en retour profite de cet apprentissage viral. Cela a l'avantage de formaliser les compétences tout en conservant une posture informelle ;

- Hybridation de présentiel et de digital, avec des applications pour développer les quiz sur ordinateur ou smartphone lors d'une séance mixte ;

- Téléphone et visio sont des formats qui ont d'abord été développés pour les cours de langues et qui permettent aujourd'hui de coacher à distance un cadre supérieur sur ses postures à distance avec un taux d'engagement garanti de 100 % ;

- Vidéo, COOC, *MOOC**, qui font toujours partie des formats favoris des apprenants.

Le département formation doit donc se transformer pour assurer le sourcing de nouveaux contenus et développer le marketing interne de cette nouvelle expérience apprenant.

QUELLES TECHNOLOGIES POUR LES PROCHAINES ANNÉES ?

Nous l'avons vu, les éditeurs travaillent actuellement sur l'intégration d'algorithmes d'intelligence artificielle permettant de mieux connaître les apprenants afin de créer des parcours personnalisés et adaptés aux besoins et budgets. La tendance est à la généralisation de ces outils.

Parmi les autres nouveautés, les *chatbots** améliorent l'expérience de personnalisation en suggérant des formations à l'apprenant en fonction des besoins qu'il exprime.

Grâce à l'association de ces deux intelligences artificielles - personnalisation de parcours et discussion en langage naturel -, l'apprenant peut échanger avec le LMS pour sélectionner et consommer du contenu encore plus personnalisé.

Au-delà des technologies, nous voyons évoluer les méthodes de création de contenus avec l'émergence de la curation. A titre d'exemple, la production de COOC, initialement sous-traitée, est de plus en plus intégrée par les équipes formation et les experts métiers.

La facilité de prendre une vidéo, de la monter et la diffuser grâce à son smartphone crée également des opportunités supplémentaires pour les catalogues de formation.

L'évolution des plateformes, le changement des modes de consommation et la transformation des cultures chamboulent complètement l'avenir des départements formation. Leur mission devient de promouvoir une culture de l'apprentissage continu et du développement de l'employabilité. Les compétences du responsable formation deviennent plus proches du marketing que de la gestion logistique de sessions de formation. Ce qui est sûr, c'est que les collaborateurs souhaitent consommer de la formation comme ils consomment des contenus au quotidien, au fil d'une expérience omnicanale qui donne la même importance au contenu qu'à sa facilité d'accès.

* Retrouvez la définition dans le lexique en fin d'ouvrage.

231e47
www.231e47.com

Jonathan Znaty
Expert
jonathan@231e47.com

AU-DELÀ DE LA DÉCONNEXION, LA FLEXIBILITÉ DU TEMPS DE TRAVAIL ?

Le *droit à la déconnexion est désormais légalement garanti à tous les collaborateurs. Pourtant, nombreux sont ceux qui consacrent naturellement un peu de leur temps libre à des activités professionnelles… et vice-versa. Et s'il fallait plutôt prendre en compte la porosité des vies personnelle et professionnelle ?**

36% des millennials apprécient un espace de détente

Pour **53 %** des cadres, le numérique apporte de la flexibilité

Depuis le 1er janvier 2017, les entreprises ont l'obligation de proposer à leurs collaborateurs des solutions de régulation des outils numériques afin d'appliquer le droit à la déconnexion. Cette mesure a pour but d'assurer le respect des temps de congés des collaborateurs et de favoriser l'équilibre entre la vie privée et la vie professionnelle. Dans un contexte où la technologie permet aux entreprises de joindre leurs collaborateurs à tout instant et où l'on estime - selon les études et la définition du burn-out - que le burn-out touche entre 5 % et 36 % des salariés français, le droit à la déconnexion semble être une solution pour améliorer la qualité de vie au travail. Pourtant, le temps professionnel et le temps personnel sont de plus en plus poreux et si cette porosité peut amener des effets négatifs tels qu'un envahissement du travail dans la sphère personnelle, elle révèle également une liberté d'organisation qui peut dégager les collaborateurs de pressions temporelles en les dotant de plus d'autonomie.

LA NON-DÉCONNEXION, UNE OPPORTUNITÉ POUR LA FLEXIBILITÉ DU TRAVAIL

Cette ambivalence est observée depuis de nombreuses années chez les cadres, qui ont la particularité d'être soumis à un temps de travail compté en jours et non en heures hebdomadaires. En effet, ils pratiquent depuis longtemps la porosité des temps de travail comme réponse pour alléger les conséquences de problématiques individuelles, comme les temps de transport, les horaires de garderie, voire les interruptions sur le lieu de travail. Pour les femmes cadres, cette porosité est même exploitée comme une façon de percer le plafond de verre en montrant leur investissement en travaillant sur le temps privé à l'instar de leurs collègues masculins (Femmes, genre et sociétés - Jacqueline Laufer, 2005), ou au contraire pour concilier plus facilement le travail domestique et le travail professionnel. La possibilité de travailler en dehors des horaires traditionnels de travail devient ainsi une soupape de sécurité qui simplifie la conciliation du temps personnel et la finalisation des tâches professionnelles.

Plus récemment, l'arrivée des générations Y et Z bouscule également l'idée d'une séparation hermétique entre le temps personnel et le temps professionnel. D'après le Millennial Survey réalisé par Deloitte en 2016, la flexibilité en termes d'horaires et de télétravail est un facteur de choix d'employeur pour 11 % d'entre eux, mais 88 % des millennials aimeraient pouvoir choisir leurs horaires de travail. Ils sont également 75 % à souhaiter pouvoir travailler chez eux ou ailleurs que dans les locaux de l'entreprise.

Selon une étude effectuée en 2017 par CBRE, ils sont également 36 % à apprécier la création d'espaces de détente au travail. Si le baby-foot installé dans les locaux d'une start-up où les collaborateurs sont jeunes est un cliché, il est aussi représentatif de la conception du temps de travail de ces générations : le lieu de travail sert à travailler, mais laisse aussi place à des moments de détente et de relaxation qui permettent de se ressourcer pour être plus productif. Le temps personnel entre ainsi dans le temps professionnel.

Les millennials ont également la réputation d'être connectés sans arrêt et de communiquer avec leur famille et leurs amis sur le temps professionnel. Ce comportement a pollinisé les générations plus âgées. Alors que l'écrasante majorité des collaborateurs français possède un smartphone, des décisions comme donner l'accès à des sites personnels (réseaux sociaux, sites de shopping…) depuis les ordinateurs professionnels ne sont plus un obstacle à l'entrée du temps personnel au travail.

En parallèle, ces mêmes smartphones personnels servent de plus en plus à des usages professionnels. Si l'entreprise ne peut pas obliger ses collaborateurs à se servir de leurs téléphones pour travailler, ils sont nombreux à installer des applications qui leur permettent d'accéder à des outils professionnels (mails, services de messagerie instantanée, applications de partage de fichiers…) pour pouvoir finaliser des tâches sur leur temps personnel ou pour rester joignables en cas d'urgence. Cette flexibilité devient un filet de sécurité qui permet à tous les collaborateurs (et plus seulement aux cadres !) de travailler quelques minutes le soir ou sur le trajet du retour pour avoir l'esprit tranquille jusqu'au lendemain. La non-déconnexion peut donc être une source de sérénité plutôt que de stress.

LA DÉCONNEXION, UNE QUESTION DE RESPONSABILISATION DES MANAGERS ?

Pourtant, le fait d'être joignable sans arrêt reste associé au stress - et peut en effet être source de stress. Si la connexion permanente est une opportunité, elle est aussi un risque si elle est mal comprise. Ainsi, ce qu'impose le droit à la déconnexion, c'est une éducation des managers. Si les raisons du burn-out professionnel sont nombreuses, le management en fait toujours partie. Certains collaborateurs sont incapables de décrocher et de ne pas travailler sur leur temps libre (ou en tout cas de ne pas se soucier du travail), mais certains managers oublient que leurs collaborateurs ne travaillent pas en permanence. En particulier dans le cas où le manager (un cadre, par exemple) travaille plus que ses équipes, il est important de lui apprendre les bons usages des outils digitaux. Le fait de pouvoir joindre ses collaborateurs à tout instant peut être utile, mais les dérange, crée une pression inutile et néfaste et les culpabilise quant au fait de ne pas travailler. Ce qui est une opportunité de simplification du travail du manager devient un facteur de stress dans la vie du collaborateur.

La question de la non-déconnexion est donc autant - si ce n'est plus - une question de bonne pratique de management qu'une question de capacité du collaborateur à ne pas se laisser

> Critères d'attractivité pour les talents

07 • T. DIGITALE

distraire par ses notifications (ou à les éteindre !). De la même façon que l'usage du téléphone, du mail et de la messagerie instantanée ont dû être appris pour faciliter le travail de tous sans interrompre le travail de chacun, cette éducation autour des usages doit s'appliquer au temps personnel. D'ailleurs, un manager qui interrompt ses équipes pendant la journée les contactera peut-être en dehors de leurs horaires de travail, ce qui applique un type de pression similaire. Les managers doivent ainsi apprendre à ne contacter leurs collaborateurs qu'en cas d'urgence et à adopter une attitude bienveillante grâce à laquelle les équipes se sentent autorisées à reprendre un dossier inachevé le lendemain matin ou à ne pas répondre à un e-mail dès sa réception, surtout si celui-ci est envoyé le soir, le week-end ou durant leurs congés.

> *“Créer un espace de travail qui allie performance et cohésion des équipes revient avant tout à comprendre et mieux faire comprendre les besoins et les attentes de chacun.”*
>
> **Nathalie NEYRET**
> *Directrice de la communication Kardham*

L'ESPACE DE TRAVAIL, LIEU DE FORMALISATION DE LA POROSITÉ

Une autre cause de burn-out, intimement liée au management, est l'organisation globale du travail. Comme indiqué précédemment, les collaborateurs souhaitent de plus en plus avoir accès à des espaces de détente sur leur lieu de travail. Mais au-delà de salles de pause où se relaxer, la mise en place de différents espaces de travail semble indispensable pour accompagner la transformation culturelle que le digital amène dans l'entreprise.

En effet, alors que les usages privés entrent dans l'espace professionnel, les usages professionnels se diversifient de façon évidente au sein de l'entreprise - et l'entreprise commence à le prendre en compte. Après l'ère des bureaux fermés et celle de l'open space, voici l'ère plus raisonnée de l'espace de travail flexible. Dans les entreprises les plus avancées sur le sujet, les espaces de travail se décomposent de la façon suivante :

• Un open space en *flex-office** où les collaborateurs n'ont pas de bureau attitré, mais peuvent choisir de s'installer où ils le souhaitent en fonction du moment où ils arrivent. Cette organisation de l'espace principal de travail favorise le travail en mode projet, avec la possibilité pour les équipes de se retrouver en fonction des tâches à accomplir ;
• Des espaces de rencontre en marge des aires de flex-office pour s'isoler pour un point informel qui permet d'évoquer un sujet en cours avec 2 ou 3 collègues ;
• Des salles de réunion de différentes tailles avec différents aménagements, pour permettre aussi bien les présentations et pitchs top-down que les sessions de design thinking ou de réflexion et expérimentation commune. Idéalement, la réservation de ces salles est possible en quelques clics grâce à une application mobile ou web ;
• Des bulles de travail, prévues pour une seule personne. Elles permettent aux collaborateurs de s'isoler pour une tâche nécessitant de la concentration sur le long terme ou pour passer un coup de téléphone ;
• Des espaces de détente répartis entre les étages, qui peuvent être des cuisines ou cafétérias avec des fruits frais et autres snacks, des salles de sieste, des bibliothèques avec des canapés...
• Des espaces de restauration accessibles en dehors des repas pour des réunions, formations...

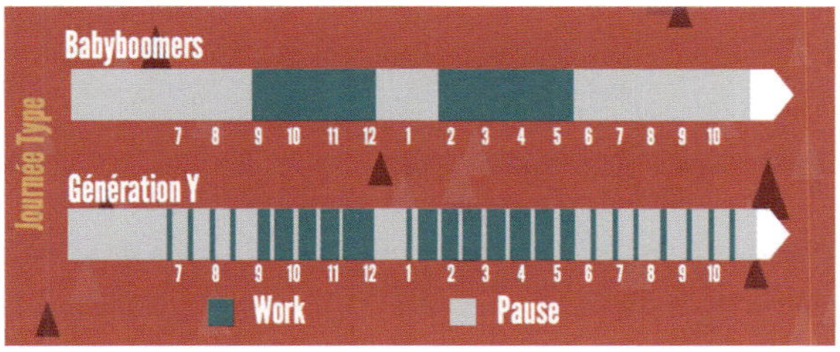

> Vision du temps de travail (blog emploi)

- Des espaces en dehors du lieu de travail traditionnel : home-office, espaces de coworking...

Idéalement, une refonte de l'espace de travail doit être réfléchie avec un groupe de collaborateurs. D'une part, pour s'assurer de la correspondance des espaces créés avec leurs besoins ; d'autre part, pour qu'ils s'approprient plus facilement les nouveaux espaces de travail et en soient les ambassadeurs les uns auprès des autres.

Ces espaces vont de pair avec un développement de l'autonomie et de l'empowerment au sein de l'entreprise. Les collaborateurs sont responsables de leur espace de travail et de la façon dont ils organisent leur temps, tant que les délais imposés par les managers et chefs de projet sont respectés. Ces derniers doivent donc faire confiance à leurs équipes pour mener à bien les projets qui leur sont attribués. D'ailleurs, dans une entreprise acculturée au digital, les équipes constituées en mode projet priment sur les équipes fixes et chacun a la liberté de s'investir sur les projets qui lui plaisent et auquel il peut apporter ses compétences.

La confiance, l'empowerment et l'autonomie sont ainsi des valeurs clefs de l'entreprise acculturée au digital. Ce sont aussi des valeurs essentielles dans la gestion de la déconnexion ou de la non-déconnexion. Si un rapport sain à la technologie et au temps de travail est prôné par les top managers, cette attitude se répand par cascade dans toute l'entreprise pour arriver jusqu'aux équipes les plus opérationnelles, qui acquièrent un usage responsable des technologies, guidées par leurs managers.

Ainsi, le droit à la déconnexion est guidé par l'intention louable de préserver les collaborateurs des effets néfastes des nouvelles technologies, mais ignore la porosité entre le temps de travail et le temps personnel et la flexibilité qu'apporte la technologie lorsque son usage est maîtrisé. Plutôt que de légiférer sur les outils, ne faudrait-il pas miser sur l'acculturation des personnes qui les utilisent ?

* Retrouvez la définition dans le lexique en fin d'ouvrage.

◊231e47
www.231e47.com

Andrea Goulet
andrea@231e47.com

QUEL RÔLE POUR LA DSI QUAND LES MÉTIERS UTILISENT LEURS PROPRES OUTILS NUMÉRIQUES ?

Dans les départements marketing comme ailleurs, l'utilisation de solutions dans le cloud et d'outils collaboratifs s'amplifie sans la validation de la *DSI. Celle-ci s'interroge dès lors sur la position à adopter, alors que son rôle demeure essentiel pour la performance et la sécurité de l'entreprise.**

78% d'utilisation d'outils cloud sans en avertir la DSI

62% apprécient la rapidité de mise en place de ces outils

72% des décideurs IT approuvent les outils non autorisés

> *« Pour réussir dans ses nouvelles attributions, la DSI doit veiller à disposer dans ses équipes de talents dotés d'une connaissance fine des enjeux métiers, ce qui n'est que rarement le cas. »*
>
> Emmanuel STANISLAS
> *Fondateur et Directeur du cabinet de conseil en recrutement Clémentine*

On l'appelle Shadow IT et ce n'est ni nouveau ni mystérieux, mais simplement un phénomène qui se généralise en parallèle de l'accélération nécessaire de la transformation numérique des entreprises. Concrètement, chaque direction métier ou collaborateur isolé décide d'utiliser ses propres outils informatiques sans réelle approbation de la DSI ou de "l'équipe IT", pour gagner en agilité et efficacité.

Les marketeurs, par exemple, sont souvent séduits par de nouvelles solutions en *SaaS** simples à prendre en main, qui leur sont proposées directement par des éditeurs historiques ou des start-up avides de conquête de marché et qui évitent la case DSI pour ne pas ralentir leurs ventes. Une facilité renforcée par le fait que les directions marketing disposent désormais bien souvent de budgets propres pour ces investissements technologiques, laissant la DSI dans une situation perplexe et ambiguë.

Cantonnée à une fonction de support et privée de son rôle décisionnaire, la direction technique hésite à intervenir au sein des métiers. Un laisser-faire, souvent souhaité par la direction générale, qui peut en effet tendre vers une progression de l'efficience et de l'innovation, mais parfois vers l'exact opposé, avec des risques sérieux de fiabilité et de sécurité de l'information, sans compter les coûts d'achats moins contrôlés.

En perdant la pleine maîtrise du choix des outils de l'entreprise, à charge de la DSI de trouver une nouvelle place porteuse de valeur ajoutée, en exerçant une influence positive auprès des métiers.

DSI ET MARKETING, MAIN DANS LA MAIN POUR LE BUSINESS

Comme la plupart des branches impactées par la transformation numérique, la DSI doit se réinventer en quittant son habit de contrôleur en chef du système d'information pour devenir un véritable support à la stratégie métier, afin de contribuer à l'innovation et non pas la freiner. Il est essentiel qu'elle se positionne comme partenaire des métiers, dans une démarche de co-innovation avec des départements qui restaient plutôt passifs vis-à-vis de la technologie jusqu'à récemment.

Aujourd'hui, une direction marketing doit s'adapter très rapidement aux mutations successives du marché et à la nécessité de réduire le "time to market", entraînant un besoin d'accélérer

sa production et la collaboration entre les équipes internes ou externes. D'où la logique d'aller chercher au plus vite de nouvelles solutions qu'elle va s'approprier, mais aussi de mieux comprendre ce qu'elle peut tirer de la data omniprésente, et donc d'acquérir des connaissances techniques plus poussées.

C'est là que la DSI a son rôle à jouer en intégrant les enjeux et contraintes du marketing, comme une meilleure compréhension du parcours client, afin d'accompagner le métier sur les solutions technologiques choisies par l'une ou l'autre partie, et ainsi animer une dynamique propice à l'agilité, l'innovation et le changement.

En revanche, pour réussir dans ses nouvelles attributions, la DSI doit veiller à disposer dans ses équipes de talents dotés d'une connaissance fine des enjeux métiers, ce qui n'est que rarement le cas. Des profils ayant réalisé une partie de leur parcours dans des fonctions qu'ils doivent aujourd'hui accompagner, afin d'appréhender ces enjeux au plus juste, et même mieux, de les anticiper.

Si la prolifération de nouveaux outils digitaux oblige la DSI à gagner en souplesse sur leur acceptation, elle gagne aussi à s'appuyer sur des solutions déjà adoptées par les métiers pour favoriser la conduite du changement. Mais quoi qu'il en soit, la démarche demande à la DSI de garder une position centrale.

LA DSI CONSERVE UN RÔLE CRUCIAL QUI DOIT ÊTRE VALORISÉ

L'utilisation non contrôlée d'applications simples permettant d'augmenter la performance des collaborateurs n'aura pas un impact trop marqué, mais il en va autrement de solutions plus critiques contenant et faisant circuler des informations confidentielles de l'entreprise. La sauvegarde et la gouvernance des données font ainsi figure de problématiques majeures qui concernent tous les métiers de l'entreprise et qui doivent donc impérativement être prises en charge par la DSI.

Le coût total des solutions utilisées de façon éparse dans l'entreprise est un aspect qui ne peut pas non plus être ignoré par la DSI, d'autant plus qu'elle a l'habitude de négocier avec les fournisseurs. Il en va de même pour la performance et la maintenance de ces outils, qui obligent le service IT à s'engager sur des processus continus de tests et d'intégration, afin de garantir un fonctionnement permanent, une sécurité pérenne et une innovation renouvelée.

Pour y parvenir, la DSI doit là aussi s'entourer d'experts techniques de haut niveau, compétents sur des sujets technologiques sensibles sur lesquels personne ne peut les remplacer, tout en restant pragmatiques sur les besoins des métiers. S'ils peuvent en plus endosser le rôle d'ambassadeur de la DSI pour valoriser sa fonction et ses apports auprès de tous, il n'y aura plus de raisons de s'inquiéter du Shadow IT, qu'on ne pourra de toute façon pas arrêter.

* Retrouvez la définition dans le lexique en fin d'ouvrage.

CLEMENTINE
www.clementine.jobs
Fiche d'entreprise p. 481

Emmanuel Stanislas
estanislas@clementine.jobs

VERS UNE DISPARITION DU CHIEF HAPPINESS OFFICER ?

Né dans les start-up américaines, le rôle de *happiness manager s'est développé dans les start-up et entreprises technologiques françaises. Pourtant, certaines entreprises ont fait le choix de s'en passer, tout en adoptant d'autres façons de favoriser le bien-être au travail - et donc la performance.**

12% d'augmentation de la productivité grâce au bonheur au travail

Le happiness manager veille à l'épanouissement des équipes

> « Alors, vous faut-il un chief happiness officer ? [...] je crois beaucoup plus à une réinvention de la fonction RH dans le sens de l'expérience employé. »
>
> Bertrand DUPERRIN
> *Digital Transformation Practice Leader*
> *Emakina*

L'ASCENSION D'UN MÉTIER BASÉ SUR LE BIEN-ÊTRE

Tout d'abord, rappelons d'où vient le métier de happiness manager et pourquoi son rôle peut encore être pertinent pour certaines organisations.

Le happiness manager, en général rattaché à la direction des ressources humaines, est un collaborateur dont le rôle est de s'assurer du bien-être de tous dans l'entreprise. Il peut évaluer la capacité de l'entreprise à mettre en place les idées des collaborateurs (« et si on repeignait les salles de réunion pour avoir des murs de toutes les couleurs ? ») et être responsable de l'organisation d'événements divers (repas de fin d'année, pots de départ, paniers de fruits, aspects logistiques et loisirs durant les séminaires...).

Le happiness manager est pour les collaborateurs la référence en termes de bonheur au travail et doit à ce titre être à leur écoute, détecter les éventuels problèmes et y apporter des solutions, être leur porte-voix auprès des décideurs pour créer les conditions idéales qui leur permettent de révéler leur potentiel. La fonction est apparue en premier lieu dans les start-up et entreprises technologiues américaines et correspond à une mutation de la fonction RH. Cantonnée aux Etats-Unis à un rôle très administratif, celle-ci s'est progressivement développée pour s'axer sur l'*employee experience**, c'est-à-dire tout ce qui n'est pas indispensable à la vie du collaborateur, mais qui la facilite. Dans un contexte de guerre des talents, le salaire n'est plus un facteur suffisamment discriminant pour attirer et fidéliser un collaborateur aux compétences rares. Les entreprises misent donc sur l'expérience globale qui permet de recruter les meilleurs éléments, les rend plus engagés et plus productifs. C'est avec cette même intention que la fonction a été importée en France par des start-up, lentement, mais suffisamment pour créer une véritable tendance de fond. On trouve ainsi sur LinkedIn 169 personnes en France dont l'intitulé mentionne l'expression "happiness manager" (parfois en tant que "office & happiness manager"), en écrasante majorité en poste dans des start-up.

L'EMPOWERMENT DES COLLABORATEURS PAR LA REDISTRIBUTION DU HAPPINESS MANAGEMENT

Dès lors qu'une personne au sein de l'entreprise est entièrement dédiée au bonheur et au bien-être des collaborateurs, comment faire pour que tous se sentent responsables du bien-être commun ? En effet, l'une des limites du rôle de happiness manager est de responsabiliser une seule personne sur le sujet du bien-être, au détriment d'une réflexion collective alimentée par chacun des membres de l'organisation.

Ainsi, observant que des collaborateurs s'appuyaient trop sur les happiness managers pour lisser les frictions de la vie courante au travail ou pour organiser les temps forts de la vie collective, certaines entreprises ont choisi d'adopter de nouvelles méthodes pour favoriser le bien-être au travail. L'objectif est d'engager les collaborateurs en leur montrant qu'ils peuvent être autonomes quant aux actions qui dans d'autres organisations sont du ressort du happiness manager...

Et ces nouvelles méthodes ressemblent fort à... une formalisation de formules bien connues.

Certaines entreprises décident ainsi d'attribuer à chaque collaborateur ou chaque équipe un budget qui ne peut être dépensé que pour le bien commun. Que ce soit un petit-déjeuner avec toute l'entreprise (ou avec quelques équipes, si l'entreprise est trop importante), une soirée karaoké ou l'achat d'un baby-foot, que le budget soit dépensé par une seule équipe ou que plusieurs équipes mettent leur budget en commun, tout est permis.

Une autre méthode éprouvée par quelques entreprises consiste à attribuer à chaque collaborateur un ange gardien. Chaque ange gardien s'assure ainsi du bien-être d'un collègue, dans son équipe ou dans une équipe proche, pour favoriser les échanges. Plutôt que d'avoir un seul happiness manager qui garde un œil sur toute l'entreprise, chacun devient ainsi le happiness manager (caché) investi de la mission de multiplier les petites attentions discrètes pour rendre plus agréable la vie d'un collègue.

Les collaborateurs n'ont ainsi pas à passer par l'interface du happiness manager et peuvent plus facilement personnaliser les événements et avantages du quotidien de l'entreprise. Directement en charge d'un budget ou d'un collaborateur, ils sont plus engagés parce que directement acteurs de leur bien-être. Ils ne se réunissent plus de façon passive lors d'événements organisés pour eux, mais organisent les événements en réfléchissant à leur impact sur l'esprit d'équipe et le quotidien au sein de l'entreprise.

Revenons plus largement à l'objectif des happiness managers, c'est-à-dire la création de conditions de travail qui attirent et fidélisent les talents. Quelle meilleure façon de donner aux meilleures recrues envie de travailler dans l'entreprise qu'en leur disant qu'elles pourront - dans la limite du raisonnable - y imprimer leur empreinte ?

* Retrouvez la définition dans le lexique en fin d'ouvrage.

◊231e47
www.231e47.com

Andrea Goulet
responsable contenus
andrea@231e47.com

L'HYBRIDATION DES COMPÉTENCES, CLEF DE L'ACCULTURATION DIGITALE ?

L'acculturation digitale transforme en profondeur les compétences nécessaires au sein des entreprises, aussi bien dans la répartition de ces compétences entre les services et collaborateurs que dans l'acquisition de ces compétences. Une transformation réussie passe ainsi par une hybridation des savoirs qui représente un réel défi pour les DRH.

98% des apprenants veulent suivre un MOOC

90% des développeurs se forment seuls

L'organisation des compétences au sein de l'entreprise était auparavant linéaire : les chargés de communication travaillaient dans la direction de la communication, les organisateurs d'événements dans le département événementiel, le recrutement était du ressort des ressources humaines... Les métiers et compétences liés au digital, en particulier, étaient concentrés dans des départements dédiés (data science, développement, choix des outils et cybersécurité liés au sein du département informatique...), avec des spécialistes qui accompagnaient les autres départements, en fonction des besoins et si la stratégie de l'entreprise le prévoit.

C'est l'organisation d'une entreprise en silo, avec peu de porosité entre les différents métiers, ce qui est profondément remis en cause par la transformation digitale.

Si la première étape des échanges entre départements est le développement de stratégies communes au service de la stratégie d'entreprise, l'intégration des compétences doit changer pour mettre en œuvre ces stratégies.

> *« Le plus important, c'est vraiment de développer cette capacité de nos étudiants à apprendre dans de nouveaux domaines, que nous n'imaginons même pas aujourd'hui. »*
>
> John HENNESSY
> *Président Stanford*

LA DIGITALISATION, ACCÉLÉRATEUR ET CONSÉQUENCE DE L'HYBRIDATION

Dans de nombreuses entreprises, la transformation a commencé par le lien avec les consommateurs et le besoin de pouvoir s'adresser à eux en cas de problème. Au fur et à mesure, les départements de la communication et du marketing ont ainsi appris à intégrer la veille, le community management, la conversation à des échanges qui étaient, avant les réseaux sociaux, unidirectionnels. Ils ont dû se faire à ces nouveaux usages, plus ouverts, plus immédiats, profondément représentatifs de la digitalisation. Les départements des ressources humaines ont ensuite suivi cette évolution en intégrant des responsables de la marque employeur, qui ont des facettes de marketeur, de recruteur et de community manager. Dans un souci de cohérence entre l'expérience proposée aux clients externes (consommateurs, talents) et aux clients internes (collaborateurs) de l'entreprise, les mêmes dynamiques de communication ouverte et décentralisée ont peu à peu investi l'intérieur de l'entreprise. Cela a permis de répondre au besoin des collaborateurs d'avoir dans leurs rapports professionnels des usages similaires à ceux qu'ils ont dans leur vie privée.

En cherchant les outils les plus adaptés à l'acculturation digitale de l'entreprise, les directions des ressources humaines se sont retrouvées face au défi de taille de s'acculturer elles-mêmes, d'hybrider leurs propres compétences pour y intégrer des aspects digitaux - tout en arrivant à anticiper les compétences émergentes nécessaires dans toute l'entreprise à court et long termes.

DE L'ACQUISITION INFORMELLE DES COMPÉTENCES DIGITALES

Cette hybridation a également lieu dans toute l'entreprise, où elle n'est qu'une conséquence naturelle d'un monde de plus en plus ouvert. Les collaborateurs se forment de plus en plus de façon informelle, au contact de leurs collègues ou de leurs homologues d'autres entreprises en travaillant sur des projets communs. Ils suivent aussi des *MOOCs** et d'autres moyens d'autoformation (par exploration et expérimentation, par exemple) qui, contrairement aux COOCs, rendent difficile le suivi de leurs nouvelles compétences. Ces compétences acquises dans la sphère privée peuvent pourtant tôt ou tard s'avérer utiles dans l'entreprise, ou être mises en avant lors d'une demande de changement de poste, sans pour autant être visibles sur une fiche de poste. D'ailleurs, il peut arriver que l'entreprise recherche à l'extérieur des compétences qu'elle ignore avoir en interne.

L'un des enjeux de la GPEC d'un monde de plus en plus digitalisé devient donc, avant même de prévoir les compétences nécessaires à l'avenir, de répertorier les compétences déjà présentes au sein de l'entreprise. En parallèle, puisqu'il devient indispensable de faire entrer de nouvelles compétences dans l'entreprise et de l'enrichir de développeurs, data scientists, responsables de l'engagement collaborateurs et de sourceurs spécialistes de ces métiers, le responsable des ressources humaines se retrouve face au dilemme suivant : faut-il faire monter des collaborateurs en compétences (ce qui sera de toute façon nécessaire tôt ou tard) ou plutôt systématiquement recruter des talents externes ou faire appel à des freelances qui rejoignent l'entreprise le temps d'une mission - et permettront d'ailleurs aux collaborateurs d'apprendre les bases d'un domaine nouveau ?

Enfin, comment s'assurer de la bonne acquisition des compétences par ceux qui les revendiquent ? Si des diplômes de développeurs existent et sont réputés, les développeurs autodidactes sont également recherchés par les entreprises, à condition de pouvoir faire valoir des projets, sur *GitHub**, par exemple. En parallèle, développer ne suffit plus, les talents étant clefs pour développer les chatbots, applications et sites qui servent l'entreprise, ils doivent être capables de comprendre les enjeux stratégiques, nourrir les réflexions, trouver une façon de communiquer pour que leurs interlocuteurs acquièrent en échange des notions techniques.

La GPEC est ainsi fortement impactée par la transformation. Et la capacité d'une entreprise à acculturer ses collaborateurs au digital est impactée par sa capacité à tirer profit des compétences non exploitées de l'organisation, mais surtout à miser sur la compétence clef du XXIe siècle : celle d'apprendre à apprendre.

* Retrouvez la définition dans le lexique en fin d'ouvrage.

231e47
www.231e47.com

Jean-Noël Chaintreuil
CEO
jn@231e47.com

07 • T. DIGITALE

DE L'AUTONOMIE À TOUS LES NIVEAUX DE L'ENTREPRISE

Les métiers indispensables à l'entreprise sont-ils vraiment compris et appréciés à leur juste valeur ? Si certaines entreprises ont pleinement intégré le rôle et surtout les évolutions des directeurs marketing, directeurs du digital ou directeurs de l'expérience collaborateur, d'autres ne donnent pas à ces personnes clefs les moyens de remplir pleinement leur fonction.

23% des salariés disent manquer d'autonomie

Pour **55%** des salariés, leurs compétences sont inutilisées

L'écrasante majorité des dirigeants d'entreprise savent qu'ils ont besoin d'une directrice ou d'un directeur marketing, d'un directeur de la communication, d'un chief digital officer (lorsque ce rôle n'est pas assuré par le directeur général), d'un directeur des ressources humaines, d'un directeur commercial... Ces rôles sont indispensables pour développer l'entreprise en mettant en application des bonnes pratiques profondément ancrées dans leur époque. Ainsi, ces rôles sont en premier lieu responsables de leur verticale métier, mais permettent souvent de faire progresser la digitalisation de l'entreprise... Ils doivent ainsi être en mesure de collaborer entre eux, mais aussi avec des équipes et des agences qui dépendent de chacun pour mener à bien leurs tâches.

Pourtant, les disparités de missions d'une organisation à l'autre et l'évolution des métiers en eux-mêmes entraînent des situations où les moyens nécessaires pour mener ces tâches à bien ne sont pas toujours déployés.

En effet, de L'Oréal à une start-up créée l'année dernière, le rôle d'un directeur marketing ne sera pas le même. Dans le premier cas, on parle de déléguer à des centaines de collaborateurs et de coordonner plusieurs agences à l'international, pour des lancements produits différents avec des stratégies propres dans chaque pays, mais avec la capacité à mettre au point un message qui saura être compréhensible sur tous les marchés, online et offline. Dans le second cas, si l'on parle d'une start-up naissante, le directeur marketing est souvent un membre fondateur qui conçoit et parfois met lui-même en application une stratégie de webmarketing qui s'appuie sur les réseaux sociaux, du growthhacking et des newsletters, et un contact avec le client final beaucoup plus direct. Entre ces deux extrêmes, on trouve bien évidemment une gradation quasiment infinie du scope couvert par le même terme "directeur marketing".

Ce scope est non seulement variable d'une entreprise à l'autre, mais est amené à changer au fil de la digitalisation des entreprises et des changements culturels liés au digital.

À titre d'exemple, le directeur des ressources humaines était il y a quelques années responsable de tâches très administratives et du parcours collaborateur dans une version très administrative, en travaillant main dans la main avec les managers... Il est aujourd'hui bien plus. Véritable acteur de la digitalisation de l'entreprise, il en est même souvent le porteur principal. Il a

une casquette de marketeur qui lui sert à développer la marque employeur de l'entreprise sur les réseaux sociaux, dans les salons de recrutement et avec un site carrières développé de façon à accueillir les témoignages des collaborateurs et les candidatures de ceux qui veulent les rejoindre. D'ailleurs, il développe pour encourager les candidats à signer des stratégies complexes où se mélangent marketing, maîtrise des comp & ben et connaissance fine des attentes de chaque génération au travail, mais aussi des concurrents dans la guerre des talents, qui changent sans arrêt. Il est aussi explorateur et cherche continuellement les meilleurs outils digitaux, à la fois pour gérer les processus RH eux-mêmes et pour conserver le lien avec les collaborateurs, nourrir les liens des collaborateurs entre eux, leur permettre d'être plus productifs. Il développe des plans de formation pour faire monter les collaborateurs en compétences en étant à l'écoute des managers, mais aussi en effectuant une veille efficace qui lui permet d'anticiper les besoins. Il doit observer les usages des collaborateurs qui s'attendent à avoir des pratiques similaires vis-à-vis de la technologie sur leur lieu de travail et chez eux. Finalement, la direction des ressources humaines collabore bien plus avec les autres départements et intègre plus de métiers que par le passé.

Il en va de même dans toutes les directions : les tâches évoluent avec la technologie, les métiers changent en profondeur, les missions doivent être réalisées en cohérence à l'intérieur et à l'extérieur de l'entreprise... Et tout cela demande plus de moyens. Financiers et humains, bien sûr, mais aussi en termes de prise de décision dans toute l'entreprise. Si les plans de transformation doivent être mûrement réfléchis, il est indispensable de garder à l'esprit que la technologie évolue rapidement et que pour garder un coup d'avance (ou simplement ne pas être en retard), il vaut mieux prévoir des processus de décision plus courts pour certains points, quitte à opérer progressivement, avec des pilotes et phases de tests.

Cette facilité à décider doit également transparaître aux niveaux les plus opérationnels de l'entreprise. Là où une réponse à une lettre de client pouvait être validée par trois personnes, il faut être plus rapide sur les réseaux sociaux. Les personnes qui sont les plus proches des clients – et donc cruciales pour l'image de l'entreprise – doivent ainsi être capables de répondre à leurs questions : l'entreprise doit fournir aux employés qu'elle a choisis les moyens d'être indépendants dans leurs tâches quotidiennes. De la même façon, une communication interne efficace peut faciliter les recrutements de profils rares en misant sur la cooptation et le réseau des collaborateurs. *Empowerment** et engagement sont les maîtres mots.

* Retrouvez la définition dans le lexique en fin d'ouvrage.

> **“ L'autonomie suppose intelligence et réflexion pour réagir rapidement à des situations plus ou moins imprévisibles, quel que soit le niveau hiérarchique des individus. ”**
>
> **Christophe EVERAERE**
> *Responsable école doctorale Sciences Eco Gestion Université de Lyon 3*

231e47
www.231e47.com

Jean-Noël Chaintreuil
CEO
jn@231e47.com

LES FEMMES DANS LE DIGITAL : UN PANORAMA

Poser la question de la place des femmes dans le milieu du digital, c'est poser la question de la parité et de son respect dans un secteur en pleine croissance au sein duquel les opportunités de carrière ne manquent pas. Où en sont-elles exactement ?

- de 30% de femmes dans le secteur digital

Seulement **13%** de femmes sont à la tête de start-up

> "Le digital a en effet bouleversé la donne en offrant plus de flexibilité sur les conditions de travail grâce aux outils de mobilité qui ont contribué à redonner de la compétitivité aux profils féminins."

Le sujet n'est pas si nouveau puisqu'il est connu que les métiers d'ingénierie attirent plus les hommes ; néanmoins il inquiète puisque le digital est considéré comme l'avenir de notre économie. Les entreprises valorisent évidemment la parité et beaucoup l'appellent de leurs vœux, affichant des ambitions assumées de "féminiser leur comité de direction".

On retrouve moins de 30 % de femmes dans le secteur du digital et on tombe à moins de 10 % quand il s'agit de métiers plus techniques tels que le développement ou la gestion d'infrastructures.

UN FILTRE À LA RACINE : LA FORMATION

Les métiers du digital ont un ADN très orienté technologie et ont naturellement fait la part belle aux profils techniques, allant du développeur au CTO. Ces profils étant généralement issus d'écoles d'ingénieur, ils se déclinent souvent au masculin, et ce, avant même l'entrée sur le marché du travail.
L'embellie des métiers liés à la data (data analyst, data scientist...) a contribué à renforcer cette tendance en mettant à l'honneur des profils très "matheux" issus de formations de statisticiens, où les hommes sont encore une fois sur-représentés.
D'après les derniers chiffres du Syntec Numérique, il y aurait 27 % de femmes parmi les salariés du numérique, un chiffre légèrement biaisé puisqu'il englobe les métiers de support informatique. Il n'y a, par exemple, que 6 % de développeuses. Et la tendance ne laisse pas présager d'amélioration, car, selon une étude Microsoft réalisée sur 11 500 jeunes femmes à travers l'Europe, seules 30 % des jeunes Françaises envisagent de poursuivre une carrière dans les *STEM**.

UNE DICHOTOMIE DANS LES MÉTIERS DU DIGITAL

Les femmes sont à l'inverse bien représentées dans des secteurs comme la communication - historiquement très féminisés - et dans lesquels elles se sont appropriées les nouveaux outils du digital tels que les blogs (les journalistes de la presse féminine ne peuvent plus faire sans les influenceuses du web, d'ailleurs), réseaux sociaux, outils collaboratifs.
Par ailleurs, ces dernières années, certains métiers sont apparus où les femmes ont la part belle. C'est le cas par exemple des métiers autour du webmarketing/acquisition/SEO /SEA, mais également la web analyse, indispensable pour driver la performance des sites et applications.

L'émergence d'une génération de femmes en charge du pilotage de sujets digitaux a été permise notamment par l'arrivée du digital lui-même. Le digital a en effet bouleversé la donne en offrant plus de flexibilité sur les conditions de travail grâce aux outils de mobilité tels que les téléphones et ordinateurs portables, mais aussi aux technologies d'accès à distance et d'hébergement cloud – une flexibilité qui a contribué à redonner de la compétitivité aux profils féminins.

L'ENTREPRENEURIAT AU FÉMININ

Le digital n'est pas juste un secteur d'activité, il transforme tous les autres. On voit apparaître des start-up qui transforment leur secteur en s'appuyant sur une technologie issue du web. C'est le cas d'Envie de Fraises, première marque de mode en France à s'être développée exclusivement sur Internet, et devenue en 10 ans la marque maternité leader en France et en Europe. A l'origine de cette start-up ? Une femme bien sûr, Anne-Laure Constanza. Son statut d'entrepreneuse à succès lui a notamment permis de représenter la voix des entrepreneurs français et de leurs préoccupations dans le cadre de "dialogues citoyens" avec le Président François Hollande, en 2016.
Au-delà d'une parité qui se réalise en chiffres, la mise en place de figures de proue féminines permet aussi de changer l'image des entrepreneurs du digital. Cette évolution de la représentation permettra elle aussi de faire évoluer les perceptions et potentiellement d'inspirer et de faire naître des vocations.

Lorsque l'on regarde de plus près l'entrepreneuriat au féminin, on remarque l'existence d'un dispositif particulièrement dense. Selon l'étude JFD/Capgemini Consulting (2016), « pour percer dans le digital, 93 % des répondantes jugent nécessaire de networker et d'échanger ».
Les initiatives ne manquent pas et les dispositifs sont variés : on y retrouve des événements comme la journée de la Femme Digitale qui a rassemblé plus de 10 000 participants en mars 2017 ; des réseaux de networking dédiés aux femmes comme le JFD Connect Club qui a ouvert ses locaux en septembre 2017 ; ou encore des centres spécialisés dans la création d'entreprises dans le milieu du digital tels que Paris Pionnières, une plateforme d'innovation qui propose aux femmes entrepreneures un accompagnement adapté et un hébergement pour leur start-up. Aujourd'hui, entre 28 % et 32 % des entreprises nouvellement créées en France le sont par des femmes – un bon chiffre au regard de la moyenne européenne –, mais seulement 13 % de femmes sont à la tête de start-up. C'est pourtant une option plébiscitée par les femmes qui leur permet de trouver un rythme et une organisation qui leur sont propres et d'éviter l'effet plafond de verre qui existe encore dans certaines structures.

Ces chiffres qui mettent en relief une certaine disparité entre les genres paraissent néanmoins promis à une belle évolution avec l'arrivée sur le marché du travail de nouvelles générations "digital natives" qui compensera naturellement le déséquilibre historique entre hommes et femmes sur les sujets du digital.

* Retrouvez la définition dans le lexique en fin d'ouvrage.

◊ CLÉMENTINE
www.clementine.jobs
Fiche d'entreprise p. 481

Cécile Eymard
Consultante en recrutement spécialisée en digital chez Clémentine

Judith Tripard
Responsable Recrutement Carrières & Mobilité chez TF1 le Groupe

Coup de cœur · INSPIRATION

DIGITAL, TRAVAIL FLEXIBLE ET TRANSFORMATION DE CARRIÈRE

Alors que près d'un jeune sur deux envisage de changer d'orientation professionnelle, il devient évident que la *transformation de carrière revêt des enjeux capitaux. Si le digital a bien sûr favorisé le développement d'une nouvelle culture d'entreprise et de nouveaux modes de travail, il contribue également à faciliter la réorientation et le changement de carrière.**

13% des salariés peuvent télétravailler régulièrement

91% des salariés sont désengagés dans leur travail

1 jeune sur **2** souhaite changer d'orientation professionnelle

> " La souplesse acquise en grande partie grâce au développement du digital a permis le développement de nombreux modes de travail qui restaient jusque-là marginaux. "

La génération Y et les millenials n'envisagent plus de passer leur vie à pratiquer un même métier au sein d'une seule entreprise. S'il n'est pas nécessaire de quitter son entreprise pour changer de vie professionnelle, le statut d'indépendant attire toutefois de plus en plus de candidats. Pour preuve, le nombre de free-lances a augmenté de 120 % en France ces dix dernières années. Il appartient donc à chacun - entreprises et particuliers - de connaître et mettre en œuvre les ressources nécessaires pour s'adapter à cette nouvelle tendance : la possibilité de "switcher" et de construire des expériences et parcours professionnels plus flexibles et moins linéaires.

1. L'ÉMERGENCE DE LA CULTURE START-UP

L'explosion des start-up partout dans le monde ces 10 dernières années a amené avec elle une nouvelle façon d'envisager la culture d'entreprise. Nombre de bouleversements découlent directement de cette évolution et de la révolution digitale. Ces entreprises ont vite compris qu'apporter de la flexibilité et du bien-être à leurs employés permettait d'augmenter leurs performances, et donc les résultats. Si elle passe aujourd'hui facilement pour la panacée au sein d'entreprises cherchant à se rendre plus attractives, la flexibilité demande un vrai travail de fond pour les employeurs qui souhaitent s'y mettre. Il ne suffit plus de mettre un baby-foot dans les espaces de repos ou d'organiser des apéritifs tous les jeudis, mais bien de changer la façon dont toute l'organisation fonctionne et apporte de la liberté et de la motivation à ses salariés. Cela fait partie intégrante de la transformation digitale des entreprises.

Si les modèles de Google et Amazon ont fait des émules, certaines start-up peuvent également servir de sources d'inspiration. Car il ne faut pas oublier que le propre d'une start-up est de conserver une grande agilité, ce qui est impossible si l'on ne permet pas à ses propres collaborateurs d'être agiles. Or, outre la recherche de sens, c'est justement ce que recherchent aujourd'hui beaucoup de professionnels plus ou moins jeunes, les amenant à repenser leur avenir et s'intéresser de plus près aux moyens de transformer leur carrière. Le digital y a un grand rôle à jouer.

2. LES NOUVEAUX MODES DE TRAVAIL

Parmi ces moyens, de nouveaux modes de travail ont émergé ces dernières années grâce au digital et continuent d'évoluer. Pour les personnes en réflexion sur leur vie professionnelle, c'est

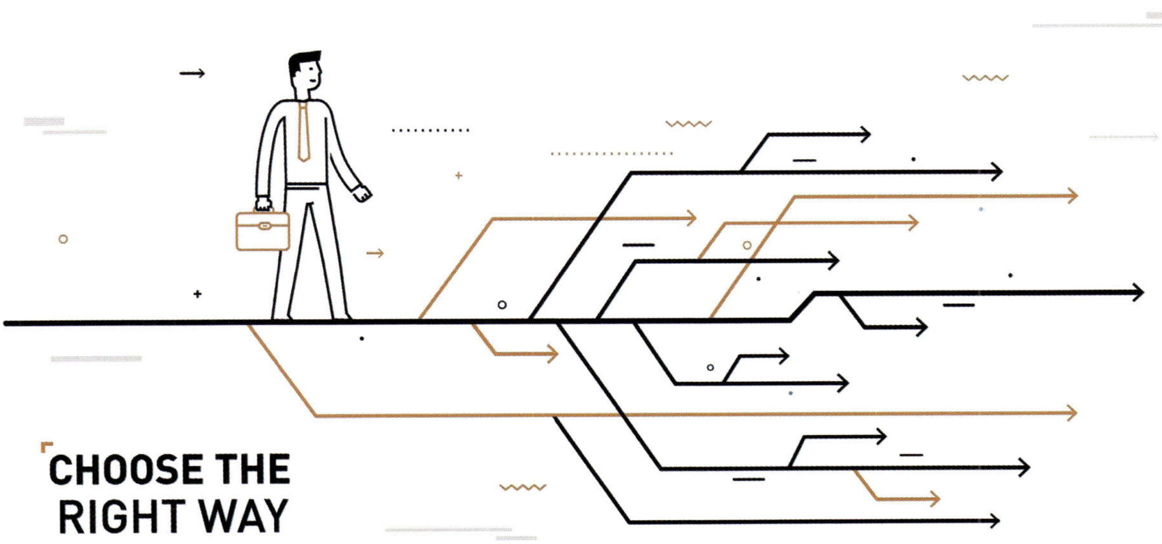

autant d'opportunités pour adapter leur activité à leurs envies et leurs besoins. Car un changement de mode de travail suffit parfois à redonner de la motivation et de nouveaux objectifs à des salariés désengagés. Que ce soit au sein même des entreprises, où 13 % des salariés peuvent désormais télé-travailler régulièrement, ou du côté des indépendants qui peuvent maintenant "coworker" aux quatre coins de la France, le maître mot semble être la flexibilité.

Cette souplesse acquise en grande partie grâce au développement du digital, a permis le développement de nombreux modes de travail qui restaient jusque-là marginaux : temps partiel, horaires souples, coworking ou cotravail (depuis un espace dédié où chacun loue son espace de travail), free-lancing ou travail indépendant (à la mission, souvent depuis chez soi), remote office ou travail à distance (notamment pour des entreprises n'ayant pas de bureaux à elles), slashing ou hybridation (associer plusieurs activités professionnelles différentes pour trouver son équilibre), jobsharing ou partage d'emploi (deux collaborateurs occupent le même poste, chacun à temps partiel)... Certains associant même plusieurs modes de travail pour créer une vie à leur image. Si l'on entend davantage parler de ces anglicismes que de leur traduction française, ce n'est pas par hasard : le *travail flexible** est bien plus développé dans les pays anglo-saxons et notamment aux Etats-Unis ou en Angleterre (où une législation sur le "droit au travail flexible" a même été mise en place en 2014). De quoi donner de solides pistes de réflexion aux acteurs concernés en France.

3. LES OUTILS DE LA TRANSFORMATION DE CARRIÈRE

Ces nouveaux modes de travail permettent de repenser son emploi, voire d'opérer un switch partiel ou complet de carrière lorsque la perte de sens et la recherche d'un meilleur équilibre vie privée/vie professionnelle sont au cœur de la réflexion. Lorsque l'on prend la décision de donner un nouveau souffle à sa carrière professionnelle, que ce soit au sein même de son entreprise ou en changeant complètement de voie, il existe une multitude de ressources digitales pour y parvenir. En commençant par les MOOC et autres cours en e-learning permettant pour certains de valider de véritables cursus diplômants sans bouger de chez soi. Une ressource inestimable, y compris pour les entreprises qui offrent ainsi à leurs employés un moyen de se former et monter en compétences à moindres coûts.

Encore faut-il savoir à quoi l'on souhaite se former. Pour ceux qui se sentent perdus, Internet reste une source d'information inégalée et permet d'effectuer différents tests, y compris des bilans de compétences, pour faire le point. Lorsqu'il s'agit de trouver un nouvel emploi répondant à des critères "atypiques", il existe désormais des sites spécialisés : profils atypiques (jaipasleprofil.fr), emplois flexibles (House of Cadres, Flexjob), emplois en start-up (Welcome to the Jungle), missions free-lance (Hopwork, Upwork, Missioneo...), travail en remote office (remote.co, weworkremotely.com)... Beaucoup d'entre eux travaillent main dans la main avec des entreprises dont la politique de recrutement s'est ouverte aux profils inhabituels.

4. LE DIGITAL C'EST BIEN... LE PHYGITAL, C'EST MIEUX !

On le voit, le digital impacte la transformation de carrière aussi bien en entreprise qu'en dehors. Reste que le digital seul ne peut remplacer l'expérience et le contact humain, qui sont les clefs d'une transition professionnelle épanouie. C'est ainsi que la plupart des ressources digitales existantes pour accompagner la transformation de carrière s'appuient aussi sur le phygital pour développer leurs services et leurs communautés : de Hopwork proposant des apéros et shootings photos à Switch Collective, un collectif permettant de trouver sa voie grâce à des ateliers en groupes, qui organise des conférences mettant en avant des personnes ayant déjà switché. Le contact humain et le partage d'expérience, en plus des services proposés en ligne, permettent de développer son réseau et ses connaissances en sortant de l'isolement que peut provoquer le processus de changement de carrière. C'est aussi un moyen d'y voir plus clair sur ses besoins, ses envies, en discutant avec des personnes ayant traversé les mêmes problématiques. Or, appartenir à une communauté - physique ou digitale - partageant les mêmes valeurs et objectifs est un levier puissant de motivation.

Le même constat est fait au sujet des espaces de coworking qui permettent aux télétravailleurs de se retrouver et tisser des liens avec d'autres personnes ayant le même mode de vie. Pour les entreprises, nombre de conférences et d'ateliers sont également l'occasion d'en apprendre plus sur la culture d'entreprise agile et les nouveaux modes de travail, et de provoquer des échanges fructueux entre start-up et grandes entreprises. Une manière concrète de transmettre les bonnes pratiques permettant d'accompagner sereinement les salariés dans leur changement de carrière. Si le digital reste une ressource précieuse, il n'est donc à lui seul pas suffisant et n'a d'intérêt que s'il participe à fédérer les individus et non les isoler.

5. QUELLES CONSÉQUENCES POUR LES EMPLOYEURS ?

Ces bouleversements ne sont pas sans conséquence sur les entreprises. Si la culture start-up n'est pas un modèle absolu à reproduire dans toutes les organisations, elle a contribué à rendre le travail plus flexible et les carrières plus adaptables. Il est donc du ressort de chaque employeur de s'adapter à ces changements afin d'une part, de savoir retenir ses talents les plus volatiles, et d'autre part, d'en attirer d'autres facilement. Cela fait partie intégrante de la transformation digitale des organisations. Car pour rendre une marque employeur forte, il

faut savoir innover et faire preuve des mêmes qualités que celles recherchées chez un candidat. Or, s'il y a bien une qualité qui est valorisée aujourd'hui chez les employés, c'est l'adaptabilité. L'employeur commencera donc à se rendre flexible pour mieux recruter. Un ingénieur devenu boulanger, une infirmière passée responsable ressources humaines ou un fondateur de start-up reconverti en directeur commercial : ces profils atypiques sont de plus en plus courants et doivent attirer l'œil des recruteurs. La richesse de leurs expériences, leur capacité à provoquer et s'adapter au changement, mais aussi leur grande motivation pour le travail qu'ils ont choisi en font des recrues de valeur pour tout employeur.

On sait depuis longtemps que la rémunération n'est pas la première raison pour laquelle les collaborateurs se sentent bien au travail – l'employeur doit donc innover pour mieux travailler. Cela passe par favoriser le bien-être des employés, leur cohésion et leur épanouissement. Nouveaux modes de travail, décentralisation de la hiérarchie, transparence sont autant de moyens d'augmenter l'engagement au travail.

Enfin, l'entreprise se rend agile pour mieux performer. En adaptant le travail à chacun de ses collaborateurs, elle le reconnaît pleinement et lui donne l'occasion d'être plus performant au travail. En se donnant la possibilité de recourir à des free-lance ou des temps partiels, elle décomplexifie l'organisation et favorise la performance active. Il s'agit toutefois d'un processus de fond, qui ne doit pas rester superficiel, demandant du temps et de l'engagement, mais qui deviendra nécessaire pour s'adapter à ce qui va devenir la norme : des organisations agiles.

> *“Le digital impacte la transformation de carrière aussi bien en entreprise qu'en dehors. Reste que le digital seul ne peut remplacer l'expérience et le contact humain.”*

En une vingtaine d'années, le digital a impacté tous les aspects de nos vies. Il était prévisible que la conception du travail s'en trouve elle aussi changée. On l'a vu, la transformation de carrière peut se faire au sein ou en dehors des entreprises, et les outils qui permettent de construire sa nouvelle vie professionnelle sont nombreux. Pour ceux qui se lancent en tant qu'indépendants ou opèrent un switch total dans leur orientation professionnelle, le digital reste une ressource capitale et facilite aujourd'hui grandement le processus long et souvent compliqué de la transition professionnelle. De nombreuses start-up évoluent autour de ces questions, apportent des solutions innovantes et construisent des communautés fortes sur lesquelles s'appuyer lorsqu'on se retrouve isolé. Les personnes choisissant de faire évoluer leur carrière en restant dans leur entreprise traversent le même processus, et doivent être accompagnées et valorisées dans ce changement par l'employeur au risque de se retrouver désengagées. La transformation digitale des organisations doit donc également amener une transformation du travail, car comment restructurer efficacement une entreprise sans travailler différemment ?

Dans un monde où les nouvelles générations préfèrent quitter un emploi que rester dans une entreprise qui ne leur correspond plus, où l'épanouissement personnel prend le pas sur l'ascension professionnelle, il devient primordial de valoriser le capital humain et en faire le premier levier de performance au sein de l'entreprise.

◊ **AUDE MOUNIER**
Créatrice du blog slasheuse.fr
aude.m@outlook.fr

* Retrouvez la définition dans le lexique en fin d'ouvrage.

08

ANNUAIRE

Les grands acteurs du Digital se présentent !

ACQUIA

Acquia®

◊ Date création : 2007

◊ Adresse :
34 Boulevard des italiens
75001 Paris

◊ Contact :
Tél. 01 79 97 25 70

◊ Site web :
www.acquia.com

◊ Reseaux sociaux
in Acquia
f facebook.com/acquia
acquia.com/blog

OLIVIA LANNUZEL
Head of Marketing Southern Europe & Benelux
Tél. 01 79 97 25 70
olivia.lannuzel@acquia.com

Acquia est le leader des solutions de gestion d'expériences digitales dans le cloud.
Des entreprises visionnaires font confiance à Acquia pour changer la façon dont ils engagent leurs clients - de façon contextualisée et personnalisée, sur tous les appareils et sur tous les canaux. Acquia offrent aux organisations l'agilité dont elles ont besoin pour adopter de nouveaux modèles de stratégie numérique, innover plus rapidement et accélérer leur mise sur le marché.
Des clients tels que Air Liquide, Veolia, Carrefour, la RATP, Voyages-sncf ou encore Michelin Travel Partner profitent au mieux de la technologie Acquia basée sur Drupal, le CMS open-source en mode cloud, et de ses outils de gestion des expériences numériques pour créer des initiatives numériques plus intelligentes aujourd'hui et dans le futur : sites internet, marketing digital, expériences mobiles et multi-canal, digitalisation de l'entreprise, etc.

DOMAINE D'EXPERTISE

Chez Acquia nous pensons que la santé de vos ressources numériques passent par plusieurs éléments clés que vous devez considérer pour assurer votre santé numérique et votre capacité d'exécution sur le long terme. Acquia apporte de la valeur à la notion de "santé numérique" à travers notre offre technologique et nos services pour la gestion d'expériences numériques et de contenus web dans un monde en constante évolution.

Nous aidons nos clients à améliorer leur santé numérique afin d'atteindre des objectifs concrets tels que :

- Construire et délivrer des expériences numériques qui engagent prospects et clients sur le web, le mobile et tout autre canal numérique.
- Créer des expériences personnalisées qui parlent d'elles-mêmes et sont contextualisées afin de créer une relation, un lien, plus fort avec les prospects et clients et satisfaire leurs attentes et besoins principaux.
- Maintenir une cohérence de marque et la contrôler dans un environnement qui est bien souvent hors de contrôle : le web et les canaux digitaux opérants chacun en silo, au sein de différents départements et dans différentes entités autour du globe. Nous vous donnons la possibilité de conserver une expérience de marque cohérente pour vos clients.

Atteindre cela et encore bien plus de vos priorités numériques qui y sont liées est l'aboutissement d'une bonne santé numérique. Acquia est prêt à vous aider à atteindre votre meilleure santé numérique avec succès.

PRINCIPAUX CLIENTS

Wilson Sporting Goods, Warner Music Group, Virgin Sport, Sephora, Voyages-sncf, Neopost, Vodafone, TomTom, Michelin Travel Partner, Aufeminin, Princess Cruises, Santander, Veolia, Air Liquide, Carrefour, Alstom, Saint-Gobain

Article
4 étapes pour construire une machine à contenu marketing
P.40

Article
L'évolution du marketing personnalisé
P.164

ADLEDGE

◊ Date création : 2008

◊ Adresses :
30 rue Victor Hugo 72000 Le Mans
99 rue de Vaugirard 75006 Paris

◊ Contact :
contact@adledge.com
Tél. 01 84 25 43 82

◊ Site web :
www.adledge.com

◊ Reseaux sociaux
@adledge

NATHALIE LE BORGNE
Présidente
Tél. 06 61 16 89 76
nlb@adledge.com

LAURENT BLANC
COO
Tél. 06 59 12 79 42
lbc@adledge.com

Adledge est un spécialiste de la mesure de la **visibilité**, de la **fraude** et de la **brand safety** sur internet.

TRANSPARENCE ET CYCLE DE VIE COMPLET DE CHAQUE INSERTION

Adledge est reconnu pour proposer des données très complètes permettant de restituer au dixième de seconde près le cycle de vie complet de chaque insertion publicitaire mesurée à l'écran.
Nous mesurons avec la plus grande précision comment ont été vues les publicités digitales et en vérifions le contexte afin de préserver l'image de marque des annonceurs.

GRANULARITÉ, PRÉCISION ET SOUCI DU DÉTAIL

Cette précision et cette transparence totale de la donnée permettent à nos clients de construire des solutions pré-bid sur mesure, adaptées aux KPI des annonceurs.
Nous exploitons une véritable singularité par la fourniture de données brutes grâce à une granularité sans égale et apportons la compréhension la plus fine de la visibilité obtenue pour chacune des campagnes, que ce soit en fonction des formats, des inventaires ciblés ou des supports de diffusion.

DOMAINE D'EXPERTISE

> Visibilité de la publicité sur internet

- Adledge permet de déterminer des seuils de visibilité sur mesure à tout moment, et ce, sans limitation d'historique ;
- Nos solutions proposent également l'intégration de plus de 20 variables de transfert de données pour toujours plus de précision ;
- La fraude est détectée selon les standards de la certification MRC, supprimée au sein des mesures de visibilité et catégorisée dans des rapports dédiés.

Ses partenaires construisent ainsi de la pertinence qui va bien au-delà d'un scoring pré-établi ce qui permet une amélioration permanente de la qualité des campagnes digitales.

> Fraude et trafic invalide

- Mesure des fraudes volontaires et du trafic invalide créé involontairement ;
- Mesure détaillée du trafic induit par les robots, les navigateurs invalides, les IPs invalides.

> Brand Safety et contexte de la publicité

- Adledge permet de vérifier le contexte de la publicité en live de la diffusion avec les paramètres spécifiques à l'internaute qui regarde à ce moment la publicité ;
- Cela va au-delà d'un historique de navigation qui ne peut refléter exactement le contexte dans lequel se trouve l'internaute quand il regarde la publicité ;
- Nous permettons ainsi aux agences de publicité et aux autres acteurs travaillant avec les annonceurs de se conformer aux exigences de **la loi Macron-Sapin dont le décret n° 2017-159 d'application, publié le 9 février 2017, impose à partir du 1er janvier 2018 la transparence de la diffusion publicitaire à tous les acteurs digitaux français.**

PRINCIPAUX CLIENTS

Nous travaillons avec plus de 400 annonceurs dans plus de 20 pays et mesurons plusieurs milliers de campagnes chaque mois.

Infographies
Retrouvez les chiffres clés et infographies
en ouverture du chapitre Branding
P. 12

Article
Brand Safety, fraude et visibilité digitale,
les enjeux 2018
P. 16

ALLO-MEDIA

allomedia

◊ Date création : 2011

◊ Adresse :
32 rue de la Bienfaisance
75008 Paris

◊ Contact :
contact@allo-media.fr
Tél. 01 70 82 78 95

◊ Site web :
www.allo-media.fr

◊ Reseaux sociaux

in www.linkedin.com/company/2765724
f www.facebook.com/AlloMedia
@allomedia
www.allo-media.fr/blog

ROMAIN SAMBARINO
Président Fondateur
Tél. 01 70 82 78 95
rsambarino@allo-media.fr

FRÉDERIC DANIEL
Directeur Général Adjoint, Associé
f.daniel@allo-media.fr

ROMAIN RULLIER
Responsable Développement Commercial, Associé
r.rullier@allo-media.fr

VINCENT JOUSSE
Directeur Technique, Associé
v.jousse@allo-media.fr

Après 2 ans de R&D, Allo-Media lance en octobre 2016 sa solution "Cookie Vocal™", une technologie innovante permettant de collecter toute la data conversationnelle des appels téléphoniques.
Cette solution s'adresse aux directions marketing et relation client et crée un pont entre ces deux domaines afin d'améliorer l'expérience client.

Bénéfices commerciaux
- Réengager les prospects automatiquement ;
- Détecter et convertir les opportunités d'up-sell & cross-sell ;
- Améliorer les scripts de vente.

Optimisation marketing
- Réduire le coût d'acquisition par une amélioration du ciblage ;
- Personnaliser le reciblage ;
- Activer de nouveaux segments.

Fidélisation et expérience client
- Prédire en temps réel le churn dans la conversation ;
- Améliorer continuellement la satisfaction client par la qualité ;
- Réconcilier et fluidifier le parcours client.

DOMAINE D'EXPERTISE

Avec une technologie d'**intelligence artificielle**, de **reconnaissance vocale** et d'**analyse sémantique** du langage, le Cookie Vocal™ permet une captation automatique de la data conversationnelle, et une analyse sémantique en temps réel des conversations téléphoniques avec des clients.
Si le client a navigué sur un site web avant d'appeler, le **Cookie Vocal™** permet également de relier le contenu de la conversation téléphonique au parcours web, Allo-Media "rétablit la rupture" du parcours client, entre le "online" et le contenu téléphonique "offline", qui perd traditionnellement le marketing digital.
Cette technologie permet donc de réutiliser toute cette nouvelle donnée clients pour réaliser des campagnes de marketing digital particulièrement ciblées, construites à partir de ce que le client a exprimé durant sa conversation téléphonique.

Pour la relation client au téléphone, elle permet également des fonctionnalités "disruptives" comme la qualification automatique et simultanée de tous les appels reçus, la captation, la catégorisation et l'intégration automatique d'informations clients dans des outils CRM, Analytics, DMP et DSP.
Le **Cookie Vocal** est donc un concentré d'**innovations Marketing** :
- Digitalisation des conversations téléphoniques, et leur rebond commercial via des publicités en ligne ciblées sur les contenus des conversations ;
- Lien entre le parcours digital et le contenu des appels téléphoniques ;
- Qualification automatique de tous les appels de la relation client au téléphone.

PRINCIPAUX CLIENTS

SPB, SeLoger Invest, Voyage Privé, Nextdoor, PSA Retail, Covéa, Groupama, Engie, Allianz...

Étude de cas
SPB, l'excellence opérationnelle : comment y arriver par des conversations téléphoniques transformées en data
P.224

Article
Intelligence Artificielle : fantasmes et réalités
P.240

Article
Comment exploiter de la donnée en étant conforme à la RGPD ?
P.256

CABESTAN

cabestan
LIVE MARKETING PLATFORM™

◊ Date création : 1998

◊ Groupe : Mediapost communication

◊ Adresse :
7 quai André Citroën
75015 Paris

◊ Contact :
Tél. 01 70 64 96 90
Fax : 01 70 64 96 89

◊ Site web :
www.cabestan.com

◊ Reseaux sociaux
@cabestan_fr

LIONEL HUBSCHWERLIN
Directeur Général
Tél. 01 70 64 96 90
hubschwerlin@pro.cabestan.com

JULIEN PRÉLAT
Directeur Marketing
Tél. 01 80 05 70 98
prelat@pro.cabestan.com

ERIC PIERSON
Directeur Commercial
Tél. 01 70 64 97 11
pierson@pro.cabestan.com

Né en 1998, Cabestan se spécialise sur le secteur de l'e-mail marketing dès 1999 et en fait son cœur de métier.
La plateforme logicielle évolue au fil des années vers la gestion de campagnes marketing multicanales, de plus en plus personnalisées et contextualisées, pour répondre aux attentes des annonceurs souhaitant individualiser l'expérience de marque qu'ils proposent à leurs publics.
En 2013, Cabestan crée sa propre Data Management Platform (DMP) qui permet de collecter de façon individuelle la navigation web des personnes. Ces données, une fois rapprochées des données CRM (socio-démo, achats...) permettent de disposer d'une vision unifiée des parcours clients depuis la consultation d'une page web jusqu'à la transformation du panier en acte d'achat.
Cette connaissance client affinée et ces données comportementales web dites "chaudes", car très récentes, permettent aux annonceurs de déclencher des campagnes marketing toujours plus personnalisées et contextualisées visant à améliorer leurs indicateurs de performance tout en offrant une expérience de marque individuelle et conversationnelle.

DOMAINE D'EXPERTISE

Cabestan commercialise les solutions logicielles suivantes :

- **Gestion de campagnes multicanales en mode SaaS** (e-mail, SMS, push notification et canaux offline) ;
- **Data Management Platform (DMP) en mode SaaS** : collecte des données de navigation web, réconciliation avec les données CRM et distribution vers l'écosystème médias de l'annonceur.

Ces deux solutions sont disponibles dans une seule et même plateforme ce qui offre l'avantage aux annonceurs de disposer des technologies de collecte de données web et d'engagement/gestion de la relation client au sein d'une seule et même interface.

Cabestan est également le propre intégrateur de ses solutions. Il dispose de ce fait d'une équipe projet chargée d'accompagner les clients dans la mise en œuvre et l'administration de leur plateforme.

PRINCIPAUX CLIENTS

Engie, Kiabi, Le Bon Coin, CCM Benchmark, La Dépêche du Midi, Naf Naf, Pimkie, PSG, Willemse, Photoweb, La Nouvelle République, LCL, La Poste, Thomas Cook, BforBank ...

Article
La customer data platform ou la révolution pragmatique du marketing relationnel
P.226

Article
5 cas d'usage pour enrichir votre stratégie e-mail avec les données de navigation web
P.330

CHEETAH DIGITAL

◊ Date création : 1996

◊ Adresse :
54-56 avenue Hoche
75 008 Paris

◊ Contact :
Tél. 01 56 60 55 77

◊ Site web :
fr.cheetahdigital.com

◊ Reseaux sociaux
in Cheetah Digital
f cheetahdigitalfrance
CheetahDig_FR
www.dedicatedtomarketers.com/fr

JEAN-PHILIPPE BAERT
Executive Vice-President EMEA
Cheetah Digital
Tél. 01 56 60 55 77
contact.usfr@cheetahdigital.com

STÉPHANE BARANZELLI
Directeur Général EMEA
Cheetah Digital
Tél. 01 56 60 55 77
contact.usfr@cheetahdigital.com

DAVID BUENO
Directeur Commercial France
Cheetah Digital
Tél. 01 56 60 55 77
contact.usfr@cheetahdigital.com

Cheetah Digital est l'unique fournisseur de solutions de marketing cross-canal, indépendant et dédié aux directions marketing. Notre combinaison unique de données, de logiciels et d'experts reconnus dans le secteur permet aux spécialistes du marketing de créer des relations pertinentes avec leurs clients, d'obtenir des résultats profitables pour les marques et de générer des performances exceptionnelles. Notre équipe d'experts offre un leadership marketing aux plus grandes marques dans le monde. Cheetah Digital est une entreprise internationale comptant 1 600 employés dans le monde et opérant dans 17 pays, dont le siège est à New York.

DOMAINE D'EXPERTISE

La plateforme Cheetah Digital Marketing Suite a été conçue pour aider les marketers à construire et optimiser pour chaque client, des campagnes cross-canal complexes, performantes et intégrant de grands volumes. En donnant la priorité aux logiciels marketing innovants, Cheetah Digital crée un avantage compétitif significatif pour les entreprises cherchant à construire des relations pertinentes et solides avec leurs clients.

Nous proposons :

- Une solution globale portée par une expertise locale afin de répondre au mieux aux challenges business ;
- Une plateforme flexible mais robuste bénéficiant d'un déploiement rapide pour assurer un time to market optimisé ;
- Un modèle de données flexible pouvant accueillir des informations de sources et de format variés afin de peupler vos tables relationnelles de manière personnalisée ;
- Un partenaire de confiance pour vous accompagner dans la sophistication de votre expérience client et l'amélioration de vos performances ;
- Des outils d'analyse intégrés pour mesurer et améliorer la performance de vos parcours client.

PRINCIPAUX CLIENTS

Retail : Bricoman, Intermarché, Nocibé, Le Coq Sportif, Lacoste
Finance : Oney, CIC, Swiss Life, Cofidis, HSBC, Santander
Media/Techno : Le Monde, Lagardère Active, NewCo Group, The New York Tims, Orange Business Services, Sky
Loisirs : manche Tourisme, OuiGo, Voyageurs du Monde, Emirates, Shangri-La, Atlantis
Divers : Mont Blanc, Assimil, Chronopost, Foire de Paris, Kenzo, Room Saveurs

Infographies
Retrouvez les chiffres clés et infographies
en ouverture du chapitre Engagement Client
P. 140

Article
La révolution de l'e-mail Kinetic : et si innover
avec l'email marketing était encore possible ?
P. 170

CLÉMENTINE

◊ Date création : 2000

◊ Adresse :
65 rue de Turbigo
75003 Paris

◊ Contact :
estanislas@clementine.jobs
Tél. 01 78 09 52 00 - Fax : 01 78 09 52 02

◊ Site web :
www.clementine.jobs

◊ Reseaux sociaux

in www.linkedin.com/company-beta/44154
f www.facebook.com/clementine.jobs
@ClementineJobs
www.clementine.jobs/blog

EMMANUEL STANISLAS
Fondateur et Directeur
du cabinet de conseil
en recrutement Clémentine
Tél. 01 78 09 52 00
estanislas@clementine.jobs

Clémentine est un cabinet de conseil en recrutement spécialiste des métiers du Digital et de l'IT depuis 2000.

Au cœur de l'écosystème numérique depuis sa création en 2000, notre équipe de 15 consultants spécialisés associe une longue expérience de l'approche directe sur les secteurs et les métiers du SI et du Digital à une expérience opérationnelle des métiers sur lesquels nous recrutons.

Le cabinet a été récemment classé par Décideurs Magazine comme étant un cabinet "incontournable" au Classement 2016 des meilleurs cabinets (France) dans le secteur Technologies de l'information & Digital.
Nous détenons également une double certification :
• ISO 9001, pour notre système de management (depuis 2011) ;
• NF AFNOR "Cabinet de conseil en recrutement", pour la qualité de nos prestations (depuis 2009)

DOMAINE D'EXPERTISE

Notre métier consiste à conseiller nos clients, start up, scale up, groupe traditionnel dans leurs recherches de talents, d'identifier, d'approcher, de convaincre et d'évaluer des Dirigeants, Managers et Experts, au plus près du besoin de nos clients. Nous intervenons sur les thématiques Digital et IT comprenant notamment les sujets suivants :

- Data ;
- Cloud ;
- Cybersécurité ;
- Webmarketing ;
- Product Management ;
- Expérience Client ;
- Software Engineering ;
- IOT ;
- Sales.

PRINCIPAUX CLIENTS

Le cabinet Clémentine est fier d'avoir accompagné près de 500 clients au cours des 17 dernières années.

Grâce à notre double spécialisation, Sectorielle et Métiers, nous intervenons auprès des leaders du Digital et de l'IT. Comme des grands comptes et acteurs du service public sans oublier de nombreuses start-up innovantes :
Critéo, BlaBlaCar, Leboncoin, Price Minister, Pages Jaunes, Engie, Suez, TF1, Saint-Gobain, BNP Paribas, Accenture, TheCamp, VillageByCa, Meetic, Macif, LiveRamp, Ecoradis, Nespresso, Microsoft, Cabinet du Premier Ministre, Pôle Emploi, Musée d'Orsay, Assemblée Nationale, Sesam Vitale, Crédit Agricole...

Interviews
P.404, P.412, P.426

Fiches Métiers
P.406, P.410, P.414, P.420, P.422, P.424

Articles
P.432, P.436, P.438, P.450, P.458, P.466

EKIMETRICS

Ekimetrics.

◊ Date création : 2006

◊ Adresse :
136 avenue des Champs-Elysées
75008 Paris

◊ Contact :
sophie.desroseaux@ekimetrics.com
Tél. 01 70 82 52 44

◊ Site web :
www.ekimetrics.com

◊ Reseaux sociaux
in Ekimetrics
@ekimetrics

SOPHIE DESROSEAUX
Tél. 01 70 82 52 44
sophie.desroseaux@ekimetrics.com

Créée en 2006, Ekimetrics est leader depuis 10 ans en data analytics et intelligence marketing.
Pionniers en data science, notre rôle est d'aider les entreprises à s'approprier le potentiel de la donnée et à en faire le levier de leur performance de demain, en transformant ensemble leurs processus de décision stratégique.

DOMAINE D'EXPERTISE

Dotée d'une équipe de 150 datascientistes, parmi les plus importantes d'Europe, Ekimetrics accompagne les dirigeants dans la mise en place de leur stratégie data, en s'appuyant sur l'analyse avancée des données, l'innovation statistique et technologique : data management, data insights, ROI digital, attribution omni-canale, CRM prédictif...

Nous avons été sélectionnés par Facebook en 2017 parmi les tiers de confiance dédiés à fiabiliser la mesure de performance sur les réseaux Facebook, Instagram, Facebook Audience Network, via leur portail dédié au Marketing Mix Modeling (portail MMM).

Ce partenariat MMM va permettre à Ekimetrics d'offrir de nouvelles solutions aux annonceurs sur la compréhension de leur mix online/offline. Les marques pourront ainsi quantifier l'impact de leurs investissements publicitaires entre différents réseaux sociaux, renforcer leur connaissance client et le parcours consommateur, avec une granularité jamais atteinte jusque-là : analyses par catégorie, par produit, par pays ou par contenus.

PRINCIPAUX CLIENTS

Ekimetrics mène des projets avec plus de 350 clients basés dans plus de 40 pays, dans des secteurs aussi variés que le luxe, l'automobile, la banque, le tourisme, la cosmétique, les transports... Nous avons des bureaux à Paris, Londres, New York, Hong Kong et Dubaï.

Article
Le marketing prédictif pour renforcer l'engagement client et booster le revenu : focus sur le secteur de l'automobile
P.216

Article
Aller plus loin dans la mesure d'impact et l'attribution
P.260

EULERIAN TECHNOLOGIES

EULERIAN TECHNOLOGIES

◊ Date création : 2002

◊ Adresse :
162 Boulevard de Magenta
75 010 Paris.

◊ Contact :
commercial@eulerian.com
Tél. 01 84 16 64 54 - Fax : 09 50 27 62 75

◊ Site web :
www.eulerian.com

◊ Reseaux sociaux

in linkedin.com/company/eulerian-technologies
@EulerianTech

EMMANUEL BRUNET
CEO
Tél. 01 84 16 64 54
contact@eulerian.com

HAKIM BELLOUR
Directeur Associé
et Affaires Commerciales
contact@eulerian.com

Créé en 2002, EULERIAN TECHNOLOGIES est le leader français de l'analyse et de l'optimisation en temps réel des opérations e-marketing. Indépendante, la société est un acteur de référence sur son marché grâce à sa suite data-marketing innovante et à sa collaboration pérenne avec des annonceurs majeurs. La société a été sélectionnée dans le Magic Quadrant for Digital Marketing Hubs 2017 de Gartner.
Depuis sa création, la société investit continuellement dans la R&D afin de proposer à ses clients des solutions toujours plus performantes et adaptées à leurs besoins et au marché du e-commerce, en constante mutation. Portée par cette dynamique, elle est à même d'intégrer tous les deux mois dans ses solutions une innovation.
La suite développée par EULERIAN TECHNOLOGIES repose sur une Data Collection Platform, méthode ultra-précise et sécurisée de collecte d'informations liées à la publicité online, aux sites internet et aux utilisateurs des sites marchands. Elle est composée de deux modules : une Data Decision Platform, regroupant web analytics et attribution, et une Data Management Platform, permettant la gestion et l'activation des données. Une plateforme unique et performante pour optimiser les opérations marketing des annonceurs. La société rassemble aujourd'hui 54 experts répartis en France, en Espagne et au Canada.

DOMAINE D'EXPERTISE

> Data Collection Platform

- Collectez et centralisez en temps réel vos données marketing online et offline dans une plateforme unique. *Le client au cœur de votre collecte* ;
- Cross-device - Cross-canal - People-based ;
- Fiabilité, exhaustivité et disponibilité ;
- Vos données sont entre de bonnes mains ;
- Infrastructure dédiée - Respect de la vie privée - Tiers de confiance - Système d'alertes.

> Data Decision Platform

- Confirmez vos intuitions. Validez vos décisions ! *Web analytics la plus performante du marché* ;
- Analyse en temps réel - Vision exhaustive sur l'engagement client - Visibilité réelle. *Plus qu'une simple attribution* ;
- Attribution cross-device - Modèles personnalisables - Contribution réelle. *Gestion efficace de vos partenaires* ;
- Remontée des budgets - Rémunération pondérée - Plus de 250 partenaires.

> Data Management Platform

- Pas de data-driven marketing sans DMP performante ! *Apprivoisez votre patrimoine data* ;
- Centralisation de données tierces - Validation et gestion des segments. *Partagez, activez, exploitez en temps réel !*
- Gestion de la pression média - Optimisation du ciblage et de la personnalisation. *Vous êtes aux commandes* ;
- Analyse de la rentabilité - A/B tests partenaires - Maîtrise des données transférées.

PRINCIPAUX CLIENTS

EULERIAN TECHNOLOGIES compte parmi ses clients : Melià, Leclerc, Malakoff Médéric, Interflora, Wonderbox, PixMania, BrandAlley, Monoprix ainsi que des agences renommées telles que 1000mercis, NetBooster, Tedemis by Criteo, entre autres.
Grâce au rayonnement international des nombreux clients d'EULERIAN TECHNOLOGIES, la société est également présente dans 35 pays.

Étude de cas
Méliá Hotels, la DMP, une solution taillée pour rentabiliser son marketing digital
P.232

Article
Comment Exploiter une Data Management Platform efficacement ?
P.242

Article
Comment détecter le churn et lutter contre ?
P.246

Article
Optimiser ses campagnes média grâce à une DMP, c'est possible !
P262

HEADOO

◊ Date création : 2011

◊ Groupe : Indépendant

◊ Adresse :
8 rue de l'Isly
75008 Paris

◊ Contact :
contact@headoo.com
Tél. 01 44 69 23 05

◊ Site web :
www.headoo.com

◊ Reseaux sociaux

in www.fr.linkedin.com/company/headoo
f www.facebook.com/headoo.likes.u
@headoo

JEAN DUSSETOUR
CEO
Tél. 01 44 69 23 05
jean@headoo.com

Headoo est une technologie de Visual Marketing qui aide les marques à créer et entretenir un lien particulier avec chacun de leurs clients. Le contenu visuel utilisateur (UGC) est le principal levier de conversion aujourd'hui, la mission de Headoo est de se servir de son expertise pour permettre aux marques d'appréhender au mieux ce phénomène tout en mesurant leur retour sur investissement.

DOMAINE D'EXPERTISE

Les solutions Headoo sont le lien entre les contenus visuels générés par ou pour les utilisateurs (posts Facebook ou Instagram, bornes photos, photographes connectés...) et la marque (mini-site événementiel, social wall, plugin dans un site eCommerce, shoppable Instagram...). Présent sur deux fronts, Headoo intervient à la fois dans les événements connectés et dans le Visual Commerce. Pionnière de la curation UGC et du shoppable Instagram, notre entreprise a développé son expertise auprès de grandes marques françaises et internationales et continue de les accompagner dans leurs ambitions commerciales. Headoo intervient également auprès des marques qui souhaitent mettre en place une animation photo/vidéo via des bornes, des photographes connectés ou des dispositifs élaborés comme le studio à 360° lors de leurs événements. Nous avons élaboré une plateforme qui permet d'amplifier l'impact de ces opérations spéciales sur les réseaux sociaux, en se connectant à tout type de dispositif physique photo ou vidéo.

PRINCIPAUX CLIENTS

LVMH, Givenchy, Sonia Rykiel, Monnier Frères, Netflix, Gillette, Etam, Naf Naf, AccorHotels Arena, Bensimon, Versailles Voyages, Cosmopolitan...

Étude de cas
Estée Louder, #Iambeauty : maximiser le profit d'une campagne
P. 116

Article
L'outil qui redessine l'avenir du e-commerce : les super shoppers vont l'adorer !
P. 124

IADVIZE

◊ Date création : 2010

◊ Adresse :
2 bis quai François Mitterrand
44200 Nantes

◊ Contact :
contact@iadvize.com
Tél. 08 05 69 61 31

◊ Site web :
www.iadvize.com

◊ Reseaux sociaux
in www.linkedin.com/company/iadvize-com
f www.facebook.com/iadvize.france
@iadvize
www.iadvize.com/blog

MAXIME BAUMARD
VP Marketing
Tél. 02 85 52 16 20
maxime@iadvize.com

JULIEN HERVOUËT
CEO
julien@iadvize.com

iAdvize est né en 2010 d'un double constat : les internautes exigent aujourd'hui une relation client en ligne à la fois humaine et instantanée, gratuite et simple ; les entreprises déployant leur activité sur internet expriment un besoin croissant de répondre et assister leurs visiteurs en temps réel.

iAdvize est une plateforme de marketing conversationnel qui permet aux entreprises d'engager leurs clients en temps réel et de les connecter avec les meilleurs experts.

Affichant 200 % de croissance moyenne par an, et implantée à Nantes (HQ), Londres, Düsseldorf et Madrid la société compte environ 200 collaborateurs (août 2017). Définie comme "Cool Vendor" par Gartner, la société iAdvize a également été classée à la cinquième place des entreprises où il fait bon travailler par l'Institut GreatPlace To Work et s'est vu décerner le prix spécial de l'entreprise "Innovante et Conviviale".

DOMAINE D'EXPERTISE

Depuis 2010, la société iAdvize a su s'imposer en Europe comme leader de la relation client en ligne garantissant, grâce à la performance de sa plateforme de marketing conversationnel et à l'expertise de ses équipes, des gains de productivité et une augmentation de la satisfaction client. En intégrant la solution iAdvize, les entreprises engagent leurs clients et prospects qu'ils soient sur un site, sur les réseaux sociaux ou sur une application de messaging (Facebook, Twitter, Instagram, Messenger, WhatsApp) depuis un seul et même outil (chat, voice, vidéo). Les visiteurs sont conseillés en temps réel par le service client professionnel ou par des experts indépendants, membres de la communauté ibbü. Grâce à son moteur de ciblage comportemental, iAdvize permet de proposer une assistance à la bonne personne, au bon endroit et au bon moment. La solution est utilisée aussi bien en avant-vente qu'en après-vente, dans une logique d'augmentation des ventes, de satisfaction client et de fidélisation.

PRINCIPAUX CLIENTS

Choisi par plus de 2 500 sites, iAdvize est utilisé dans près de 40 pays.
Sites marchands, banques, assurances, acteurs du tourisme, iAdvize collabore notamment avec Air France, BMW, Disney, Vente-Privée, Louis Vuitton, Fnac.com, Lufthansa, Voyages-sncf, Boursorama, House of Fraser, SFR, ManoMano

Étude de cas
Cdiscount, guider ses visiteurs par chat grâce à des particuliers passionnés rémunérés
P. 156

Article
Conversation et chatbots : vers la fin de l'exposition de masse
P. 312

iPROSPECT

iProspect.
Driving Business Performance

◊ Date création : 2012

◊ Groupe : Dentsu Aegis Network

◊ Adresse :
4 Place de Saverne
92400 Courbevoie

◊ Contact :
marketing.france@iprospect.com
Tél. 01 41 16 12 22

◊ Site web :
www.iprospect.com/fr/fr

◊ Reseaux sociaux
in www.linkedin.com/company/9429
f www.facebook.com/iProspectFR
@iProspectFR
www.iprospect.com/fr/fr/le-blog

ANTOINE DUBOIS
Directeur Général iProspect
antoine.dubois@iprospect.com

ERWAN LOHEZIC
Directeur Général et Chief Programmatic Officer Dentsu Aegis Network
erwan.lohezic@iprospect.com

KARINE LUCAS
Directrice Générale iProspect Data Consulting
karine.lucas@iprospect.com

CHRISTOPHE LEROY
Directeur Commercial iProspect
Tél. 01 41 16 12 22
christophe.leroy@iprospect.com

Chez iProspect, nous savons que la pertinence conditionne la performance. Nous aidons les marques en orchestrant la pertinence de leurs communications pour les rendre performantes. Nous déchiffrons les intentions des consommateurs pour y apporter une réponse claire en délivrant le bon message, au bon format, au bon moment, via le bon canal et dans le bon environnement.
Chez iProspect, nous sommes également des partenaires marketing, essentiels pour nos clients et délivrant des résultats business significatifs.
Depuis quelques années, un nouveau type de consommateur a vu le jour. Il est hyper-connecté, hyper-informé et hyper-autonome et a profondément modifié ses habitudes. Aujourd'hui, l'engagement et la transaction n'ont jamais été aussi proches et la donnée est désormais la nouvelle monnaie d'échange.
Pour réussir à naviguer dans l'économie numérique, chaque entreprise a besoin d'une solution et iProspect est cette solution.
iProspect est un des leaders mondiaux du marketing et de la performance digitale. En 2015, l'agence a été désignée 1er réseau search & activation au monde par RECMA. En 2017, nous avons été élus Agence Média Pure Player de l'année lors des Prix Agence Média de l'année France by Offremedia et nous avons également remporté le prix de la Stratégie et le prix des Régies.

DOMAINE D'EXPERTISE

Nos consultants accompagnent les marques régionales, nationales et internationales dans la définition de leur stratégie digitale et le pilotage de l'ensemble des leviers, en BtoC et BtoB :

- Consulting data (data mining, mesure, optimisation de la conversion, data visualisation, conseil DMP) ;
- Référencement naturel ;
- Marketing de contenus ;
- Solutions programmatiques (référencement payant, social, vidéo, display, native advertising, ecommerce) et génération de leads.

PRINCIPAUX CLIENTS

AccorHotels, Lapeyre, Mondelez, L'Oréal, Microsoft, Française des Jeux, Bien ici, Adidas, Klépierre, Société Général, DRHAT, Total.

Article
Le contenu, nouveau moteur des stratégies média
P.42

Étude de cas
Comment Bandaï Namco a appréhendé ses cibles marketing ?
P.218

Article
Le search sur les plateformes e-commerces
P.328

Fiche théorique
Visibilité mobile : pourquoi êtes-vous déjà en retard ?
P.344

KALIMA PR

KALIMA
PUBLIC RELATIONS

◊ Date création : 2006

◊ Adresse :
11 rue Danielle Casanova
75 001 Paris

◊ Contact :
agencekalima@gmail.com
Tél. 01 44 90 02 36

◊ Site web :
www.kalima-rp.fr

◊ Reseaux sociaux
in www.linkedin.com/company/5349091
f www.facebook.com/AgenceKalima
www.twitter.com/Kalima_RP
www.kalima-rp.fr/kalimag

TYGÉNIA SAUSTIER
CEO
Tél. 01 44 90 02 36
tsaustier@kalima-rp.fr

MARION LAURIA
General Director
Tél. 01 44 90 02 36
mlauria@kalima-rp.fr

CLAIRE CAMINATI
PR project leader
Tél. 01 44 90 02 36
ccaminati@kalima-rp.fr

MARIE VASSEUR
PR project leader
Tél. 01 44 90 02 36
mvasseur@kalima-rp.fr

Kalima est une agence de conseil en stratégie de communication PR, spécialiste des relations avec les médias et des stratégies d'influence. Acteur clef de l'écosystème digital, depuis 11 ans, nous accompagnons la croissance des entreprises de l'économie numérique : start-up et PME, groupes et filiales, dans les domaines B2B et B2C (e-commerce, Fintech, RH, Fashiontech, Foodtech, associations, salons/évents, Assurtech, services, travel, retail...) en France et à l'international (US, UK, Allemagne, Espagne, Italie, Benelux, Canada).

Nous envisageons notre métier comme un laboratoire permanent de la communication vers les publics des entreprises. Nous développons en collaboration avec nos clients des stratégies de communication innovantes, au cœur des tendances économiques et sociales de notre monde. Notre équipe partage son expertise de la communication, des médias et du digital pour conseiller et construire des stratégies sur mesure, efficaces, au service de la croissance de nos clients.

Les entreprises relèvent sans cesse de nouveaux défis pour renforcer leur image de marque et leur notoriété auprès de leurs publics - consommateurs, collaborateurs, influenceurs, partenaires. En pleine évolution, les médias constituent plus que jamais des canaux de communication essentiels pour les marques et les entreprises. Journalistes, blogueurs, youtubers, twittos, instagrammers... sont autant d'influenceurs, qui crédibilisent le discours et les messages des marques, en s'en faisant l'écho auprès de leurs communautés.

Les Publics Relations permettent à l'entreprise de remettre du sens relationnel humain au cœur de leurs stratégies de communications et d'influence, de développer une relation de confiance avec leurs publics.

DOMAINE D'EXPERTISE

- **Conseil** en stratégie de communication, pilotage de projets, coaching ;
- **PR** : presse, social media (blogs, youtubers, instagrammers, podcasts... FB) ;
- **Événementiel** : lancements de produits, salons/événements/conférences/tables rondes, vernissages, pop-up stores, soirées thématiques ;
- **Contenus** : communiqués de presse, éditorial, vidéo, post et contenus pour les médias sociaux, livres blancs, tribunes libres ;
- **Communication sensible** : conseil, surveillance des sujets sensibles, élaboration des procédures de gestion de crise, média-training, outils de communication, gestion de la e-reputation.

PRINCIPAUX CLIENTS

Vivatechnology Paris, France Digitale, Howtank, Miliboo, emoi emoi, Junique, Lillydoo, thecamp, Eurotechweek/CES, sendinblue, clustree, Aquarelle, Powerspace, Pretto, Placement Direct, Fundtruck/Sowefund, Atsuké...

Article
Les PR pour favoriser la croissance des entreprises : sens, confiance & influence
P.24

Étude de cas
Quand les stratégies digitales et médias ne font plus qu'une !
P.26

KANTAR MEDIA

◊ Groupe : WPP

◊ Adresse :
60 avenue du Général de Gaulle
92046 Paris La Défense

◊ Contact :
www.kantarmedia.com/fr/contact
Tél. 01 47 67 17 00

◊ Site web :
www.kantarmedia.com

◊ Reseaux sociaux
in company/Kantar-Media
f KantarMediaGlobal
@Kantar_Media
www.kantarmedia.com/fr/blog-et-ressources

DENIS GAUCHER
CEO France
Tél. 01 47 67 17 00
denis.gaucher@kantarmedia.com

CORINNE FOUCAULT
Managing Director en charge des annonceurs et des institutions France
Tél. 01 47 67 17 00
corinne.foucault@kantarmedia.com

SOPHIE LE BARAZER
Managing Director en charge des agences médias et institutions européennes
Tél. 01 47 67 17 00
sophie.lebarazer@kantarmedia.com

HÉLÈNE HASCOET
Directrice knowledge et Insight
Tél. 01 47 67 17 00
helene.hascoet@kantarmedia.com

Kantar Media est l'acteur majeur des données et analyses médias.

Partout dans le monde, nous apportons à nos clients la "media data" nécessaire à la prise de décisions éclairées dans tous les domaines de la mesure, du suivi et des stratégies médias.

Rattachée au groupe Kantar, la branche de WPP dédiée au management de données, Kantar Media, propose les informations les plus complètes et précises sur la consommation des médias, leurs performances et la valeur médiatique.

En 2017, toutes les activités de Kantar Media en France sont désormais réunies en une seule entité pour établir les connexions à valeur ajoutée entre les différentes données médias.

DOMAINE D'EXPERTISE

Nos clients s'appuient sur nos données et nos services pour la mesure, la veille et la stratégie médias, en France et à l'international.

Chez Kantar Media, nous fournissons les informations les plus exhaustives et les plus précises sur la consommation des médias, leurs performances et leurs valeurs :

- Veille et mesure de la publicité ;
- Mesure d'audience ;
- Ciblage des consommateurs et des audiences ;
- Brand reputation : veille média et évaluation ;
- Social media intelligence

PRINCIPAUX CLIENTS

Havas, France Télévisions, Orange, Lagardère, Michelin, La Poste, L'Oréal, TF1, Peugeot Citroën, Coty, Groupe M, Unilever, SNCF, Total... parmi 4 500 clients en France.

Retrouver les chiffres clés et infographies dans les rabats de l'ouvrage

MARIN SOFTWARE

◊ Date création : 2006

◊ Adresse :
46 rue de l'arbre sec 75001 Paris
(Siège social : San Francisco)

◊ Contact :
Tél. 01 45 08 39 00
info_fr@marinsoftware.com

◊ Site web :
www.marinsoftware.fr

◊ Reseaux sociaux
in www.linkedin.com/company/3723010
f www.facebook.com/MarinSoftware
@MarinSoftwareFR
www.insights.marinsoftware.fr

OLIVIER RÉMY
Managing Director, Continental Europe. Tél. 01 45 08 39 00
oremy@marinsoftware.com

JEAN-CHRISTOPHE BERNARD
Senior Product Consultant
Tél. 01 45 08 39 00
jbernard@marinsoftware.com

CHIEU-ANH LEFÈVRE
Sr. Director, Customer Success Southern Europe.
Tél. 01 45 08 39 00
clefevre@marinsoftware.com

HADJIRA EATWELL
Marketing Manager EMEA
Tél. 01 45 08 39 00
heatwell@marinsoftware.com

L'allié de votre stratégie digitale
Marin Software est une solution technologique publicitaire spécialiste de l'optimisation et de la performance digitale. Son offre consiste à unifier les programmes Search, Social et Display des annonceurs au sein d'une unique plateforme indépendante et transparente. Du point de vue du directeur marketing, il y a en effet un intérêt évident à marier les trois canaux en combinant le ciblage d'audience aux signaux d'achats. L'objectif de Marin Software consiste à proposer une vision cross-canal complète au sein d'une même interface et de permettre aux annonceurs d'ajuster leurs budgets en conséquence, dans une optique d'optimisation de la performance.
Depuis sa création en 2006, les investissements publicitaires gérés par Marin Software ont atteint plus de 7,8 milliards de dollars (soit 7 milliards d'euros). L'équipe de Marin Software représente aujourd'hui plus de 400 employés avec des bureaux dans 9 pays, dont le bureau de Paris, depuis 2011.

DOMAINE D'EXPERTISE

Marin Software est l'un des principaux prestataires de solutions de gestion de la publicité online. Son credo : proposer des stratégies d'audiences unifiées autour du search, du social et du display pour offrir une meilleure gestion et une meilleure optimisation des investissements d'acquisitions en ligne. Dans cette optique, Marin a développé une plateforme flexible et transparente capable à la fois de coordonner le combo search et social, d'utiliser toutes les données disponibles pour accéder aux bonnes personnes et leur présenter le bon message au bon moment sur le bon canal.
De plus, la plateforme Marin synchronise automatiquement les campagnes des différents leviers, ce qui permet à l'annonceur de réaliser des gains de temps considérables dans la gestion quotidienne des campagnes.
Six principaux outils ont été développés par Marin Software au sein de son interface qui automatise et développe des campagnes multi-éditeurs.

- Le premier, Marin Search Intent crée automatiquement des listes d'audience et des campagnes en fonction des intentions de recherche émises par les internautes sur Google et Bing.
- Le second, Smart Sync permet de cloner et synchroniser les campagnes de Google vers d'autres éditeurs tels que Bing et Facebook.
- Le troisième, URL Builder (générateur d'URL) ajoute automatiquement les paramètres spécifiques de tracking dans les URL depuis n'importe quelle source.
- Le quatrième, Budget Optimizer, se présente comme une solution de prévision des dépenses et de la planification en fonction de scénarii basés sur un algorithme dynamique et une modélisation prédictive.
- Le cinquième, PositionLock est une solution d'optimisation, qui s'appuie sur un algorithme exclusif, tirant parti des données de position heure après heure afin de définir des enchères adéquates pour maintenir les publicités à une certaine position, par type d'appareil, tout au long de la journée.
- Le dernier, TruePath, un modèle d'attribution Multi Touch Point analyse le parcours de l'internaute sur le chemin de conversion et mesure le réel poids de chaque levier dans la conversion finale.

PRINCIPAUX CLIENTS

Spartoo, Décathlon, LeGuide.com, Deezer, Vistaprint, Europcar, Melia Hotels, Gap, Lonely Planet, Mango. Au total, ce sont plus de 2000 clients au niveau mondial qui font confiance à Marin Software.

Étude de cas
American Eagle Outfitters, étendre ses campagnes dynamic ads avec les audiences élargies de Facebook
P.126

Article
Search + social : le duo gagnant pour optimiser ses campagnes multicanales
P.314

Article
5 étapes pour réussir une stratégie de publicité sociale sur mobile
P.374

MÉDIAMÉTRIE

Mediametrie

◊ Date création : 1985

◊ Adresse :
70 rue Rivay
92532 Levallois Cedex

◊ Contact :
mediametrie@mediametrie.fr
Tél. 01 47 58 97 58 - Fax : 01 47 58 09 26

◊ Site web : www.mediametrie.fr

◊ Reseaux sociaux
in Médiamétrie
f Médiamétrie
@Mediametrie

BRUNO CHETAILLE
Président-Directeur Général
Tél. 01 47 58 97 59
bchetaille@mediametrie.fr

BENOÎT CASSAIGNE
Directeur Exécutif
des Mesures d'Audience
Tél. 01 47 58 97 35
bcassaigne@mediametrie.fr

CHARLES JUSTER
Directeur de la Communication,
Directeur Grands comptes
cjuster@mediametrie.fr

JULIEN ROSANVALLON
Directeur des départements
TV & Internet de Médiamétrie,
Directeur de Médiamétrie//
NetRatings
jrosanvallon@mediametrie.fr

FRANÇOIS DUFRESNE
Directeur du Développement à la
Direction des Mesures d'Audience
fdufresne@mediametrie.fr

Dans un monde numérique en transformation permanente, Médiamétrie observe les comportements du public et analyse les évolutions des usages des médias et des loisirs culturels. Nous mesurons avec précision l'audience multi-source de chaque média et reflétons simultanément la consommation multimédia des individus. Forts de cette connaissance unique, nous accompagnons les médias pour mieux valoriser leurs contenus et sommes parallèlement aux côtés des agences et des annonceurs pour améliorer l'efficacité de leurs campagnes publicitaires. Notre capacité de recherche et de développement sur les plans technologique et scientifique, de plus en plus reconnue internationalement, nous permet d'anticiper les changements et de contribuer à la dynamique du marché. Attachées à quatre valeurs fondamentales, l'audace, la fiabilité, la connexion et le respect, nos équipes ont comme priorités la qualité de nos services, l'innovation et bien entendu la satisfaction de nos clients.

L'indépendance de Médiamétrie est garantie par la présence, dans toutes ses instances de décisions et dans son capital, de l'ensemble des professionnels (médias, annonceurs, agences) sans qu'aucun ne détienne une majorité pour décider seul. La règle est le dialogue et le débat en vue de parvenir à un consensus dans l'intérêt général de la profession.

Véritables lieux de convergence et de débats, cinq comités définissent, orientent et valident les mesures et les études. Des commissions scientifiques et techniques ainsi que des Groupes de travail et une Assemblée Internet viennent compléter ces instances. Dernier né, le Comité Data, qui réunit 19 des principaux acteurs de la donnée en France parmi les médias, pure players, agences, annonceurs et opérateurs télécom.

DOMAINE D'EXPERTISE

Leader des études médias et référence de la mesure d'audience, acteur de la data média, Médiamétrie accompagne ses clients et anticipe les évolutions du marché. Médiamétrie place l'innovation méthodologique et technologique au cœur de ses activités en s'appuyant sur l'expertise de ses équipes et un programme d'open innovation à double dimension, académique et start-up.

Engagée depuis plusieurs années dans le traitement d'importants volumes de données - les **big data**, ou données massives - Médiamétrie a renforcé cette approche avec la création du **DataLab**, une structure composée d'experts statisticiens et informaticiens, les **Data Scientists**.

Médiamétrie participe à de nombreux congrès internationaux et a remporté de nombreuses récompenses pour ses innovations : en 2015, le Grand Prix du **Data Creativity Award** lors de l'i-Com Global Summit de Bilbao pour la mesure hybride TV ; 4 distinctions en 2016 au **Printemps des Etudes** ; et une double distinction en 2017 pour la mesure TV/Vidéo 4 écrans aux **Research Awards** à l'occasion de la Conférence Interact 2017 à Amsterdam. Plusieurs de ses représentants sont également membres de l'ISI, l'International Statistical Institute.

De plus, Médiamétrie, aux côtés de BETC, Boulanger, EM Lyon et Vivendi, est membre fondateur et partenaire du **Cargo**, le dernier incubateur de Paris & CO (le plus grand incubateur d'Europe) dédié aux industries numériques culturelles et créatives.

Médiamétrie, c'est : 10 % de son CA investi en R&D chaque année, + 1 milliard de data traitées chaque jour, 1,5 million d'interviews par an, 60 000 panélistes animés au quotidien...

PRINCIPAUX CLIENTS

Plus de 1 000 clients en France et à l'international.

Article
Répéter sans être répétitif - Mieux mesurer
les duplications dans l'univers online
P.254

Infographies
Retrouvez les chiffres clés et les infographies
en ouverture des chapitres de l'ouvrage

OPEN

◊ Date création : 1989

◊ Groupe : Groupe Open

◊ Adresse :
28 rue Jacques Ibert
92300 Levallois-Perret

◊ Contact :
contact@open-groupe.com
Tél. 01 71 06 31 28

◊ Site web :
www.open.global

◊ Reseaux sociaux

in company/open_2
f @opencarrieres
@Open_ESN

BENOÎT THIEULIN
Directeur de l'Innovation
et fondateur de La Netscouade,
Tél. 01 44 74 36 66
benoit.thieulin@lanetscouade.com

HERVÉ CLAVERIE
Directeur des Agences Digitales
Tél. 01 71 06 31 28
herve.claverie@open-groupe.com

NATHALIE MREJEN
Directeur Marketing
et Communication
Tél. 01 71 06 31 28
nathalie.mrejen@open-groupe.com

PRINCIPAUX CLIENTS

Société Générale, Engie, Enedis, MAAF, Institut Curie, Vinci, Bouygues Telecom, Crédit Agricole, UGAP et AP-HP

Entreprise de services du numérique (ESN), Open, 3 700 collaborateurs, est engagée dans la transformation industrielle et digitale du SI de ses clients : faire du digital un levier de création de valeur pour les marques et les entreprises, capitaliser sur les actifs des entreprises, faire tomber les verrous technologiques, décloisonner et développer des organisations compétitives. En un mot : participer à la création des entreprises du futur, innovantes, ouvertes !
Pour répondre aux enjeux de la transformation de ses clients, Open propose son offre digitale à 3 dimensions :
• Offre de bout en bout afin d'accompagner ses clients dans le maintien de leur SI existant tout en offrant des capacités de création d'un SI digital
• Plateforme E-Commerce - Store byOpen - pour accéder en ligne à l'offre de services à la demande, d'expertises et de solutions www.openstore.global
• Plateforme Technologique nouvelle génération pour opérer avec fiabilité et facilité des services web et mobiles novateurs

DOMAINE D'EXPERTISE

Open propose une offre intégrée IT et digitale de bout en bout, efficace sur toute la chaîne de valeurs des entreprises grâce à une parfaite maîtrise des technologies SMACS (Social, Mobility, Analytics, Cloud, Security) et du marketing digital.

L'objectif :

• Transformer les systèmes d'information de ses clients avec une garantie de stabilité, de contrôle et de coûts maîtrisés
• Créer à partir des besoins des clients des systèmes d'informations personnalisés et intrinsèquement digitaux, en réponse aux enjeux de "Time to Market", d'agilité, de rapidité et d'expérimentations

> Services byOpen

• Conseil
• Application Management : AMOA/Design et conception de services/Développement d'applications/Gestion du patrimoine applicatif/Intégration de solutions/Tests et recette
• Agilité, DevOps & Automatisation
• Infrastructure Management : intégration et déploiement continu/Gestion des infrastructures/Support utilisateurs et applicatifs

> Expertises Digitales byOpen

• Mobilité & Géo : expertise technologique au service de l'experience user
• IoT : approche basée sur l'idéation d'usages et l'accompagnement sur la chaîne de valeurs technologiques
• Big Data : accompagnement dans la valorisation des données depuis la stratégie jusqu'à la réalisation (Kynapse)
• Commerce Digital : expertise Marketplace (Lateos)
• Communication Digitale (La Netscouade) : communication et transformation numérique

> Solutions byOpen

• FullMaps : solution cartographie
• Moodpeek : solution m-réputation
• XLoan : solution financement
• Primpromo : solution immobilière

Fastlab® : programme pour accélérer la transformation digitale. Comment réaliser des projets digitaux à forte valeur ajoutée Vite, Bien, Ensemble ? Réunir des équipes projet, experts digitaux en un même lieu propice à l'innovation et munies des dernières technologies et infrastructures, s'appuyant sur une méthode agile adaptée.

Article
Web Social : sautez dans le train en marche !
P.86

Article
Les bots, veritables chefs d'orchestre de vos données
P.236

Article
Internet des Objets : dépassez le stade du POC
P.386

Article
Boîte à outils pour une transformation digitale réussie
P.440

Q3 ADVOCACY

Q3ADVOCACY

◊ Date création : 2012

◊ Adresse :
56 avenue Schumann
13002 Marseille

◊ Contact :
contact@q3-advocacy.com
Tél. 04 91 67 15 30

◊ Site web :
www.q3-advocacy.com

◊ Reseaux sociaux

in Q3 Advocacy
@Q3_ADVOCACY
q3-advocacy.com/blog-q3-advocacy

PATRICE MARTIN
Tél. 06 60 31 72 81
pmartin@q3-advocacy.com

BERTRAND THOMAS
Tél. 07 61 67 47 75
bthomas@q3-advocacy.com

Q3 ADVOCACY est une plateforme SaaS d'amplification de la voix des clients heureux.

DOMAINE D'EXPERTISE

Notre particularité est de détecter vos clients satisfaits à partir de votre base de données et de les convertir automatiquement en clients prescripteurs, ces clients que l'on appelle Customers Advocates.

La méthodologie unique intègre des leviers traditionnels du bouche-à-oreille comme la gestion des avis clients ou le parrainage, des leviers plus innovants comme les plateformes de Questions/Réponses "peer to peer", mais également des leviers traditionnellement exclus du périmètre du marketing du bouche-à-oreille : la satisfaction client et le co-marketing.

PRINCIPAUX CLIENTS

Ecole du Ski Français, Parc Astérix, Coyote, Pages Jaunes, Hewlett Packard, Nicoll, Sony, Homair, Black+Decker, Kärcher, Lenovo, Generic, Nexecur, Vacances Bleues, Catalina, Krys, Chronopost.

Article
Comment engager ses clients influents pour en conquérir de nouveaux ?
P. 154

SOYUZ

◊ Date création : 2008

◊ Adresse :
102 rue du Faubourg Poissonnière
75010 Paris

◊ Contact :
groundcontrol@soyuz.digital
Tél. 01 76 50 66 22

◊ Site web :
www.soyuz.digital

◊ Reseaux sociaux

in Soyuz
@ici_Soyuz

SÉBASTIEN BONNEFOY
Président
Tél. 06 60 89 95 27
sebastien@soyuz.digital

ANNE BAUER-STEIN
Directrice Associée
Tél. 06 88 98 56 01
anne@soyuz.digital

MARIE SARDA
Directrice Commerciale
Tél. 09 70 40 75 72
marie@soyuz.digital

CAMILLE DENEUFBOURG
Business Developer
Tél. 09 70 44 01 70
camille@soyuz.digital

LA GALAXIE SOYUZ

Soyuz est une agence de communication internationale, connectée, transparente et collaborative. Spécialiste du digital, elle place le contenu au cœur de la stratégie de communication. Soyuz, c'est aussi un vaste et fidèle réseau d'auteurs, d'experts, de créatifs et traducteurs qui donnent vie aux contenus digitaux, toujours de façon pertinente. Quels que soient les marchés ciblés, nos experts locaux traduisent et adaptent chaque contenu tout en tenant compte des spécificités culturelles. C'est ce réseau transnational qui nous permet de solliciter, à tout moment, le profil en adéquation avec les besoins de nos clients. Plus que la proximité physique qui ne nous paraît plus indispensable, nous cherchons celles des valeurs et des convictions, au sein de notre réseau. « Perfect match » assuré !

EMBARQUEMENT POUR UN VOYAGE INTERGALACTIQUE AVEC L'ÉQUIPAGE SOYUZ !
Et si, comme AccorHotels, Danone, Nexity, OBS, Décathlon et bien d'autres, vous embarquiez avec nos équipes ? Notre objectif : produire et distribuer pour nos clients des contenus digitaux de qualité, personnalisés et multilingues, en réponse à leurs objectifs stratégiques. Nous les diffusons et les rendons accessibles au bon moment, au bon endroit, auprès du bon public et dans une perspective globale. Le Grand Chelem, en définitive ! Enfin, nous monitorons ces contenus et les ajustons en continu pour toujours plus d'engagement de vos audiences.

DOMAINE D'EXPERTISE

> La trajectoire Soyuz

Chez Soyuz, nous pensons que le champ des possibles de la communication digitale est infini et nous avons pris le parti de l'exploiter à 100 %. Notre unique contrainte : transmettre des valeurs positives et dynamiques qui nous permettent de communiquer tous azimuts. Dans ce cadre, nous concevons des contenus utiles et sérieux, tout comme des contenus plus fun ou décalés. Notre fil rouge : l'identité de chaque marque et son message à faire passer. Cette approche sur-mesure nous permet in fine de personnaliser les expériences des audiences de chacun de nos clients.

> L'expérience au cœur de nos préoccupations

Pour rétablir la relation entre les marques et les audiences digitales, la communication doit être construite autour de l'expérience. Plus que la nécessité de connaître leur audience et de comprendre leurs besoins, leurs envies, leurs motivations, leurs craintes... les marques doivent remettre au cœur de leurs préoccupations le dialogue et la confiance, et personnaliser les expériences digitales.

PRINCIPAUX CLIENTS

AccorHotels, Apave, April, Axa, B&B, Blue Ice, BNP Paris, Bonduelle, Bruneau, B'twin, Cetelem, Chantelle, Crédit Agricole Normandie, Danone, Décathlon, Delamaison, Essilor, Expédia, Fondation des Ponts, Geonaute, Itiwit, Kalenji, Kipsta, La Fourchette, Lapeyre, Le Petit Ballon, Nabaiji, Newfeel, Nexity, OBS, Orao, Paritel, Passionata, Presstalis, Savoie Mont Blanc, Solaris, Subea, Tribord, Vente-privée.com, Vichy Laboratoires, Wed'ze.

Article
Storytelling : faites de votre marque
un « passeur d'histoires » sur le digital
P.36

Étude de cas
AccorHotels, création d'un studio de production
international pour le Magazine
P.38

SPREAD

SPREAD
for customer family

◊ Date création : 2011

◊ Groupe : Visiativ

◊ Adresse :
72 rue de la République - Immeuble Seine Innopolis - 76140 Le Petit-Quevilly

◊ Contact :
contact@spreadfamily.com
Tél. 02 78 08 42 50

◊ Site web :
www.spreadfamily.fr

◊ Reseaux sociaux

in www.linkedin.com/company-beta/1831047
f www.facebook.com/spreadfamily/
@spreadfamily
www.spreadfamily.fr/le-blog

VIRGINIE DUCREUX
CEO
Tél. 06 84 77 56 25
virginie@spreadfamily.com

ADELINE DELAFORGE
Responsable Communication
Tél. 06 30 64 27 14
adeline@spreadfamily.com

SPREAD, c'est un éditeur de logiciel en mode SaaS spécialisé dans l'engagement du client. Notre credo : aider nos clients à voir le marketing avec les yeux du cœur !
Bien souvent, quand on fait du marketing, on élabore des stratégies… mais on a parfois tendance à oublier le bon sens que l'on pourrait mettre dans toute relation humaine. Chez SPREAD, depuis bien longtemps on a pris le parti de comparer la relation client à une relation amoureuse.
Aujourd'hui plus que jamais, il est absolument nécessaire pour les marques et les e-commerçants de prendre en compte la volonté des consommateurs d'être considérés comme des individus uniques et surtout de créer une relation forte avec eux. Une relation basée sur l'engagement. Sur l'affectif.
À vrai dire, dans notre quotidien, il y a certaines erreurs qu'on ne commet pas… Demandez-vous à la fille là-bas de vous épouser tout de suite ou bien lui offrez-vous d'abord un verre ? Préparez-vous à dîner un burger triple bacon pour séduire votre petit ami vegan ? Arrêtez-vous d'offrir des fleurs après le premier rencard ? Comme dans la "vraie vie", nous sommes persuadés qu'en marketing séduire est une affaire de sentiments… et de timing ! On ne cherche pas à convertir avant de qualifier. Ni même à fidéliser avant de connaître…

DOMAINE D'EXPERTISE

Les marques et e-commerçants ont besoin d'aide pour appliquer ces beaux principes concrètement au quotidien. Et c'est justement là que les outils SPREAD interviennent, afin de leur simplifier la vie ! Tout d'abord en leur permettant de rencontrer les visiteurs de leur site internet grâce à des opérations marketing. Puis d'apprendre à les connaître. Pas juste leur nom et leur adresse mail, mais ce qu'ils aiment vraiment. Grâce à cela, ils proposeront des actions qui feront grandir l'attachement à leur marque et favoriseront la conversion. Tout ce travail servira de socle à leur stratégie de lead nurturing.
En effet, jour après jour, ils feront progresser l'engagement de leurs clients pour les fidéliser grâce à des scénarios automatisés et pourquoi pas même amener les plus convaincus à la recommandation.
Pour nous, c'est ça, la relation client, et pas juste une base de numéros de commande et de paniers moyens.

PRINCIPAUX CLIENTS

Les solutions SPREAD s'intègrent aujourd'hui dans la stratégie digitale de près de 400 clients en France et en Europe, dont Photobox, le Futuroscope, Mellow Yellow, Alloresto by Just Eat, Oscaro, Alinéa, Brandalley, Darty, Le Slip Français, Petit Bateau, Yves Rocher, Allopneus, Caisse d'Épargne, M6 Boutique, Legrand, Les Georgettes, Gazissimo, Bocage, Hop Air France, Corsair, Happ'e de Engie…

Article
"Ne me quitte pas" : ou comment rentabiliser son acquisition par l'engagement et la fidélisation
P.146

Étude de cas
Legrand, collaborer avec ses distributeurs pour déployer sa stratégie marketing BtoBtoC
P.192

Étude de cas
Gazissimo, le cycle d'engagement client, de l'acquisition jusqu'à la recommandation
P.296

VANKSEN

vanksen
connecting performance & creativity

◊ Date création : 2001

◊ Adresse :
5 rue du Helder
75009 Paris

◊ Contact :
contact@vanksen.com
Tél. 01 80 98 00 41

◊ Site web :
www.vanksen.com

◊ Reseaux sociaux
in Vanksen
f @Vanksen
@vanksen

XAVIER LESUEUR
Tél. 01 80 98 00 41
xlesueur@vanksen.com

LIONEL CONSTANTINI
lconstantini@vanksen.com

JÉRÉMY COXET
jcoxet@vanksen.com

Nous croyons au digital et aux nouvelles opportunités offertes. Nous croyons aux statistiques nourrissant nos créations, aux analyses orientant nos recommandations. Hémisphère gauche/hémisphère droit, rationnel/émotionnel, data/créa, analyste/graphiste, etc. Nous croyons en la complémentarité des deux mondes !
Nous réconcilions performance et créativité, pour offrir les meilleurs dispositifs répondant efficacement aux besoins de nos clients.
Nous construisons de véritables partenariats, ce qui nous permet de mener des relations solides, sur le long terme.

DOMAINE D'EXPERTISE

- **Conseil** : branding, stratégie digitale, planning stratégique, formation
- **Création** : UX/UI design, ergonomie, webdesign, motion design, direction artistique, conception/rédaction, illustration, design graphique
- **Technique** : sites web, sites événementiels, e-commerce, web app, app mobile
- **SEO** : audit et optimisation pour le référencement naturel, acquisition de trafic, SEA
- **Media Digital** : AdWords (agence certifiée), social media ads, display, native, achat programmatique, e-mailing
- **SMO** : stratégie owned media, visibilité de marque, recrutement et engagement de communauté, génération de leads, gestion d'influenceurs
- **e-CRM / DMP** : DMP, stratégie, accompagnement stratégique, optimisation de la performance, monitoring
- **Web Analytics** : mesure, collecte et analyse de données
- **E-réputation & Social Data Intelligence** : audit digital, veille (listening/monitoring), rapport ad hoc, gestion de crise
- **IP & protection des marques** : gestion de portefeuilles de noms de domaine, audit, surveillance et récupération

PRINCIPAUX CLIENTS

Alimentation : Ferrero - Nestlé : Félix, Purina - Petit Navire ; **Automobile** : PSA - Peugeot - Citroën ; **Banque, Assurance & Investissements** : Allianz - Arval - AXA - BNP Personal Investors - Crédit Mutuel - Generali - Pictet - Quilvest ; **Construction** : Doosan / Bobcat - Onduline ; **Energie** : Primagaz - Services Industriels de Genève - Viessmann ; **Horlogerie** : Audemars Piguet ; **Immobilier** : Carré Habitat ; **Loisirs** : Bergère de France - Fiskars - Kempinski - N'PY - Paris Games Week - Relais & Châteaux ; **Robotique** : Aldebaran Robotics ; Santé, Hygiène, **Beauté & Bien-être** : Eau Thermale Avène - Firmenich - GrandVision - Groupe Panther - Isoxan - Laboratoire Pierre Fabre - Marque Verte - Mas International - Thalassa Sea & Spa ; **Télécommunications** : POST Telecom SA - Swiss TV - Tango ; **Textile** : Columbia Sportwear International.

Article
Animer sa communauté de marque en ligne avec les chatbots
P.96

Étude de cas
Groupe Digital, une stratégie d'envergure au service de l'engagement
P.180

Étude de cas
Buffalo Grill, le drive-to-restaurant
P.294

WORLDLINE

◊ Date création : 2004

◊ Groupe : Atos

◊ Adresse :
River Ouest 80 quai Voltaire
95870 Bezons

◊ Contact :
infoWL@worldline.com
Tél. 01 34 34 95 95

◊ Site web :
fr.worldline.com

◊ Reseaux sociaux
in Worldline Global
f @WorldlineFrance
@WorldlineFrance
fr.worldline.com/fr-fr/home/inside-worldline.html

ARIANE POTTLITZER-THUILLIER
Directrice Commerciale et Marketing
Tél. 06 12 22 25 58
Ariane.Pottlitzer@worldline.com

GILLES MARCHAND
Head of Business Development
Tél. 06 18 46 59 56
gilles.g.marchand@worldline.com

INGRID WINTER
Head of Market Retail and Industry
Tél. 06 18 47 58 70
ingrid.winter@worldline.com

Worldline est le leader européen et un acteur mondial de référence dans le secteur des paiements et des services transactionnels. Worldline met en place des services nouvelle génération, permettant à ses clients d'offrir au consommateur final des solutions innovantes et fluides. Acteur clef du BtoBtoC, riche de près de 45 ans d'expérience, Worldline sert et contribue au succès de toutes les entreprises et administrations, dans un marché en perpétuelle évolution. Worldline propose un Business Model unique et flexible, construit autour d'un portefeuille d'offres évolutif et global permettant une prise en charge end-to-end. Worldline est une entreprise du Groupe Atos.

DOMAINE D'EXPERTISE

Worldline offre une combinaison unique d'expertise dans le paiement, le digital et les transactions pour stimuler les ventes et améliorer l'expérience client.

Les activités de Worldline s'articulent autour de pôles de compétence centrés sur le client :

• Améliorer l'expérience client en fournissant des services transactionnels avancés, personnalisés et cross-canaux ;

• Consolider et simplifier le traitement des paiements de bout en bout incluant l'acceptation centralisée des paiements, l'acquisition commerciale, les terminaux de paiement ;

• Faciliter la transformation digitale des entreprises et des administrations en ouvrant de nouvelles perspectives avec des services digitaux contextuels et innovants.

Worldline emploie plus de 8 700 collaborateurs dans le monde et génère un chiffre d'affaires pro forma de plus de 1,5 milliard d'euros sur une base annuelle.

PRINCIPAUX CLIENTS

Worldline accompagne les entreprises de tous les secteurs d'activité dans leur transformation digitale et projets de paiement :

- Etablissements bancaires, financiers, assurance
- Secteur public, administration et santé
- Transport
- Distribution
- Industrie
- Télécommunications
- Média
- Utilities

Plus de 186 000 commerçants nous font confiance parmi lesquels AccorHotels, Bouygues Telecom, B/S/H, Cineworld, Delhaize, McDonald's France, Metro, Powerdale, Renault.

Article
Social bots - De l'automatisation à la personnalisation de la relation client et de la vente
P. 176

Article
Blockchain, la technologie qui va bouleverser l'écosystème supplychain
P. 300

Article
Préparez-vous à basculer vers l'économie des APIs
P.304

Média

CREAPILLS

CREAPILLS

◊ Date création : 2015

◊ Adresse :
39 rue Saint Fargeau
75020 Paris

◊ Contact :
contact@creapills.com
Tél. 06 32 60 08 82

◊ Site web :
www.creapills.com

◊ Reseaux sociaux
in www.linkedin.com/company/9337187
f www.facebook.com/Creapills
@creapills

MAXIME DELMAS
Président
Tél. 06 74 47 39 67
mdelmas@creapills.com

FRANÇOIS CASTRO LARA
Directeur Général
Tél. 06 32 60 08 82
fcastrolara@creapills.com

Nous vivons dans un monde qui évolue sans cesse, où de nouvelles innovations naissent jour après jour. Et de fait, il devient de plus en plus difficile de suivre ce qui se fait de créatif et de novateur, tellement nous sommes submergés par l'information. Créé par des passionnés et des amoureux de la créativité, Creapills est un média qui s'est donné pour mission de vous offrir, chaque jour, un condensé des informations à connaître dans les domaines de la publicité, de la communication, de l'innovation technologique ou encore de l'art.

Nos pilules créatives sont distribuées avec passion sur notre média et nos réseaux sociaux pour vous offrir un œil frais et toujours positif sur les tendances à connaître, en France comme à l'international. La créativité est une valeur commune qui touche absolument tout le monde, particuliers comme professionnels, qui nécessite simplement d'être curieux et d'être ouvert sur le monde qui nous entoure. Notre équipe fournit un véritable travail de veille créative au quotidien pour dénicher pour vous les meilleurs sujets du moment. Et la formule prend : chaque mois, Creapills fédère plus de 900 000 visiteurs uniques sur son média et génère plus de 100 millions de vidéos vues sur sa page Facebook. Une belle opportunité pour les marques et agences créatives qui souhaitent faire connaître leurs meilleures initiatives.

DOMAINE D'EXPERTISE

Creapills s'articule autour de deux activités : le pôle média et le pôle conseil. Grâce à la visibilité de son média et de ses communautés sociales, Creapills collabore avec les marques, les agences média/créa et les start-up pour mettre en lumière leurs meilleures initiatives créatives. Ces différents relais médias s'articulent autour du blog et de la réalisation de vidéos qui sont ensuite diffusées sur les réseaux sociaux de Creapills.

Le pôle conseil se divise en deux activités : la réalisation de benchmarks créatifs pour les marques et les agences, et l'organisation de séminaires et de conférences pour inspirer les équipes en interne et développer la culture de la créativité.

PRINCIPAUX CLIENTS

Warner Bros. France, Monoprix, Nescafé, Heineken, Skoda, AccorHotels, Orange, Electrolux, Clear Channel, Adobe, Ferrero, FDJ, OMD, Publicis Media, Havas Media

Article
Ces réseaux sociaux qui font les yeux doux à la Génération Z
P. 114

Média

J'AI UN POTE DANS LA COM

J'ai un pote dans la com
Publicité - Digital - Création - Conseil

◊ Date création : 2012

◊ Contact :
contact@jai-un-pote-dans-la.com
Tél. 06 43 17 17 81

◊ Site web :
www.jai-un-pote-dans-la.com

◊ Reseaux sociaux
in www.fr.linkedin.com/company/j%27ai-un-pote-dans-la-com%27%E2%80%8B
f www.facebook.com/jaiunpotedanslacom
@unpotedanslacom

VALENTIN RICHARDOT
Rédacteur en chef
Tél. 07 70 34 92 38
valentin@jai-un-pote-dans-la.com

LAURENT GARROUSTE
Fondateur
Tél. 06 43 17 17 81
laurent@jai-un-pote-dans-la.com

J'ai un pote dans la com est un média à destination des jeunes actifs et des professionnels de la communication. Il traite toute l'actualité publicitaire et propose une veille complète liée au digital, à l'innovation et au marketing à travers des études approfondies, des dossiers de fond et des conseils permettant aux lecteurs de comprendre l'univers du numérique. Le tout sur un ton jeune et bienveillant.
L'idée est d'accompagner au mieux les communicants seniors comme juniors, dans leur recherche d'informations, de conseils et d'actualités créatives.

DOMAINE D'EXPERTISE

J'ai un pote dans la com éclaire ses lecteurs sur l'évolution de la publicité, des pratiques et des tendances inhérentes au digital. Nous dispensons également des formations aux entreprises afin de leur permettre de développer leurs compétences en social media, veille stratégique et stratégie d'influence. La proximité et la collaboration sont des valeurs qui nous permettent d'apporter une vraie réponse de qualité à une demande grandissante de la part des professionnels de la communication et du marketing.

Enfin, nous nous positionnons comme une agence-conseil agile et réactive en proposant des services de brand content, de production vidéo, de community management et de stratégie éditoriale. Notre objectif est d'aider les marques à créer des contenus à forte valeur ajoutée pour leur permettre de s'imposer et de durer, dans un monde où tout s'accélère.

PRINCIPAUX CLIENTS

Orange, SNCF, Coca-Cola, EDHEC Business School, MealPal France, Incubateur Paris-Dauphine, WeFoot, Audencia SciencesCom, Sup de Pub, Champagne Martial-Couvreur, But.

Article
5 conseils pour réaliser efficacement une campagne de native adverstising
P.50

Média

SIÈCLE DIGITAL

Siècle DIGITAL

◊ Date création : 2013

◊ Adresse :
35 rue de Marseille - Bâtiment New Deal
(5ᵉ étage) 69007 Lyon.

◊ Contact :
arnaud@siecledigital.fr
Tél. 06 76 46 15 54

◊ Site web :
www.shinemedia.fr

◊ Reseaux sociaux

in www.linkedin.com/company/5286047
f www.facebook.com/siecledigital
@Siecledigital
www.siecledigital.fr

ARNAUD VERCHÈRE
Directeur Général Associé
Tél. 06 76 46 15 54
arnaud@siecledigital.fr

VALENTIN BLANCHOT
Président Directeur Général Associé, Tél. 06 10 45 10 45
valentin@siecledigital.fr

Siècle Digital est un média qui traite des nouvelles pratiques du marketing, des nouvelles technologies et sciences, des nouvelles tendances sociétales avec ce credo qui nous suit depuis le début : "les sujets inhérents au numérique ne doivent pas être compris que par ceux qui les maîtrisent.". L'audience du site augmente de mois en mois auprès des professionnels au centre des décisions et des actions. Les profils de l'audience sont aussi bien issus du service marketing, commercial, de la DSI, mais également du top management.

Aujourd'hui, ce sont plus de 210 000 professionnels qui se rendent chaque mois sur Siècle Digital pour consulter l'actualité, nos analyses/avis, nos guides ainsi que notre veille technologique.

La partie "édition" de Siècle Digital s'accompagne de formations auprès des entreprises et des entrepreneurs, de conseils en veille stratégique et informationnelle, d'e-réputation et de trafic management. Nos compétences sont issues des expériences passées et actuelles de l'équipe fixe et des contributeurs.

Siècle Digital, lancé en 2013, a pour vocation de devenir l'un des médias référents du BtoB francophone auprès d'une audience éclectique : junior/senior, étudiant/diplômé, intéressé/expert...

DOMAINE D'EXPERTISE

Éditeur du site **siecledigital.fr** avec différentes offres de partenariat (contenus et évènements).

Conseils en marketing et communication : veille stratégique/informationnelle, trafic management et e-réputation.

Formations : brand(ed) content, social media, blogging.

PRINCIPAUX CLIENTS

Cision (leader mondial de logiciel de RP)
TBWA Corporate
Havas
Ghost
Epson
Microsoft
Axa

Article
L'influence, cette notion qui mixe le social et le média
P.20

Article
Comment réformer vos contenus face aux evolutions subjacentes de la recherche
P.46

Article
Comprendre le référencement naturel (SEO) en 2018
P.318

LEXIQUE

A

◊ **A/B TESTING :** Permet le test comparatif de différentes versions d'une page web, d'un email ou d'une publicité. Les résultats obtenus permettent de déterminer les combinaisons (texte, emplacement, image...) qui vont offrir la meilleure conversion.

◊ **ACQUI-HIRING :** Consiste pour une entreprise à racheter une autre société (activité, résultats opérationnels, produits/services commercialisés) pour principalement recruter ses salariés (hiring).

◊ **ADVERIFICATION :** Identifie les contextes d'apparition d'une campagne publicitaire (Brand Safety), fournit les données de visibilité (quelle partie de la publicité est visible, durée, localisation ...) et de détecter la fraude (Invalid Traffic).

◊ **ADVOCACY (CUSTOMER OU BRAND) :** Ensemble des techniques de détection et de mobilisation des clients prescripteurs d'une marque. Englobe tous types de leviers de mobilisation : avis clients, Q/R Peer to Peer, promotions virales, etc.

◊ **AFFILIATION :** Correspond à un levier d'acquisition qui permet à un affilieur (annonceur) de diffuser ses publicités (bannières, boutons, liens ...) sur le site d'un partenaire affilié (diffuseur) en contrepartie d'une rémunération (à l'affichage, au clic, au formulaire, ...).

◊ **AGENT CONVERSATIONNEL :** Voir définition de Chatbot.

◊ **API :** Applications Programming Interface. Interface permettant la mise à disposition et l'échange de données.

◊ **API MANAGEMENT :** Processus de publication, de promotion et de supervision des échanges de données entre les acteurs. Elle implique en particulier la gestion de la sécurité, de l'évolutivité, de la documentation, du versioning, voire de la monétisation de l'usage des APIs.

◊ **API OUVERTE :** API diffusée sur le web de façon publique et mise à disposition de tous les développeurs moyennant une simple inscription. A contrario une API semi-ouverte n'est accessible qu'à un nombre limité de partenaires sélectionnés. Enfin une API fermée est, quant à elle, réservée à un usage interne.

◊ **APP STORE (APPLE) :** Magasin d'applications distribué par Apple pour ses appareils (iPhone, iPad, iPod touch, Apple TV...).

◊ **ASO (APP STORE OPTIMIZATION) :** Ensemble des techniques d'optimisation pour améliorer la découverte, la visibilité et le téléchargement des applications mobile sur les app stores.

◊ **ATTRIBUTION MULTI-TOUCH :** Permet de mesurer la véritable contribution de chaque point de contact et canal d'acquisition (on ou off line) reliant le consommateur aux marques dans le processus d'achat.

◊ **AUC :** Area Under the Curve : L'aire sous la courbe (abrégée en ASC ou AUC en anglais) est la mesure de l'aire de la surface située sous le tracé d'une fonction mathématique dessinée dans un repère. Formellement, cette valeur correspond à l'intégrale de cette fonction.

◊ **AUDIENCES ÉLARGIES :** Dorénavant, grâce aux audiences élargies (prospecting), il est possible d'étendre la portée des campagnes de publicités dynamiques, en diffusant des publicités plus pertinentes à des internautes qui ne sont pas venus sur votre site.

◊ **AUTHENTIFICATION NON REJOUABLE (OOB, OUT OF BAND) :** Solution d'authentification forte et à usage unique visant à associer plusieurs facteurs, le code secret et le smartphone du client, en vue d'assurer une inviolabilité. L'appellation « out of band » signifie que cette authentification forte se fait de façon automatique et est transparente pour le client, contrairement à l'envoi d'un code sms.

◊ **AVIS MARQUE :** Il s'agit de recueillir l'expérience vécue par le client auprès d'une marque suite à un achat de produits/services. La réponse peut porter sur la navigation sur le site, l'aide apportée par la marque durant la visite (via des chats etc...), la facilité de paiement, le délai de livraison etc.

◊ **AVIS PRODUIT :** Il s'agit de recueillir l'expérience vécue par le client suite à la réception et l'utilisation de son produit/service afin de vérifier que celui-ci correspond bien aux attentes du consommateur.

B

◊ **BACKEND :** Partie de l'informatique située au cœur du métier de l'assureur ou de l'assisteur. Fortement cloisonné, le backend n'est accessible que par des portes informatiques sécurisées appelées "gateway".

◊ **BACK-OFFICE :** Désigne les équipes chargées de la gestion administrative des contrats, et du contact clientèle.

◊ **BIG DATA :** Littéralement « mégadonnées » correspond à l'ensemble des données collectées sur le canal numérique. Ces données sont extrêmement volumineuses et en deviennent difficiles à traiter avec des outils classiques de gestion de base de données.

◊ **BLACK HAT :** Une pratique dite black hat SEO est une technique de référencement naturel considérée comme discutable, non éthique et / ou punissable par les moteurs de recherche ou les professionnels du référencement.

◊ **BLOCKCHAIN :** Nouvelle technologie de gestion de données. Elle permet de tracer de manière sécurisée et transparente des transactions de natures diverses, réalisées entre les participants. Elle est apparentée à un grand livre de compte infalsifiable.

◊ **BRAND CONTENT :** Terme anglais qui désigne les contenus produits plus ou moins directement par une marque dans une logique de marketing de contenu.

◊ **BtoB :** Désigne l'ensemble des activités commerciales nouées entre deux entreprises (Business to Business) et plus largement les moyens techniques utilisés pour mettre en relation ces sociétés et faciliter leurs échanges de produits, de services ou d'informations.

◊ **BtoBtoC :** Désigne la double problématique qui consiste à devoir s'adresser aussi bien à une cible de professionnels (distributeurs ou prescripteurs) qu'au client final consommateur.

◊ **BUSINESS MODEL :** Concept qui permet d'expliquer comment une entreprise compte créer de la valeur et dégager un résultat. Il identifie les objectifs d'une entreprise et décrit la stratégie et les ressources nécessaires pour les atteindre.

◊ **BUSINESS PLAN :** Il permet de constater si tous les éléments nécessaires à la construction du projet ont été pris en considération pour la rentabilité du projet.

◊ **BUYER PERSONA :** Ce sont des personnages fictifs qui représentent les profils de vos prospects. Ils sont généralement définis au moment de créer votre entreprise, mais ils peuvent être peaufinés tout au long de votre activité, grâce aux divers renseignements obtenus par vos commerciaux sur leur profil.

C

◊ **CANDIDAT ACTIF ET PASSIF :** Le candidat actif est la personne qui cherche de manière active un emploi, va chercher des offres d'emploi sur les jobboards. Le candidat passif lui ne cherche pas de manière active un emploi, est en poste, mais est à l'écoute d'éventuelles bonnes opportunités. Lui ne va pas sur les jobboard, le défi est d'attirer son attention.

◊ **CANVAS :** Expérience plein écran pour les appareils mobiles qui permet de proposer divers types de contenus à une audience ciblée sur Facebook : carrousel, image seule, vidéo...

◊ **CAROUSEL :** Mode de présentation qui permet d'afficher les produits sous forme de carousel de produits qui défilent soit par défaut à l'affichage ou le plus souvent lorsqu'il y a un survol de la souris (mouse over).

◊ **CHATBOT :** De plus en plus utilisés par les services clients de marques ou de commerçants en ligne, les agents conversationnels sont capables de simuler une conversation, réaliser une tâche ou apporter un conseil, avec un ou plusieurs humains par échange vocal ou textuel.

Dans leur fonctionnement, les bots suivent les règles conçues par leurs développeurs et affichent des réponses pré-enregistrées. Si on ajoute de l'intelligence artificielle, on se rapprochera d'une interaction plus humaine."

◊ **CHURN :** Littéralement « l'attrition », ce terme désigne la perte de clientèle ou d'abonnés. L'observation du taux d'attrition est une donnée très importante quand on connait l'impact de la fidélisation sur la rentabilité. Les internautes doivent être informés et donner leur consentement préalablement à l'insertion de traceurs.

◊ **COMMERCE CONVERSATIONNEL :** Souvent utilisé pour désigner les transactions générées plus ou moins directement à partir des messageries, il englobe plus largement les conversations qui participent à l'engagement et à la conversion d'un consommateur : une discussion par chat sur le site web, un échange sur Facebook ou Instagram avec le partage d'un lien ou d'une offre, etc.

◊ **COMPANION AD :** Bannière publicitaire affiché en même temps que la vidéo et qui sert de "call to action" supplémentaire pour rediriger vers le site. Objectif : faire émerger l'ad sur Youtube (dont l'univers graphique est majoritairement blanc) et attirer l'œil des visiteurs.

◊ **CONFIGURATEUR :** Interface ou widget dédié à la composition / création d'un produit en respectant ses règles métier. Une attention particulière est portée à l'ergonomie afin que l'utilisateur ait un parcours le plus efficace possible.

◊ **CONSENSUS DISTRIBUÉ :** Il s'agit de l'opération de validation, d'enregistrement et de sécurisation des transactions. Dans la blockchain, il n'y a pas d'acteur qui joue le rôle d'autorité centrale. Cette opération se fait grâce à un système technique basé majoritairement sur la cryptographie et les mathématiques.

◊ **CONTENT MARKETING :** Stratégie marketing qui implique la création et diffusion de contenus médias pertinents et utiles afin d'acquérir de nouveaux clients.

◊ **COOC :** Corporate Online Open Course, formation en ligne produite par une entreprise pour ses collaborateurs ou ses clients.

◊ **COOKIE :** Un cookie est un fichier qui permet d'enregistrer des informations relatives à la navigation d'un internaute sur un site internet (ex. nombres de visites, nombre de pages vues...) et permet notamment de personnaliser le contenu d'un site.

◊ **CPC/CPM :** Le « Coût Par Clic » est un mode de facturation d'espaces publicitaires ou d'actions marketing couramment utilisé sur Internet. Le « Coût Pour Mille » est le mode dominant de valorisation et de facturation des espaces publicitaires Internet par lequel un annonceur est facturé selon un prix de l'espace publicitaire exprimé pour mille affichages de la création (bannière, vidéo, etc.).

◊ **CRM :** Un CRM, Customer Relationship Management (Gestion de la relation client) désigne l'ensemble des outils mis en place par l'entreprise dans le but de renforcer la relation avec ses clients pour maximiser son profit.

◊ **CSP :** Il s'agit d'un type de segmentation, déterminé à partir des caractéristiques socioprofessionnelles communes à des individus et permettant de définir une cible marketing.

◊ **CTA :** Un CTA, Call To Action, est une incitation graphique ou textuelle invitant le visiteur d'un site web à répondre positivement à un message publicitaire.

◊ **CUSTOMER-CENTRIC :** Témoigne la volonté d'une entreprise de mettre le client au coeur de son organisation, de ses processus et décisions.

D

◊ **DARK SOCIAL :** Expression popularisée par le journaliste Alexis C. Madrigal. Ensemble des contenus échangés d'individu à individu depuis des canaux privés de type messageries instantanées, e-mails, etc. La particularité du Dark Social est que les données échangées ne peuvent être ni qualifiées, ni mesurées, et que les marques n'ont pas d'emprise sur ce medium.

◊ **DATA MANAGEMENT PLATFORM :** Voir définition de DMP.

◊ **DATA-DRIVEN MARKETING :** Grâce au Data Driven Marketing, une entreprise analyse les comportements des clients et leurs attentes. Le data-driven récupère et analyse les données des clients pour optimiser le contact avec le client sur l'ensemble des canaux : cohérence et pertinence.

◊ **DCO :** La DCO, pour Dynamic Creative Optimization, est une méthode d'optimisation en temps réel d'une bannière display afin que les éléments présentés correspondent le plus exactement possible au contexte.

◊ **DESIGN THINKING :** Le design thinking est une méthode de travail utilisée dans la conception d'un produit innovant qui se base sur un ensemble d'étapes successives : définition, imagination, synthèse, prototypage et test.

◊ **DIGITALISATION DU POINT DE VENTE :** Adoption, au sein d'un point de vente physique, d'applications digitales permettant d'accroître l'efficacité commerciale et d'optimiser l'expérience client.

◊ **DISPLAY :** Version en ligne de la publicité classique : messages exposés sur des sites Web, utilisant des éléments graphiques, qui prennent la forme de bannières de formats variés (bannières simples, skyscrapper, carrés, pop-up, habillage de page, intersticiels...). Se distingue du search, c'est-à-dire des liens commerciaux qui sont textuels.

◊ **DMP :** Acronyme pour Digital Management Platform. Plateforme technologique permettant le traitement et la gestion des données anonymes utilisées à des fins de ciblage publicitaire telles que les profils sociodémographiques, centres d'intérêt ou intentions d'achat. Ces données peuvent provenir de sources annonceurs/éditeurs (1st party) ou de données tierces (3rd party data). Elle offre la possibilité de personnaliser les publicités digitales, d'améliorer le ciblage des campagnes ou encore d'analyser avec précision la performance de ses partenaires.

◊ **DONNÉE À CARACTÈRE PERSONNEL :** Toutes les données numériques permettant d'identifier directement ou indirectement une personne physique. L'identification indirecte d'une personne peut passer par la collecte et le traitement de l'adresse IP, d'un cookie, ou de toute forme de technologie permettant d'identifier et de profiler une personne.

◊ **DRIVE-TO-STORE :** Mise en place d'un dispositif digital avec l'intention de convertir un internaute en consommateur d'un point de vente physique.

◊ **DROIT À LA DÉCONNEXION :** Droit pour un salarié de ne pas être en permanence joignable pour des motifs liés à l'exécution de son travail.

◊ **DSI :** Direction des Systèmes d'Information. Responsable de l'ensemble des composants matériels et logiciels du système d'information et du choix des services de télécommunication de l'entreprise.

◊ **DSP :** Demand Side Platform : plateforme technologique d'optimisation qui permet à un trading desk ou un annonceur via une interface centralisée, d'acheter en temps réel, et aux enchères, les inventaires display proposés par les différents SSP (éditeurs, médias).

◊ **DSP2 :** La Directive sur les Services de Paiement 2, initiée par L'autorité Bancaire Européenne (ABE) a pour objectif d'encourager la concurrence dans l'écosystème européen des paiements, d'améliorer la sécurité et la protection des consommateurs et de promouvoir l'innovation à travers de nouveaux usages. La DSP2 entrera en vigueur le 13 Janvier 2018.

E

◊ **EARNED MEDIA :** Il désigne l'exposition gratuite dont bénéficie la marque sur des supports qu'elle ne contrôle pas.

◊ **E-COMMERCE AMÉLIORÉ :** Terme spécifique à Google Analytics, désignant une fonctionnalité qui active des rapports de ventes, performances de produits, tunnel de conversion, suivi des promotions et autres mesures e-commerce dans l'outil. Ces rapports sont indisponibles sans cette option.

◊ **EMPLOYEE EXPERIENCE :** Parcours du collaborateur dans l'entreprise considéré à travers le prisme de tous les points de contacts quotidiens.

◊ **EMPOWERMENT :** Fait d'augmenter le pouvoir d'agir (personnel ou collectif) pour que l'individu ou le groupe puisse agir de façon autonome.

◊ **ENGAGEMENT :** Selon Meyer et Allen : attitude qui traduit la force des liens unissant l'individu à son travail. L'engagement implique un attachement affectif (s'identifier à l'organisation), un attachement instrumental (coût d'opportunité), un attachement moral (obligation envers l'organisation).

◊ **ENGAGEMENT DESIGN :** Méthode de design d'applications web et mobile mettant l'accent sur l'engagement approfondi des utilisateurs. La Gamification fait partie des techniques de l'Engagement Design.

◊ **ENGAGEMENT ON-SITE :** L'engagement on-site se fait directement durant la navigation de l'internaute. L'idée est simple : au lieu d'attendre que le visiteur quitte la navigation, des messages lui sont adressés sur sa session pour réduire le taux de rebond et l'inciter à convertir. Cela peut prendre plusieurs formes : pop-ins, bannières, recommandation de produits, etc.

◊ **eSPORT :** Aussi appelé sport électronique, consiste en la pratique d'un jeu vidéo dans le cadre d'une compétition professionnelle.

◊ **EXPÉRIENCE CLIENT :** Désigne l'ensemble des émotions et sentiments ressentis par un client avant, pendant et après l'achat d'un produit ou service. C'est le résultat de l'ensemble des interactions qu'un client peut avoir avec la marque ou l'entreprise.

◊ **EXPÉRIENCE DE MARQUE :** Ensemble des représentations, sentiments et valeurs que l'on attache à une marque qui influence la façon dont celui ci va l'appréhender.

F

◊ **FACEBOOK MESSENGER :** Application de messagerie instantanée développée par Facebook.

◊ **FAQ PEER TO PEER :** Dispositif de mise en avant des questions les plus fréquemment posées par les clients, dont les réponses sont alimentées par des clients à la place ou en complément de la marque.

◊ **FILTRES :** Moyen proposé par Snapchat pour personnaliser ses propres photos, via des filtres ludiques et favorisant la conversation avec sa communauté.

◊ **FLEX OFFICE :** Mode d'organisation de l'espace de travail où les bureaux ne sont pas attribués de façon fixe, mais où chaque bureau est disponible de façon fluide pour tous les collaborateurs, en fonction de l'ordre d'arrivée.

◊ **FORMULAIRE MULTI-CRITÈRES :** Il s'agit de la possibilité d'ajouter des questions sur des aspects particuliers de la marque et/ou du produit/service. Généralement, il n'est pas possible de laisser un commentaire sur ces critères, seulement de les noter de 1 à 5 étoiles.

◊ **FPS :** First Person Shooter ou jeu de tir à la première personne est un type de jeu vidéo de tir fondé sur des combats en vision subjective (« à la première personne »), c'est-à-dire que le joueur voit l'action à travers les yeux du protagoniste qu'il incarne.

G

◊ **GAFA :** Acronyme qui désigne les 4 géants industriels américains : Google, Apple, Facebook et Amazon.

◊ **GAFAM :** Acronyme désignant les cinq géants industriels américains : Google, Apple, Facebook, Amazon et Microsoft.

◊ **GAMIFICATION :** La gamification consiste à transposer les mécaniques du jeu dans un domaine non-ludique. Elle repose donc sur l'observation des mécaniques permettant de construire un "bon" jeu, et sur l'étude du comportement des joueurs. Elle vise alors à rendre plus ludique des activités qui ne sont pas considérées comme des jeux.

◊ **GÉNÉRATION Z :** Génération sociologique qui succède à la génération Y. Concrètement, elle englobe les personnes nées à partir de 1995 et jusqu'à 2015. La génération Z s'oppose par essence à la génération Y : références culturelles différentes, approche différente du travail, nouvelles façons de penser et de voir le monde...

◊ **GITHUB :** Plateforme centrée vers l'aspect social du développement, elle permet à tout développeur d'héberger et gérer ses développements de logiciel, favorisant les retours et tests de la communauté.

◊ **GOOGLE ADSENSE :** Régie publicitaire de Google s'appuyant sur des supports tels que les sites internet ou les vidéos YouTube.

◊ **GOOGLE PLAY STORE :** Magasin d'applications distribué par Google pour ses appareils Android (smarphone, tablette, Android TV...).

◊ **GRANULARITÉ :** Détail dans la fourniture de données. Plus la donnée est granulaire, plus il y a d'informations détaillées au niveau du contexte de capture de l'information et de l'information elle-même.

◊ **GROWTH HACKING :** Ce sont l'ensemble des techniques de marketing qui ont pour but la croissance rapide de l'entreprise dans l'acquisition de nouveaux clients, par exemple.

H

◊ **HAPPINESS MANAGER :** Collaborateur rattaché à la direction des ressources humaines, responsable de s'assurer du bien-être au travail et de la cohérence entre les valeurs affichées de l'entreprise et les valeurs vécues par les collaborateurs.

◊ **HISTOPAD :** Tablette proposant un dispositif de réalité augmentée, qui permet de redécouvrir un monument à travers des reconstitutions virtuelles des espaces. Le dispositif s'appuie sur des "portes du temps", qui font basculer le visiteur du présent au passé.

I

◊ **IA FAIBLE :** La notion d'intelligence artificielle faible constitue une approche pragmatique d'ingénieur : chercher à construire des systèmes de plus en plus autonomes ou des algorithmes capables de résoudre des problèmes d'une certaine classe. Ici, c'est l'humain qui définit et programme les connaissances dans la machine.

◊ **IA FORTE :** Le concept d'intelligence artificielle forte fait référence à une machine capable non seulement de produire un comportement intelligent, mais d'éprouver une impression d'une réelle conscience de soi, de "vrais sentiments", et "une compréhension de ses propres raisonnements". Ici la machine observe le monde et en tire d'elle-même des conclusions.

◊ **IBBÜ :** Communauté des meilleurs experts, mis à disposition des entreprises et rémunérés pour conseiller leurs clients en temps réel.

◊ **INFLUENCE (PSYCHOLOGIE) :** Le processus par lequel une personne fait adopter un point de vue à une autre. L'influence opère une inflexion : celui qui aurait pensé ou agi autrement s'il n'était pas influencé se dirige dans le sens que souhaite l'influent de façon apparemment spontanée.

◊ **INFLUENCE MARKETING :** Ou "marketing d'influence" est l'ensemble des pratiques qui visent à utiliser le potentiel de recommandation des influenceurs.

◊ **INSTANT PAYMENT :** Permet d'effectuer un virement à destination d'un commerçant ou d'un proche et de voir l'opération s'exécuter en moins de 10 secondes après sur le compte du créditeur.

◊ **INTELLIGENCE ARTIFICIELLE :** Classée dans le groupe des sciences cognitives, correspond à un ensemble de concepts et de technologies faisant appel à la neurobiologie computationnelle, à la logique mathématique et à l'informatique. Elle recherche des méthodes de résolution de problèmes à forte complexité logique ou algorithmique.

◊ **INVISIBLE APP :** Désigne une nouvelle façon d'interagir avec un service en utilisant les canaux de communication classiques comme les SMS, les applications de messagerie ou les e-mails. Elles n'ont pas d'interface propre, d'où l'utilisation du terme « Invisible ».

◊ **IOT OU INTERNET OF THINGS :** Tendance par laquelle de plus en plus d'objets quotidiens ou de nouveaux objets sont connectés à Internet. L'IoT est issu de la convergence des technologies sans fil, des systèmes micro-électromécaniques et d'internet.

K

◊ **KINETIC EMAIL :** Technologie qui permet d'inclure directement dans le corps d'un email des animations interactives et dynamiques, implémentées en HTML et CSS.

◊ **KIT EMAILING :** En affiliation, un kit emailing est un email pré-formaté, proposé aux emaileurs afin qu'ils le diffusent auprès de leurs bases d'adresses opt-in et assurent la promotion de l'offre. Les kits emailing sont utilisés dans le cadre du marketing à la performance, c'est-à-dire que les emaileurs sont rémunérés lorsqu'ils génèrent des ventes ou des leads.

◊ **KPI (KEY PERFORMANCE INDICATOR) :** En français, ce terme signifie "Indicateurs Clés de Performance". Ils permettent de mesurer une audience et des résultats marketing.

L

◊ **LEAD NURTURING :** En français, ce terme signifie "Maturation des leads". Appuyée par une série d'emails ou d'invitation régulière à des événements, cette méthode aide à maintenir le contact avec vos prospects, pour augmenter vos chances de les convertir en les rapprochant de l'acte d'achat.

◊ **LEAD SCORING :** Consiste pour une entreprise à donner une note à un prospect en fonction de son historique d'actions vis à vis de ses communications. Cette note permet de juger la pertinence et la maturité d'un prospect.

◊ **LMS :** Le LMS, pour Learning Management System désigne une plateforme mise à disposition des collaborateurs et recensant les ressources et parcours de formation, avec la possibilité d'accéder aux formations depuis la plateforme.

◊ **LOCALISATION :** Localiser, c'est le fait de décliner sa prise de parole à l'international, en adaptant chaque contenu en fonction des marchés ciblés.

◊ **LOOK-ALIKE :** C'est une cible d'individus (prospects, audience...) qui est déterminée par sa ressemblance avec la clientèle habituelle de l'annonceur.

M

◊ **MARKETING AUTOMATION :** Désigne une solution qui permet d'automatiser certaines tâches de communication et prospection.

◊ **MARKETING DE L'ENGAGEMENT :** Stratégie marketing visant à engager le consommateur, l'inviter et l'encourager à participer au marketing d'une marque.

◊ **MARKETING ÉTHIQUE :** Manière de rallier le consommateur à une proposition intéressante faite par une entreprise aux consommateurs en vue de les inciter à acheter une marque impliquée dans une cause en particulier.

◊ **MARKETING MIX MODELING :** Repose sur de la modélisation économétrique. Cette méthode, ayant fait ses preuves depuis 20 ans, consiste à expliquer le volume de ventes ou le chiffre d'affaire en fonction des différents leviers du marketing mix : digital, TV, prix, promotion, lancement produit, trade marketing, online-to-store...

◊ **MARKETING PRÉDICTIF :** Ensemble des dispositifs marketing permettant d'anticiper les comportements des clients par des prévisions basées sur des données et des probabilités de réussite. Le caractère prédictif repose sur des techniques de datamining permettant de modéliser un comportement à un instant t en fonction de données passées.

◊ **MARKETPLACE :** Un site mettant à disposition sa plate-forme de vente à des sociétés indépendantes, en les référençant. En échange de cette visibilité, la marketplace prélève une commission sur les ventes réalisées par ces vendeurs.

◊ **MARQUE EMPLOYEUR :** Créée à la fin des années 90, elle repose sur la mise en cohérence de toutes les expressions employeur d'une entreprise, tant internes qu'externes au nom de sa performance économique.

◊ **MARTECH :** L'écosystème des solutions technologiques destinées à optimiser l'efficacité marketing (B2B ou B2C).

◊ **MATCHING DÉTERMINISTIQUE :** Réconciliation de données issues d'environnements différents (devices ou canaux différents) en utilisant pour clé de matching des éléments d'identification fiables et tangibles, tels qu'un identifiant client, une adresse email ou la combinaison prénom/nom/adresse postale. Ainsi réalisé, le matching assure une identification sans faille sur les différents environnements d'un individu unique.

◊ **MÉDIA :** Un média désigne un moyen direct ou technique pour diffuser des contenus sous différentes formes permettant de communiquer auprès d'une audience.

◊ **MENU HAMBURGER :** Désigne un mode de présentation ramassé du menu de navigation. Il est principalement utilisé pour les versions mobiles des sites web ou pour les applications mobiles.

◊ **MOBA :** Arène de bataille en ligne multi-joueur. Il s'agit d'un genre de jeu vidéo qui se joue généralement avec deux équipes de cinq joueurs. L'objectif pour chaque équipe est de détruire la structure principale de l'équipe adverse, au moyen des personnages contrôlés par chaque joueur et avec l'aide des unités contrôlées par l'ordinateur.

◊ **MOBILE-FIRST :** Dans la conception du site internet, l'approche mobile-first consiste à prioriser le mobinaute, à prendre en compte ses particularités de navigation et à anticiper ses attentes... Cela permet de créer une expérience optimale pour l'utilisateur mobile, de mettre en avant le contenu important et de décider, en amont, des fondements techniques corrects.

◊ **MOOC :** Un Massive Open Online Course est un type ouvert de formation à distance capable d'accueillir un grand nombre de participants.

◊ **MOT-CLÉ :** Un mot clé désigne généralement le mot ou l'ensemble de mots (expression) saisis par un internaute pour effectuer une recherche d'information sur un moteur ou pour chercher un produit ou un contenu sur un site marchand ou éditorial.

◊ **MVP :** Le produit minimum viable (ou MVP de l'anglais : minimum viable product) est une stratégie de développement de produit, utilisée pour de rapides et quantitatifs tests de mise sur le marché d'un produit ou d'une fonctionnalité. Il est intéressant dans le cadre d'une démarche UX de remplacer le terme « Viable », par celui de « Value ».

N

◊ **NATIVE ADVERTISING :** Désigne un type de publicité qui par sa forme, son emplacement et son contenu ressemble et s'intègre fortement aux contenus diffusés habituellement par le site support. Il permet une meilleure efficacité publicitaire. Le native advertising s'est fortement développé depuis 2013.

◊ **NATURAL LANGUAGE PROCESSING :** Le traitement automatique du language naturel est une discipline à la frontière de la linguistique, de l'informatique et de l'intelligence artificielle, qui concerne l'application de programmes et techniques informatiques à tous les aspects du langage humain.

◊ **NET PROMOTER SCORE (NPS) :** Souvent présenté comme un indicateur de la satisfaction et de la fidélité client. Il est cependant probablement plus juste de le considérer comme un indicateur de la propension ou probabilité de recommandation d'un produit, marque ou service par ses clients ou utilisateurs.

O

◊ **OBJET CONNECTÉ :** Tout objet connecté à Internet directement (via des réseaux 2G/3G/4G, des réseaux bas débit comme Sigfox et Lora) ou indirectement (via le téléphone en Bluetooth/WiFi ou par la box télécom en WiFi). Les objets ayant un tag NFC ou un QR code ne sont généralement pas considérés comme des objets connectés.

◊ **OOH :** Out-Of-Home ou publicité extérieure.

◊ **OPÉRATION BOOLÉEN :** Opérateur de recherche permettant une connexion logique entre des termes de recherche, ou entre des mots-résultats, ou entre une combinaison des deux. Exemple : "ET", "OU" (exclusif), "SAUF", "SOIT".

◊ **OPTIN :** Dans le contexte de l'email marketing et d'autres canaux de marketing automatisé , l'opt-in est le principe par lequel un individu doit donner son consentement préalable et explicite avant d'être la cible d'une prospection directe.

◊ **OWNED MEDIA :** Il comprend les points et supports d'exposition possédés et contrôlés par la marque.

P

◊ **PAID MEDIA :** Il correspond à l'espace publicitaire acheté par la marque sur les médias digitaux ou traditionnels.

◊ **PAID SEARCH :** Ou search marketing, il regroupe l'ensemble des techniques consistant à positionner favorablement des offres commerciales, sites internet, applications mobiles ou autres contenus (images, vidéo, actualités) sur les pages de réponses des moteurs de recherche relatives à des requêtes.

◊ **PARCOURS CANDIDAT :** Ensemble des étapes qui jalonne le process de recrutement de l'intérêt d'une offre ou d'une proposition à celui de l'intégration. Aujourd'hui chaque étape du parcours candidat se doit d'être en cohérence avec la promesse de la marque employeur.

◊ **PART DE CHOIX :** Faire en sorte qu'une personne, lorsqu'elle prépare et réserve un voyage, pense à se rendre sur le site d'une entreprise pour comparer son offre avec celles du marché.

◊ **PARTENAIRES MEDIA/DATA :** Chaque éditeur aujourd'hui se doit de proposer une offre data sous réserve qu'elle est maîtrisée (source de donnée,traitement de donnée, finalité de l'usage de la donnée...) et respecte la règlementation en vigueur et à venir (RGDP).

◊ **PATTERN :** Mot souvent utilisé pour désigner un modèle ou une structure.

◊ **PHYGITAL :** Voir définition de Digitalisation du point de vente.

◊ **PLATEFORME COMMUNAUTAIRE :** Plateforme de diffusion de contenus qui rassemble des internautes et qui leur permet de partager des intérêts communs.

◊ **PLATEFORME E-LEARNING :** Plateforme qui permet l'utilisation des nouvelles technologies multimédias de l'Internet pour améliorer la qualité de l'apprentissage en facilitant d'une part l'accès à des ressources et à des services, d'autre part les échanges et la collaboration à distance.

◊ **POEM :** Il s'agit d'un acronyme pour Paid, Owned et Earned Media.

◊ **PPC :** Ou "Pay per click" désigne initialement le modèle de paiement aux clics des campagnes adwords. Ce terme est également employé pour qualifier d'autres leviers marketing utilisant le référencement payant (affiliation, retargeting, etc.).

◊ **PROFILAGE :** Pierre angulaire de la GDPR, le profilage désigne tout traitement spécifique de données personnelles dans le but "d'analyser ou de prédire" le "comportement" ou "les préférences personnelles" d'une personne. Le droit d'opposition à prospection/profilage" porte spécifiquement sur le droit d'une entreprise à profiler ses clients ou des prospects.

◊ **PROPENSION À PAYER :** La «propension à payer» ou «disposition à payer» désigne la façon dont un consommateur donné estime l'ordre de grandeur de prix qu'il est prêt à payer pour acquérir et consommer un bien ou un service donné.

◊ **PROTOCOLE DE MESURE :** Ensemble de règles standard qui permet de collecter et d'envoyer des appels à partir d'un appareil connecté à Internet vers Analytics. Cela permet de connecter des appareils autres qu'un site web ou une application mobile à Analytics.

◊ **PUBLICITÉ NATIVE :** La publicité native est un contenu en ligne sponsorisé d'apparence éditoriale qui s'intègre à la forme du support en abordant des thèmes proches de ceux traités par le texte informatif.

◊ **PUBLICITÉ PROGRAMMATIQUE :** Automatisation de l'achat et de la vente de l'inventaire publicitaire numérique, généralement via du Real-time bidding (RTB ou enchères en temps réel).

◊ **PUBLICITÉ SERVICIELLE :** Désigne les modes de campagne ou supports publicitaires par lesquels un service utile est proposé au consommateur.

◊ **PURE PLAYERS (TOUT EN LIGNE) :** Désigne une entreprise présente uniquement à travers internet par le biais d'un site ou d'une plateforme de communication.

Q

◊ **QR CODE :** Désigne un type de code-barres en deux dimensions permettant à un utilisateur d'être redirigé vers un contenu web après avoir pris en photo ce code barre grâce à un lecteur spécifique.

◊ **QUALIFICATION :** La qualification de prospects consiste à obtenir des renseignements sur l'identité, les coordonnées, les besoins et les intentions d'achat des prospects. Elle peut être de plus en plus précise grâce à la création de champs personnalisés à son activité.

R

◊ **REACH ORGANIQUE :** L'audience obtenue par une marque lorsqu'elle s'adresse à ses fans ou followers sur un réseau social sans passer par un format publicitaire payant.

◊ **RÉALITÉ AUGMENTÉE :** Principe qui permet, en temps réel, d'ajouter une couche d'informations ou d'objets virtuels dans l'environnement bien réel de l'utilisateur. À la différence des hologrammes, la RA nécessite un dispositif caméra / écran (smartphone, tablette), ou un casque à écran transparent pour effectuer la superposition d'image.

◊ **RÉALITÉ MIXTE :** Terme employé par Microsoft, la Réalité Mixte désigne les familles de dispositifs permettant d'accroître la fusion entre le monde physique et les différentes couches virtuelles. La RM peut prendre la forme de casques à écrans transparents ou encore de casques de réalité virtuelle qui analysent l'environnement dans le but de transcrire les volumes.

◊ **RÉALITÉ VIRTUELLE :** À l'aide d'un casque muni d'écrans et de lentilles, obstrue complètement la vue de l'utilisateur en le plongeant dans un monde totalement virtuel, dans lequel il est possible de regarder à 360°. Toute la force de la RV est d'accaparer totalement l'attention de l'utilisateur, créant un rapport direct avec le contenu.

◊ **RECIBLAGE :** Voir la définition de Retargeting.

◊ **RECONNAISSANCE CLIENT :** Identification individuelle cross canal et cross device en continu de chacun des consommateurs d'une marque en prenant en compte leur historique de relation (engagement, achat, visite…).

◊ **RÉFÉRENCEMENT NATUREL (SEO) :** Voir la définition de SEO.

◊ **RETARGETING :** Consiste à exposer des internautes à des publicités en ligne personnalisées en fonction de leurs actions passées : visite d'un site internet, centres d'intérêt…

◊ **REVENU INCRÉMENTAL :** Il s'agit du revenu supplémentaire qui n'aurait pu être obtenu sans l'exécution d'une campagne spécifique.

◊ **REVERSE MENTORING :** Pratique consistant à mettre en relation un junior et un senior de l'entreprise pour une formation par l'échange où le junior apporte des connaissances de culture digitale et le senior apporte des connaissances quant à la culture d'entreprise.

◊ **RGPD (RÈGLEMENT GÉNÉRAL DE LA PROTECTION DES DONNÉES) :** Réglementation européenne applicable à partir du 28 mai 2018 qui instaure de nouveaux droits pour les consommateurs sur l'utilisation de leurs données (opt-in, portabilité, droit à l'oubli…) avec des sanctions pouvant atteindre 4 % du CA en cas de manquement.

◊ **ROADMAP :** Planning des développements informatiques établi sur une ou plusieurs années. Il est valorisé en nombre de jours/homme de développement.

◊ **ROI (RETURN ON INVESTMENT) :** Retour sur investissement, en français. Consiste à analyser les résultats financiers obtenus à la suite d'un projet. L'objectif est de constater si celui-ci est rentable.

◊ **ROPO :** « Research Online, Purchase Offline » désigne un parcours client et un comportement d'achat cross-canal qui démarre par une recherche online et se termine par un achat en magasin.

S

◊ **SAAS :** Software as a Service, soit l'utilisation d'applications dans le cloud via une interface web, qui ne demande aucune installation.

◊ **SALESTECH :** L'écosystème des solutions technologiques destinées à optimiser l'efficacité des commerciaux B2B dans toutes les phases de la vente.

◊ **S-COMMERCE :** Le terme « social commerce » renvoie au commerce connecté ou au commerce social. C'est le fait d'utiliser les réseaux sociaux et les interactions sociales pour contribuer à un achat ou à une vente en ligne.

◊ **SEARCH ENGINE OPTIMIZATION :** Voir la définition de SEO.

◊ **SEO :** L'acronyme de Search Engine Optimization peut être défini comme l'art de positionner un site, une page web ou une application dans les premiers résultats naturels des moteurs de recherche.

◊ **SEGMENTS DIRECTEMENT ACTIVABLES :** Désormais les plateformes digitales sont suffisamment flexibles pour accueillir des segments de données provenant d'autres sources de données. Cela permet de proposer des activations des segments collectés grâce aux insights de l'étude Dynamic Data Profiling.

◊ **SEM (SEARCH ENGINE MARKETING) :** Regroupe 3 types de référencement. SEM = SEO + SEA + SMO. Le SEM a pour objectif de profiter de la masse de requêtes effectuées sur internet à des fins marketing.

◊ **SERP :** Acronyme de « search engine result page » ou page de résultats des moteurs de recherche. SERP est un raccourci utilisé fréquemment par les praticiens du référencement.

◊ **SHAZAMER :** Utiliser l'application mobile Shazam pour reconnaitre un contenu audio, vidéo ou visuel (image).

◊ **SHOPPABLE INSTAGRAM :** Outil qui permet d'associer aux photos Instagram d'une marque des tags produits et de diriger l'instagrammer vers un site marchand.

◊ **SHOWROOMING :** Pratique du consommateur qui consiste à se rendre chez un commerçant en brick and mortar pour évaluer physiquement un produit qu'il achètera en ligne.

◊ **SMART DATA :** Ou « données intelligentes », il s'agit d'une nouvelle approche du traitement des données issues du big data, qui consiste à extraire les informations les plus pertinentes pour mener des campagnes marketing.

◊ **SNAP :** Photo instantanée ou vidéo live depuis l'application Snapchat et diffusable auprès de sa communauté.

◊ **SNAPCHAT :** Réseau social 100% mobile dédié au partage d'images et de vidéos. C'est le premier réseau social à avoir eu la particularité d'utiliser le format de "Stories", ces séquences éphémères qui disparaissent après 24 heures. De manière générale, Snapchat se caractérise par le fait d'imposer une limite de temps pour consommer un contenu.

◊ **SOCIAL MEDIA LISTENING :** Collecte et analyse des conversations du web générées par un produit, une marque ou un service sur des sources variées incluant les blogs, forums, réseaux sociaux, sites media, etc.

◊ **SOCIALROOM :** Centre de pilotage de l'activité digitale d'un grand groupe qui va permettre de monitorer l'ensemble des réseaux sociaux, d'analyser les conversations en temps réel, de détecter et de réagir plus rapidement à une situation.

◊ **SOCIAL SELLING :** Le processus par lequel la vente B2B devient une conversation graduelle créatrice de valeur pour les prospects via les réseaux sociaux.

◊ **SOCIAL STICK :** Désigne des clés HDMI plug & play permettant d'afficher sur tout écran, dès le branchement de la façon la plus simple et compréhensible une vue agrégée des conversations du web sur une problématique de marque en particulier.

◊ **SOFT SKILLS :** Compétences comportementales et humaines utiles à la réussite de la mission dans l'entreprise : écoute, pédagogie, empathie, adaptabilité, créativité, gestion du stress…

◊ **SSO (SINGLE SIGN ON) :** Solution permettant l'inscription et l'authentification unique pour des utilisateurs sur des offres numériques.

◊ **SSP :** Supply Side Platform : plateforme technologique d'arbitrage entre les différents acheteurs qui permet d'optimiser la commercialisation de l'inventaire publicitaire d'un éditeur. Elle met en concurrence les acheteurs potentiels grâce à un système d'enchère.

◊ **STCinst :** Désigne un schéma européen permettant des paiements instantanés, il sera lancé en novembre 2017 par La Banque Centrale Européenne (BCE).

◊ **STEM :** Filière d'études liée aux sujets Science, Technology, Engineering, and Mathematics.

◊ **STORE-TO-WEB :** Ensemble des pratiques qui vise à renvoyer le client d'une enseigne vers le site e-commerce de l'enseigne pour l'achat d'un produit qui n'est pas ou plus disponible dans le point de vente.

◊ **STORIES :** Ce terme définit les histoires (photos, messages, vidéos...) envoyées par les membres de sa communauté.

◊ **STORY :** Inventées par Snapchat, elles envahissent désormais Facebook, Instagram, WhatsApp et Messenger. Hors réseaux sociaux, d'autres s'y mettent, comme Le Figaro et ses « Swipe Stories », sur l'app, qui permettent de raconter l'actualité en faisant défiler des infographies, tweets, photos, etc.

◊ **STORYTELLING (ACCROCHE NARRATIVE) :** Méthode de communication basée sur une structure narrative comme on en trouve dans les contes. Elle permet de captiver plus facilement son auditoire.

◊ **STRATÉGIE D'ACTIVATIONS MEDIA :** L'achat media programmatique et la data permettent aujourd'hui de réfléchir aux cas d'usage de la data (first / second ou third party data) dans les activations media, en définissant une combinaison de critères nécessaires aux succès de l'activation nous recommandons le séquençage et l'orchestration des activations media.

T

◊ **TAUX DE CONVERSION :** Le taux de conversion e-commerce est généralement obtenu en divisant le nombre de commandes enregistrées sur le site ou l'application par le nombre de visiteurs (ou de visites) sur une période donnée. Il mesure normalement la capacité d'un site e-commerce à transformer ses visiteurs en acheteurs.

◊ **TAUX DE VISITE :** Correspond au rapport entre les visites mensuelles et la base totale de membres (ou contacts) sur la période. Il permet de mesurer l'engagement de sa base clients.

◊ **TEASING :** Une technique de vente ou de communication attirant le client par un message basé sur l'interpellation.

◊ **TESTING VIRAL :** Dispositif visant à faire tester une innovation produit à des clients influents afin de collecter des insights clients et accélérer le développement de la notoriété et de l'image de marque du produit.

◊ **THINK-TANK :** Réservoir d'idées ou laboratoire d'idées en français. Regroupe des experts ou des professionnels chargés de réfléchir sur des questions des domaines politique, économique, technologique, social, etc.

◊ **TIME-TO-MARKET :** Délai nécessaire pour le développement d'un projet ou produit, avant qu'il puisse être lancé sur le marché. Avec le raccourcissement des cycles de vie, il devient stratégique, en ce sens où une réduction caractérisée du Time-To-Market permet à une entreprise d'améliorer sa rentabilité et lui donne un avantage concurrentiel décisif.

◊ **TOUCH ID D'APPLE :** Service de lecture d'empreinte digitale proposé par Apple (seulement pour certains modèles), servant à déverrouiller son appareil à l'aide d'un de ses doigts. Il permet par ailleurs de réaliser des achats dans l'App Sotre sans avoir à saisir son mot de passe.

◊ **TRACKEUR INVISIBLE :** Sur les programmes (.pdf ou vidéo), une surcouche technologique invisible pour le lecteur a été ajoutée pour que les mouvements de souris soient analysés. Ainsi il est possible d'identifier le parcours de lecture (ordre de lecture des pages), le temps par page, les pages lues (ou non)...

◊ **TRANSFORMATION DE CARRIÈRE :** Aussi appelé "switch", c'est le processus visant à se créer une vie professionnelle plus proche de ses désirs et besoins et qui a plus de sens. Cela consiste par exemple à ajuster son emploi actuel, ou changer complètement de métier, voire à créer sa propre entreprise.

◊ **TRAVAIL FLEXIBLE :** Le travail flexible recherche un meilleur équilibre entre besoins du travailleur et contraintes de l'emploi. On cherchera ainsi à adapter le lieu, le temps et la façon de travailler afin d'augmenter le bien-être et la productivité des collaborateurs.

U

◊ **UBIQUITÉ :** En général, le terme ubiquité désigne le fait d'être présent physiquement dans plusieurs endroits simultanément ; ou omniprésent. Appliqué à l'e-commerce et à la relation client, le terme ubiquité se rapporte au fait que les clients/utilisateurs d'un service peuvent en bénéficier n'importe quand, n'importe où, sur n'importe quel appareil.

◊ **UGC :** User Generated Content - Contenus visuels produits spontanément par les utilisateurs des réseaux sociaux.

◊ **USER-CENTERED DESIGN OU CONCEPTION CENTRÉE SUR L'UTILISATEUR :** Une démarche de conception présente en ergonomie informatique, où les besoins, les attentes et les caractéristiques propres des utilisateurs finaux sont pris en compte à chaque étape du processus de développement d'un produit.

◊ **UX ANALYTICS MOBILE :** L'UX Analytics appliquée au Mobile est une démarche d'optimisation de l'expérience utilisateur centrée sur l'étude des données (data) comportementales afin d'améliorer la navigation de l'application mobile dans une logique de meilleur engagement et conversion. L'UX Analytics Mobile est une brique essentielle de la satisfaction et rétention client.

V

◊ **VALUE STREAM MAPPING (VSM) :** Outil regroupant toutes les actions (à valeur ajoutée et à non valeur ajoutée) qui amènent un produit d'un état initial à un état final. Cet outil s'attache à travailler sur un ensemble et non une partie : sur une ligne de production, le VSM ne s'attaque pas à une machine de la ligne en particulier mais à l'ensemble de celles-ci.

◊ **VIDÉO NATIVE :** La vidéo native est un format publicitaire proposée sur un réseau social (Facebook, Linkedin ...) présentant une très forte intégration, voire une certaine ressemblance, avec les contenus éditoriaux classiques (articles, actualités des amis, vidéo partagée par des contacts ...).

W

◊ **WEB GL :** Permet d'afficher, de créer et de gérer dynamiquement des éléments graphiques complexes en 3D.

◊ **WEB-TO-STORE :** Le web-to-store désigne le comportement d'achat par lequel le consommateur effectue une recherche d'informations sur Internet avant d'aller effectuer son achat en point de vente. La recherche peut porter sur le produit ou directement sur la localisation du point de vente le plus proche.

◊ **WINDOW DRESSING :** Habillage des comptes pour enjoliver les résultats financiers d'une entreprise. Deux techniques permettent de réaliser cet habillage, qui sont : la modification des données comptables et l'adoption d'une politique de gestion particulière.

◊ **WORKFLOW :** Un workflow est une suite de tâches ou d'opérations effectuées par une personne, un groupe de personnes ou un organisme.

Y

◊ **YIELD MANAGEMENT :** Le «yield management» est une méthode d'optimisation des revenus par l'ajustement des prix en fonction du contexte et de la demande.

INDEX

INDEX

THE DIGITAL BENCHMARK
Poster un Avis
Voir les Catégories
Register or Login
Français
TROUVEZ LES MEILLEURES SOLUTIONS MARKETING DIGITALES
Sourcer, Comparer et Evaluer
ebg

LA PLATEFORME

PREMIER POINT DE CONTACT, LA PLATEFORME THE DIGITAL BENCHMARK PERMET DE :

RECHERCHER UNE SOLUTION

- À partir d'une recherche simple, le moteur de la plateforme affiche une liste de résultats affinable en fonction de critères avancés (fonctionnalités essentielles, modes de facturation, etc.)
- En veille constante sur les innovations, l'équipe The Digital Benchmark met à jour les solutions et vérifie l'exactitude des informations.

COMPARER DES SOLUTIONS

- La plateforme permet une comparaison simple et contextualisée des solutions sélectionnées.

ÉVALUER LA QUALITÉ D'UNE SOLUTION

- Collectés auprès d'utilisateurs vérifiés, de cabinets de conseil renommés, les avis ou retours d'expérience apportent une véritable aide à la prise de décision.

www.TheDigitalBenchmark.com

LE YEARBOOK

Concentré d'observations et d'analyses approfondies, The Digital Benchmark Yearbook fait un état des lieux des notions actuelles, du positionnement des acteurs, des problématiques clients, des fonctionnalités recherchées, des tendances à venir, etc.

Plusieurs cabinets de conseil et experts reconnus contribuent à l'élaboration de cet ouvrage en partageant leurs retours d'expériences, analyses et recommandations.

L' EVENT

Événement exclusif, accessible par invitation seulement, The Digital Benchmark connect rassemble 500 leaders digitaux européens durant 2 jours.

Au programme : conférences et ateliers autour des technologies MarTechs les plus innovantes, sessions inspirationnelles sur les usages de demain, rencontres d'affaires.

CRÉDITS

Coordination du livre Digital Marketing 2018

Laetitia Theodore | *laetitiatheodore@hotmail.com*

Brice Blanquier | *brice.blanquier@gmail.com*

◊

Conception Graphique

Élodie Dages
elodiedages@gmail.com

Mise en page

Sébastien Cerdelli
sc@lemiroir-creation.com

Impression

Imprimé en France
par Aubin Imprimeur
contact@aubinimprimeur.fr

Relecture

Karine Gaudin
karinegaudin.correctrice@orange.fr

◊

Un merci tout particulier aux partenaires du livre

Acquia	Adledge	Allo-Media	Cabestan	Cheetah Digital	Clémentine	Creapills
Ekimetrics	Eulerian Technologies	Headoo	iAdvize	iProspect	J'ai un pote dans la com
Kalima RP	Kantar Media	Marin Software	Médiamétrie	Open	Q3 Advocacy
Siècle Digital	Soyuz	Spread	Vanksen	Webpublication	Worldline

Ainsi qu'à tous ceux qui nous ont donnés de précieux conseils et qui se reconnaitront. ☺

Retrouvez la **VERSION NUMÉRIQUE** de Digital Marketing 2018

Votre lien d'accès & votre code sont en 1er page